行政判例研究 XIX-2

社團法人 韓國行政判例研究會 編

2014

博英社

Studies on Public Administration Cases

Korea Public Administration Case Study Association

Vol. XIX-2

2014

Parkyoung Publishing & Company

간 행 사

어느덧 2014년 연말이 되었습니다. 지난 한 해는 세월호 사건, 우크라이나 및 이라크 내전 등 국내외적으로 多事多難한 한 해였으나 우리 행정판례연구회에 있어서는 매우 뜻 깊은 한 해였던 것 같습니다. 지난 10월에는 우리 연구회 창립 30주년 및 월례발표회 기념행사가 서울행정법원에서 많은 회원님들의 참여 속에서 성공적으로 개최되었으며, 9월에는 2014년 회원편람을 제작하였습니다. 그리고 지난 11월에는 여러 회원 분들께서 중국 광저우에서 개최된 동아시아 행정법학회에 참가하여 적극적인 발표와 토론을 함으로써 우리 행정법학의 위상을 확인 할 수 있었습니다. 창립 당시 21명이었던 회원이 이제 266명에 달하게 되어 우리 연구회는 명실공히 한국 최고의 학술단체로 발돋움하게 되었습니다. 특히 회원구성에 있어서도 학계뿐만 아니라 재조·재야의 실무계에서 활동하시는 분들께서 골고루 참여하고 있어 연구회의 창립정신의 하나인 학계와 실무계의 협력·교류의 증진이 성공적으로 실현되고 있습니다. 국내외적으로 매우 어려운 여건 속에서도 우리 행정판례연구회가 내실을 기하면서 지속적으로 발전할 수 있었던 것은 연구회에 대한 회원 여러분의 크나 큰 관심과 애정 때문이라고 생각합니다.

지난 6월에 발간된 「행정판례연구」 제19집 제1호에 뒤이어 이번에 제19집 제2호를 출간하게 되었습니다. 이번 제19집 제2호는 월례발표회와 개별적으로 투고된 논문들 중 엄격한 심사를 통하여 선정된 5편의 논문 및 12월 송년회 행사에서 발표된 외국판례 및 법제에 대한 논문 4편과 행정판례연구회 30주년 특별기념논문 3편 등 총 12편으로 구성되었습니다. 특히 행정판례연구회 30주년 특별기념논문은 우리나라의 행정판례 30년을 회고하고 전망하는 학술적 가치가 매우 높은 논문이라고 할 것입니다.

이번 제19집 제2호의 출간을 위하여 소중한 옥고를 보내주신 여러 교수님 및 실무자 선생님들께 고마움을 전하며, 학술지가 계획에 따라 순조롭게 출간될 수 있도록 헌신적으로 노력하여 주신 출판이사 정남철 교수, 출판간사 계인국 박사께 깊은 감사를 드립니다. 아울러 「행정판례연구」가 전문학술지로서 높은 질적 수준을 유지하기 위하여 노고를 아끼지 않은 박정훈 편집위원장 그리고 편집위원 및 심사위원 여러분들께 깊은 謝意를 드립니다.

2014년 12월

사단법인 한국행정판례연구회 회장

정하중

차 례

특집논문: 행정판례연구회 30주년 특별기념논문 —— 373

附 錄 —— 547

行政判例研究 I~XIX-2 總目次 —— 601

Table of Contents

行政行爲의 瑕疵

獨立有功者法適用排除決定處分取消訴訟에 있어 先行處分의 違法性 承繼/金容燮

處分의 瑕疵가 "重大·明白"하여 當然 無效인지 與否에 관한 一 考察/李起翰

獨立有功者法適用排除決定處分取消訴訟에 있어 先行處分의 違法性 承繼

金容燮*

대상판결: 대법원 2013. 3. 14. 선고 2012두6964 판결

[사실관계 및 판결요지]

I. 사실관계

1. 원고는 망 소외인(이하 '망인'이라 한다)의 자녀로 2007.1. 경 독립

---

* 전북대 법학전문대학원 교수

유공자예우에 관한 법률에 의한 그 적용대상자 결정을 받고 2007. 1. 경부터 독립유공자유족등록결정에 따른 보상금 등의 예우를 받고 있었다. 그러나 친일반민족행위진상규명위원회는 2009. 11. 27. 일제 강점하 반민족행위 진상규명에 관한 특별법(이하 '진상규명특별법'이라 한다) 제2조 제13호의 친일반민족행위자 1,005명을 최종발표(이하 '이 사건 선행처분'이라 한다)하였는데 그 중 망인도 포함되어 있었다.

2. 진상규명특별법 제19조 제2항에 의하면, 진상규명위원회는 조사대상자, 그 배우자와 직계비속 또는 이해관계인에게 조사대상자로 선정된 사실을 통지하도록 되어 있고, 동법 제28조 제1항에 의하면 진상규명위원회는 조사보고서 또는 사료에 기재된 조사대상자의 친일반민족행위를 확정하여 그 내용을 선정된 조사대상자, 그 배우자와 직계비속 또는 이해관계인에게 통지하도록 규정되어 있는데도, 진상규명위원회는 망인이 6.25전란 당시 납북되어 생사불명이라는 이유로 망인이 납북 전 주지를 지낸 사찰인 범어사를 이해관계인으로 보아 범어사에 망인이 조사대상자로 선정된 사실 및 친일반민족행위자로 결정된 사실을 통지하였을 뿐, 망인의 직계비속인 원고에게는 이러한 내용의 통지를 하지 않았다.

3. 그런데 피고 의정부보훈지청장은 2009. 12. 8. 위와 같이 친일반민족행위자로 결정된 망인 및 원고를 포함한 망인의 유가족을 독립유공자예우에 관한 법률 제39조 제1항 제6호의 규정에 따라 독립유공자법적용배제자로 결정(이하 '이 사건 후행처분'이라 한다)하여 원고에게 통지하였다.

4. 원고는 망인이 친일반민족행위의 조사대상자로 선정된 사실 및 망인에 대한 조사결과 망인이 친일반민족행위를 한 것으로 결정되었다

는 사실을 알지 못하고 있다가, 피고로부터 독립유공자법 적용배제대상자 결정문을 송달받고서야 비로소 망인이 친일반민족행위자로 결정되었고 그에 따라 독립유공자 유족인 원고에 대한 독립유공자예우에 관한 법률상의 보상과 예우가 박탈된다는 사실을 알게 되었다.

5. 원고는 이 사건 후행처분에 불복하여 2010. 2. 16. 국무총리행정심판위원회[1]에 행정심판을 청구하였는데, 국무총리행정심판위원회는 2010. 5. 11. "청구인의 주장 외에 망인의 친일반민족행위에 대한 '친일반민족행위진상규명위원회'의 결정이 잘못되었다고 볼만한 사정이 없는 점과 피청구인의 이 사건 후행처분 역시 잘못되었다고 볼 만한 사정이 없는 점 등을 종합적으로 고려해 볼 때 피청구인의 이 사건 후행처분이 위법·부당하다고 할 수 없다"는 내용의 기각재결을 하였다. 원고가 이 사건 후행처분에 대하여 행정소송을 제기하였는 바, 제1심법원 및 원심법원은 원고의 청구를 기각하는 내용의 판결을 하였고, 원고가 상고하자 대법원은 아래의 판결요지에서 보는 바와 같은 이유를 들어 원심판결을 파기환송하였다.[2]

---

1) 행정심판법 전부개정법률(제9968호)이 2010. 1. 25. 공포되어 2010. 7. 26.부터 시행됨에 따라 국무총리행정심판위원회는 2010. 7. 26.부터 그 명칭이 중앙행정심판위원회로 변경되었다.

2) 대법원에서 파기환송되자 환송심인 서울고등법원(2013. 10. 1. 선고 2013누9955)은 "독립유공자가 진상규명특별법에 의하여 친일반민족행위를 한 것으로 결정되면 국가보훈처장은 그 자를 법의 적용 대상에서 제외하고 독립유공자법 또는 다른 법률에 따라 독립유공자, 그 유족 또는 가족이 받을 수 있는 모든 예우를 하지 아니하도록 규정되어 있는 독립유공자법 제39조에 비추어 볼 때, 이 사건 선행처분은 이 사건 후행처분의 이유를 구성하는 확인적 처분에 불과하고 원고의 입장에서는 이 사건 후행처분이 직접적으로 중요하고 본질적인 처분이다"라고 판시하였다. 아울러 서울고등법원은 선행처분의 절차상의 하자를 인정하면서 이 사건 선행처분의 하자를 이유로 이 사건 후행처분의 효력을 다툴 수 없게 하는 것은 원고에게 수인한도를 넘는 불이익을 주고 그 결과가 원고에게 예측가능한 것이라고 할 수 없다는 취지의 판결을 내려 최종적으로 원고승소 판결이 확정되었다.

II. 원심법원의 판단

원심법원[3]인 서울고등법원은 제1심법원[4]의 결론을 그대로 원용하여 원고의 항소를 기각하였다. 원심법원과 제1심 법원은 "이 사건 선행처분과 후행처분은 서로 독립하여 별개의 법률효과를 목적으로 하는 것으로 보이고, 이 사건 선행처분이 당연무효로 볼 사정도 없는 이 사건에 있어서 선행처분인 위 친일반민족행위자 결정처분의 불가쟁력이나 구속력이 그로인하여 불이익을 입게 되는 원고에게 수인한도를 넘는 가혹함을 가져오고 그 결과가 원고에게 예측가능한 것이 아닌 경우에 해당하는지 여부에 관하여 살피건대, 위에서 채택한 증거들에 의하면, 원고가 2009. 12. 8. 이 사건 선행처분의 존재를 알게 되었음에도 불구하고 이 사건 소제기 전까지 이 사건 선행처분에 대하여 이의신청절차를 밟거나 행정쟁송을 제기하지 않은 사실이 인정될 뿐이고, 위 증거들만으로는 이 사건 선행처분의 불가쟁력이나 구속력이 그로 인하여 불이익을 입게 되는 원고에게 수인한도를 넘는 가혹함을 가져오고 그 결과가 원고에게 예측할 수 없는 경우에 해당함을 인정하기에 부족하고 달리 이를 인정할 증거가 없다. 따라서 이 사건 선행처분에 어떠한 하자가 있다고 하더라도 그 하자를 이 사건 후행처분의 취소를 구하는 이 사건에서 독립된 위법사유로 주장할 수 없다"고 판단하여 원고의 이 사건 청구를 배척하였다.

---

3) 서울고등법원 2012. 2. 10. 선고 2011누 22664판결 [독립유공자법적용배제결정처분취소]

4) 의정부지방법원 2011.05.23. 선고 2010구단2010 판결[독립유공자법적용배제결정처분취소]

III. 대법원의 판결요지

1. 두 개 이상의 행정처분을 연속적으로 하는 경우 선행처분과 후행처분이 서로 독립하여 별개의 법률효과를 목적으로 하는 때에는 선행처분에 불가쟁력이 생겨 그 효력을 다툴 수 없게 된 경우에는 선행처분의 하자가 중대하고 명백하여 당연무효인 경우를 제외하고는 선행처분의 하자를 이유로 후행처분의 효력을 다툴 수 없는 것이 원칙이다. 그러나 선행처분과 후행처분이 서로 독립하여 별개의 효과를 목적으로 하는 경우에도 선행처분의 불가쟁력이나 구속력이 그로 인하여 불이익을 입게 되는 자에게 수인한도를 넘는 가혹함을 가져오며, 그 결과가 당사자에게 예측가능한 것이 아닌 경우에는 국민의 재판받을 권리를 보장하고 있는 헌법의 이념에 비추어 선행처분의 후행처분에 대한 구속력은 인정될 수 없다.

2. 甲을 친일반민족행위자로 결정한 친일반민족행위진상규명위원회(이하 '진상규명위원회'라 한다)의 최종발표(선행처분)에 따라 지방보훈지청장이 독립유공자 예우에 관한 법률(이하 '독립유공자법'이라 한다)적용 대상자로 보상금 등의 예우를 받던 甲의 유가족 乙 등에 대하여 독립유공자법 적용배제자 결정(후행처분)을 한 사안에서, 진상규명위원회가 甲의 친일반민족행위자 결정 사실을 통지하지 않아 乙은 후행처분이 있기 전까지 선행처분의 사실을 알지 못하였고, 후행처분인 지방보훈지청장의 독립유공자법 적용배제결정이 자신의 법률상 지위에 직접적인 영향을 미치는 행정처분이라고 생각했을 뿐, 통지를 받지도 않은 진상규명위원회의 친일반민족행위자 결정처분이 자신의 법률상 지위에 영향을 주는 독립된 행정처분이라고 생각하기는 쉽지 않았을 것으로 보여, 乙이 선행처분에 대하여 일제강점하 반민족행위 진상규명에 관한 특별법에 의한 이의신청절차를 밟거나 후행처분에 대한 것과 별개로 행정심판이나

행정소송을 제기하지 않았다고 하여 선행처분의 하자를 이유로 후행처분의 효력을 다툴 수 없게 하는 것은 乙에게 수인한도를 넘는 불이익을 주고 그 결과가 乙에게 예측가능한 것이라고 할 수 없어 선행처분의 후행처분에 대한 구속력을 인정할 수 없으므로 선행처분의 위법을 이유로 후행처분의 효력을 다툴 수 있음에도, 이와 달리 본 원심판결에 법리를 오해한 위법이 있다고 한 사례

[판례연구]

I. 문제의 제기

1. 위법성의 승계를 실체법적 개념으로 파악하면, 위법성의 승계란 행정처분이 연속하여 행하여진 경우 선행 행정처분의 위법이 후속 행정처분에 승계되어 그 위법을 이유로 후속 행정처분의 취소가 허용되는 것을 말한다.[5] 이와는 달리 위법성의 승계를 소송절차법적인 관점에서 파악하면, 위법성의 승계란 선행하는 행정활동에서 결정된 사항이 후속하는 행정처분의 적법성 요건을 구성하는 선행의 행정활동에 선결성이 있는 경우, 취소쟁송에 있어서 후속 행정처분의 위법사유로서 선행하는 행정활동에 존재하는 위법성의 주장을 허용하는 것을 말한다.[6] 여기서는 절충적인 관점에서 위법성의 승계란 행정행위가 연속하여 발해지는 경우 후속 행정처분에 선행 행정처분의 하자 내지 위법성의 승계가 인정되어 당사자가 후속 행정처분에 대하여 행정소송을 제기하여 다투면서 선행 행정처분의 하자를 후속 행정처분의 하자로 주장할 수 있는가

5) 海道俊明, 違法性承繼論の再考(一), 自治研究 第90卷 第3号, 2014. 3, 97面.

6) 村上 博, 違法性の承繼－建築確認處分取消請求事件, 法學敎室 判例セレクト2010, 4面; 市橋克哉外, アクチコアル 行政法 , 2010, 118面.

의 문제로 이해하고자 한다.[7)]

2. 대상판결은 불가쟁력이 발생한 이 사건 선행처분으로 볼 수 있는 직계존속인 망인을 친일반민족행위자로 결정한 친일반민족행위진상규명위원회의 최종발표의 위법성을 그 유족이 이 사건 후행처분으로 볼 수 있는 독립유공자법적용배제결정처분의 통지를 받은 후에 이에 대하여 주장할 수 있는가의 문제와 관련된다. 특히 대상판결과 관련하여 다음 3가지 핵심적 쟁점을 염두에 두고 논의를 전개하고자 한다. 첫째로, 둘 이상의 행정행위가 연속적으로 행하여지는 경우, 선행 행정처분에 하자가 있으면 후행 행정처분 자체에 하자가 없어도 선행 행정처분의 절차적 하자를 이유로 후행 행정처분을 다툴 수 있는가. 둘째로, 선후 행정처분이 서로 독립하여 별개의 행정청에 의하여 내려지고, 선행 행정처분이 후행 행정처분의 구성요건이 되는 경우에도 선행 행정처분의 하자를 승계시키는 것이 타당한 것인가. 셋째로, 선행 행정처분이 진상규명위원회의 결정과 같이 확인행위의 성질을 띠어 불가변력이 생기는 경우에도 선행 행정처분에 존재하는 절차적 하자를 후행 행정처분의 하자로 보는 것이 타당한 것인가.[8)]

3. 대상판결은 판결이유에서 대법원 1994. 1. 25. 선고 93누 8542판

---

7) 이와 같은 위법성의 승계 문제는 위법성 주장의 차단효의 문제와 동전의 앞뒷면의 관계이기 때문에, 그 승계를 인정할 수 있는 예외적 기준의 하나로서 연속한 일련의 절차를 구성하는 일정의 법률효과를 발생을 목적으로 하는 경우와는 달리 행정과정을 통합적으로 이해하는 전제하에 후행 행정처분에 비중이 놓이게 되는 경우를 염두에 두고 논의를 전개할 필요가 있다.

8) 선행 행정처분의 통지가 제대로 안된 것으로 볼 여지가 있어 이 경우 직계비속에 대하여는 그 효력이 발생하지 않은 것으로 볼 여지가 있다. 아울러 이 사건에 있어서는 선후 행정처분의 처분청이 다른 경우이며, 선행 행정처분의 절차적 하자가 있는 경우로 볼 여지가 있으므로 이러한 경우에도 후행 행정처분에 위법성이 승계된다고 보는 것이 바람직한 것인지 검토가 필요하다.

결에서 선후 행정행위가 별개목적인 경우에 종래 대법원에서 내린 양도소득세등부과처분취소소송을 다투면서 개별공시지가의 위법성을 다투는 것이 허용되는가와 관련한 위법성의 승계의 법리를 그대로 원용하고 있다. 종전의 개별공시지가결정 관련 판결의 경우에는 당사자로 하여금 이에 대하여만 다투게 하는 것이 소송절차법적인 관점에서 문제가 있고 아울러 선행처분에 선결성이 있기 때문에 결론에 있어 위법성의 승계를 인정하는 것이 타당할 수 있으나, 대상판결의 경우에는 선행처분이 후행처분에 비해 보다 본질적인 처분이고, 이와 같은 선행처분이 있음에도 다툴 수 있는 기회를 처분의 상대방에게 제대로 부여하지 않은 경우라 할지라도 이해관계인에게 통지하였으나 후행처분 당시 상대방이 이를 알게 된 이상 선행처분에 대하여 제소기간 내에 있었기 때문에 선행처분을 다툴 기회가 봉쇄되었다고 보기 어렵다. 따라서 공정력이 인정되는 선행처분을 다투지 아니하고 행정청을 달리하는 후행 행정처분의 단계에서 이를 다투는 것을 허용하는 것이 과연 적절한 것인지 의문이 든다. 대법원에서 위 판결이 나온지 약 20여년이 경과한 시점에서 위와 같은 법리를 그대로 답습하여 유지하는 것이 바람직한 것인지 검토하고, 나아가 선행 행정행위의 하자가 후행행정행위에 승계되는 예외적인 경우를 어떤 기준으로 설정할 것인지를 규명함과 아울러 본 대상판결을 비판적으로 검토하기로 한다.

논의의 진행은 위법성 승계의 개념논의(II)를 먼저 고찰하고, 위법성 승계에 관한 판례 및 이론(III)을 살펴본 후, 위법성 승계의 판단기준(IV)을 모색하고, 나아가 이 사건 대상판결에 대한 종합검토(V)를 하기로 한다.

II. 위법성 승계의 개념논의

1. 위법성 승계의 개념

하자승계 내지 위법성 승계의 개념과 관련하여 실체법적 개념으로 이해하는 입장과 소송절차법적 개념으로 이해하는 입장으로 대별된다. 전자의 견해에 의하면 수개의 행정행위가 연속하여 행하여진 경우에 선행행정행위의 취소원인이 되는 위법성이 후행행정행위에 승계되어 후행행정행위의 취소원인이 되는 것을 위법성의 승계로 본다. 따라서 실체법적으로는 선행행위의 위법이 후행행위에 승계되는가의 문제를 위법성의 승계[9]로 파악하게 된다. 이에 반하여 위법성의 승계문제를 소송절차법적으로 이해하는 경우에는 선행행위에 대한 제소기간이 경과한 경우에도 후행행위의 단계에서 선행행위의 위법을 주장할 수 있는가의 문제이며 이는 선결문제에 해당한다.[10]

양자는 설명방법상의 차이에 불과하지만 동전의 앞뒷면의 관계에 있다고 볼 수 있다. 위법성의 승계가 인정되어야 위법성을 주장할 수 있는 것이 되기 때문이다. 그러한 관점에서는 위법성의 승계의 개념을 종합적으로 이해할 필요가 있다. 이러한 위법성의 승계는 위법성의 주장가능성을 긍정하기 위하여 실체법적으로 하자가 승계된다는 전제하에 후행행정행위의 단계에서 과연 선행행정행위에 내재된 행정행위의 하자를 주장하여 이를 다툴 수 있는가 다시 말하여 수개의 행정행위가 연속

9) 학자에 따라 위법성 승계를 하자승계 또는 흠의 승계로 교과서와 논문에서 각각 달리 사용하고 있다. 그러나 기본적으로 3가지 용어사용법은 동의어라고 보아도 무방하다. 어떠한 용어를 사용하건 본질적으로 큰 차이가 없다. 다만 하자(瑕疵)라는 용어가 일반인에게 생소하며 한자 자체가 어렵고, 법제처 알기쉬운 법령만들기 사업에도 하자가 포함되어 있으며, 흠(欠)이라는 말도 순수한 우리말이라기보다 한자어에 속하므로 위법성 승계로 하는 것이 적절한 표현이 될 수 있다.

10) 신동승, "행정행위의 하자승계와 선결문제", 행정판례연구 XIV, 2009, 124면, 芝池義一, 行政救濟法講義, 第3版, 2006, 79面.

하여 행하여진 경우, 선행행정행위에 불가쟁력이 발생하여 더 이상 다툴 수 없게 된 경우에 하자가 승계되어 후행행정행위단계에서 선행행정행위의 위법성을 주장할 수 있는가의 문제라고 할 것이다.

2. 선결문제와의 관계

(1) 선결문제의 법적근거

일반적으로 선결문제(Vorfrage)라 함은 어떠한 소송사건에서 본안판결을 받기에 앞서 먼저 결정하지 않으면 안 되는 전제문제를 의미한다. 이와 같은 선결문제는 민사재판과 행정재판을 분리 취급하는 이원적 재판구조에서 주로 문제가 되는 것으로 법원이 심리하는 민사사건의 선결문제로서 행정행위의 효력이나 존부가 문제가 될 때 논의되는 것이 일반적이다.

이와 같은 선결문제와 관련하여 헌법 제107조 제2항은 명령이나 규칙이 헌법이나 법률에 위반되는지 여부가 재판의 전제가 된 경우에 이에 대하여 법원에서 통제하는 경우를 규정하고 있다. 이뿐만 아니라 헌법 제107조 제2항에서는 문언상 명령 · 규칙뿐만 아니라 처분도 명시하고 있으므로 동 규정에 의하여 재판의 전제가 되는 경우에는 처분에 대하여 선결문제로 심리할 수 있다고 해석할 수 있다.[11] 다만, 이와 같은 선결문제의 심리는 일반적으로 인정된다기보다는 행정소송법 제11조의 해석문제라고 할 것이다. 즉, 행정소송법 제11조 제1항에서는 "처분등의 효력유무 또는 존재여부가 민사소송의 선결문제가 되어 당해 민사소송의 수소법원이 이를 심리·판단하는 경우에는 제17조, 제25조, 제26조 및 제33조의 규정을 준용한다"고 규정하고 있다. 따라서 일반적으로 취소사유가 되는데 그치는 위법한 행정처분에 대해서는 민사소송의 수

11) 서보국, "행정법상 선결문제와 헌법 제107조 제2항에서의 '처분' 및 '재판의 전제'와의 관계", 행정법연구 제25호, 2010, 139면 이하.

소법원은 선결문제로서의 판단권을 갖지 않는다고 볼 것이다. 따라서 여기서 일반적으로 민사소송에 한정하지 않고 형사소송에 있어서도 선결문제의 심리가 가능한 것으로 해석된다. 또한 공법상 당사자 소송이나 항고소송의 경우에도 선결문제의 심리는 가능하다고 해석된다.[12] 다만, 선결문제는 처분의 효력유무나 존재유무의 경우에 한하며, 국가배상사건에 있어서 처분의 단순위법여부가 선결문제가 된 경우 처분의 위법성을 심리할 수 있는 것처럼 처분의 효력에 영향을 미치지 않는 경우에는 법원에서 선결문제로 심리가 가능하다고 본다.[13]

(2) 행정소송에서 선결문제 허용성

다단계 행정절차에 있어서 후행행정행위를 다투는 행정소송에 있어서 선행행정행위의 위법성을 선결문제로서 심리할 수 있는가의 문제가 제기될 수 있다. 다시말하여 무효가 아닌 선행행정행위의 흠이 취소할 수 있는 위법인 경우에는 후행행처분을 다투는 법원은 선행행정행위의 위법성을 선결문제로서 심리할 수 있는가의 문제가 해석론으로 제기될 수 있다. 이에 관하여는 선행 행위의 처분성이 부정되는 경우에 한하여 선결문제로서 주장할 수 있다고 보는 견해[14]가 있으나, 선행행정행

12) 신동승,"행정행위의 하자승계와 선결문제", 행정판례연구 XIV, 2009, 111면. 다만, 홍정선 교수는 행정사건에 있어서는 행정법원의 관할이라 선결문제가 문제되지 않는다고 본다.(동인, 행정법원론(상), 2012, 388면),

13) 학설상으로는 공정력이나 구성요건적 효력이 유효성과 관련되므로 행정행위의 효력을 부인하지 아니하는 것에 불과하고, 행정행위의 위법성을 적법성으로 전환시키는 것은 아니므로 선결문제로서 행정행위의 위법 여부를 스스로 판단할 수 있다고 보는 입장이 다수설이다.

14) 최계영, "표준지 공시지가결정과 흠의 승계", 행정판례평선, 2012, 1181면, 최 교수는 표준지 공시지가의 결정을 다투는 방법으로 3가지 방법을 제시하고 있다. 첫째로, 표준지 공시결정의 위법성은 후속처분에 대한 소송에서만 다투도록 하고, 표준지공시지가결정의 처분성을 부인하고 그 위법성을 선결문제로 주장할 수 있도록 한다. 둘째로, 표준지 공시지가결정의 위법성은 그 결정자체에 대한 소송에서만 다투도록 하고 흠의 승계를 부정한다. 셋째로, 표준지 공시지가결정

위의 위법성 주장이 차단되지 않고 하자가 승계되는 경우에는 선행 행위가 처분인가 아닌가를 불문하고 당해 법원은 선결문제로서 이를 심리할 수 있다고 본다.[15)]

만약에 이를 선결문제로 보아 법원에서 심사할 수 있다고 보는 경우에는 판결의 기속력이 판결이유를 통해서도 발생하므로 결과적으로 선행 행정행위를 무로 돌리는 효과를 낳게 된다. 선행하는 행정행위가 있고, 그것을 전제로 하여 후행의 행정처분이 행하여진 경우에 후행 행위의 취소소송에 있어서 선행행위의 위법을 이유로 인용판결을 하는 것이 허용되는가의 문제가 있지만, 일반적으로 선행행위에 공정력이 인정되지 않을 때 그것을 허용하는 데 반하여, 선행행위가 공정력을 갖는 행정처분일 때에는 그 공정력이 배제되지 않는 한 원칙적으로 선행행위의 위법성은 후행행위에 승계되지 않고, 그것이 허용되지 않는다고 해석하는 견해[16)]가 있다. 그러한 입장에서도 선행의 행정처분과 후행의 행정처분이 연속하여 일련의 절차를 구성하여 일정한 법률효과의 발생을 목적으로 하는 경우에는 예외적으로 하자가 승계되는 것으로 파악한다. 그런데 행정사건에서 선결문제로 선행행위를 위법하다고 판단하였다면 비록 그 행정행위를 취소하지 않았다고 할지라도 그 행정행위에 의하여 형성된 법률관계를 부정하여 그 이전의 법률관계를 회복한 것과 마찬가지로 만들 수 있게 된다.[17)] 따라서 일반적으로 선행처분에 공정력이 인정된다면 선행처분 자체를 직접 공격하여 공정력을 배제하지 않는 한 후행행위단계에서 간접적인 공격수단으로 이를 무력화하는 것은 허용되지 않는다고 할 것이다.[18)]

의 위법성을 그 결정자체에 대한 소송과 후속처분에 대한 소송에서 모두 다툴 수 있도록 하는 방법이 있고, 선행 처분의 흠의 승계를 인정한다, 위 3가지 방법중에 대법원판례가 세 번째 방법을 채택하고 있다고 보고 있다.

15) 신동승,“행정행위의 하자승계와 선결문제”, 행정판례연구 XIV, 2009, 111면.

16) 山本隆司, 行政訴訟補遺, 法學教室 No. 340, 2009, 1, 73面

17) 신동승, 앞의 논문, 114면.

3. 위법성(하자) 승계의 기본전제론

(1) 기본전제론의 내용

일부 학자[19]에 의하여 주장되는 하자승계 논의의 4가지 전제조건은 다음과 같다. ① 선행행위와 후행행위는 모두 항고소송의 대상이 되는 처분이어야 한다. ② 선행행위에는 무효사유가 아닌 취소사유에 해당하는 하자가 존재하여야 한다. ③ 후행행위 자체에는 고유한 하자가 없는 경우이어야 한다. ④ 선행행위를 제소기간 내에 다투지 않는 등 불가쟁력이 발생하여야 한다.

(2) 기본전제론에 대한 비판

먼저 선행행정 작용이 처분이 아닌 경우에는 공정력이 인정되지 않으므로 후행 처분을 다투면서 선행 행정작용의 하자를 다투는 것이 허용된다고 보기 때문에 선행 행정작용이 처분이 아니면 마치 하자가 승계되지 않는 것이라는 오해를 불러일으킬 수 있다.

또한 선행행정처분이 무효인 경우에는 비록 하자승계론을 거론하지 않더라도 선행 처분의 위법성의 주장의 가능성이 열려있으므로 기본전제로 파악하기 보다는 논의의 실익차원의 문제로 파악하는 것이 적절하다.[20] 또한 하자가 후행 행정행위에 있다고 할지라도 그 자체만 가지

---

18) 선행행정행위의 하자의 주장이 차단되는 경우에도 선결문제로 심사하는 것이 일반적으로 가능하다고 파악하게 되면 선행 행정행위를 발한 행정청과 후행 행정행위를 발한 행정청이 서로 다른 경우에는 선행 행정행위를 발한 행정청이 적극적으로 피고가 되어 방어하지 못하게 되어, 법원에서 당사자의 주장으로 선행행정행위의 위법성을 인정하는 결과가 되어 불합리한 사태를 초래할 수 있다.

19) 가령 박균성, 행정법강의, 박영사, 2013, 284면.

20) 김창종, "행정행위의 하자의 승계 - 대법원 1994. 1. 25. 선고 93누 8542판결을 중심으로-", 재판과 판례 제4집, 대구판례연구회, 1995, 571면, 후행행정행위가 선행행정행위의 효력에 의존하는 후행행정행위로서 선행처분이 이미 직권으로 취소된 경우에 후행행정행위가 무효가 된다. 또한 선행행정행위가 무효가 아닌 취소할 수 있는 행정행위인 경우로서 당사자가 이를 다투어 행정청이나 법원에

고 다투는 것 보다 선행처분의 하자를 주장하여 다툴 수 있다면 이를 마다할 이유가 없다. 이러한 관점에서 선행행정행위가 무효인 경우라든가 후행행정행위에 하자가 있는 경우에도 이를 주장할 수 있음은 물론이다.

다음으로, 후행행정행위에 하자가 있더라도 선행행정행위의 하자를 주장할 실익은 얼마든지 있다고 본다. 왜냐하면 하자승계론은 하자가 실체적 하자인지 절차적 하자인지에 대한 아무런 구분을 가하고 있지 않기 때문이다. 물론, 후행행정행위가 하자가 있을 때에도 절차적 하자이기 때문에 그 하자만으로 후행 행정행위를 근본적으로 취소하는 것이 곤란한 경우에는 선행행정행위의 실체적 위법성을 주장하여 다툴 실익이 있다고 본다.

한편 하자승계론을 불가쟁력이 있는 행정행위에 한정하는 것이 과연 적절한지에 대하여 검토해 볼 필요가 있다. 선행행정행위가 처분이 아닌 경우라면 불가쟁력 자체가 발생하지 않는 결과 하자승계론이 논의될 여지가 없다. 그러나 불가쟁력이 발생한 선행 행정행위의 위법성을 주장하여 후속적인 단계에서 이를 다툴 수 있도록 하는 것은 실익이 있지만, 그렇다고 불가쟁력이 발생하여야만 하자가 승계되는 것처럼 파악하는 것은, 하자승계에 있어서 기본전제론이라는 팻말을 내걸므로 인해 하자승계론의 논의대상이 협소하게 되는 문제가 있다.

원칙적으로 각 행정행위는 그 자체의 독립성이 있기 때문에 그 행위의 고유한 하자는 제소기간 내에 그 행위를 대상으로 소송을 제기하여야 다툴 수 있다. 행정소송에서 제소기간을 둔 것은 행정법관계의 조속한 안정과 능률적인 행정목적 달성을 위한 것이다. 행정소송법은 제소기간에 관한 규정을 두고, 취소소송의 경우에는 그기간이 경과하면 불가쟁력이 발생하여 비록 처분에 하자가 있다하더라도 더 이상 다툴

의하여 취소되었을 경우에는 무효와 마찬가지가 되어 이를 후행행정행위단계에서 이를 주장할 수 있으나 이는 후행행정행위의 취소사유에 불과하다.

수 없게 하고 있다. 예외적인 사유가 없음에도 불가쟁력이 발생한 선행행위의 위법성을 원용하여 후행행위를 다툴 수 있게 하면 불가쟁력을 인정하는 취지가 몰각되는 문제점이 발생하게 된다.

III. 위법성 승계에 관한 판례 및 이론

1. 위법성 승계에 관한 판례의 경향 및 문제점

(1) 판례의 경향

위법성의 승계와 관련하여 확립된 대법원의 판례는 기본적으로 선, 후의 행정행위가 결합하여 하나의 법적 효과를 달성시키는가 아니면 선, 후의 행정행위가 서로 독립하여 별개의 법적 효과를 발생시키는가에 따라 하자의 승계 여부를 결정한다.[21]

먼저, 판례는 선후 행정행위가 하나의 효과를 목적으로 하는 경우에는 위법성의 승계를 인정하고 있다. 즉, 두 개 이상의 행정처분이 연속적으로 행하여지는 경우 선행처분과 후행처분이 서로 결합하여 1개의 법률효과를 완성하는 때에는 선행처분에 하자가 있으면 그 하자는 후행처분에 승계되므로 선행처분에 불가쟁력이 생겨 그 효력을 다툴 수 없게 된 경우에도 선행처분의 하자를 이유로 후행처분의 효력을 다툴 수 있다고 한다. 예컨대, 조세체납처분에 있어서의 일련의 절차인 독촉·압류·매각·충당의 각 행정행위 사이[22] 또는 행정대집행에 있어서의 일련의 절차인 계고·통지·대집행실행·비용납부명령의 각 행정행위 사이[23]에서는

---

21) 이에 관하여는 김용섭, "행정행위의 하자승계론의 재검토(하)", 판례월보 331호, 1998. 3, 33면 이하; 김병훈, "행정행위의 하자승계에 관한 학설·판례연구", 법학연구 제17집, 2004, 30면 이하

22) 대법원 1986. 10. 28 선고 86누 147판결에서 독촉과 가산금·중가산금 징수처분 상호간의 위법성의 승계를 인정하였다.

하나의 효과를 완성하는 것으로 보아 하자의 승계를 인정한다.

선행처분과 후행처분이 서로 독립하여 별개의 목적으로 하는 때에는 선행처분의 하자가 당연무효인 경우에는 승계를 인정하고, 취소사유인 경우에는 하자의 승계를 인정하지 아니한다. 예컨대, 위법한 건축물의 철거명령과 대집행의 계고처분 사이에는 하자가 승계되지 않는다고 보고 있다. 왜냐하면 철거명령은 그 상대방에게 철거의무를 부과하여 자주적으로 이를 이행시키는 것을 목적으로 하는 데 대하여, 대집행은 행정청이 의무자에 대신하여 그 의무의 내용을 강제적으로 실현하는 것을 목적으로 하는 것으로서, 양자는 행정목적을 각각 달리하기 때문이다. 또한 과세처분과 체납처분의 경우 전자는 납세의무를 구체적으로 확정하는 것인 데 대하여, 후자는 이미 확정된 조세채무에 기한 강제집행절차로서 각각 다른 효과를 목적으로 하는 것이기 때문에, 하자의 승계가 인정되지 않는다고 본다.[24]

그러나 판례는 이 사건 대상판결과 관련판례에서 보는 바와 같이, 선행행위와 후행행위가 서로 독립하여 별개의 효과를 목적으로 하는 경우에도 선행행위의 불가쟁력이나 구속력이 그로 인해 불이익을 입게 되는 자의 수인한도를 넘는 가혹함을 가져오며, 그 결과가 당사자에게 예측 가능한 것이 아닌 경우에는 국민의 재산권과 재판받을 권리를 보장하고 있는 헌법의 이념에 비추어 선행행위의 위법을 후행행위에 대한 취소소송에서 독립된 취소사유로 주장할 수 있다고 보아 종래의 전통적인 하자승계론에 대하여 다소 수정된 기준을 제시하고 있다.

---

23) 대법원 1996. 2. 9. 선고 95누 12507 판결에서 계고처분과 대집행영장발부통보처분 사이에 위법성의 승계를 인정하였다.

24) 헌재 2004. 1. 29. 2002헌바 73; 대법원 1977. 7. 12. 선고 76누51판결. 과세처분과 체납처분간에 위법성의 승계를 부인하였다.

(2) 판례의 문제점

판례는 선후 행정행위간에 하나의 법적 효과를 지향하며 추구하는 바가 동일목적인가 별개목적인가를 기준으로 하며, 동일목적으로 하나의 효과를 지향하는 경우에 위법성이 승계되고, 별개목적인 경우에 원칙적으로 하자는 승계되지 않는다고 본다. 일본의 경우는 별개목적의 경우에 예외를 거의 인정하지 않는 반면에 우리의 경우에는 별개목적의 경우에 수인한도론을 통하여 예외를 인정해 오고 있는 점이 특징이다.

먼저 위법성(하자)승계론의 판별기준인 동일목적이냐 별개목적이냐는 판별은 그리 용이하지 않다고 본다.[25] 한편 판례에 의하면 동일목적인 경우에도 결합되기만 하면 예외없이 하자를 승계되도록 허용하는 것은 문제가 있을 수 있다. 즉 법령이 다르거나 행청청이 서로 다른 경우에도 하자의 승계를 인정하는 것은 타당하지 않다. 동일목적의 대표적인 경우로 대집행 절차 상호간의 위법성의 승계를 허용하고 있으나, 대집행절차의 신속성의 요청에 저해되거니와 선행행위인 계고처분인 하자를 대집행실행이 있을 경우에 이를 다툴 수 있는데도 집행이 완료된 후인 대집행비용징수단계에까지 그 하자를 주장할 수 있다고 하는 것은 지나치게 당사자의 권익보호에 치중한 것으로 볼 것이다.[26]

대법원은 동일목적인 경우에는 위법성의 승계를 일반적으로 허용하고, 별개목적인 경우에는 원칙적으로 위법성이 승계되지 않지만 이 경우에는 예외적으로 하자승계를 인정하는 것과 동일한 판시태도를 보이고 있다. 그러나 설사 선후행정행위의 양자가 동일목적이라고 할지라도 일반적으로 하자의 승계를 허용할 것이 아니라 권리구제를 다툴 수

---

25) 예컨대, 김남진 교수는 과세처분과 채납처분간의 관계를 동일목적이라고 보고 있으나, 별개목적이라고 보는 견해가 판례와 다수설의 입장이다. 한편 박균성 교수는 개별공시지가와 과세처분과의 관계를 별개의 처분이 아니라고 보고 있으나 이를 별개목적으로 파악하는 견해가 판례와 다수설의 입장이다.

26) 김용섭, "행정행위의 하자승계론의 재검토(하)", 판례월보 331호, 1998, 4, 33면.

있는 기회가 제대로 부여되지 않았거나 후속 행정처분에서 하자를 다투는 것이 본질적인 권리구제의 경우 등의 합리적인 기준이 제시될 필요가 있다고 본다.

오늘날 개괄주의하에서 법적으로 보호된 이익이 침해된 자가 처분의 위법성이 있다고 그 처분을 다투는 취소소송에서 이를 주장하여 심리판단을 받을 기회는 보장되고 있다. 따라서 위법성의 승계는 주로 소송의 대상을 획정하는 논의만은 아니고 어떠한 방법으로 재판상 주장하여 심리 판단을 받을 것인지에 대한 소송의 방법의 타이밍에 관한 논의에 방점이 놓여진다.

다시 말해 선행행위의 위법을 시정하는 절차를 전적으로 선행행위의 단계에서 고려하는 것이 합리성을 갖는지 아니면 선행행위의 위법을 후행행위의 단계에서 시정하는 절차를 취함으로써 선행행위와 후행행위를 통하여 행정과정 내지 행정절차의 전체에 현저한 혼란을 초래하는 것은 아닌지 여부라고 하는 관점에서 다각적으로 접근할 필요가 있다.

2. 이론대립

(1) 위법성(하자) 승계론의 전개

위법성의 승계라 함은 행정이 선후 행정행위를 거쳐 행해지는 경우에 선행 행정행위의 위법이 후행 행정행위에 승계되어, 이를 이유로 법원에서 선결문제로서 후속적인 행정행위의 위법으로 심사할 수 있는가의 문제라고 할 수 있다.

동일목적으로 하나의 법적 효과를 지향하는 경우 선행정행위 하자가 후행 행정행위에 승계되는 것을 허용하는 입장이 통설[27]이다. 즉, 선행행위와 후행행위가 서로 결합하여 하나의 법적 효과 발생을 목적

27) 김도창, 일반행정법론(상), 1992. 481면 이하

으로 하는 경우에만 승계를 인정한다. 승계여부는 양행정행위가 서로 결합하여 하나의 효과를 완성하는 동일목적이냐 별개의 목적이냐에 달려있다. 이들 경우에는 서로 연속하는 두 개 이상의 행위에 의하여 법률이 달성하려고 하는 목적은 최종의 행정행위에 유보되어 있다고 보기 때문이다.

한편, 양자가 서로 독립하여 각각 별개의 효과를 목적으로 하는 경우에는 선행행위가 당연무효인 경우 외에는 취소사유인 하자가 승계되지 아니한다고 본다.

그러나, 선행행위가 당연무효인 경우에는 이를 전제로 하여 행하여지는 후행행위는 정당한 처분사유가 없는 행위로서 위법한 행정행위가 되는 것이므로, 이 경우는 하자의 승계를 논할 필요도 없이 하자의 정도에 따라 그 취소 또는 무효를 주장할 수 있다.

위법성승계론의 입장을 기본적으로 유지하면서도 기존의 하자승계론이 하나의 효과를 목적으로 하는 경우에는 승계되나 별개의 효과를 목적으로 하는 경우에는 승계되지 않는다고 하는 논리는 지나치게 단순하고 형식적이라고 비판하면서, 양 행정행위가 별개 효과의 발생을 목적으로 하는 경우에도 승계를 인정할 수 있다는 견해가 있다. 즉, 둘 이상의 행위가 동일한 행정목적을 달성하기 위하여 순차적으로 행하여진다면, 각 행위가 결합하여 하나의 효과를 발생시키는 경우는 물론이고, 각각 독립하여 별개의 효과를 발생시킨다고 할지라도 연속적인 수 개의 행위는 동일한 행정목적을 달성하기 위한 목적과 수단의 관계에 있기 때문이라고 한다. 그리하여 하자의 승계여부는, 한편으로 선행행위의 불가쟁력이 가져다주는 법적 안정성 및 제3자 보호를 고려하고, 다른 한편으로 선행행위의 위법성의 승계를 인정하는 경우에 가능하여지는 국민의 권리구제를 고려하여 양자가 조화되고 구체적 타당성이 기하여지도록 결정하여야 할 문제라고 한다. 따라서 불가쟁력이 발생한 선행행위의 흠을 후행행위의 취소청구에서 주장하게 하여도 법적 안정성이나 제3자 보호

에 지장이 없다면 흠의 승계를 널리 인정하여야 한다고 한다.[28)]

(2) 선행행정행위의 구속력이론

불가쟁력이 발생한 선행행위의 후행행위에 대한 구속력은 후행 행정행위의 단계에서 후행 행정행위의 전제가 되는 선행 행정행위에 배치되는 주장을 하지 못하는 효력을 의미한다. 선행 행정행위의 구속력이론은 선행행위의 위법을 후행행위의 취소쟁송에서 주장할 수 있는지를 하자의 승계라는 관점에서 다루어 온 전통적 하자승계론과는 달리 독일에서의 논의를 토대로 불가쟁력이 발생한 선행행위의 후행행위에 대한 구속력(규준력)의 문제로서 다루고 있는 견해라고 할 수 있다.[29)]

우선, 통설적 견해가 위법성 승계 내지 하자승계의 문제로 다루는 것을 선행정행위의 후행정행위에 대한 구속력(규준력, 기결력)의 문제로서 행정행위의 효력·구속력[30)]의 관점에서 이를 논하고 있는바, 구속력의 직접적 근거는 없으나 간접적 근거로서 행정행위의 불가쟁력을 뒷받침하는 행정 쟁송제기기간에 관한 규정을 들며, 그 이유는 선행행위가 불가쟁력을 발생하였는데 후행행위의 효력을 다툴 수 있게 되면 불가쟁력을 인정하는 제도의 취지가 무의미해지기 때문이라고 한다. 선행 행정행위의 구속력(규준력)이 후행 행정행위에 미친다고 할 때, 선행 행정행위와 후행 행정행위간에는 어떤 동질성 내지 연관성이 있지 않으면 안된다.

선행 행정행위의 구속력이론은 2개 이상 행정행위가 동일한 법적

28) 변재옥, 행정법강의(1), 1989, 355면.

29) 김남진, "선행처분의 후행처분에 대한 구속력과 예외", 판례월보 1994년 6월호; 동인, "과세처분의 선행행위인 개별공시지가의 위법성심사", 판례월보 1996년 12월호; 신보성, "선행행위의 후행행위구속력", 고시계, 1991년 5월호; 박종국, "선행행정행위의 후행행정행위에 대한 구속력", 공법연구 1996년 6월호 등.

30) 공정력은 행정행위가 잠정적으로 유효성을 인정받는 효력인데 반해, 구속력이란 이러한 유효성에서 나오는 효력이라고 이해한다, 이에 관해서는 정하중, 행정법개론, 법문사, 2013, 256면.

효과를 추구하는 경우에는 선행 행정행위는 일정한 조건하에서 후행 행정행위에 대하여 구속력을 가지게 되는 것으로서, 이러한 구속력이 미치는 한도에서는 후행 행정행위에서 선행 행정행위의 효과를 다툴 수 없게 된다고 한다. 이러한 구속력을 인정되기 위한 조건으로서 ① 양 행정행위가 동일한 목적을 추구하고, 그 법적 효과가 일치할 것(사물적 한계) ② 양 행위의 수범자가 일치할 것(대인적 한계) ③ 선행행위의 사실상태 및 법상태가 동일성을 유지할 것(시간적 한계) ④ 구속력의 결과에 대한 예측가능성과 수인가능성(추가적 조건)을 들고 있다.[31]

이상과 같은 선행행정행위의 구속력이론은 한편으로는 독일에서 발전한 이론으로 종래의 전통적 견해에 비하여 새로운 관점을 제시하고 있다는 평가가 있으며, 다른 한편으로는 새로운 견해가 추가적 한계로 들고 있는 예측가능성과 수인가능성의 요구에 대하여 이 부분이 선행행위의 구속력의 주장에 특유한 논거라기보다는 당사자의 개별적인 사정에 상응한 권리보호를 위하여 실질적 법치주의 하에서 당연히 파생하는 일반적인 한계로서의 의미를 갖는다고 보아 이를 평가절하하는 주장도 있다. 그러나, 위 이론은 위법성 승계와 관련하여 별개목적의 경우에 하자 승계와 동일한 효과를 가져오는 대법원판례의 법리 형성에 적지 않은 영향을 미쳤다고 할 것이다. 다만, 선행 행정행위의 구속력 이론은 수익적 행정행위와 보다 많이 관련되며, 하자가 있을 때 상대방이나 제3자가 이를 다툴 수 있는가의 문제라기보다는 행정청이 이를 변경할 수 있는가의 문제로 귀착된다.[32]

(3) 위법성(하자)승계론과 선행행위의 후행행위에 대한 구속력이론과의 관계

우리의 행정법학이 특히 일본의 행정법학의 영향을 받은 것이 위법

31) 김동희, 행정법 I, 박영사, 2013, 346면.
32) 김용섭, "행정행위의 하자승계론의 재검토(하)", 판례월보 제331호, 1998. 4,, 32면

성(하자)승계론이라면, 일부 학자에 의하여 그 대안으로 등장한 선행정행위의 후행정행위에 대한 구속력이론은 독일 행정법학의 영향을 받은 것이라고 볼 수 있다. 종래의 통설 내지 판례의 입장이 하자승계론을 고수하고 있는 반면에 선행행정행위의 후행행정행위에 대한 구속력이론이 대립하고 있다. 양이론은 서로 다른 차원의 문제이나 양 이론의 근본적인 지향점은 일치한다고 보여진다. 다시 말해 위법성의 승계는 선행행위와 후행행위가 결합하여 하나의 법적 효과를 달성하는 경우에 인정되고, 별개목적의 경우에는 위법성이 승계되지 않는데 이 경우 구속력론은 위법성의 승계를 허용하기 위한 논거로서 예측가능성과 수인가능성을 토대로 구속력을 허용하지 않으므로 위법성의 승계와 동일한 효과를 갖는 것으로 파악하고 있다.[33] 이처럼 위법성 승계(하자)승계론은 국민의 권리구제의 폭을 넓혀 주려는데 그 의의가 있는 반면에 선행행정행위의 후행행정행위에 대한 구속력이론은 당사자의 권리구제의 기회를 박탈하려는데 본래적 의미가 있는 것이 아니라 행정청을 구속하여 선행행위와 모순되는 결정을 내리지 못하게 함으로써 상대방의 지위불안을 해소하는데 주안점이 있다. 그러나 위법성승계론은 위법성과 관련되는 반면 선행 행정행위의 후행행정행위에 대한 구속력이론은 유효성과 관련되므로 논의의 지평이 다르고, 전자는 주로 부담적 행정행위에서 논의되는 반면에 후자는 수익적 행정행위에서 논의되므로 그 적용범위가 다르다는데 근본적인 차이점이 있다. 따라서 행정행위의 위법성승계론이 안고 있는 문제를 해결하기 위하여 독일의 이론인 선행행정행위의 후행행정행위에 대한 구속력이론은 대안이 될 수는 없다.[34]

위법성 승계론과 선행행정행위 구속력이론이 상호 배척적이 아니

33) 김병훈, "행정행위의 하자승계에 관한 학설·판례 연구", 법학연구 제17호, 2004, 24면.

34) 김용섭, "행정행위의 하자승계론의 재검토(상)", 판례월보 제330호, 1998, 3,, 53면, 정남철, "하자승계론에 관한 비판적 고찰, 청파법학 제8권, 2013, 279면 이하,

고 중첩적으로 적용된다고 보는 견해[35]도 있으나, 선행행정행위의 후행 행정행위에 대한 구속력은 정상적인 결정으로서의 구속력을 인정하는 생리학적인 것을 말하고, 위법성의 승계론은 선행 행정처분의 불가쟁력에도 불구하고 후행행정처분단계에서 위법성이 주장될 수 있는가 라는 보다 병리학적 측면이 부각되므로 양자간에는 논의의 지평이 다르다고 볼 것이다.

Ⅳ. 위법성 승계의 판단기준[36]

1. 논의의 출발점

위법성의 승계와 관련하여 크게 보면 법적안정성을 중시하는 입장과 국민의 권리구제를 중시하는 입장으로 대별될 수 있다. 절차의 신속성이 요청되는 예외적인 경우를 제외하고는 하자의 승계를 원칙적으로 인정해야 한다는 견해[37]도 있다. 그러나 법적 안정성과 국민의 권리구제의 조화의 관점에서 접근할 필요가 있으며, 기본적으로 공익실현 내지 행정목적의 효율적 달성이라고 하는 법적안정성을 중시하는 입장에서 원칙적 차단효를 인정하고 예외적으로 위법성 승계를 인정하는 접근방법[38]을 취하는 것이 바람직하다고 볼 것이다. 따라서 원칙적으로 선후 행정행위 간에는 비록 동일목적을 추구하더라도 그것이 전체적인 행

---

35) 박균성, 앞의 책, 288면.

36) 김용섭, “행정행위의 하자승계론의 재검토(하)”, 판례월보 330호, 43-46면을 토대로 새롭게 재구성한 것임.

37) 박정훈, “행정소송법 개정의 주요쟁점”, 공법연구 제31집 제3호, 2003, 70면.

38) 김남진 교수가 주창하는 선행행정행위의 구속력이론은 기본적으로 선행 행정행위의 위법성을 차단하는 관점에 기초하고 있다고 볼 것이다. 다만 예외적인 사유인 기대가능성과 수인한도의 관점에서 하자승계와 동일한 결과를 강조하고 있다고 할 것이다.

정과정의 일체로서 다루어지는 것이 아닌한 각각의 처분의 하자는 각각의 단계마다 이를 다투고 주장되는 것이 바람직하다. 왜냐하면, 후속적인 처분이 중요하면서 본질적인 사항이 아닌한 맨 나중의 단계에서 선행 행정행위의 위법을 이유로 선행 행정처분을 무로 돌리는 우를 범할 수 있게 되기 때문이다. 기본적으로 선행처분에 대하여 제소기간이 경과한 후에는 당사자의 권리구제의 관점에서나 선행처분이 불가결의 전제조건이 된 경우 이외에는 특별한 사유가 없는 한 선행 처분의 위법성을 이유로 후행행정행위의 취소의 사유로 삼을 수 없다고 하여야 한다. 따라서 원칙적으로 위법성 승계가 되지 않음은 물론 선행 행정행위의 위법성 내지 하자를 주장할 수 없다고 보아야 한다. 다만, 선행행정행위의 유효성이 아니라 적법성이 후행행정행위의 불가결의 전제가 되어 선결성을 지니게 되는 경우에는 설사 불가쟁력이 발생하였더라도 후행행정행위를 다투는 단계에서 선행행정행위의 위법성을 다툴 수 있다고 보아야 한다. 그 기준은 종래의 하자승계론과 같이 동일 목적이냐 별개목적이냐가 기준이 되지 않고, 처분의 불가결의 전제가 되는가 아니면 선행 행정행위를 다툴 수 있는 제도적 장치가 제대로 마련되어 있지 않거나 그러한 권리구제를 강구하는 것이 불합리한 경우에 해당하는가 여부가 중요한 기준이 된다.

앞서도 언급한 바와 같이, 종래의 하자승계론이 안고 있는 문제의 해결을 위해 독일에서 논의된 선행행정행위의 후행행정행위에 대한 구속력이론으로 대체할 수는 없다. 하자승계론의 발전방안은 정－반－합의 차원에서 위법성 주장의 차단효[39]와 그 예외의 인정여부를 중심으로 파악할 필요가 있다.

---

39) 행정법상 차단효(Präklusionswirkung)란 관계자가 절차에 참가하여 주장하는 것이 배제되는 것을 말한다. 이러한 차단효를 인정하는 이유는 절차참가에 있어서 신속성, 행정절차의 집중, 일회적인 결정을 통한 법적안정성의 확보차원에 있는 바, 이는 행정절차에서는 물론 법원의 판결절차에서도 인정될 수 있다.

선행 행정행위의 하자는 후행 행정행위의 단계에서 그 주장이 차단되는 것이 일반적이다. 그 이유는 공법관계의 안정을 위해서 제소기간 등을 통해서 불가쟁력이 인정되도록 하고 있으며, 만약에 그와 같은 불가쟁력을 인정하는 것이 불합리한 경우에는 정당한 이유가 있는 것으로 보아 제소기간을 늘리는 것도 하나의 방법이 될 수 있다.

그때그때마다 개별적인 여러 사정을 고려하여 합리적으로 결정하여야 한다고 보는 입장이 있을 수 있으나, 기본적으로 위법성의 승계의 문제를 원칙과 예외의 문제로 단순화하여 파악하는 입장이 일본과 한국의 통설의 입장이다.

특히 단순 위법의 경우 하자의 승계를 인정하기 위한 요건인 '동일한 행정목적'이 무엇인지 , 즉 선행처분과 후행처분이 동일한 목적을 달성하기 위하여 단계적인 일련의 절차로 연속하여 행해지고 양자가 서로 결합하여 하나의 법률효과를 발생시킨다고 할 수 있는 경우가 과연 객관적으로 분명하게 한정될 수 있는지가 이론적인 취약점으로 남는다.

2. 위법성 주장의 차단효와 그 예외

(1) 원칙

선행행정행위의 행정청과 후행행정 행위의 행정청을 달리하는 경우, 선행 처분이 경미한 절차하자인 경우, 선행절차와 후행절차가 서로 다른 원리에 기반하고 있는 경우, 원칙적으로 선행처분과 후행처분이 통합적 행정과정속에서 이루어지지지 않는 경우 등의 경우에는 선행 행정행위에 하자가 있다고 할지라도 후행 행정행위에 승계되지 않는다고 할 것이다.

차단효는 본안의 청구·항변 또는 그 선결문제에 관하여 행정청이 이미 행정행위 즉 확인행위에 의하거나 또는 행정행위를 하는 전제로서 인정판단을 행하는 경우에 위 행위의 취소를 하지 않고 당사자 및 법원이 그것과 다른 주장 및 판단을 할 수 있는가의 관점에서 원칙적으로 차단, 예외적 승계라는 차원에서 접근하는 방법론과 관련된다.[40)]

또한 하자의 주장의 실익은 불가쟁력이 발생한 후 차단효가 인정되기 까지라고 보아야 한다. 따라서 위법성 주장의 차단효가 인정되는 경우에는 하자가 승계되지 않는 것과 동일한 결과가 된다. 이 경우에는 동일한 목적을 지향한다고 하더라도 선행행정행위의 하자를 후행행정행위의 단계에서 다툴 수 없음은 물론이다. 그런데 선행 행정행위는 기간이 경과하였더라도 정당한 이유에 해당한다고 법원에서 기간계산에 있어 합리적인 결정을 내리게 되어 불가쟁력이 발생하지 아니한 경우라면 선행행정행위를 다투어 그 효력을 상실시킬 수 있으므로 논의의 실익이 적게 된다는 점은 앞에서 살펴본 바와 같다.[41)]

선후 행정행위간에 위법성의 주장을 각 행위는 별개로 확정하여야 한다. 그 이유가 불가쟁력과 구속력이 인정되기 때문이다. 행정행위의 공정력이론은 행정의 안정성과 실효성확보 차원에서 잠정적 유효성을 인정한 것에 불과하고 위법한 행정행위가 적법한 행정행위로 전환되는 것은 아니다. 그보다는 불가쟁력에 따르는 행정법관계의 조기확정의 필요성의 요청, 행정쟁송법상 제소기간을 마련한 제도의 취지를 존중한다는 차원에서 선행행정행위에 존재하고 있는 위법성 내지 하자는 승계되지 않을 뿐만 아니라 원칙적으로 후행 행정행위 단계에서 주장될 수도

40) 이는 일본의 小早川光郎 교수(先決問題と行政行爲, 公法の理論上, 田中 古稀論文, 有斐閣, 1977)의 설명방법을 차용한 것으로 小早川光郎 교수는 차단효과란 행정처분과 후의 소송의 당사자의 주장 사이에 실체법상의 선결관계가 있는 경우에도 불구하고 정책적 선택의 결과로서 선행행위에 차단효과가 인정되는 경우에는 그것을 취소하지 않은 이상 당사자 및 법원은 행정청이 이미 행한 인정판단 즉 요건판단과 다른 주장이나 판단을 할 수가 없는 것이라고 설명한다.

41) 선행행정행위에 대한 직권취소가 있는 경우에는 선행행정행위의 후행행정행위에 대한 구속력이 중단될 뿐만 아니라 직권취소가 됨으로 인하여 효력이 없게 되므로 이에 기초한 후행행정행위단계에서 선행행정행위의 하자 내지 무효를 다툴 수 있게 된다.

없다고 본다. 물론 선행행정행위가 불가쟁력이 발생하고 실질적 존속력이 발생한 경우에는 행정청도 이를 변경할 수 없음은 물론이다. 그러나 법적 안정성만이 헌법적 가치가 있는 것은 아니라고 할 것이다. 개별적 정의의 원칙 보장차원에서 당사자에게 위법성의 주장이 차단된다고 할 것 같으면 당사자의 권리구제에 중대한 흠결이 있는 경우에는 예외적으로 선행행정행위의 하자를 후행행정행위단계에서 주장할 수 있다고 보아야 한다. 다만 예외의 기준설정이 보다 합리적이며 객관적일 필요가 있다.[42)]

(2) 예외

예외적으로 선행행위의 하자주장이 허용되는 경우에는 하자승계론의 견지에서 하자가 승계된다고 보는 경우와 동일하게 된다. 아울러 선행행정행위의 하자를 인정하게 되면 특히 선행 행정행위에 대한 불가쟁력이 발생한 경우에 선행 처분이 승계된 것을 이유로 후행 처분을 다투는 실익이 있게 된다. 개인의 권리구제를 강조하면 차단효의 예외 즉, 하자의 승계를 광범위하게 인정하는 것이 필요하겠으나, 행정의 실효성 확보와 법적 안정성의 요청도 무시할 수 없으므로 적절한 조화점에서 그 예외의 인정가능성을 모색하는 것이 필요하다. 종래의 하자승계에 관한 판례의 법리와 같이 동일 목적인가 별개 목적인가, 법률효과의 동일성이라는 형식적인 기준에 의하기 보다는 선후 행정행위 상호간의 개

---

42) 이와 관련하여 大沼洋一, 違法性の承繼について, 判例時報 2185号, 2013, 9－13面에서는 위법성의 승계가 인정되는 법적인 근거를 행정과정의 위법으로 파악하면서 불가결의 선결성을 중요한 척도로 제시하고 있다, 아울러 위법성 승계의 적극적 기준으로 ① 선행행위가 후행행위를 하는 전제가 되는 행정과정일 것 ② 위법성의 승계를 인정하는 것에 의해 후행 행정처분의 단계에서 선행행위의 위법성을 주장할 필요성이 높을 것을 기준으로 제시하고 있으며, 위법성 승계의 소극적 기준으로 ③ 선행행위와 후행처분의 취지와 목적이 달라 양자가 독립하여 다른 제도일 것 ④ 선행행위의 조기안정화의 필요성이 있을 것을 기준으로 제시하고 있다.

별적인 관련성이나 특성을 고려할 필요가 있으며[43], 이를 위해서는 적절한 유형화가 필요하다고 본다.

① 법령에 명시적인 규정을 둔 경우

현행 법령 중에는 선행행정행위의 위법성을 후행행정행위를 다투는 소송에서 주장할 수 있다고 볼 만한 규정이 아직 마련되어 있지 아니하나, 특정의 경우 선행 행정행위가 불가쟁력이 발생하여도 후행행정행위를 다투는 소송단계에서 선행행정행위의 하자를 다툴 수 있다는 규정을 법령에서 명문으로 마련한 경우에는 법치행정의 원칙에 따라 그 예외가 허용된다.

② 선행 행정처분이 무효인 경우

선행 행정처분에 무효사유의 하자가 존재하면 선행 행정처분의 무효는 후행 행정처분에 승계되어 후행 행정처분도 원칙적으로 무효가 된다고 보는 것이 판례의 태도이다.[44] 한편, 대법원 2010. 2. 16. 선고 2010두 10907 전원합의체 판결은 선행 과세처분의 근거법률만 위헌으로 결정되었고, 집행단계의 후행 체납처분에 관한 근거법률은 그대로 존속하고 있는 경우에도 선행 행정처분의 근거법률에 대한 위헌결정으로 인해 후속 체납처분의 효력이 어떻게 될 것인가에 관하여 종래 직접적인 판례가 없던 차에 나온 판결로, 다수의견은 결과적으로 위헌결정의 기속력의 의미를 헌법재판소의 결정을 존중하여야 하는 결정준수의

43) 류지태, "개별공시지가결정행위의 하자승계에 관한 판례－하자승계논의에 관한 새로운 해결시도", 판례연구 제7집, 1995, 136－137면.

44) 대법원 1961. 10. 19. 선고 4294행상61 판결(부과처분에 명백하고 중대한 하자가 있어 무효인 경우에는 그 부과처분의 집행을 위한 체납처분도 무효이다); 대법원 1987. 9. 22. 선고 87누383 판결(조세의 부과처분과 압류 등의 체납처분은 별개의 행정처분으로서 독립성을 가지므로 부과처분에 하자가 있더라도 그 부과처분이 취소되지 아니하는 한 그 부과처분에 의한 체납처분은 위법이라고 할 수는 없지만, 체납처분은 부과처분의 집행을 위한 절차에 불과하므로 그 부과처분에 중대하고도 명백한 하자가 있어 무효인 경우에는 그 부과처분의 집행을 위한 체납처분도 무효라 할 것이다); 대법원 1996. 6. 28. 선고 96누4374 판결 등

무를 전제로 집행의 근거법률에 대한 위헌결정이 없더라도 위헌결정의 기속력과 헌법의 최고규범성의 관점에서 비롯되는 법질서의 체계적 요청에 비추어 국가기관 및 지방자치단체는 위헌적인 법률관계를 생성하거나 확대하는 등 후속적인 집행처분을 할 수 없다고 판시하여, 국민의 권익구제를 고려하였다고 평가내릴 수 있다.[45] 헌법재판소에서 법률에 대한 위헌판결이 내려진 경우에는 집행행위가 완료되지 않았다고 할지라도 선후 행정행위가 별개목적인 경우에도 후행행정행위도 무효가 되어 하자가 승계되는 결과와 동일하게 된다.[46]

---

45) 김용섭, "위헌법률에 근거한 과세처분의 집행 허용여부 – 대법원 2010. 2. 16. 선고 2010두 10907 전원합의체 판결을 중심으로–", 대한변협신문 제441호, 2013. 4. 1. 13면.

46) 다만 대법원 전원합의체 판결의 반대의견은 이와 결론을 달리한다. [대법관 안대희, 대법관 신영철, 대법관 김용덕의 반대의견]은 "행정청이 어떠한 법률의 조항에 근거하여 행정처분을 한 후 헌법재판소가 그 조항을 위헌으로 결정하였다면 행정처분은 결과적으로 법률의 근거 없이 행하여진 것과 마찬가지로 되어 후발적으로 하자가 있게 된다고 할 것이나, 일반적으로 법률이 헌법에 위반된다는 사정은 헌법재판소의 위헌결정이 있기 전에는 객관적으로 명백한 것이라고 할 수 없으므로 특별한 사정이 없는 한 그러한 하자는 행정처분의 취소사유일 뿐 당연무효 사유라고 할 수 없고, 일정한 행정목적을 위하여 독립된 행위가 단계적으로 이루어진 경우 선행처분에 당연무효 또는 부존재인 하자가 있는 때를 제외하고 선행처분의 하자가 후속처분에 당연히 승계된다고 할 수는 없다. 과세처분과 압류처분은 별개의 행정처분이므로 선행처분인 과세처분이 당연무효인 경우를 제외하고는 과세처분의 하자를 이유로 후속 체납처분인 압류처분의 효력을 다툴 수 없다고 봄이 타당한 점, 압류처분 등 체납처분은 과세처분과는 별개의 행정처분으로서 과세처분 근거규정이 직접 적용되지 않고 체납처분 관련 규정이 적용될 뿐이므로, 과세처분 근거규정에 대한 위헌결정의 기속력은 체납처분과는 무관하고 이에 미치지 않는다고 보아야 한다는 점, 다수의견과 같이 유효한 과세처분에 대한 체납처분 절차의 진행을 금지하여 실질적으로 당해 과세처분의 효력을 부정하고 사실상 소멸시키는 데까지 위헌결정의 기속력 범위가 미친다고 새긴다면, 이는 기속력의 범위를 지나치게 확장하는 것이 되어 결과적으로 위헌결정의 소급효를 제한한 구 헌법재판소법(2011. 4. 5. 법률 제10546호로 개정되기 전의 것) 제47조 제2항 본문의 취지에 부합하지 않는다는 점 등에 비추어 보면, 선행처분에 해당하는 과세처분에 당연무효 사유가 없고, 과세처분에 따른 체납처분의 근거규정이 유효하게 존속하며, 외국의 일부 입법례와 같이 위헌법

③ 선행 행정처분이 후행 행정처분의 불가결의 선결전제가 되는 경우

후행 행정처분이 선행행정처분의 유효성과 관련되기 보다는 선행 행정처분의 적법성을 전제로 하는 경우에는 이를 주장할 수 있다고 본다. 선행행정행위의 유효성과 관련되기 때문에 후행행정행위를 다투는 쟁송단계에서 선행행정행위의 위법성의 주장을 할 수 없는 예로서는 과세처분과 체납처분간의 관계가 이에 해당한다.

이에 반하여 선행행정행위의 적법성을 전제로 하는 경우에는 하자의 주장이 허용되는바, 그 예로서는 개별공시지가와 과세처분, 표준지공시지가와 개별공시지가, 표준지공시지가와 과세처분간의 관계가 이에 해당된다.

④ 선행 행정처분보다 후속적인 행정처분을 다투는 것이 본질적인 경우

선행처분을 다투는 것이 당사자에게 어떤 법적인 효과를 가져올지 모르는 경우를 위해 후속적인 행정처분을 다투는 것이 보다 본질적이고 중요한 경우에는 선행 처분의 위법을 다투지 아니하고 후속적인 행정처분에서 선행처분의 위법을 다투도록 하는 것이 보다 바람직하다.[47]

⑤ 선행행정작용에 대한 쟁송수단이 없거나 제소기간 내에 다투는 것이 현실적으로 곤란한 경우

선행행정작용이 처분이 아니라면 위법성의 승계를 인정하는 것이 용이하다. 그러나 선행 행정작용이 처분이고 공정력이 있다면 이러한 공정력을 배제하는 소송을 제기한 후에 승계시키는 것이 바람직하다.

률의 집행력을 배제하는 명문의 규정이 없는 이상, 과세처분의 근거규정에 대한 헌법재판소의 위헌결정이 있었다는 이유만으로 체납처분이 위법하다고 보는 다수의견에는 찬성할 수 없다."고 밝히고 있다.

47) 임영호, "하자있는 표준지 공시지가 결정과 그에 대한 쟁송방법", 인권과 정의 통권 제378호, 2008, 2, 106면.

그렇기 때문에 선행 행정행위에 대하여 소송제기가 안되거나 소송을 제기하는 것이 용이하지 않는 사유가 있어야 한다.

하자승계의 기본전제론의 입장에 따르면 선행행정작용이 처분성이 없으면 공정력이나 불가쟁력이 발생하지 않게 되므로 하자의 승계가 논의될 여지가 없겠으나, 이 경우는 논의를 확대하여 불가쟁력이 발생하지 아니한 것이 되므로 위법성을 주장할 수 있다고 보는 것이 적절하다. 따라서 행정쟁송법의 기간제한규정의 취지를 몰각시키지 않으면서 당사자의 권익신장기회의 확대 필요성이 있는 경우 예컨대 중간행위 내지 내부행위로서 독자적 처분성이 인정되지 않는 경우에는 후행행정행위의 단계에서 이를 다툴 수 있다고 본다.

⑥ 일반적 척도로서의 수인한도와 기대가능성

대법원은 수인한도론의 관점에서 별개 목적의 선후 행정행위와의 관계에서 법원의 심리의 척도를 제시하고 있는바, 이와 같은 접근 방법이 적절한 것인지 검토를 필요로 한다.

일반적으로 수인한도론은 판례에서 국가배상 사건이나 의료손해배상 나아가 조망권에 관한 소송 등 실체법적 영역에서 판단척도로서 기능하여 왔다. 그런데 이러한 기준이 새만금 사건을 거치면서 원고적격의 범위를 획정짓는 구분 척도로서 기능하고 있으며, 나아가 하자의 승계를 논함에 있어서 그 기준으로 기능하고 있다. 이 경우 수인한도나 기대가능성의 문제를 어떻게 평가할 것인지 일반적인 척도로 기능하게 될 경우 기존의 소송요건론에서 다루고 있는 소송요건을 확장하는 부분을 어떻게 합리적으로 해석해 나갈 것인지 의문이 든다. 대법원은 결과적으로 하자의 승계여부를 별개목적의 경우에도 허용하는 경우 수인한도론으로 위법성의 승계를 판별하고 있는데, 당사자에게 일련의 쟁송제기의 기회가 부여된 경우에는 수인한도를 넘지 않은 것으로 파악하는 대법원판례의 태도가 적절한 것인지 의문이며, 다른 판별기준을 우선적으로 적용하고 보충적으로 일반적인 기준을 적용하는 것이 적절하다고 본다.

이러한 수인가능성이나 예측가능성의 기준을 위법성 승계론에서 배제하는 것이 바람직하다는 견해[48]도 있으나, 법치국가의 요청상 일반적 기준으로서 선행행정행위의 하자를 다투지 않고 보다 본질적이며 중요한 후속적인 행정행위를 다투면서 선행 행정행위를 다투는 것이 허용되는 것은 만약에 이와 같은 소송제기는 허용되지 않고 당사자에게 선행 처분을 제소기간내에 다투도록 하는 것이 참을 수 없는 결과를 초래하는 경우에는 예외적으로 불가쟁력이 발생하였더라도 선행 행정행위의 위법성을 주장할 수 있게 된다. 다만, 행정행위의 불가쟁력의 예외를 인정하는 결과를 가져오는 것인데, 국민의 재판청구권의 실질적 보장이라는 측면에서 정당성이 인정된다고 할지라도 법률의 근거없이 이와 같은 내용을 허용하여 공법관계의 불안정을 초래하는 것은 다소 비판의 여지가 있다.[49]

V. 이 사건 대상판결에 대한 종합검토

1. 진상규명특별법 제19조 제2항에서 "위원회는 제1항의 규정에 의하여 조사대상자가 선정된 때에는 그 선정사실을 당해 조사대상자, 그 배우자와 직계비속 또는 이해관계인에게 통지하여야 한다."고 규정하고 있는 바, 선정사실의 통지대상이 조사대상자, 그 배우자와 직계비속 또는 이해관계인으로 되어 있어, 그 중 어느 하나 대상에게만 통지하면 통지로서의 효력을 미치게 되는지, 아니면 그 대상자를 순차적으로 통지

48) 정남철, "하자승계론에 관한 비판적 고찰- 소위 규준력이론에 관한 평가를 겸하여-", 청파법학 제8권, 2013, 301면.

49) 행정절차법에 위법성의 승계에 관한 규정을 두거나 행정소송법의 선결문제에 관한 부분에서 이에 관한 근거조항을 마련할 필요가 있다.

하여야 하는지 논란이 야기될 수 있다. 이 경우 조사대상자가 작고한 경우가 일반적이며 납북되는 등 통지하는데 어려움이 있을 수 있으므로 직계비속에게 하지 못하고 이해관계인에게 한 것으로도 통지의 효력이 미친다고 보아야 하고, 행정절차법상 제3자의 관점에서 제소기간을 논할 필요가 있다.[50)]

물론, 동조 제3항에서는 "조사대상자, 그 배우자와 직계비속 또는 이해관계인의 주소불명 등으로 제2항의 규정에 의한 통지를 할 수 없을 때에는 조사대상자의 성명, 출생지 등의 인적사항을 다음 각 호의 방법(1. 위원회 게시판 게시 2. 관보·공보 또는 일간신문 게재 3. 전자통신매체를 이용한 공시)으로 공고함으로써 제2항의 통지에 갈음할 수 있다. 이 경우 공고일로부터 14일이 경과한 때에 통지된 것으로 본다."라고 규정하고 있다. 아울러 동조 제4항에서는 "위원회는 제2항(제3항의 규정에 따라 통지에 갈음하는 경우를 포함한다)의 규정에 의한 통지를 함에 있어서 통지대상자에게 이의신청의 제기 및 그 절차와 기간 그 밖에 필요한 사항을 알려야 한다."라고 규정하여 통지와 더불어 이의신청에 대한 고지제도를 마련하고 있다.

한편, 진상규명특별법 제28조제1항에서는 "위원회는 제25조의 규정에 의한 조사보고서 또는 제26조의 규정에 의한 사료에 기재될 조사대상자의 친일반민족행위를 확정하여 그 내용을 제19조의 규정에 따라 선정된 조사대상자, 그 배우자와 직계비속 또는 이해관계인에게 통지하여야 한다."라고 규정하고 있다.

2. 대상판결에서 이 사건 선행처분은 진상규명위원회의 친일민족행

---

50) 다만, 이러한 해석론 보다는 행정행위의 효력발생요건인 통지가 직계비속에게는 미치지 않았다고 보게 되면 처분이 발해진 것이 아니어서 사후적으로 후행행위 단계에서 선행 행정활동의 위법성을 주장할 수 있게 된다. 이러한 경우에는 하자승계의 문제가 크게 논의될 여지가 없게 된다.

위자 최종발표인데, 이와 같은 발표가 처분에 해당하는지 문제된다. 이와 관련하여 진상규명특별법에 의하면 이러한 친일민족행위자로 확정하면 조사보고서를 작성하여 매년 대통령과 정기국회기간 중 국회에 보고하며(동법 제25조) 아울러 친일반민족행위에 관한 사료를 편찬(동법 제26조) 하도록 규정되어 있는 바, 이는 조사대상자의 인격권에 손상을 초래하고, 친일 반민족 행위자의 재산의 국가귀속에 관한 특별법에 따라 재산권에도 영향을 줄 수 있고, 조사대상자의 직계비속도 친일반민족행위자의 후손이라는 평가를 받게 되어 명예감정을 해칠 뿐만 아니라 재산권의 제약 및 독립유공자적용대상에서 배제되는 등 법적인 불이익이 초래될 수 있는 법적용행위에 속하므로 행정소송의 대상이 되는 처분에 속한다고 볼 것이다.[51] 아울러 이와 같은 진상위원회의 조사발표는 전문적인 진상규명위원회의 조사활동을 통해서 내려지는 확인적 행위로서 실질적 존속력[52]을 갖게 될 뿐만 아니라 위법적 행정행위도 일정한 결정의 구성요건으로 기능하기 때문에 국가기관 즉, 행정청, 행정심판위원회나 법원 등에서도 이를 존중하여야 하는 구성요건적 효력[53]이 있으므로 후행 행위처분의 단계에서 제소기간이 도과한 선행행위의 위법성을 주장하여 다투는 것이 허용된다고 보기 어렵다.

또한 이 사건 대상판결 사안에서는 선행처분에 절차상의 하자[54]가

51) 대법원 2012. 2. 9. 선고 2011두 22006판결; 서울행정법원 2010. 12. 24. 선고 2009구합 38787 판결; 서울행정법원 2010. 10. 28. 선고 2009구합 49732 판결

52) 위원회의 결정은 확인적 처분의 성질을 지니므로 행정청의 취소권 내지 철회권이 제한된다.

53) Bader/Ronellenfitsch, Becke'scher Online－Kommentar VwVfG, 구성요건적 효력은 처분의 적법성여부 불가쟁력의 여부와 무관하고 행정행위의 성립으로 발생하며 행정행위의 구성요건적 효력의 존중에 있어서 어떠한 법률의 근거가 필요한 것은 아니다.(BVerwGE 60, 111, 117)

54) 선행행정행위의 절차적 위법사유도 하자승계의 사유가 되는가의 문제와 관련하여 선행행정행위의 절차형성에 본질적이고 중요한 절차인 경우에는 하자승계가 인정되지만, 본질적이지 않은 형식과 절차의 경우에는 신속하게 법질서를 형성할 필요가 크므로 하자의 승계사유에서 제외하는 것이 타당하다는 주장이 제시

문제가 되고 있는 사안이다. 그런데 이 사건에서는 선행처분이 2009. 11. 27. 내려졌고, 후행처분이 2009. 12. 8. 내려졌으며, 후행처분을 통해서 선행처분이 내려진 것을 당사자가 안 시점에서 불가쟁력이 발생하였다고는 하지만, 유족은 선행처분을 다투는 길이 완전히 봉쇄된 것이 아니고 유족은 2010. 2. 16. 선행처분에 대해 행정심판을 제기할 수 있음에도 불구하고 후행처분만을 따로 떼어 국무총리행정심판위원회에 행정심판을 제기한 바 있다. 따라서 이와 같은 선행 처분의 절차상의 하자를 선행 처분단계에서 다툴 수 없는 것은 아니라고 할 것이다.[55] 다만, 이 사건 대상판결과 같은 사안은 선행처분에 구성요건적 효력이 인정되어 그 처분의 효력을 존중하여 후행처분에서 다툴 수 없도록 하는 것이 합당한 점에 비추어 법원에서 후행 처분에 대한 선결문제로서 다툴 사안은 아니라고 할 것이다. 대상판결은 종전의 개별공시지가와 양도소득세 등 부과처분취소사건에 관한 대법원 1994. 1. 25. 선고 93누8542판결[56] 과도 다른 차원의 문제로서 구속력이론에 기초한 수인한도론의 관점에서 접근하여 해결하는 것이 논리적으로 타당한지 의문이다.

3. 따라서 행정청에서 일부 절차상의 하자가 있다고 할지라도 이와 같이 위원회에 의하여 결정된 확인적 의미의 결정은 이를 전제로 행정

된 바 있다(이에 관하여는 선정원, 하자승계론의 명가지 쟁점에 관한 검토, 행정판례연구 X, 2005, 2003면).

55) 오히려 이 사건 판결의 경우처럼 승소하더라도 다시금 절차를 거쳐 친일반민족행위자로 다시금 선정될 가능성이 높지만 유족으로서의 일종의 혜택을 일정기간 보게 되는 실익이 있으나 그러한 이유로 선행행정행위의 위법성의 승계를 인정하는 것이 적절한 것인지 의문이다.

56) 조용호, "조세소송에서 개별공시지가의 위법성을 다툴 수 있는지 여부", 조세판례백선 2005, 159면. 조용호헌법재판관은 이 사건 판결의 의의를 "기본적으로 종래의 통설·판례와 같이 하자승계이론을 취하면서도 이 사건 쟁점에 관하여는 예외적으로 선행정행위의 구속력이론에 의거하여 조세소송 등에서 그 과세처분의 근거가 되는 개별공시지가의 위법성을 다툴 수 있음을 긍정한 최초의 판례로서 커다란 의의가 있다"고 밝히고 있다.

청이나 법원이 존중하여야 하므로, 이러한 처분에는 구성요건적 효력이 미친다고 볼 것이다. 또한 선결문제로 이를 심사하여 선행처분의 위법성을 후행 처분단계에서 다툴 수 있도록 한다는 점에 대해서는 공정력과 불가쟁력을 인정하고 있는 행정행위의 특수성에 비추어 1심법원과 원심법원의 결론이 타당해 보인다. 이 사건에서 진상규명위원회의 대상자 선정결정을 하고 공표를 하는 것은 진상규명위원회라고 하는 전문적 심사기관이 맡고 있는데, 이와 같은 기관에서 내려진 전문적 결정을 직접 다투는 것이 아니라 이러한 위원회의 결정에 대하여 위법성을 간접적인 공격수단으로 하여 선결문제의 방식으로 제기하는 것은 적절하지 않다.

이 사건 대상판결은 종래의 하자승계론의 입장에서 양 행위가 별개의 법률효과를 목적으로 하는 경우에는 선행행위의 하자를 후행행위에서 다툴 수 없게 됨으로써 구체적 해결이 어려운 불합리가 존재하였는데 이를 해결하기 위해 하자승계론을 원칙으로 하면서 '구속력이론'을 부분적으로 수용하여 판결을 내린 것으로 보인다.

이러한 문제를 해결하기 위하여 선행행위의 하자가 후행행위에 승계된다는 방식의 편법을 사용하는 것은 적절하지 않다고 보는 견해가 있다.[57] 이러한 편법은 행정행위에 제소기간을 둔 취지를 근본적으로 형해화시킬 우려가 있기 때문이다. 그리고 선행행위의 하자가 후행행위에 승계된다는 이론구성은 필연적으로 선행행위를 취소하지 아니하고 후행행위를 취소할 수 있다는 논리구조를 취하게 되어 당사자 사이에 이중적인 법률관계가 존재할 위험성이 있게 된다.[58]

즉, 구속력이론을 취하는 입장에서 지적하듯이 더욱 논리일관하자면 진상규명특별법 제2조 제13호의 친일반민족행위자결정과 독립유공

57) 신동승, "행정행위 하자승계와 선결문제", 행정판례연구 XIV, 2009, 127면.

58) 개별공시지가결정에 하자가 있는 경우, 당사자가 과세처분에 대해서는 다투고 보상처분에 대해서는 다투지 않은 사례

자법적용배제자결정이 선행처분과 후행처분의 관계에 있음을 전제로 수인한도를 이유로 한 예외를 인정하는 것보다는 친일반민족행위자결정의 구성요건적 효력을 인정하여 1심 및 원심법원에서처럼 위법성의 승계를 허용하지 않는 것이 타당하다고 본다.

대상판결에서는 이 사건 선행처분인 진상규명위원회의 친일반민족행위자 결정처분이 자신의 법률상 지위에 영향을 주는 독립된 행정처분이라고는 생각하기는 쉽지 않았을 것으로 보인다고 설명하고 있으나, 오히려 후행 처분보다는 선행처분이 더 본질적인 처분에 해당한다고 볼 여지가 있다고 할 것이다. 이러한 선행처분에 대하여 진상규명특별법에 의한 이의신청절차를 밟거나 이 사건 후행처분에 대한 것과 별개로 행정심판 내지 행정소송을 제기하지 않아 제소기간이 도과한 경우라면 비록 절차상의 하자가 있다고 하더라도 이를 후행 행위단계에서 다투는 것이 차단된다고 보는 것이 법률관계의 조속한 안정을 위하여 합당하다고 볼 것이다.

이 사건 대상판결은 선행행정행위의 구속력이론의 영향을 받아 내려진 판결로서, 선행처분과 후행처분이 서로 독립하여 별개의 효과를 목적으로 하는 경우에도 선행처분의 불가쟁력이나 구속력이 그로 인하여 불이익을 입게 되는 자에게 수인한도를 넘는 가혹함을 가져오며, 그 결과가 당사자에게 예측가능한 것이 아닌 경우에는 국민의 재산권과 재판받을 권리를 보장하고 있는 헌법의 이념에 비추어 선행행정행위의 위법을 후행행위에 대한 취소소송에서 독립된 취소사유로 주장할 수 있다고 전제하고, 선행처분의 위법을 이유로 후행처분의 효력을 다툴 수 있음에도, 이와 달리 본 원심판결에 법리를 오해한 위법이 있다고 판시한 것이다. 그러나 하자승계의 논의에 있어서 선후 행정행위가 각각 별개목적인 경우에 하자승계를 인정하기 위해서 굳이 선행 행정행위의 구속력 이론을 가지고 오지 않고도 이론적으로 해결할 수 있음에도 이와 같은 행정행위 구속력이론을 접목하여 해결하는 단계를 극복할 필요가 있다.

수인한도론의 관점에서 선행행정행위의 구속력이 인정되지 않는다고 하여, 그것이 곧바로 위법성의 승계와 동일한 결과를 가져오는 것은 아니라고 볼 것이다. 선행처분의 구속력이 후행처분에 인정되지 않는다고 하여 선행처분의 위법을 후행처분에 대한 소송에서 원용할 수 있는지는 별개의 문제이기 때문이다.[59] 특히 이 사건 대상판결은 '위법성의 승계'에 관한 이론과 판례를 향도하려는 고민의 흔적이 없이 대법원의 주류적 판례의 태도와는 다른 약 20여년전에 선고된 대법원 1994. 1. 25. 선고 93누 8542판결의 법리를 답습하는데 그치고, 보다 합리적인 판단척도를 제시하지 못하였다는 점에서 비판을 면하기 어렵다고 본다.

VI. 맺음말

이상에서 대상판결에 대한 비판적 분석을 겸하여 위법성 승계의 개념논의와 판례 및 이론의 문제점을 검토하면서 위법성 승계의 판단기준을 제시하고자 시도하였다. 향후 위법성 승계론은 보다 객관적이고 명료한 기준을 설정한 후 다단계 행정절차 내지 동일한 행정절차내의 단계적 행정결정에 있어서의 당사자의 위법성의 주장차단과 그 예외의 문제로 발전시켜 나갈 필요가 있다. 이러한 문제해결방식이 대법원의 판례에서 동원하고 있는 동일목적인가 별개목적인가 나아가 별개목적인 경우 수인한도론이라고 하는 다소 불명확한 단순도식적인 해결보다 바람직하다고 보기 때문이다.

선행행정행위에 대하여 불가쟁력이 발생하였음에도 후행 처분을 다투면서 선행처분의 위법성을 심리할 수 있다고 보아 법원의 심사대상

59) 신동승, 앞의 논문, 129면,

으로 삼는다면 선행처분의 위법성 여부를 조기에 확정하여 법적안정성을 확보하려는 시도를 무너뜨려 선행조치를 무력화할 수 있게 된다. 이렇게 될 경우에는 행정의 효율적 수행이 어렵게 된다. 그러나 앞서 살펴본 바와 같이 예외적인 경우에 위법성의 승계를 허용함으로써 후행 처분단계에서 선행 처분의 위법성을 심리할 수 있도록 하여 개별적인 정의와 국민의 권리구제에 기여할 수 있게 된다.

이 사건 대상판결에 대해서는 선행 행정행위 구속력이론과 전통적인 하자승계론 간에 해석이 엇갈릴 수 있다. 대법원 1994. 1. 25. 선고 93누8542판결의 의미와 관련하여 선행 행정행위 구속력을 지지하는 관점에서 위 판례가 수인한도, 예측가능성을 척도로 하고 용어자체도 구속력이라는 표현을 사용하여 구속력을 부인한 것을 대단히 고무적으로 받아들이면서 대법원이 구속력 이론을 부분적으로나마 수용·반영한 것[60]으로 보는 반면, 전통적 입장인 하자승계론에서는 위 판례가 새로운 용어를 사용하고 있으나 이는 개별적인 사정에 상응하는 합리적 타당성을 이끌어 내기 위한 추가적 요건일 뿐 기존 대법원의 하자승계론에 관한 판례를 변경하는 것은 아니라고 보았다.[61]

결국 이 사건 대상판결은 전통적인 하자승계론과 선행행정행위의 구속력론 사이에 갈피를 못 잡고 엉거주춤한 태도를 보이고 있는 판결로서, 하자승계론과 선행행정행위 구속력론이 서로 다른 지평에서 공존될 수 있다는 점을 간과하였고 서로 다른 적용영역에서 논의될 수 있는 두 이론을 접목한 것으로 볼 것이다.[62].

60) 김남진, "행정행위의 하자승계론과 규준력이론", 행정법연구 제2호, 1998, 134면
61) 또한 수인한도론으로 문제를 해결하는 영역의 경우 주로 국가배상이나 손해배상의 실체법적인 영역과 환경분쟁에 있어 원고적격을 정함에 있어 활용되고 있으나, 위법성의 승계여부와 관련하여 별개목적의 경우에 승계를 허용하는 척도로서 수인한도론이 역할을 하는 것이 적절한 것인지 의문이다.
62) 김용섭, "2013년 행정법 중요판례", 인권과 정의 통권 440호, 2014, 3, 107－109면

참고문헌

김남진, "행정행위의 하자승계론과 규준력이론", 행정법연구 제2호, 1998.

______, "하자승계론에 대한 비판", 감정평가논집 제8호, 1998.

김동희, 행정법 I, 박영사, 2014.

김병훈, "행정행위의 하자승계에 관한 학설·판례 연구", 법학연구 제17집, 2004.

김용섭, "행정행위의 하자승계론의 재검토(상)", 판례월보 제330호, 1998. 3.

______, "행정행위의 하자승계론의 재검토(하)", 판례월보 제331호, 1998. 4.

______, "2013년도 행정법 중요 판례", 인권과 정의 통권 420호, 2014.

______, "위헌법률에 근거한 과세처분의 집행 허용여부 – 대법원 2010. 2. 16. 선고 2010두 10907 전원합의체 판결을 중심으로 –", 대한변협신문 제441호, 2013. 4. 1. 13면.

김중권, "행정행위의 효력과 구속효의 체계에 관한 소고", 공법학 연구 제13권 제2호, 2012.

김창종, "행정행위의 하자의 승계", 재판과 판례 제4집, 대구판례연구회, 1995.

김철용, 행정법, 고시계사, 2013.

김형석, "병역처분에 있어서의 하자승계논의", 재판과 판례 제12집, 대구판례연구회, 2002.

류지태, "행정행위의 효력으로서의 존속력", 저스티스 제32권 제3호, 한국법학원, 1999.

______, "개별공시지가결정행위의 하자의 승계에 관한 판례 – 하자승계논의에 관한 새로운 해결시도", 판례연구 제7집, 고려대학교 법학연구소, 1995.

박규하, "행정행위의 흠의 승계", 고시연구 1997. 9.

박균성, 행정법론(상), 박영사, 2014.

______, 행정법강의, 박영사, 2013.

박종국, “선행 행정행위의 후행 행정행위에 대한 구속력”, 공법연구 제24집 제2호, 1996.

박해식, “하자의 승계”, 대법원판례해설 제43호, 법원도서관, 2003.

서보국, “행정법상 선결문제와 헌법 제107조 제2항에서의 ‘처분’ 및 ‘재판의 전제’와의 관계”, 행정법연구 제25호, 2010.

서정욱, “공시지가와 하자의 승계”, 저스티스 통권 93호, 2006.

선정원, “하자승계론의 몇가지 쟁점에 관한 검토”, 행정판례연구 X, 2005.

______, “행정행위의 흠의 승계”, 행정판례평선, 박영사, 2011.

신동승, “행정행위 하자승계와 선결문제”, 행정판례연구 XIV, 2009.

이경운, “행정행위의 하자의 승계”, 행정작용법. 박영사, 2005.

임영호, “하자있는 표준지 공시지가 결정과 그에 대한 쟁송방법”, 인권과 정의 통권 378호, 2008.

정남철, “하자승계론에 관한 비판적 고찰 – 소위 “규준력이론”에 관한 평가를 겸하여“, 청파법학 제8권, 2013

정하중, 행정법개론, 법문사, 2013.

조용호, “조세소송에서 개별공시지가의 위법성을 다툴 수 있는지 여부”, 조세판례백선, 박영사, 2005.

최계영, “표준지공시지가결정과 흠의 승계”, 행정판례평선, 박영사, 2011.

홍정선, 행정법원론(상), 박영사, 2012.

______, “행정행위의 하자의 승계론의 논리구조”, 고시계 1995. 5.

Hans–Uwe Erichsen/ Ulrich Knoke, Bestandkraft von verwaltungsakten, NVwZ 1983. 185 f.

村上 博, 違法性の承繼–建築確認處分取消請求事件, 法學敎室 判例セレクト, 2010.

市橋克哉外,アクチコアル 行政法, 2010.

岡田春男, 行政行爲における違法性の承繼, 民商法雜誌 第111卷 第1号, 1994. 10.

大沼洋一, 違法性の承繼について, 判例時報 2185号, 2013.

海道俊明, 違法性承繼論の再考(一)(二)(三),自治研究 第90巻 第3号, 第4号, 2014.
小早川光郎, 先決問題と行政行爲, 公法の理論(上) 田中 古稀論文, 1977.
山本隆司, 行政訴訟補遺, 法學教室 No. 340, 2009, 1.

국문초록

이 사건 대상판결의 핵심쟁점은 불가쟁력이 발생한 이 사건 선행처분으로 볼 수 있는 직계존속인 망인을 친일반민족행위자로 결정한 친일반민족행위진상규명위원회의 최종발표에 대하여 그 유족이 이 사건 후행처분으로 볼 수 있는 독립유공자법적용배제결정처분의 통지를 받은 후에 선행처분의 위법성을 주장할 수 있는가의 문제이다.

이 사건 대상판결은 판결이유에서 선후 행정행위가 별개목적인 경우에 양도소득세등부과처분취소소송을 다투면서 개별공시지가의 위법성을 다투는 것이 허용되는가와 관련한 대법원 1994. 1. 25. 선고 93누 8542판결에서 판시한 위법성의 승계의 법리를 그대로 원용하고 있다. 이 논문에서 대상판결을 평석하면서 약 20여 년이 경과한 시점에서 위법성승계의 법리에 관하여 오래전의 판결의 결론을 답습하여 이론구성하고 있는 것이 과연 타당한 것인지에 대하여 검토하기로 한다. 나아가 선행 행정행위의 하자가 후행행정행위에 승계되는 예외적인 경우를 어떤 기준으로 설정할 것인지를 모색하면서, 대상판결의 논리구조에 대하여 비판적으로 분석하기로 한다.

향후 위법성 승계의 문제는 다단계 행정절차 내지 동일한 행정절차내의 단계적 행정결정에 있어서의 당사자의 위법성의 주장차단과 그 예외의 문제로서 다루어야 할 것이다. 이러한 문제해결방식이 대법원의 판례에서 동원하고 있는 동일목적인가 별개목적인가를 기준으로 하면서 수인한도론이라고 하는 불명확한 기준에 의하여 해결하는 방식보다 바람직하다고 본다.

주제어: 위법성(하자)의 승계, 친일반민족행위진상규명위원회, 독립유공자법적용배제결정, 별개목적, 다단계 행정절차

Abstract

Litigation for Cancellation of Decision on Exclusion of Application of the Act on Persons of Distinguished Service to Independence and Succession of Illegality of Preceeding Disposition

－The Supreme Court Decision No. 2012－DU－6964 dated March 14, 2013－

Prof. Dr. Kim Yong Sup

The key issue in this case is whether the lineal ascendant family of the deceased who had collaborated with Japanese Imperialism in force majeure and was finally decided later as an anti－national collaborator with Japanese Imperialism by the Presidential Committee for Inspection of Collaboration for Japanese Imperialism can insist illegality of such a preceding disposition after receiving the decision of exclusion of application of the Act on Persons of Distinguished Service to Independence considered as a succeeding disposition.

The decision on this case applies the legal principle of succession of illegality judged by the Supreme Court in its Decision 93NU－8542 dated January 25, 1994 in the case requesting cancellation of disposition of imposition of capital gains tax, etc. concerning whether illegality of the preceding administrative disposition of the announced official land value is allowed to be disputed in the succeeding administrative litigation for a separate purpose.

* Chonbuk National University School of Law

This paper is intended to study whether it is really reasonable to form a theory on legal principle of succession of legal nature for the above case by following the conclusion of the old decision to be annotated which was made 20 years ago. In addition, this paper is also intended to analyze the logical structure of the decision to be annotated on critical points of view, seeking for how to set up exceptional case in which a defective preceding administrative action is succeeded to succeeding administrative action.

In future, the matter of succession of illegality shall be treated to prohibit dispute on illegality in the course of step－by－step administrative decision in multi－stage administrative procedures or same administrative procedures unless otherwise exceptionally allowed. Such a problem solving method is considered more desirable than the method of solving issues on the Supreme Court applying basis of whether to orient to same or separate purpose and on the indefinite basis of the theory of acceptance limit as well.

Keywords: Succession of Illegality, Presidential Committee for Inspection of Collaboration for Japanese Imperialism, the decision of exclusion of application of the Act on Persons of Distinguished Service to Independence, a separate purpose, multi－stage administrative procedures

투 고 일: 2014. 11. 22
심 사 일: 2014. 12. 5
게재확정일: 2014. 12. 19

處分의 瑕疵가 "重大·明白"하여 當然 無效인지 與否에 관한 一 考察*

李起翰**

대상판결: 2013. 2. 14. 선고 2012두9000 판결***

I. 사안의 개요

1. 사실관계

L 건설사(피고보조참가인, 이하 참가인이라 함)는 2001. 12. 22. 서울시 서초구 소재 J 아파트 주택재건축정비사업조합 창립총회에서 전체 토지

---

* 이 연구는 2013년도 단국대학교 대학연구비 지원으로 연구되었음('The present research was conducted by the research fund of Dankook University in 2013').

** 단국대학교 법과대학 교수(Professor of law, Dankook University, School of Law)

*** 필자는 이 사건의 원고였음.

등 소유자 1,572인 중 1,092인이 참석하여 635인의 동의로 시공사로 선정되었고, 2003년 6월부터 8월까지 위 재건축정비사업 시행구역 내에 있는 토지 등 소유자 252인으로부터 추가로 시공사로 선정한다는 동의를 받았다. L 건설사는 2003. 7. 피고에게 이 사건 사업의 시공자로 선정되었음을 신고하였고, 피고는 2003. 8. 21. 「도시 및 주거환경정비법」(2002. 12. 30, 법률 제6582호로 제정된 것, 이하 '구 도시정비법'이라함) 부칙(2002. 12. 30, 법률 제 6852호) 제7조 제2항에 따라 이를 수리하였다.

2. 관계 법령

이 사건과 관련된 구 도시정비법의 조문의 내용은 다음과 같다.

구 도시정비법 제11조(시공자의 선정) ① 조합 또는 토지등소유자는 사업시행인가를 받은 후 건설산업기본법 제9조의 규정에 의한 건설업자 또는 주택건설촉진법 제6조의3 제1항의 규정에 의하여 건설업자로 보는 등록업자를 시공자로 선정하여야 한다. ② 조합 또는 토지등소유자는 제1항의 규정에 의한 시공자를 조합의 정관 등이 정하는 경쟁 입찰의 방법으로 선정하여야 한다.

구 도시정비법 부칙 제7조 (사업시행방식에 관한 경과조치) ① 종전법률에 의하여 사업계획의 승인이나 사업시행인가를 받아 시행중인 것은 종전의 규정에 의한다. ② 조합 설립의 인가를 받은 조합으로서 토지등소유자 2분의 1 이상의 동의를 얻어 시공자를 선정하여 이미 시공계약을 체결한 정비사업 또는 2002년 8월 9일 이전에 토지등소유자 2분의 1 이상의 동의를 얻어 시공자를 선정한 주택재건축사업으로서 이 법 시행일 이후 2월 이내에 건설교통부령이 정하는 방법 및 절차에 따라 시장·군수에게 신고한 경우에는 당해 시공자를 본칙 제11조의 규정에 의하여 선정된 시공자로 본다.

구 도시정비법 시행규칙(2003. 7. 1. 건설교통부령 제363호로 제정) 제2

조(시공자 선정 신고) 법 부칙 제7조 제2항의 규정에 의하여 법 본칙 제11조의 규정에 의한 시공자로 선정되었음을 인정받고자 하는 자는 법 시행 후 2월 이내에 시공계약서 또는 토지등소유자의 동의서 등 법 부칙 제7조 제2항에 규정된 요건을 갖추었음을 증명하는 서류를 갖추어 시장·군수에게 신고하여야 한다.

II. 이 사건의 판결 요지및 쟁점 해설

1. 판결요지및 쟁점

가. 원심의 판단

원심판결은 1심 판결[1)]의 판단을 그대로 인용하면서, 위 부칙 조항은 소급입법에 해당하지 아니하고 도시정비법의 제정 목적에 비추어 헌법에 위반되지도 않는다고 판단하였으며 이 사건 처분은, 2002. 8. 9. 이전에 토지 등 소유자 1/2 이상의 동의를 받지 못한 시공자 선정 신고를 수리한 것으로서 위법한 처분이며 이 사건 처분은 위 부칙 제7조 제2항에서 정한 요건을 갖추지 못한 하자로서 그 하자는 중대·명백하므로 무

---

1) 1심 판결은 이 사건 조항에 의하면 2002. 8. 9. 이전에 토지 등 소유자 2분의 1 이상의 동의를 얻어 시공사를 선정한 주택재건축사업으로서 구 도시정비법 시행일 이후 2월 이내에 일정한 방법 및 절차에 따라 시장·군수에게 신고한 경우에만 구 도시정비법 시행 전에 선정된 시공자를 동법 제 11조의 규정에 의하여 선정된 시공자로 인정받을 수 있고, 이 사건 조항의 "토지 등 소유자의 2분의 1 이상의 동의"는 토지 등 소유자의 과반수의 출석 및 출석자 과반수의 찬성을 의미하는 것이 아니라고 전제한 뒤, 참가인은 2001. 12. 22. 창립총회에서 2분의 1 이상의 동의를 얻지 못하였고 2002. 8. 9. 이후 받은 추가동의는 유효한 동의가 아니므로 이 사건 처분은 위법하다고 판단하였으며 이 사건 처분의 하자는 위 부칙 조항을 명백히 위반한 것이라는 이유만으로 중대하고도 명백한 것이어서 당연 무효의 하자라고 판단하였다.

효라고 판단하였다.

나. 상고이유

1) 제1점: 원심판결은 이 사건 조항의 "토지 등 소유자의 2분의 1 이상의 동의" 요건을 오해함으로써 이 사건 처분이 위법한 것이라고 판단하여 판결에 영향을 미친 중대한 위법을 범하였으며 위 부칙 제7조 제2항에서 말하는 "토지 등 소유자 2분의 1 이상의 동의"란 "총회에 참석한 토지 등 소유자의 1/2 이상의 동의"로 보아야 한다.

2) 제2점: 원심판결은 이 사건 처분 당시 참가인의 시공자 선정에 대한 동의서가 추가됨으로써 "토지 등 소유자의 2분의 1 이상의 동의" 요건을 충족하였음에도 불구하고 시공자 선정에 대한 동의는 반드시 2002. 8. 9. 이전에 받아야 한다고 이 사건 조항의 의미를 오해하여 이 사건 처분이 위 요건을 충족하지 못한 것이라고 판시함으로써 판결에 영향을 미친 중대한 위법을 범하였으며 위 부칙 제7조 제2항에서 말하는 "2002년 8월 9일 이전에 ......동의를 얻어"란 "2002. 8. 9. 이전에 시공자 선정이 이루어졌다면 그 이후에 신고 시까지 동의자를 추가하는 것도 가능하다."는 것으로 해석하여야 한다.

3) 제3점: 원심판결은 이 사건 처분의 하자가 명백한 것이라고 볼 수 없음에도 불구하고 아무런 판단의 근거를 밝히지 아니하고 이 사건 처분의 하자가 명백하였다고 판시하여, 실질적으로 하자가 중대하기만 하면 무효라고 판시하였고, 이로 인하여 행정행위의 하자가 중대하고 명백한 경우에만 무효가 된다는 기존의 대법원 판례에 반하는 판단을 하였고, 판결에 영향을 미친 중대한 위법을 범하였습니다.

다. 대법원 판결요지

가. 구 도시정비법 부칙 제7조 제2항에서 정한 '토지등소유자 2분의 1 이상의 동의'라는 것은 그 문언대로 전체 토지등소유자 2분의 1이상의 동의를 의미하는 것이지, 그 문언의 한계를 벗어나 '당해 총회에 참석한 토지등소유자의 2분의 1'을 의미하는 것이라고는 볼 수 없다.

나. 구 도시정비법 부칙 제7조 제2항의 규정상, 2002. 8. 9. 이전에 '토지등소유자 2분의 1 이상의 동의'를 얻어야 하는 것이지, 2002. 8. 9. 이전에 시공자 선정만 있으면 되고 이후 시공자 선정 신고 시까지 추가로 동의서를 받는 것도 허용된다고 볼 수는 없다.

다. L 회사가 위 부칙 제7조 제2항의 요건을 갖추지 못한 L 회사의 시공자 선정 신고를 수리한 것은 법규의 중요한 부분을 위반하여 그 하자가 중대하고 주택재건축사업의 추진상황 등에 비추어 위 하자가 객관적으로 명백하여 당연 무효라고 본 원심판단은 정당하다.

라. 쟁점

L 회사가 위 부칙 제7조 제2항에서 정한 2002. 8. 9.까지 토지 등 소유자 2분의 1이상의 동의를 얻어 신고하도록 규정한 요건이 1) 전체 토지등소유자 과반수 이상 인지 아니면 참석자 과반수 이상인지 여부 2) 2002. 8. 9.까지 토지 등 소유자 2분의 1이상의 동의를 얻어야 하는 것인지 아니면 2002. 8. 9. 이후에도 전체 토지 등 소유자 2분의 1 이상이 되도록 추가로 252명의 동의를 받는 것이 가능한지 여부 3) 관할 구청장이 위 요건을 갖추지 못한 L 회사의 시공자 선정 신고를 수리한 것은 법규의 중요한 부분을 위반하여 그 하자가 중대하고 주택재건축사업의 추진상황 등에 비추어 위 하자가 객관적으로 명백한 것이라고 볼 수

있는지 여부가 이 사안의 주요 쟁점이다. 이하에서는 각 쟁점을 중심으로 원심판결을 반박하는 참가인의 주장에 대한 필자의 검토의견을 제시하고 각 쟁점과 관련된 법리적 의견을 제시하고자 한다.

2. 쟁점 해설

가. 쟁점1. "토지 등 소유자 2분의 1이상의 동의"의 의미

1) 참가인의 주장

주장1) "토지등소유자 2분의 1 이상의 동의"란 "총회에 참석한 토지 등 소유자의 1/2 이상의 동의"로 보아야 한다.

참가인은 "구 도시정비법 최초 제정안에서 이미 시공자로 선정되어 있는 경우들에 대하여 구 도시정비법을 적용하게 되면, 다시 시공자 선정을 위한 경쟁이 재건축사업장들에게서 발생하게 되고 기 선정된 시공사들의 기득권이 침해되므로 이미 시공자 선정까지 진행된 기존의 절차를 존중해주어야 할 필요성이 대두되어 조합설립인가를 받은 조합이 선정한 시공자를 구 도시정비법상 시공자로 본다는 내용으로 규정되었다"고 주장한다.

참가인은 "부칙조항 규정은 조합설립까지 이루어진 경우는 구 도시정비법이 정한 요건과 크게 다를 바가 없었기 때문에 이를 보호할 필요성이 매우 컸기 때문이며 부칙 단서 후단의 2002. 8. 9. 이전에 시공자로 선정된 경우까지도 보호한다는 내용이 추가되기에 이른 것이며 따라서 이 사건 부칙 조항은 기존 시공자의 지위를 보호하기 위한 목적을 가지고 있었던 것이라고" 주장한다.[2]

주장 2) 원심판결은 소급입법금지나 계약자유원칙 등에 반하는 것으로서 위헌이며 구 도시정비법 제정 전후의 시공자 선정요건은 전혀

2) 국회 법제사법위원회 회의록 제10면.

변경된 바가 없다고 주장한다.

참가인은 "위 부칙 제7조 제2항은 종전의 기득권자를 보호하려는 취지이므로 문언에 구애받지 말고 넓게 해석하여야 한다고 주장하며 구 도시정비법 시행 이전에는 시공자 선정에 있어 "전체 토지등소유자의 1/2의 동의"라는 요건을 요구하지 아니하였고 대부분 정비사업장의 정관에서는 조합원 과반수의 출석과 출석 과반수의 찬성으로 선정하였으며 이는 구 도시정비법 시행 이후에도 마찬가지라고" 주장한다.

또한 참가인은 "위 개정 조항에 따라 제정된 「정비사업의 시공자 선정기준」[3] 또한 조합원 과반수가 직접 참석한 총회에서 시공자를 선정하게 함으로써, 조합원 과반수의 출석 및 과반수의 찬성이 있을 경우 시공자로 선정될 수 있다는 요건이 법령에 의하여 규정되게 되었고 구 도시정비법 제정 전후를 불문하고 조합원 과반수의 출석 및 과반수의 찬성시 재건축사업의 시공자로 선정된다는 정족수에 관한 요건은 전혀 변경된 바가 없으며, 단지 선정방법 및 선정시기만이 변경되었을 뿐이라고" 주장한다.

주장 3) '토지 등 소유자 2분의 1 이상의 동의'의 의미는 조합원 과반수가 출석한 총회에서 2분의 1 이상의 동의를 얻은 경우로 해석함이 타당하다.

참가인은 "이 사건 조항의 규정 취지 및 목적 고려하면 이 사건 조항은 구 도시정비법의 제정을 앞두고 이미 시공자로 선정되어 있었던 기본의 이익을 보호하기 위한 목적으로 제정되었으며 따라서 이 사건 조항의 '토지 등 소유자 2분의 1 이상의 동의'는 구 도시정비법 제정 전후의 시공자 선정 요건인 조합원 과반수가 출석한 총회에서 2분의 1 이상의 동의를 얻은 경우로 해석함이 타당하다"고 주장하며 "이 사건 조항의 입법 목적 및 구 도시정비법 제정 전후의 상황, 그리고 이 사건 조

3) 건설교통부 고시 제2006-331호, 제정 2006. 8. 25.

항의 적용 결과 등을 고려할 때 이 사건 조항의 '토지등소유자 2분의 1 이상의 동의'의 의미는 총회에 출석한 소유자의 2분의 1 이상의 동의라고 봄이 타당하다"고 주장한다.

주장 4) 관련 하급심 판결[4]과 서울시 행정심판위원회[5]에서도 시공사 선정 총회에 참석한 토지 등 소유자의 1/2 이상으로 해석하는 논지로 재결한바 있다고 주장한다.[6]

2) 검토의견

구 도시정비법 부칙의 제정 경위 등에 비추어 토지 등 소유자 과반수 이상으로 해석함이 타당하다. 구 도시정비법 시행 전에는 사실상 조합 설립인가 전에 추진위원회의 단계에서 시공사를 선정하는 일이 많았고 그 효력이 인정되었다. 따라서 구 도시정비법 부칙 제7조 제2항의 제정목적은 "시공자 선정과정의 투명성과 합리성이 객관적으로 증명될 수 있는 때에는 당해 시공자 선정을 신법의 규정에 의한 시공자로 보도록 함으로써 재건축사업 추진의 혼란을 방지하기 위함이다.[7]

---

4) 수원지법 2006. 1. 25. 선고 2004구합 962 판결은, "1/2 이상의 동의는 명시적이 아닌 묵시적으로도 가능한데, 창립총회 당시 비록 1/2 미만자가 동의하였지만 삼성건설을 시공자로 선정하자 이를 승인하는 취지로 참석자 전원이 박수를 쳤으므로 묵시적으로 동의하였다고 볼 수 있다."는 이유로, 부칙 제7조 제2항의 요건을 충족하였다고 판단하였다.

5) 개포주공 1단지는 2000. 3. 18. 조합원 5,240명 중 3,186명 참석하여 조합창립총회에서 H건설이 참석자의 56%, 총 조합원의 34%인 1,797표를 얻어 S물산을 제치고 시공자로 선정되었다. 한편 위 조합은 2003. 10. 14. 설립인가를 받았으며 H건설은 구 도시정비법 시행 후인 2003. 8. 25. 강남구청에 시공자선정신고를 하였으며 강남구청은 부칙 제7조 제2항의 요건을 갖추지 못하였다는 이유로 2004. 9. 1. 위 신고를 반려하는 처분을 하였으며 시공사로 선정된 H건설은 서울시에 위 시공자선정신고 반려처분의 취소를 구하는 행정심판을 제기하였다.

6) 당시 개포주공 4단지, 청담 한양, 고덕주공 2단지, 군포 산본주공 1, 2단지 등에서도 같은 분쟁이 있었는데, 위 개포 1단지 행정심판으로써 논란에 종지부를 찍었으며 당시 삼성물산(군포 산본 주공 1, 2단지), 엘지건설(개포주공 4단지)이 부칙 제7조 제 2항의 요건과 관련하여 행정소송 중이었는데, 삼성물산은 승소하였고(수원지법 2004구합962), 엘지건설은 2005. 3. 14. 강남구청에서 입장을 변경하여 신고를 수리해 소를 취하하였다.

구 도시정비법 제11조 제2항, 부칙 제7조 제2항의 입법 취지는 정비사업의 내용이 가시화되지 않은 상태에서 시공자가 재개발 · 재건축을 부추기고 과대 포장된 지분을 제시하는 등 재개발 · 재건축 수주시장의 혼탁을 가져오는 등의 부작용을 방지하기 위하여 경쟁 입찰의 방법으로 시공자 선정방식을 변경하되, 일정한 요건을 갖춘 기존의 시공자는 신법상의 시공자로 인정하여 줌으로써 재개발·재건축사업추진의 혼란을 방지하겠다는 것으로 봄이 타당하다.

또한 구 도시정비법 부칙 제7조 제2항에서 정한 2002. 8. 9. 까지 토지 등 소유자 2분의 1이상의 동의를 얻어 신고하도록 규정은 “엄격한 요건”하에서만 기존의 시공자를 신법상의 시공자로 인정하여 주겠다는 것으로 봄이 타당하며 법문상 시공자 선정과정의 투명성과 합리성이 객관적으로 증명될 수 있는 때에 한하여 종전 시공자를 신법의 시공자로 인정하겠다는 것이므로 전체 토지 등 소유자의 1/2 이상으로 해석함이 위 부칙 제7조 제2항의 제정목적에도 부합하다.

나. 쟁점2. “2002. 8. 9.까지 토지 등 소유자 2분의 1 이상의 동의를 얻어”의 의미

1) 참가인의 주장

주장 1) 참가인은 “이 사건 조항이 적용 시점을 2002. 8. 9. 로 규정한 것은 위 시점 이전에 시공자 선정 절차가 진행되었는지 여부를 판

---

7) 당초 입법과정에서 정부는 2002. 8. 9. “조합 설립의 인가를 받은 조합으로서 토지등소유자 2분의 1 이상의 동의를 얻어 시공자를 선정하여 이미 시공계약을 체결한 정비사업”만이 신법에 의한 시공자로 볼 수 있다고 발표하였고, 이러한 내용이 담긴 법안을 2002. 9.경 국회에 제출하였는데, 이후 국회에서의 법안 심사과정에서 조합설립인가 이전에 시공자를 선정한 경우도 많아 혼란을 초래할 수 있다는 이유로, 2002. 8. 9.(위 발표일) 이전에 선정된 시공자도 신법에 의한 시공자로 보도록 하는 내용, 즉 “2002년 8월 9일 이전에 토지 등 소유자 2분의 1 이상의 동의를 얻어 시공자를 선정한 주택재건축사업”이 부칙 제7조 제2항에 추가되었다. 국회 법제사법위원회 회의록 제10면.

단하기 위한 것이며 위 시점 이전에 시공자 선정 절차가 이루어졌으면 이 사건 조항의 시공자 선정 시기에 관한 요건은 충족되는 것"이라고 주장한다.

참가인은 "가사 이 사건 조항 중 "토지 등 소유자의 2분의 1 이상의 동의"가 전체 토지 등 소유자의 2분의 1에 해당한다고 하더라도 이 사건 처분이 있기까지 참가인을 시공자로 선정하는 것에 대한 추가 동의서를 제출한 조합원들이 있고, 이를 합산하면 전체 토지 등 소유자 2분의 1 이상의 동의를 얻었으므로 위 요건을 충족하였다고 주장하며 이 사건 조항에 따른 시공자신고의 요건은 시공자 선정만 2002. 8. 9. 이전에 하면 족하고, 반드시 전체 토지 등 소유자의 2분의 1 이상으로부터 2002. 8. 9. 이전까지 동의를 받을 필요가 없음에도 불구하고, 원심판결은 전체 토지 등 소유자의 2분의 1 이상으로부터 2002. 8. 9. 이전까지 동의를 받아야 한다고 이 사건 조항의 의미를 오해함으로써 이 사건 처분을 위법하다고 보고 이로 인하여 판결에 영향을 미친 중대한 위법을 범하였다"고 주장한다.

주장 2) 추후 동의서 징구 등의 방법에 의하여 추후 보완 될 수 있다. 참가인은 서울동부지법 2005. 1. 20, 선고 2003 가합 3520 판결[8)]을 인용하며, 시공권과 관련하여 구 도시정비법 부칙 제7조 제2항의 요건을 갖추지 못한 하자가 있는 경우라도 "추후 조합원 총회 결의나 동의서 징구 등의 방법에 의하여 추후 보완 될 수 있다"고 주장하며 "이 사건 시공사의 시공권이 2002. 8. 9일 이전에 토지 등 소유자 과반수 동의

---

8) 동부지법 사건 경과일지는 다음과 같다. 1993. 11. 6 재건축조합 창립총회에서 A 컨소시움을 시공사로 선정함(4863명 소유자 중 1258명 찬성 최다득표), 1994. 6. 28 시공계약 체결, 2001.9.12 주택조합설립인가, 2001. 11. 2 대의원회 의결(부도난 b건설사 대신 c건설사를 컨소시엄에 참여 결정), 2002.7.8 새로 구성된 컨소시움과 시공가계약서 체결, 2003.8.27 구 도시정비법 부칙 제7조제2항에 따른 시공사 신고, 2004.1.17 조합원 총회에서 4165명 찬성, 새로운 컨소시움 구성안 가결됨. 원고 2012. 3. 12. 항소심 준비서면 참조.

를 얻지 못하여 하자가 있다 할지라도 추후 2003. 8월 이내에 추가 동의서에 의하여 토지 등 소유자 과반수 동의를 획득하였으므로 이는 동의서 징구에 의한 하자의 보완이 이루어진 것"이라고 주장한다.

2) 검토 의견

구 도시정비법 부칙 제7조 제2항은 경과 규정에 따라 시공사로 인정받을 수 있는 조건을, 하나는 조합 인가를 받은 곳과 조합 인가를 받지 못한 것으로 구별하여 2가지로 명시하고 있으며 조합 인가를 받은 사업은 토지 등 소유자 1/2 이상의 동의를 얻어 시공사를 선정하여 이미 시공 계약을 체결한 경우와 조합 인가를 받지 못한 재건축사업(재개발은 제외됨)의 경우는 2002. 8. 9일 이전 토지 등 소유자 1/2 이상의 동의를 얻어 시공사를 선정한 경우라고 명백히 규정하고 있다. 따라서 구 도시정비법 부칙 제7조 제2항의 요건을 갖추지 못한 하자가 있는 경우라도 "추후 조합원 총회 결의나 동의서 징구 등의 방법에 의하여 추후 보완 될 수 있다는 주장은 부당하다.

조합설립 인가를 받지 못한 이 사건 사업장에서 2002. 8. 9일 이전에 토지 등 소유자 1/2이상의 동의를 받아야만 시공사 자격을 갖춘 것으로 규정하고 있음에도 불구하고 법에서 정한 2002. 8. 9일 이전에 구비한 동의요건을 현격하게 미달한 시공사 신고에 대하여, 1년 이상 그 기한을 연장하여 2003. 8. 31일까지 획득, 신고한 외관상 그 하자가 명백한 추가 동의서를 수리하고 이를 시공권 보완, 하자라고 주장하는 것은, 구 도시정비법에 명시된 시공사 수리요건에 대한 입법 취지를 몰각한 것이며 구 도시정비법에서 정한 법적요건을 형해 화하는 중대 명백한 하자있는 처분이라 할 것이다.

다. 쟁점3. 처분의 하자가 중대 명백한 지 여부

1) 참가인의 주장

주장 1) 원심은 재건축, 재개발 관련 행정사건에 있어서 무효와 취소 구별 기준을 혼동하여 무효라고 판시하였다. 참가인은 "하자 있는 행정처분이 당연 무효가 되기 위해서는 그 하자가 법규의 중요한 부분을 위반한 중대한 것으로서 객관적으로 명백한 하자, 즉 중대·명백설이 우리 대법원의 확고한 태도[9]임에도 불구하고 원심판결은 이 사건 처분이 이사건 조항을 위반하였다는 점만으로 하자가 중대하고도 명백한 것이라고 판단하여 실질적으로는 하자의 중대성만으로 무효라고 판시한 것이어서 위와 같은 하급심 판례 경향의 대표적인 경우에 해당한다"고 주장한다.

주장 2) 피고가 이 사건 처분을 할 당시 이 사건 조항에 대한 해석에 다툼의 여지가 있었다. 참가인은 피고가 이사건 처분을 할 당시 이 사건 조항에 대한 해석에 다툼의 여지가 전혀 없었다는 점이 전제되어야 비로소 원심판결의 판단이 타당함에도 서울시 행정심판위원회[10]에서 구 도시정비법 부칙 제7조 제2항의 '토지 등 소유자 2분의 1 이상의 동의'에 대해 기존의 정관 등에 따른 시공자 선정 요건인 과반수 출석과 과반수의 찬성을 의미한다고 재결한 바 있다고 주장한다.[11]

또한, 경기도 행정심판위원회에서 원당주공 2단지 재건축 조합(이하 원당 조합이라 함)의 경우에도 이 사건 조항의 해석에 대하여는 다툼의 여지가 발생해왔으며 따라서 피고가 이 사건 처분을 할 당시 이 사건 조항에 대한 해석에 계속적인 다툼의 여지가 있었다고 주장한다.[12]

---

9) 대법원 2004. 10. 15 선고 2002다68485판결.

10) 서행심 2005. 2. 11. 재결 2004-425.

11) 참가인은 원심판결에 반하는 내용의 선례들의 발생하였으며 이 사건 조항의 '토지등 소유자 2분의 1이상의 동의'의 의미를 총회 참석자의 2분의 1이상으로 보아 강남구청(개포주공 1, 3, 4단지, 청담동 한양아파트), 수원시청(매탄 주공 2단지), 군포시청(산본주공 1, 2단지), 광명시청(철산동 주공 3단지), 강동구청(고려주공 2단지)도 조합총회 참석자의 과반수가 찬성하였는지 여부를 기준으로 하여 시공사선정신고를 수리하였다고 주장한다.

12) 상기 조합은 2002. 11. 3 시공자 선정, 2003. 6. 30 공사(가)계약서 작성, 2003. 7. 5 공사(가)계약서 승인, 2003. 7. 8 조합장공사(가)계약서 서명·날인, 2003. 8. 29 시공자 신고서 제출, 2003. 10.22 시공자 선정신고서 수리불가를 통보받아 2003.

2) 검토 의견

가) 부칙 제7조 제2항 해석 관련 대법원 판례

① 대법원 2008. 1. 10선고 2005도 8426 판결

이 판결[13]은 "위 창립총회에서 S 물산을 시공자로 선정한 의결은 그 효력이 없게 되었으므로, 이 사건 조합은 도시정비법의 규정에 따라 사업시행인가를 받은 후 새로운 총회의 의결을 거쳐 경쟁 입찰의 방법으로 시공자를 다시 선정하였어야 하는데, 피고인은 그러한 절차 및 총회의 의결을 거치지 아니하고 이 사건 조합의 조합장으로서 S물산과 시공가계약을 체결하였으므로, 피고인에 의한 시공 가계약의 체결은 조합의 임원이 총회의 의결을 거치지 아니하고 시공자 선정 사업을 임의로 추진한 경우에 해당한다고 할 것이다."라고 하여 원심을 파기하였다. 환송 후 원심은 환송 취지대로 피고인에게 유죄 선고하였고, 이에 대하여 다시 피고인이 상고를 제기하였다.

---

11. 27 행정 심판을 청구하였다. 경기도 행정심판에서 실제로 계약서에 기재된 시공 내용에 관한 합의가 이루어지고 그에 따라 계약서가 작성된 2003. 6. 30에 체결된 것으로 보아야 하고, 비록 위 청구외 조합이 대의원회의 승인을 그 후에 얻었고, 이로 인하여 그 계약서에 대한 서명·날인이 2003. 7. 8.에 있었다고 하더라도 2003. 6.30.에 작성된 계약내용에 아무런 변경이 없었으므로 이 사건 공사계약은 도시정비법 부칙 제 7조 제 2항 규정의 시공계약 또는 시공 약정 내지 합의가 있었다고 봐야 할 것으로 보아 시공사신고불수리취소 재결을 하였다. 2003 경행심 422 재결.

13) 상기 형사 판례는 원당 조합에서 2003. 6. 30 이전 조합설립 승인도 받았고, 시공사에 대한 토지등 소유자 과반수의 동의도 받았지만, 시공 계약서 작성 과정에서 대의원회의 의결 절차가 늦어진 이후로, 조합장이 2003. 7. 1 이후 계약을 한 것이 문제가 되어 시공권 신고 수리가 거부되었고, 조합장이 도정법 위반으로 기소된 사건이다. 위 조합의 대표자인 피고인은 조합 총회를 거치지 않고 위 시공 가계약을 체결하였다는 혐의로 2004. 7.경 형사 기소되었는데, 제1, 2심은 부칙 제7조 제2항을 간과하고 무죄를 선고하였으나 이에 대하여 검사가 상고하였다. 임기환, 구 도시정비법 부칙 제7조 제2항의 문언에 따른 요건을 갖추지 못한 시공자선정 신고를 수리한 관할 구청장의 처분의 하자가 "중대·명백"하여 당연 무효라고 볼 수 있는지 여부, 대법원판례해설 제95호(2013 상) 899－919.

② 부칙 제7조 제2항 관련 대법원 2008. 7. 24. 선고 2008도4488 판결

대법원은 “구 도시정비법 시행 이전에 종전의 근거법령 등에 따라 총회의 의결을 거쳐 특정 건설업자가 시공자로 선정되었더라도 구 도시정비법 시행 후에 부칙 제7조 제2항에서 규정하는 예외적인 인정요건을 갖추지 못하였다면 종전의 총회에서의 시공자 선정 의결은 그 효력이 없게 되고 따라서 도시정비법의 규정에 따라 다시 시공자 선정의 절차를 거쳐야 할 것이지만, 부칙 제7조 제2항 및 시행규칙 부칙 제2조의 규정에 따라 구 도시정비법 시행 전에 선정된 시공자가 시장·군수에게 신고하고 이러한 신고가 심사를 거쳐 적법하게 수리되었다면 위 시공자는 구 도시정비법 제11조의 규정에 의하여 선정된 시공자로 인정받는 것이므로, 위 신고의 수리처분 자체가 당연무효라거나 행정쟁송절차에 의하여 취소된 경우를 제외하고는 다시 시공자 선정의 절차를 거쳐야 할 필요가 없는 것이며 피고인이 새로운 시공사 선정의 절차 및 총회의 의결을 거치지 아니하고 이 사건 조합의 조합장으로서 삼성물산과 시공 가계약을 체결하였다 하더라도 결과적으로 구 도시정비법을 위반하였다고 볼 수 없다고 판시하였다.

나)처분의 하자가 중대 명백한 지 여부에 관해

구 도시정비법 부칙 제7조 제2항의 해석과 관련해서 두 가지 대법원 형사 판례를 살펴보았다. 2005도8426 판결은 시공자 선정이 당연 무효라고 판시하였으나 2008도4488 대법원 판결에서 “… 고양 시장은 행정심판결과에 따라 2004. 4. 17. S물산의 시공자 선정 신고를 수리한 사실을 인정할 수 있는바, 이러한 경우 S 물산은 구 도시정비법 제11조의 규정에 의하여 선정된 시공자로 인정받는 것이므로, 이 사건 조합으로서는 위 신고의 수리처분 자체가 당연 무효라거나 행정쟁송절차에 의하여 취소된 경우를 제외하고는 총회 의결 등 다시 시공자 선정의 절차를 거쳐야 할 필요가 없는 것이다”라고 원당 조합 사건의 시공사신고 수리

처분의 하자가 당연 무효가 아님을 명확히 하였다.

구 도시정비법 부칙 제7조 제2항에 의해 신고된 시공권이 부인되기 위해서는 시공권 신고 수리처분의 하자가 당연 무효 경우이거나 그렇지 않다면, 별도의 행정쟁송절차에 의하여 취소되는 경우여만 가능하다는 것이 부칙 제 7조 제2항의 해석과 관련된 2005도 8426, 2008도 4488 대법원 판례의 태도이다. 또한, 대법원 2008도 4488 판결은 행정심판을 통한 신고수리 처분은 그 처분의 하자가 명백하지 않으며 그 처분이 당연 무효라거나 별도의 행정쟁송절차를 밟아서 취소하지 않는 한 유효한 것으로 인정된다는 것이다.

2008도 4488판결은 이미 행정심판에서 신고 불수리처분을 취소하기까지 하여 행정상으로는 일응 적법한 신고라는 판단이 있었던 이상, 뒤늦게 이를 당연 무효라고 할 경우 불필요한 혼란만을 초래하고 시공사에게도 가혹한 측면이 있어, 그와 같은 결론이 도출된 것으로 보여진다.[14] 처분의 하자가 무효사유가 아니라는 참가인의 주장의 당부에 대해서는 다음 장에서 살펴본다.

III. 판례 평석

1. 행정처분의 무효사유와 취소사유의 구별

어떤 하자가 행정처분의 당연 무효에 해당되는지에 관하여는 실정법상 규정이 없고, 이 문제는 판례 및 학설[15] 에 맡겨져 있다. 위법한

14) 同旨, 임기환, 구 도시정비법 부칙 제7조 제2항의 문언에 따른 요건을 갖추지 못한 시공자선정 신고를 수리한 관할 구청장의 처분의 하자가 "중대·명백"하여 당연무효라고 볼 수 있는지 여부, 대법원판례해설 제95호(2013 상) 899－919.

15) 중대명백설 이외에도 조사의무위반설, 명백성보충요건설, 중대설, 구체적가치형량설 등이 주장되고 있다. 김성태, "무효인 조례에 근거한 권한 없는 행정청의

행정처분은 일반적으로 그 행위에 내재하는 하자의 정도나 존재양태에 따라 취소할 수 있는 것과 무효인 것으로 나누며 특별한 법령상의 규정이 없는 한 주로 학설과 판례의 형성에 의하여 무효사유와 취소사유를 구별하고 있는바, 행정처분의 무효가 되려면 그 하자가 중대하고도 명백하여야 한다(중대·명백설)는 것이 우리나라의 통설·판례이다.16)

중대·명백설은 행정행위에 내재하는 하자의 내부적 성질과 외부적 성질에 착안하여, 그 하자의 내부적 성질이 중대하고 동시에 외부적 성질이 명백한 경우에는 무효가 되며, 그 중 어느 한 요소 또는 둘 전부를 결여한 경우에는 단순 위법사유로서 취소사유에 불과하며 무효원인은 중대하고 명백한 하자의 존재이다.17)

위와 같이 취소사유와 무효사유의 구별은 표면적으로는 취소를 구하는 소송과 무효 확인을 구하는 소송의 대상을 설정하는 문제이지만

행정행위의 효력-대법원 전원합의체 1995년 7월 11일 선고 94누4615 건설업영업정지처분무효확인-," 행정법연구 1997년 상반기(1997), 298-300면 참조.

16) 행정처분 무효사유의 요건으로서의 명백을 요구하는 이유는, 행정처분의 법적안정성 확보를 통하여 행정의 원활한 수행을 도모하는 한편, 그 행정처분을 유효한 것으로 믿은 제3자나 공공의 신뢰를 보호하여야 할 필요가 있기 때문에 그 법익의 조화를 이루고자 함에 있는 것이다. [대법원 1995.7.11. 선고 94누4615 전원합의체 판결(미1996하, 2633) 참조].

17) 일반적으로 명백한 하자를 지닌 행정처분은 정상적인 인식능력을 지닌 일반인이 보더라도 그 하자의 존재가 외관상으로 쉽게 드러난 상태이므로 비록 제소기간 등의 제한을 받지 않고 언제든지 권익구제로 나아가게 하더라도 누구라도 그 소송의 정당성을 쉽게 수긍할 수 있고 이로써 법적 안정성이나 제3자의 신뢰보호에 별다른 영향을 끼치지 않기 때문이다. 그러나 반면에 정상적인 인식능력을 지닌 일반인이 보았을 때 하자가 명백하지 않은 상태, 즉 하자의 존재 여부가 불투명한 상태에서는 소송의 정당성을 쉽게 수긍할 수 없고 그럼에도 불구하고 제소기간 등 절차적 제한을 받지 않고 아무 때나 권익구제로 나아가게 한다면 이로써 행정목적의 달성, 법적 안정성 및 제3자의 신뢰보호에 심각한 영향을 끼칠 수 있기 때문이다. 행정처분의 무효화 사유에 관하여는 박홍대, "행정행위의 무효화 사유", 법원행정처 재판자료 제68집(행정소송에 관한 제 문제)186~197면. 참조.

그 이면에는 행정목적의 달성, 법적 안정성 및 제3자의 신뢰보호 등의 공익과 국민의 권익구제 및 구체적 타당성 등의 사익의 조정이라는 본질적인 문제가 도사리고 있는 것이다. 바로 이 때문에 하자의 중대성이나 하자의 명백성 그 자체보다는 행정목적의 달성이나 법적 안정성, 제3자의 신뢰보호라는 공익을 위하여 하자의 중대성이나 하자의 명백성이 요구되는 것으로 이해하여야 하는 것이다.

2. 무효와 취소사유의 구분 학설 및 판례

가. 학설

1) 중대 명백설 (외관상 명백설)

명백성의 개념에 관하여는 통설과 판례는 중대명백설(외관상 명백설)을 취하고 있다. 중대명백설은 행정행위에 내재하는 하자의 내부적 성질과 외부적 성질에 착안하여, 그 하자의 내부적 성질이 중대하고 동시에 외부적 성질이 명백한 경우 그 하자는 무효사유가 되고, 그 중 어느 하나 또는 둘 모두를 결여한 경우에는 취소사유가 된다고 한다. 통설과 대법원의 태도이며 하자의 중대성이란 행정행위에 내재하는 하자가 중요한 법규에 위배된 경우이고, 하자의 명백성이란 행정행위의 하자가 외관상 명백한 경우라고 한다.[18] 이와 같이 행정처분의 무효사유의 요건으로서 중대성과 명백성을 동시에 요구하는 것은 행정법관계에서 법적 안정성과 국민의 권익구제를 조정하기 위한 것이라고 한다.[19]

---

18) 김동희, 「행정법 I」, 박영사(2010), 285면, 홍정선, 「행정법원론(상)」, 박영사(2010), 373면.

19) 그러나 중대명백설에 대하여는, ① 구체적 사안의 특수성을 무시한 단일의 경직된 기준으로 당연무효 사유와 취소 사유를 구분하고 있고, ② 당연무효의 인정범위가 지나치게 협소하여 국민의 권리구제 측면에서 문제가 있으며, ③ 중대명백이라는 개념 자체가 매우 추상적이고 막연할 뿐만 아니라 '하자의 명백성'이라는 요건을 어떻게 이해하느냐에 따라 그 구체적·현실적 의미 부여에는 상당한 차이가 있을 수 있다는 비판 등이 있어 왔다. 윤인성, 행정 처분의 당연 무효

하자의 중대성이란 행정처분이 중요한 법률요건을 위반하고, 그 위반의 정도가 상대적으로 심하여 그 하자가 내용상 중대하다는 것을 말하며 위반된 행정법규의 종류·목적·성질·기능과 함께 그 위반의 정도를 고려하고, 또한 국민의 권리침해 정도를 함께 고려하여 결정하여야 한다. 하자의 명백성여부에 대한 판단 기준으로 중대명백설은 정상적인 인식능력을 지닌 일반인을 기준으로 객관적으로 판단하여야 한다고 하고,[20] 대법원은 행정처분의 전제나 근거가 된 사실관계나 법률관계를 정확히 조사하여야 비로소 그 하자가 드러나는 경우에는 이는 명백한 하자라고 할 수 없는 반면에, 위와 같이 조사하지 않더라도 그 하자가 쉽게 드러나는 경우에는 이는 명백한 하자라고 할 수 있다고 함으로써[21] "구체적인 사실관계나 법률관계에 대한 조사의 필요성 여부"를 일응의 기준으로 제시하고 있다.

통설은 명백성의 개념을 '하자의 존재가 외관상, 객관적으로 명백한 것을 의미하는 것'으로 보고 있다.[22] 즉 이 견해는 통상인(또는 일반

사유와 취소 사유의 구별기준에 대한 소고-중대명백설에 대한 비판적 검토를 중심으로-특별법연구 제9권 (2011. 07.) 사법발전재단.

20) 김동희 교수는 명백성은 행정행위의 하자가 외관상 명백한 것으로서 그 명백성은 정상적인 인식능력을 지닌 일반인을 기준으로 객관적으로 판단하여야 한다고 하면서 중대명백설과 외관상 일견명백설을 동일시하고 있다. 김동희, 앞의 책, 285면.

21) 대법원 1992. 12. 11. 선고 92누13127 판결; 대법원 1977. 6. 7. 선고 76누195 판결, 대법원 1985. 12. 24. 선고 84누573 판결; 대법원 1985. 6. 10. 선고 84누642 판결; 대법원 1989. 5. 23. 선고 88누681 판결.

22) 무엇이 명백한지 여부에 대하여는 ① 하자라는 것이 명백하다는 것과 ② 하자가 있다는 것이 명백하다는 것을 의미한다고 한다. 누구에 대하여 명백한지 여부가 문제되는데, ③ 처분 요건의 존재를 긍정한 처분청의 인정에 중대한 오인이 있었다는 것이, ④ 행정처분 성립 당시로부터, ⑤ 객관적으로, ⑥ 관계인(특히 처분청)의 지·부지와 관계없이 누구에 대하여서도 외견상 명백한 것, 즉 권한 있는 국가기관의 판단을 기다릴 것 없이 처분요건의 존부에 관하여 각별의 조사를 하지 않더라도 일견하여 용이하게 인식할 수 있는 사실관계에 비추어, 누가 판단하더라도 동일한 결론에 도달할 수 있을 정도로 하자가 분명한 것을 의미한다고 한다. 박윤흔, 최신 행정법강의(상), 2010, 417쪽.

인, 일반 국민, 주의 깊은 평균인, 평균적 일반인)의 눈을 기준으로 명백성의 요건을 판단하는 것으로서, 전문가인 행정청의 눈을 기준으로 명백성의 요건을 판단하는 조사의무설과 다르다.[23] 이 견해에 의하면, ① 명백한 무권한, ② 명문의 중요한 절차규정 위반, 문서상의 중요한 기재사항의 결여, ③ 처분대상에 대한 명백한 오인 등 극히 한정된 경우에만 당연무효가 된다.[24]

2) 객관적 명백설

행정처분의 요건의 존부에 대한 행정청의 판단에 대하여 따로 조사를 하지 않더라도 일견하여 인식할 수 있는 사실관계에 비추어 볼 때, 누가 보더라도 잘못이 있다고 쉽게 인정되는 경우뿐만 아니라 행정청이 구체적인 경우에 그 직무의 성실한 수행으로서 당연히 요구되는 정도의 조사를 하였더라면 판명되었을 사실관계에 비추어 볼 때 잘못이 있다고 쉽게 인정되는 경우도 무효사유에 포함시켜야 한다는 견해이다.[25] 이 견해는 명백성 여부를 판단하는 기초로서의 사실을 확대한 것으로서 기본적으로는 중대 명백설의 입장에 서면서도 하자의 명백성 요건을 완화함으로써 국민의 권익구제를 강화하고자 하는데 그 의의가 있다고 한다.[26]

3) 명백성보충요건설

하자의 중대성을 기준으로 하면서 하자의 명백성을 보충적으로 요구하는 견해이다. 이 견해는 명백성은 항상 요구되는 일반적 기준이 아니라 구체적인 분쟁에서의 이익형량의 귀결이고, 따라서 행정법관계의 법적 안정성, 제3자의 신뢰보호가 요구되는 경우에만 명백성이 추가로

---

23) 윤인성, 전게서.

24) 김동희, 행정법Ⅰ, 2010, 324쪽 이하, 홍정선, 행정법원론(상), 2010, 371쪽.

25) 박홍대, "행정행위의 무효화 사유", 「재판자료」 186~197면. 제68집 (1995)

26) 임승순, "과세처분의 무효원인－상태성을 결여한 과세자료에 기한 과세처분의 효력－대법원 1985. 11. 12. 선고 84누250 판결", 「법과 정의」(경사 이회창선생화갑기념논문집), 박영사(1995), 429면; 김형태, "징계처분의 무효사유인 하자의 명백성" 「대법원판례해설」 통권 14호(1990), 216~220면.

요구되고 그 외의 경우에는 중대성만으로도 무효가 되어야 한다는 견해이다.

나. 판례

① 하자가 중대·명백하여 당연 무효라고 판단하는 기준

우리 대법원은 "행정처분이 당연 무효라고 하기 위해서는 처분에 위법사유가 있다는 것만으로는 부족하고 하자가 법규의 중요한 부분을 위반한 중대한 것으로서 객관적으로 명백한 것이어야 하며, 하자의 중대·명백 여부를 판별함에 있어서는 법규의 목적, 의미, 기능 등을 목적론적으로 고찰함과 동시에 구체적 사안 자체의 특수성에 관하여도 합리적으로 고찰하여야 한다"라고 판시하고 있다.[27] 행정처분에 존재하는 하자가 중대하다고 하더라도 외형상 객관적으로 명백하지 않다면 그 처분을 당연 무효라고 할 수 없는바, 행정청이 어느 법률관계나 사실관계에 대하여 어느 법률의 규정을 적용하여 행정처분을 한 경우에, 그 법률관계나 사실관계에 대하여는 그 법률의 규정을 적용할 수 없다는 법리가 명백히 밝혀져 그 해석에 다툼의 여지가 없음에도 불구하고 행정청이 위 규정을 적용하여 처분을 한때에는 그 하자가 중대하고도 명백하다고 할 것이나, 그 법률관계나 사실관계에 대하여 그 법률의 규정을 적용할 수 없다는 법리가 명백히 밝혀지지 아니하여 그 해석에 다툼의 여지가 있는 때에는 행정관청이 이를 잘못 해석하여 행정처분을 하였더라도 이는 그 처분요건 사실을 오인한 것에 불과하여 그 하자가 명백하다고 할 수 없는 것이고 행정처분의 대상이 되는 법률관계나 사실관계가 전혀 없는 사람에게 행정처분을 한 때에는 그 하자가 중대하고도 명백하다 할 것이나, 행정처분의 대상이 되지 아니하는 어떤 법률관계나 사실관계에 대하여 이를 처분의 대상이 되는 것으로 오인할 만한 객관적인 사정이 있는 경우로서 그것이 처분대상이 되는지의 여부가 그 사실관계를

27) 대법원2004. 11. 26. 선고 2003두 2403 판결, 대법원 2007. 9. 21. 선고 2005두 11937 판결.

정확히 조사하여야 비로소 밝혀질 수 있는 때에는 비록 이를 오인한 하자가 중대하다고 할지라도 외관상 명백하다고 할 수 없다.[28]

대법원은 ① 어떠한 법률의 규정에 대하여 해석에 다툼의 여지가 없는 경우나 행정처분의 대상이 되는 법률관계나 사실관계가 전혀 없는 경우에는 그로 인한 하자가 명백하다고 볼 수 있으나 ②법률 규정에 대한 해석에 다툼의 여지가 있는 경우에는 행정청이 이를 잘못 해석하여 행정처분을 하였더라도 하자가 명백하다고 볼 수 없으며 ③ 법률관계나 사실관계에 대한 오인의 가능성이 있는 경우에는 이를 오인한 하자가 중대하더라도 명백하다고는 볼 수 없다는 입장을 취하고 있다.[29]

대법원은 경기도지사의 인사교류안의 작성과 그에 따른 인사교류의 권고가 전혀 이루어지지 않은 상태에서 행하여진 이 사건 처분은 그 하자가 중대한 것으로서 객관적으로 명백하여 당연 무효라고 판시하였으며[30] 또한, 환경영향평가를 거쳐야 할 대상사업에 대하여 환경영향평가를 거치지 아니하였음에도 불구하고 승인 등 처분이 이루어진다면, 이러한 행정처분의 하자는 법규의 중요한 부분을 위반한 중대한 것이고 객관적으로도 명백한 것이라고 하지 않을 수 없어, 이와 같은 행정처분은 당연 무효라고 판시하였다.[31]

---

28) 대법원 1997. 5. 9. 선고 95다46722 판결; 대법원 2004. 10. 15. 선고 2002다68485 판결; 대법원 2007. 3. 16. 선고 2006다83802 판결; 대법원 2010. 9. 30. 선고 2010두9358 판결.

29) 대법원 2004. 10. 15 선고 2002다68485 판결,

30) 지방공무원법 제30조의2 제2항의 입법 취지는 시·도지사에게 관할구역 내 지방자치단체 상호 간의 균형 있는 인력배치와 지방자치단체의 행정발전 등을 도모할 수 있도록 하기 위하여 인사교류를 권고할 수 있는 권한을 부여하는 한편 그 권한의 적정한 행사를 보장하기 위하여 인사교류협의회에서 정한 인사교류기준에 따라 작성된 인사교류안에 따르도록 한 것이므로, 이러한 일련의 절차는 위 조항에 의한 인사교류를 함에 있어서 본질적인 것으로서 중대하다고 할 것인바, 그 하자가 중대한 것으로서 객관적으로 명백하여 당연 무효라고 판시하였다. 대법원 2005. 6. 24. 선고 2004두10968 판결.

31) 경기도지사의 인사교류안의 작성과 그에 따른 인사교류의 권고가 전혀 이루어지

② 하자가 명백하지 아니하여 무효가 아니라고 본 사례

대법원은 이 판결에서 "재건축 조합 정관의 필요적 기재사항이자 엄격한 정관변경절차를 거쳐야 하는 '조합의 비용부담'이나 '시공자·설계자의 선정 및 계약서에 포함될 내용'에 관한 사항이 당초 재건축결의 당시와 비교하여 볼 때 조합원들의 이해관계

에 중대한 영향을 미칠 정도로 실질적으로 변경된 경우에는 비록 그것이 정관변경에 대한 절차가 아니라 하더라도 특별 다수의 동의요건을 규정하여 조합원들의 이익을 보호하려는 개정 도시정비법 제20조 제3항, 제1항 제8호 및 제15호의 규정을 유추 적용하여 조합원의 3분의 2 이상의 동의를 요한다고 봄이 타당하다."는 전제에서, 2/3 이상 동의를 얻지 못한 이 사건 사업시행계획이 위법하다고 하면서도, "이와 관련한 하급심의 해석이 엇갈리는 상황이었고, 이에 관한 명시적인 대법원판결도 없어, 그 결의 요건이 분명하지 아니한 상황이었던 이상, 그 결의요

지 않은 상태에서 행하여진 이 사건 처분은 그 하자가 중대한 것으로서 객관적으로 명백하여 당연 무효라고 판시하였으며[1] 또한, 구 환경영향평가법 제1조, 제3조, 제9조, 제16조, 제17조, 제27조 등의 규정 취지는 환경영향평가를 실시하여야 할 사업이 환경을 해치지 아니하는 방법으로 시행되도록 함으로써 당해 사업과 관련된 환경공익을 보호하려는 데 그치는 것이 아니라, 당해 사업으로 인하여 직접적이고 중대한 환경피해를 입으리라고 예상되는 환경영향평가대상지역 안의 주민들이 전과 비교하여 수인하도를 넘는 환경침해를 받지 아니하고 쾌적한 환경에서 생활할 수 있는 개별적 이익까지도 보호하려는 데에 있는 것이다. 그런데 환경영향평가를 거쳐야 할 대상사업에 대하여 환경영향평가를 거치지 아니하였음에도 불구하고 승인 등 처분이 이루어진다면, 사전에 환경영향평가를 함에 있어 평가대상지역 주민들의 의견을 수렴하고 그 결과를 토대로 하여 환경부장관과의 협의내용을 사업계획에 미리 반영시키는 것 자체가 원천적으로 봉쇄되는바, 이렇게 되면 환경파괴를 미연에 방지하고 쾌적한 환경을 유지·조성하기 위하여 환경영향평가제도를 둔 입법 취지를 달성할 수 없게 되는 결과를 초래할 뿐만 아니라 환경영향평가대상지역 안의 주민들의 직접적이고 개별적인 이익을 근본적으로 침해하게 되므로, 이러한 행정처분의 하자는 법규의 중요한 부분을 위반한 중대한 것이고 객관적으로도 명백한 것이라고 하지 않을 수 없어, 이와 같은 행정처분은 당연 무효라고 판시하였다. 대법원 2006. 6. 30. 선고 2005두14363 판결.

건을 구비하지 못한 하자가 객관적으로 명백하다고 보기는 어려워 이 사건 사업시행계획의 수립에 관한 하자는 무효사유가 아니라 취소사유에 불과하다."고 판시하였다.[32)]

대법원은 법해석 위반의 명백성에 대하여 ① 지방자치단체의 기관위임사무를 규칙이 아닌 위임할 수 없는 조례에 근거하여 한 처분[33)], 자치사무를 조례가 아닌 위임할 수 없는 규칙을 적용하여 한 처분[34)] 및 상위법령에 위배되는 조례에 의한 지방자치단체의 처분[35)] 등을 모두 법률규정의 해석에 다툼의 여지가 있는 경우로 하자가 명백하다고 할 수 없다고 판단하였고, ② 헌법재판소의 위헌결정이 있기 전에는 법률이 헌법에 위반된다는 사정이 객관적으로 명백한 것이라고 할 수는 없으므로 헌법재판소의 위헌결정 전에 행정처분의 근거되는 당해 법률이 헌법에 위반된다는 사유는 특별한 사정이 없는 한 그 행정처분의 취소소송의 전제가 될 수 있을 뿐 당연무효사유는 아니라고 봄이 상당하다고 판단하였으며[36)], ③ 시행령이 헌법이나 법률에 위반된다는 사정은 그 시행령의 규정을 위헌 또는 위법하여 무효라고 선언한 대법원의 판결이 선고되지 아니한 상태에서는 그 시행령 규정의 위헌 내지 위법 여부가 해석상 다툼의 여지가 없을 정도로 명백하였다고 인정되지 아니하는 이상 객관적으로 명백한 것이라 할 수 없으므로, 이러한 시행령에 근거한 행정처분의 하자는 취소사유에 해당할 뿐 무효사유가 되지 아니한다고 판단하였다.[37)]

또한 대법원은 ④ 행정청이 사전환경성검토협의를 거쳐야 할 대상사업에 관하여 법의 해석을 잘못한 나머지 세부용도지역이 지정되지 않

32) 대법원 2012. 8. 23. 선고 2010두13463 판결.
33) 대법원 1995. 7. 11 선고 94누 4615 판결.
34) 대법원 1997. 6. 19 선고 95누8669 판결.
35) 대법원 2009. 10. 29 선고 2007두 26285 판결.
36) 대법원 200. 11. 14. 선고 200다20144 판결.
37) 대법원 2007. 6. 14 선고 2004두617 판결.

은 개발사업 부지에 대하여 사전환경성검토협의를 할지 여부를 결정하는 절차를 생략한 채 승인 등의 처분을 한 사안에서, 기 하자가 객관적으로 명백하다고 할 수 없다고 판단하였고,[38] ⑤ 한국 산업단지공단이 이미 개발·조성이 완료된 산업단지 내에 오피스텔을 신축한 후 그에 대한 취득세와 등록세를 자진 납부한 사안에서, 지방세법 제 176조 제3항에 따라 한국산업단지 공단이 관리기관의 지위에서 지원사업 내지 후생복지사업을 수행하기 위하여 건물을 신축하는 경우 취득세와 등록세가 면제된다고 볼 수 있다 하더라도 그 법률해석이 일의적으로 명확하다고 볼 수 없다는 이유로 위 취득세 등의 자진납부 행위를 가리켜 그 하자가 객관적으로 명백하여 당연 무효라고 보기 어렵다고 판단하였으며[39] ⑥ 구 개발이익환수에관한법률시행령[40] 제9조 제5항 및 제8조 제1항 제2호의 규정은 구 개발이익환수에관한법률[41] 제 10조 제3항 단서 및 제 9조 제3항 제2호의 규정에 위반되어 무효이지만, 개발부담금 부과처분 당시(1991. 4. 30.)에는 아직 그 구법시행령의 규정들이 위법·무효하고 선언한 대법원의 판결들이 선고되지 아니하였고 또한 그 구법시행령의 규정들이 그 구법의 규정들에 위반되는 것인지 여부가 해석상 다툼의 여지가 없을 정도로 객관적으로 명백하였다고 보여지지 아니하는 경우, 그 구법시행령의 규정들에 따른 개발부담금 부과처분의 하자가 객관적으로 명백하다고 볼 수는 없으므로 그 개발부담금 부과처분은 그 하자가 중대 · 명백한 당연무효의 처분이라고 할 수 없다고 판단하였다.[42]

---

38) 대법원 2009. 9. 24 선고 2009두 2825 판결.

39) 대법원 2009. 8. 20. 선고 2008다78262 판결.

40) 1991. 9. 13 대통령령 제 13465호로 개정되기 전의 것.

41) 1993. 6. 11 법률 제4563호로 개정되기 전의 것.

42) 대법원 1997. 5. 28. 선고 95다 15735 판결.

3. 대상 판결(대법원 선고 2012두 9000)의 무효 사유를 판단하는 기준으로서의 명백성

아래에서는 처분의 무효 사유를 판단하는 기준으로서의 명백성 여부에 대한 대법원의 판단을 살펴보고자 한다. 참가인은 구 도시정비법 부칙 제 7조 제2항의 명문 요건인 "2002년 8월 9일 이전에 토지등 소유자 1/2 이상의 동의를 얻도록 한 처분 요건"에 대해 "법률 규정에 대한 해석에 다툼의 여지가 있는 경우"여서 그 처분의 하자가 명백하지 않다고 주장하고 있다.

그러나 대상 판결의 사실관계를 살펴보면[43] 이 사건 처분은 "2002년 8월 9일 이전에 토지등 소유자의 2분의 1 이상의 동의를 받아야 한다"는 명문 규정에 부합되지 않은 외관상 명백한 하자있는 처분이며 대상판결의 이 사건 시공권 신고는 구 도시정비법 부칙 제7조 2항에 따라 명확하게 시공권 인정이 불가한 경우이며 법문상 외관상 명백한 하자가 있음에도 불구하고 피고는 이 사건 처분을 하였다.

따라서, 참가인이 상고이유서 제3점에서 주장하는 바와 같이 원심 판결이 이 사건 처분의 하자를 판단함에 있어 명백성 유무는 별도로 판단하지 않고도 무효라고 판단하였다든가, 이 사건 부칙 제 7조 제2항을 위반하였다는 점만으로 하자가 중대하고도 명백한 것이라고 판단하여 실질적으로는 하자의 중대성만으로 무효라고 판시한 것이라는 주장은 전혀 타당하지 않다.

또한 도시정비법 부칙 제7조 제2항의 해석과 관련하여 구 도시정비법 부칙 제7조 제2항을 위반하여 불수리된 후 행정 심판을 통해 시공자 선정 신고를 다시 수리하였다면 그러한 처분의 하자는 명백하다고

---

43) 이 사건의 경우는 2003년 6월 25일 조합인가 신청 후 동년 7월 11일 조합 설립 인가에 실패하였으며 신고서에 첨부된 인감증명서 중 가장 늦게 발부된 것이 7월 12일 자이므로, 이 사건 신고 일자는 2003. 7. 12 이후 접수된 것이 확실하다.

볼 수 없다고 판시하고 있다. 즉, 원당 주공 2단지, 개포주공 1단지의 시공권 신고의 경우 행정심판의 수리재결을 통해 구 도시정비법 부칙 제7조 제2항에 위반한 신고를 불수리한 처분이 행정심판 절차에서 취소되어 이에 따라 다시 위 신고를 수리하는 처분을 한 경우 그 "수리 처분"의 하자는 "명백"한 경우라고 보기는 어렵고 따라서 그 처분의 하자는 당연무효 사유가 아니라는 것이다.

반면에 대상판결의 이 사건 신고는 별도의 행정심판의 재결을 거쳐서 신고를 수리한 것도 아닐 뿐더러 하자가 명백한 당연 무효인 신고가 수리된 경우이며, 따라서 피고의 이 사건 처분은 그 하자가 외관상 명백하여 당연 무효라고 보는 대상 판결의 대법원의 판지는 중대명백설의 입장에서 외관상 명백한 하자로서 대상판결의 대법원 논지는 정당하다.

IV. 결론

대상판결은 통설과 판례의 태도에 입각하여 하자의 명백성과 관련하여 중대 명백설을 따르는 대법원의 일관된 입장으로 볼 수 있다. 대법원은 대상판결의 구체적 사안에 입각하여 행정목적의 달성, 법적 안정성 및 제3자의 신뢰보호라는 공익과 국민의 권익구제 및 구체적 타당성이라는 사익 사이에서 서로 충돌하고 있는 이익 상황을 개별적으로 비교 형량하여 이 사건 처분의 하자가 무효 사유라고 판시하였으며 구 도시정비법 부칙 제7조 제2항의 신고에 다른 수리 처분의 무효여부를 판단함에 있어서 각각의 개별 사건의 특수성을 고려하여야 하며 특히, 행정처분의 하자가 중대·명백한 것인지 여부를 판별함에 있어 구체적 사안의 특수성을 고려하여야 한다는 전제하에,[44] 이 사건 대상판결의 처분

44) 대법원 2005. 6. 24. 선고 2004두10968 판결 등

당시에는 하자가 중대할 뿐만 아니라 명백하다고 판시하였다.

즉, 행정처분이 무효라고 하기 위해서는 행정처분에 내재된 하자가 중대할 뿐만 아니라 객관적으로도 명백하여야 한다고 하면서도, 나아가 "어떠한 하자가 중대하고 명백한 것인지 여부는 그 법규의 목적, 의미, 기능 등을 목적론적으로 고찰하여 행정법관계의 안정성과 국민의 권익구제가 조화를 이룰 수 있도록 구체적 사안에 따라 합리적으로 판단하여야 한다"[45] 는 통설과 주류적 판례 입장에서 하자가 중대 명백하여 무효라고 판시하였으며 이 사건 대상판결은 위와 같은 취지를 분명히 하였다.[46]

대상판결은, 위 부칙 제7조 제2항의 규정을 그 문언에 따라 "전체" 토지등소유자의 1/2 이상의 동의가 필요하고 "2002. 8. 9. 이전에" 그 동의를 얻어야 한다는 것으로 해석하여, 기존에 이를 달리 해석한 일부 하급심판결과 행정심판 재결의 입장이 잘못된 것임을 분명히 밝혔으며 가사 '신고가 심사를 거쳐 적법하게 수리되었더라도 시공권이 부인되는 경우는 그 시공권 신고 수리가 당연 무효이거나 행정쟁송절차에 의하여 취소되어야 한다'는 의미이며 즉, 당연 무효인 신고도 행정관청에 의하여 수리되기만 하면 효력을 갖는다는 의미로 파악해서는 안된다고 판시하였다.

따라서, 구 도시정비법 부칙 제7조 제2항을 위반한 이 사건 처분은 토지등 소유자의 이익에 영향을 미칠 가능성이 크므로 이 사건 처

45) 대법원 1995. 7. 11. 선고 94누4615 전원합의체판결 등.

46) 더욱이, 행정 행위의 무효사유를 판단하는 기준으로서의 명백성은 행정처분의 법적 안정성 확보를 통하여 행정의 원활한 수행을 도모하는 한편 그 행정처분을 유효한 것으로 믿은 제3자나 공공의 신뢰를 보호하여야 할 필요가 있는 경우에 요구되는 것이므로 그러한 요구가 크지 않거나 하자가 워낙 중대 명백하여 그와 같은 필요에 비하여 처분 상대방의 권익을 구제하고 위법을 시정할 필요가 훨씬 더 큰 경우라면 그와 같이 중대한 흠을 가진 행정처분은 당연 무효라고 보는 것이 타당한 결론이다. 김유환, 행정행위의 무효의 판단기준- 대법원 1995. 7. 11. 선고 94누4615 전원합의체 판결-행정판례평선,. 박영사. 1995. 7. 11.

분의 하자는 중대하고도 명백한 것이라고 판단한 대법원의 판단은 지극이 타당하며[47] 이 사건의 경우는 2008도 4488 판결과 같이 행정심판의 재결을 통해 수리가 된 사업장의 경우도 아닐 뿐더러 정당하게 신고 수리될 수 없는 신고서가 수리된, 처분의 하자가 외관상 명백한, 그 하자가 취소 사유가 아닌 당연 무효가 되는 경우라는 점에서 대상 판결은 중대 명백설의 입장에서 그 하자의 명백성을 인정한 지극히 타당한 판결이다.

---

47) 이 사건 추진위원회는 현재까지 약 10년이 경과하도록 조합설립인가를 받지 못하고 있고 위 L 회사와 사이에 시공계약도 정식으로 체결되지 못하고 있는데, 이러한 사정도 이 사건 처분을 당연무효로 판시하는 중요한 근거로 작용하였다고 판단된다.

참고문헌

김동희, 행정법, 2012.

박윤흔, 최신 행정법강의(상), 2010.

홍정선, 행정법원론(상), 2012.

김성태, 무효인 조례에 근거한 권한없는 행정청의 행정행위의 효력, 행정법연구 창간호(1997. 상반기) 290－303, 1997, 행정법이론실무학회(97. 06).

김형태, "징계처분의 무효사유인 하자의 명백성"「대법원판례해설」통권14호, (1990).

김유환, 행정행위의 무효의 판단기준－ 대법원 1995. 7. 11. 선고 94누4615 전원합의체 판결－행정판례평선, 박영사, (1995. 7. 11).

______, 위헌법률에 근거한 행정처분의 효력－판례이론의 중대명백설 이해에 대한 비판과 대안, 행정판례연구 V. (2000).

나 현, 위헌(위법)인 법률, 명령, 규칙(조례)에 근거한 행정행위의 효력: 이른바 '중대명백설'에 대한 비판, 사법연구자료 23집(96. 12) 381－415 법원행정처,(1996).

문형배, 취득세 납세의무자가 한 신고행위의 하자가 중대하지만 명백하지 않은 때 당연 무효 여부, 판례연구 21집, 부산판례연구회(2010. 2.).

박홍대, "행정행위의 무효화 사유", 법원행정처 재판자료 제68집 (행정소송에 관한 제문제), (1995).

송영천, 가. 위법·무효인 시행령의 규정을 적용하여 한 행정처분의 효력 나. 위법·무효인 시행령의 제정에 관여한 공무원의 불법행위성립 여부, 대법원판례해설 28호(97년 상반기) 426－446 1997, 법원도서관, (97. 12).

양시복, 지방세법상 과세처분의 무효사유로서의 중대명백설의 검토, 인권과 정의 406호, 대한변호사협회, (2010. 6.).

오진환, 조례의 무효와 그 조례에 근거한 행정처분의 당연무효 여부: 지방자치단체의 사무와 조례제정권, 특별법연구 5권, 박영사, (97.06).

윤진수, 「위헌인 법률에 근거한 행정처분의 당연무효여부」, 『대법원판례해설』 제22집, (1994).

이상원, 조례의 유·무효 판단기준, 대법원판례해설 72호(2008.07), 법원도서관(2008).

이혁우, 행정행위의 무효사유: 하자의 중대·명백성과 관련하여/대법원판례해설 28호(97년 상반기, 1997 법원도서관)(97. 12).

임기환, 구 도시정비법 부칙 제7조 제2항의 문언에 따른 요건을 갖추지 못한 시공자선정 신고를 수리한 관할 구청장의 처분의 하자가 "중대·명백"하여 당연무효라고 볼 수 있는지 여부, 대법원판례해설 제95호(2013 상).

임승순, "과세처분의 무효원인-상태성을 결여한 과세자료에 기한 과세처분의 효력-대법원 1985. 11. 12. 선고 84누250 판결", 「법과 정의」(경사 이회창선생화갑기념논문집), 박영사(1995).

국문초록

우리 대법원은 "행정처분이 당연무효라고 하기 위해서는 처분에 위법사유가 있다는 것만으로는 부족하고 그 하자가 법규의 중요한 부분을 위반한 중대한 것으로서 객관적으로 명백한 것이어야 하며, 하자가 중대하고 명백한 것인지 여부를 판별함에 있어서는 그 법규의 목적, 의미, 기능 등을 목적론적으로 고찰함과 동시에 구체적 사안 자체의 특수성에 관하여도 합리적으로 고찰함을 요한다고 할 것이다."라고 하여 행정처분이 당연무효인지 여부를 판단함에 있어 구체적 사안의 특수성을 고려할 것을 요구하고 있다.

본고에서는 구 도시정비법 부칙 제7조 제2항에 의거, 2002. 8. 9. 이전에 전체 토지등 소유자 2분의 1 이상의 동의를 받아야 하는데 2002. 8. 9. 이후에서야 전체 토지등 소유자 2분의 1 이상이 되도록 추가로 252명의 동의를 받아 관할 구청장에게 부칙 제7조 제2항에 의거 시공자 선정 신고를 하였으며 관할 구청장은 이를 수리하였다. 위 부칙 제7조 제2항에서 정한 2002. 8. 9.까지 토지등 소유자 2분의 1이상의 동의를 얻어 신고하도록 규정한 요건이 1) 전체 토지등소유자 과반수 이상 인지 아니면 참석자 과반수 이상인지 여부 2) 2002. 8. 9.까지 토지등 소유자 2분의 1이상의 동의를 얻어야 하는 것인지 아니면 2002. 8. 9. 이후에도 전체 토지등 소유자 2분의 1 이상이 되도록 추가로 252명의 동의를 받는 것이 가능한지 여부 3) 관할 구청장이 위 요건을 갖추지 못한 L 회사의 시공자 선정 신고를 수리한 것은 법규의 중요한 부분을 위반하여 그 하자가 중대하고 주택재건축사업의 추진상황 등에 비추어 위 하자가 객관적으로 명백한 것이라고 볼 수 있는지 여부를 검토하였다. 대상판결은 구 도시정비법 부칙 제7조 제2항의 명문 요건을 갖추지 못한 하자를 지닌 시공자 선정 신고를 수리한 관할 구청장의 처분의 하자가 "중대·명백"하여 당연무효라고 볼 수 있는지 여부가 쟁점이며 이 판결은 종래의 위 부칙 제7조 제2항의 해석을 둘러싼 논란을 해결하고, 위 규정에 위반된 시공자 선정 수리처분의 효력이 당연무효인지 여부에 대한 기준을 제시하였다는 점에서 큰 의의가 있다고 할 것이다.

주제어: 구 도시정비법 부칙 제7조 제2항, 시공자 수리, 행정처분의 하자, 당연 무효, 처분의 하자, 중대 명백설.

Abstract

A legal Study of nullify or not for the administrative disposition of acceptance for public legal authorization of construction title in term of subtitle of no. 7 under the Urban Redevelopment Act, Housing Construction Promotion Act.

－Decision at Issue: Korean Supreme Court Case No. 2012 Du 9000, decided on February 14, 2013－

Kihan, Lee*

A matter of urban redevelopment of dwelling is uprising as very important issue with the problem of speculation in real estates litigation through the era of industrialization and urbanization in Korea. To resolve urban redevelopment of dwelling and efficiency of redevelopment legal problem, The Korean Urban Redevelopment Housing Environment Promotion Act, were established on December 30, 2002. (hereinafter 2003 KURHEP ACT)

Korean Supreme Court decided on Case No. 2012 Du 9000, decided on February 14, 2013 that the administrative acceptance disposition of legal requirement on this provision of the subtitle of article 7 under 2003 Urban Redevelopment Housing Environment Promotion Act. This paper reviews that administrative acceptance disposition for public construction title on this provision is legally nullified simply because that it is not enough for both legal

* Professor, Dankook University, School of Law

requirement. It should be required both half owner consent requirement and deadline requirement by the August 9, 2002 on this provision on the subtitle of article 7 under the Urban Redevelopment Act, Housing Construction Promotion Act.

This paper also reviewed that the theory and relevant supreme court of administrative legal cases relating administrative acceptance disposition in terms of nullification of legal disposition requirement.

This case note is very important that the Korean Supreme court decided that it is nullified if the administrative acceptance disposition for the legal requirement should be fulfilled both half owner consent requirement and deadline requirement by the August 9, 2002 on this provision of the subtitle of article 7 under the Urban Redevelopment Housing Environment Promotion Act. This paper also reviewed that the defendant opinion, appeal, and supreme court decision regarding the authorization requirement of public construction title on this provision by the subtitle of article 7 under the Urban Redevelopment Housing Environment Promotion Act.

The administrative acceptance of public authorization of construction title should be confirmed carefully in terms of the documentary legal fulfillment to authorize legal requirement in term of subtitle of no. 7 under the Urban Redevelopment Housing Environment Promotion Act. in term of subtitle of no. 7 under the Urban Redevelopment Act, Housing Construction Promotion Act of July 1, 2003. Administrative acceptance disposition without confirmation of the documentary legal requirement for the two legal requirement fulfillment, both half requirement of consent from owner and the requirement of application deadline on August 29, 2002 requirement under the this provision is nullified. There are some discussions about the meaning of cancellation, nullification theory, legal standard of disposition of the acceptance of construction public title establishment.

Keywords: Administrative authorization of the acceptance of construction public title, Authorization of the establishment of redevelopment construction. nullity of authorizing disposition, appeal litigation, Administrative litigation in public law.

투 고 일: 2014. 11. 22
심 사 일: 2014. 12. 26
게재확정일: 2014. 12. 30

取消訴訟의 對象

民間資格의 職務가 辯護士의 職務에 抵觸될 수 있는가
/朴銶炘

民間資格의 職務가 辯護士의 職務에 抵觸될 수 있는가?

朴鉉炘*

大法院 2013.4.26.선고 2011두9874 판결

Ⅰ.들어가는 말

오늘날에는 전국 각지에서 국가개발을 위하여 도시개발 사업, 철도·고속도로·공항·항만, 수도 등 사업, 댐건설사업, 정부 청사·연구소·공원·광장·운동장 등 사업, 학교·도서관·박물관 등 사업, 주택 또는 택지 조성사업 등 많은 공익사업이 시행되고 있다. 이러한 공익사업을 시행하기 위하여서는 정당한 보상을 전제로 개인의 토지나 물건 등을 수

* 전 대구대학교 총장

용하거나 사용하여야 하는데, 매년 10조원이 넘는 보상비가 지출되고 많은 주민이 고향을 떠나 다른 곳으로 이주하고 있다.

그리하여 수많은 사람들이 공익사업에 소요되는 사인(私人)의 토지나 물건 등을 취득하고 이에 대한 보상을 위한 업무에 종사하고 있다. 국토교통부. 서울특별시를 비롯한 정부와 지방자치단체 공무원, 한국토지주택공사, SH공사 등 공사 직원, 그 밖에 공익사업을 수행하는 사기업체 직원 등이 전국에 3,000여 명을 넘는다. 이들은 이른바 보상관리업무에 종사하는데, 보상관리업무란 보상계획의 수립·공고·열람, 토지대장 및 건물대장 등 공부의 조사, 토지 등의 소유권 및 소유권 외의 권리 관련사항의 조사 등으로 아주 다양하고 복잡한 업무이다.[1)]

그런대 이러한 보상관리업무는, 한편으로는 공익사업을 수행하기 위한 것으로 공익과 밀접한 관련이 있고, 다른 한편으로는 국민의 재산권보장과 관련된 업무여서, 전문지식을 갖고 매우 신중하게 처리해야 할 업무이다. 그리하여 보상관리업무는 공익성이 강하며 업무종사자의 전문성과 자부심·책임감이 다른 업무에 비하여 크게 요구된다.

본인은 전공하는 행정법 중에서 공익사업을 위한 토지 등 취득과 보상에 관한 법을 큰 비중을 두어 공부한 부분이고, 또한 본인은 중앙토지수용위원회 위원으로 9년 동안 종사하면서 보상업무에 대하여 남다른 관심을 가지고 있었다. 그런데 보상업무가 매우 중요한 업무임에도 불구하고, 보상업무를 공익사업을 시행하는 기관에서조차도 크게 중요시하지 않고, 또한 종사자들도 민원이 많이 발생하고 고된 업무여서 그 자리에 오래 근무하기를 기피하는 경향이 있어 자리가 자주 바뀌고 사기도 높지 못하였다.

그리하여 본인은 보상업무종사자들을 보다 전문화하고 사기를 진작시킬 방안은 없을까하고 고민을 많이 하였다. 그러한 방안의 하나는

1) 보상관리업무의 내용은, 공익사업을 위한 토지 등의 취득 및 보상에 관한 법률 시행령 제43조 제2항에서 구체적으로 정하고 있다.

일정기간 보상업무에 종사한 자에게 일정한 자격을 부여하는 것이다. 자격에는 뒤에서 보는 바와 같이 국가자격과 민간자격이 있는데, 보상업무는 매우 다양하고 복잡하여 하나의 국가자격으로 포괄하는 것은 어려울 것 같고, 민간자격제를 채택하여 운영하는 것은 매우 바람직스럽다고 생각하고 있었다. 그런데 마침 사단법인 '한국토지보상관리회'(이하 '보상관리회'라 한다)에서 민간자격 토지보상관리사의 설치. 운영을 추진하게 되었다.

그리하여 보상관리회는 민간자격 토지보상관리사를 설치하여 관리·운영하기 위하여 자격기본법에 따라 교육과학기술부장관의 위탁을 받은 한국직업능력개발원(이하'직능원'이라 한다)에 등록을 신청하였다. 이에 직능원은 보상관리업무에 관한 주무부장관인 국토해양부에 의견조회를 하였고, 의견조회를 받은 국토해양부에서는 보상관리업무가 자격기본법 제17조 제1항 제1호 '다른 법령에서 금지하는 행위'에 해당한다고 회신을 하여, 직능원을 이를 바탕으로 등록거부처분을 하였다.

보상관리회는 보상관리사 등록신청이 국토해양부의 무책임한 의견회시로 거부처분을 받게 되자, 이에 거부처분취소행정심판을 국무총리행정심판위원회에 제기하였으나 변호사위원들의 황당한 법해석으로 기각당하고, 서울행정법원에 거부처분 취소소송을 제기하여 승소하였으나, 피고인 직능원에서 서울고등법원에 항소를 제기하여 패소하였고, 이에 보상관리회가 다시 대법원에 상고한바 대법원에서는 국토해양부의 의견에 따라 직능원이 주장하는 거부처분사유는 위법하다고 하여 배척하여 사실상 보상관리회가 승소하였으나, 전혀 다른 사유, 즉 보상관리업무로 신청서에 기재한 일부업무가 변호사법 등에 위반된다고 하여 상고기각판결을 받았다.

이에 보상관리회에서는 대법원에서 변호사법에 위반되어 위법이라고 판시한 일부업무만을 제외하고 등록을 재신청하여 2013.12. 30 드디어 보상관리사의 등록을 받고, 민간자격 보상관리사를 설치하여 관리.

운영하게 되었다.

이와 같이하여 보상관리회는 결국 민간자격 보상관리사를 설치. 운영하게 되었으나, 그 등록과정에서 그야말로 엄청난 시련을 겪었다. 본인이 거의 일생을 몸담아오고 선진화를 이루었다고 믿고 있는 우리나라 행정기관에는 아직도 무책임한 공직자가 있고, 본인이 그렇게 신뢰하여 온 행정심판위원회나 법원이 실정법을 건성으로 잘못 해석하여 국민에게 피해를 주고 있음을 실감하고 본인이 지금까지 생각하고 있었던 우리나라 법치주의가 이런 수준인가하는 회의를 갖기도 하였다. 그러나 한편으로는 4년여에 걸친 이 사건의 추적을 통하여 본인이 공부하는 행정법을 실습하는 경험을 갖게 된 것을 매우 의미 있게 생각한다.

Ⅱ. 자격이란 무엇인가[2)]

1. 자격의 개념

자격의 개념은 나라에 따라 약간의 차이가 있다.OECD에서는 자격을 모든 학술결과에 대한 인정으로 정의하고 있어 자격인정은 개인이 획득한 지식이나 자질을 공식적이고 형식적인 과정을 거쳐서 확인한 결과이며, 훈련과정이나 시험을 통해 성공적으로 성취한 결과를 실증해준 것을 자격으로 보고 있다. 이러한 OECD의 자격개념은 노동시장. 교육훈련. 자격검정을 모두 포괄하는 차원에서 정의하고 있어, 자격의 개념을 포괄적인개념으로 광범하게 정의되고 있다.

그러나 우리나라에서는 학력과 구별되는 직업자격을 통상 자격의 개념으로 사용하고 있다. 따라서 「자격기본법」에서는 자격의 개념을 '일

---

2) 서준호, 민간자격 관리. 운영 실무전략 2004.12 도서출판 형민사 참조.

정한 기준과 절차에 따라 평가. 인정된 지식·기술의 습득 정도로써 직무수행에 필요한 능력'으로 규정하고 있어 자격을 협의의 개념으로 정의하고 있다. 그리고 자격을 크게 국가자격과 민간자격의 두 가지로 나누고 있다. 국가자격은 각 개별법에 의한 국가자격과 국가기술자격법령에 의한 국가기술자격으로 구분되어 있다. 국가자격은 국가가 신설하여 운영하는 자격이고, 민간자격은 국가외의 법인. 단체 또는 개인이 신설하여 관리. 운영하는 자격이다(자격기본법 제2조 제4호.제5호).

2. 자격의 역할

자격은 학력과 마찬가지로 근로자가 보유하고 있는 인적자산의 가치를 알려주는 척도로써 교육과 노동시장을 연계시켜주는 역할을 한다. 자격은 교육수요자와 공급자간에 근로자의 능력을 증명하는 역할을 맡고 있으며, 노동시장에서 노동력에 관한 정보의 불완전성을 보충하는 역할을 갖고 있다.

자격은 기업의 채용비용과 훈련비용을 줄여준다. 한 사회 내에서 다양하고 전문화된 인적자산에 대한 가치가 사회적으로 통용될 수 있는 척도가 있다면 거래비용을 대폭 줄일 수 있다.

자격은 직업능력개발을 촉진시키는 역할을 가지고 있다. 자격을 취득하는 과정에서 학습과 경력을 개발하여 개인의 능력개발을 촉진할 수 있는 역할을 한다.

자격은 자격취득자의 직업적인 이득을 보호하고 개선하는 기능을 가지고 있으며, 직무수행에 필요한 직업 환경의 필요성을 강조함으로써 자격을 소지한 직업인의 근로조건을 향상시키는 역할도 한다.

3. 자격의 중요성

현대사회를 대표하는 말 중의 하나가 학력보다는 능력중심의 사회, 즉, 평생학습사회라는 말이다. 이러한 사회의 변화에 따라 개인의 직무능력을 입증할 수 있는 자격의 중요성이 강조되고 있다.

자격의 중요성은 교육과 노동시장의 측면에서 자격은 개인의 인적가산의 가치를 알려주는 척도일 뿐만 아니라 개인의 평생학습을 촉진하고 직업능력개발을 지원하는 도구로써도 중요한 역할을 수행하는데 그 구체적인 중요성은 다음과 같다.

① 자격은 모든 사람을 위한 학습의 진전을 가능하도록 접근성과 개방성을 확보한다.

② 자격은 작업현장, 교육기관, 가정, 자역사회 등 다양한 환경에서의 학습의 연결성을 확보하도록 한다.

③ 자격은 변화하는 요구에 대한 학습결과의 타당성 및 노동시장과 개인의 일상생활에서의 기회를 부여한다.

④ 자격은 학교 및 직업현장에서의 학습과정 및 학습결과의 질을 확보하도록 한다.

⑤ 자격은 기업측면에서는 우수한 인력을 확보하는 수단으로서, 개인측면에서는 취업 시 유리한 조건을 확보하거나 능력을 갖추기 위한 수단으로서의 중요성을 갖는다.

Ⅲ. 민간자격의 도입배경

우리나라는 1973년에 '국가기술자격법'을 제정하였고, 강력한 국가주도적 경제성장을 추구하면서 자격제도 역시 국가 주도적 형태로 운영되어 왔다.

그러나 직업세계에서 요구하는 자격에 대한 양적. 질적 수요가 급격한 속도로 변화하고 있는 현대사회에서 국가중심의 자격제도는 자격이 노동시장에서 한 개인이 소유하고 있는 '인적자산'(human capital)에 대한 정보를 충분히 전달하는 지표로써의 기능을 발휘하지 못하고 있다.

또한 국가중심의 자격은 급변하는 직업세계에서 요구되는 직무의 변화를 수용하지 못하고 있다. 이러한 산업현장의 요구 속에서 자격제도의 운영과 관련하여 국가와 민간의 역할분담이 요청되고 있다. 즉, 국민의 생명, 건강, 안전이나 사회적 질서를 해칠 염려가 있는 자격이외에는 민간에서 관련자격을 신설·운영하여야 할 가능성이 제기되었다.

이와 관련하여 산업계의 참여와 역할증대, 즉, 각종 전문직 단체·직종별 협회·산업체 등 민간의 적극적 참여가 요구되고, 자격검정방법도 다양한 적용의 필요성이 제기되고 있고, 다양한 장소에서 언제든지 자격시험에 응시할 수 있는 시설 및 장비의 구축이 요청되었다.

이러한 상황에서 자격제도에 대한 인식전환이 필요하게 되었고, 그 인식전환 중의 하나가 민간자격의 도입필요성이다. 기업 등 민간이 자격제도의 운영에 적극 참여하여 개인의 인적자산을 정확하고 풍부하게 유통시키는 역할을 담당하여야 하며, 이를 위해서는 직·간접적으로 기업 등 민간이 민간자격의 운영에 참여하여야 한다는 지적이 제기되었다. 또한 산업사회에서 지식·정보화사회로 패러다임이 변화되고 있어, 특히 자격제도의 운영에 민간부문의 역할이 강조되고 있다. 공신력이 인정되는 한 자격검정의 운영주체가 반드시 국가일 필요는 없으며, 오히려 공신력 있는 민간자격운영사업자가 더욱 효율적일 수 있다.

그리하여 정부에서는 1997년에 다양한 자격수요에 부응하여 자격을 국가자격과 민간자격으로 구분하여 자격제도의 관리주체를 다양화하는 내용을 핵심으로 하는 자격기본법(1997.3.27. 법률 제5314호)을 제정하였다. 이 법의 제정을 통하여 그 동안 국가가 주도적이었던 자격제도에 민간이 참여할 수 있는 계기가 마련되었으며, 그 역할의 중요성이 부각되고 있다.

Ⅳ. 직능원의 민간자격 보상관리사의 등록신청거부처분

1. 보상관리회의 등록신청(2008.6.3. 신청)

보상관리회는 직능원에 '자격기본법' 제17조 제2항의 규정에 따라 민간자격 '보상관리사'를 신설하여 관리. 운영하기 위하여 등록을 신청하였다. 보상관리사는 '보상관리회'가 '보상관리업무'에 종사하는 자의 지식을 평가 또는 인정하여 부여하는 민간자격이다. 여기에서 평가, 인정의 대상 직무인 보상관리업무가 구체적으로 어떤 것인가는 직능원의 '민간자격편람'에서 민간자격등록신청서에 기재하도록 되어 있어 '보상관리업무'를 보상관리회의 내부규정에 정하여 등록신청서에 기재. 제출하였다. 즉, 그것은 전국의 공익사업현장에서 일상적으로 누구나 행하고 있는 것으로 ① 보상계획의 수립·공고 및 열람에 관한 업무,② 토지대장 및 건축물대장 등 공부의 조사, ③ 토지 등의 소유권 및 소유권외의 권리관련사항의 조사, ④ 분할측량 및 지적등록에 관한 업무, ⑤ 토지조서 및 물건조서의 기재사항에 관한 조사, ⑥ 잔여지 및 공익사업지구 밖의 토지 등의 보상에 관한 조사, ⑦영업·농업·어업 및 광업손실에 대한 조사, ⑧ 보상액의 산정(감정평가업무를 제외한다), ⑨ 보상협의. 계약체결 및 보상금의 지급, ⑩ 보상관련 민원처리 및 소송수행관련업무, ⑪ 토지 등의 등기 관련업무, ⑫ 이주대책의 수립.실시 또는 이주정착금의 지급, ⑬ 그 밖에 보상과 관련된 부대업무 등[3]이다.

---

3) 공익사업을 위한 토지 등의 취득 및 보상에 관한 법률시행령 제43조 제2항 참조

2. 직능원의 거부처분(2008.8.27. 처분)

보상관리회의 등록신청에 대하여 직능원은 동법시행령 제23조 제2항의 규정에 의하여 등록 여부를 결정하기 전에 국토해양부에 민간자격으로 보상관리사를 신설하는 것이 자격기본법 제17조 제1항 각호에서 규정하는 금지되는 분야에 해당하는 지를 확인하기 위하여 의견을 문의하였고, 이에 대하여 국토해양부는 현행 '공익사업을 위한 토지 등의 취득 및 보상에 관한 법률은 사업시행자보상원칙을 유지하고 있으며, 보상업무는 보상전문기관에만 위탁 시행할 수 있음(제61조, 제81조). 따라서 현행법령에서 보상관리자격제도를 인정하지 않을 뿐만 아니라, 공익사업의 원활한 추진 및 사유재산권에 대한 적정한 권리. 의무 등을 감안할 때 민간자격 제한분야에 해당됨' 이라고 직능원에 회신을 하였고(2008.8.21), 직능원은 그 회신만을 근거로 별다른 검토 없이 등록불가처분(등록거부처분)을 하였다.

3. 직능원의 거부처분의 위법성

국토해양부에서 보상관리사의 신설에 대하여 위와 같은 부정적인 의견을 보낸 이유는 명확하지는 않으나, 신설하려는 민간자격이 자격기본법 제17조 제1항 제1호에서는 '다른 법령에서 금지하는 행위와 관련된 분야'에 해당할 때에는 설치할 수 없게 되어 있는데, 보상관리사는 여기에 해당한다는 것이다. 국토해양부는 현행 '공익사업을 위한 토지 등의 취득 및 보상에 관한 법률'(이하 '공익사업법'이라 한다)은 보상업무는 보상전문기관에만 위탁 시행할 수 있게 되어 있기 때문에(제81조), 보상관리자격제도를 인정할 수 없다는 것이다. 다시 말하면 '공익사업법' 제81조에서는 사업시행자는 보상관리업무를 지방자치단체나 토지주택공사 또는 SH공사 등 공공기관이나 지방공사에게만 위탁할 수 있게 하였기 때문에, 민간자격 보상관리사를 신설할 수 없다는 것이다. 그것은 민간자격 보상관리사는 사업시행자로부터 보상관리업무를 위탁받아 시행하기 위하여 설치하려고 한다는 것을 전제로 하는 것이다.

그러나 그것은 첫째로 민간자격의 성격을 전혀 모르고 '자격' 이라는 용어에만 현혹되어 내린 완전히 그릇된 위법한 의견인 것이다. 위에서 본바와 같이 자격의 개념은 「자격기본법」 제2조 제1호에서 '직무수행에 필요한 지식. 기술 .소양 등의 습득 정도가 일정한 기준과 절차에 따라 평가 또는 인정된 것'으로 규정하고 있어, 민간자격은 단순히 일정한 기준과 절차에 따라 평가 또는 인정된 '지식·기술·소양 등의 습득정도' 이며, '직무수행에 필요한 능력'의 인정에 지나지 않고, 어떤 업무를 타인으로부터 위탁받아 수행한다는 것은 자격기본법상 민간자격과는 전혀 관계가 없는 것이다. 민간자격을 부여하는 것은 노동시장에서 인력 수요자가 공급자의 능력을 쉽게 평가하기 위한 척도를 부여하고 직업능력을 향상시키기 위한 것에 지나지 않는다. 따라서 민간자격 보상관리사도 보상업무에 대한 지식의 습득 정도를 평가 또는 인정해 주는 것에 그치며, 보상관리업무를 타인으로부터 위탁받아 처리할 수 있는 능력을 부여하는 것은 결코 아니다. 국토해양부의 의견은 민간자격을 변호사나 법무사와 같은 자격과 혼동하여 내린 어처구니없는 해석에 근거한 것이다.

둘째로 공익사업법 제81조에서 사업시행자가 보상관리업무를 보상전문기관에게만 위탁할 수 있게 한 것은, 위탁대상기관을 제한한 것에 지나지 않으며, 결코 '보상관리업무' 자체를 금지한 것은 아니다. 따라서 민간자격 보상관리사는 자격기본법 제17조 제1항 제1호에서 규정한 '다른 법령에서 금지하는 행위와 관련된 분야'에 해당하지 않는다.

이 점은 뒤에서 보는 바와 같이 이 사건 대법원 판결에서도, '공익사업법은 보상업무의 위탁대상을 제한하고 있을 뿐(제81조 제1항), 그 업무자체를 절대적으로 금지하거나 국가자격을 두어 무자격자의 행위를 금지하고 있지는 아니하므로, 이 사건자격이 공익사업법에 의하여 금지

된다고 보기 어렵다'고 하여 명백히 하였다.[4)]

여하튼 직능원에서는 국토해양부로부터 이러한 회신이 왔으니 보상관리회의 등록신청을 거부하는 처분을 하였다. 아쉬웠던 것은 직능원에서 볼 때 국토해양부의 회신은 민간자격의 본질을 잘못 본 것이었음으로, 이를 무시하고 다른 하자가 없으면 등록신청을 인용하였어야 했다는 것이다.

Ⅴ. 국무총리행정심판위원회에 행정심판 제기

국무총리행정심판위원회에 대하여 보상관리회는 행정심판을 제기하여, 민간자격 보상관리사는 보상관리업무에 대한 지식의 습득정도를 평가 또는 인정할 뿐 보상관리업무를 위탁받는 능력을 부여하는 것은 결코 아니라는 것을 설득하였음에 불구하고 역시 자격기본법을 건성으로 해석하여 국토해양부의견에서와 같이, 민간자격 보상관리사는 보상관리업무를 위탁받아 수행하기 위한 것으로 완전히 오해하여 보상관리회의 등록거부처분 취소행정심판을 기각하였다.

1. 국무총리행정심판위원회의 재결요지(08-23009 민간자격보상관리사(보)등록거부취소청구, 재결 2010.2.9.)

이 사건의 경우는 보상관리사(보)가 담당하는 업무가 민간자격의 신설이 제한되는 분야 중의 하나인「자격기본법」제17조제1항1호의 '개별법령에서 금지하고 있는 행위'에 해당하는지 여부가 문제되고 있는바,

---

4) 이와 같이 중앙행정기관의 공무원이 관계되는 실정법을 건성으로 해석하여 명백하게 위법한 법해석으로 민원인에게 물질적. 정신적 고통을 준 것은 우리나라 행정이 아직도 그런 수준 인가하는 개탄을 하게 하였다.

「공익사업을 위한 토지 등의 취득 및 보상에 관한 법률」 제61조 및 제81조가 보상에 관하여 사업시행자 보상원칙을 유지하고 있고, 사업시행자가 위 보상업무를 위탁할 경우에는 지방자치단체나 법이 정하므로, 청구인이 등록을 신청한 보상관리사(보)가 담당하는 업무는 「공익사업을 위한 토지 등의 취득 및 보상에 관한 법률」 제61조 및 제81조에서 규정하고 있는 사업시행자가 보상업무를 수행해야 한다는 원칙에 반하는 사항을 내용을 하고 있어 「자격기본법」 제17조제1항1호의 '개별법령에서 금지하고 있는 행위'에 해당하는 민간자격 신설이 제한되는 분야에 해당한다고 할 것이다.

따라서 청구인이 등록을 신청한 보상관리사(보)라는 민간자격에 대하여 등록불가처분을 한 피청구인의 이 사건 처분은 관련 법령에 따라 내려진 적법·타당한 처분이라고 할 것이다.」

2. 국무총리행정심판위원회의 재결의 위법성

정말 어처구니없는 재결이라 할 것이다. 심판위원회에서도 국토해양부의 의견을 그대로 받아드려 변호사자격 등과 마찬가지로 민간자격도 구체적으로 사업시행자로부터 업무를 위탁받아 처리하는 것으로 보고, 공익사업법에서 보상은 사업시행자가 행하게 되어 있고, 보상업무의 위탁은 공익사업법 제81조에서 보상전문기관에만 행하게 되어 있음으로 보상관리사에게는 위탁이 금지되었다 할 것임으로 보상관리사의 보상관리업무는 자격기본법 제17조 제1항의 '개별법령에서 제한하는 행위'에 해당한다는 것이다.[5)]

---

5) 이러한 심판위원회의 태도는 그야말로 무성의하고 심파위원회의 재결이 심판을 제기한 당사자에게는 얼마나 절실하다는 것을 전혀 고려하지 아니한 무책임한 것이었다. 본인은 오랫동안 행정심판제도의 개선을 위해 국무총리행정심판위원회의 권한 강화에 그토록 노력해 왔는데 심판위원회의 무성의·무책임성을 목격하게 되니 정말 절망적인 생각이 든다.

당시 국무총리행정심판위원회는 9인의 위원으로 구성되어 있었는데, 변호사가 다수였고, 변호사 중에서 한분이 보상관리사의 업무 중에는 변호사의 업무를 침해한 것이 있는 것 같다고 하여, 대한변호사협회에 의견조회를 해보자는 의견을 제시하여, 행정심판위원회에서 직능원으로 하여금 대한변호사협회에 의견을 조회하도록 한바[6] 대한변호사협회에서는 다음과 같이 보상관리업무 중 일부가 변호사법 등에 저촉된다는 검토의견을 회신하였다[7].

국무총리행정심판위원회는 대한변호사협회로부터 위와 같은 회신을 받고 보상관리사의 업무가 변호사법에 저촉된다는 의견이 많아 기각을 하였다는 것이다. 다만 기각이유 중에는 보상관리사의 업무가 변호사법에 저촉된다는 것을 표시하지는 아니하였다.

3. 대한변호사협회의 회신내용

이하의 내용은 대한변호사협회의 회신내용을 정리한 것이다

"가. 결론부터 요약하자면, 보상관련업무는 민간자격자에게 허용할 수 없는 업무라 할 것이므로 이러한 내용의 업무를 취급하고자 하는 민간자격사 자격등록신청을 거부한 질의자의 조치는 정당하다고 하겠습니다.

나. 대한민국은 변호사법에 의하여 원칙적으로 변호사에게만 법률사무의 취급에 관한 권한을 부여하고 있고, 예외적으로 법무사 등에게 법률사무의 일부업무에 관한 취급권한을 인정하고 있습니다.

그런데 질의에서 문제가 된 민간자격 보상관리사의 업무내용을 살펴보면 다음과 같다고 되어 있습니다.[8]

---

6) 2009.11.20.자 질의.
7) 대한변호사협회의 한국직업능력개발원장에 대한 회신 2009.12.21. 법제 제2718호.
8) 직무의 내용은 위에서 본 민간자격 보상관리사 등록신청서에 기재한 민간자격 보상관리사 자격의 평가. 인정의 대상인 직무 13가지를 그대로 인용하고 있다.

위 업무 중 8.9.10.11의 업무는 명백히 법률사무에 속하므로 변호사법에 의하여 변호사의 고유한 업무(다만 업무 11은 법무사에게 예외적으로 허용)이므로 변호사 아닌 자가 이러한 업무를 취급하는 경우 형사처벌대상이 되며, 3.5의 업무도 실질적으로 권리관계에 관하 판단을 필요로 하는 업무이므로 역시 법률사무로 파악하여야 할 것이어서 위와 마찬가지 결론에 이르게 됩니다. 민간자격 보상관리사의 나머지 업무들 역시 궁극적으로 보상에 관한 일련의 절차 중 일부를 이루는 행위들을 각 구분하여 적시한 것에 불과한 것으로서 이를 전체적으로 관찰해 본다면 법률사무에 해당하는 "보상사무"에 속하는 것이라 할 것입니다.

다. 게다가 '공익사업을 위한 토지 등의 취득 및 보상에 관한 법률'은 지방자치단체 또는 보상실적이 있거나 보상업무에 관한 전문성이 있는 '공공기관의 운영에 관한 법률' 제4조부터 제6조까지의 규정에 따라 지정. 고시된 공공기관 또는 '지방공기업법'에 따른 지방공사로서 대통령령이 정하는 기관에 한하여 보상 또는 이주대책에 관한 업무를 위탁할 수 있도록 규정하고 있으므로(위 법 제81조), 동법 소정의 요건에 해당하지 않는 민간자격자로 하여금 보상 또는 이주대책에 관한 업무를 취급할 수 있도록 허용하는 것은 위 법조에 정면으로 배치됩니다.

라. 또한 보상관련업무는 당사자들 간에 이해관계가 첨예하게 대립되고 공익적 필요에 의한 사유재산권의 제한의 범위와 한계 등을 둘러싸고 법률적으로도 대단히 어려운 분야에 속하는 업무이므로, 변호사처럼 전문적으로 법률업무를 취급할 수 있도록 국가에서 엄격한 검증과정을 거쳐 그 자격을 인정받은 자가 아닌 민간자격자에게 이러한 업무를 취급하도록 허용하는 것은 공익이나 사유재산의 적정한 보장을 저해할 우려가 크다고 할 것입니다.

마. 이상의 이유로 문제가 된 보상관련 업무는 민간자격자에게 허용하는 것이 적절하지 아니한 업무이며, 허용하여서도 아니 되는 업무라 하겠습니다."

Ⅵ. 서울행정법원의 판결 (2010구합16721, 2010.7.15. 서울행정법원선고)

보상관리회가 서울행정법원에 직능원의 등록거부처분취소소송을 제기하여 인용재결을 받아 보상관리회가 승소하였다.

1. 서울행정법원의 판결요지

자격기본법의 입법목적 및 규정내용 등에 비추어 알 수 있는 다음과 같은 점을 종합해 보면 보상관리사(보)의 자격이 민간자격 제한분야에 해당하지 않는다고 봄이 상당하다. 따라서 이와 다른 전제에 선 이 사건 처분은 위법하다.

(1) 자격기본법은 자격제도를 법령에 따라 국가가 신설하여 관리. 운영하는 국가자격과 국가외의 자가 신설하여 관리·운영하는 민간자격으로 구분하고 있으며, 민간자격을 활성화하여 자격제도의 다양성을 확보하고, 국민의 직업능력개발을 촉진하고자, 국가외의 법인. 단체 또는 개인은 누구든지 자격기본법 제17조 제1항 각호에 해당하는 분야가 아닌 한 민간자격을 신설하여 등록할 수 있도록 하고 있다.

(2) 공익사업법은 공익사업에 필요한 토지 등의 취득 또는 사용으로 인하여 토지소유자 또는 관계인이 입은 손실에 대해 사업시행자 보상원칙을 규정하고 있으며(제61조), 그 중 대통령령이 정하는 법위의 업무를 자치단체 내지 보상실적이 있거나 보상업무에 관한 전문성이 있는 공공기관 또는 지방공사 등 대통령령이 정하는 보상전문기관에 위탁할 수 있다(제81조)고 규정하고 있는데, 이는 공익사업법에 따른 보상업무의 공공성에 비추어 보상업무의 수탁자를 엄격히 제한하는 규정일 뿐, 위탁가능 보상업무의 개별내용인 각종 공부 및 권리관련 사항의 조사, 분할측량 및 지적등록업무, 영업·농업·어업 및 광업 손실에 관한 조사

등의 행위 자체를 위 보상전문기관만이 수행할 수 있다는 취지의 규정은 아니라고 할 것이다.

(3) 갑 1호증에 의하면, 원고가 신설하고자 하는 보상관리사(보)의 주요직무내용은 보상계획의 수립. 공고 및 열람에 관한 업무, 토지대장 및 건축대장 등 공부의 조사 , 토지 등의 소유권 및 소유권외의 권리 관련사항의 조사 등인 사실이 인정된다. 이는 '공익사업을 위한 토지 등의 취득 및 보상에 관한 법률시행령'에서 열거하고 있는 사업시행자가 보상전문기관에 위탁할 수 있는 업무의 내용과 일치한다(제43조 제2항). 따라서 원고가 신설하고자 하는 보상관리사(보)는 공이사업법이 민간에 위탁하는 것을 금지하는 업무를 그 직무내용으로 하고 있다고 할 것이다.그러나 보상업무와 동일한 내용을 직무내용으로 하는 민간자격을 취득함으로 인하여 보상전문기관이 아닌 일반인이 보상업무를 위탁받아 행할 수 있게 되는 것은 아니라고 할 것이므로, 위와 같은 활동을 직무내용으로 하는 보상관리사(보)의 민간자격 신설이 공익사업법에서 보상업무수탁자의 범위를 제한하고 있는 취지에 반한다고 할 수 없다.

(4) 원고는 보상관리사(보)를 민간자격으로 등록함으로써 보상업무에 관한 전문인을 양성하고자 하는데, 보상관리사(보) 민간자격이 적정하게 운용되어, 보상관리사(보)자격을 취득한 전문인이 보상전문기관에서 보상업무에 종사하게 된 경우, 보상전문기관의 업무수행능력향상에 기여할 수 있을 것으로도 기대되고, 이를 금지할 이유가 없다.

2. 서울행정법원판결의 타당성

서울행정법원에서는 공익사업법 제81조에서 보상업무를 보상전문기관에 위탁할 수 있게 수탁기관을 제한하고 있으나, "그러한 보상업무와 동일한 내용을 직무내용으로 하는 민가자격을 취득함으로 인해 보상전문기관이 아닌 일반인이 보상업무를 위탁받아 행할 수 있게 되는 것은 아니라고 할 것이므로, 위와 같은 활동을 직무내용으로 하는 보상관리사의 민간자격신설이 공익사업법에서 보상업무수탁자의 범위를 제한하고 있는 취지에 반한다고 할 수 없다"고 하여 보상관리사등록거부처분을 취소한다고 인용판결을 하였다. 서울행정법원은 공익사업법 제81조의 뜻을 정확하게 본 것이라 할 것이다.

Ⅶ. 서울고등법원의 판결 (2010누24397, 2011.4.13. 서울고등법원 선고)

직능원에서 서울행정법원의 인용판결에 대하여 서울고등법원에 항소를 제기하여 서울고등법원에서 서울행정법원의 판결을 취소하고 보상관리회의 등록거부처분취소소송을 기각하였다.

서울고등법원에 대한 항소심에는 피고의 요청에 의하여 법무부장관과 대한변호사협회가 피고를 위하여 소송참가를 하였다.[9]

1. 서울고등법원 판결요지

살피건대, 위 인정사실에 의하면, 원고가 신설하여 관리. 운영하고자 하는 보상관리사(보)자격은 공익사업법 및 시행령이 민간에 위탁하는 것을 금지하는 업무를 직무내용으로 하고 있는 것인데, ① 비록 원고가 신설하여 관리 운영하려는 민간자격의 취득자체를 공익사업법에서 금지하고 있는 것은 아니라 하더라도, 원고가 신설하여 관리. 운영하고자하는 보상관리사(보)자격이 자격기본법 제17조 제1항 제1호의 '다른 법령

---

9) 피고측 변호사가 법무사협회에도 소송참가를 요청하였으나, 법무사협회에서는 민간자격의 직무는 법무사의 직무와 저촉될 수 없다고 하여 소송참가를 거부하였다고 듣고 있다.

에서 금지하는 행위와 "관련된 분야"에 해당하는 것으로는 볼 수 있고, ② 민간자격자체가 직무수행을 전제로 하는 것이고, 직무수행을 전제로 하지 않는 보상업무에 관한 자격을 인정한다는 것은 별 의미가 없으며 (원고는 보상관리사(보)자격을 취득한 전문인이 보상전문기관에서 보상업무에 종사하게 될 경우 보상전문기관의 업무수행능력향상에 기여할 수 있다고 주장하나, 원고가 신설하여 관리. 운영하려는 보상관리사(보)라는 자격을 보상전문기관에서 종사하는데 필요한 자격으로만 한정할 수도 없을 것이다), 오히려 보상관리사(보)의 자격을 인정할 경우, 일반인들이 보상전문기관으로 오인할 가능성이 크고, ③ 자격기본법 제17조는, 자격제도의 다양성을 확보하여 국민의 직업능력개발을 촉진하는 것과 더불어 다른 한편으로 민간자격의 남발에 따른 국민의 피해를 방지하고자 민간자격을 신설하여 관리. 운영할 수 없는 분야를 지정하고 그 외의 분야에 관하여 민간자격을 신설할 수 있되, 이를 등록관리기관에 등록하도록 한 규정이라는 점 등에 비추어보면. 원고가 등록신청한 보상관리사(보)의 민간자격은 그 직무내용이 공익사업법에서 금지하는 행위와 관련된 분야에 관한 것으로서 자격기본법 제17조 제1호에 따라 신설 및 등록이 제한된 것이라 할 것이고, 따라서 원고의 등록신청을 거부한 피고의 이 사건 처분은 적법하다 할 것이다」

2. 서울고등판결의 위법성

서울고등법원에서는 원고가 신설하여 관리. 운영하고자 하는 보상관리사자격은 공익사업법 및 시행령이 민간에 '위탁하는 것을 금지하는 업무'를 직무내용으로 하는 것인데, 원고가 신설하여 관리·운영하고자 하는 보상관리사자격이 자격기본법 제17조 제1항 제1호의 다른 법령에서 금지하는 행위와 "관련된 분야"에 해당하는 것으로 볼 수 있다고 판단하였다.

고등법원의 판단은 정확하게 이해하기 어렵지만 공익사업법 제81조에서는 공익사업시행자는 보상전문기관에만 보상관리업무를 위탁할 수 있게 하여 다른 기관에는 위탁을 금지하고 있는데, 보상관리업무도 '위탁하는 것을 금지하는 업무'로 보아 자격기본법 제17조 제1항 제1호의 다른 법령에서 금지하는 행위에 해당한다는 것으로 해석된다.

그러나 이러한 판단은 잘못된 것이다. 그것은 공익사업법 제81조에서 금지(제한)한 것은 '위탁'이며, 위탁대상업무인 '보상관리업무'는 아니다. 고등법원의 판단이 잘못된 것임은 뒤에서 보는 이 사건 대법원판결에서 '공익사업법은 보상업무의 위탁대상을 제한하고 있을 뿐(제81조 제1항) 그 업무자체를 절대적으로 금지하거나 국가자격을 두어 무자격자의 행위를 금지하고 있지도 아니하므로 공익사업법에 의하여 금지된다고 보기는 어렵다고 하여 명백히 하였다.

그리고 또한 서울고등법원에서는 '민간자격자체가 직무수행을 전제로 하는 것이고 직무수행을 전제로 하지 않는 보상업무에 관한 자격을 인정하는 것은 별의미가 없다'고 판단하였으나, 이는 자격기본법을 완전히 무시한 독단적인 판단인 것이다. 그것은 자격기본법에서는 민가자격은'직무수행에 필요한 지식. 기술. 소양 등의 습득정도가 일정한 기준과 절차에 따라 평가 또는 인정된 것'이라고만 규정하고 그 이외에 직무수행에 관한 아무런 권능도 부여하지 않았으며, 민간자격의 성질상 직무수행 권능을 부여할 수도 없기 때문이다. 자격기본법에서 절실한 필요에 의하여 도입한 민간자격을 고등법원에서 실정법을 도외시하고 인정할 '별 의미가 없다'고 하니 황당하고 안타까운 일이다.

서울고등법원에 대한 항소심에는 법무부장관과 대한변호사협회가 피고를 위하여 소송참가를 하였다. 이러한 참가는 피고(직능원) 변호인의 요청에 의한 것이다. 이하에 법무부장관과 대한변호사협회의 피고보조참가신청 및 이유를 각각 정리한다.

(1) 법무부장관의 피고보조참가신청 및 이유

1) 참가신청인의 지위

법무부는 변호사법을 소관하고 있고, 법무부장관은 변호사 및 변호사단체를 감독하는 행정청입니다(변호사법 제39조, 제77조. 제86조). 따라서 법무부장관은 변호사제도에 영향을 미칠 수 있는 행위에 대하여 의견을 표명할 수 있다고 하여야 할 것이므로, 행정소송법 제17조에 따라 소송에 참가하고자 합니다.

2) 자격기본법상 국가자격과 중복금지

가. 자격기본법 입법취지상 금지

자격기본법은 산업사회의 발전에 따른 다양한 자격수요에 부응하여 자격제도를 국가자격과 민간자격으로 구분하고 자격제도의 관리주체를 다원화 하는 등 자격제도에 관한 기본적인 사항을 정함으로써 자격제도의 관리. 운영을 체계화 효율화하고, 자격제도의 공신력을 높여 국민의 직업능력개발을 촉진하고 사회경제적 지위향상을 도모하기 위하여 제정된 법률입니다.

법제사법위원회 회의록에 의하면, 안상수 의원은 "일반인이 국가자격과 민간자격을 쉽게 구분할 수 없을 것이고, 민간에서 학원을 통해 자격증을 남발하여 사기피해자가 속출할 우려가 있다" 는 취지로 문제를 제기하였고, 박찬주 의원은 "같은 분야에서 국가자격과 민간자격이 양존할 수 있을 위험이 있고, 국가자격과 민간자격 중복 시 국가자격을 제한하는 취지를 몰각할 것이며, 법무사. 변호사 등 유사민간자격자를 만들어서 공인받아 법무사. 변호사업무를 수행할 수 있게 될 위험이 있다" 는 취지로 문제를 제기하였으나, 안병영 교육부장관은 "국가자격과 민간자격과 겹치는 일은 없을 것으로 확신한다."고 수회에 걸쳐 답변한 바 있습니다(참고자료 제181회 법제사법위원회회의록 제14-15면 참조).

자격기본법은 제정 시 민간자격이 개별법에서 특별하게 규정하고 있는 국가자격과 업무측면에서 중복되어서는 안 된다는 이유로 민간자격제도 도입 자체가 불명확하였습니다.

그러나 법 시행에 있어 자격 간 중복되지 않을 것이라는 전제에서 어렵사리 민간자격제도가 도입되었습니다. 따라서 민간자격 부여 권한자는 자격기본법 도입 취지에 맞게 엄정한 기준을 적용하여 민간자격을 부여하여야 할 것입니다.

나. 명백한 변호사법위반

자격기본법 제17조 제1항은 "국가외의 법인. 단체 또는 개인은 ① 다른 법령에서 금지하는 행위와 관련된 분야, ② 국민의 생명·건강 안전 및 국방에 직결되는 분야, ③ 선량한 풍속을 해하거나 사회질서에 반하는 행위와 관련되는 분야, ④ 그 밖에 민간자격으로 운영하는 것이 적합하지 아니하다고 심의회의 심의를 거쳐 대통령령령으로 정하는 분야에 대해서는 민간자격을 신설하여 관리·운영할 수 없다"는 취지로 규정하고 있습니다.

또한 변호사법은,

제3조(변호사의 직무) 변호사는 당사자와 그 밖의 관계인의 위임이나 국가. 지방자치단체와 그 밖의 공공기관(이하 "공공기관"이라 한다)의 위촉 등에 의하여 소송에 관한 행위 및 행정처분의 청구에 관한 대리행위와 일반법률사무를 하는 것을 그 직무로 한다.

제109조(벌칙) 다음 각 호의 어느 하나에 해당하는 자는 7년 이하의 징역 또는 5천만원 이하의 벌금에 처한다. 이 경우 벌금과 징역은 병과할 수 있다.

1. 변호사가 아니면서 금품·향응 또는 그 밖의 이익을 받거나 받을 것을 약속하고 또는 제3자에게 이를 공여하게 하거나 공여하게 할 것을 약속하고 다음 각목의 사건에 관하여 감정·대리·중재·화해·청탁·법률상담 또는 법률관계문서작성, 그 밖의 법률사무를 취급하거나 이러한 행위를 알선한 자

가. 소송사건, 비송사건

나. 행정심판 또는 심사의 청구나 이의신청, 그 밖에 행정기관에 대한 불복신청사건

다. 수사기관에서 취급 중인 수사사건

라. 법령에 따라 설치된 조사기관에서 취급 중인 조사사건

마. 그 밖의 일반의 법률사건

이라고 규정하고 있습니다.

이를 종합하면 자격기본법은 다른 법령 특히 변호사법에 반하는 행위를 금지하고 있는바, 변호사자격이 없는 자가 변호사만이 할 수 있는 법률사무를 행하는 것을 금지하고, 더 나아가 알선하는 행위 또한 형사처벌되고 있습니다.

보상관리사라는 민간자격자의 부동산권리분석, 계약체결, 소송수행, 등기 관련 업무는 명백히 변호사의 고유업무로서, 변호사 자격이 없는 자가 할 수 없는 것은 분명합니다.

3) 결론

민간자격은 어떠한 이유로든 국가자격과 중복할 수 없습니다. 그러나 보상관리사라는 민간자격 등록신청 시 적시한 직무의 범위는 그 자체로 국가자격의 직무와 중복됩니다.

또한 변호사법 등에서 명시적으로 금지하고 있는 행위를 하도록 하는 민간자격등록신청은 당연히 거부되어야 할 것입니다. 따라서 이 사건 청구를 기각하여 주시기 바랍니다.

(2) 대한변호사협회의 피고보조참가 신청 및 이유

1) 기초사실

가. 원고는 “정당보상과 공익사업의 효율적인 수행을 실천하기 위

한 보상업무의 연구 및 실무활동을 통하여 보상전문인을 양성하고 회원 상호 간의 협력을 도모하며, 국제교류 등을 통하여 보상제도 및 부동산 정책의 개발에 기여함"을 목적으로 2008.1.9. 설립한 단체이고 피고는 국가자격기본법 제17조 제2항에 근거하여 교육과학기술부장관으로부터 민간자격등록업무를 위탁받아 수행하고 있습니다.

나. 피고 보조참가인은 변호사의 품위를 보전하고, 법률사무의 개선과 발전, 그 밖의 법률문화의 창달을 도모하며, 변호사 및 지방변호사회의 지도 및 감독에 관한 사무를 하도록 하기 위하여 변호사법에 의해 설립된 단체입니다.

2) 사건경위

가. 원고는 2008.6.3. 피고에게 원고가 신설하여 관리. 운영하고자 하는 보상관리사(보)자격을 민간자격으로 등록해 줄 것을 신청하였는데, 피고는 자격기본법시행령 제23조 제2항의 규정에 따라 국토해양부장관에게 보상관리사(보)가 자격기본법 제17조 제1항 각호에서 규정하는 민간자격신설이 금지되는 분야에 해당하는지 확인하였고, 국토해양부장관은 2008.8.21. “현행” ‘공익사업을 위한 토지 등의 취득 및 보상에 관한 법률’은 사업시행자보상원칙을 유지하고 있으며, 보상업무는 보상전문기관에만 위탁 시행할 수 있으므로 현행법령에서 보상관리사자격제도를 인정하지 않을 뿐만 아니라, 공익사업의 원활한 추진 및 사유재산권에 대한 적정한 권리. 의무 등을 감안할 때 민간자격제한 분야에 해당됨“이라고 회신하고, 2008.8.27. 원고에 대하여 보상관리사(보)의 민간자격등록을 거부하였습니다.

나. 이에 대하여 원고는 피고를 상대로 등록거부처분취소의 행정소송을 제기하고, 1심에서 승소하였으나, 현재 피고가 항소를 제기하여 본건 항소심에 이르게 되었습니다.

3) 원고에 대한 보상관리사(보)의 민간자격 등록의 적정성 여부

가. 원고가 등록신청한 보상관리사(보)의 직무는 다음과 같습니다.10)

나. 변호사 고유한 업무에 속하는 법률사무입니다.

❶ 그러나 원고가 그 직무를 정하는 것 중

"⑧ 보상액의 산정(감정평가업무를 제외한다), ⑨ 보상협의, 계약체결 및 보상금의 지급에 관한 업무, ⑩ 보상관련 민원처리 및 소송수행에 관한 업무, ⑪ 토지 등의 등기관련 업무"에 대해서는 명백히 법률사무에 속하므로 변호사법에 의하여 변호사의 고유한 업무이므로 변호사가 아닌 자가 이러한 업무를 취급하는 경우 형사처벌의 대상이 됩니다.

❷ "③ 토지 등의 소유권 및 소유권외의 권리관련사항의 조사, ⑤ 토지조서 및 물건조서의 기재사항에 관한 조사" 역시 실질적으로 권리관계에 관한 판단을 필요로 하는 업무이므로 역시 법률사무로 파악하여야 할 것이 고, 나머지 업무 역시 궁극적으로 보상에 관한 일련의 절차 중 일부를 이루는 행위들을 각 구분하여 적시한 것에 불과한 것으로서, 이를 전체적으로 관찰해 본다면 법률사무에 해당하는 "보상사무"에 속하는 것이라 할 것이므로 원고 등 민간자격자에게 관련업무를 허용하는 것은 적절치 아니한 업무이며, 이는 변호사법에 위배되는 업무입니다.

다. 법학전문대학원제도의 도입취지

기존 유일한 법조인 배출 수단이었던 사법시험제도는 다양한 전문분야의 법조인을 배출할 수 없었으며, 사회에서는 시대가 요구하는 다양한 서비스의 제공 및 다양한 분야에 걸쳐 전문성을 갖춘 법조인을 배출할 것을 요구하게 되었습니다. 이를 해결하기 위하여 다변화시대에 맞는 다양하고 전문화된 법률서비스를 제공할 수 있도록 법학전문대학원[일명'로스쿨"]제도를 도입하였습니다.

향후 법률사무를 취급하고자 하는 자는, 어떠한 분야의 전문가라고

10) 직무의 내용은 위에서 본 민간자격 보상관리사 등록신청서에 기재한 민간자격 보상관리사 자격의 평가. 인정의 대상인 직무 13가지를 그대로 인용하고 있다

하더라도, 법학을 전공하지 않더라도 자신의 전공을 가지고, 법학전문대학원에 입학, 졸업, 변호사시험에 합격하면, 변호사자격증을 취득하여, 법률사무를 할 수 있게 하였고, 다양한 전문분야를 가진 변호사의 배출이 가능하게 되었습니다.

본건의 보상관리사 민간자격도입을 법학전문대학원제도의 도입취지에 비추어보면 전체 법조시스템상 이를 역행하는 것이며, 법학전문대학원의 기능을 약화시키는 이유가 될 것입니다. 법률사무를 취급하는 보상관리사처럼 다양한 민간자격증이 있다면 굳이 법학전문대학원을 통하여 법조인이 되지 않으려 할 것이고, 이는 국가전체차원에서도 이득이 되지 않습니다.

현재 기존 법조 유사직역의 자격(법무사·세무사·관세사·공인중개사·노무사 등)들도 통폐합하는 의견들이 개진되어 논의 중에 있습니다. 이러한 의견이 개진되는 가장 중요한 이유는 법학전문대학원의 도입입니다.

본건에 대한 제1심 판결은 위 제도의 도입취지와 전체 법조시스템에 대한 이해가 결여된 판단이므로 파기되어야 할 것입니다.

라. 소결

원고가 신청한 보상관리사(보)의 민간자격은 실질적으로 법률사무를 업무로 하고 있어 변호사법 위반의 소지가 있으며, 나아가 최근의 위와 같은 법학전문대학원제도의 도입취지에도 정반대로 역행하게 되는 것입니다.

4) 보조참가의 필요성

위와 같이 원고가 피고에 대하여 등록신청한 보상관리사(보)에 대한 민간자격등록신청은 변호사법에 직접적으로 위반되는 변호사 고유업무에 해당하며, 원고가 승소한 1심판결이 그대로 확정된다면 변호사관련업무를 위해 설립된 피고보조참가인과도 법률적으로 이해관계가 대립되므로 피고보조참가인은 이의 해결을 위해 보조참가신청 합니다."

Ⅷ. 대법원의 판결(2013.4.27.선고 2011두9874판결)

서울고등법원의 판결에 대하여 보상관리회에서 대법원에 상고를 제기하였는바, 보상관리회가 주장하는 등록거부처분취소사유는 인정하였으나, 처분 시에 전혀 주장하지 아니한 보상관리사의 검정대상인 직무 중 몇 개 항목이 변호사법 등에 위반다고 하여 결국 기각판결을 하였다. 대법원에 대한 상고심에도 법무부장관과 대한변호사협회가 피고를 위하여 소송참가를 하였다.

1. 대법원 판결요지

위 사실관계를 앞서 본 법리에 비추어 보면, 이 사건 자격은 공익사업법상 보상에 관한 각 개별적 업무를 그 직무내용으로 한다고 할 것인데, 공익사업법은 보상업무의 위탁대상을 제한하고 있을 뿐(제81조 제1항), 그 업무 자체를 절대적으로 금지하거나 국가자격을 두어 무자격자의 행위를 금지하고 있지도 아니하므로, 이 사건 자격이 공익사업법에 의하여 금지된다고 보기는 어렵다.

그러나 구 변호사법(2008. 3. 28. 법률 제8991호로 개정되기 전의 것, 이하 '변호사법'이라 한다)은 "소송에 관한 행위 및 행정처분의 청구에 관한 대리행위와 일반 법률 사무를 행함"(제3조)을, 법무사법은 "등기나 그 밖에 등록신청에 필요한 서류의 작성(제2조 제3호)" 등을, 구 행정사법(2008. 12. 26. 법률 제9212호로 개정되기 전의 것, 이하 '행정사법'이라 한다)은 "행정기관에 제출하는 서류의 작성(제2조 제1항 제1호)" 등을 각 자격취득자의 직무로 정하면서, 해당 직무에 관하여는 다른 법률에 따라 허용되는 경우를 제외하고는 무자격자가 직무를 수행하지 못하도록 하는 금지규정(변호사법 제34조, 법무사법 제3조) 및 처벌규정(변호사법 제109조, 법무사법 제74조, 행정사법 제12조)을 각 두고 있는바, 이 사건 자격의 직무내용 중 "보상협의, 계약체결 및 보상금의 지급(제9호)", "보상 관련 민원처리 및 소송수행 관련 업무(제10호)"는 변호사법에 따라, "토지 등의 등기 관련 업무(제11호)"는 법무사법에 따라, "분할측량 및 지적등록에 관한 업무(제4호)"는 행정사법에 따라 각 해당 법령의 직무내용과 저촉되어 무자격자의 행위가 금지되는 경우에 해당한다. 따라서 이 사건 자격은 그 직무내용 중 일부가 국가자격 관련 법령인 변호사법, 법무사법 및 행정사법에 따라 금지되는 경우로서 자격기본법 제17조 제1항 제1호의 민간자격 제한분야에 속한다.」

대법원은 피고의 거부처분 사유에 대하여서는, "공익사업법은 보상업무의 위탁대상을 제한하고 있을 뿐(제81조 제1항), 그 업무자체를 절대적으로 금지하거나 국가자격을 두어 무자격자의 행위를 금지하고 있지도 아니하므로, 이 사건 자격이 공익사업법에 의하여 금지된다고 보기는 어렵다"고 판시하였다.

그러나 대법원은 '변호사법은 "소송에 관한 행위 및 행정처분의 청구에 관한 대리행위와 일반법률사무"를 행함(제3조)을 직무로 정하면서, 해당직무에 관하여는 다른 법률에 따라 허용되는 경우를 제외하고는 무자격자가 직무를 수행하지 못하도록 금지규정(제34조) 및 처벌규정(제109조)을 두고 있는 바, 이 사건 직무내용 중 "보상협의·계약체결 및 보상금의 지급(제9호)", "보상관련 민원처리 및 소송수행관련업무(제10호)"는 변호사법의 직무내용과 저촉되어 무자격자의 행위가 금지되는 경우에 해당된다. 따라서 이 사건 자격은 그 직무내용 중 일부가 국가자격관련 법령인 변호사법에 저촉되는 경우로서 자격기본법 제17조 제1항 제1호의 민간자격 제한분야에 속한다.'고 하여 상고를 기각하였다.[11]

11) 법무사법 및 행정사법에 관한 부분은 지면관계상 생략하였다.

2. 판례평석

(1) 대법원이 민간자격 보상관리사의 직무내용 중 “보상협의. 계약체결 및 보상금의 지급(제9호)”, “보상관련 민원처리 및 소송수행관련업무(제10호)”가 변호사법의 직무내용과 저촉된다고 판단한 것은, 실정법상 민간자격과 변호사자격은 질적 차이가 있음을 간과하고, 특정 국가자격에 관한 선입견에 따라 판단한 것으로 위법하다.

대법원 판단은 실정법상 민간자격과 변호사의 자격은 질적 차이가 있음을 간과한 것이라 하겠다. 민간자격은 ‘직무’라고 표현되어 있으나, 제1심 판결에서도 인정한바와 같이, 직무에 속하는 사무를 타인으로부터 위임받아 수임료를 받고 처리 할 수 있는 것은 결코 아니다. 민간자격의 인정은 자격운영주체인 국가외의 법인·단체·개인이 직무로 열거된 업무에 대한 지식의 습득정도를 검정하여 평가 또는 인정하는 데 그친다. 그러한 직무를 위임받아 수행할 수 있게 한 실정법적 근거가 전혀 없으며, 그 성질상 있을 수도 없는 것이다. 피고가 발행한 ‘민간자격편람’에서 민간자격등록신청서에 신청하는 민간자격의 직무를 반드시 기재하도록 되어 있어, 그에 근거하여 공익사업현장에서 매일같이 비변호사에 의하여 일상적으로 행하여지고 있는 직무를 신청자격의 직무로 열거한 것뿐이다. 그런대 그러한 직무가 열거되었다는 것만으로 실정법에도 근거 없이 민간자격자가 변호사처럼 그러한 직무를 타인으로부터 위임받아 수임료를 받고 수행할 수 있다는 것을 전제로 하여 행한 판단은 실정법을 벗어난 판단이다.

이 사건에서 직무라고 열거된 행위는 단지 해당 민간자격의 평가 또는 인정의 대상 직무를 의미할 뿐이다. 그리하여 자격기본법은 민간자격의 효과에 대하여 그것이 일정한 ‘직무수행에 필요한 지식·기술·소양 등의 습득정도가 일정한 기준과 절차에 따라 평가 또는 인정된 것’이라고 규정하고 그 이외에는 아무런 권능도 부여하지 않았다. 이 점은 각종 기능사. 기사 등 거의 대부분의 국가자격의 경우도 마찬가지이다.

변호사법이 변호사가 아닌 자가 "보상협의·계약체결 및 보상금의 지급(제9호)", "보상관련 민원처리 및 소송수행관련업무(제10호)"에 관한 사항을 공부하여 학점을 취득하거나 지식의 습득정도를 평가 또는 인정받아 민간자격을 취득하는 것까지를 금지하고 있다고는 볼 수는 없는 것이다.

그렇다면 단순히 어떤 직무에 대한 지식이나 기술. 소양의 습득정도를 평가 또는 인정하는 민간자격이 왜 필요한지에 대하여 의문이 생길 수 있다. 그러나 오늘날과 같이 직업이 다양화된 사회에 있어서는 노동시장에서 인력을 구하려고 할 때 수요자가 상대방이 어느 정도의 지식이나 기술을 가지고 있는지를 쉽게 알 수 없기 때문에 상대방이 가지고 있는 지식이나 기술의 습득정도를 쉽게 인식시킬 수 있는 척도로서, 또한 사람들이 평생학습을 통하여 자기가 원하는 직업능력을 향상시킬 수 있는 기회를 부여하기 위하여 민간자격이 필요한 것이다.

이러한 민간자격은 대학에서 부여하는 학점과 같은 것이다. 그리하여 OECD 국가 등 많은 국가에서는 자격의 개념을 넓은 의미로 사용하여, 학점과 좁은 의미의 자격을 포괄하는 넓은 의미로 사용하고 있다.

(2) 대법원이 변호사법의 직무와 저촉된다고 본 민간자격 보상관리사의 직무에는 변호사만이 수행할 수 있는 직무는 처음부터 배제되어 있으며, 따라서 그 점에서도 대법원의 판단은, 역시 핵심적인 전제가 결여되어 위법하다.

또한 더 나아가서 '이 사건 보상관리사의 직무내용 중 "보상협의. 계약체결 및 보상금의 지급(제9호)", "보상관련 민원처리 및 소송수행관련업무(제10호)에는 원천적으로 변호사만이 수행할 수 있는 업무는 배재되어 있으며, 따라서 대법원의 판단과 같이 변호사법의 직무내용과의 저촉은 있을 수가 없다. 그것은 그러한 업무는 공익사업법 시행령 제43조 제2항에도 열거되어 있으며, 이 사건 보상관리사 등록신청서에 기재한 그러한 업무도 당해 규정에 정하진 것을 그대로 원용한 것인데, 만약 그러한 업무에 변호사만이 수행할 수 있는 변호사의 고유업무가 포함되어 있다면 당해 공익사업법시행령 제43조 제2항의 규정은 당장에 변호사법에 저촉된다고 할 것인바 그러한 저촉문제는 전혀 발생하지 않고 있기 때문이다. 공익사업법시행령 제43조제2항의 규정은 처음부터 공익사업현장에서 비변호사인 공익사업시행자자와 그 직원들이 매일같이 일상적으로 행하고 있는 업무를 정하고 있는 것이며, 현실적으로도 그러한 업무는, 공익사업현장에서 비 변호사인 그들에 의하여 매일같이 일상적으로 행하여지고 있는 것이다.

다 같은 예컨대 일반적으로 "소송수행관련업무(제10호)"라 하여도, 준비단계업무도 있고, 최종단계의 업무도 있는 것이며, 변호사만이 수행할 수 있는 업무도 있고, 비변호사도 수행할 수 있는 업무도 있는 것이다. 공익사업법 시행령 제43조 제2항 또는 이 사건 보상관리사 등록신청서에 기재한 그러한 업무에는 변호사만이 수행할 수 있는 업무는 그 성질상 처음부터 당연히 배제되어 있다고 할 것이다.

그러한 업무가 비변호사인 사업시행자와 그 직원들에 의하여 전국각지의 공익사업현장에서 매일같이 일상적으로 수행되어지고 있는 현실에서, 만약에 그러한 업무에 변호사만이 수행할 수 있는 고유업무가 포함되었다고 본다면, 이들은 모두 변호사법위반으로 처벌받아야 할 것이다.

그리하여 대학에서 그러한 업무에 대한 공부를 하여 학점을 취득하거나 그러한 업무에 관한 지식을 습득하고 그 습득정도를 평가 또는 인정받는 민간자격을 취득하는 것은 원천적으로 처음부터 변호사법과의 저촉관계는 있을 수 없다고 할 것이다.

IX. 맺는 글

이번의 판례평석을 하면서 이러한 판례평석을 하여야 하다니 정말 당황스럽고 어처구니없다는 생각을 하였다. 왜냐하면 이 판례에는 이론상 쟁점도 없고 법해석상으로 갑론을박할 첨예하게 대립된 의견차이가 있는 것도 아니다.

이번의 판례평석은 오직 처분청인 국토해양부의 공무원이 자격본법상의 민간자격을 변호사와 같은 法定資格과 혼동하여, 민간자격으로 보상관리사를 등록관청에 등록하면, 보상관리사는 의뢰인으로부터 보상관리업무를 위탁받아 수임료를 받고 처리할 수 있는 것으로 오해하여 등록신청을 거부한데 대하여, 국무총리행정심판위원회, 서울고등법원 및 대법원 모두가 그러한 지극히 초보적인 오해를 밝히지 못하고, 실정법을 위반한 위법한 판단을 행한 것을 지적하기 위한 것이다.

그럼에도 불구하고 이러한 간단한 문제를 지적하기 위하여 판례평석을 하게 된 것은, 3심급의 법원 중, 하급심인 서울행정법원이 처분청의 법령오해를 파악하여 등록거부처분을 취소하는 판결을 하였음에도 불구하고, 서울고등법원과 대법원에서는 또다시 실정법의 규정을 무시하고 자격본법상의 민간자격을 변호사와 같은 법정자격과 혼동하였고, 대법원에서는 민간자격 보상관리사의 일부직무가 법정자격 변호사의 직무와 서로 저촉된다고 하여 서울행정법원의 판단을 번복하였는데, 항소심인 서울고등법원과 상고심인 대법원의 재판에는 법무부장관과 대한변호사협회가 피고를 위한 소송참가를 하여 우리나라 법조계가 총동원되어, 이들 모두가 한결 같이 실정법을 도외시 한 점을 이해하기가 매우 어렵고, 혹시라도 서울고등법원과 대법원의 판단이 의식적이건 무의식적이건 법무부장관과 대한변호사협회의 소송참가에 영향을 받았다고 하면 크게 우려스러운 일이기 때문이다. 또한 국가의 법무행정을 대표하는 법무부장관이 피고변호사의 요청이 있다하여 사건내용에 대한 신중

한 검토도 없이 선 듯 소송참가를 한 처사는 매우 신중하지 못하였음을 지적하지 않을 수 없다.[12)]

어떤 자격을 취득한 자가 그 자격의 직무를 관계인으로부터 위탁받아 수수료를 받고 수행하기 위하여서는 관계 법률에서 그 근거를 두어야 하며, 자격을 취득하지 못한 자가 그러한 업무를 수행한 때에는 처벌을 받게 하는 처벌 규정이 있어야 한다. 그런데 민간자격에 대하여서는 자격기본법을 비롯한 어떤 법률에서도 그 민가자격의 직무를 관계인으로부터 위탁받아 수수료를 받고 수행할 수 있다는 것을 규정한바가 없고, 민간자격의 성질상 그러한 규정을 둘 수도 없는 것이다. 「자격기본법」에서는 '자격'의 개념을 '일정한 기준과 절차에 따라 평가. 인정된 지식. 기술의 습득 정도로서 직무수행에 필요한 능력'으로 규정하고 있고, 민간자격은 '직무수행에 필요한 능력'을 일정한 기준과 절차에 따라 평가. 인정한 것에 지나지 않으며, 결코 그 자격 자체로서 상대방으로부터 직무를 위탁받아 수행할 권능을 부여하는 것이 아니다.

그럼에도 불구하고 이사건 처분의 처분청과 국무총리행정심판위원회는 물론, 서울고등법원·대법원 그리고 피고소송참가인인 법무부장관. 대한변호사협회 모두가 자격기본법을 무시하고, '자격'이라는 개념에 집착하여 민간자격을 타인으로부터 관련 직무를 위탁받아 수행할 수 있는 자격이라고 오해하고 있는 것이다. 이러한 일은 법조계가 직역이기주의에 사로잡혀 관계법령을 심도 있게 살피지 못한 결과가 아닐지 의심스럽다.

여하튼 나는 이 사건에 대한 서울고등법원과 대법원의 판결은 우리 司法史에 작은 것같이 보이면서도 커다란 오점을 남긴 사안이라 생각한다.

---

12) 위에서도 지적한바와 같이 법무사협회는 피고변호인의 참가요청이 있었으나, 민간자격과 법무사와 같은 법정자격은 질적 차이가 있어 서로 저촉이 있을 수 없다하여 참가를 거부하였다고 듣고 있다.

참고문헌

서준호, 민간자격 관리. 운영 실무전략, 2004.12. 형민사

______, 新 민간자격관리운영전략, 2010. 장원교육.

김현수. 박종성, 미간자격실태분석 및 개선방안.2001

안성조, 경호경비관련 민간자격제도의 발전방향 - 신변보호사자격을 중심으로, 경기법학논총 6호(2008.6)

건설교통부, 공공용지 취득 및 손실보상제도 개선방안연구(I) 2000.6.

______, 보상전문화를 위한 연구- 최종보고서. 2002.3

______, 토지보상제도 개선연구, 2005.12.

국토해양부 보상제도 개선방안연구용역 2009.2

이상훈, 보상관리자격이 민간자격신설의 제한사유인 다른 법령에서 금지하는 행위와 관련된 분야(자격기본법 제17조 제1항 제1호)에 해당하는지의 여부, 대법원판례해설 제95호 997-1027면, 2013.

국문초록

민간자격 보상관리사의 직무가 변호사의 직무와 저촉되는가?

대법원은 민간자격 보상관리사의 직무내용 중 일부가 변호사법에 의한 변호사의 직무와 중복. 저촉되어 위법하다고 판결하였다. 그러나 우리 실정법인 자격기본법상 민간자격의 직무는 변호사의 직무와 저촉될 수가 없으며, 따라서 대법원의 판단은 실정법을 위반하여 위법하다.

자격기본법상 변호사 등 국가자격은 법령에 따라 국가가 설치하여 관리. 운영하는 자격이며, 민간자격은 국가이외의 자가 설치하여 관리 운영하는 자격을 말한다. 즉, 민간자격은 국가외의 법인. 단체 또는 개인은 누구든지 설치하여 관리. 운영할 수 있는 자격이다.

실정법상 민간자격의 직무는 그 직무수행에 필요한 지식. 기술 소양 등의 습득정도가 일정한 기준과 절차에 따라 평가 또는 인정하기 위한 대상에 그치며, 변호사와 동일하게 그 직무를 타인으로부터 위탁받아 수행하는 권능을 갖는 것은 결코 아니기 때문이다.

주제어: 자격, 민간자격, 민간자격 인정이유, 직무, 민간자격상 직무의 의미

Abstract

Does occupational duties of the compensation management qualification, one of the private qualification, infringe occupational duties of the attorney－at－law provided by Attorney －At－Law Act?

Park Yun Heun*

The Korean Supreme Court decided that occupational duties of the compensation management qualification, one of the private qualification, infringed the occupational duties of attorney－at－law provided by Attorney －At－Law Act.

But, on the existing Framework Act on Qualification, it is impossible to infringe the occupational duties each other between the compensation management qualification, one of the private qualification and the attorney－at－law. Therefore, the Supreme Court's decision was illegal against the existing Framework Act on Qualification

On the existing Framework Act on Qualification, the national qualification such as Attorney－At－Law means a qualification which is instituted, managed and operated by the State in accordance with Acts and subordinate statutes, and the private qualification means which is instituted, managed and operated by a person(any corporation, organization or individual) other than State.

On the existing Framework Act on Qualification, the occupational

* ex－President of Daegu University

duties of the compensation management qualification, one of private qualification, only means an ability, the level of acquisition of knowledge, technique, attitude, etc. of which necessary for the performance of occupational duties is assessed or recognized in accordance with specific criteria and procedures, and never means to perform acts of related to occupational duties upon delegations of parties differently from attorney-at-law. The existing Framework Act on Qualification and any other Acts does not allow the private qualification to perform acts of related to occupational duties upon delegations of parties. In case of the occupational duties of the compensation management qualification, the occupational duties means only the objects to assess or recognize an ability, the level of acquisition of knowledge, technique, attitude, etc. of which necessary for the performance of occupational duties.

Keywords: Substance of Private Qualification, Meaning of Occupational Duties of Private Qualification

투 고 일: 2014. 11. 22
심 사 일: 2014. 12. 5
게재확정일: 2014. 12. 19

地方自治法

職務履行命令의 取消/崔峰碩

職務履行命令의 取消

崔峰碩*

대법원 2013. 6. 27. 선고 2009추206 판결

Ⅰ. 서론

지난 "6.4 지방선거"에서 전국 17개 지방교육자치단체장(교육감) 중 13개의 지역에서 소위 진보성향의 교육감이 당선되었다. 현 정부를 보수성향의 정권으로 인정한다면, 향후 이들 교육감과 국가의 갈등과 분쟁은 과거 어느 시기보다 다발할 가능성이 높은 것으로 예견되고 있다. 우선 전국교직원노동조합 노조전임들의 소속 학교로의 미복직에 관해 교육부장관과 교육감들 사이의 이견이 현실화(미복직 교사에 대한 징계의 대집행 등) 되고 있고, 서울특별시교육청의 경우 자립형사립고등학교 재인가와 관련하여 교육감과 교육부의 갈등은 소송 직전의 상황이며, 일

* 동국대학교 법과대학 교수, 법학박사 (Dr. jur.).

부 여당 소속 국회의원들은 교육감직선제를 폐지하는 것을 내용으로 하는 법안을 준비 중인 것으로 알려져 있다. 실제 그동안 우리 자치제도의 중심에는 지방자치단체장 직선제를 매개로한 지방정치의 영역만이 주된 관심의 영역이 되어온 것이 사실이다. 소위 정치가 없는(또는 정치성이 배제되어야 하는) 영역에서의 자치[1], 즉 교육자치를 비롯하여 대학자치, 경찰자치 등은 인구에 회자될 뿐, 이렇다 할 관심과 성과를 일구어내지 못한 것이 사실이다. 하지만 비정치적 영역에서 유일하게 자치단체장이 선거를 통해 선출되는 교육감의 경우에는 그가 가지는 민주적 정당성과 대표성으로 인해 광역지방자치단체장에 상응하는 권한과 책무가 부여되는 것이 현실의 모습이다. 뿐만 아니라 선출된 교육감들은 기존에 국가의 권한으로 인정되어 왔던 영역에 대해 새로운 접근을 시도하거나 그 권한을 확대하고자 하는 성향을 보이고 있는 것 또한 사실이다. 현재 지방교육자치단체에는 제주교육청을 제외하고는 지방교육의회(교육위원회)가 인정되지 않고 있다. 따라서 교육감은 교육행정에 관한 권력분립이나 견제장치 없이 본인의 입장을 교육현장에서 그대로 실현시킬 수 있는 '완전한 의미의 독임제 기관장'이라 할 수 있다. 이러한 우리 지방교육자치제의 현실에서 대상판례는 비단 분쟁의 사법적 해결의 결과나 관련된 법리상의 논의를 넘어 향후 우리 교육현장에서 다발할 수 있는 법적 분쟁의 전형을 예고한다는 점에서 의미 있는 정치사회적 시사성을 가진다고 할 수 있다.

1) von Mutius는 현대산업사회에서 나타날 수 있는 새로운 자치의 유형으로 물이나 에너지의 이용에 관한 이용자조합자치, 마을금고 등과 같은 금융공동체를 매개로 금융자치, 사적 사회보험가입자들의 보험자치, 방송매체를 중심으로 한 미디어자치, 교회공동체자치 등 다양한 자치의 가능성을 예견(1983년)한 바 있는데, 이미 그 중 상당수의 자치양태가 유럽을 중심으로 현실화되고 있는 것으로 보인다. Vgl. von Mutius, A., Selbstverwaltung im Staat der Industriegesellschaft, 1983, S.763ff.

국가의 교육정책은 무엇보다도 중요한 국민적 관심사라 할 수 있다. 또한 교육권과 교육의무는 국민의 기본권이자 기본적 의무라는 헌법적 위상을 갖는다. 따라서 이를 실현하는 교육행정은 견고한 법적 관리망에 의해 공정하고 형평하게 집행되어야 한다. 법령이 사립학교 교원에 대해서도 공무원인 국공립학교 교원과 마찬가지의 의무를 부여하고 있는 것 또한 교육행정사무가 국가사무라는 점에 준거하고 있다는 점과 무관하지 않을 것이다. 하지만 국가는 다른 한편으로 교육감에 의해 집행되는 국가사무에 대해 강력한 권력적 관여수단을 발동할 수 있는 반면에 교육감이 이에 대응할 수 있는 방법은 오직 사법적 구제방식뿐이다. 그렇다면 교육행정의 영역은 정치성을 가지는 일반 지방자치제의 영역보다 더 높은 비중의 국가사무가 집행되면서[2] 국가와 지방교육자치단체는 첨예하게 대립하는 가운데 더욱 많은 사건을 법원으로 가져오게 되는 사법분쟁의 전시장으로 변모될 가능성 또한 없지 않은 것으로 예측된다. 그리고 이러한 교육자치 현장에서 발생하는 가장 전형적인 사법적 분쟁의 모델이 바로 대상판결과 같은 지방자치법 제170조 제3항의 '직무이행명령에 대한 이의의 소'라 할 수 있다. 사건의 전형성은 관련문제에 대한 답변을 전형화 시킬 수 있다는 함정과 함께 관련문제에 대해 보다 심도 있는 논의와 발전적 대안제시를 가능하게 할 수도 있기에 대상판결이 갖는 의미는 상당한 것으로 보인다.

---

2) 현재의 지방교육자치제도에서는 지방교육의회가 존재하지 않음(폐지됨)으로 인해 교육조례 등을 통한 교육자치권의 실현 영역이 상당히 위축된 상황이다. 따라서 일반적인 지방자치단체의 사무구분의 형식 중 단체위임사무와 같은 자치입법과 연계된 국가위임사무는 거의 없는 것이 현실이다. 결국 교육행정사무는 자치사무와 기관위임사무라는 양대 사무가 주류를 이루는 가운데 자치사무 역시 법령에 의해 그 집행이 의무화되어 있는 필요적(의무적) 자치사무가 대다수를 차지하고 있다. 이에 지방교육자치단체장은 끊임없이 사무와 권한의 이양을 요청하거나 이를 위해 무리한 도전을 계속하게 되는 상황에 처해 있다.

Ⅱ. 사례의 분석

1. 사건의 개요

2009. 6. 18. 전교조 위원장 등 본부 임원 20여 명은 서울 중구 대한문 앞에서 기자회견을 통해 교사 16,171명 명의로 된 시국선언문을 발표함과 아울러 이를 전교조 인터넷 홈페이지에 게시하였다. 피고(교육부장관)는 2009. 6. 26. 1차 시국선언을 주도한 전교조 위원장 등 본부 전임자들과 시·도 지부 전임자들을 형사 고발함과 아울러 원고(경기도교육감)등 시·도 교육감에게 그들에 대한 중징계 절차의 진행을 요청하였지만, 원고(경기도교육감)은 중징계 절차의 진행을 하지 않았다. 이에 피고(교육부장관)는 2009. 11. 3. 원고(경기도교육감)가 「교육공무원징계령」 제6조 제4항에 따라 공무원범죄처분결과 통보를 받은 때로부터 1개월 이내에 징계의결 요구를 하여야 한다는 이유로 지방자치법 제170조 제1항에 따라 2009. 12. 2.을 기한으로 이 사건 교사들에 대하여 징계의결을 요구할 것을 내용으로 하는 직무이행명령을 하였다.

2011. 6. 14 원고(경기도교육감)는 이 사건 교사들 중 제1심 형사재판에서 1차 시국선언 등을 기획 · 주도하여 벌금형을 선고받은 2명에 대하여는 경징계의결 요구를 하였고, 그보다 가담 정도가 가벼워 낮은 벌금형을 선고받은 8명에 대하여는 경고 조치를, 벌금형의 선고를 유예받은 4명에 대하여는 주의 조치를 하였을 뿐 징계의결을 요구하지 않았다. 이에 피고(교육부장관)는 원고의 위 경징계의결 요구나 경고 등 조치가 징계재량권을 일탈 · 남용하여 위법하다고 판단하고, 2011. 6. 16. 지방자치법 제169조 제1항 등에 근거하여 2011. 6. 21.까지 이 사건 교사들 모두에 대하여 중징계의결을 요구하라는 취지의 시정명령을 하였다.

원고가 이에 반하는 취지의 의견서를 피고에게 제출하고 위 기한까지 시정명령에 따르지 아니하자, 피고는 2011. 7. 4. 지방자치법 제169

조 제1항 등에 근거하여 원고의 위 경징계의결 요구나 경고 등 조치를 모두 취소하였고, 이를 통보받은 원고는 그 취지를 이 사건 교사들에게 통지하였다. 나아가 피고는 2011. 7. 11. 이 사건 교사들의 1차 시국선언 참여에 관한 징계시효는 도과되었으나, 이 사건 교사들 중 2차 시국선언 등에 참여한 10명에 대하여는 아직 징계시효가 남았다고 판단하고, 원고에 대하여 '징계시효가 완성되기 전까지 이들에 대하여 중징계의결을 요구하라'는 취지의 이 사건 제2차 직무이행명령을 하였다.

2. 판결의 요지

[1] 「지방교육자치에 관한 법률」 제3조, 지방자치법 제170조 제1항에 따르면, 교육부장관이 교육감에 대하여 할 수 있는 직무이행명령의 대상사무는 '국가위임사무의 관리와 집행'이다. 그 규정의 문언과 함께 직무이행명령 제도의 취지, 즉 교육감이나 지방자치단체의 장 등, 기관에 위임된 국가사무의 통일적 실현을 강제하고자 하는 점 등을 고려하면, 여기서 국가위임사무란 교육감 등에 위임된 국가사무, 즉 기관위임 국가사무를 뜻한다고 보는 것이 타당하다.

[2] 교육공무원 징계사무의 성격, 그 권한의 위임에 관한 교육공무원법령의 규정 형식과 내용 등에 비추어 보면, 국가공무원인 교사에 대한 징계는 국가사무이고, 그 일부인 징계의결요구 역시 국가사무에 해당한다고 보는 것이 타당하다. 따라서 교육감이 담당 교육청 소속 국가공무원인 교사에 대하여 하는 징계의결요구 사무는 국가위임사무라고 보아야 한다.

[3] 사립학교 교원의 복무나 징계 등은 국·공립학교 교원과 같이 전국적으로 통일하여 규율되어야 한다. 이를 고려할 때, 구 사립학교법(2012. 1. 26. 법률 제11216호로 개정되기 전의 것) 제54조 제3항이 사립 초등·중·고등학교 교사의 징계에 관하여 규정한 교육감의 징계요구 권한은

위 사립학교 교사의 자질과 복무태도 등을 국 · 공립학교 교사와 같이 일정 수준 이상 유지하기 위한 것으로서 국 · 공립학교 교사에 대한 징계와 균형 있게 처리되어야 할 국가사무로서 시 · 도 교육감에 위임된 사무라고 보아야 한다.

[4] 직무이행명령 및 이에 대한 이의소송 제도의 취지는 국가위임사무의 관리 · 집행에서 주무부장관과 해당 지방자치단체의 장 사이의 지위와 권한, 상호 관계 등을 고려하여, 지방자치단체의 장이 해당 국가위임사무에 관한 사실관계의 인식이나 법령의 해석 · 적용에서 주무부장관과 견해를 달리하여 해당 사무의 관리·집행을 하지 아니할 때, 주무부장관에게는 그 사무집행의 실효성을 확보하기 위하여 지방자치단체의 장에 대한 직무이행명령과 그 불이행에 따른 후속 조치를 할 권한을 부여하는 한편, 해당 지방자치단체의 장에게는 직무이행명령에 대한 이의의 소를 제기할 수 있도록 함으로써, 국가위임사무의 관리 · 집행에 관한 두 기관 사이의 분쟁을 대법원의 재판을 통하여 합리적으로 해결함으로써 그 사무집행의 적법성과 실효성을 보장하려는 데 있다. 따라서 직무이행명령의 요건 중 '법령의 규정에 따라 지방자치단체의 장에게 특정 국가위임사무를 관리·집행할 의무가 있는지' 여부의 판단대상은 문언대로 그 법령상 의무의 존부이지, 지방자치단체의 장이 그 사무의 관리·집행을 하지 아니한 데 합리적 이유가 있는지 여부가 아니다. 그 법령상 의무의 존부는 원칙적으로 직무이행명령 당시의 사실관계에 관련 법령을 해석 · 적용하여 판단하되, 직무이행명령 이후의 정황도 고려할 수 있다.

[5] 공무원인 교원이 집단으로 행한 의사표현행위가 국가공무원법이나 공직선거법 등 개별 법률에서 공무원에 대하여 금지하는 특정의 정치적 활동에 해당하는 경우나, 특정 정당이나 정치세력에 대한 지지 또는 반대의사를 직접적으로 표현하는 등 정치적 편향성 또는 당파성을 명백히 드러내는 행위 등과 같이 공무원인 교원의 정치적 중립성을 침

해할 만한 직접적인 위험을 가져올 정도에 이르렀다고 볼 수 있는 경우에, 그 행위는 공무원인 교원으로서의 본분을 벗어나 공익에 반하는 행위로서 공무원으로서의 직무에 관한 기강을 저해하거나 공무의 본질을 해치는 것이어서 직무전념의무를 해태한 것이라 할 것이므로, 국가공무원법 제66조 제1항이 금지하는 '공무 외의 일을 위한 집단행위'에 해당한다고 보는 것이 타당하다. 그리고 사립학교 교원의 복무에 관하여 국·공립학교의 교원에 관한 규정이 준용되고[구 사립학교법(2012. 1. 26. 법률 제11216호로 개정되기 전의 것, 이하 같다) 제55조], 사립학교 교원이 직무상의 의무에 위반한 경우 등은 징계사유에 해당하므로(구 사립학교법 제61조 제1항), 사립학교 교원이 국가공무원법 제66조 제1항이 금지하는 '공무 외의 일을 위한 집단행위'에 참여한 때에는 징계사유에 해당한다.

[6] 지방자치법 제170조 제1항에 따르면, 주무부장관은 지방자치단체의 장이 그 의무에 속하는 국가위임사무의 관리와 집행을 명백히 게을리 하고 있다고 인정되면 해당 지방자치단체의 장에게 이행할 사항을 명할 수 있다. 여기서 '국가위임사무의 관리와 집행을 명백히 게을리 하고 있다'는 요건은 국가위임사무를 관리 · 집행할 의무가 성립함을 전제로 하는데, 지방자치단체의 장은 그 의무에 속한 국가위임사무를 이행하는 것이 원칙이므로, 지방자치단체의 장이 특별한 사정이 없이 그 의무를 이행하지 아니한 때에는 이를 충족한다고 해석하여야 한다. 여기서 특별한 사정이란, 국가위임사무를 관리·집행할 수 없는 법령상 장애사유 또는 지방자치단체의 재정상 능력이나 여건의 미비, 인력의 부족 등 사실상의 장애사유를 뜻한다고 보아야 하고, 지방자치단체의 장이 특정 국가위임사무를 관리·집행할 의무가 있는지 여부에 관하여 주무부장관과 다른 견해를 취하여 이를 이행하고 있지 아니한 사정은 이에 해당한다고 볼 것이 아니다. 왜냐하면, 직무이행명령에 대한 이의소송은 그와 같은 견해의 대립을 전제로 지방자치단체의 장에게 제소권을 부여하여 성립하는 것이므로, 그 소송의 본안판단에서 그 사정은 더는 고려

할 필요가 없기 때문이다.

3. 사례의 쟁점

본 사례는 교육부장관의 경기도교육감에 대한 직무이행명령과 그 불이행에 대한 사안으로서 다음과 같은 법리를 쟁점으로 하는 것으로 볼 수 있다.[3)]

첫째, 교육부장관이 교육감에 대하여 할 수 있는 직무이행명령의 대상사무인 '국가위임사무'의 의미, 즉 담당 교육청 소속 국가공무원인 교사에 대한 교육감의 징계의결요구가 기관위임사무인지 아니면 다른 유형의 사무인지를 판단하여야 한다.

둘째, 지방자치단체의 장이 그 의무에 속한 국가위임사무를 이행하지 않는 것이 지방자치법 제170조 제1항 '국가위임사무의 관리와 집행을 명백히 게을리 하고 있다'에 해당하는지 여부를 판단하여야 한다. 특히 여기에는 "관리와 집행"을 명백히 게을리 하고 있음이 해당 사무집행의 부작위를 의미하는지 아니면 위임자의 의사와 다른 내용의 집행을 포함하는 것인지에 관한 것 역시 판단의 대상이 될 수 있을 것이다.

셋째, 대상판례가 기관위임사무로 전제하고 있는 계쟁사무가 기관위임사무에 해당하는지와 기관위임사무의 정의와 관계 법리에 관한 제시가 적정한지에 관한 내용이 검토될 필요가 있다. 더불어 최근 정부발의로 관련 법률의 개정을 통해 관철시키려하고 있는 기관위임사무의 폐지와 소위 '법정수임사무' 도입과 관련하여 지방자치법의 관련 규정의 적정성 등이 논의될 필요가 있을 것으로 보인다.

---

3) 여기에서는 대상판례가 판단하고 있는 교원의 집단행위를 통한 의사표시가 "공무 외의 일을 위한 집단행위"에 해당하는지의 여부에 관한 논의는 전체적인 논지의 일관성과 주제와 평성의 체계상 다루지 않는 것으로 한다.

Ⅲ. 평석

1. 기관위임사무에 대한 검토

(1) 기관위임사무에 대한 판례의 입장 분석

대법원은 교원(국공립학교 및 사립학교 교원 전부를 동일한 신분으로 봄)에 대한 교육감의 징계업무를 "지방자치단체의 장인 기관에 위임된 국가사무"로 확정 하고 있다. 더불어 "지방자치단체의 장이 기관위임 국가사무를 관리·집행할 때 그 지위는 당해 지방자치단체의 기관이 아니라, 국가의 행정기관이라고 볼 수 있다"라고 하는 점에 있어서는 기관위임사무에 관한 일반적인 학술적 논의를 받아드리고 있는 것으로 보인다. 하지만, 다시금 이어진 판결문에서는 "지방자치단체의 장은 행정조직상 국가와 별개의 행정주체인 지방자치단체의 집행기관으로서 주민의 선거에 따라 선출된 독립적인 기관이고, 「행정권한의 위임 및 위탁에 관한 규정」 제2조 제1호에 따르면 위임받은 국가사무를 그의 권한과 책임 아래 처리할 지위에 있다"라고 하여 일반적인 위임사무, 즉 단체위임사무[4]의 처리에 관한 수임지방자치단체의 장의 권한과 책임에 관한 내용을 기관위임사무에 관한 설명으로 대체하고 있음을 발견하게 된다. 나아가 "직무이행명령 및 이에 대한 이의소송 제도의 취지는 국가위임사무의 관리·집행에서 주무부장관과 해당 지방자치단체의 장 사이의 이와 같은 지위와 권한, 상호 관계 등을 고려하여, …"라고 하여 직무이행명령에 대한 이의의 소가 지방자치단체장의 지방자치단체의 장으로서의

4) 단체위임사무는 일반적으로 "법령에 의해 지방자치단체에 속하는 사무"로 정의되고 있으며, 정부조직법과 행정권한의 위임 및 위탁에 관한 규정은 이러한 위임사무를 지방자치단체장의 권한과 책임 하에 집행하도록 하고 있으며, 일반적으로 단체위임사무에 관해 규정하고 있는 개별법령들은 수임자를 지방자치단체로 법문에 규정하기보다는 지방자치단체장으로 규정하여 기관위임사무와 단체위임사무의 구별에 일대 혼란을 자초하고 있다.

법적 지위(주민대표성 내지 정치적 정당성)를 인정함을 전제로 한 것이라는 점을 강조하고 있다. 이는 대법원이 본 판결문의 문두에서 전제하고 있었던 기관위임사무를 처리하는 지방자치단체장의 지위에 관한 설명, 즉 "지방자치단체의 장이 기관위임 국가사무를 관리·집행할 때 그 지위는 당해 지방자치단체의 기관이 아니라, 국가의 행정기관"이라는 대법원 스스로의 설명에 일정정도 부합하지 않는 것임을 발견하게 된다.

결국 판결문의 입장은 다음과 같이 정리될 수 있을 것이다. 첫째, 교육감의 교원징계는 원래 국가사무인 기관위임사무이다. 둘째, 기관위임사무를 처리하는 지방자치단체장은 지방자치단체의 기관이 아닌 국가의 행정기관이다. 셋째, 직무이행명령에 대한 이의의 소는 기관위임사무를 처리하는 지방자치단체장의 지방자치단체의 수장으로서의 대표성과 지방자치단체와 국가의 관계를 고려한 것이다. 물론 앞의 직무이행명령에 관한 부분에서 다루었듯이 기관위임사무와 직무이행명령의 관계와 직무이행명령과 이의의 소의 관계는 다른 법적 특성을 지니며, 기관위임사무에 관한 지방자치단체장의 법적 지위와 이의의 소에 있어서 원고가 되는 지방자치단체장의 법적 지위에는 차이를 가지는 것으로 볼 수 있다. 하지만, 지방자치단체장의 이와 같은 두 가지 법적지위를 연계하는 논리적 고리로서 대법원이 선택한 것이 기관위임사무가 아닌 단체위임사무(법적 위임사무 일반)에 관한 법규의 규정내용이었다는 점에는 문제가 없지 않은 것으로 보인다. 그리고 이러한 문제의 원인에는 대법원이 "기관위임사무의 법적 정의는 무엇인가?"에 대해 밝히지 않았다는 점이 준거하고 있는 것으로 보인다.

지방자치제도의 본격적 실시 이전부터 오늘에 이르기까지 기관위임사무는 지방자치단체의 권한 내지 사무의 구분과 관련하여 혹은 자치입법의 한계와 지방자치단체에 대한 국가의 관여와 관련하여 중요한 과제의 하나로 다루어져 왔으며, 이에 관해 강학상 혹은 실무상 다양한 개념정의가 내려져 왔다. 그러나 그 개념적 확정에 있어 가장 중요한 핵심이라 할 수 있는 기관위임의 법리에 대해서는 뚜렷한 내용적 성과를 발견하기 힘든 상태에 있다고 할 수 있다.[5)]

기관위임은 그 용어구조상 “기관”과 “위임”이라는 구성요소를 가진다. 일반 법개념적 구조로는 외견상 기관은 기관위임의 객체로서의 당사자성을, 위임은 그 법률관계의 내용을 의미하는 것으로 보인다(적어도 이러한 면에서 “기관위임”보다는 “기관위탁”이 보다 당사자와 법률관계를 일치시키는 정합적인 용어라 할 수 있다). 그렇다면 과연 “기관위임이 위임의 한 양태에 해당하는가? 아니면 위임과 기관위임은 전혀 별개의 것인가?” 하는 점이 먼저 구명되어야 할 것으로 보인다. 또한 “기관위임을 위임의 한 형태로 보는 경우 ‘기관’이라는 구성부분은 ‘위임’이라는 법률관계의 내용 부분과 어떻게 연계되는가?”에 관한 답변이 필요한 것으로 보인다.

(2) 기관위임의 법리[6)]

행정조직법의 영역에서 기관(Organ)이란 “권리·의무의 주체가 되는 공법상 법인(juristische Person)의 내부적 요소(Innensubstanz)로서 법인격주체의 조직구조(Organisationsstruktur)상의 한 부분”이라고 설명되고 있다.[7)] 따라서 기관을 정의함에 있어서는 반드시 그 귀속주체가 되는 공법인의 독립된 법인격성이 전제되어야 한다. 그리고 공법상의 법인과 그 기관의 관계 및 지위는 법규에 의해 규율되어야 하는 바, 행정조직법정주의는 바로 이러한 내용을 필수적인 법적 규율사항으로 하고 있다. 현행법상 국가와 지방자치단체는 공법상의 법인으로서 행정법상의 기관이 소속되는 법적 권능의 주체가 된다.

---

5) 위임과 기관위임의 법리에 관한 상세한 언급은 최봉석, 행정권한의 위임과 기관위임의 법리, 공법연구, 제29집 제1호, 2000, 364면 이하 참조.

6) 이하의 논의는 발표자가 2007년 9월 한국지방행정연구원에서 개최된 「기관위임사무의 폐지와 재편을 위한 공청회」에서 발표한 발제문의 내용을 정리한 것임을 밝혀둔다.

7) P. Lodde, Rechtsfragen der Organleihe im Bund－Länder－Verhältnis, 1990, S.28f.

기관위임이란 바로 이러한 기관이 타법인의 권리와 의무를 대신하여 수행하는 것으로서 공법상의 법인격주체간에 이루어지는 '기관의 대여-차용'을 지칭한다.[8] 이러한 기관위임의 개념은 시원적으로 그 용어상의 '위임(Auftrag)'이 전제되지 않고 오직 '기관(Organ)'이 개념적 전제가 되는 것으로서 이는 어원적으로 그 용어가 그리스로부터 연원한 '기구(Werkzeug)'로부터 파생한 것으로 파악되고 있다. 즉, 기관위임의 객체가 되는 기관은 당해 관계에 있어 현실적으로 공법상의 법인격 주체에 의해 사용되는 업무수행도구(기구)로서의 지위에 놓이게 된다.[9]

이와 같은 기관에 관한 법리에 바탕할 때, 기관위임의 법리는 그 내용에 있어 민법상 '사용대차(Leihe: 민법 제69조 이하 및 제617조)'의 경우처럼 국가 또는 상급지방자치단체가 지방자치단체의 기관을 필요한 목적수행을 위해 '차용'하는 것으로서 '기관위임'으로 지칭되기보다는 '기관차용(또는 기관대여: Organleihe)'로 명명될 수 있을 것이다.[10] 독일의 경우 지방자치단체의 사무를 구분함에 있어 이러한 실질을 반영하여 일반적으로 "그 고유한 범주(Eigener Wirkungskreis)에 관한 자치사무(Selbstverwaltungsangelegenheiten)"와 다양한 종류의[11] "이전된 효력범주

8) Vgl. Knemeyer, DÖV, 1988, S.202ff.

9) Vgl. Lodde, a.a.O., S.26f.

10) 우리의 행정법관계의 현실에 있어 "기관위임"은 이미 고착된 하나의 법개념으로 볼 수 있다. 따라서 그 용어로부터 비롯되는 내용상의 혼동가능성이 있다 할지라도 이를 일시에 독일식으로 개칭하는 데에는 문제가 따르리라고 본다. 오히려 "기관위임"을 위임의 한 분야가 아닌, 그 내용에 있어 독립한 영역으로 삼아 그 개념적 의의와 내용을 확정하는 작업이 필요하리라 하겠다. 이와 같은 취지에서 필자는 "기관위임(Organleihe)"의 용어를 그대로 사용하기로 한다.

11) 독일의 경우 위임사무(Übertragene Aufgaben)를 "국가 또는 기타 행정주체의 사무에 속하는 의무적사무(Pflichtaufgaben)"로 정의하면서 각주의 다양한 위임사무를 종류에 따라 다음과 같이 구분하고 있다.

① 지시로부터 자유로운(weisungsfreier) 사무 - Bayern주의 경우

② 법률상의 기준(Massgabe)에 의해 개별적 지시(Einzelweisungen)에 따라 수행되는 사무-Baden-Wür-ttemberg주, Nordrhein-Westfalen주 등의 경우

③ 국가관청의 일반적 훈령 등에 의한 사무-Hessen주 등의 경우

(Übertragene Wirkungskreis)에서의 위임사무(Auftragsangelegenheit)"를 나누고 이들과 별도로 우리의 기관위임사무에 해당하는 사무를 기관위임(Organreihe)으로 구분하고 있음은 좋은 참고가 되리라고 본다.

기관위임(Organleihe)에 관해 독일의 Stober 교수는 "지방자치단체의 사무는 그 고유한 범주에 관한 사무나 위임(Auftrag) 또는 지시(Weisung)에 의한 사무에 국한되지 않고, 지역적 영역에 대한 국가행정의 한 특별한 형식(eine besondere Form staatlicher Verwaltung auf Ortsebene)으로서의 기관대여에 의해 채워진다. 이 사무는 확정된 국가사무가 지방자치단체가 아닌 지방자치단체기관에 의해 집행되는 것으로 진정한 권한의 위임이 없다는 점에서 위임사무나 지시사무와는 구분된다. 이 사무의 집행과 관련하여 지방자치단체기관은 단지 국가행정조직상의 기관일 뿐 본질상 지방자치단체(kommunale Traeger－koerperschaft)성을 가지지 않으며 국가기관의 모든 감독(Aufsicht)을 받게 된다"라고 설명하고 있다.[12)]

또한 독일의 경우 기관위임과 관련하여 기관위임을 기타의 유사개념과 구분하고 있는데, 제도차용(Institutionsleihe), 기관장차용(Organwalterleihe), 위탁(Mandat) 및 위임(Auftrag) 등과의 구분이 이에 해당한다. 특히 외견상 우리의 기관위임과 유사한 것으로 보이는 기관장차용(Organwalterleihe)은 법인의 구성부분으로서의 기관이 아닌 자연인으로서의 기관장 개인을 차용하는 것이라는 점에서 기관위임과 구별된다. 또한 제도차용(Institutionsleihe)은 그 내용에 있어 기관차용(기관위임)[13)]과 유사하지만

---

④ 위임에 부수되는 무제한적 지시권(Weisungsrecht)에 종속되어 수행되는 사무 － Rheinland－Pfalz주 등의 경우 또한 이와 함께 위와 같은 위임사무와 유사한 또는 독자적 형식을 가지는 사무로서 지시사무(Weisungs－aufgaben)를 지방자치단체의 사무구분에 포함시키고 있다. Vgl. Heinrich Scholler, Grundzüge des Kommunalrecht in der Bundesrepublik Deutschland, 1990. 4. Aufl., S.93.

12) Stober, Kommunalrecht in der Bundesrepublik Deutschland, 3. Aufl., 1996, §4 IV 5.

13) Vgl. Wolff/Bachof/Stober, Verwaltungsrecht, Bd. II, 5. Aufl., 1987, §74 III, IV b 1.

기관이라는 조직구조적 요소가 아닌 업무수행방법/체계로서의 제도를 차용한다는 점[14]에서 기관위임과 구별된다. 나아가 위임(Auftrag)과의 구별에 있어 위임은 그에 관한 법적근거[15]와 수임자의 법인격성이 요구되는 간접행정(mittelbare Verwaltung)의 영역이라는 점 등에서 기관위임과 차별성을 가지는 것으로 보고 있다.[16] 결국 기관위임은 공법상의 법인(국가 또는 지방자치단체)이 그 업무의 수행과 관련하여 타법인(지방자치단체)의 기관을 이용하는 것으로 이해될 수 있다.

특히 주목할 점은 기관위임사무를 처리함에 있어 기관위임 되는 지방자치단체의 기관은 단지 위임자(차용자)의 최하위행정단위라는 지위만을 가지게 된다. 따라서 그 기관이 원래 소속한 지방자치단체 등의 공법인과는 전혀 무관한 상태에 놓이게 되며 지방의회 등은 기관위임사무의 집행에 관해 일절 관여할 수 없게 된다. 이러한 관계는 기관위임사무의 수행에 있어 당해 기관뿐만 아니라 그 기관이 소속한 지방자치단체는 그가 소속된 지위 중 지방정치·행정주체로서의 '정체적 지위(Position auf politisch-subjektive Identitaet)'가 아닌 '국체성에 부속하는 지위(Positin unter staatlich-subjektive Identitaet)'에 입각하여 그 사무처리에 임하여야 함을 국가학적 기초로 한다고 한다. 그리고 이러한 기관위임의 필요성은 일선의 하위행정단위(untereste Verwaltungsbehoerde)에서 위임자(차용자)의 사무집행을 담보하기위한 실무적 요구에 근거한 것으로서 이 관계에는 어떠한 정치성이나 권리의무관계도 존재하지 않는다[17]고 한다.

---

14) Vgl. Wolff/Bachof/Stober, a.a.O., §75 I a 1.

15) 이와는 달리 국내 학자들 중에는 기관위임사무에 관해 "법령에 의하여 지방자치단체의 기관에게 그 사무를 위임하는 것" 또는 "법령에 근거하여 지방자치단체의 집행기관이 수행하는 국가 등 다른 행정주체의 사무" 등과 같이 정의하면서 법적근거를 그 개념적 요소로 제시하기도 한다.

16) Vgl. Lodde, a.a.O., S.47ff.

17) 기관위임사무를 집행하는 지방자치단체장에게는 행정소송의 피고적격이 인정되지 않는 것이 원칙이다. Vgl. BVerfGE 63, 1, 31f.

기관위임사무에 관한 새로운 견해에 의하면, 기관위임은 지방의 국가에 대한 '부종성(Abhaengigkeit)'을 전제로 하기에 원칙적으로 기관위임의 관계는 하부국가기관성(Charakter der unteren staatlichen Behoerde)이 인정되지 않는 기초자치단체(복수단계의 지방분권체계에서 기초지방자치단체)에 대해서는 인정될 수 없다고 한다. 기관위임의 관계는 오직 국가행정과 지방자치행정 간의 연결고리(Bindeglied)의 역할을 하며 상대적으로 국가의 하부행정기관성(Charakter der unteren Verwaltungsbehoerde)을 가지는 광역자치단체(Landkreise 등)와 같은 중간계선의 자치단체의 기관에 대해서만 인정되는 것이 제도적 취지에 부합하는 것이라 한다.[18] 또한 기초자치단체의 기관에 대해 기관위임이 인정되는 경우에도 그 법률관계는 광역자치단체의 경우와는 달리 국가와 무관하게 대등한 공법인 간에 이루어지는 단순한 기관의 차용이 된다고 한다. 이 경우의 기관위임은 자치단체의 자치성과 정치성에 영향을 미치는 것이므로 기관위임이 이루어지기 위해서는 국가와 기초지방자치단체 간에는 공법상계약 혹은 조례 등 자치입법을 통해 그 근거가 마련되어야 한다고 한다.[19]

이렇게 볼 때, 독일에서의 "기관위임"은 그 용어상의 외관에도 불구하고 "위임"이 아닌 독자적인 "업무시행의 이전방식(Umsetzungsmethode der Ausführungsfähigkeit zur Angelegenheit)[20]"이라 할 수 있다.

(3) 위임의 법리와 기관위임사무와의 관계

기관위임사무가 '위임(Auftrag)'과 어떠한 관련성을 갖는가를 명확히 판정하기 위해서는 앞에서 다룬 바와 같은 기관위임에 관한 법리 외에 위임에 관한 법리에 관해서도 살펴볼 필요가 있다. 이미 대상판례가 기

---

18) 이와 같은 논거로 Niedersachsen주 등 독일의 주(Land)들은 기초자치단체에 대한 기관위임사무의 부여를 인정하고 있지 않다(§4 Abs.1 Satz2 NLO).

19) Vgl. Ipsen, Nidersächsisches Kommunalrecht, 2. Aufl., 1999, §4 Rdnr.164ff.; vgl. Lodde, a.a.O., S. 53f.

20) Lodde, a.a.O., S.32.

관위임사무에 관해 언급하면서 기관위임의 법리를 「행정조직법」과 「행정권한의 위임 및 위탁에 관한 규정」상의 위임에 관한 일반적인 규정과 연계시키고 있다는 점에서 어찌 보면 '위임'과 '기관위임'은 동일한 혹은 유사한 것으로 볼 여지가 없지 않기 때문이다.

판례에서 밝히 바와 같이, 「정부조직법」 제6조 제1항과 「행정권한의 위임 및 위탁에 관한 규정」은 행정권한의 위임을 '법령에 의한 위임'으로 한정하고 있다. 이러한 점에 설 때, 단체위임사무를 "법령에 의해 지방자치단체에 위임된 사무"로, 기관위임사무를 "법령에 의해 지방자치단체의 기관에 위임된 사무"로 각각 구별하는 입장에서는 일정정도 '법령에 의한 위임'이라는 양자 간의 공분(共分)을 근거로 그 주장의 적정성을 피력할 수도 있을 것으로 보인다. 그러나 위임에 의해 행정권한은 원래의 관할기관과는 무관하게 수임자의 권한으로 된다. 이는 위임자에 대해서는 권한의 이전을 의미하며 수임자에 대해서는 권한의 설정을 의미하는 설권적 행위이라 할 수 있다. 따라서 이러한 권리·책임의 승계를 의미하는 위임은 본질적으로 기관위임과는 전혀 다른 법률관계를 구성하게 된다. 대법원 역시 이러한 취지를 판례로 밝히고 있는바, 위임의 일반적 법리에 관해 "권한의 위임의 경우에는 수임관청의 이름으로만 권한을 행사할 수 있을 뿐 자기의 이름으로는 그 권한을 행사할 수 없다"라고 판시[21]하고 있다. 이와 같이 위임과 기관위임은 전혀 다른 것으로서 기관위임을 정의함에 있어 위임의 법리를 차용하거나 위임의 정의로부터 유추하여 기관위임사무의 정체성을 판단하는 것은 심각한 법리상의 오류라 아니할 수 없다.

또한 위임에 있어서는 반드시 그에 관한 명문의 법적근거가 요구되며 법령에 근거하지 않은 위임은 그 외관에도 불구하고 위임의 실질을 가지는 것으로 인정될 수 없으며 단지 내부위임 내지 법적효력이 없는

21) 대법원 1989. 9. 12. 선고 89누671판결; 대법원 1987. 5. 26. 선고 86누757판결.

사실상의(관습적) 위임관계에 머물게 됨이 원칙이다. 물론, 위임의 법적 근거에 관해서는 「정부조직법」과 「행정권한의 위임 및 위탁에 관한 규정」이 일반적 근거조항이 되므로 별도의 개별적 법적근거를 요하지 않는다는 입장과 이들 규정을 위임가능성에 관한 포괄적·선언적 규정에 불과하므로 별도로 구체적인 위임의 근거법규가 필요하다는 입장[22)]이 나뉘고 있다. 생각건대, 위임을 위해 별도의 개별법에 의한 구체적 근거규정이 불필요한 것으로 보게 되면 이는 사실상 권한의 위임을 무제한적으로 인정하게 되는 결과를 가져올 수 있다. 또한 이는 기존에 개별법에 규정된 위임에 관한 여러 근거규정들을 무위로 만들게 될 수 있다. 결국 위임관계의 설정에 관해서는 관련법규 상의 구체적 법적근거가 요구된다고 보아야 할 것이다. 따라서 「정부조직법」 제6조 제1항에 규정된 '법령이 정하는 바에 의하여'의 규정에 나타난 "법령"은 기존 판례의 입장[23)]처럼「행정권한의 위임 및 위탁에 관한 규정」에 국한된 것은 아니며,[24)] 관계법령상 위임에 관한 구체적 법적근거가 동시에 필요함을 의미하는 것으로 새겨야 할 것이다.

현실적으로 그동안 「지방자치법」 제103조를 기관위임사무의 법적 근거 내지 정의에 관한 규정으로 거론해 온 것으로 보인다. 반면에 단체위임사무와 관련하여서는 그 법적 근거 내지 내용적 정의를 제102조에서 발견하고 있었다. 제103조는 지방자치단체의 사무를 "지방자치단체의 사무"와 "법령에 의해 지방자치단체의 장에게 위임된 사무"로 규정하고 있고, 제102조에서는 국가위임사무를 지방자치단체장에게 위임하여 처리하도록 규정하고 있고. 이 결과 단체위임사무도 현실 법제에 있

---

22) 대법원 1990. 6. 26. 선고 88누12158판결; 대법원 1990. 2. 27. 선고 89누5287판결; 대법원 1989. 9. 26. 선고 89누12127판결.

23) 대법원 1993. 3. 9. 선고 92누5294판결 등 참조.

24) 「정부조직법」 및 「행정권한의 위임 및 위탁에 관한 규정」이 갖는 위임의 근거법규로서의 실질과 규범력의 범위에 관한 분석은 최봉석, 앞의 논문(주21), 362면 이하 참조.

어서는 "법령에 의해 지방자치단체장에게 위임된 사무"가 되게 되어 제103조의 "법령에 의해 지방자치단체의 장에게 위임된 사무"와 결과적으로 동일한 외관을 가지게 되었다. 실제 입법에 있어서도 지방자치단체를 직접 수임자로 하는 법규정은 찾아보기 힘들며, 국가사무를 지방에 위임하는 경우 지방자치단체장을 수임자로 규정하는 것이 일반화되어 왔다[25]. 이에 따라 결국 단체위임사무와 기관위임사무의 법문상의 구별은 「지방자치법」 제102조와 제103조의 규정으로 인해 더욱 혼동되는 결과가 초래하고 말았다. 그 결과 행정학의 영역에서는 단체위임사무의 존재를 아예 부인하기도 한다. 따라서 적어도 기관위임사무를 법적으로 정의하기 위해서는 현재의 「지방자치법」 제102조나 제103조와 같은 규정은 '위임'이라는 용어를 공통적으로 사용하기보다는 '기관위임'이라는 용어를 법문에 그대로 노출시키는 것이 필요한 것으로 보인다. 또한 제102조의 규정은 이미 「정부조직법」과 「행정권한의 위임 및 위탁에 관한 규정」에 규정된 내용이므로 오히려 삭제하는 것이 혼란을 줄이는 길이 될 것으로 보인다.

그렇다면 기관위임사무의 경우에도 반드시 법적 근거가 필요한 것인가? 기존에 많은 견해들은 기관위임사무를 정의하면서 "법령에 의해"라는 요건을 단체위임사무와 유사하게(혹은 같게) 받아들이고 있다. 이에 관해 독일 Maurer 교수의 입장은 시사하는 바가 큰 건으로 보인다. 그에 의하면,[26] 행정권한의 위임은 위임자의 권한이 수임자의 권한으로 되는 것이므로 위임자는 수임자를 통해 간접적으로 행정목적의 달성을 위해 필요한 조치를 집행하는 것이 된다. 따라서 이는 간접행정(mittelbare

---

25) 이로 인해 실무상 또는 학술적으로도 위임사무가 단체위임사무로 인정되는 사례는 많지 않으며, 대부분의 경우 위임사무는 기관위임사무를 지칭하는 것으로 처리되고 있는 실정이다.

26) Vgl. H. Maurer, Allgemeines Verwaltungsrecht, 14. Aufl., 2002, §21 Rdnr. 54f., §23 Rdnr. 64ff. 다만, Maurer교수의 최근 개정판에는 이에 관한 기술이 삭제되어 있음을 밝혀둔다.

Verwaltung)의 영역이라 할 수 있다. 반면에 기관위임의 경우에는 위임자 자신의 하부기관에 의해 자신의 명의와 책임 하에 자신의 권한을 집행하는 것이므로 이는 직접행정(unmittelbare Verwaltung)의 영역에 해당하는 것이라 할 수 있다. 따라서 원칙적으로 기관위임에 관해 반드시 법적근거가 필요한 것은 아니라고 한다.

이렇게 볼 때, 적어도 기관위임의 법리와 기관위임이 형성하고 있는 법률관계는 위임 또는 단체위임사무와는 전혀 다른 별개의 것이며, '법령에 의한 위임'의 여부가 양자 간의 유사성의 척도가 될 수 없음은 자명하다고 할 수 있다. 따라서 이 사건에 관해 대법원이 위임과 기관위임을 명확히 구분하지 않고, 「정부조직법」과 「행정권한의 위임 및 위탁에 관한 규정」을 근거로 하여 기관위임사무의 수행에 관한 지방자치단체장의 집행의무를 도출한 것은 적어도 법리상의 취약성을 노정한 것이라 보지 않을 수 없다. 다만, 대법원이 비록 기관위임의 법적 근거로 잘못 제시하기는 하였지만, 일반적인 위임사무의 위임에 관해 「정부조직법」과 「행정권한의 위임 및 위탁에 관한 규정」이외에 개별법령상의 법규정을 근거로 하여 위임의 성립여부를 판단한 것은 행정권한의 위임에 관해 보다 구체적인 개별법 상의 법적 근거가 필요하다는 주장을 뒷받침할 수 있는 논거가 된다는 점에서는 일정정도 의미가 있는 것으로 보인다.

(4) 기관위임사무의 정체성과 현재

기관위임사무에 대해서는 그동안 지방자치단체에 대해 과도한 업무부담을 주어 지방자치를 현실적으로 국가행정에 예속화시켜왔다는 점에서 많은 비판이 제기되어 왔다. 실제 기관위임사무는 전국적인 통일성이 담보되어야 하는 사무에 해당하는 국가사무를 국가의 직접집행 없이 지방일선에서 효율적으로 집행하는 수단이었기에 국가의 입장에서는 떨쳐버리기 힘든 도구였던 것이 사실이다. 그러나 다른 한편으로는 기관위임사무의 집행으로 인해 지방자치단체는 국가로부터 그 사업비용에 해당하는 특별교부금(특별교부세) 받아왔기에 적지 않은 재정적 도움이 되었음[27] 또한 사실이다. 우리와 유사한 기관위임사무를 운용하였던 일본에서는 기관위임사무로 인해 많은 문제가 발생하고 이에 대한 비판론[28]이 거세지자 이를 전격폐지[29]시켰다. 하지만 기관위임사무의 본산(일본에 의해 왜곡되기 이전의 모습)이라 할 수 있는 독일의 경우에는 여전히 기관위임사무가 지방자치행정의 한 모습으로서 일정한 역할을 수행하고 있음에 주목할 필요가 있다.

독일의 경우에는 기관위임사무의 필요성에 관해 해당 사무의 집행에 관한 국가와 지방자치단체의 협력의 필요성 또는 상호 이견 내지 갈등의 가능성을 전제로 한 명확한 업무분석을 전제로 하고 있다. 즉, 단순히 전국적 통일성을 기한다는 취지라면 그에 필요한 권한의 범위와 내용을 명확히 하여 "필요적(의무적) 자치사무" 내지 "감독청의 지시에 따른 사무" 등과 같이 국가적 통일성을 기하면서도 지방자치단체가 이를 집행하여야 하는 의무를 부여할 수 있게 하는 사무형태를 취할 수 있다. 따라서 기관위임사무는 전형적인 일반사무의 영역보다는 특별한 목적에 따라 부여되는 비전형적 사무로서의 특징을 가진다. 기관위임사무는 지방행정의 협력이 필요하면서도 국가와 지방자치단체 간에 이해관계가

27) 기관위임사무의 집행에 소요되는 일반관리비용, 경상비용 등의 교부는 없었으나 지방행정조직의 규모나 공무원의 업무부담 등을 고려할 때, 실제 지방행정과 지방재정의 측면에서 기관위임사무의 폐지가 오히려 지방자치제를 위축시킬 위험이 있다는 지적 또한 가능하다. 오상호, 기관위임사무 폐지와 지방재정의 과제, 지방자치월보, 2013. 8., 17면 이하 참조.

28) 이에 관한 상세한 내용은 다음의 문헌 참조. 佐佐木浩, 知っておきたい地方分權一括法－分權型社會の創造に向けて－, 大藏省印刷局, 2000年; 鈴木庸夫, 改正地方自治法とアカウンタビリティ, 公人の友社, 2000年; 小幡純子, 改正地方自治法の槪觀, ジュリスト, 新しい地方自治·地方分權, 有斐閣, 2000, 58頃 以下.

29) 기관위임사무 중 약 40%는 법정탁사무에 약 60%는 자치사무로 재분류되었다고 한다. 大橋洋一'自治事務·法定受託事務'; 五十嵐敬喜, 自治体의 構想2－制度, 岩波書店, 2002, 74頃.

상반된 경우에 이를 실현하는 방법으로 활용되는 경우가 많다.[30)]

이렇게 볼 때, 적어도 독일에서의 기관위임사무는 현재 우리 지방자치제도 내의 기관위임사무와는 다른 방향에서 운용되고 있는 것으로 보이기도 한다. 어찌 보면 우리 기관위임사무의 모습은 일본 지방자치제도 내부에 존재했던 기관위임사무라는 일본식의 변형물이 우리 지방행정에 유입된 결과라 할 수도 있을 것이다. 우리는 그동안 기관위임 내지 기관위임사무에 대한 법리나 정체성과 동떨어진 기관위임사무론[31)]에 천착해있었던 것은 아닌지 되돌아 볼 필요가 있다. 2013년 현 정부의 출범과 함께 발족한 "지방자치발전위원회"가 기관위임사무의 폐지[32)]와 법정수임사무[33)]로의 재편을 지방자치제도개혁의 우선과제로 천명하

---

30) Vgl. Ipsen, a.a.O., §4 Rdnr. S.164f.

31) 일본인들조차도 "불가지(不可知)조항"이라고 평가해온 일본 지방자치법상의 기관위임사무 관련 조항을 우리 지방자치법의 기초로 하였음이 이들 문제점의 뿌리가 된다고 할 수 있다. 詳細는 兼子 仁, 自治體法學, 學陽書房, 1991, 121頃 이하 참조.

32) 지방자치발전위원회는 2014년 2월을 기준으로 현재 개편대상이 되는 기관위임사무의 수를 114건(원래 149건이었으나 35건은 관련 법개정으로 지방이양 완료됨)으로 파악하고 있다(한국지방행정연구원이 수행한 기관위임사무의 판별에 관한 기준은 "법령에 의해 지방자치단체의 장에게 위임된 사무"인가의 여부이다, 즉 법령의 규정에서 "시·도·지사, 시·군·구청장"이라는 변수와 "위임"이라는 변수를 대입하여 추출된 사무가 기관위임사무로 정리되었으며, 국가적 통일성이나 일반성, 재정부담, 지방의회의 관여 등은 고려되지 않았다). 위원회의 개편안에 따르면 이들 기관위임사무는 폐지되어 자치사무로 지방에 이양되거나 법정수임사무로 재편되게 된다. 지방자치발전위원회, 지방자치일괄이양법TF 보고자료, 2014. 3. 참조(자료의 일부 내용은 공개가 제한되어 있으므로 구체적 서지의 적시는 피하면서 공개가능한 범위의 내용만을 개괄적으로 정리함).

33) 현재의 단체위임사무와 유사한 것으로서 "법령에 의해 지방자치단체에 위임된 사무"를 지칭한다. 일본의 기관위임사무의 폐지와 함께 등장한 '법정수탁사무'와 내용은 동일하나 제도개혁 설계과정에서 일본과 동일한 명칭을 사용하는 것은 안 된다는 지적에 따라 그 이름을 '법정수임사무'로 하게 되었다. 법정수임사무의 도입 및 그 명칭의 법적 문제점 등에 관한 비판으로는 다음의 문헌 참조. 최승원, 사무구분 및 배분에 관한 법제방향, 전국시도지사협의회 시도뉴스레터, 2011, 13면; 최철호, 기관위임사무의 폐지에 따른 가칭 법정수임사무의

고 있음은 오히려 일본으로부터 "문제의식"까지도 수입한 결과가 아닌지 검토해 볼 필요가 있는 것으로 보인다.

실제 대상판례를 통해 인지할 수 있는 바와 같이 지방자치제도가 본격적으로 시행되고 지방자치단체장의 정치적 스펙트럼이 다양해짐에 따라 지방자치단체가 집행하고 있는 국가사무에 대한 지방자치단체장들의 이견과 마찰이 확대되고 있다. 이러한 상황에서 기관위임사무를 폐지하여 자치사무로 이양하거나 법정수임사로 하여 기존의 단체위임사무와 같이 이에 대한 지방의회의 관여와 자치입법권의 행사가 가능하게 된다면 국가적 이익을 명확히 담보할 수 있는 길은 위축될 수밖에 없을 것이다. 그렇다고 대상판례와 같은 교원징계 등의 국가사무를 국가가 모두 회수하여 직접 집행하는 데에도 분명 한계가 있을 수밖에 없다. 따라서 법원 역시도 좀 더 적극적인 자세로 기관위임사무에 대한 정의와 관련 법리를 제공함으로써 기존의 문제점들을 개선하게 할 수 있는 입법의 방향을 제시할 수 있게 되길 기대해본다.

2. 직무이행명령에 대한 검토

직무이행명령제는 1995년 6월 27일 지방자치단체장 선거를 계기로 지방자치가 본격화되기 전인 1994년 3월 지방자치법개정을 통해 신설된 국가의 지방자치단체에 대한 행정적 관여수단으로서, 지방자치가 활성화되면 국가와 지방자치단체간의 마찰·갈등경향이 나타날 것이라는 우려에 기인해 국가의 통제·감독권을 사전에 강화하려는 취지에서 도입

도입에 관한 연구, 토지공법연구 제56집, 2012, 379면; 최우용, 지방자치사무배분 개혁의 현황과 과제, 50면; 조정찬, 지방자치단체 사무배분에서의 지방자치와 국가행정의 조화, 지방자치법연구, 제8권 제1호, 2008, 33면; 최환용, 사무구분체계 개선을 위한 지방자치법개정 방안 연구, 한국법제연구원보고서, 2010, 52면; 조성규, 국가와 지방자치단체 간 입법, 사무권한 및 재원의 배분, 공법연구 제36집 제2호, 2007, 53면.

되었다.[34] 지방자치법 제170조에 의한 직무이행명령제도는 지방자치단체의 위법한 부작위에 대한 감독수단이 결여되어 있다는 비판에 따라 독일의 직무이행명령제를 참고하여 도입된 것이었지만, 그것과는 달리 '위임사무에 관리 · 집행 의무의 불이행'에만 적용된다는 점에 특징을 가진다고 할 수 있다.[35]

(1) 직무이행명령의 법적 성질

직무이행명령은 국가 또는 시·도 위임사무에 관한 의무불이행에 대한 통제수단이다. 일반적으로 국가의 지방자치단체에 대한 감독의 표준적 형태인 법적 감독을 위한 수단으로는 보고요청권(Informationsrecht), 의사결정권, 이행명령권, 대집행 등을 들 수 있다. 이 중 국가 등(국가나 상급지방자치단체 등 위임자 일반을 통칭함)의 의사결정권은 위법·부당한 적극적인 행위를 시정하기 위한 관여권한(Beteiligungsbefugnisse)인 데 비하여, 이행명령(Anordnung)은 위법·부당한 소극적 행위, 즉 부작위 또는 의무불이행(불완전이행을 포함)을 시정하기 위한 것이라는 점에서 차이를 가진다.

직무이행명령은 법령의 규정에 의하여 그 의무에 속하는 국가위임사무 또는 시·도 위임사무의 관리·집행을 명백히 해태하는 때에 발동된다는 점에 특색을 지닌다. 즉 한편으로는 국가위임사무나 시·도 위임사무에 관한 위법·부당한 불이행을 대상으로 한다는 점에서 위법하거나 현저히 부당한 지방자치단체의 사무에 관한 그 장의 명령이나 처분 등 적극적인 행위에 대한 통제수단인 시정명령과는 그 적용범위 및 대상이 되는 행위의 성질면에서 구별된다. 다만, 지방자치법 제169조의 시정명령이 오직 지방자치단체의 사무, 즉 자치사무와 단체위임사무만을 대상으로 한다는 점에서 일반적으로 기관위임사무에 대한 권력적 관여

34) 홍준형, 지방자치법상 직무이행명령제도, 고시계, 1996. 73면.
35) 홍준형, 앞의 논문, 75면.

수단으로 이해되고 있는 제170조의 직무이행명령이 오로지 부작위 등 소극적 불이행만을 대상으로 하는지에 관해서는 의문의 여지가 없지 않다. 따라서 현실적으로 부작위에 대한 시정명령이 가능하고 위법한 작위에 대해 적법한 작위로의 직무이행명령이 가능하다는 입장에 선다면 제169조의 시정명령과 제170조의 직무이행명령은 원칙적으로 그 적용대상(즉, 지방자치단체의 사무인가 아니면 기관위임사무인가)을 달리하는 관여수단일 뿐, 그 관여의 내용과 실질에 있어서는 차이를 갖지 않는다고 할 수 있다.[36)]

(2) 직무이행명령의 대상

전술한 바와 같이 직무이행명령은 위법한 소극적 행위, 즉 부작위 또는 의무불이행을 대상으로 하는 것으로서 위법한 작위를 대상으로 하는 시정명령 등과는 구별된다. 이는 이미 현행 지방자치법이 제169조 제170조에서 양자를 구별하여 규정하고 있는 입법취지에서도 나타나고 있는 것으로 보인다. 다만 직무이행명령의 대상이 되는 "국가위임사무"가 기관위임사무만을 대상으로 하는 것인지(본 대상 판례의 입장), 단체위임사무인지를 가리키는 것인지 혹은 양자를 모두 포함하는 것인지 관해서는 견해가 나뉘고 있는 것으로 보인다. 일반적 견해에서는 직무이행명령의 적용대상을 기관위임사무로 보고 있으나, 이와는 달리 직무이행명령의 적용대상을 단체위임사무로 보는 견해 또한 존재하는 것으로 살

36) 독일의 경우에는 위법한 부작위에 대한 관여수단으로서 이행명령(Anordnung)을 일반적으로 인정하고 있으나 이행명령과 별도로 우리 지방자치법 제169조와 같은 위법·부당한 작위를 대상으로 하는 시정명령을 도입하고 있는 경우는 거의 없다고 할 수 있다. 일반적으로 지방자치단체의 사무의 위법성에 대해서는 감독청이 이의제기(Beanstandung) 권을 행하는 방식의 관여가 이루어지고 있다. 따라서 우리 지방자치법 제169조의 시정명령은 그 실질에 있어서는 독일식의 이의제기와 이행명령이 혼합된 것이라 할 수 있는바, 그 본질에 있어 이행명령과 시정명령은 유사한 것으로 보인다. Vgl. Schmidt-Assmann, Kommunalrecht, in: von Muench, Besonderes Verwaltungsrecht, 13. Aufl., S.1123ff.

펴진다. 이에 따르면 지방자치법 제9조에서 지방자치단체의 사무범위를 관할구역의 자치사무와 법령에 의하여 지방자치단체에 속하는 사무의 두 가지로 명시하고 있는데, 일반적으로 후자를 위임사무라고 부르는 것이 보통이다. 일반적으로 위임사무는 단체위임사무를 지칭하는 것으로서 이에 기관위임사무를 포함하지 않는 것으로 이해된다. 이러한 위임사무와 자치사무를 포함한 지방자치단체의 사무는 법 제94조에 의하여 지방자치단체의 장이 관리·집행하도록 되어 있다. 그러므로 법 제170조 제1항이 직무이행명령의 대상을 규정하면서 "법령의 규정에 의하여 지방자치단체의 장의 의무에 속하는 국가위임사무 또는 시·도위임사무의 관리 및 행사"라고 규정한 법문은 바로 이러한 의미에서의 위임사무, 즉 단체위임사무로 해석하여야 한다는 입장이 그것이다.[37] 하지만 지방자치단체가 아닌 그 장의 그 의무에 속한 사무라는 법규정상의 표현을 기초로 직무이행명령의 대상을 단체위임사무로 해석한다면 국가 등 관여청의 지방자치단체에 대한 통제는 과도한 침해를 야기할 여지가 있어 직무이행명령제 자체에 대한 위헌성의 시비를 초래할 수 있는 점과 직무이행명령에 대한 실효성확보수단으로서 대집행을 규정하고 있는 점 등에서 판단할 때 직무이행명령의 대상을 일반적 위임사무 내지 단체위임사무로 확대하는 데에는 무리가 따를 것으로 보인다.

일반적으로 「행정대집행법」상의 대집행은 대상이 되는 행정작용의 법적 성질에 관해 '대체적 작위의무성'을 전제로 하고 있으므로 직무이행명령의 대상이 되는 사무는 집행자인 지방자치단체의 장과 국가기관이 상호 동일한 내용의 사무집행이 가능하다는 직무대체성(집행대체성을 포함)을 가진다고 할 수 있다. 결국, 적어도 「행정대집행법」상의 대집행을 그 실효성 확보를 위한 행정강제장치로 도입하고 있는 현행 규정 하에서는, 이 규정이 적용되는 사무는 원칙적으로 국가의 사무이며 지방

37) 홍준형, 앞의 논문, 77면.

자치단체의 장은 그 사무의 집행을 수행하는 국가기관의 지위에서 서게 된다는 기관위임의 일반적 법리가 다시금 확인될 수밖에 없는 것으로 보인다. 따라서 직무이행명령의 대상은 기관위임사무로 한정하는 것이 현행 법체에 부합하는 것으로 보인다.[38]

(3) 직무이행명령의 구속력

국가가 지방자치단체의 장에게 위임한 기관위임사무는 그 처리의 효과가 국가에 귀속되는 국가의 사무로서 지방자치단체의 사무라 할 수 없다. 지방자치단체의 장은 기관위임사무의 집행권한과 관련된 범위에서는 그 사무를 위임한 국가기관의 지위에 서게 될 뿐이다.[39] 「지방교육자치에 관한 법률」 제20조 제16호, 제27조는 교육감이 교육·학예에 관하여 소속 국가공무원의 인사관리에 관한 사항을 관장하고, 소속 공무원의 임용·징계 등에 관한 사항을 처리한다고 규정하고 있다. 그러나 이는 교육감이 교육공무원법령에 따라 위임받은 국가사무를 그의 관장사무로서 확인하는 취지의 규정이라 할 수 있으므로, 이 규정을 근거로 해당 사무를 지방자치단체의 교육 · 학예에 관한 자치사무라고 볼 수 없다. 헌법과 법률에 따라 지방교육자치단체의 장에게 위임된 권한을 지방교육자치단체의 고유한 권한에 속하는 자치사무라라고 할 수는 없기 때문이다.[40]

나아가 지방자치법 제170조 제1항에 따른 직무이행명령이 부당하다고 주장하는 경우에도, 지방자치법 제170조 제3항에 따른 이의소송이 가능하다고 할 수 있다고 할 수 있다. 이는 기관위임사무의 처리에 관해서는 일반적으로 위법뿐만 아니라 부당을 이유로 한 기관위임자의 관여가 포괄적으로 인정된다는 일반적 법리에 의해 확인될 수 있기 때

38) 최봉석, 지방자치의 기본법리, 한국법제연구원, 2007, 289면.
39) 헌법재판소 2008. 12. 26. 선고 2005헌라11 결정.
40) 헌법재판소 2008, 3. 27. 선고 2006헌라1 결정.

문이다. 따라서 집행기관의 부당한 부작위나 과소집행 등에 대한 직무이행명령이 헌법과 법률이 설정한 지방자치단체의 권한을 침해하거나 침해할 현저한 위험이 있다고 볼 수는 없을 것이다.[41] 기관위임사무를 처리하는 교육감은 국가기관의 지위에만 있을 뿐 그의 집행에 따른 책임은 국가가 지게 되며, 책임 없는 권한행사가 있을 수 없듯이 국가사무를 위임받은 교육감은 비록 직무이행명령이 부적합하다고 판단하는 경우에도 자의적 판단에 따라 해당사무의 집행을 부작위하거나 직무이행명령과 다른 집행을 할 권한이 없다. 기관수임자인 교육감은 지방교육자치단체장의 지위에서 오직 직무이행명령의 부적법하다고 판단하는 부분에 대해 이의소송을 제기할 수 있을 뿐이다.

아쉬운 점은 현행 지방자치법 제170조의 직무이행명령은 제169조의 시정명령과는 달리 그 자체로서 구속력 있는 최종적인 관여수단이 되고 있다는 점이다. 따라서 이에 불응할 경우 이행소송이 인정되지 않는 우리의 행정소송법 구조에서는 행정강제의 방식인 대집행 등을 통해서만 직무이행명령의 불이행에 대처할 수밖에 없게 된다. 제169조의 시정명령은 이후 취소·정지라는 보다 강력한 권력적 관여수단을 동원할 수 있으므로[42], 결과적으로 자치사무나 단체위임사무에 대해 기관위임사무보다 오히려 더욱 강력한 관여수단이 마련되는 불합리성이 초래된 것이 아닌가 하는 의문을 지울 수 없게 된다.

더불어 자치사무의 경우에도 지방자치단체가 반드시 처리하도록 되어 있는 "필요적 자치사무"나 법령에 의해 지방자치단체에 속하는(위임된) 사무인 단체위임사무에 대한 지방자치단체의 부작위 또는 불완전이행 등에 대해 이의 적법한 이행을 담보할 방법이 없는 것 또한 입법

41) 헌법재판소 2013. 12. 26. 선고 2012헌라3 결정.

42) 이러한 점에 준거하여 시정명령을 하나의 준비행위에 해당하는 관여수단으로 보는 견해도 있으나, 시정명령 이후 취소·정지권의 행사는 관여청의 재량사항에 해당한다고 할 수 있으므로 시정명령은 그 자체로서 독립적인 관여수단이 될 수 있는 것으로 보인다.

적 오류라 아니할 수 없다. 따라서 현행 지방자치법 제169조와 제170조는 통합하여 대상이 되는 사무의 법적 성질과 불이행의 양태에 따라 시정명령과 직무이행명령이 이루어지고 그 불이행에 대해 취소·정지 또는 대집행 을 통해 법적 의무의 실행이 담보될 수 있도록 하는 입법적 개선이 필요할 것으로 보인다.

(4) 직무이행명령의 실효성확보수단

지방자치법 제170조 제3항은 직무이행명령에 대한 '이의의 소'를 지방자치단체장으로 하여금 대법원에 제기할 수 있도록 규정하고 있다. 이 규정에서 다시금 지방자치단체가 제기하는 특수한 형태의 항고소송인 단심제 상고심이 다시 등장하게 된다. 그런데 직무이행명령에 대한 이의의 소는 다른 감독처분에 대한 단심제(상고심) 단심소송과는 일정부분 차이를 갖는 것으로 볼 수 있다. 우선 직무이행명령에 불응하는 경우 관여청은 대집행을 할 수 있게 하고 있는데, 이때의 대집행은 행정대집행법에 따른 일반적 대집행을 의미한다(제170조 제2항). 따라서 직무이행명령에 불응하여 소송을 제기하는 경우에는 대법원을 관할법원으로 하는 단심제 소송에 의하게 되고, 이의의 소를 제기하지 않고 불이행을 지속하는 경우에는 행정대집행법에 따른 관여청의 대집행이 이루어지고 이에 불응하는 소송은 일반 행정소송의 형식을 취하게 되므로 3심제의 일반 항고소송절차를 거치게 될 것이다. 따라서 직무이행명령에 대해 불응을 지속하는 경우 적극적인 사실심을 포함한 보다 중복적인 사법심사와 행정절차법의 적용과 행정심판절차를 포함한 절차적 보호 및 장기간의 불이행의 지속 등이 가능하게 된다. 이는 지방자치법이 단심제 법률심을 통해 지방자치단체와 관여청의 분쟁을 조속히 해결하려는 지방자치법 제170조 제3항 등 감독처분소송 일반의 제도적 취지와 배치되는 것이라 할 수 있다. 따라서 직무이행명령에 대한 실효성확보수단으로 규정되어 있는 대집행에 대해서는 현행 규정과 같이 "행정대집행에 관해서는「행정대집행법」을 준용한다"라는 식의 무책임한 규정을 유지할 것이 아니라 보다 신중하고 특별한 대집행 절차와 대집행에 대한 소송유형(심급제 등) 등을 명확히 규정하는 것이 필요한 것으로 보인다.

일반적으로 독일 지방자치제도의 경우에도 우리와 유사하게 직무이행명령에 불응하는 경우 그에 대한 실효성확보수단으로 대집행(Ersatzvornahme)을 도입하고 있는 것으로 살펴진다. 그러나 이때의 대집행은 '위임의 철회'와 '직접집행'을 의미하는 것으로서 행정법 일반에 적용되는 '대체실행의 가능성이 있는 법적 작위의무 위반에 대한 행정청의 직접실행'으로서의 대집행과는 차이를 가지는 것으로 보고 있다. 그 차이의 기초에는 위임(Auftrag)이라는 행정청의 매개행위(Verknuepfungs－handel)가 있었기 때문이다.[43] 따라서 기관위임사무를 포함하여 위임사무 일반에 관해 지방자치단체 혹은 그 기관의 위법·부당한 작위 또는 부작위에 대해 우리의 시정명령에 해당하는 이의제기(Beanstandung)나 이행명령(Anordnung) 이후 이에 불복하는 경우 대집행이 이루어질 수 있는 것으로 하고 있다. 그렇게 본다면 현행 지방자치법 제169조 제1항의 취소·정지 역시도 일정정도에서는 대집행과 유사한 실질을 가진다고 할 수 있다. 따라서 제170조 제2항과 같이 직무이행명령에 대한 실효성확보수단으로 「행정대집행법」상의 대집행을 규정한 것은 심각한 입법적 오류이며, 지방자치법의 범주 내에서 이러한 대집행에 관해 별도의 규정을 마련하는 것이 필요할 것으로 보인다.

지방자치법 제170조 제2항은 대집행 외에도 직무이행명령의 불이행에 대한 사후적 조치로서 "행정상·재정상 필요한 조치"를 할 수 있도록 규정하고 있는데, 이는 현실적으로 사실상의 모든 관여수단을 동원할 수 있음을 의미한다. 일부의 견해에서는 이러한 행정상·재정상 필요한 조치와 대집행은 그 성질을 달리하는 것으로서 양자는 병과될 수 있

43) Vol. Schnapp, Ersatzvornahme in der Kommunalaufsicht, DÖV 1971, S.663ff.

는 것으로 보고 있다.[44] 그러나 이러한 조치에는 대집행 외에도 '직무대행자의 선임(Bestellung eines Beauftragten)'이나 '재정차단(Finanzsperre)' 등의 관여수단이 활용될 수 있는데, 이들은 대집행의 우회적인 행사방법이 되거나 집행에 대한 압력수단이 될 수 있으므로 결과적으로는 이행의 실현이라는 효과를 지향하고 있다는 점에서 행정상·재정상 필요한 조치와 대집행의 병과는 비례성의 원칙에 저촉되는 중복적이고 과도한 관여가 될 것이다. 특히 재정차단은 우리의 경우, 현실적으로 기관위임사무의 집행에 대해 교부되는 특별교부세(교부금)의 제한을 의미하는 것으로서 지방자치단체에게는 가장 강력한 통제수단이 될 수 있으므로 이를 대집행과 병과한다는 것은 행정강제를 넘어 행정제재를 부과하는 것과 그 실질에 있어 다를 바가 없는 것으로 보인다. 이를 관여청의 자의(恣意)에 맡겨두는 것은 그 자체가 위법한 것이 될 것이다.

나아가 제170조에서는 관여청이 "행정상·재정상 필요한 조치"를 할 수 있도록만 규정하고 있을 뿐, 이러한 조치들에 대한 이의의 방식이나 소송에 대해서는 전혀 규정하고 있지 않다. 대집행의 경우에는 「행정대집행법」을 준용하도록 하였으므로 별도의 행정소송이 가능할 것이지만 그 형식과 내용도 불분명한 무한한 자의(恣意)의 영역에 대해서는 입법적, 행정적 및 사법적으로 방치하고 있는 것이다. 물론 이런 영역에서 이루어진 조치에 대해서도 행정법 일반의 항고소송의 가능하다고 할 수도 있다. 하지만 이를 인정하게 된다면 제169조와 제170조에서 시정명령과 직무이행명령 등에 대해 대법원을 관할법원으로 하는 단심제 소송을 특별히 규정한 입법취지와 관련 사법심사체계에는 일대 혼란과 모순이 나타나게 될 것이다.[45] 이에 비록 기관위임사무의 불이행을 전제로 한 경우라 하여도 "행정상·재정상 필요한 조치"와 같이 사실상 "백지(白

44) 홍정선, 행정법특강, 제13판, 박영사, 2014, 1079면.

45) 대법원 역시 종래 지방자치법 제170조의 소송을 제외한 기관위임사무의 처리에 관한 소송을 인정하고 있지 않다. 대법원 2007. 9. 20. 선고 2005두6935판결.

紙)강제(내지 제재)"를 정당화 할 수 있는 법문의 규정이나 이에 대한 사법심사에 관해 침묵하고 있는 현재와 같은 규정에 대해서는 수정이 불가피할 것으로 보인다. 적어도 "행정상·재정상 필요한 조치"에 관해서는 가능한 강제수단에 관한 예시규정의 형태로라도 그 범위가 수범자에게 인지될 수 있도록 하는 한편 그에 대한 사법적 구제수단으로서 제3항의 소송을 이에 대해서도 인정하게 하는 개정은 시급히 이루어져야 할 것으로 보인다.

(5) 직무이행명령에 대한 이의의 소와 자치권

지방자치법 제170조에서는 지방자치단체 장의 두 가지 법적 지위가 동일한 표현방식으로 규정되어 있다. 우선 제1항과 제2항에서의 지방자치단체장은 기관위임사무에 대해 직무이행명령을 수명하는 국가기관으로서의 위치에 서는 지방자치단체장의 법적 지위가 규정되어 있다. 이러한 지방자치단체장은 지방자치단체와는 무관한 단순한 국가의 하부기관의 지위에 놓인다는 것이 일반적인 설명이 되어 왔음은 주지의 사실이다. 그러나 기관위임사무를 처리하는 지방자치단체장이 과연 지방자치단체와 무관할 수 있는가? 또한 기관위임사무의 처리와 관련하여 지방자치단체장이 제정하는 규칙은 여전히 자치입법의 성격을 갖는 것이지 결코 국가입법으로서 특화되어 있는 것이 아니지 않는가? 등의 질문에 대해서는 여전히 확고한 법리적 답변이 완성되어 있지 못한 것이 사실이다. 독일의 경우 기관위임사무의 처리에 관해 지방의회의 동의(의결)를 받게 하거나 기관위임사무의 처리 여부에 관해 자치입법(지방법률)의 근거를 갖게 하는 등[46]의 다양한 시도가 이루어지고 있음을 주목할

---

46) 독일 Niedersachsen 주의 Gemeinde인 Celle는 Gemeinde Ordnung을 통해 주(Land)의 기관위임사무의 처리를 금지하고 있으며(GOCel §17 a), Hessen주의 Gemeinde인 Rotterdam은 기관위임사무의 처리에 대해 지방의회의 승인을 받도록(GORot §11 ②) 하는 등 여러 지방자치단체가 기관위임사무를 지방자치단체의 자치권에 영향을 미치는 국가 등의 부담으로 보고 이의 처리여부에 관해 지

필요가 있을 것으로 보인다. 물론 국가적 통일성을 유지하는 가운데 지방행정의 현장에서 일선 집행기관이 국가적 역무를 대행하게 하는 것이 기관위임사무의 취지라는 점에는 이론의 여지가 없지만, 이러한 사무가 특별한 목적의 비일상적인 것이 아니라 전형적인 사무로서 일상적인 것이라면 이미 그러한 사무는 기관위임사무로서의 내용적 특성을 상실한 것인 만큼, 단체위임사무(또는 일본의 법정수탁사무 또는 도입준비중인 법정수임사무)로 설정하는 것이 적절한 것으로 보인다. 이는 기관위임사무 미집행과 그에 대한 직무이행명령에 대한 이의의 소송과도 관련한 문제로서 향후 보다 면밀한 제도의 설계가 필요한 영역이라 할 수 있다.

지방자치법 제170조 제3항은 직무이행명령에 대한 '이의의 소'를 지방자치단체장이 대법원에 제기하도록 규정하고 있다. 그런데, 여기서의 지방자치단체장은 지방자치단체라는 공법상의 법인의 대표자로서의 지위에서 소송의 원고가 되는 것이지 지방자치단체와는 무관한 '국가하부기관으로서의 지위'(기관위임사무를 수행하는 지방자치단체장의 법적 지위)에서 소송을 제기하는 것은 아니다. 아마 일개의 국가 하부기관이 행정소송을 제기한다면 이는 곧바로 각하될 수밖에 없을 것이기에 제170조 제3항의 소송은 기관위임사무를 수행하는 기관이 수행하는 소송이 아닌 그 기관이 속한 지방자치단체의 소송이라 할 수 있다. 여기에서 다시금 제1항 및 제2항의 지방자치단체장의 법적 지위와 제3항의 법적지위를 비교하지 않을 수 없게 된다. 만약 양자가 전혀 별개의 것이 아니라 동일한 것이라면, 제3항의 소송은 국가 행정조직 상의 하부기관이 국가를 상대로 소송하는 것이 되어 자기소송 내지 본인소송에 해당하는 것이 되고 말 것이다. 이러한 소송은 기관소송의 한 양태에 해당하는 것으로도 일반적으로 인정되지 않는 것으로서 개별 소송법은 물론이고 소송법의 법리에도 부합하지 않는 것이다.[47] 결국 이 소송은 부적법한 것으로

방자치단체가 일정한 권한을 행사할 수 있도록 하는 장치를 설치하고 있다.

47) 기관소송의 양태에 관해 행정소송법 제3조 제4호는 "국가 또는 공공단체의 기관

서 각하되어야 할 것이기에 이러한 소송을 규정한 제3항은 위법한 것이라 아니할 수 없을 것이다. 그러나 양자가 별개의 것이라면 기관위임사무와 지방자치단체의 자치권과의 연계성 및 기관위임사무의 개념적 정의로부터 그 집행의 실효성을 담보하기 위한 직무이행명령과 대집행 및 그 사유 등에 대한 헌법합치적 재해석이 필요할 것으로 보인다. 나아가 일단의 견해처럼 직무이행명령의 대상이 기관위임사무가 아니라 단체위임사무라고 정리하여 제1항부터 제3항까지를 하나의 법리체계 내에서 설명하려는 경우에도 제170조 제2항의 직무이행명령에 대한 실효성확보수단들이 지방자치단체의 자치권을 침해하는 과도한 침해로서 비례성의 원칙을 위반한 것이 아닌지에 대한 의문은 불식시키기 어려운 점이 있는 것으로 보인다.

직무이행명령에 대한 이의의 소는 공법상 법인인 지방자치단체의 대표자인 지방자치단체장이 해당 지방자치단체의 기관인 지방자치단체장에 대한 관여청의 직무이행명령에 대해 이의가 있는 경우에 제기하는 소송으로서 원칙적으로 국가와 지방자치단체 간 혹은 광역지방자치단체와 기초지방자치단체장 간의 소송이라는 당사자성을 가진다. 따라서 그 형식적인 모습에 있어서는 헌법재판소법 상의 권한재의심판과 유사한 양태를 가진다고 할 수 있다. 따라서 입법론상 이 소송은 권한쟁의심판의 대상이 되어야하므로 지방자치법에서 삭제되어야한다는 주장이 제기되기도 한다[48]. 또한 이 소송을 기관소송의 일종으로 보는 견해도 있으며, 감독청의 명령에 불복하는 소송이므로 항고소송에 해당한다고 보기도 한다. 나아가 직무이행명령은 자신의 하부기관에 대한 명령이므로 행정행위가 아닌 만큼, 항고소송에 해당하지 않는다는 견해[49]도 있다.

상호간에 … 제기하는 소송"으로 규정하고 있으며, 그의 구체적인 양태로 "국가기관 상호간·국가와 지방자치단체간·지방자치단체 상호간·지방자치단체의 기관 상호간의 그 권한의 다툼에 관한 소송"이 있는 것으로 일반적으로 이해되고 있다. 이에 관한 내용은 최봉석, 행정법총론, 개정판, 2014, 568면 참조.

48) 이 소송과 권한재의심판과의 관계에 대한 언급은 추후의 기회로 넘기고자 한다.

이러한 입장들을 살필 때, 적어도 이 소송을 권한쟁의심판과 유사한 것으로 보거나 기관소송이나[50] 항고소송의 일종으로 보는 입장은(해당 견해를 취하고 있는 분들의 명시적 의사와는 무관하게) 이미 기관위임사무의 집행자인 지방자치단체장의 지위를 지방자치단체 및 지방자치단체의 권한과 연계시키고 있는 것으로 이해할 수 있다. 그렇다면 이 소송의 본안판단에 있어 대법원은 직접적인 소송물에 대한 판단 외에 해당사무의 집행여부와 지방자치단체의 자치권과의 관계에 관한 범주에 대해서도 다루어야 하는 것이 올바른 태도이리라 보인다. 이렇게 볼 때, 본 사건에 대해 대법원이 다룬 내용이 미이행사무가 국가사무인지여부와 교육감의 불이행이 위법한지에 한정된 점에는 다소간의 아쉬움을 갖게 된다.

(6) 직무이행명령의 정체성과 지방자치단체장의 권한

앞에서 다룬 바와 같이 현행 제170조의 직무이행명령에 관한 규정은 합헌적 및 합법적 법리와 해석을 적용할 때 상당한 모순관계에 있는 내용들의 조합이라 할 수 있다. 우선은 기관위임사무의 정의를 제1항에서 "지방자치단체의 장이 법령의 규정에 따라 그 의무에 속하는 국가위임사무나 시·도위임사무"라고 규정함으로써 문제는 촉발되었다고 할 수 있다. 정부조직법 제6조와 행정권한의 위임 및 위탁에 관한 규정 제2조가 위임 및 위탁을 규정하면서 지방자치단체의 장 등 해당기관의 장

49) 대상 사무가 기관위임사무로 한정된다는 전제 하에서 기관위임의 법리에 충실한 견해로서, 이 소송을 '기관위임사무에 대한 특수한 형태의 감독처분소송'으로 본다.

50) 일반적으로 기관소송은 국가기관상호간·국가와 지방자치단체간·지방자치단체 상호간·지방자치단체 기관상호간의 소송으로 그 형태를 분류하고 있는바, 이 소송을 기관위임사무를 처리하는 지방자치단체장이라는 개별 기관의 소송임을 전제로 한다면, '국가(기관) 또는 지방자치단체와 지방자치단체의 기관 상호간의 소송'이라는 또 다른 특수한 형태의 기관소송이 창출되는 결과가 초래된다. 따라서 이 소송을 기관소송으로 보는 입장 역시 이 소송을 '국가(기관)와 지방자치단체간의 소송'이라는 기관소송의 일반적 형태의 하나로 보고 있는 것으로 이해한다.

이 이를 수임 및 수탁하는 것으로 규정하고 있기 때문에 적어도 법문의 표현과 정의에 의해서는 직무이행명령이 대상이 단체위임사무인지 아니면 기관위임사무인지가 분명하지 않기 때문이다. 특히 이는 기관위임사무를 국가 등의 기관위임자가 기관수임자인 지방자치단체의 특정 기관을 차용하여 그에 대해 국가기관 등의 지위를 부여하여 국가기관 등의 사무를 집행하도록 하는 소위 기관차용(Organleihe)에 해당한다는 독일의 법리와 정의에 견주었을 때, 지극히 불명확한 정의라 아니할 수 없다. 그럼에도 불구하고 제2항에서는 직무이행명령의 대상을 기관위임사무로 전제하면서 그 불이행에 대해 강력한 실효성확보수단을 설치하고 있다. 물론 여기에서도 대집행에 관해 기존 「행정대집행법」을 단순히 준용하게 함으로써 불필요한 논란과 문제를 배가시키고 있다. 그러나 제3항에 가서는 기관위임사무에 대한 행정강제에 대해 단순히 일정한 사법적 구제책의 마련이 필요하다는 취지에서 제169조 제3항에서 규정하고 있는 지방자치단체사무에 대한 관여청의 명령·처분에 대한 이의의 소를 그대로 규정함으로써 불이익처분의 대상과 소송의 원고가 다른 법적 지위를 가지게 하는 소송법상의 오류를 범하고 만 것이다.

본 사건에서 국가공무원법의 적용을 받는 교육자(사립학교교원)의 인사관리에 관한 국가, 즉 교육부장관(피고)의 권한이 국가적 통일성에 기반한 사무에 관한 권한임에는 분명하다고 할 수 있다. 그러나 현행 법률의 규정만으로는 그 사무가 단체위임사무인지 기관위임사무인지는 분명하지 않은 것이 사실이다. 따라서 아마도 교육부장관(피고)이 교육감(원고)의 소극적인 직무집행에 대해 직무이행명령이 아닌, 제169조의 시정명령을 발령하였다고 한다면 아마도 교육감의 직무집행은 단체위임사무로 처리되었을 수 있음을 부정하기 어렵다. 더불어 교육감(원고) 역시도 제170조 제3항의 이의의 소를 제기하기 보다는 본인의 집행행위를 유지하여 교육부장관에 의한 대집행이 이루어지는 경우 더욱 두터운 사법절차의 보호를 받았을 수도 있을 것으로 보인다. 그런데 이 사건에서 대법원은 교원징계의 국가사무로서의 본질과 교육감의 집행사무가 기관위임사무에 해당한다는 점에 주목할 뿐, 제169조와 제170조의 관계 즉, 기관위임사무와 단체위임사무의 관계, 기관위임사무의 집행자인 지방자치단체장의 법적 지위와 직무이행명령에 대한 이의의 소에서 원고가 되는 지방자치단체장의 법적 지위의 차이 등에 관해 일단의 언급을 누락함으로써 지방자치법 제170조가 가지는 법리상의 난맥상－입법적 오류－, 나아가 위헌의 문제를 적절히 판단하지 못한 것으로 보인다. 이러한 혼란과 오류의 근저에는 현행 지방자치법 제169조 및 제170조가 적절하고도 명확한 법리에 기초하지 못한 가운데 외국의 법제를 단순히 모방하거나 현실적 문제를 법정책적으로 담아내는데 급급한 졸속입법이 자리잡고 있음을 발견하게 된다. 차제에 우리 법원이 해당 조항의 위헌성에 관해 다루어주고 규범통제를 통해 해당 법조항과 이에 따른 권력적 관여의 내용 및 관련 소송의 체계를 정비할 수 있는 길을 열어주는 적극적인 입장을 취해주기를 기대해본다.

IV. 결론

교육감의 교원에 대한 징계권이 국가사무인가? 아니면 자치사무인가? 라는 다툼은 공무원 또는 공무원에 준하는 지위로 인정되는 교원에 대한 행정제재의 권한이 국가에 귀속되는가? 아니면 지방교육자치단체에 속하는가? 의 문제라 할 수 있다. 적어도 국가사무는 법치국가의 원리에 결연히 묶여있다고 할 수 있으며, 그 중 가장 민감하면서도 강력한 법률유보의 요청을 받는 것이 침해행정의 영역이라 할 수 있다. 이렇게 볼 때, 법적 지위(신분)의 동일성이 인정되는 대상에 대해서는 동일한 위법행위에 대해 균등한 제재가 이루어져야 한다는 법치국가적 요청은 교원에 대한 징계권을 지방교육자치단체장의 판단에 맡길 수 없게 하는 명정한 기초가 된다고 하겠다. 따라서 교원에 대한 징계권을 국가사무로 전제한 법원의 판단은 적절한 것으로 보인다.

교원에 대해 중징계를 요청하는 국가의 요청은 어찌 보면 지방교육자치단체의 수장인 교육감에 대해 그가 감독하고 있는 교육기관의 구성원을 보다 강하게 제재하도록 강요하는 것이므로 교육감이 갖는 청치성과 무관하게 기본적으로 국가와 지방교육자치단체장 간에 갈등 내지 이견을 유발시킬 수 있는 사안이라 할 수 있다. 이렇게 볼 때, 교원의 징계에 관한 사무는 본질적으로 국가사무로서 그 처리에 있어 전국적인 통일성이 요구될 뿐만 아니라 그 사무의 내용과 성질상 교육감의 강제적 협력이 요구되는 국가와 교육감 간에 상반된 이해관계가 전제된 사무라 할 수 있다. 따라서 최근에 독일에서 논의되고 있는 이론에 따를 때에도 이는 분명 전형적인 기관위임사무에 해당한다고 할 수 있을 것이다. 하지만 우리의 법원은 이 사무를 국가적 통일성이 요구되는 국가사무에 해당하는 기관위임사무라고만 단순히 전제할 뿐, 기관위임사무의 정의가 무엇인지? 기관위임의 법리는 무엇인지? 등과 같은 본원적인 문제에 대한 개입을 시도하지 않은 것으로 보인다. 법원은 법적 다툼을 해결하는 것을 현실적 과제로 하고 있지만, 동시에 실체적 진실발견을 통해 올바른 권리와 의무의 관계를 밝히고 행정과 입법을 정도(正道)로 유인하는 적극적 사법의 과업을 안고 있다고 할 수 있다. 통설도 다수설도 없는 가운데 그저 현상으로 나타난 문제점만이 미디어 비평격의 비판들에 의해 강조되면서 폐지라는 사형선고에 봉착해 있는 것이 현재 기관위임사무가 처한 현실이라 할 수 있다. 명확한 법리의 제시나 유사한 법제와 사례에 대한 엄밀한 연구와 분석 없이 실패사례만이 보도되고 성공사례는 백안시되는 모순이 확대되고 있다면 이를 바로잡는 일에 일정한 역할을 하는 것 또한 법적 정의를 실현하는 적극적 사법의 임무일 수 있다. 이에 적어도 기존에 축적되어있는 기관위임사무에 관한 연구와 독일 등의 법제에 나타난 법리를 판례를 통해 외부화 하는 법원의 적극적인 자세가 있기를 소망해본다.

기관위임사무의 미집행에 대한 직무이행명령과 이에 대한 이의의 소는 한동안 지방자치법의 영역에서 중요한 입법적 과제가 되어왔다. 그리고 이러한 요청이 지방자치법의 개정을 통해 반영된 것이 제170조의 현재모습이다. 하지만 그저 하나의 조문을 개정하는 작업에 불과하다는 방심의 결과인지, 제170조에 규정된 직무이행명령과 그에 대한 이의의 소는 많은 법적 문제를 가지고 있다. 이행명령에 대한 실효성확보수단으로 지방자치제도와는 전혀 무관한 「행정대집행법」상의 대집행이 이루어지도록 한 것이나, 대집행과 선택적 관계에 놓여있다고 할 수 있는 "행정적·재정적 조치"에 대해서는 어떠한 구체적 규정도 없이 사실상 관여청의 자의성이 무방비상태로 실현되도록 하면서도 이에 대해서는 어떠한 구제수단도 마련되어 있지 않는 것 등 실로 입법적으로 혼란과 난맥상의 결정체라 해도 과언이 아닐 것이다. 물론 법원은 입법기관이 아니며, 법률의 제·개정에 참여하거나 이를 제안할 수 있는 기관도 아니다. 하지만 그가 가지고 있는 법률에 대한 규범통제절차의 이니셔티브는 잘못된 입법을 바로잡는 중요한 기능이라 할 수 있다. 그럼에도 불구하고 대상판결에서 법원은 지방자치법 제170조가 가지고 있는 위헌성의 문제에 대해 일단의 언급조차도 자제하고 있음은 상당한 아쉬움을 남긴다. 다만, 제170조 제3항의 이의의 소에 관해 그 제도적 취지를 설시하면서, 제1항의 기관위임사무 수행자로서의 국가의 하부기관에 해당하는 지방자치단체장이 아닌 선거에 의해 선출되어 지방자치단체를 대표하는 지방자치단체의 대표자로서의 법적 지위를 고려한 것이라는 지적은 그동안 이에 대해 연구하고 그 결과를 밝혀온 지방자치법연구자들의 입장을 넘어선 수준의 견해였음에 찬동과 함께 경의를 표하고자 한다. 다만, 법원의 이러한 입장이 결국에는 기관위임사무와 지방자치단체장의 관계가 전통적인 국가하부기관성에 머무르는 것이 아니라 기관위임이 지방자치제도 내에서 지방자치단체의 기관이 수행하는 국가사무의 집행방식이라는 논리의 단계로 발전시키지 못한 것에는 못내 아쉬움을 갖게 된다. 물론, 이러한 법리의 승화는 기관위임사무에 대한 기존의 법적 정의를 수정하는 것으로 연계되고, 결국 일본에 의해 와전된 기관위임사무가 아닌 기관위임사무 본고장의 모습으로 변모시키는 것이 될 것이므로 이에 대한 과업을 오로지 법원에 기대하는 것은 무리라 할 수 있다. 그러나 언제나 사법소극주의나 불고불리의 원칙을 고수하는 전통적 사법의 모습은 극복되어야 하고 또한 극복될 수 있는 과제이기에 향후에도 계속될 지방자치법 제170조에 관한 소송에서 대법원의 보다 진일보한 판례를 접할 수 있게 되길 기대해본다.

참고문헌

김남진 김연태, 행정법Ⅱ, 박영사, 2012.
조성규, 국가와 지방자치단체간 입법, 사무권한 및 재원의 배분, 공법연구 제36집 제2호, 2007.
______, 행정구역개편을 통한 통합형 지방자치단체의 사무개편을 위한 법적과제, 지방자치법연구 제10권 제1호, 2010.
조정찬, 지방자치단체 사무배분에서의 지방자치와 국가행정의 조화, 지방자치법연구, 제8권 제1호, 2008.
최승원, 사무구분 및 배분에 관한 법제방향, 전국시도지사협의회 시도뉴스레터, 2011.
최봉석, 지방자치의 기본법리, 법제연구원, 2007.
______, 행정권한의 위임과 기관위임의 법리, 제29집 제1호, 2000.
______, 기관위임사무의 정체성과 그 폐지론에 관한 재고, 지방자치법연구, 제5호 제2권 2003.
최봉석 · 최우용 · 한귀현, 지방자치단체의 사무구분체계 및 국가관여법제의 개선방안 연구, 법제처, 2004.
최우용, 지방자치사부배분 개혁의 현황과 과제, 공법연구 제12권 제4호, 2011.
최철호, 기관위임사무의 폐지에 따른 가칭 법정수임사무의 도입에 관한 연구, 토지공법연구 제56집, 2012.
______, 중앙정부와 지방정부의 권한관계와 법적 과제, 법과 정책연구 제13권 제1호, 2013.
최환용, 사무구분체계 개선을 위한 지방자치법개정 방안 연구, 한국법제연구원, 2010.
홍정선, 행정법특강, 박영사, 2014.
홍준형, 지방자치법상 직무이행명령제도, 고시계, 1996.

Gern, A., Deutsches Kommunalrecht, Gebundene Ausgabe, 2003.

Ipsen, Nidersächsisches Kommunalrecht, 2. Aufl., 1999.

Lodde, P., Rechtsfragen der Organleihe im Bund−Länder−Verhältnis unter besonderer Berücksichtigung der Bundesbauverwaltung, 1990.

Maurer, H., Allgemeines Verwaltungsrecht, 14. Aufl., 2002.

Seewald, O., Kommunalrecht, in: Steiner, Besonderes Verwaltungsrecht, 6. Aufl., 1999.

Scholler, H., Grundzüedes Kommunalrechtsinder Bundesrepublik Deutschland, 1990.

Schmidt−Aßann, E. / Röl, H. C., Kommunalrecht, in: Schmidt−Aßann (Hrsg.), Besonderes Verwaltungsrecht, 13. Aufl., 2005.

Schmidt−Aßmann, Kommunalrecht, in : von Muench, Besonderes Verwaltungsrecht, 13. Aufl., S.1123ff.

Schnapp, Ersatzvornahme in der Kommunalaufsicht, DÖV 1971, S.663ff.

Stober, Kommunalrecht in der Bundesrepublik Deutschland, 3. Aufl., 1996.

von Mutius, A., Selbstverwaltung im Staat der Industriegesellschaft, 1983.

Weber, Staats− und Selbstverwaltung in der Gegenwart, 3. Aufl. 1979.

兼子 仁, 自治體法學, 學陽書房, 1991.

原田尚彦,「地方自治の法としくみ」, 学陽書房, 2001.

成田頼明, 機関委任事務の廃止とこれに伴う諸問題(上), 自治研究, 第72巻 第6号, 1996.

大橋洋一, '自治事務·法定受託事務'; 五十嵐敬喜, 自治体의 構想2−制度, 岩波書店, 2002.

小幡純子, 改正地方自治法の概觀, ジュリスト, 新しい地方自治·地方分權,有斐閣, 2000.
佐佐木浩, 知っておきたい地方分權一括法ー分權型社會の創造に向けてー, 大藏省印刷局, 2000.
鈴木庸夫, 改正地方自治法とアカウンタビリティ, 公人の友社, 2000.
山下 淳, 自治事務と法定受託事務, 法学教室 第209号, 1998.

국문초록

대상판례는 교육부장관이 경기도교육감에게 지방자치법 제170조 제1항에 따라 시국선언을 주도한 전교조 위원장 등 본부 전임자들과 시·도 지부 전임자들에 대하여 징계의결을 요구할 것을 내용으로 하는 직무이행명령과 그 불이행에 대한 사안이다. 이 사안에서는 크게 세 가지 법리를 쟁점으로 하고 있다. (1) 교육부장관이 교육감에 대하여 할 수 있는 직무이행명령의 대상사무인 '국가위임사무'의 의미이다. (2) 지방자치단체의 장이 그 의무에 속한 국가위임사무를 이행하지 않는 것이 지방자치법 제170조 제1항의 '국가위임사무의 관리와 집행을 명백히 게을리 하고 있다'에 해당하는지의 여부이다. (3) 대상판례가 기관위임사무로 전제하고 있는 계쟁사무가 기관위임사무에 해당하는지, 그리고 기관위임사무의 정의와 관계 법리에 관한 제시가 적정한지의 여부이다.

우선 교육감의 교원에 대한 징계권이 국가사무인지 자치사무인지는 공무원 또는 공무원에 준하는 지위로 인정되는 교원에 대한 행정제재의 권한이 국가에 속하는지, 아니면 지방교육자치단체에 속하는지의 문제이다. 교원의 징계에 관한 사무는 본질적으로 국가사무로서 그 처리에 있어 전국적인 통일성이 요구될 뿐만 아니라 그 사무의 내용과 성질상 교육감의 강제적 협력이 요구되는 국가와 교육감 간에 상반된 이해관계가 전제된 사무이다. 대상판례는 국가적 통일성이 요구되는 국가사무에 해당하는 기관위임사무라고만 전제하고 있고, 기관위임사무의 정의와 같이 본원적인 문제에 대한 개입을 시도하지 않은 것으로 보인다.

또한 지방자치법 제170조에 규정되어 있는 직무이행명령과 그에 대한 이의의 소는 많은 법적 문제를 가지고 있다. 이행명령에 대한 실효성확보수단으로 지방자치제도와는 전혀 무관한 행정대집행법상의 대집행이 이루어지도록 하고 있고, 대집행과 선택적 관계에 놓여 있다고 할 수 있는 행정적·재정적 조치에 대해 구체적인 규정이나 구제수단 또한 두고 있지 않은 상황이다.

다만 대상판례에서 지방자치법 제170조 제3항의 이의의 소에 대해 기관위임사무 수행자로서 국가의 하부기관에 해당하는 지방자치단체장이 아닌 선거에 의해 선출되어 지방자치단체를 대표하는 지방자치단체의 대표자로서의 법적 지위를 고려한 것이라고 제도적 취지를 설시하였다. 물론 기관위임이 지방자치제도 내에서 지방자치단체의 기관이 수행하는 국가사무의 집행방식이라는 논리의 단계로 발전시키지 못한 것은 아쉬우나, 보다 진일보한 판례를 접할 수 있게 되기를 기대한다.

주제어: 직무이행명령, 지방자치제도, 지방자치법, 기관위임사무, 국가관여

Abstract

Revocation of Duty Transition Command

Bong Seok, Choi*

Minister of Education made a duty transition command to the contents that require disciplinary decision to teachers in Korean Teachers and Education Workers Union to superintendent of education at Gyeonggi－do Based on the Local Government Act. This issue has been largely in three legal principles. Firstly, What is the mandate that delegated subject of duty transition command against the superintendent of education. Discipline of teachers is essentially government' affair that because needed national unity and is a relationship between the State and the superintendent.

And Local Government Act has a lot of legal issues. In case that people do not do their duties, there should be legal measures which make people perform the duties. But Local Government Act is enacted that the vicarious execution in accordance with Administrative Vicarious Execution Act.

Supreme Court was mentioned this decision that the head of local government is the representative of local government elected by the representatives of the local government.

* Dongguk University, Seoul

Key Words: duty transition command, local autonomy, Local Government Act, delegated administrative affairs, national participation

투 고 일: 2014. 11. 22
심 사 일: 2014. 12. 5
게재확정일: 2014. 12. 19

建築行政法

組合設立推進委員會 設立承認 無效確認/李承訓

組合設立推進委員會 設立承認 無效確認

李承訓*

대상판결: 대법원 2013. 1. 31. 선고 2011두11112, 2011두11129 판결
관련판결: 대법원 2013. 12. 26. 선고 2011두8291 판결

* 서울행정법원 판사

Ⅰ. 사건의 개요

1. 사건의 경위

서울 은평구 대조동 88, 89 일대 토지등소유자로서 재개발 사업 추진을 희망하는 사람들로 구성된 대조 제1구역 주택재개발정비사업 조합설립추진위원회는 2005. 3. 9. 피고(서울특별시 은평구청장)에게 조합설립추진위원회 구성승인신청을 하였다.

피고는 2005. 4. 27. 추진위원회 구성승인처분을 하였다(이하 '이 사건 구성승인처분'이라 하고, 구성승인처분을 받은 추진위원회를 '참가인'이라 한다).

원고들은 위 정비구역 내에 거주하는 토지등소유자로서 2010. 2. 3. 서울행정법원 2010구합5882, 10402(병합) 호로 이 사건 구성승인처분의 무효확인소송을 제기하였다.

참가인은 위 소송 계속 중인 2010. 6. 10. 창립총회를 개최하고 재개발사업 추진결의를 하였고, 2010. 6. 22. 조합설립인가신청을 하였다. 피고는 2010. 10. 4. 조합설립인가처분을 하였다.

2. 이 사건 소송의 진행과정

① 이 사건 소송의 제1심 법원[서울행정법원 2010구합5882, 10402(병합)]은 2010. 8. 12. 이 사건 구성승인처분은 위법하고, 그 하자가 중대하고 명백하므로 무효임을 확인한다는 판결을 선고하였다.

② 한편 이 사건 소송의 항소심[서울고등법원 2010누28559, 28566(병합)] 계속 중인 2010. 12. 9. 이 사건 소와는 별개로 조합설립인가처분의 취소를 구하는 소(서울행정법원 2010구합45699, 46999)가 제기되었다.

③ 이 사건의 항소심 법원은 2011. 4. 22. 참가인이 조합설립인가

를 받아 조합이 설립되었으므로 조합 설립을 위한 준비단체에 불과한 참가인은 그 목적을 달성하여 이미 소멸하였으므로 더 이상 이 사건 구성승인처분의 무효를 다툴 법률상의 이익이 없다는 본안 전 항변에 대하여, 추진위원회가 재개발조합의 설립이라는 목적의 달성을 이유로 해산하였다고 하더라도 추진위원회가 행한 업무와 관련된 권리와 의무를 포괄승계한 재개발조합의 설립인가처분의 취소 여부가 다투어지고 있고, 만약 재개발조합설립인가처분이 취소되면 재개발조합이 포괄승계하였던 권리·의무는 여전히 추진위원회에 남을 수밖에 없으므로, 그 범위 안에서 추진위원회는 아직 소멸하지 않고 존속한다는 이유로 이 사건 구성승인처분 등의 효력 유무에 대해서도 다툴 법률상 이익이 있다고 보아 위 본안 전 항변을 배척하고, 본안에 나아가 이 사건 구성승인처분의 하자가 중대하거나 명백하다고 할 수 없다는 이유로 원고들의 청구를 기각하는 판결을 선고하였다.

④ 한편 2011. 8. 19. 조합설립인가 처분의 취소를 구하는 소(위 서울행정법원 2010구합45699, 46999 사건)에서 조합설립인가처분을 취소하는 판결이 선고되어 2011. 9. 8. 확정되었는데, 이후 ⑤ 피고는 2011. 12. 1. 다시 조합설립인가처분을 하였다.

Ⅱ. 대상판결의 요지 - 대법원 2013. 1. 31. 선고 2011두11112, 2011두11129 판결

대상판결은 조합설립추진위원회(이하 '추진위원회'라고 한다) 구성승인처분의 무효 여부가 본안에서 다투어진 하급심과 달리 조합설립인가처분이 있는 경우 구성승인처분을 다툴 소의 이익이 없다는 이유로 소를 각하하였다. 대상판결의 요지는 다음과 같다.

구 도시 및 주거환경정비법(2009. 2. 6. 법률 제9444호로 개정되기 전의 것) 제13조 제1항, 제2항, 제14조 제1항, 제15조 제4항, 제5항 등 관계 법령의 내용, 형식, 체제 등에 비추어 보면, 추진위원회 구성승인처분은 조합의 설립을 위한 주체인 추진위원회의 구성행위를 보충하여 그 효력을 부여하는 처분으로서 조합설립이라는 종국적 목적을 달성하기 위한 중간단계의 처분에 해당하지만, 그 법률요건이나 효과가 조합설립인가처분의 그것과는 다른 독립적인 처분이기 때문에, 추진위원회 구성승인처분에 대한 취소 또는 무효확인 판결의 확정만으로는 이미 조합설립인가를 받은 조합에 의한 정비사업의 진행을 저지할 수 없다. 따라서 추진위원회 구성승인처분을 다투는 소송 계속 중에 조합설립인가처분이 이루어진 경우에는, 추진위원회 구성승인처분에 위법이 존재하여 조합설립인가 신청행위가 무효라는 점 등을 들어 직접 조합설립인가처분을 다툼으로써 정비사업의 진행을 저지하여야 하고, 이와는 별도로 추진위원회 구성승인처분에 대하여 취소 또는 무효확인을 구할 법률상의 이익은 없다고 보아야 한다.

Ⅲ. 관련 판결의 요지 - 대법원 2013. 12. 26. 선고 2011두8291 판결

한편 대법원은 대상판결 이후 설립추진위원회 구성승인처분의 하자를 들어 조합설립인가처분을 위법하다고 할 수 있는지가 문제된 사건에서 대상판결의 태도를 구체화하였다. 관련판결의 요지는 다음과 같다.

구 도시 및 주거환경정비법(2010. 4. 15. 법률 제10268호로 개정되기 전의 것) 제13조 제1항, 제2항, 제14조 제1항, 제15조 제4항, 제5항, 제16조 제1항, 제18조 제1항, 제2항, 제20조, 제21조 등의 체계, 내용 및 취지에 비추어 보면, 추진위원회의 구성을 승인하는 처분은 조합의 설립을 위한 주체에 해당하는 비법인 사단인 추진위원회를 구성하는 행위를 보충하여 그 효력을 부여하는 처분인 데 반하여, 조합설립인가처분은 법령상 요건을 갖출 경우 도시정비법상 주택재개발사업을 시행할 수 있는 권한을 가지는 행정주체(공법인)로서의 지위를 부여하는 일종의 설권적 처분이므로, 양자는 그 목적과 성격을 달리한다. 추진위원회의 권한은 조합 설립을 추진하기 위한 업무를 수행하는 데 그치므로 일단 조합설립인가처분을 받아 추진위원회의 업무와 관련된 권리와 의무가 조합에 포괄적으로 승계되면, 추진위원회는 그 목적을 달성하여 소멸한다. 조합설립인가처분은 추진위원회 구성의 동의요건보다 더 엄격한 동의요건을 갖추어야 할 뿐만 아니라 창립총회의 결의를 통하여 정관을 확정하고 임원을 선출하는 등의 단체결성행위를 거쳐 성립하는 조합에 관하여 하는 것이므로, 추진위원회 구성의 동의요건 흠결 등 추진위원회구성승인처분상의 위법만을 들어 조합설립인가처분의 위법을 인정하는 것은 조합설립의 요건이나 절차, 그 인가처분의 성격, 추진위원회 구성의 요건이나 절차, 그 구성승인처분의 성격 등에 비추어 타당하다고 할 수 없다. 따라서 조합설립인가처분은 추진위원회구성승인처분이 적법·유효할 것을 전제로 한다고 볼 것은 아니므로, 구 도시정비법령이 정한 동의요건을 갖추고 창립총회를 거쳐 주택재개발조합이 성립한 이상, 이미 소멸한 추진위원회구성승인처분의 하자를 들어 조합설립인가처분이 위법하다고 볼 수 없다. 다만 추진위원회구성승인처분의 위법으로 그 추진위원회의 조합설립인가 신청행위가 무효라고 평가될 수 있는 특별한 사정이 있는 경우라면, 그 신청행위에 기초한 조합설립인가처분이 위법하다고 볼 수 있다. 그런데 조합설립인가 신청행위는 앞서 보았듯이 법령이 정한 동의 요건을 갖추고 창립총회를 거쳐 조합의 실체가 형성된 이후에 이를 바탕으로 이루어지는 것이므로, 추진위원회 구성이나 그 인가처분의 위법사유를 이유로 그 추진위원회가 하는 조합설립인가 신청행위가 위법·무효로 된다고 볼 것은 아니고, 그 위법사유가 도시정비법상 하나의 정비구역 내에 하나의 추진위원회로 하여금 조합설립의 추진을 위한 업무를 수행하도록 한 추진위원회 제도의 입법취지를 형해화 할 정도에 이르는 경우에 한하여 그 추진위원회의 조합설립인가 신청행위가 위법·무효이고, 나아가 이에 기초한 조합설립인가처분의 효력을 다툴 수 있게 된다.

Ⅳ. 도시정비법상 추진위원회 개관

1. 들어가며

추진위원회는 정비사업의 초기단계에서 조합설립을 위한 준비업무를 수행하기 위하여 구성되는 단체를 의미한다.

도시 및 주거환경정비법(이하 도시정비법이라고 하되, 개정일자와 시행일자를 특정하는 것이 필요한 경우에는 이를 별도로 표시한다)이 제정되기 전에는 주택재개발 사업은 도시재개발법에서, 주택재건축 사업은 주택건설촉진법에서, 주거환경개선사업은 도시저소득주민의주거환경개선을 위한 임시조치법에서 규율하고 있었다. 그런데 위 개별 법령에는 추진위원회에 관한 명문의 규정이 없었기 때문에 추진위원회와 관련된 법률관계는 사법적 원리로 규율되었다.[1] 그 때문에 하나의 정비사업에 수개의 추진위원회가 구성되어 서로 대립하거나 기존 추진위원회에 반대하는 토지등소유자들이 추진위원회를 부정하면서 정비사업 추진을 반대하는 행위를 하는 등 각종 분쟁이 야기되었다.[2]

2002. 12. 30. 법률 제6852호로 제정되어 2003. 7. 1.부터 시행된

1) 도시 및 주거환경정비법이 제정되기 전 개별 법령에 따른 추진위원회의 설립절차 및 운영 등에 관하여는 김선희, “도시정비법상 추진위원회와 관련한 제반 법률문제”, 사법 제23권(2013. 3.), 144면 이하, 강현호, “재건축사업의 공공성 및 개선방안”, 공법연구 제30집 제4호(2002), 372면 이하 등 참조.

2) 이영동, “재개발·재건축조합의 설립과 설립무효”, 사법논집 제49집(2009), 170면.

도시정비법은 추진위원회에 관한 규정을 명문화하였다. 이는 추진위원회를 제도화하여 조합의 설립 등 사업추진 준비를 하도록 하고, 동시에 추진위원회의 역할을 명확히 규정하여 사업추진과 관련된 분쟁 및 비리 요인을 제거하기 위한 것으로 이해된다.[3)]

우리 대법원은 도시정비법이 추진위원회 제도에 관한 근거를 신설한 의미와 추진위원회가 정비사업에서 차지하는 위치에 관하여 "도시정비법에서 정하는 추진위원회 제도는 2002. 12. 30. 같은 법의 제정에 즈음하여, 그 전까지 정비사업의 초기 단계에서 실제로 빈번하게 구성되어 활동하면서 여러 법 문제를 안고 있으면서도 법적으로 별달리 규율되지 않고 있던 사업추진위원회 등에 대하여 일정한 법적 틀을 부여함으로써 정비사업을 원활하게 진행하기 위하여 도입된 것이다. 그리하여 추진위원회는 조합설립인가의 신청권을 가지고(도시정비법 제16조 제1항, 제2항), 추진위원회가 행한 업무와 관련된 권리와 의무는 조합에 포괄승계되고(도시정비법 제15조 제4항), 주택재개발사업의 경우 정비구역 내의 토지 등 소유자는 당연히 그 조합의 조합원이 되며(도시정비법 제19조 제1항), 나아가 하나의 정비구역 안에서 추진위원회가 복수로 승인되어서는 안 되는 등으로 추진위원회에 대하여 특별한 법적 지위를 인정하고 있다."고 판시한 바 있다(대법원 2009. 10. 29. 선고 2009두12297 판결).

이처럼 추진위원회와 관련된 규정이 도시정비법에 규정됨으로써 도시정비법상 정비사업 조합이 설립되기 위해서는 반드시 추진위원회가 구성되어야 하고,[4)] 하나의 정비구역 안에서는 하나의 추진위원회만 존

3) 제정 도시정비법의 제·개정 이유 참조. 한편 제정 도시정비법 시행으로 재개발, 재건축, 주거환경개선사업에 관한 근거가 통합되어 도시재개발법과 도시저소득주민의주거환경개선을 위한 임시조치법은 폐지되었고, 주택건설촉진법은 주택법으로 개정되었다.

4) 다만 도시정비법 제8조 제3항에 따라 도시환경정비사업을 토지등소유자가 시행하고자 하는 경우(도시정비법 제13조 제1항 단서)와 가로주택정비사업의 경우에는 추진위원회를 구성하지 아니하고(도시정비법 제13조 제2항 단서), 정비사업에 대하여 제77조의4에 따른 공공관리를 시행하려는 경우에는 추진위원회를 구

재할 수 있는 등 추진위원회와 관련된 법률관계가 종전과 매우 다른 양상을 보이게 되었다. 그런데 추진위원회와 관련해서는 제정 도시정비법 시행 이후 현재까지 그 운영과 관련된 확립된 법리나 실무례가 존재하지 않기 때문에 정비사업 진행 현장에서 상당한 혼란이 발생하고 있다.

대상판결은 추진위원회 구성승인처분의 성격을 해명하고, 추진위원회 구성승인처분과 조합설립인가처분의 관계를 명시적으로 판시한 최초의 판결이다. 현재 법원에 추진위원회 구성승인처분 자체를 다투거나 조합설립인가처분의 취소 또는 무효사유을 다투면서 추진위원회 구성승인의 하자를 주장하는 소송이 상당히 많이 제기되고 있다. 이러한 상황에서 대상판결은 향후 도시정비사업과 관련된 소송에 큰 영향을 줄 것으로 보인다.

2. 도시정비법상 추진위원회 개관

가. 설립절차

2009. 2. 6. 법률 제9444호로 개정되기 전 도시정비법은 조합을 설립하고자 하는 경우에는 토지등소유자 과반수의 동의를 얻어 위원장을 포함한 5인 이상의 위원으로 조합설립추진위원회를 구성하여 국토해양부령이 정하는 방법 및 절차에 따라 시장·군수의 승인을 얻어야 한다고 규정하였다(도시정비법 제13조 제1항, 제2항). 따라서 추진위원회 설립승인시기가 반드시 정비구역 지정 후일 필요가 없었다. 또한 조합설립추진위원회의 설립승인을 얻으려는 경우 토지등소유자 과반수 동의를 받아 조합설립추진위원회 승인신청서에 도시정비법 시행규칙 제6조가 정하는 서류를 첨부하여 시장·군수에게 제출하면 되었기 때문에 미리

성하지 아니할 수 있다(도시정비법 제13조 제6항). 가로주택사업과 공공관리를 시행하려는 경우에 관한 규정은 2012. 2. 1. 법률 제11293호로 개정된 도시정비법에서 도입되었다.

운영규정을 작성하여 동의를 얻을 필요도 없었다. 그런데 2009. 2. 6. 법률 제9444호로 개정된 도시정비법에 따르면 도시정비법 제4조에 따른 정비구역지정 고시 후 제15조 제2항에 따른 운영규정에 대한 토지등소유자 과반수의 동의를 얻은 다음 추진위원회를 구성하여 시장 · 군수의 승인을 얻어야 한다(도시정비법 제13조 제1항 및 제2항).

나. 추진위원회의 업무

현행 도시정비법상 추진위원회의 업무는 다음과 같다(도시정비법 제14조 제1항 각 호).

1) 제69조 규정에 의한 정비사업전문관리업자의 선정(제2호)
2) 설계자의 선정 및 변경(제2호의 2)
3) 개략적인 정비사업시행계획서의 작성(제3호)
4) 조합설립인가를 받기 위한 준비업무(제4호)
5) 그 밖에 조합설립의 추진을 위하여 필요한 업무로서 대통령령이 정하는 다음과 같은 업무(제5호)

- 법 제13조 제2항에 따른 추진위원회 운영규정의 작성(시행령 제22조 제1호)
- 토지등소유자의 동의서 징구(시행령 제22조 제2호)
- 조합의 설립을 위한 창립총회의 개최(시행령 제22조 제3호)
- 조합정관의 초안 작성(시행령 제22조 제4호)
- 그 밖에 추진위원회 운영규정이 정하는 사항(시행령 제22조 제5호)

3. 추진위원회의 법적 성격

도시정비법에 추진위원회에 관한 근거 규정이 도입되었으나 추진위원회의 법적 성격은 여전히 분명하지 않다. 도시정비법 제13조 제2항은 위원장을 포함한 5인 이상의 위원 및 제15조 제2항에 따른 운영규정에 대한 토지등소유자 과반수의 동의를 받아 조합설립을 위한 추진위원회를 구성하도록 하고 있다. 이 규정만 보면 추진위원회는 위원장을 포함한 5인 이상의 위원으로 구성된 조합에 유사한 인적 결합체에 해당한다고 볼 여지가 있다.[5] 만약 추진위원회를 조합에 유사한 인적 결합체로 보게 되면 소송상의 당사자능력이 인정되지 않으므로 추진위원회와 관련된 소송에서 원칙적으로 추진위원회 구성원 전원이 당사자가 되어야 한다.

그런데 추진위원회 구성에 동의한 토지등소유자들이 추진위원회의 구성원이 되는 것으로 보아 그 설립에 동의한 토지등소유자들로 구성된 비법인 사단으로 보는 것이 일반적이고, 현재 실무도 거의 예외 없이 추진위원회를 비법인사단으로 보아 당사자능력을 인정하고 있다.[6]

우리 대법원은 어떤 단체가 조합이 아닌 비법인사단으로 인정받기 위해서는 고유의 목적을 가지고 사단적 성격을 가지는 규약을 만들어 이에 근거하여 의사결정기관 및 집행기관인 대표자를 두는 등의 조직을 갖추고 있고, 기관의 의결이나 업무집행방법이 다수결의 원칙에 의하여 행하여지며, 구성원의 가입, 탈퇴 등으로 인한 변경에 관계없이 단체 그 자체가 존속되고, 그 조직에 의하여 대표의 방법, 총회나 이사회 등의 운영, 자본의 구성, 재산의 관리 기타 단체로서의 주요사항이 확정되어 있어야 한다고 판시한 바 있다.[7]

도시정비법에 따르면 추진위원회는 통상 토지등소유자들로 구성된 주민총회에서 위원장을 포함한 5인 이상의 위원과 감사를 선임하여 조직을 구성하고, 토지등소유자 과반수의 동의를 받은 규약인 운영규정에 따라 조합설립과 정비사업 추진을 위한 준비 업무로서 도시정비법이 정

5) 이우재, 도시 및 주거환경정비법(上), 진원사(2010), 325면.

6) 현재 추진위원회에 대한 구성승인처분을 다투는 소송에서 거의 예외 없이 추진위원회가 보조참가를 하고 있고, 추진위원회의 당사자능력을 인정하여 이를 허가하고 있다.

7) 대법원 1999. 4. 23. 선고 99다4504 판결 등 참조.

하는 업무를 하도록 규정되어 있다. 이처럼 조직과 운영, 업무 내용이 법률에 규정되어 있고, 그 설립에 시장·군수의 승인이 필요함을 고려하여 보면, 추진위원회는 조합 또는 조합에 유사한 인적 결합체라기보다는 비법인사단에 해당한다고 보는 것이 더 합리적이다. 나아가 도시정비법 제41조에 따르면 추진위원회는 일정한 경우에는 자신의 명의로 토지분할을 청구할 수 있고, 토지분할의 협의가 성립되지 아니한 경우에는 법원에 토지분할을 청구할 수 있다. 이는 추진위원회를 구성하고 있는 개개의 구성원 각자의 권리능력과 당사자능력을 전제로 한 것이 아니라 추진위원회 자체에 권리능력과 당사자능력을 부여한 것으로 보는 것이 실무의 입장이라고 한다.[8]

우리 대법원은 도시정비법상 추진위원회는 비법인사단에 해당한다고 일관되게 판시하고 있다.[9] 특히 최근에 선고된 대법원 판례에서 시장·군수로부터 추진위원회 구성승인을 받은 추진위원회는 유효하게 설립된 비법인사단으로서 조합설립에 필요한 법률행위 등을 할 수 있다고 판시하여 추진위원회가 비법인사단임을 다시 한 번 분명히 하였다.[10]

한편 추진위원회의 경우 조합과 달리 조합을 설립하기 위한 준비절

---

8) 이우재, 도시 및 주거환경정비법(上), 진원사(2010), 327면.

9) 대법원은 도시정비법이 제정되기 전부터 구 주택건설촉진법상 재건축조합설립추진위원회에 대하여 단체고유의 목적을 가지고 활동하고 있고, 규약 및 단체로서의 조직을 갖추고 있으며, 구성원의 가입 탈퇴에 따른 변경에 관계없이 단체 그 자체가 존속하는 등 단체로서의 주요사항이 확정되어 있다는 이유로 비법인사단에 해당한다고 보았고(대법원 1994. 6. 28. 선고 92다36052 판결), 주택건설촉진법 소정의 설립인가를 받지 못한 주택조합의 법적 성격을 비법인 사단으로 보았다(대법원 1998. 6. 26. 선고 97누2801 판결). 또한 구 도시재개발법상 재개발조합설립추진위원회를 비법인사단으로 본 하급심 판례가 있다(서울고등법원 2002. 7. 3. 선고 2001나27793 판결). 도시정비법 제정 이후에는 제정 도시정비법에 근거한 주택재개발정비사업 추진위원회를 비법인사단으로 본 사례가 있고(대법원 2012. 4. 12. 선고 2009다22419 판결), 주택재건축정비사업을 위한 추진위원회를 비법인사단으로 본 사례가 있다(대법원 2009. 1. 30. 선고 2008두14869 판결).

10) 대법원 2013. 12. 26. 선고 2011두8291 판결, 대법원 2014. 2. 27.선고 2011두2248 판결.

차의 업무만 담당할 뿐 토지 등의 수용권이나 관리처분계획, 경비부과처분과 같은 권한이 인정되지 않는다. 따라서 추진위원회에 행정주체로서의 지위는 부여되지 않는다.

4. 추진위원회 구성승인처분의 법적 성질

우리 대법원은 도시정비법 시행 이후 행정청이 도시 및 주거환경정비법 등 관련 법령에 근거하여 행하는 조합설립인가처분은 단순히 사인들의 조합설립행위에 대한 보충행위로서의 성질을 갖는 것에 그치는 것이 아니라 법령상 요건을 갖출 경우 행정주체(공법인)로서의 지위를 부여하는 일종의 설권적 처분의 성격을 갖는다고 판시하여[11] 조합설립인가 처분의 법적 성질을 설권적 처분으로 정리하였다.[12] 그러나 추진위원회 구성승인처분의 성질에 대해서는 아직도 혼란이 있다.

우선 추진위원회 구성승인처분을 받게 되면 추진위원회가 조합설립인가를 받기 위한 준비업무 수행 등을 주된 업무로 하여 토지등소유자들로부터 조합설립 동의를 받고, 창립총회 개최나 조합설립인가를 신청할 수 있는 권한이 인정된다는 이유로 추진위원회 구성승인처분을 설권처분으로 보는 견해가 있다.[13] 이 견해는 추진위원회는 구성승인처분을 받기 전까지는 복수로 존재할 수 있지만 구성승인처분을 받게 되면 오로지 하나의 추진위원회만 존재할 수 있고, 구성승인처분을 받지 못한 추진위원회는 더는 운영을 하지 못하게 되는데, 구성승인처분을 단지 보충적인

---

11) 대법원 2009. 9. 24. 선고 2008다60568 판결, 대법원 2009. 10. 15. 선고 2009다10638, 10645 판결(주택재건축조합), 대법원 2010. 1. 28. 선고 2009두4845 판결(주택재개발조합).

12) 그러나 도시정비법상 재개발조합을 행정주체(공법인)로 보는 대법원 판결을 비판하면서 민법상의 사단법인의 하나로 파악하여야 한다는 견해가 있다. 함인선, "도시정비법상의 주택재개발조합의 법적 지위", 사법 제17호(2011. 9.), 94면.

13) 이우재, 도시 및 주거환경정비법(上), 진원사(2010), 382면, 김선희, "도시정비법상 추진위원회와 관련한 제반 법률문제", 사법 제23호(2013. 3.), 156면.

효력을 가지는 것으로 본다면 이러한 효력을 제대로 설명할 수 없다고 한다. 왜냐하면 본래 강학상 보충행위론에 따르면 보충행위는 타인의 법률행위를 완성시키는 행위이므로 일정한 요건을 갖춘 경우에는 이를 반드시 하여야 하는 기속행위인데, 다수의 추진위원회 중에서 특정한 추진위원회에만 구성승인처분을 하고 이를 이유로 다른 추진위원회에는 구성승인처분을 거부할 수 있는 것은 구성승인처분이 단순한 보충행위가 아니라고 볼 때 설명이 가능하기 때문이라는 것이다.[14]

반면 추진위원회와 토지등소유자들 사이의 구체적인 권리·의무 등은 기본행위인 추진위원회 설립행위 내용에서 나오는 것이고 행정청의 승인처분을 통하여 직접적으로 형성되는 것이 아니라는 이유로 추진위원회 구성승인처분을 강학상 인가로 보는 견해도 있다.[15]

그런데 추진위원회는 앞서 본 바와 같이 행정주체가 아니므로 단지 도시정비법이 정한 업무만을 수행할 뿐, 행정처분을 할 수 있는 권한은 없다. 따라서 추진위원회 구성승인처분이 추진위원회에 어떠한 권리, 능력, 법적 지위 또는 포괄적 법률관계를 설정하는 것은 아니므로[16] 구성승인처분을 조합설립인가 처분과 같은 평면에서 볼 수 없다. 또한 추진위원회 설립 이후 추진위원회와 토지등소유자 사이의 구체적인 법률관계는 토지등소유자의 총회 결의 내용과 운영규정과 같은 내부 규약을 통해 형성되는 것이지 구성승인처분을 통해 직접적으로 형성되는 것이 아니다.[17] 이러한 점을 고려하면 추진위원회 구성승인처분은 추진위원회의 설립행위를 보충하는 행위로서 강학상 인가에 해당한다고 보는 것이 합리적이다.

우리 대법원은 종래 추진위원회의 설립승인신청서를 통하여 토지등소유자의 2분의 1 이상의 동의가 있고 위원장을 포함한 5인 이상의

---

14) 이우재, 도시 및 주거환경정비법(上), 진원사(2010), 382면.
15) 이영동, “재개발·재건축조합의 설립과 설립무효”, 사법논집 제49집(2009), 178면.
16) 이영동, “재개발·재건축조합의 설립과 설립무효”, 사법논집 제49집(2009), 178면.
17) 송현진, 유동규, 재개발·재건축 이론과 실무, 진원사(2013), 333면.

위원으로 구성되어 있음을 확인한 경우 시장·군수는 그 추진위원회의 설립을 승인하여야 한다고 판시하여[18] 추진위원회 구성승인처분을 강학상 인가에 가깝게 해석하였다. 그러다가 최근 선고된 판결에서 추진위원회 구성승인은 조합의 설립을 위한 주체인 추진위원회의 구성행위를 보충하여 그 효력을 부여하는 처분이라고 하여 추진위원회 구성승인처분이 강학상 인가에 해당함을 분명히 하였다.[19]

하지만 위와 같이 추진위원회 구성승인처분을 인가 또는 특허로 구별하는 실익은 기본행위인 추진위원회 설립행위에 하자가 있는 경우 그 하자를 이유로 추진위원회 구성승인처분을 다툴 수 있는가에 있으나 대법원은 추진위원회 설립의 요건인 토지등소유자의 동의에 관한 하자는 추진위원회의 설립 자체에 관한 하자임과 동시에 추진위원회 구성승인처분에 관한 하자에 해당한다고 보고 있으므로,[20] 구성승인처분의 법적 성질에 따른 실질적인 차이는 크지 않아 보인다.[21]

5. 추진위원회와 설립 중인 조합의 관계

사단법인의 설립행위는 정관이라는 서면의 작성에 의하여 이루어지는 요식행위이다.[22] 그리고 일반적으로 설립자들 상호간에 법인설립을 목적으로 하는 법률관계(일반적으로 조합계약관계이다)가 성립하고, 그 이행으로서 정관을 작성하고 최초 구성원이 확정되면 이른바 설립중의

---

18) 대법원 2008. 7. 24. 선고 2007두12996 판결, 대법원 2009. 6. 25. 선고 2008두13132 판결 등.

19) 대법원 2014. 2. 27. 선고 2011두2248 판결.

20) 대법원 2008. 7. 24. 선고 2007두12996판결, 대법원 2009. 6. 25. 선고 2008두13132 판결 등 참조.

21) 이에 대하여 이영동, "재개발·재건축조합의 설립과 설립무효", 사법논집 제49집(2009), 179면은 승인처분의 법적 성질에 따라 심사 범위 및 대상이 달라질 수 있으므로 양자를 구별할 필요성이 있다고 한다.

22) 곽윤직 대표집필, 민법주해 I (총칙 I), 박영사(1996), 612면(홍일표 집필 부분).

법인으로서 비법인사단이 성립되는 것으로 이해되고 있다.[23)]

도시정비법 제27조는 조합에 관하여 이 법에 규정된 것을 제외하고는 민법 중 사단법인에 관한 규정을 준용하도록 하고 있고, 제20조에 따르면 조합은 조합의 명칭 및 주소, 조합원의 제명·탈퇴 및 교체에 관한 사항 등이 포함된 정관을 작성하여야 하고, 추진위원회가 조합설립인가를 받기 위해서는 반드시 정관을 작성하여 시장·군수에게 제출하여야 한다. 이처럼 민법의 규정을 준용하도록 한 도시정비법의 규정 체계와 내용을 근거로 구성승인처분을 받은 추진위원회가 정관을 작성하고 토지등소유자로부터 조합설립에 관한 동의서를 징구한 다음 창립총회를 개최하여 조합설립에 대한 결의를 하면 추진위원회와 별개의 비법인사단인 이른바 설립 중의 조합이라는 단체가 성립된다는 것이 일반적으로 받아들여지고 있다.

이처럼 설립 중의 조합이라는 실체를 인정하는 근거는 추진위원회가 조합을 설립하고자 할 때에는 시장·군수에게 조합설립인가를 신청하여야 하나, 그 무렵에는 이미 조합으로서의 실체가 형성된 후인 점, 도시정비법 시행규칙 제7조 제1항, 별지 서식 제3, 4호의 조합설립인가신청서에는 신청인 대표가 서명 또는 날인하도록 되어 있고, 추진위원장이 서명 또는 날인하는 것으로 되어 있지 않는 점, 조합설립결의를 위한 창립총회는 추진위원회가 소집되는 것이 아니라 추진위원회를 구성하는 토지등소유자들 외에 추진위원회 구성에 동의하지 않은 토지등소유자들도 포함하여 소집되므로 추진위원회는 조합설립결의를 위한 창립총회를 개최할 권한만 있을 뿐 조합설립결의의 주체는 아닌 점 등이 제시되고 있다.[24)]

---

23) 곽윤직 대표집필, 민법주해 I (총칙 I), 박영사(1996), 614면(홍일표 집필 부분).

24) 이우재, 도시 및 주거환경정비법(上), 진원사(2010), 327면 이하, 이영동, "재개발·재건축조합의 설립과 설립무효", 사법논집 제49집(2009), 191면, 천종호, "도시 및 주거환경정비법상의 재건축조합설립인가 및 관리처분계획인가의 법적 성격과 그에 대한 쟁송형식", 판례연구 제22집(2011. 2.), 부산판례연구회, 626면.

설립 중의 조합이라는 실체를 긍정하게 되면 설립 중의 조합이 성립할 때에 추진위원회는 조합설립이라는 목적을 다하여 그 권리·의무를 조합에 이전하고 해산하게 되지만,[25] 추진위원회가 해산될 때까지는 추진위원회와 비법인사단인 설립 중의 조합이 병존하게 된다.[26]

대법원은 그동안 설립 중의 조합이라는 실체를 명시적으로 인정한 바는 없다. 그러나 관련판결에서 대법원은 조합설립인가 신청행위는 법령이 정한 동의 요건을 갖추고 창립총회를 거쳐 조합의 실체가 형성된 이후에 이를 바탕으로 이루어지는 것이라고 하거나 도시정비법령이 정한 동의요건을 갖추고 창립총회를 거치면 주택재개발조합이 성립된다고 하여 설립 중의 조합의 실체를 긍정하고 있는 것으로 보인다. 뿐만 아니라 대법원은 관련판결에서 조합설립인가처분은 추진위원회 구성의 동의요건보다 더 엄격한 동의요건을 갖추어야 할 뿐만 아니라 창립총회의 결의를 통하여 정관을 확정하고 임원을 선출하는 등의 단체결성행위를 거쳐 성립하는 조합에 관하여 하는 것이라고 하여 조합설립인가처분의 대상은 추진위원회가 아니라 설립 중의 조합이라는 취지로 판시하였다.

25) 이영동, "재개발·재건축조합의 설립과 설립무효", 사법논집 제49집(2009), 191면. 다만 이 견해는 조합설립에 필요한 토지등소유자의 조합설립동의서(도시정비법 시행규칙 제7조 제3항, 별지 서식 제4호의 2)는 추진위원회 앞으로 제출하는 것으로 되어 있으나, 추진위원회에 대한 의사표시의 효력은 조합에 이전되므로, 추진위원회가 소멸하였다고 하여도 추진위원회 앞으로 제출하는 서류도 설립한 조합 앞으로 제출하는 서류로 봄이 상당하고, 실제 이러한 조합설립동의서를 조합설립인가신청서에 첨부하여 제출하는 주체는 추진위원회 위원장이 아니라 새로 설립한 조합의 조합장이기 때문에, 이로써 조합설립인가신청서의 주체가 달라지는 것은 아니라고 한다.

26) 이우재, 도시 및 주거환경정비법(上), 진원사(2010), 328면.

6. 조합설립인가처분 후 추진위원회의 운명

가. 관련 절차

추진위원회는 조합이 설립되면 추진위원회가 행한 업무를 조합총회에 보고하여야 하고, 추진위원회가 행한 업무와 관련된 권리와 의무는 조합이 포괄승계하며, 사용경비를 기재한 회계장부 및 관련서류를 조합 설립의 인가일부터 30일 이내에 조합에 인계하여야 한다(도시정비법 제15조 제4항, 제5항). 국토해양부 고시인 '정비사업 조합설립추진위원회 운영규정'(이하 '운영규정'이라 한다)에 따르면, 추진위원회는 조합설립 인가일까지 업무를 수행할 수 있고, 조합이 설립되면 모든 업무와 자산을 조합에 인계하고 추진위원회는 해산한다(제5조 제1항). 또한 추진위원회는 자신이 행한 업무를 법 제24조의 규정에 의한 총회에 보고하여야 하며, 추진위원회가 행한 업무와 관련된 권리와 의무는 조합이 포괄승계한다(제5조 제2항).[27] 다만 운영규정이 정하는 추진위원회 업무범위를 초과하는 업무나 계약, 용역업체의 선정 등은 조합에 승계되지 아니한다(제6조).[28]

한편 조합설립인가 이후에도 추진위원회 회계장부 및 관계서류를 조합에 인계하지 아니하는 추진위원회 임원은 1년 이하의 징역 또는 1,000만 원 이하의 벌금에 처한다(도시정비법 제86조 제1호). 또한 도시정비법 제16조의 규정에 의하여 조합이 설립되었음에도 불구하고 추진위원회를 계속 운영하는 경우에는 2년 이하의 징역 또는 2,000만 원 이하

27) 2009. 8. 13. 국토해양부고시 제2009－549호로 개정되기 전에는 추진위원회가 "그 업무범위 내에서 행한 업무와 관련된 권리와 의무는 조합이 포괄승계한다." 라고 규정되어 있었다.

28) 그런데 우리 대법원은 비법인사단인 추진위원회가 행한 업무와 관련된 권리와 의무는 비록 추진위원회가 행한 업무가 사후에 관계 법령의 해석상 추진위원회의 업무범위에 속하지 아니하여 효력이 없다고 하더라도 조합설립인가처분을 받아 법인으로 설립된 조합에 모두 포괄승계 된다고 봄이 타당하다고 판시한 바 있다(대법원 2012. 4. 12. 선고 2009다22419 판결).

의 벌금에 처한다(도시정비법 제85조 제4호).

나. 추진위원회와 인가받은 조합과의 관계

추진위원회는 조합설립을 위한 준비업무를 하기 위하여 구성된 단체로서 조합설립을 위하여 한시적으로 활동하는 것으로 예정되어 있다. 이처럼 조합이 구성되면 추진위원회는 소멸하게 되는데, 이 때 추진위원회와 조합설립인가를 받은 조합의 관계가 문제된다. 이 문제는 추진위원회를 조합과 별개의 단체로 볼 것인가, 아니면 조합이 설립되어 가는 과정에 존재하는 과도기적인 단체로서 실질적으로 조합과 같은 성질을 가지는 단체로 볼 것인가의 문제이다.

앞서 본 바와 같이 조합이 설립되면 추진위원회가 행한 업무와 관련된 권리·의무를 조합이 포괄승계한다. 그런데 승계란 서로 다른 권리주체 사이에 권리의무가 이전되는 것을 의미하고, 서로 같거나 동일성이 인정되는 권리주체 사이의 권리의무 이전에는 승계라는 용어를 사용하지 않는다.[29] 또한 2009. 2. 6. 개정된 도시정비법에서 신설한 제13조 제3항은 추진위원회의 구성에 동의한 토지등소유자는 조합의 설립에 동의한 것으로 보되, 다만 조합설립인가 신청 전에 시장ㆍ군수 및 추진위원회에 조합설립에 대한 반대의 의사표시를 한 추진위원회 동의자의 경우에는 그러하지 아니하다고 규정하고 있다. 만일 추진위원회가 조합의 전신으로서 실질적으로 같은 단체라면 추진위원회 설립에 동의한 사람은 별도로 조합설립에 동의할 필요 없이 당연히 조합의 구성원이 되는 것이므로 위와 같은 규정을 둘 필요가 없다.[30] 한편 조합설립인가 이후에는 더 이상 추진위원회를 운영할 수 없고, 도시정비법 시행규칙 제7조 제1항에서 마련하고 있는 별지 서식 제3, 4호 조합설립인가신청서에는 신청인 대표가 서명 또는 날인하도록 되어 있고 추진위원장이 서명

29) 이우재, 도시 및 주거환경정비법(上), 진원사(2010), 321면.
30) 이우재, 도시 및 주거환경정비법(上), 진원사(2010), 321면.

또는 날인하는 것으로 되어 있지 않다. 이러한 도시정비법의 규정 체계와 내용을 고려하여 보면 추진위원회와 조합은 별개의 주체라고 할 수 있다.[31)]

다. 조합설립인가처분이 추진위원회에 미치는 영향

추진위원회가 조합과 별개의 주체로서 독립된 비법인사단인 이상 추진위원회에는 민법의 사단법인에 관한 규정이 준용된다.[32)] 따라서 추진위원회의 해산에 있어서도 민법 제77조 내지 제96조의 해산에 관한 규정 중 법인에 관한 규정을 제외한 나머지 규정이 준용될 수 있다.

조합설립인가 처분을 받게 되면 추진위원회는 그 목적 달성 및 운영규정에서 정한 해산사유 발생으로 해산하게 된다(민법 제77조 제1항). 청산절차에 관하여는 추진위원회가 행한 업무와 관련된 권리와 의무는 조합이 포괄승계되므로 관련서류들을 조합에 인계하는 것 이외에 별도로 청산절차가 필요하지 않다. 사단법인에 관하여 해산 및 청산종결시 주무관청에 신고하도록 되어 있는 것과 달리 추진위원회의 경우 별도의 해산신고도 필요 없고, 기타 이와 관련된 별도의 절차도 없다. 따라서

---

31) 김선희, "도시정비법상 추진위원회와 관련한 제반 법률문제", 사법 제23권(2013. 3.), 173면, 이우재, 도시 및 주거환경정비법(上), 진원사(2010), 321면도 추진위원회와 조합은 별개의 주체라고 하고 있다. 다만 이우재, 도시 및 주거환경정비법(上), 진원사(2010), 322면은 추진위원회와 조합은 별개의 주체라고 보면서도 입법론으로서 토지등소유자의 과반수의 동의를 얻어 구성된 추진위원회를 굳이 조합과 다른 권리주체로 구성할 필요가 없다고 주장한다. 그 근거는 추진위원회를 설립 중의 조합으로 보고 법리를 구성하는 것이 더 자연스러울 수도 있고, 추진위원회 단계에서 행한 업무는 당연히 조합이 책임을 지고, 다만 설립행위에 불필요한 행위로 조합이 정비사업과 무관하게 부담하게 된 책임에 대해서만 상법 제315조, 제321조, 제322조, 제323조 등이 주식회사의 설립과정에서 발기인들에게 책임을 부과하는 것처럼 추진위원회 위원들이 책임을 부담하도록 할 수 있기 때문이라고 한다.

32) 추진위원회 운영규정 [별표] 정비사업조합설립추진위원회 운영규정 제37조 제1항은 추진위원회에 관하여 법에 규정된 것을 제외하고는 민법의 규정 중 사단법인에 관한 규정을 준용한다고 규정하고 있다.

추진위원회는 조합설립인가처분 후 관련서류들을 조합에 인계하면 별다른 절차 없이 소멸한다고 볼 수 있다. 이처럼 추진위원회가 별도의 청산절차를 거치지 않는 것은 추진위원회의 업무가 많지 않기 때문에 그로 하여금 복잡한 청산절차를 거치도록 할 필요가 없기 때문이다. 따라서 추진위원회의 해산에 별도의 청산절차가 필요하지 않다는 이유만으로 추진위원회가 조합에 흡수된다거나 추진위원회가 조합의 전신으로서, 추진위원회가 발전하여 조합이 흡수된다고 이해해서는 안 된다.[33)]

Ⅴ. 대상판결의 분석 - 소의 이익과 관련하여

1. 조합설립인가 처분이 있는 경우 추진위원회 구성승인 처분의 취소 또는 무효를 다툴 소의 이익이 있는지

추진위원회는 조합의 설립인가를 받기 위한 준비업무 등 조합설립의 추진을 위하여 필요한 업무를 수행하고, 조합이 설립되면 추진위원회가 행한 업무와 관련된 권리와 의무는 조합이 포괄승계한다. 또한 조합설립인가 처분이 있게 되면 추진위원회는 별도의 청산절차를 거치지 않고 소멸한다. 따라서 조합설립인가처분으로 추진위원회는 소멸하고, 그에 따라 추진위원회 구성승인처분도 함께 소멸한다. 결국 조합설립인가처분으로 구성승인처분을 다툴 소의 이익은 소멸한다.

다만 구성승인처분이 소멸하더라도 취소를 통해 회복되는 법률상 이익이 있는 경우에는 구성승인처분을 다툴 소의 이익이 인정될 수 있다. 그런데 도시정비법 체계와 내용 등에 비추어 보면 추진위원회의 권한은 조합 설립을 추진하기 위한 업무를 수행하는 데 그치므로 일단 조

---

33) 이우재, 도시 및 주거환경정비법(上), 진원사(2010), 437면.

합설립인가처분을 받아 추진위원회의 업무와 관련된 권리와 의무가 조합에 포괄적으로 승계되면, 추진위원회는 그 목적을 달성하여 소멸하고, 이후 조합이 정비사업을 추진해나가게 된다. 그리고 뒤에서 보는 바와 같이 추진위원회 구성승인처분에 위법이 있다고 하더라도 이는 조합설립인가처분의 하자를 구성하지 않거나, 극히 예외적인 경우에 한하여 조합설립인가 신청행위의 하자를 구성할 수 있을 뿐이다. 결국 조합설립인가처분이 있은 후에 추진위원회 구성승인처분의 취소 또는 무효확인 판결이 확정된 것만으로는 조합에 의한 정비사업 추진을 저지할 수 없다. 따라서 추진위원회 구성승인처분을 다투는 소송의 목적을 달성하는 것이 사실상 불가능해진 객관적 사정변경이 존재한다. 또한 원고는 조합설립인가처분을 직접 다투어 정비사업 진행을 저지함으로써 직접적으로 권리를 구제받을 수 있는 이상 굳이 추진위원회 구성승인처분을 다툴 실질적인 필요성이 있다고 보기도 어렵다. 따라서 구성승인처분의 취소를 통해 회복되는 법률상 이익이 있다고 보기도 어렵다.

이러한 관점에서 보면 대상판결이 추진위원회 구성승인처분을 다투는 소송 계속 중에 조합설립인가처분이 있게 된 이상 추진위원회 구성승인처분을 다투는 소송의 소의 이익이 없게 된다고 판단한 것은 합리적인 근거가 있다고 생각한다.

2. 조합설립인가처분의 적법 여부 또는 효력 유무가 추진위원회 구성승인처분을 다툴 소의 이익에 미치는 영향

가. 문제의 소재

앞서 살펴본 바와 같이 후행처분인 조합설립인가처분으로 선행처분인 추진위원회 구성승인처분의 효력이 소멸한 경우 더 이상 과거의 법률관계에 불과한 구성승인처분을 다툴 소의 이익은 없다. 그런데 구성승인처분 소멸의 원인이 된 조합설립인가 처분이 적법하지 않거나 무효인 경우에도 여전히 구성승인처분을 다툴 소의 이익이 없는 것인지 문제된다. 특히 대상판결과 같이 조합설립인가처분으로 추진위원회가 소멸한 후에 조합설립인가를 취소하거나 무효임을 확인하는 판결이 선고되는 경우 그 효력이 조합설립인가처분이 있었던 때로 소급하여 추진위원회가 소멸하지 않았던 것으로 되는지, 소급한다면 이 경우 선행처분인 구성승인처분의 위법을 다툴 소의 이익에 어떠한 영향을 미치는지를 검토할 필요가 있다. 만약 이를 긍정한다면 구성승인처분의 위법을 다투는 소송 계속 중 조합설립인가처분이 있는 경우에도 향후 조합설립인가처분이 취소되거나 무효로 확인될 가능성이 있으므로 구성승인처분의 위법을 다툴 소의 이익을 긍정할 수 있을 것이다.

나. 조합설립인가처분의 적법 또는 효력 유무가 종전 추진위원회 구성승인처분에 미치는 영향

1) 조합설립인가처분이 취소되는 경우 이미 소멸된 추진위원회가 부활하는지에 관하여는 알려진 바가 없다. 특히 대상 사건에서 원심 판결 후 조합설립인가처분이 취소확정 되었는데, 조합설립인가처분이 취소되더라도 추진위원회는 그대로 소멸한다고 보게 되면 추진위원회 구성승인처분 무효확인의 소를 유지할 소의 이익이 없는 것이고, 그 반대라면 소의 확인의 이익이 있다고 볼 여지가 있다. 이하에서는 일반적인 선행처분 및 후행처분 관계에서 후행처분이 부존재 또는 무효인 경우와 취소사유가 존재하는 경우 선행처분의 효력이 되살아나는지에 관한 논의를 살펴보고, 이를 기초로 추진위원회 구성승인처분과 조합설립인가처분 관계에 관한 논의를 살펴본다.[34]

---

34) 쟁송취소의 경우와는 달리 직권취소에 대해서는 소급효가 인정되는지에 관하여 일의적으로 판단할 수 없고, 구체적인 사건마다 이익형량의 결과에 따라 소급 여부가 결정된다. 김남진·김연태, 행정법 Ⅰ, 제18판, 법문사(2014), 336면.

2) 일반적인 선행처분과 후행처분 관계에서 후행처분의 적법 또는 효력 유무가 선행처분에 미치는 영향

가) 후행처분이 부존재 또는 무효인 경우

후행처분이 부존재하거나 당연무효인 경우에 애초부터 행정행위로서 아무런 효력을 발생하지 않으므로, 선행처분을 대체하는 효력을 가질 수도 없다. 따라서 후행처분이 부존재 또는 무효인 경우에는 선행처분의 효력을 다툴 소의 이익이 인정된다고 할 수 있다.

나) 후행처분에 취소사유가 존재하는 경우

이 경우는 취소판결의 소급효에 의해 후행처분이 소급하여 소멸하는지가 문제된다. 일반적으로 취소판결의 효력의 하나인 형성력은 판결의 취지에 따라 법률관계의 발생·변경·소멸을 가져오는 효력을 의미하고, 그에 따라 처분의 취소판결이 있게 되면 처분의 효력이 소급하여 소멸하는 것으로 설명되고 있다.[35] 행정소송법에는 소급효에 관한 명문의 규정은 없으나, 해당 처분으로 형성된 위법상태를 배제함으로써 원상을 회복하기 위하여 인정되는 것으로서 법치행정의 원칙에 근거를 둔 취소소송제도의 본질상 인정되는 효력으로 이해된다.[36] 우리 대법원은 행정처분 자체가 행정쟁송절차에 의하여 취소되었다면, 처분은 그 처분시에 소급하여 효력을 잃게 된다고 판시하여 쟁송취소의 소급효를 인정하고 있다.[37] 이와 같이 후행처분의 쟁송취소에 소급효가 인정된다면 후행처

---

35) 김남진·김연태, 행정법 Ⅰ, 제18판, 법문사(2014), 862면; 김동희, 행정법 Ⅰ, 제20판, 박영사(2014), 807면; 김철용, 행정법 Ⅰ. 제12판, 박영사(2009), 736면; 박윤흔·정형근, 행정법강의(상), 제30판, 박영사(2009), 859면; 정하중, 행정법개론, 제8판, 법문사(2014), 845면; 하명호, 행정쟁송법, 박영사(2013), 230면; 홍정선, 행정법원론(상), 제22판, 박영사(2014), 1077면; 홍준형, 행정구제법, 제4판, 한울아카데미(2001), 669면.

36) 박균성, 행정법론(상), 제10판, 박영사(2011), 1256면.

37) 대법원은 피고인이 행정청으로부터 자동차 운전면허취소처분을 받았으나 나중에 그 행정처분 자체가 행정쟁송절차에 의하여 취소되었다면, 위 운전면허취소처분은 그 처분시에 소급하여 효력을 잃게 되고, 피고인은 위 운전면허취소처분에

분의 취소로 당초 후행처분이 존재하지 아니하였던 것과 같은 상태가 된다.

취소판결의 소급효에는 제한이 없고, 항상 소급한다는 것이 일반적인 견해이나, 취소판결의 소급효가 법치주의의 내용을 이루는 법적 안정성을 침해하는 경우에는 명문의 규정 또는 판결에 의해 예외적으로 취소판결의 소급효가 제한될 수 있다는 견해가 있다.[38] 이 견해는 후행처분이 쟁송취소되더라도, 그 후행처분으로 인해 효력이 상실되었던 선행처분이 다시 되살아나 효력을 유지한다고 보는 것은 법적 안정성의 관점에서 문제가 있다는 문제의식을 내포하고 있는 것으로 생각된다. 이 경우 후행처분에 취소사유에 불과한 하자가 있었다면 비록 쟁송취소가 되었다고 하더라도 선행처분의 효력이 부활하지 않는다고 보아, 다시 처음부터 당해 처분의 절차를 밟도록 하여야 한다.

3) 조합설립인가처분이 쟁송취소된 경우 추진위원회가 부활하는지에 관하여

일반적인 선행처분과 후행처분에 관한 논의에서 살펴본 바대로 조합설립인가처분의 쟁송취소에 소급효를 인정하면 조합설립인가처분은 소급하여 없었던 것이 되므로 조합설립인가처분을 해산사유로 하여 소멸한 추진위원회도 소멸하지 않았던 것이 된다고 볼 여지가 있다. 만약 그렇다면 조합설립인가처분이 있은 후에도 여전히 추진위원회 구성승인

복종할 의무가 원래부터 없었음이 후에 확정되었다고 봄이 타당할 것이고, 행정행위에 공정력의 효력이 인정된다고 하여 행정소송에 의하여 적법하게 취소된 운전면허취소처분이 단지 장래에 향하여서만 효력을 잃게 된다고 볼 수는 없다고 판시하였다(대법원 1999. 2. 5. 98도4239 판결 등 참조). 이 판결에 대하여 취소소송을 위법성 확인소송으로 이해하는 입장에서 처분이 발령되면 그 적법성과 유효성이 추정되므로 일단 행정형벌 범죄가 성립하지만 취소판결에 의해 처분이 무효이었음이 확정되고 따라서 처분에 대한 복종의무도 처음부터 없었던 것으로 확정되는 것이라고 설명하는 견해가 있다. 박정훈, "취소소송의 성질과 처분개념", 고시계 제535호(2001), 28면.

38) 박균성, 행정법론(상), 제10판, 박영사(2011), 1256면.

처분을 다툴 소의 이익이 있다고 보게 될 것이다.

우리 대법원은 조합설립인가처분이 법원의 재판에 의하여 취소된 경우 그 조합설립인가처분은 소급하여 효력을 상실하고, 이에 따라 당해 조합 역시 조합설립인가처분 당시로 소급하여 도시정비법상 정비사업을 시행할 수 있는 행정주체인 공법인으로서의 지위를 상실하므로, 당해 조합이 조합설립인가처분 취소 전에 도시정비법상 적법한 행정주체 또는 사업시행자로서 한 결의 등 처분은 달리 특별한 사정이 없는 한 소급하여 효력을 상실한다고 판시하여 조합설립인가처분 쟁송취소의 소급효를 인정하고 있다.[39)]

그런데 조합설립인가처분 쟁송취소에 소급효를 인정하더라도, 일반적인 선행처분과 후행처분의 관계와 같이 반드시 그 효과가 소급하여 추진위원회가 소멸하지 않았던 것으로 보아야 하는지는 논란이 있을 수 있다. 즉, 쟁송취소의 소급효를 그대로 적용하여 추진위원회가 소멸하지 않은 것(추진위원회가 부활하는 것)으로 보아 추진위원회 구성승인처분을 다툴 소의 이익을 인정할 수 있는 반면, 조합설립인가가 취소되더라도 이미 소멸한 추진위원회가 부활하지 않는다고 보아 구성승인처분을 다툴 소의 이익을 부정할 수도 있다.

대상 판결의 원심은 추진위원회가 재개발조합의 설립이라는 목적의 달성을 이유로 해산하였다고 하더라도, 추진위원회가 행한 업무와 관련된 권리와 의무를 포괄승계한 재개발조합의 설립인가처분의 취소여부가 다투어지고 있고, 만약 재개발조합설립인가처분이 취소되면 재개

39) 대법원 2012. 3. 29. 선고 2008다95885 판결(재개발조합), 대법원 2012. 11. 29. 선고 2011두518 판결(재건축조합). 다만 위 각 판결에서 대법원은 잔존사무의 처리와 같은 업무는 여전히 수행되어야 하므로 조합은 종전에 한 결의 등 처분의 법률효과를 다투는 소송에서의 당사자지위까지 함께 소멸한다고 할 수는 없고, 그 청산사무가 종료될 때까지 청산의 목적범위 내에서 권리·의무의 주체가 되고, 조합원 역시 청산의 목적범위 내에서 종전 지위를 유지하며, 정관 등도 그 범위 내에서 효력을 가진다고 판시하였다.

발조합이 포괄승계하였던 권리, 의무는 여전히 추진위원회에 남을 수밖에 없으므로, 그 범위 안에서는 아직 소멸하지 않고 존속한다고 판시하여 추진위원회가 소멸하지 않았던 것으로 보고 있다. 이 판시에 따르면 추진위원회 구성승인처분의 효력을 다툴 법률상 이익이 있다. 이하는 대상 판결의 원심을 근거로 우선 쟁송취소의 소급효를 존중하여 추진위원회가 부활하는 것을 전제로 법률관계를 구성해보고, 그 타당성을 검증해본다.

가) 조합설립인가처분이 취소되면 해산되었던 추진위원회가 부활한다는 구성

원심판결의 태도를 통해 추론한 바에 따르면 조합설립인가처분이 취소되면 추진위원회의 해산사유도 소급하여 무효로 되었으므로, 포괄승계되었던 추진위원회의 업무도 포괄승계되지 아니한 것으로 된다. 그 결과 조합설립인가가 취소된 조합과 추진위원회 2개의 비법인사단이 남게 되고, 추진위원회는 다시 조합설립준비절차를 할 수 있으나 비법인사단은 해산 및 청산을 하여야 한다는 구성이 가능하다. 그 근거는 다음과 같다.

① 조합설립인가처분이 법원의 재판에 의해서 취소되거나 무효로 확인되는 경우 그 효과는 조합설립인가 시에 소급하고, 해산사유인 조합설립인가처분이 없던 것과 같은 상태가 되므로 추진위원회와 관련된 법률관계는 조합설립인가 처분이 있기 전의 상태로 회복된다.[40]

② 조합설립인가처분이 취소되면 조합설립인가처분의 취소 확정판결을 받은 조합은 다시 설립 중인 조합으로서의 비법인사단인 상태가 되었으나 그 비법인사단은 설립목적을 달성할 수 없게 되었으니 해산

---

40) 곽윤직 집필대표, 민법주해 제1권, 박영사(1996), 609면(홍일표 집필 부분)에 따르면, 법인설립허가의 취소처분이 법원의 판결에 의하여 취소되면 취소처분의 효과는 소급적으로 뒤집어지고, 취소처분이 처음부터 없었던 것과 같은 상태로 되므로, 그 사이에 이루어진 청산목적을 넘은 행위도 모두 유효로 된다.

및 청산을 하여야 한다. 반면 종전 추진위원회가 조합에게 포괄승계하였던 업무에 관한 권리의무는 포괄승계하지 아니하였던 것과 같이 된다. 이 경우 조합설립인가처분이 취소되더라도 종전 추진위원회가 조합설립인가처분 당시 흠이 있는 부분을 보완하여 신속하게 다시 정비사업을 추진할 수 있다는 장점이 있다.[41)]

이와 같이 추진위원회가 부활하는 것으로 구성하면 조합설립인가처분이 취소 또는 무효로 확인되는 경우에 추진위원회가 다시 조합설립인가신청을 할 수 있으므로, 추진위원회 승인과 조합설립인가처분이 있는 경우 조합설립인가처분뿐만 아니라 추진위원회 승인처분에 대해서도 취소 또는 무효 확인 판결을 받아야 정비사업 진행을 저지할 수 있다. 특히 대상판결과 같이 조합설립인가 처분이 사후에 취소되는 경우에는 추진위원회가 여전히 존속하게 되므로 추진위원회의 주민총회결의의 무효 확인을 구할 소의 이익이 있다. 그리고 조합설립인가처분이 적법한 것이 판결로 확정되지 않는 한(판결에 의하여 조합설립인가처분이 적법한 것으로 확정되면 후소에서는 위 판결의 기판력에 의하여 조합설립인가처분의 무효 확인 또는 취소를 주장할 수 없다), 종전 추진위원회가 다시 조합설립준비행위를 할 여지는 남아있고, 조합에 대한 추진위원회 업무에 관한 권리의무의 포괄승계도 무효로 된다.[42)] 따라서 추진위원회가 행한 업무에

---

41) 법제처는 2011. 6. 2.자 법령해석(안건번호 11－0104)에서 조합설립인가 이전 단계인 기존의 추진위원회가 수립하여 승인을 받은 정비사업 추진계획은 그대로 인정하여 다시 추진위원회를 설립하거나 정비사업 추진계획을 수립·승인받는 절차를 거치지 않고 조합설립인가 신청 등의 후속 단계를 진행하는 것이 가능하다고 답변하였다.

42) 다만 추진위원회가 소멸되지 않는다고 하더라도, 추진위원이 남아 있지 아니하거나 다시 조합설립을 하지 아니하려는 경우에는 민법 제77조 또는 추진위원회 운영규정 제36조(추진위원회는 조합설립인가일까지 업무를 수행할 수 있으며, 조합이 설립되면 모든 업무와 자산을 조합에 인계하고 해산한다. 다만 조합설립인가 전에 추진위원회를 해산하고자 하는 경우 추진위원회 설립에 동의한 토지등소유자 3분의2 이상 또는 토지등소유자의 과반수의 동의를 얻어 시장, 군수에게 신고함으로써 해산할 수 있음)에 따라 해산한다.

관한 행위(시공자, 정비전문관리업자 선정 등)를 다툴 법률상 이익도 있다.

나) 문제점

그런데 이러한 구성에는 다음과 같은 문제가 있다.

① 조합설립인가처분이 있으면 추진위원회가 행한 업무와 관련된 권리와 의무는 조합에 포괄적으로 승계되고, 추진위원회는 조합의 설립이라는 자신의 목적을 달성함과 동시에 해산하여 소멸한다. 따라서 그 후 조합설립인가처분이 취소되었다고 하여 이미 소멸한 추진위원회가 다시 부활한다고 볼 수는 없다. 또한 추진위원회와 조합은 별도의 권리의무의 주체임에도 조합설립인가처분의 효력 여하에 따라 그 단체의 생성 및 소멸이 좌우된다고 보는 것은 납득하기 어렵다.

② 추진위원회가 중심이 되어 한 조합설립절차가 위법하여 취소되는 경우 이미 토지등소유자와 종전 추진위원회 사이에는 신뢰가 무너졌을 가능성이 크고, 이러한 경우 종전 추진위원회로 하여금 다시 조합설립절차를 진행하도록 하는 것은 타당하지 않다. 특히 추진위원회 구성승인처분 및 조합설립인가처분 후 수 년이 경과하여 조합설립인가처분이 취소 또는 무효로 확정되었을 경우 당초 설립되었던 추진위원회의 추진위원들이 그대로 남아 있다고 보장할 수 없고, 조합설립인가처분이 취소됨으로써 이미 동력이 상실되어 유명무실해진 당해 추진위원회로 하여금 새로 조합설립절차를 진행하도록 하는 것이 오히려 새로운 추진위원회의 설립을 막는 불합리한 결과를 초래할 수도 있다. 이 경우 조합설립인가가 취소되었다는 사실 상태를 존중하여 기존 절차를 완전히 소멸시키고 새로운 절차에 의하게 하는 것이 합리적이다.

③ 한편 조합설립인가처분이 직권으로 취소되는 경우[43]에는 그 직

43) 조합설립인가처분이 직권으로 취소될 수 있는 경우로 다음과 같은 경우가 있다.
○ 도시정비법 제77조 제1항에 의한 취소
정비사업의 시행이 이 법 또는 이 법에 의한 명령·처분이나 사업시행계획서 또는 관리처분계획에 위반되었다고 인정되는 때에는 정비사업의 적정한 시행을 위하여 필요한 범위 안에서 국토교통부장관은 시·도지사, 시장, 군수, 구청장, 추진

권취소에 소급효가 없다. 그런데 조합설립인가처분을 직권으로 취소하면 소급효가 없어 추진위원회가 부활하지 않는 반면, 쟁송취소에는 소급효가 있어 추진위원회가 부활한다고 보게 되면, 직권취소와 쟁송취소의 사유가 되는 조합설립절차의 위법에 큰 차이가 없음에도 취소되는 이유에 따라 추진위원회의 부활 여부가 달라지는 난점이 발생한다.

④ 종전 추진위원회로 하여금 새로 조합설립승인절차를 추진하도록 하면, 그 추진위원회가 종전 조합의 권리의무를 인수할 가능성이 크기 때문에 경제적으로 어느 정도 합리적인 면이 있어 보이기는 하나, 새로운 추진위원회를 설립하는 경우에도 종전 추진위원회나 조합의 채무를 인수할 가능성이 크므로(인수를 하지 아니한다면 토지등소유자가 개별적으로 부담하게 되어 추진위원회 설립동의나 조합설립동의를 하지 않을 가능성이 크다) 그 차이가 크지 않아 보인다.

⑤ 조합설립인가처분이 취소되었다고 하여 추진위원회가 부활한다고 하면 조합에 포괄승계된 권리의무가 추진위원회로 복귀하고, 조합설

위원회, 주민대표회의, 사업시행자 또는 정비사업전문관리업자에게, 특별시장, 광역시장 또는 도지사는 시장, 군수, 구청장, 추진위원회, 주민대표회의, 사업시행자 또는 정비사업전문관리업자에게, 시장·군수는 추진위원회, 주민대표회의, 사업시행자 또는 정비사업전문관리업자에게 그 처분의 취소·변경 또는 정지, 그 공사의 중지·변경, 임원의 개선 권고 그 밖의 필요한 조치를 취할 수 있다. 다만 조합설립인가처분을 취소하려는 경우에는 청문을 실시하여야 한다(제78조).

○ 2009. 2. 6. 개정 전 도시정비법 제77조 제2항에 의한 취소(2009. 2. 6. 개정으로 삭제되었음)

시장·군수는 사정변경으로 인하여 정비사업의 계속시행이 현저히 공익을 해할 우려가 있다고 인정하는 때에는 이 법에 의한 인가 또는 승인을 취소하거나 사업시행자에게 공사의 중지·변경 그 밖의 필요한 처분이나 조치를 명할 수 있다. 조합설립인가처분을 취소하려는 경우에는 청문을 실시하여야 한다(제78조).

○ 민법 제38조에 의한 취소

도시정비법 제27조는 조합에 관하여는 이 법에 규정된 것을 제외하고는 민법 중 사단법인에 관한 규정을 준용하고 있으므로 민법 제38조에 의하여 조합이 목적이외의 사업을 하거나 설립허가의 조건에 위반하거나 기타 공익을 해하는 행위를 한 때'에 그 설립허가를 취소할 수 있다.

립인가처분 후 조합이 행한 업무와 관련된 권리의무만 취소된 조합에 남는다는 것인지, 일단 조합에 포괄승계된 후 추진위원회가 행한 업무와 조합이 행한 업무가 구별될 수 있는 것인지 등 여러 가지 복잡하고 법리적으로 쉽게 해결될 수 없는 난제가 남게 된다.

다) 추진위원회 부활을 부정하는 법률관계 구성

조합설립인가처분이 취소되거나 무효로 확인되는 경우 추진위원회가 부활한다고 보는 법률관계 구성은 앞서 본 바와 같은 문제가 있고, 이는 조합관련 법률관계의 단체법적 성격에 비추어 받아들이기 어렵고, 법적안정성에도 심각한 위협이 된다. 그렇다면 다음과 같이 추진위원회가 부활하지 않는 것을 전제로 법률관계를 구성하는 것이 합리적이다. 즉, 구성승인처분을 받은 추진위원회가 조합정관 작성 및 창립총회를 거쳐 비법인 사단인 설립 중인 조합이 구성되면 이 설립 중의 조합이 조합설립인가 신청을 하여(이 때 외형상으로는 추진위원회와 설립 중의 조합이라는 2개의 비법인사단이 존재하나 추진위원회의 업무는 사실상 종료하고 인수인계의 업무만 남고, 아직 인가를 받지 아니한 설립 중의 조합만이 존재한다) 조합설립인가처분을 받으면(추진위원회에 대하여 한 처분이 아니라, 설립 중의 조합에 대한 처분이다[44]) 추진위원회에 해산사유가 발생하고 그와 관련된 권리의무가 조합에 포괄승계된다. 이 때 조합설립인가처분이 취소되더라도 추진위원회는 이미 조합의 설립으로 해산되었기 때문에 아무런 영향이 없다. 이 경우 조합설립인가처분이 취소되면 조합설립인가처분이 취소된 비법인사단인 조합만 남게 되나, 조합설립인가처분의 취소로 설립목적을 달성할 수 없게 되므로 민법 제77조를 준용하여 해산 및 청산절차를 취해야 한다.

44) 관련판결은 조합설립인가처분은 추진위원회 구성의 동의요건보다 더 엄격한 동의요건을 갖추어야 할 뿐만 아니라 창립총회의 결의를 통하여 정관을 확정하고 임원을 선출하는 등의 단체결성행위를 거쳐 성립하는 조합에 관하여 하는 것이라고 판시하고 있다.

법률관계를 이렇게 구성할 경우 조합설립인가처분이 있으면 이미 소멸한 추진위원회 구성승인처분의 취소 또는 무효확인을 구할 법률상의 이익이 없다. 왜냐하면 어느 경우에나 추진위원회는 이미 소멸하였으므로 다시 조합설립인가신청을 할 수 있는 등의 권한은 없기 때문이다. 추진위원회의 주민총회 결의 역시 이미 소멸하였거나 조합설립인가처분이 취소되더라도 아무런 영향이 없는 과거의 법률관계에 관한 것이므로 그 무효확인을 구할 법률상 이익이 있다고 할 수도 없다.

이에 대하여는 추진위원회는 조합이 설립된 경우 그 목적을 달성하여 해산절차를 거쳐 소멸하게 되므로 조합설립 자체에 하자가 있어 조합설립이 무효가 될 경우 추진위원회의 부활 여부를 획일적으로 판단할 수 없다는 전제 하에, 조합설립인가 처분에 대한 무효확인 판결 이후 다시 추진위원회를 구성하고, 관할 행정청에 신고를 하는 등의 절차를 거치라고 하는 것은 매우 소모적인 절차의 반복이고 심각한 부작용을 초래할 수 있다고 비판하면서, 토지등소유자들이 총회 등을 개최하여, 기존 추진위원회를 유지하기로 하는 절차를 거친 경우라면 추진위원회 부활을 인정할 실익이 있으나, 추진위원회가 구성요건을 갖추지 못하게 되는 경우(위원장을 포함한 5인 이상의 위원을 갖추어야 하는 요건을 충족하지 못하는 경우 등)에는 추진위원회 부활이 인정될 수 없다는 견해가 있다.[45] 그러나 이 견해는 추진위원회는 조합설립인가처분으로 설립목적의 달성으로 당연 해산한다는 것을 간과한 것으로 보인다. 또한 이 견해는 경우에 따라 기존 토지등소유자들이 총회결의로 기존 추진위원회를 유지하기로 결의한 경우에는 추진위원회가 부활한다고 해석할 수 있다고 하나, 추진위원회는 행정청의 설립승인으로 조합설립에 관한 업무를 수행할 수 있는 것이지 총회결의로 그러한 권한을 얻게 되는 것은 아니고, 설령 그러한 결의에 추진위원회 유지라는 효력을 부여할 수 있다고

45) 정광연, "재개발정비조합 설립무효 소송과 관련한 일련의 쟁점", 민사법연구 제17집(2009), 136면.

하더라도, 그러한 결의를 할 수 있는 주체가 불분명하다. 따라서 이 견해를 받아들이기는 어렵다.

다. 대상판결의 태도 분석 및 평가

대상판결은 앞서 본 바와 같이 조합설립인가처분이 있으면 구성승인처분을 다툴 소의 이익이 없다고 판시하였을 뿐, 구성승인처분의 소멸 원인인 조합설립인가처분의 적법 여부 또는 효력 유무가 추진위원회 구성승인처분을 다툴 소의 이익에 미치는 영향에 대해서는 명시적으로 판단하고 있지 않다. 대상판결에서는 원심판결 선고 후인 2011. 8. 19. 서울행정법원 2010구합45699, 46999호로 추진위원회 구성승인처분의 소멸 원인이 된 당초 조합설립인가처분을 취소하는 판결이 선고되어 2011. 9. 8. 그대로 확정되었으나 피고는 2011. 12. 1. 다시 조합설립인가처분을 하였다. 대법원은 이 점을 고려하여 다시 조합설립인가처분이 있었던 이상 구성승인처분이 소멸하는 것은 마찬가지라고 판단한 것으로 이해된다.

대상판결의 사실관계만으로는 피고가 다시 조합설립인가처분을 한 이유나 경위, 조합설립인가신청을 한 주체, 즉 선행 조합설립인가처분 취소 후 새로운 추진위원회가 구성되어 조합설립인가신청을 하였는지, 아니면 종전의 추진위원회가 다시 조합설립인가신청을 하였는지 여부 등을 알 수 없어 대법원이 조합설립인가처분이 취소된 경우에 추진위원회의 부활을 인정하는지 여부를 확실하게 파악하는 것은 불가능하다. 하지만 관련판결에서 대법원은 조합설립인가처분을 받으면 추진위원회는 그 목적을 달성하여 소멸한다는 것을 강조하고 있는 점, 조합설립인가처분은 추진위원회 구성의 동의요건보다 더 엄격한 동의요건을 갖추어야 할 뿐만 아니라 창립총회의 결의를 통하여 정관을 확정하고 임원을 선출하는 등의 단체결성행위를 거쳐 성립하는 조합, 즉 설립 중의 조합에 관하여 하는 것이라는 점을 분명히 하였다. 또한 대상판결은 추진위원회의 부활을 전제로 구성승인처분을 다툴 소의 이익을 긍정한 원심 판결을 파기하여 소의 이익을 부정하였다. 이러한 판례의 태도는 추진 위원회가 부활하지 않는다는 입장에 가까운 것으로 이해된다.

3. 조합설립인가처분을 다투는 소송에서 추진위원회 구성승인처분의 하자를 주장할 수 있는지 여부

가. 개관

지금까지 추진위원회 구성승인처분을 다투는 소송계속 중 조합설립인가처분이 있을 경우 구성승인처분을 다툴 소의 이익이 없게 되는 이유와 그에 따른 법률관계에 관하여 살펴보았다. 그렇다면 조합설립인가 처분이 있다면 추진위원회 구성승인처분의 위법을 다툴 방법은 전혀 없는 것인가. 조합설립인가처분을 다투는 소에서 추진위원회 구성승인처분의 위법을 다투는 방법은 없는 것일까.

이 문제에 대하여는 우선 선행처분에 존재하는 하자를 후행처분에서 다툴 수 있는지에 관한 전통적인 이론인 하자승계론 또는 선행처분의 후행처분에 대한 구속력이론을 생각해 볼 수 있다. 그런데 대상판결은 추진위원회 구성승인처분의 위법을 근거로 직접 조합설립인가처분을 다툴 수 있다고 판시하지 않고, "추진위원회 구성승인처분에 위법이 존재하여 조합설립인가 신청행위가 무효라는 점 등을 들어 직접 조합설립인가처분을 다툼으로써 정비사업의 진행을 저지하여야 한다."고 판시하였다. 나아가 관련판결은 추진위원회구성승인처분의 하자를 들어 조합설립인가처분이 위법하다고 볼 수 없고, 다만 추진위원회 구성승인처분의 위법으로 그 추진위원회의 조합설립인가 신청행위가 무효라고 평가될 수 있는 특별한 사정이 있는 경우라면, 그 신청행위에 기초한 조합설립인가처분이 위법하다고 볼 수 있을 것이라고 판시하고 있다. 이러한 판시는 하자승계론 또는 선행처분의 후행처분에 대한 구속력이론의 구성방법과는 다르다. 오히려 대상판결과 관련판결은 구성승인처분에 하자가 있는 경우 그 구성승인처분을 통해 설립된 추진위원회가 한 "조합설립인가 신청행위"에 위법이 있는 경우 이를 통해 조합설립인가처분의 위법 여부를 다툴 수 있다는 태도로 보인다.

이하에서는 우선 하자승계론 또는 선행처분의 후행처분에 대한 구속력이론을 통해 구성승인처분의 하자가 직접 조합설립인가처분의 위법을 구성하는지 살펴보고, 대상판결과 관련판결의 태도를 분석해보기로 한다.

나. 하자승계론을 원용할 수 있는지 여부

1) 하자의 승계 일반론

행정행위의 하자 또는 효력은 당해 행정행위별로 판단되어야 하므로, 선행처분의 위법을 후행처분을 다투면서 주장할 수 없는 것이 원칙이다. 그러나 선행처분과 후행처분이 결합하여 하나의 법률효과를 완성하는 때에는 선행처분에 하자가 있으면 그 하자는 후행처분에 승계된다. 이 경우 선행처분에 불가쟁력이 생겨 그 효력을 다툴 수 없게 된 경우에도 선행처분의 하자를 이유로 후행처분의 효력을 다툴 수 있다. 반면 선행처분과 후행처분이 서로 독립하여 별개의 법률효과를 목적으로 하는 때에는 선행처분에 불가쟁력이 생겨 그 효력을 다툴 수 없게 된 경우에는 선행처분의 하자가 중대하고 명백하여 당연 무효인 경우를 제외하고는 선행처분의 하자를 이유로 후행처분의 효력을 다툴 수 없는 것이 원칙이다.

2) 추진위원회와 조합설립인가처분 관계에의 적용가능성

추진위원회 구성승인처분은 조합의 설립을 위한 추진위원회 설립행위의 효력을 인가함을 목적으로 하고, 조합설립인가처분은 정비사업의 시행 주체로서 조합의 설립을 직접 목적으로 한다는 점에서 단계적 차이가 있을 뿐 실질적으로 동일한 목적을 위한 처분이라고 볼 여지도 있다. 그러나 관련판결이 명시적으로 밝히고 있는 바와 같이 추진위원회 구성승인처분은 추진위원회 설립행위를 보충하여 그 효력을 부여하는 인가행위이고 조합설립인가처분은 법령상 요건을 갖출 경우 도시정비법상 주택재개발사업을 시행할 수 있는 권한을 가지는 행정주체(공법인)로서의 지위를 부여하는 일종의 설권적 처분이므로, 양자는 그 목적과 성격을 달리한다. 또한 도시정비법은 추진위원회의 권리의무가 설립된 조합에 승계하도록 규정하고 있으나, 이는 추진위원회가 조합설립 준비행위를 하는 과정에서 대외적으로 형성한 권리와 의무를 조합에 승계하도록 하는 취지일 뿐이지, 이와 같은 규정에 의해 곧바로 추진위원회 구성승인처분의 하자가 조합설립인가처분의 하자를 구성한다고 보기는 어렵다. 또한 조합설립인가처분에서 나아가 사업시행인가 및 관리처분계획인가 처분이 있은 경우, 추진위원회 구성승인처분에 취소사유가 존재한다는 이유로 그 자체로는 별다른 위법이 없는 조합설립인가처분이 위법하다고 보아 이를 취소한다면, 그 후행행위인 사업시행계획이나 관리처분계획의 수립행위도 모두 소급하여 효력을 상실하게 되는 불합리한 결과를 초래할 수 있다.[46)]

따라서 구성승인처분과 조합설립인가처분 양자는 서로 독립하여 별개의 법적 효과를 발생시키는 관계에 있다고 보는 것이 타당하다. 추진위원회 구성승인처분에 존재하는 위법이 후행처분인 조합설립인가처분에 승계되지 않는다.

---

46) 대법원 2012. 10. 25. 선고 2010두25107 판결은 주택재건축사업조합이 새로 조합설립인가처분을 받는 것과 동일한 요건과 절차를 거쳐 조합설립변경인가처분을 받는 경우 당초 조합설립인가처분의 유효를 전제로 당해 주택재건축사업조합이 매도청구권 행사, 시공자 선정에 관한 총회 결의, 사업시행계획의 수립, 관리처분계획의 수립 등과 같은 후속 행위를 하였다면 당초 조합설립인가처분이 무효로 확인되거나 취소될 경우 그것이 유효하게 존재하는 것을 전제로 이루어진 위와 같은 후속 행위 역시 소급하여 효력을 상실하게 된다고 판시하였다.

이른바 선행처분의 후행처분에 대한 구속력이론의 원용가능성

종전의 하자승계론을 비판하면서 행정처분에 판결의 기판력에 준하는 구속력을 인정하여 선행처분과 후행처분이 동일한 법적효과를 추구하는 경우에 불가쟁력이 생긴 선행처분은 후행처분에 대하여 일정한 범위에서 규준력 또는 기결력이 생겨 그 범위 안에서는 선행처분의 효과와 다른 주장을 할 수 없다는 견해가 있다.[47] 이 이론에 따를 경우 추진위원회 구성승인처분에 불가쟁력이 발생한 경우 일정한 한계 내에서 조합설립인가처분을 구속하므로 조합설립인가처분을 다투는 소송에서 구성승인처분을 다툴 수 없게 된다.

다만 선행처분의 후행처분에 대한 구속력이론을 설명하는 견해도 규준력의 한계로서 객관적 한계(양 행위의 규율대상 내지 법적 효과에 있어서 일치성), 주관적 한계(양 행정처분 수범자의 일치성), 시간적 한계(선행처분의 기초를 이루는 사실 및 법상태가 유지되는 한도 내에서만 규준력이 미침)를 제시하고, 여기에 예측가능성과 수인가능성을 더하고 있다.[48] 특히 주관적 한계에 관하여는 처분청과 처분의 직접 상대방 및 이해관계 있는 제3자가 그 인적 범위에 포함된다고 한다.[49]

---

47) 김남진, 행정법의 기본문제, 제4판, 법문사(1996), 283면; 김남진·김연태, 행정법 Ⅰ, 18판, 법문사(2014), 327면; 정하중, "행정행위의 공정력, 구속력 그리고 존속력', 공법연구 제26집 제3호(1998. 6.), 26면 이하; 정하중, 행정법개론, 제8판, 법문사(2014), 290면; 다만 이에 대한 비판적 견해로서 류지태, "개별공시지가 결정행위의 하자의 승계에 관한 판례: 하자승계논의에 관한 새로운 해결시도", 판례연구 제7집(1995. 9.), 고려대학교 법학연구소, 126면 이하; 류지태·박종수, 행정법신론, 제15판, 박영사(2011), 222면 이하 참조.

48) 우리 대법원은 선행처분과 후행처분이 서로 독립하여 별개의 효과를 목적으로 하는 경우에도, 선행처분의 불가쟁력이나 구속력으로 인하여 불이익을 입게 되는 자에게 수인한도를 넘는 가혹함을 가져오며 그 결과가 당사자에게 예측가능한 것이 아닌 경우에는 선행처분의 후행처분에 대한 구속력은 인정될 수 없다고 판시하였다(대법원 1994. 1. 25. 선고 93누8542 판결, 대법원 2008. 8. 21. 선고 2007두13845 판결, 대법원 2013. 3. 14. 선고 2012두6964 판결 등 참조).

49) 김남진, 행정법의 기본문제, 제4판, 법문사(1996), 290면.

그런데 앞서 살펴본 바와 같이 추진위원회 구성승인처분과 조합설립인가처분은 규율대상 내지 법적 효과가 달라 규준력이 미치기 위한 객관적 한계 밖에 있다. 또한 각 처분의 직접 상대방인 추진위원회와 조합은 별개의 주체이고, 조합의 설립으로 추진위원회를 소멸한다는 점에서 추진위원회를 조합설립인가처분에 이해관계 있는 제3자라고 보기도 어렵다. 결국 구성승인처분과 조합설립인가처분은 규준력이 미치기 위한 한계를 벗어나 있으므로 구성승인처분이 조합설립인가처분을 구속한다고 볼 수는 없다.

라. 조합설립인가처분의 절차에 관한 하자(신청의 효력)로 구성하는 방안

1) 대상판결과 관련판결의 태도 분석

대상판결과 관련판결은 추진위원회구성승인처분의 위법으로 그 추진위원회의 조합설립인가 신청행위가 무효라고 평가될 수 있는 특별한 사정이 있는 경우라면, 그 신청행위에 기초한 조합설립인가처분이 위법하다는 태도를 보이고 있다. 여기에 비추어 보면 구성승인처분의 위법이 조합설립인가처분에 미치는 영향에 관한 법률관계를 다음과 같이 구성하고 있는 것으로 이해된다.

우선 조합설립인가처분의 하자는 일반적인 행정처분의 하자와 마찬가지로, 주체에 관한 하자, 절차에 관한 하자, 형식에 관한 하자, 내용에 관한 하자로 나눌 수 있다. 그런데 일반적으로 법령이 일정한 행정행위에 대하여 상대방의 신청 또는 동의를 필요적 절차로 규정하고 있는 경우 그 신청 또는 동의를 결여한 행위는 행정처분에 절차상 하자가 있는 것으로서 그 행정처분은 무효인 것으로 이해된다.[50] 그런데 추진위원회 구성승인처분의 하자는 조합설립인가의 신청주체인 추진위원회의

---

50) 김남진·김연태, 행정법 Ⅰ, 18판, 법문사(2014), 312면; 박균성, 행정법론(상), 제10판, 박영사(2011), 382면.

하자로서 추진위원회가 한 신청행위의 효력이 문제되고, 다시 이는 조합설립인가처분의 절차에 관한 하자를 구성한다고 할 수 있다. 이와 같이 조합설립인가처분을 다투는 소송에서 추진위원회 구성승인처분의 하자를 주장할 수 있는지 여부를 절차상 하자로 구성하게 되면, 하자승계론이나 선행처분의 후행처분에 대한 구속력이론에 의하지 않고도 구성승인처분의 하자와 조합설립인가처분 사이의 연결 부분을 논리적으로 설명할 수 있다. 또한 추진위원회 구성승인처분에 취소사유에 불과한 하자가 있는 경우에는 구성승인처분의 공정력으로 조합설립인가처분에 영향을 미치지 않게 될 가능성이 높으므로, 도시정비사업 영역에서 절차의 안정성을 도모할 수 있다.

2) 적용결과

이와 같이 이론을 구성할 경우 추진위원회 구성승인처분에 존재하는 하자의 정도에 따라 조합설립인가처분의 위법 여부가 다르게 평가된다.

우선 추진위원회 구성승인처분에 취소사유에 불과한 하자가 있는 경우에는 구성승인처분이 취소되지 않은 이상, 구성승인처분은 공정력에 의해 유효하다고 보아야 한다. 따라서 추진위원회의 조합설립인가 신청행위는 유효하고, 조합설립인가처분도 적법하다고 볼 수 있다. 그러나 추진위원회 구성승인처분에 무효사유인 하자가 존재하는 경우에는, 조합설립인가 신청행위는 그대로 무효라고 볼 수도 있고, 이와 달리 조합설립인가 신청행위가 언제나 당연무효인 것은 아니라고 볼 수도 있다. 각각의 경우를 나누어 살펴보기로 한다.

3) 상정 가능한 구성방법

가) 구성승인처분이 무효인 경우 조합설립인가 신청행위는 무효라는 구성

앞서 살펴본 바와 같이 도시정비법상 하나의 정비구역 내에는 하나의 추진위원회만 구성승인을 받을 수 있고,[51] 이를 위반하여 추진위원

회를 구성·운영한 자에 대하여 형사처벌 규정을 두고 있다. 그리고 도시정비법 제16조 제1항에 의하면, 조합설립인가는 적법한 승인을 받은 추진위원회가 신청할 것을 요건으로 한다.[52] 또한 추진위원회 구성승인처분이 무효인 경우, 해당 추진위원회는 조합설립을 위한 준비행위(특히 토지등소유자로부터의 동의서 징구 및 창립총회 준비 및 개최)를 할 수 없다. 구성승인처분이 무효라면 그 추진위원회는 조합설립을 위한 토지등소유자의 동의서를 징구할 수 없다. 또한 창립총회의 소집 주체는 추진위원회이므로, 추진위원회의 창립총회 소집절차의 하자로 창립총회 결의는 위법하다.[53]

이러한 점을 고려해보면 추진위원회 구성승인처분이 무효이어서 주체의 요건에 흠결이 있는 경우 다른 요건이 구비되었다 하더라도 그 하자가 해소된다고 볼 수 없으므로 구성승인처분이 무효인 경우 예외없이 추진위원회가 한 조합설립인가 신청행위가 무효라고 볼 수도 있다. 다만 이 경우에도 조합설립인가 신청행위의 무효가 사업의 원활한 진행에 중대한 영향을 미친다고 볼 수 없기 때문에 조합설립인가처분의 위법은 취소 사유에 국한된다고 보아야 한다.[54]

---

51) 대법원 2007. 1. 25. 선고 2006두12289 판결은 도시 및 주거환경정비법 제13조 제1항 및 제2항의 입법 경위와 취지에 비추어 하나의 정비구역 안에서 복수의 조합설립추진위원회에 대한 승인은 허용되지 아니한다고 판시하였다.

52) 도시정비법 제16조 제1항은 "주택재개발사업…의 추진위원회는 … 시장·군수의 인가를 받아야 한다"라고 규정하고 있고, 도시정비법 시행규칙 제7조 제1항은 "정비사업의 추진위원회는 … 법 제16조 제1항부터 제3항까지의 규정에 따라 조합설립인가를 받으려면 … 주택재개발사업조합설립인가신청서에 다음 각 호의 서류를 첨부하여 시장·군수에게 제출하여야 한다."라고 규정하고 있다.

53) 대법원 2009. 9. 24. 선고 2008다60568 판결은 창립총회 소집절차의 하자를 조합설립인가처분의 하자로 보고 있다(조합설립결의에 하자가 있다면 그 하자를 이유로 직접 항고소송의 방법으로 조합설립인가처분의 취소 또는 무효확인을 구하여야 한다).

54) 추진위원회 구성승인처분의 위법을 조합설립인가처분의 절차상 하자로 접근하지는 않지만, 추진위원회 구성승인처분과 조합설립인가처분은 별개의 독립된 처분인 점, 조합설립인가처분 후 사업이 원활하게 진행되던 중 조합설립인가처분 자

나) 구성승인처분에 무효인 하자가 있더라도 조합설립인가 신청행위가 당연히 무효는 아니라는 구성

위와 다르게 구성승인처분에 무효인 하자가 있더라도 조합설립인가 신청행위가 당연히 무효는 아니라고 볼 수도 있다. 추진위원회 구성승인처분과 조합설립인가 처분은 목적과 효과를 달리하는 별개의 처분이므로 추진위원회 구성승인처분이 무효라고 하여 당연히 조합설립인가처분 신청행위가 위법하다고 볼 수 없다. 조합설립인가 신청에는 강화된 동의요건이 필요하고 추진위원회 설립에 동의하지 않은 토지등소유자까지 포함하여 엄격한 절차에 따라 소집된 창립총회에서 이미 조합의 실체가 형성된 다음 조합설립인가 신청행위가 이루어지므로, 추진위원회 구성승인처분의 하자가 조합설립인가 신청행위의 하자로 연결된다고 볼 수 없다.[55]

체의 당연 무효인 하자가 없음에도 불구하고 추진위원회의 구성승인에 당연 무효인 하자를 들어 조합설립인가처분이 무효라고 보는 것은 법적 안정성에 반하는 점, 대부분 조합설립인가처분 당시에는 추진위원회 구성승인의 하자가 명백하지 않다는 점(행정청이 고의로 추진위원회 구성승인이 당연 무효임을 알고서도 조합설립인가처분을 하는 경우는 상정하기 어렵다), 조합은 별도의 조합설립동의에 의하여 설립되고, 종전 추진위원회 구성동의가 조합설립동의로 의제되었다고 하더라도 조합설립인가신청 전에 철회할 수 있는 점, 조합설립인가신청은 추진위원회가 아니라 추진위원회에 의하여 새로 설립된 법인등기전의 비법인사단인 조합의 조합장이 그 명의로 신청하는 것이라서 추진위원회 구성승인처분이 무효라고 하더라도 조합설립인가신청의 주체의 하자가 있다고 볼 수 없는 점 등에 비추어 추진위원회 구성승인의 당연 무효는 조합설립인가처분의 취소사유는 될 수 있더라도 당연 무효 사유로까지 보기는 어렵다는 견해가 있다. 김선희, "도시정비법상 추진위원회와 관련한 제반 법률문제", 사법 제23권(2013. 3.), 164면.

55) 예를들어 추진위원회 구성승인처분 당시 동의율이 50%에 미치지 못함에도 불구하고 행정청의 잘못으로 동의자수를 잘못 산정하여 구성승인처분을 한 경우 추진위원회 구성승인처분이 무효인 경우 조합설립인가 신청행위가 무효라고 구성하게 되면 조합설립인가처분도 위법하게 되나, 추진위원회 구성승인처분에 무효인 하자가 있더라도 조합설립인가 신청행위가 당연히 무효는 아니라고 구성하게 되면, 추진위 구성승인처분 당시 동의율이 일부 미달되었다 하더라도 조합설립

추진위원회는 창립총회를 거쳐 조합의 실체가 형성됨으로써 실질적으로 그 목적을 달성하는 것이고, 그 이후에 이루어지는 조합설립인가 신청행위는 비록 법령에 그 신청주체를 추진위원회로 규정하고 있으나, 그 실질에 있어서는 실체가 형성된 설립 중의 조합에 의하여 이루어지는 것으로 볼 수 있다.[56] 관련 판결도 조합설립인가 신청행위는 법령이 정한 동의 요건을 갖추고 창립총회를 거쳐 조합의 실체가 형성된 이후에 이를 바탕으로 이루어지는 것이라고 하여 이 점을 전제로 판단하고 있다. 따라서 추진위원회 구성승인처분이 당연무효라 하더라도 별개의 주체인 조합이 하는 조합설립인가 신청행위가 모든 경우에 있어서 무효가 된다고 볼 수는 없다.

4) 검토

추진위원회 구성승인처분이 무효인 경우 조합설립인가 신청행위가 당연히 무효라고 보게 되면 도시정비법의 규정 및 당연 무효의 법리에 기초하여 논리적으로 일관된 설명이 가능한 장점이 있기는 하다. 그러나 추진위원회는 조합설립을 위한 한시적인 조직이므로, 추진위원회 구성 보다 가중된 토지등소유자의 동의 및 창립총회를 거쳐 조합의 실체가 형성되었고 그에 대하여 조합설립인가 처분이 있었다면, 추진위원회는 그 목적을 달성하여 소멸하므로 이미 소멸한 추진위원회에 대한 구성승인처분이 당연 무효라고 하여 당연히 그 조합설립인가 신청행위가 무효라거나 또는 조합설립인가처분이 위법하다고 볼 수는 없다. 또한

동의를 위하여 80% 이상의 동의를 받은 이상 과거 추진위원회 단계의 동의율을 문제 삼을 수 없게 된다.

56) 도시정비법 시행규칙 제7조 제1항에 따르면 정비사업의 추진위원회는 조합설립인가를 받으려면 별지 제3호서식의 주택재개발사업·도시환경정비사업조합설립(변경)인가신청서 또는 별지 제4호서식의 주택재건축사업·가로주택정비사업조합 설립(변경)인가신청서에 조합정관, 조합원 명부 등 위 시행규칙 제7조 제1항 각 호의 서류를 첨부하여 시장·군수에게 제출하여야 한다. 그런데 위 별지 제3호 서식과 제4호 서식의 동의서 양식에는 신청인이 "주택재개발(도시환경정비)사업조합(가칭)" 또는 "주택재건축정비사업·가로주택정비사업조합(가칭)"으로 되어 있다.

추진위원회 구성승인처분에 무효사유가 존재하는 경우에 일률적으로 신청행위가 무효라고 보게 되면, 조합설립인가처분의 효력을 다투는 것과는 별개로, 구성승인처분의 무효확인 판결을 받을 이익이 존재한다고 볼 여지도 있어, 조합설립인가처분이 있는 경우에 구성승인처분을 다투는 소의 이익을 부정한 대상판결과 충돌될 우려가 있다. 한편 구성승인처분이 무효임을 주장하며 조합설립인가처분의 효력을 다투는 경우, 사실상 추진위원회 구성승인처분의 위법 여부 전반을 심리하여야 하므로 법원의 심리 부담이 가중된다. 나아가 추진위원회 구성승인처분에 무효사유에 해당하는 하자가 있다는 이유로 조합설립인가처분이 취소되는 여지가 커지므로 정비사업의 안정적 진행을 저해할 우려가 있다.

오히려 앞서 살펴본 바와 같이 추진위원회와 조합은 별개의 주체로서 추진위원회가 토지등소유자의 동의를 받아 창립총회를 거치면 추진위원회와 별개의 설립 중의 조합이 결성되므로, 구성승인처분에 존재하는 하자는 설립 중의 조합이 하는 조합설립인가 신청행위에 영향을 미치지 못한다고 보아야 한다. 즉 가중된 동의 요건에 따라 토지등소유자의 동의를 받았고, 창립총회를 통하여 실체가 형성되었으므로, 당초 구성승인처분에 하자가 있다 하더라도 그 하자는 단절되어 조합설립인가 신청행위의 효력에 영향을 미치지 못한다.

이처럼 구성승인처분에 무효인 하자가 있다고 하더라도 조합설립인가신청행위에 영향을 미치지 않는다고 함으로써 추진위원회 구성승인처분의 하자를 들어 조합설립인가처분의 효력을 다툴 가능성을 사실상 차단하여 정비사업의 안정적인 진행을 도모할 수 있고, 법원의 심리 부담을 경감시킬 수 있다.

마. 관련판결의 태도 분석

1) 관련판결의 논리 구성방법

구성승인처분과 조합설립인가 처분의 관계에는 하자승계론이나 선행처분의 후행처분에 대한 구속력이론을 원용할 수 없음은 앞서 살펴본 바와 같다. 관련판결은 이 점을 더 구체화하여 조합설립인가처분으로 추진위원회가 그 목적을 달성하여 소멸하면 추진위원회 구성의 동의요건 흠결 등 추진위원회구성승인처분상의 위법만을 들어 조합설립인가처분의 위법을 인정하는 것은 조합설립의 요건이나 절차, 그 인가처분의 성격, 추진위원회 구성의 요건이나 절차, 그 구성승인처분의 성격 등에 비추어 타당하다고 할 수 없다고 판시하고 있다. 이러한 판시는 구성승인처분과 조합설립인가처분 사이에 하자승계론이나 선행처분의 후행처분에 대한 구속력이론의 원용을 명시적으로 부인하고 있는 것으로 이해된다.

반면 관련판결은 추진위원회 구성승인처분의 위법으로 그 추진위원회의 조합설립인가 신청행위가 무효라고 평가될 수 있는 특별한 사정이 있는 경우라면, 그 신청행위에 기초한 조합설립인가처분이 위법하다고 볼 수 있다고 하여 구성승인처분의 하자를 조합설립인가처분의 절차에 관한 하자로 구성하고 있다. 이러한 태도는 두 처분 사이에 하자가 승계되지 않고, 선행처분의 구속력 미치지 않는 상황에서 구성승인처분에 존재하는 위법이 조합설립인가처분에 미치는 영향을 적절하게 설명할 수 있는 유용한 도구로 보인다. 또한 구성승인처분과 조합설립인가처분 모두 정비사업을 추진하는 별개의 주체에 대하여 그 효력을 보충하거나 부여하는 것으로서 "주체의 구성"과 관련된다. 그런데 하나의 주체에 대한 처분이 다른 별개의 주체에 대한 처분의 하자를 직접적으로 구성한다고 보는 것보다 선행처분으로 구성된 주체가 하는 신청행위의 하자, 즉 후행처분의 절차적 하자로 구성하는 방법은 상당한 설득력이 있다.

특히 관련판결은 추진위원회 구성이나 그 인가처분의 위법사유를 이유로 그 추진위원회가 하는 조합설립인가 신청행위가 위법·무효로 된다고 볼 것은 아니라는 태도를 취하고 있다. 이는 구성승인처분에 취소사유에 해당하는 하자가 있는 경우는 물론이고 무효인 하자가 있더라도 조합설립인가 신청행위가 당연히 무효는 아니라는 구성으로 이해된다. 이러한 구성은 앞서 살펴본 바와 같이 설립 중의 조합의 구성 및 그 이후의 조합설립인가처분으로 추진위원회 구성승인처분에 존재하는 하자가 단절되는 것으로 이해하는 것으로서 상당히 합리적이다. 또한 구성승인처분을 다투는 소를 제기하여 구성승인처분에 대한 집행정지 결정을 받거나 구성승인처분을 받은 추진위원회를 상대로 구체적인 준비행위를 금지하는 내용의 가처분 결정을 받는 등의 방법으로 추진위원회의 활동을 저지할 수 있음에도 이를 게을리 한 상태에서 조합설립인가처분이 있었다면 굳이 구성승인처분의 위법을 조합설립인가처분의 하자로 구성할 현실적인 필요성도 없다.

2) 조합설립인가 신청행위의 무효를 구성하는 예외

관련판결은 앞서 살펴본 바와 같이 추진위원회 구성이나 그 인가처분의 위법사유를 이유로 그 추진위원회가 하는 조합설립인가 신청행위가 위법·무효로 된다고 볼 것은 아니라고 하면서도 도시정비법상 하나의 정비구역 내에 하나의 추진위원회로 하여금 조합설립의 추진을 위한 업무를 수행하도록 한 추진위원회 제도의 입법취지를 형해화할 정도에 이르는 경우에 한하여 그 추진위원회의 조합설립인가 신청행위가 위법·무효이고, 나아가 이에 기초한 조합설립인가처분의 효력을 다툴 수 있다고 판시하여 예외를 인정하고 있다.

관련판결이 제시하고 있는 위와 같은 기준은 향후 판례가 축적되어야만 분명하게 드러날 것으로 생각되지만, 현재로서는 상당히 불분명하다.[57] 즉, 추진위원회 구성승인처분에 존재하는 하자가 어느 정도에 이

57) 위 기준에 해당할 수 있는 예로는, 하나의 정비구역 내에 두 개의 추진위원회가 구성승인을 받았는데, 그 중 나중에 승인처분을 받은 추진위원회가 토지등소유자들로부터 동의서를 받아 조합설립인가신청을 한 경우를 들 수 있다. 그런데 실제 이러한 사례가 많지 않을 것으로 보이는데다가, 설령 그러한 경우가 있다 하더라

르러야 추진위원회 제도의 입법취지를 형해화할 정도에 이르는가를 구체적으로 파악하는 것은 대단히 어렵다. 또한 이를 구체화할 수 있는 합리적인 기준을 제시하는 것도 사실상 불가능하다. 자의적인 해석이 가능할 여지가 있고, 이 때문에 정비사업의 현장에서 또 다른 혼란이 초래될 우려도 있다. 앞으로 이와 관련된 판례가 축적되기를 기대한다.

Ⅵ. 마치며

대상판결과 관련판결은 추진위원회 구성승인처분의 법적성격과 조합설립인가처분과의 관계를 밝힌 최초의 판례로서 정비사업 현장에 상당한 영향을 미칠 것으로 보인다. 대상판결에 의해 적법한 제소기간 내에 추진위원회 구성승인처분 취소소송을 제기하였다고 하더라도, 집행정지결정을 받는 등의 조치를 취하지 않았다면, 그 후 이루어진 조합설립인가처분로 인해 추진위원회 구성승인처분을 다툴 소의 이익이 부정되고, 추진위원회 구성승인처분의 취소사유가 조합설립인가처분의 위법으로 평가되지도 못하므로, 추진위원회 구성승인처분에 존재하던 취소사유는 사실상 치유되는 결과가 된다. 비록 위 판결을 통해 추진위원회 구성승인처분을 다투어왔던 토지등소유자에게는 소가 각하되는 불이익이 있을 수도 있으나, 당초 집행정지 또는 가처분을 통해 조합설립인가처분을 저지할 수 있었고, 조합설립인가처분 이후에는 조합설립인가처분을 다툼으로써 정비사업 진행을 저지할 수 있으므로 크게 불이익할 것으로 보이지는 않는다.

대상판결과 관련판결은 이러한 판시를 통해 정비사업의 안정적인

도(구성승인처분 이후 정비구역이 변경되어 일부 사업구역을 공통의 대상으로 하는 추진위원회가 구성되는 경우를 상정해볼 수 있다) 인가관청이 직권취소 등을 통해 조정할 것으로 예상되므로 의미 있는 사례로 볼 수 없다.

진행을 의도한 것으로 생각한다. 대법원의 위와 같은 판시를 통해 앞으로 정비사업 현장에서 발생하는 혼란이 조금이나마 줄어들기를 기대한다.

참고문헌

[단행본]
김남진·김연태, 행정법 Ⅰ, 법문사(2014)
______, 행정법의 기본문제, 제4판, 법문사(1996)
김도창, 일반행정법론(上), 제4전정판, 청운사(1992)
김동희, 행정법 Ⅰ, 제20판, 박영사(2014)
김철용, 행정법 Ⅰ, 제12판, 박영사(2009)
______·최광률 집필대표, 주석 행정소송법, 박영사(2004)
류지태·박종수, 행정법신론, 제15판, 박영사(2011)
박균성, 행정법론(상), 제10판, 박영사(2011)
박윤흔·정형근, 행정법강의(상), 제30판, 박영사(2009)
송현진, 유동규, 재개발·재건축 이론과 실무, 진원사(2013)
이우재, 도시 및 주거환경정비법(上), 진원사(2010),
정하중, 행정법개론, 제8판, 법문사(2014)
하명호, 행정쟁송법, 박영사(2013)
홍정선, 행정법원론 (상), 제22판, 박영사(2014)
홍준형, 행정구제법 제4판, 한울아카데미(2001)
______, 행정법, 법문사(2011)
곽윤직 대표집필, 민법주해 I (총칙 I), 박영사(1996)
이시윤, 신민사소송법 제6증보판, 박영사(2012)
정동윤·유병현, 민사소송법 제3판, 법문사(2009)
서울행정법원 실무연구회 편, 행정소송의 이론과 실무, 개정판, 사법발전재단(2013)

[논문]
강현호, "재건축사업의 공공성 및 개선방안", 공법연구 제30집 제4호

(2002)
김선희, "도시정비법상 추진위원회와 관련한 제반 법률문제", 사법 제23권 (2013. 3.)
김용섭, "행정행위의 하자승계논의 재검토(상)", 판례월보 제330호(1998)
김유환, "취소소송에 있어서의 권리보호의 필요", 고시연구 제22권 제11호 (1995)
박정훈, "독일법상 취소소송의 권리보호필요성", 판례실무연구 V(2001)
박정훈, "취소소송에서의 협의의 소익 : 판단요소와 판단기준시 및 헌법소원심판과의 관계를 중심으로", 행정법연구 제13호(2005. 상반기)
서원우, "제재적 행정처분의 제재기간 경과 후의 소의 이익", 행정판례연구 Ⅳ, 박영사(1999)
이영동, "재개발ㆍ재건축조합의 설립과 설립무효", 사법논집 제49집(2009)
정광연, "재개발정비조합 설립무효 소송과 관련한 일련의 쟁점", 민사법연구 제17집(2009)
정하중, "행정소송법 12조 후단의 의미와 독일 행정소송법상의 계속확인소송", 저스티스 제107호(2008. 10.)
천종호, "도시 및 주거환경정비법상의 재건축조합설립인가 및 관리처분계획인가의 법적 성격과 그에 대한 쟁송형식", 판례연구 제22집(2011. 2.), 부산판례연구회
함인선, "도시정비법상의 주택재개발조합의 법적 지위", 사법 제17호 (2011. 9.)
홍준형, "효력기간이 경과된 제재적 처분에 대한 취소소송과 소의 이익", 행정법연구 창간호(1997. 6.)
김중권, "실효한 행정처분에 대한 권리구제에 관한 소고", 법률신문 제3507호(2006. 11. 20.)
______, "도시정비법상의 조합설립변경인가처분 관련 문제점", 법률신문 제3902호(2011. 1. 6.)
______, "행정행위의 공정력과 취소판결의 소급효간 충돌에 관한 소고", 법률신문 제3634호(2008. 3.)

국문초록

조합설립추진위원회는 정비사업의 초기단계에서 조합설립을 위한 준비업무를 수행하기 위하여 구성되는 단체를 의미한다.

도시 및 주거환경정비법이 제정되기 전에는 추진위원회에 관한 명문의 규정이 없어 각종 분쟁이 야기되었다. 2002. 12. 30. 법률 제6852호로 제정되어 2003. 7. 1.부터 시행된 도시정비법은 도시정비사업 추진과 관련된 분쟁 및 비리요인을 제거하기 위하여 추진위원회에 관한 규정을 명문화하였다. 그럼에도 제정 도시정비법 시행 이후 현재까지 추진위원회의 운영과 관련된 확립된 법리나 실무례가 존재하지 않아 정비사업 진행 현장에서 상당한 혼란이 발생하고 있다. 대상판결은 추진위원회 구성승인처분의 성격을 해명하고, 추진위원회 구성승인처분과 조합설립인가처분의 관계를 명시적으로 판시한 최초의 판결이다.

도시 및 주거환경정비법의 규정 체계와 내용, 그리고 종전의 대법원 판례에 따르면 추진위원회는 도시정비법이 정하는 요건을 갖추어 설립된 비법인사단으로서 추진위원회 구성승인은 조합의 설립을 위한 주체인 추진위원회의 구성행위를 보충하여 그 효력을 부여하는 처분으로서 강학상 인가에 해당한다. 그리고 추진위원회와 설립인가를 받은 조합은 별개의 주체로서 조합설립인가 처분을 받게 되면 추진위원회는 그 목적 달성 및 운영규정에서 정한 해산사유 발생으로 해산한다.

대상판결은 이러한 태도를 기초로 하여 추진위원회 구성승인처분을 다투는 소송 계속 중에 조합설립인가처분이 이루어진 경우에는, 추진위원회 구성승인처분에 대하여 취소 또는 무효확인을 구할 법률상의 이익이 없다는 것을 분명히 하였다. 다만 구성승인처분 소멸의 원인이 된 조합설립인가처분이 위법하여 취소되거나 무효인 경우에도 여전히 구성승인처분을 다툴 소의 이익이 없는 것인지 문제되나, 추진위원회는 이미 조합의 설립으로 해산되었기 때문에 조합설립인가처분이 취소되거나 무효이더라도 다시 부활하지 않는다고 보는 것이 조합관련 법률관계의 단체법적 성격에 비추어 합리적이고 법적안정에도 도움이 된다. 대상 판결은 이 부분에 대한 태도를 분명히 하지는 않았으나, 같은 취지로 이해된다.

위와 같은 대상판결의 판시를 전제로 한다면 조합설립인가 처분이 있으면 추진위원회 구성승인처분의 위법을 다툴 방법은 전혀 없는 것인가 하는 문제가 제기된다. 관련판결은 추진위원회 구성승인처분의 위법으로 그 추진위원회의 조합설립인가 신청행위가 무효라고 평가될 수 있는 특별한 사정이 있는 경우라면, 그 신청행위에 기초한 조합설립인가처분이 위법하다고 볼 수 있다고 하여 구성승인처분의 하자를 조합설립인가처분의 절차에 관한 하자로 구성하고 있다. 이러한 태도는 두 처분 사이에 하자가 승계되지 않고, 선행처분의 구속력 미치지 않는 상황에서 구성승인처분에 존재하는 위법이 조합설립인가처분에 미치는 영향을 적절하게 설명할 수 있는 유용한 도구이다. 다만 관련판결은 추진위원회 구성이나 그 인가처분의 위법사유를 이유로 조합설립인가 신청행위가 반드시 위법·무효로 된다고 볼 것은 아니고, 그 위법사유가 추진위원회 제도의 입법취지를 형해화할 정도에 이르는 경우에 한하여 그 추진위원회의 조합설립인가 신청행위가 위법·무효이고, 나아가 이에 기초한 조합설립인가처분의 효력을 다툴 수 있게 된다고 하여 제한적으로 해석하고 있다. 관련판결이 제시하고 있는 이러한 기준은 향후 판례가 축적되어야 그 의미를 분명히 알 수 있을 것으로 보인다.

대상판결과 관련판결은 이러한 판시를 통해 정비사업의 안정적인 진행을 의도한 것으로 생각한다. 대법원의 위와 같은 판시를 통해 앞으로 정비사업 현장에서 발생하는 혼란이 조금이나마 줄어들기를 기대한다.

주제어: 추진위원회, 구성승인처분, 소의 이익, 하자승계, 구속력

Abstract

Affirmation of nullity of an approval on formation of the promotion committee

LEE, Seung Hoon*

The promotion committee is an organization formed in preparation for an establishment of the association at an early stage of rearrangement project.

Before the enactment of the ACT ON THE MAINTENANCE AND IMPROVEMENT OF URBAN AREAS AND DWELLING CONDITIONS FOR RESIDENTS, various disputes were raised as there were no substantive enactment about the promotion committee. ACT ON THE MAINTENANCE AND IMPROVEMENT OF URBAN AREAS AND DWELLING CONDITIONS FOR RESIDENTS stipulates the provisions of the promotion committee in order to eliminate the cause of dispute and corruption related to rearrangement project. Nevertheless, due to non existence of legal principles or cases on the legality of the promotion committee, considerable controversies arise in the field of rearrangement project.

This object judgment is the first judgement that explains the character of the promotion committee and states the relation between the approval on formation of the promotion committee and the authorization on formation of Association.

---

* Judge of Seoul Administrative Court.

According to the system and the contents of ACT ON THE MAINTENANCE AND IMPROVEMENT OF URBAN AREAS AND DWELLING CONDITIONS FOR RESIDENTS and previous judgment of Supreme court, the promotion committee is an unincorporated association satisfying the legal requirement of ACT ON THE MAINTENANCE AND IMPROVEMENT OF URBAN AREAS AND DWELLING CONDITIONS FOR RESIDENTS. An approval on formation of the promotion committee grants the promotion committee into force. Also the promotion committee and authorized Association are separate association. Therefore, the promotion committee shall be extinguished once the formation of Association is authorized, as has accomplished its purpose and the cause for dissolution stipulated in the operational rules becomes effective.

On the basis of these premises, this object judgment clarified that once authorization on formation of Association takes effect during the pendency of a lawsuit over approval on formation of the promotion committee, legal interests to seek the revocation or affirmation of nullity extinguishes.

But question may arise whether legal interests to seek the revocation or affirmation of nullity remains, if the authorization on formation of Association is revoked or affirmed ineffectiveness. However, in consideration of stability of rearrangement project and its character as collective law, the promotion committee does not revive even if authorization on formation of Association is revoked or affirmation of ineffectiveness.

Meanwhile, on the basis of this object judgment, if the authorization on formation of Association takes effect, it can be questioned there is no way to claim illegality of approval on formation of the promotion committee. The relevant judgment counts illegality of the approval on formation of the promotion committee as a procedural illegality of authorization on formation of Association. This judgment is an useful method to explain an influence of illegality that exists in the approval on formation of the promotion committee to authorization on formation of Association.

The object judgment and the relevant judgment intend a stable progress of rearrangement project. Through these judgments, decrease of disputes in the field of rearrangement project can be expected.

Key Words: The promotion committee, approval on formation of the promotion committee, authorization on formation of Association

투 고 일: 2014. 11. 22
심 사 일: 2014. 12. 5
게재확정일: 2014. 12. 19

外國判例 및 外國法制 硏究

最近(2013-2014) 美國 行政判例의 動向 및 分析 研究

金聲培*

I. 최근(2013/2014) 미국 연방대법원 판례와 행정 판례의 동향

미국 연방대법원의 2013년 재판기(the 2013 term)는 2013년 9월 30일 시작해서 2014년 9월 30일 종료되었다. 하지만 2013년 최종선고회의는(conference)는 2014년 6월 26일 개최되고 검토회의는 6월30일에 개

* 국민대학교 법과대학 부교수

최되어서 관례[1]대로 여름휴회기를 가졌다.[2] 2013년 연방대법원의 회기동안 미국연방대법원은 75건의 사건을 처리하였다.[3] 매년 70여건정도의 사건만을 처리하던 미국연방대법원의 관행에 크게 벗어나지 않았던 회기였다고 분석된다. 이번 회기에도 미국 연방대법원은 다양한 쟁점들을 다루었는데 아직까지도 미국 사회에서 논란이 되고 있는 낙태와 임의적 임신중단(birth control)에 대한 공적 의료지원문제와 도시계획(planning) 및 용도지구지역지정(zoning)에 관한 문제를 다루기도 하였다. 우리의 대법원과 달리 미국의 연방대법원은 헌법재판소의 역할도 수행하고 있으며 사실 연방 대법원에서 상고를 허가하는 사건중에는 연방고등법원간의 판결이 충돌하는 경우도 있지만 헌법적으로 중요한 결정을 해야 하는 사건들도 상당수 존재하고 있다. 또한 공법과 사법의 영역의 분류가 상대적으로 희박하고 공법소송을 대륙법계와 비교하여 특별히 다른 소송절차에서 다루지 않는 미국의 사법실무와 전통으로 인해 행정법문제와 헌법문제가 혼합되어 있거나 민사문제와 공법문제가 혼합되어 있는 경우가 상당수 존재하고 있다. 예를 들면, Town of Greece, N.Y. v. Galloway사건[4]은 수정헌법 제1조의 종교의 자유와 정교분리(the Establishment Clause)문제를 다룬 단순한 헌법사건으로 분류할 수 있지만 본 사건이 지방의회가 매월 회의를 개최할 때 관례적으로 기도를 하는 것이 지방정부가 특정정교를 지지하고 특정정교를 전파하는 것으로써 정교분리의 원칙에 위배되는지를 다루는 사건으로써 헌법과 행정법이 교차하는 사건으로 분류할 수도 있다. 행정법과 헌법 그리고 형사사건이 교차하는 사건으로는 Riley v. California사건이 있다.[5] Riley사건에

1) 참조 김성배, 최근 미국 행정판례의 동향 및 분석 연구, 행정판례연구 XVII-2, 2013, 335-336면; 정하명, 최근 미국 행정판례의 동향 및 분석, 행정판례연구회, XV-2, 행정판례연구회, 2010, 391면.

2) 참고 http://www.supremecourt.gov/oral_arguments/2013termcourtcalendar.pdf

3) http://www.supremecourt.gov/opinions/slipopinion/13

4) Town of Greece, N.Y. v. Galloway, 134 S. Ct. 1811 (2014)

서 연방대법원은 일반적으로는 경찰공무원은 체포된 개인으로부터 적법한 압수·수색영장 없이(without a warrant)는 압류된 개인 휴대폰이라고 하더라도 휴대폰 속의 내용과 디지털화된 정보(digital information)를 조회할 수 없다고 판단하였다. 헌법과 행정법 그리고 민상법이 복합된 사건의 예로는 Burwell v. Hobby Lobby Stores, Inc.사건을 들 수 있다.[6] Burwell사건은 연방환자보호 및 적정의료지원을 위한 법률(the Patient Protection and Affordable Care Act: ACA or PPACA)의 일반적 요구사항을 집행하고 구체화하기 위한 연방보건복지부의 행정규칙이 종교적 신념을 가지고 운영되는 비상장회사에 적용됨에 있어서 그 민간기업 경영자와 그 구성원의 종교의 자유를 침해하는지가 쟁점이 된 사건이다. 연방보건복지부의 행정입법은 고용주에게 회사단체보험을 제공할 것을 요구하고 있으며, 그 단체보험에는 여성에게 어떤 개인 부담 없이 예방적 의료서비스와 검사를 받을 수 있는 보장이 포함되어야 했다. 그런데, 일반적으로 문제될 것 같지 않은 이런 행정입법이라고 하더라도 만약 반드시 제공되어야 하는 보장에 피임조치나 임신중단조치 등이 포함되고 종교적 신념을 가지고 종교적 사명을 수행하기 위해서 창업된 비상장사의 경우에도 적용되면 회사경영자의 신앙과 배치될 수 있어서 헌법적 논란이 제기된 사건이다. 이하의 장에서는 2013년 회기동안 미국연방법원이 다루었던 행정법관련 사건을 간략히 살펴보고, 우리나라에서도 쟁점이 될 수 있는 사건 혹은 법리적 측면에서 우리나라 행정법학의 발전과 점검에 도움이 될 수 있는 사례를 선별하여 살펴보고자 한다.

---

5) Riley v. California, 134 S. Ct. 2473 (2014)

6) Burwell v. Hobby Lobby Stores, Inc., 123 Fair Empl. Prac. Cas. (BNA) 621, 2014 WL 2921709 (U.S. 2014)

II. 2013년 행정법관련판례 개관

1. 행정절차와 Chevron존중

연방대법원은 Scialabba v. Cuellar de Osorio사건[7]에서 연방제9고등법원의 판결[8]을 파기하였다. 본 사건은 이민관련사건으로써 아동지위보호법(the Child Status Protection Act : CSPA)의 모호한 조항을 해석하는 이민행정심판위원회(the Board of Immigration Appeals : BIA)의 합리적인 해석을 Chevron존중주의에 입각하여 지지한 판결이었다. 문제된 아동지위보호법 조항[9]은 부모 등(principal beneficiary)이 이민비자를 신청할 때에는 21세 이하로서 부양아동(derivative beneficiary)에 해당하면 유리한 부모 등의 이민체류기간을 기준으로 이민비자요건을 계산하지만, 이민여부의 결정당시 즉, 처분당시에 21세를 초과한 경우에는 유리한 보모 등을 기준으로 기간산정을 하는 것이 아니라 본인의 미국체류기간만을 기준으로 산정해야 하는지가 쟁점이 된 사건이다. 문제된 조항은 양쪽 다 해석가능한 모호한 부분이 존재하였는데, 이민행정심판위원회(BIA)는 부모 등이 이민비자를 받을 때 1차 혜택자들(21세 이하의 자녀)에게는 적절한 가족범위 내에 해당되면 체류기간계산에서 자동적으로 유리하게 전환기간이 적용되지만, 2차 혜택자(21세 이상 자녀)들은 부모의 체류기간도 고려하는 자동기간전환의 혜택이 적용되는 것은 아니라고 판단하였으며, 그 판단시점은 신청시점이 아니라 이민허가가 발

---

7) Scialabba v. Cuellar de Osorio, 134 S. Ct. 2191 (2014)

8) de Osorio v. Mayorkas, 695 F.3d 1003 (9th Cir. 2012)

9) 8 U.S.C.A. § 1153(h)(3) (h) Rules for determining whether certain aliens are children (3) Retention of priority date; If the age of an alien is determined under paragraph (1) to be 21 years of age or older for the purposes of subsections (a)(2)(A) and (d) of this section, the alien's petition shall automatically be converted to the appropriate category and the alien shall retain the original priority date issued upon receipt of the original petition.

부되는 시점이 기준이 된다고 판단하였다. 대법원은 이런 이민행정심판위원회의 판단은 합리적인 것이며 Chevron존중[10])이 적용된다고 판단하였다.

2. 군사시설지역해제여부와 관할권문제

U.S. v. Apel사건[11])에서 연방대법원은 제9연방고등법원의 판결[12])을 파기·환송하였다. 본 사건은 미공군기지부지에서 반전시위를 하며 공군기지사령관의 명령을 수차례 위반하여 군사지역 출입금지 명령을 받은 민간인에 대해 군사명령위반죄를 적용할 수 있는지가 쟁점이 된 사례이다. 본 사례에서 공군기지중 일부를 공용도로(a public road)로 사용하기 위해서 토지이용권(easement)이 설정되어 캘리포니아 일반도로(주고속도로)로 사용되어 일반인이 자유롭게 통행할 수 있는 상태였으며, 공군부지중 특정한 장소는 지정시위장소(designated protest area)로 사용되고 있었다. 본 사건에서는 일반인의 통행이 일반적으로 허용되는 주의 일반도로가 군사지역무단침입죄(the military base criminal trespass statute)를 구성하는 군사시설(military installation)에 해당하는지가 쟁점이었다. 본 사건에서 연방대법원은 일반인이 통행하는 도로로 사용되고 있다고 하더라도 군사기지의 일부를 구성하는 도로는 군사관련시설이라고 판단하였다.[13]) 본 사건에 대해서는 다음 장에서 다시 다루고자 한다.

---

10) 참조 연방대법원에 의한 Chevron존중의 해석과 적용에 관한 개관은 다음의 글 참조. Kristine Cordier Karnezis, Construction and Application of "Chevron Deference" to Administrative Action by United States Supreme Court, 3 A.L.R. Fed. 2d 25

11) U.S. v. Apel, 134 S. Ct. 1144, 186 L. Ed. 2d 75 (2014)

12) U.S. v. Apel, 676 F.3d 1202 (9th Cir. 2012)

13) 참조 군사지역과 무단침입에 관한 개관은 다음의 글 참조 Philip H. Myers, Validity, construction, and application of 18 U.S.C.A. § 1382, prohibiting trespass on military installation, 12 A.L.R. Fed. 638.

3. 경찰관의 과잉대응과 경찰공무원의 개인책임여부

총기소지의 자유가 일반적으로 허용되어 총기로 인한 강력범죄가 빈번하게 일어나는 미국에서도 경찰관의 총기사용의 범위와 과잉대응에 대해서 상당한 논란이 있어왔다. 연방대법원은 Plumhoff v. Rickard사건[14]에서 15발의 권총을 발사하여 도주를 막은 경찰관의 대응조치는 사망한 운전자의 헌법상의 권리를 침해한 것이라고 판단한 제6연방고등법원의 판단[15]을 파기하였다. 본 사건은 차량의 앞쪽 헤드라이트중 하나가 꺼진 채로 운행하던 승용차를 세워서 검문하던 중, 수상한 점을 발견한 경찰관이 차량에서 내릴 것을 요구하자 160Km정도의 속도로 시내도로를 통과하면서 도주하던 차량이 주차장에 고립되자, 다시 재차 속도를 높여서 달아나려고 하였고 이에 경찰관이 15발의 권총을 발사하여 운전자와 동승자가 사망한 사건으로 운전자의 유가족들은 15발의 총알을 발사한 경찰관의 행위는 과잉대응[16]으로 운전자의 생명·신체의 자유 등을 침해한 것이라면서 손해배상을 청구한 사건이었다. 본 사건과 다른 공무원개인에 대한 손해배상사건은 다음 장에서 다시 다루고자 한다.

4. 정교분리에 관한 상고거부 및 허가

(1) 교회에서의 학교졸업식행사관행

Scalia대법관과 Thomas대법관은 Elmbrook School Dist. v. Doe사

14) Plumhoff v. Rickard, 134 S. Ct. 2012 (2014)

15) Estate of Allen v. City of West Memphis, 509 Fed. Appx. 388 (6th Cir. 2012)

16) 경찰관의 체포과정에서의 법집행행위가 너무 과격하여 헌법상의 권리를 침해하게 되어서 1871년의 연방인권법(Federal Civil Rights Act of 1871)상의 책임을 지게 되는지에 대한 일반적 논의는 아래의 글 참조. Richard P. Shafer, When does police officer's use of force during arrest become so excessive as to constitute violation of constitutional rights, imposing liability under Federal Civil Rights Act of 1871 (42 U.S.C.A. sec. 1983), 60 A.L.R. Fed. 204.

건[17]에서 상고를 거부하는 다수의견에 반대하여 상소를 허용해야 한다는 입장을 피력하였다. 연방제7고등법원[18]은 밀워키시 교외에 위치한 고등학교가 교육구가 임차한 기독교회에서 고등학교 졸업식행사를 거행하던 관행은 수정헌법 제1조가 규정한 정교분리(the Establishment Clause) 원칙을 위배하여 교육당국이 특정종교[19]를 지지하거나 찬성한다는 그릇된 이미지를 전달할 수 있다고 판단한 연방제7고등법원의 판단에 대해 불복한 사건으로써 대법원이 그 사건을 판단해야 한다고 주장하였지만 연방대법원은 본 사건의 상고심을 거부하였다.

(2) 광고종류에 따른 상이한 규제기준조례

미국 연방대법원은 아직 최종 판결을 하지는 않았지만, Reed v. Town of Gilbert, Ariz.사건[20]에 대한 제9고등법원의 판결에 대해서 상고한 것을 받아들였다(granted certiorari).[21] 제9고등법원에서는 의견이 갈렸지만 다수의견은 아리주나주 길버트타운이 조례로써 일시적 광고에 대해서 광고에 따라서 크기, 기간, 장소 등에 대해서 다른 제한을 둔 것은 연방헌법의 표현의 자유를 침해하지 않았다고 판단하였다. 동 사건에 문제된 길버트타운의 조례는 정치적 표시 · 광고(signs), 이념적 표시 · 광고, 정치행사, 자선행사, 지역축제 등으로 분류하여 행사에 대한 방향지시적 표시·광고의 크기·게시기간·게시장소등에 대해 각각 다른 규제기준을 적용하고 있었다. 연방제9고등법원은 이런 다른 규제기준을 적용하는 것은 표현의 자유침해가 아니며, 마을의 소규모 교회가 지역민들

17) lmbrook School Dist. v. Doe, 134 S. Ct. 2283 (2014)
18) Doe ex rel. Doe v. Elmbrook School Dist., 687 F.3d 840, 282 Ed. Law Rep. 829 (7th Cir. 2012)
19) 참조 교육과 정교분리에 관해서는 다음의 글 참조 Sectarianism in schools, 5 A.L.R. 866.
20) Reed v. Town of Gilbert, Ariz., 707 F.3d 1057 (9th Cir. 2013)
21) Reed v. Town of Gilbert, Ariz., 2014 WL 2931844 (U.S. 2014)

을 예배에 초대하는 내용의 표시·광고가 다른 기준에 따라 제한을 받은 것은 표현의 자유와 종교의 자유를 침해한 것이 아니라고 판단하였다.

5. 환경청의 권한행사와 청정대기법해석문제

(1) 대기오염물질인 온실가스에 대한 미국 환경청의 규제권한 발동과 권한일탈

이번 회기에서도 역시 청정대기법과 환경청의 권한범위문제가 쟁점이 된 사건을 연방 대법원 다루었다. 온실가스가 전통적인 대기오염물질과 함께 대기오염물질로서 다루어져야 하는지 여부가 전 세계적으로 쟁점이 되고 있으나, 미국의 경우 연방대법원은 2007년 Massachusetts v. EPA사건[22]에서 5대 4로서 온실가스가 연방 청정대기법상(the Clean Air Act: CAA)의 오염물질[23]에 해당한다고 판결하였다[24]. 연방대법원이 온실가스를 청정대기법상의 오염물질로 해당한다고 판단한 후, 미국 환경청(Environmental Protection Agency: EPA)이 온실가스에 대해서 어떤 권한을 행사할 수 있는지가 문제되어 왔다. 연방대법원은 Utility Air Regulatory Group v. E.P.A.사건[25]에서 워싱턴D.C지역 연방고등법원의 판결[26]중 일부는 인용하고 일부는 파기하였다. 연방대법원은 온실가스가 오염물질이지만 환경청이 온실가스에 대해서 연방청정대기법상의 고정오염원에 대한 허가에 적용되는 제5편의 허가(Title V permitting)와 심

22) Massachusetts v. Environmental Protection Agency , 549 U.S. 497 (2007)

23) 청정대기법에 관한 수많은 연방대법원의 판결이 있으며, 이에 대한 대략적인 소개는 다음의 글 참조 Philip White Jr., Clean Air Act—Supreme Court Cases, 7 A.L.R. Fed. 2d 357.

24) 김성배, 미국의 온실가스대응정책과 그 시사점, 환경법연구 제32권 1호, 환경법학회 2010, 203면 이하 참조

25) Utility Air Regulatory Group v. E.P.A., 134 S. Ct. 2427 (2014)

26) Coalition for Responsible Regulation, Inc. v. E.P.A., 684 F.3d 102, 74 Env't. Rep. Cas. (BNA) 2161 (D.C. Cir. 2012)

각오염방지책(Prevention of Significant Deterioration: PSD)을 요구하여 최적이용가능기법("best available control technology": BACT)이 적용되는 전통적인 오염원과 동일한 수준으로 규제를 하는 것은 동법이 부여한 환경청의 권한을 초과하는 것이라고 판단하였다.

(2) 주정부간의 대기공기질관련 분쟁과 환경청의 권한

E.P.A. v. EME Homer City Generation, L.P.사건[27]에서 연방대법원은 D.C연방고등법원의 판결[28]을 파기하였다. 본 사건은 환경청이 연방청정대기법의 선량한 이웃조항("good neighbor" provision)을 해석하여 대기오염물질이전 및 측정규칙(Transport Rule)[29]을 제정하여 적용하는 것은 가능하고 허용 가능한 형평추구조치라고 판단하였다.

6. 토양오염사건에서 제척기간과 소멸시효

연방대법원은 CTS Corp. v. Waldburger사건[30]에서 토양오염사건에서 중요한 영향을 미칠 수 있는 판결을 하였다. 대법원은 종합환경대응보상 및 책임법(The Comprehensive Environmental Response, Compensation, and Liability Act : CERCLA)[31]에서 규정한 발견시점원칙("discovery rule")은 원고의 손해가 위험한 물질 또는 오염물에 의해서 야기되었다는 것을

27) E.P.A. v. EME Homer City Generation, L.P., 134 S. Ct. 1584, 78 Env't. Rep. Cas. (BNA) 1225 (2014)

28) EME Homer City Generation, L.P. v. E.P.A., 696 F.3d 7, 75 Env't. Rep. Cas. (BNA) 1776 (D.C. Cir. 2012)

29) 대기기준이 적정한 수준을 달성하지 못한 지역에 대한 청정대기법상의 대기질달성계획에 관한 일반적 설명과 판례는 다음의 글 참조, William B. Johnson, Clean Air Act implementation plans for nonattainment areas, 90 A.L.R. Fed. 481.

30) CTS Corp. v. Waldburger, 134 S. Ct. 2175, 86 A.L.R. Fed. 2d 665 (2014)

31) 우리나라 토양환경보전법의 초기 입법모델이 된 미국의 토양오염정화 및 책임법이다.

알았거나 합리적으로 알아야 했던 날[32)]을 기준으로 소송제기시점이 기산된다는 원칙이지만 연방법과 충돌되는 주법상의 소멸시효(statutes of limitations)에 대해서는 연방법이 우선되지만 주법상의 제척기간(statutes of repose)까지 배척하는 것은 아니라는 판단을 하였다. 동 판결은 Kennedy 대법관이 주문을 작성하였고 연방제4고등법원의 판결[33)]을 파기한 사건이었다.

7. 폐철도부지에 대한 이용권 및 특별소유권분쟁

Marvin M. Brandt Revocable Trust v. U.S.[34)]사건은 철도부지로 사용되던 토지의 소유권분쟁에 관한 사건인데, 본 사건에서 연방정부는 철도부지로 사용되던 토지에 대한 소유권분쟁을 해결하기 위해서 토지소유자를 상대로 토지소유권확인소송(quiet title action against landowners)을 제기하였다. 1908년 연방정부는 와이오밍주에 소재하던 토지를 1875년 철도통과권법(the General Railroad Right-of-Way Act of 1875)에 따라 철도부지로 사용하다가 연방토지로 편입시켰다. 그 후 1976년 토지에 사인을 위한 특별소유권(patent)이 설정되었는데 특별소유권이 설정될 당시 재산권회복권이 연방정부에 유보된(a fee simple interest with an implied right of reversion) 것이 아니라 철도 부지를 위해서 토지이용권(easement)이 연방 정부를 위해 설정되었다. 본 판결에서 대법원은 연방정부는 철도부지로 사용할 수 있는 토지이용권이 있었으므로 그 결과 2004년 철도이용이 완전히 중단되었을 때, 설정된 토지 이용권은 해지

---

32) 김성배, 브리운필드법의 문제점과 그 시사점, 환경법연구, 제31권 1호, 환경법학회 2009, 116면이하 참조.

33) Waldburger v. CTS Corp., 723 F.3d 434, 76 Env't. Rep. Cas. (BNA) 1929 (4th Cir. 2013)

34) Marvin M. Brandt Revocable Trust v. U.S., 134 S. Ct. 1257, 188 L. Ed. 2d 272 (2014)

되었고(extinguished) 그 결과 당시의 토지에 대한 특별소유권을 가진 자가 그 토지에 대한 모든 권리를 가지고 있다고 판결하였다.

8. 통신과 국가안보

연방대법원은 In re Electronic Privacy Information Center결정[35]에서, 직무이행명령과 금지명령을 청구한 사건을 각하하였다. 본 사건은 시민단체인 EPIC(Electronic Privacy Information Center)이 1978년 외국정보감시법(the Foreign Intelligence Surveillance Act of 1978: FISA)에서 설립된 연방외국정보감시법원(the Foreign Intelligence Surveillance Court: FISC)[36]의 명령에 대해서 사법심사를 청구한 사건이다. 본 사건에서 연방외국정보감시법원은 통신회사인 Verizon사에게 고객이 주고받은 국내전화에 대한 메타데이터(metadata)를[37] 제출하도록 하였다. 이런 법원의 명령에 대해서 EPIC은 외국의 정보활동에 대해서 감시하도록 한 연방법률 50 U.S.C.A. § 1861[38]조의 권한을 일탈한 것이라고 주장하였지만 연방대법원은 각하하였다.

9. 지방의회의 연례적인 개회기도와 종교의 자유

Town of Greece, N.Y. v. Galloway사[39]건에서는 뉴욕주의 한 소

35) 134 S. Ct. 638, 187 L. Ed. 2d 463 (2013)

36) 연방외국정보감기법원은 1978년 외국정보감시법에 의해서 설립된 연방법원으로써, 미국 국내에서 활동하는 외국 정보원의 의심되는 활동에 대한 감청영장(surveillance warrants)심사를 관한 하는 법원이다.

37) 데이터베이스 시스템에서, 데이터 관리상 필요한 작성자·목적·저장 장소 등 속성에 관한 데이터를 의미한다.

38) 50 U.S.C.A. § 1861 Access to certain business records for foreign intelligence and international terrorism investigations

39) Town of Greece, N.Y. v. Galloway, 134 S. Ct. 1811 (2014)

도시 지방의회는 월례정기 회의를 갖기 전에 관행적으로 성직자가 기독교식의 기도를 하고 회의를 시작하는(Legislative prayers) 것이 문제되었다. 연방대법원은 5대 4 판결로 비록 기도 내용 중에 종파적(sectarian)이고 기독교적인 내용(ecumenical content)이 포함되어 있다고 하더라도 연방의회와 주 의회가 따르는 전통적인 관행에 배치되지 않으며, 기도를 이끄는 성직자를 선택함에 있어서 소수종교(minority faiths)를 차별하지 않고 그 종교의 지지자가 아닌 사람의 기도참여를 강요하지 않기 때문에 수정헌법 제1조의 정교분리원칙(the Establishment Clause)에 반하지 않는다고 판단하면서 제2고등법원의 판결을 파기하였다.

III. 주요쟁점사건분석[40)]

1. US v John Dennis Apel

본 사건은 군사시설의 범위와 군사령관의 군사시설의 이용에 관한 규정을 정하여, 특정한 개인에 대해서 출입금지 처분한 것을 위반한 경우, 군사지역무단침입죄로 처벌할 수 있는지 여부가 쟁점이 된 사례이다. 피고는 군사시설접근금지처분을 어긴 혐의로 연방지방법원에서 유죄판결을 받았지만 제9고등법원은 지방법원의 판결을 뒤집었으며, 대법원은 상고를 받아 들였던 사건이었다. 판결문은 대법원장인 Robers 대법관이 작성했는데, 군사시설무단침입죄(in trespass statute)에서 사용하는 시설(Installation)이라는 용어는 군의 책임자인 사령관이 정하는 경계 안에 있는 시설로 해석하는 것이 가장 자연스러운 용어해석이라고 하였

40) 2013년 미국연방대법원 회기중 선고된 사건중에서, 사실관계가 우리나라에서 문제된 사건과 유사하거나 발생가능성이 높은 사건, 혹은 그동안 행정판례연구회를 통해 소개되지 않은 영역을 중심으로 사건을 선별하였다.

고, 또한 정부가 그 지역을 배타적으로 이용하거나 소유하거나 통제하는 것을 요건으로 하는 것이 아니라고 하면서 United States v. Parker판결을[41] 파기한 사건이다.

(1) 사건의 개요와 소송경과

밴덴버그 공군기지(Vandenberg Air Force Base)는 일반시민의 경우에는 명시적인 허가 없이는 들어 갈 수 없는 통제된 군사기지("closed base")이다. 당해 공군기지는 공군기지의 일부지역에 대해서 토지사용권(easement)를 부여했고, 그 결과 두 개의 주일반도로(highways)가 그 공군기지를 가로지르게 되었다. 일반도로 중 한 도로 옆에는 정부가 마련한 소위 평화적 시위장소가 있었다. 기지 사령관은 평화적 시위장소를 통제하기 위한 몇 가지 기준을 마련하였고(enacted several restrictions), 평화적 시위장소 이용에 관한 규칙을 준수하지 않은 자들은 기지에 들어올 수 없다는 것을 공시하였다.

본 사건의 원고인 Apel은 불법침입(trespassing)과 기지훼손(vandalism)으로 기지출입이 금지되었으나, 계속해서 시위 장소에 출입하였다. 치안판사(Magistrate Judge)는 군사기지무단침입죄로 기소된 Apel에 대해서 유죄판결을 내렸다. 연방 법률상 군사기지무단침입죄[42]는 군사령관 혹은 군관계자가 군사기지에 출입하지 말 것을 명령한 이후에 "군사시설"

---

41) United States v. Parker, 651 F.3d 1180.

42) 18 U.S.C. § 1382 Entering military, naval, or Coast Guard property
"Whoever, within the jurisdiction of the United States, goes upon any military, naval, or Coast Guard <u>reservation, post, fort, arsenal, yard, station, or installation</u>, for any purpose prohibited by law or lawful regulation; or
Whoever reenters or is found within any such reservation, post, fort, arsenal, yard, station, or installation, after having been removed therefrom or ordered not to reenter by any officer or person in command or charge thereof--
Shall be fined under this title or imprisoned not more than six months, or both."

에 출입함으로서 성립된다. 이에 대해서 Apel은 제1382조는 평화적 시위장소로 지정된 곳에는 적용되지 않는다고 주장하며 항소하였지만, 연방지방법원은 Apel의 주장을 배척하였고, 제9연방고등법원은 당해 공군기지에 설정된 토지이용권 때문에 공군기지 지역 중 일부는 정부의 배타적 소유가 아니며, 제1382조는 Apel이 시위하였던 시위 장소까지 군사시설이 되는 것은 아니라면서 연방지방법원의 판결을 파기하였다.

(2) 대법원의 판결과 판결이유

1) 대법원의 판결

대법원판결은 Robert대법원장이 작성하였는데, 제1382조의 군사시설("military... installation")의 범위에는 군사령관의 책임이 미치는 지역까지 포함하며 밴덴버그 공군기지를 통과하는 주(州)일반도로와 평화적 시위장소도 포함한다고 판결하였다.[43]

2) 판결이유

대법원은 동 조항은 매우 다양한 군사시설을 포함하기 위해서 포괄적으로 규정되어 있으며 법조문 자체에는 일반인의 출입이 허용된 곳에 대한 아무런 규정을 하지 않고 있고, 정부의 점유지배에 대한 요구조건도 규정되어 있지 않기에 Apel의 주장과 달리, 제1382조의 군사시설은 배타적인 소유와 배타적 통제를 요건으로 하는 것은 아니라고 판단하였다.[44] 그리고 대법원은 역사적으로 군사기지가 일반인의 이용이 제외되고 있는 곳을 의미하지도 않는다고 보면서 제1382조에서 규정하고 있는 지역들의 일반적 특징은 구역이 분간될 수 있으며, 군 지휘관의 통제 하에 있는 지역이라고 하였다. 이런 결론들은 이전의 대법원 판결인 United States v. Phisterer사건[45]과도 일치한다고 보았다. 비록 일부 행

43) U.S. v. Apel, 134 S.Ct. 1144, 1149 - 1154 (2014)

44) 참고 United States v. Albertini, 472 U.S. 675, 682, 105 S.Ct. 2897, 86 L.Ed.2d 536.

정부의 문서에는 제1382조는 배타적 점유권을 요건으로 한다고 하고 있지만, 그런 의견은 기속력(binding) 있는 의견이 아니며, 또한 연방대법원은 형사 법률에 대한 정부의 해석에 어떤 존중을 주어야 한다고 판결한 적은 없다고 하였다.[46]

또한 대법원은 군사령관의 지휘권이 미치는 경계가 확정된 모든 지역에 제1382조는 적용된다고 판단하였다. Apel은 주(州)일반도로와 시위 장소는 공군기지철책경계선 밖에 있으므로 군 기지밖에 있다고 주장하였지만, Apel의 주장은 가설에 불구하고 보았다. 즉 연방대법원은 국가는 밴덴버그 전체 토지를 공군의 통제 하에 두었고, 공군당국이 공군기지의 일부에 대해서 철책을 세워서 강화된 통제를 한 것은 군사기지의 경계를 변경하거나 군 지휘관의 관할권을 배제하는 것은 아니라고 보았다. Apel은 주 일반도로와 시위장은 통제되지 않는 장소이며, 군사업무가 수행되지 않는 곳이라는 주장하였지만 대법원은 기록에 의거해 Apel의 주장과 반대라고 판단하였다. 기지사령관은 평화적 시위장소로 지정된 지역에서 시위하는 방법에 대해 규제하는 규정들을 제정하였고 밴덴버그 기지에 출입제한 된 자에 대해서는 시위하기 위해서 당해 기지를 출입할 수 없다는 것을 명시적으로 공지하고 있었다고 판단하였다. 지방법원의 사실판단에 의하면, 연방정부는 시위 장소에 대해서 실질적인 통제권을 행사하고 있었고, 토지사용권(the easement)을 주정부등에 부여하였더라도 기지사령관은 필요한 경우 전체군기지에 대한 출입통제를 할 권한을 유보하고 있었으며 미국정부는 어떤 경우라도 통행할 수 있는 권한(rights of way)을 보유하고 있었다고 또한 군사령관은 때때로 군사안전의 이유 또는 발사 등이 행해질 때는 주일반도로의 사용을

45) United States v. Phisterer, 94 U.S. 219, 222, 24 L.Ed. 116, 본 사건에서 대법원은 군주둔지(military station)를 군사작전이 수행되고 있는 장소 혹은 군사적 보호가 제공되는 장소라고 정의하였다.

46) U.S. v. Apel, 134 S.Ct. 1144, 1150 - 1152.

금지하기도 하였다고 판단하였다.[47]

앞에서 언급한 안전상조치 혹은 발사 등이 행해질 때, 제1382조는 군사령관에게 계속적으로 방해받지 않는 장소사용을 보장하도록 요구하고 있지 않으며, 군사령관이 특정한 개인의 이용을 배제하지 못하도록 하고 있지도 않다고 대법원은 판단하였다. 소위 이용 또는 포기의 원칙(a use－it－or－lose－it rule)을 채택하면, 군사기지에 대한 행정권행사를 어렵게 해서, 법원에게 어려운 문제를 야기하게 되고, 기지사령관이 일반시민의 편의를 위해서 군 기지의 일부를 개방할 수 있음에도 불구하고 개방하지 못하도록 한다고 보았다.

본 사건에서 Apel은 문제된 조항의 위헌성을 주장하였으나, 위헌성 문제는 제9연방고등법원에서 판단하지 않았으므로, 연방대법원에서 법률조항의 위헌성을 판단하지 않았다.

(3) 별개의견

1) Ginsburg대법관이 작성한 별개의견

Ginsburg대법관은 군 기지를 보다 더 강화해서 보호하기 위해서 철책과 검문소를 세우고, 경계선을 그어 놓은 것이 본래의 군 기지 영역을 변경하지 않는다는 다수의견에는 동조하지만, 경계선, 철책, 검문소의 존재는 수정헌법 제1조의 해석에 영향을 줄 수는 있다고 보았다. 즉, 정부가 일반시민에게 국유재산의 일부를 전통적 형태 혹은 지정된 공적 의견형성의 장으로 이용하도록 허가 하였다면, 표현의 방법을 제한하는 정부의 권한은 제한적일 수밖에 없다고 보았다.[48] 그러므로, 이런 경우에는 정부가 합리적인 시간, 장소, 방법에 대한 규제를 할 수 있지만, 그런 규제는 반드시 내용을 분간해서는 안 되고(content－neutral), 중대한 공익달

47) U.S. v. Apel, 134 S.Ct. 1144, 1151 - 1153.

48) 참고 United States v. Grace, 461 U.S. 171, 177, 103 S.Ct. 1702, 75 L.Ed.2d 736 (1983).

성을 위해서 사례에 맞게 잘 설계된 규제를 하여야 한다고 보았다. Ginsburg대법관은 Apel을 평화적 시위장소로 지정된 곳에 들어오지 못하게 하는 공군기지의 이해관계는 군사기지의 안전을 도모하는 것과 관련되어 있다고 보았다. 하지만, 공군의 이해관계를 평가할 때는 반드시 일반인의 시각(Apel의 입장을 포함한)에서 하여야 하는데, 시위 장소는 언제나 일반인의 통행이 허용된 일반도로에서 불과 1－2 미터도 체 떨어지지 않은 곳이라는 것을 감안하여야 한다고 판단하였다. 또한 공군당국은 군사기지 내에 위치한 중학교, 버스정류장, 기지방문자센터 등 시위장가 근접하고 있는 장소에 일반인의 자유로운 출입을 허용하고 있었다. 결국, 공군당국은 앞에서 언급된 중학교, 버스정류장, 기지방문자센터에 누가 오던지 무슨 말을 하던지 특별한 이해관계를 보이지 않았고,[49] 결국 Apel이 평화시위장소에 출입하지 못하도록 된 조치가 헌법에 합치하는지 여부는 심사해보아야 한다고 하였다. 그래서 Ginsburg대법관은 헌법적 문제에 대해서는 결정하지 않고 고등법원이 심사하도록 한 결정은 올바른 판단이라고 생각하여 다수의견에 동조한다고 밝히고 있다.

2) Alito대법관의 별개의견

Alito대법권은 제9고등법원이 제1382조의 위헌여부에 대해서는 심사하지 않았기에, 본 사건에서 위헌여부를 논할 필요가 없다고 보았다. 그에 의하면 연방대법원은 최초의 사법심사를 담당하는 것이 아니라 최후의 사법심사를 하는 곳이라는 선례[50]를 언급하였다.

3) 시사점

행정소송법을 따로 두고 있지 않아서 소송법적으로 행정사건과 민사사건이 구별되지 않는 미국이지만 형사소송과 민사소송은 구별된다.

---

49) Flower v. United States, 407 U.S. 197, 198, 92 S.Ct. 1842, 32 L.Ed.2d 653 (1972)(per curiam)

50) FCC v. Fox Television Stations, Inc., 556 U.S. 502, 529, 129 S.Ct. 1800, 173 L.Ed.2d 738 (2009).

그런데 미국은 우리와 달리 형사사건에서 민사사건(행정사건포함)의 쟁점이 포함된 경우, 민사법원에서 처리해야 할 선결문제로 다루는 것이 아니라 형사사건을 처리하는 법원에서 민사쟁점도 같이 다루는 것을 알 수 있다. 그리고 본 사건에의 내용적 쟁점에서 보면, 군사목적으로 보유하고 있는 국유재산 중 일부에 대해서 자유로운 사용권을 주정부에 부여하여, 주정부가 일반교통에 공여하는 일반도로로 사용하고 있다고 하더라도, 본래 군사령관의 관할권이 미치는 군사시설 중에 해당한다면, 군사령관은 자신의 적정한 권한행사의 한 형태로 일반시민의 출입이 가능한 구역에 대해서 특정인에 대해 출입금지를 할 수도 있고, 그 처분을 위반하여 출입한 경우 형사법으로 처벌할 수 있다는 내용이다. 우리나라에서도 행정재산에 속하지만 건축법상 공개공지 등의 규정에 의해서 일반인이 출입이 일반적으로 허용되는 경우에, 국가나 건물의 관리권을 가진 행정청이 행정규칙으로 사용규정을 정하고 이에 대한 위반에 대해서 일정조치를 하게 되는 경우가 있을 수 있다. 특히, 군사시설의 경우와 미군의 사용하는 지역에서 유사한 분쟁이 발생할 수 있어서 미국 판례에서 군사시설의 범위 안에는 군이 배타적으로 사용하는 지역뿐만 아니라 일반인의 사용이 허가된 지역이라고 하더라도 원래 군 시설 지역이었으며 지휘관의 관할권이 미치는 지역으로 인정되면 군사시설의 범위에 포함된다는 해석례는 참조가 될 수 있다고 본다.

2. 불법행위와 공무원개인책임에 관한 사례

(1) Wood v. Moss[51]

본 사건은 부시 대통령을 반대하던 시위자들이 백악관 경호원들을 상대로 소송을 제기한 사건이다. 시위자들은 백악관 경호원들이 대통령

---

51) Wood v. Moss, 134 S.Ct. 2056 (2014)

이 사전에 계획되지 않았던 저녁식사를 위해서 계획이 없던 장소에 머무르는 동안 백악관 경호원들이 지지자들보다 자신들을 대통령으로부터 더 멀리 떨어트려 놓았기에 자신들의 표현의 자유가 침해되었다고 주장하면서 대통령반대시위자들이 경호원들을 제소한 사건이다. 오래건주소재의 연방지방법원은 연방 치안판사의 기록과 권유안을 채택하여 소를 각하해달라는 경호원들의 청구를 기각하였지만, 연방 제9고등법원은 지방법원의 중간결정(interlocutory appeal)을 파기하고 환송하였다. 지방법원은 파기환송심에서 연방치안판사의 권고안을 수용하여 경호원의 소각하요청을 재차 기각하였다. 이 결정에 대해 즉시 항고한 것에 대해 연방고등법원은 인용하였고, 여기에 대해 상고하였고 대법원이 상고를 허용한 사건이다.

1) 사건의 개요

George W. Bush 전 대통령이 재임을 위해 유세하고 다니던 중, 오래건주 잭슨빌의 별장에서 하룻밤을 보내기로 했다. 이에 지역 경찰관들은 부시대통령을 지지하는 집단과 반대하는 집단을 대통령이 지나가기로 예정된 도로의 양 맞은편에 위치시켰다. 그런데, 예정된 도로로 오던 중, 예정에 없었지만 대통령은 잭슨빌의 한 호텔의 야외레스토랑에서 저녁식사를 하기로 즉흥적으로 결정하고 잭슨빌호텔의 야외레스토랑에서 식사를 하게 되었다. 지지자들은 계속 원래 자리 잡고 있던 장소에 있었던 반면, 반대시위자들은 대통령이 식사하는 장소 쪽으로 이동하였고 그 결과 대통령은 반대시위자들로부터 무기사정권안에 위치하게 되었다. 대통령의 지지자들은 원래 있었던 곳에 계속 있었기에 직선거리상으로는 가까웠지만 대통령과 지지자들 사이에는 2층 건물이 가로막고 있어서 대통령이 보이지도 않았고 무기사용도 불가능하였다. 대통령의 안전을 책임지고 있던 백악관 경호원들의 지시에 따라서, 지역 경찰관들은 시위자들을 모여 있던 장소에서 떠나도록 해서, 결국 대통령을 저격할 수 있는 범위 밖인 두 블록 뒤로 물러나게 했다. 이에 반해서 경호원들은 당시 호텔에 있던 숙박객이나 손님들을 떠나도록 하지도 않았으며, 야외 레스토랑을 비우지도 않았고, 숙박객이나 손님들에 대해 보안점검을 하지도 않았다. 부시 대통령이 저녁식사를 마치고, 대통령행렬이 다시 길을 갈 때는 지지자들을 지나게 되었지만, 이미 두블럭이나 뒤로 물러나게 된 시위자들은 대통령의 시야에서 벗어 나 있었고 그들의 항의목소리도 대통령에게 전달되지 못하였다.

2) 사건의 경과

이런 경위로, 시위자들은 경호원들이 지지자들은 원래 머물던 장소에 있도록 내버려두었지만 자신들은 대통령이 식사하던 호텔로부터 2블럭이나 떨어지도록 한 것은 '견해에 근거한 차별(viewpoint discrimination)'로써 수정헌법 제1조를 위반하였다고 경호원들에게 손해배상청구를 하였다. 연방지방법원은 소송원인이 분명하지 않고 공무원면책을 주장하면서 소각하를 요구한 경호원들의 주장을 기각하였다. 이에 대하여 경호원들이 즉시항고(nterlocutory appeal)하였고, 연방제9고등법원은 Ashcroft v. Iqbal사건[52]과 Bell Atlantic Corp. v. Twombly사건[53]에서 확인된 기준에 비추어 시위자들이 수정헌법 제1조에 근거한 정당한 청구를 하지 못했다면서 지방법원의 결정을 파기하였다. 그런데, 선례로 언급된 두 사건 모두 원고가 소송을 시작한 이후, 결정이 나온 사건이므로 원고가 다시 소송을 보완할 기회를 허가했다. 파기환송심에서 시위자들은 경호원들이 문서화 되지 않은 백악관경호처의 정책에 따라 대통령의 면전에서는 대통령을 반대하는 견해를 표명하지 못하도록 하는 경호실시를 하고 있다고 주장하면서 소원인을 추가하였다. 연방지방법원은 소각하해 달라는 경호원들의 재요구를 기각하였다. 이에 대해서 연방 제9고등법원은 경호원측은 대통령에 대한 견해차에 따라 행동

52) Ashcroft v. Iqbal, 556 U.S. 662, 129 S.Ct. 1937, 173 L.Ed.2d 868.

53) Bell Atlantic Corp. v. Twombly, 550 U.S. 544, 127 S.Ct. 1955, 167 L.Ed.2d 929,

했다고 결론지었다. 지지자들과 반대자들을 다르게 취급하는 합법적인 안전상 이유를 결하고 있다고 판단하면서 합법적 이유가 없기에 이런 다른 취급은 견해에 근거한 차별이었다고 추론할 수 있다고 판단하였다. 또한 연방고등법원은 정부가 표현의 자유를 그 내용에 따라 규제할 수 없다는 확립된 연방 대법원의 선례가 있으므로 경호원들은 면책을 주장할 수 없다고 판단하였다.

3) 대법원의 주문과 판결의 주요내용

본 사건의 경호원들은 면책을 주장할 수 있다는 것이 대법원의 판단이다.

가. 공무원개인책임 면책기준: 확립된 법·판례위반여부

대법원은 정부공무원은 단지 정부나 공무원이 개인들이 표현하는 내용을 싫어하거나 두려워하거나 또는 반대한다는 이유만으로 공공장소에서 평화롭게 표현행위를 하는 개인들을 몰아 낼 수 없다[54]고 보았지만 표현의 자유는 사람들에게 자신이 원하면 언제든지, 어디서나 어떤 방법으로도 그들의 견해를 표현하도록 하는 자유를 부여하는 것은 아니라는 점도[55] 강조하였다.

선례[56]에서 밝힌 공무원개인책임면책의 원칙(The doctrine of qualified immunity)은 원고가 공무원이 성문법상 또는 헌법상의 권리를 침해했다는 것을 증명하고 그 권리에 대한 침해행위가 일어날 당시에 침해된 권리가 명확하게 성립·인정되는('clearly established') 권리라는 점을 증명하지 않는 한 공무원은 민사책임으로부터 면책된다는 것이다. 미국 판례에서 공무원개인책임면책여부를 결정함에 있어서 핵심쟁점은 합리적인 공무원이 당시 행위를 한 공무원의 입장에 있다면, 당 정황상

---

54) Police Dept. of Chicago v. Mosley, 408 U.S. 92, 96, 92 S.Ct. 2286, 33 L.Ed.2d 212.

55) United States v. Grace, 461 U.S. 171, 177, 103 S.Ct. 1702, 75 L.Ed.2d 736.

56) Ashcroft v. al-Kidd, 563 U.S. ──, ──, 131 S.Ct. 2074, 2080, 179 L.Ed.2d 1149.

그 행동이 불법이었다는 것이 분명했는지 여부이다.[57] 결국, 대법원의 입장에서는 당시 상황에 직면하게 되는 이성적인 경호원을 기준으로 시위자를 더 대통령으로부터 더 멀리 떨어뜨려 놓는 것이 불법적인 조치라는 것이 명확한지를 판단해야 한다.[58] 그런데, 잭슨빌에서 일어난 그 사건이 있기 전까지 연방대법원이 대통령 경호처의 행위와 위헌문제를 다룬 사건은 단 한건[59]만이 존재하고 있었다는 점을 연방대법원은 지적하였다. 연방대법원은 다른 판결에서도 대통령의 안위가 고도로 중대한 문제라는 것을 인정해왔다[60]고 밝히고 있다. 그래서 연방대법원은 업무를 수행함에 있어서 대통령경호원들은 예상하지 못하는 보안문제에 직면할 수도 있다는 것을 염두에 둔다면, 본 사건에서 핵심쟁점은 당시 안전구역(the security perimeter)을 설정함에 있어서 그들이 설정한 차별적인 안전구역이 수정헌법 제1조 표현의 자유를 침해한다는 것을 경호원들이 분명히 알 수 있었느냐의 문제로[61] 보았다.

나. 대법원의 선례검토: 확립된 판례의 부존재

시위자들의 주장은 경호처 요원들이 "대통령에 대한 평등한 접근"을 못하게 함으로써 분명히 확립된 연방법을 위반하였다고 주장하였고 제9고등법원도 이에 동의하였다. 그런데 연방대법원은 연방대법원의 어떤 선례도 경호처 요원들이 군중을 통제함에 있어서 항상 다른 견해를 가진 집단을 동일한 거리·위치에 두도록 하는 수정헌법 제1조에서 도출되는 의무가 있다는 것을 확실히 하는 판결은 없었다고 판단하였다. 또한 지지자들과 달리 반대자들만이 대통령이 저녁식사를 하는 야외장소

57) Saucier v. Katz, 533 U.S. 194, 202, 121 S.Ct. 2151, 150 L.Ed.2d 272.

58) Saucier v. Katz, 533 U.S. 194, 202, 121 S.Ct. 2151, 150 L.Ed.2d 272.

59) Hunter v. Bryant, 502 U.S. 224, 112 S.Ct. 534, 116 L.Ed.2d 589, Hunter v. Bryant 사건에서 원고는 레이건 대통령암살 계획에 관한 편지를 작성하고 전한 것으로 자신을 체포한 두 경호처요원(Secret Service agents)의 체포행위의 위법성을 주장한 사건이다.

60) Watts v. United States, 394 U.S. 705, 707, 89 S.Ct. 1399, 22 L.Ed.2d 664.

61) Wood v. Moss, 134 S.Ct. 2056, 2066 – 2067 (2014)

에서 시야가 확보되는 직선거리에 있게 되었기 때문에 문제된 상황에서 지지자들과 반대자들을 동일한 거리에 두는 것은 상식에 맞지 않는다고 대법원은 보았다. 반대시위자들은 경호처 요원들이 지지자들도 대통령의 예정된 이동 동선의 범위(the motorcade's range) 밖으로 내보낼 수도 있었다고 주장하지만 경호처요원이 그렇게 할 보안상·경호상의 이유(rationale)는 없었다고 판단하였다.62)

다. 백악관의 행동지침서존재여부와 경호처의 경호지침

시위자들은 자신들을 대통령으로부터 떨어트려 놓을 것을 지시함에 있어서, 경호처 요원들은 대통령의 안위를 염려한 것이 아니라 자신들의 반대목소리가 대통령에게 전달되지 못하도록 하는데 초점이 있었다고 주장하였다. 하지만 대법원은 그 지역의 지도를 보면, 반대자는 대통령의 안위에게 잠재적 위협이 될 수 있는 곳에 위치하였음에 반해, 지지자들은 2층짜리 빌딩으로 가로막혀 있어서 잠재적 위험이 되지 않는 곳에 위치하고 있었기에 시위자들의 주장이 설득력이 미약하다고 판단하였다.

대법원은 당시 경호처 요원들이 정말로 대통령의 안위를 진지하게 걱정하였다면, 대통령이 호텔에서 식사하기 위해 그 곳에 도착했을 때 호텔에 있던 사람들을 퇴거시켰거나 보안점검을 했어야 했다는 시위자들의 재반론도 효과적인 주장이 아니라고 판단하였다. 즉 호텔직원, 저녁식사중인 다른 손님, 호텔투숙객 등 당시 호텔에 있었던 사람들은 경호처 요원들이 대통령의 식사계획을 알기 전까지 대통령을 볼 것이라 예상하지 못하였고, 그래서 그들은 대통령에게 큰 위협이 되지 않는다고 대법원은 판단하였다. 또한 대법원은 이미 호텔 안에 있었던 사람들은 비교적 적은 수의 인원이었으므로 경호처 요원들이 효과적으로 밀착해서 감시할 수 있다고 판단하였다. 백악관지침은 대통령실 정책실무팀(the President's advance team)에게 행사장 또는 차량행렬에서 볼 때 되도록이면 시위자구역(a protest area)이 보이지 않도록 경호처 요원과 협력

62) Wood v. Moss, 134 S.Ct. 2056, 2067 – 2069 (2014)

할 것을 요구하고 있다. 그런데, 대법원에서 판단할 때 경호처의 성문지침서는 반정부적 시위대나 친정부적 시위대를 차별하지 못하도록 명시적으로 규정하고 있기 때문에 문제의 백악관지침은 경호처요원의 행동요령을 정하는 것이 아니라 정책실무팀의 행동요령을 정하는 것으로 판단하였다. 가사, 반대시위자들이 주장하듯이, 다른 시간 다른 장소에서 다른 경호요원들이 대통령을 정치적 비판으로부터 보호하기 위해서 행동하였다고 하더라도, 직선 가시거리에 있는 반대자를 지지자들 보다 멀리 떨어 트려 놓는 경호요원들의 행위가 정당한 보안경호상의 이유가 결하였고 보기 힘든 경우라고 판단하였다. 또한 선례인 Bivens사건[63]에서 보듯이 공무원 개인은 공무집행을 함에 있어서 헌법을 위반하지 않았다면 배상책임을 지지 않는다고 연방대법원은 설명하였다.[64] 그래서 대법원은 경호처요원의 행동양식으로 미루어 짐작할 때 대통령입장에서는 불쾌한 표현을 차단하려는 불문의 경호처 행동지침이 있었다거나 모든 현장근무 요원들에게 적용되는 백악관지침이 있다고 추정하는 것은 논리비약이라는 입장이었다.[65]

4) 시사점

본 판결은 Ginsburg대법관이 판결문을 작성하였고 만장일치로 고등법원의 결정을 파기 환송한 사건이었다. 대법원은 백악관 경호원들이 항상 대통령으로부터 비슷한 정도의 거리를 두고 다른 견해를 가진 집단들을 위치하도록 할 의무가 있는지가 분명하지 않고, 동 사건에서 경호원들은 대통령이 저녁식사를 하는 야외 식사장소에서 시위자들이 떨어지도록 명령하거나 요청할 합법적인 보안상의 이유가 있었다고 판단하면서 고등법원 판결을 파기하였다. 미국도 일반적으로는 공무를 수행한 공무원의 개인에 대한 민사책임을 면제하고 있다. 하지만, 공무원이 행

---

63) Bivens v. Six Unknown Named Agents of Federal Bureau of Narcotics, 91 S.Ct. 1999.

64) Iqbal, 556 U.S., at 683, 129 S.Ct. 1937,

65) Wood v. Moss, 134 S.Ct. 2056, 2069 - 2070.

위 당시에 일반적 공무원의 기준에 비추어 보았을 때 확립된 헌법상의 기본권을 침해하거나 성문법을 위반한 경우로 판단될 때에는 개인책임을 인정하고 있다.[66] 본 사건에서는 연방지방법원과 연방고등법원은 경호처요원의 개인책임면책주장을 기각하였지만, 대법원은 본 사건이 발생할 당시에 연방대법원이 다룬 경호처요원의 헌법상 기본권침해가 쟁점이 된 사건은 단 한건만이 존재하고 있고, 또한 언제나 획일적으로 견해가 다른 집단을 동일한 거리에 위치시켜야만 헌법상 표현의 자유가 침해되지 않는지 확립된 판례도 존재하지 않아서, 일반적 경호요원의 기준에서 볼 때 행위 당시 그 행위가 헌법상 보장된 표현의 자유를 침해한 것으로 볼 수 없기에 공무원면책에 해당한다고 판시한 사건이다. 권력적 사실행위에 속하는 행정권의 발동에 있어서도 헌법상의 기본권은 보호되고 침해되지 않아야 하다. 그러므로 확립된 기본권침해와 확립된 법원칙 위배를 기준으로 공무원개인책임면책여부를 결정하는 미국의 사법정책과 판례는 우리의 공권력발동과 정책집행단계에서 큰 시사점이 되고 있으며, 국가배상제도가 행정의 적법성통제기능을 달성하기 위해서는 공무원개인책임에 대한 강화가 사법정책적으로 필요할 것으로 판단된다.

(2) Officer Vance Plumhoff v. Whitne Rickard[67]

최근 미국에서는 경찰의 총기사용으로 인한 사망사건이 인종차별과 연결되어 많이 문제되고 있다. 본 사건은 인종차별이 문제된 사건은

66) 소위 Bivens소송에 대한 국내소개는 정하명, 미국연방공무원개인의 손해배상책임에 관한 최근 판결례, 공법학연구 제12권 제2호, 2011, 351면 이하 참조

67) 사건의 배경: 경찰관의 추격을 과속으로 따돌리려던 용의자가 경찰의 총격에 의해 사망하자 경찰관을 상대로 § 1983의 손해배상소송을 제기한 사건이다. 유가족들은 경찰이 15발의 사격을 가한 것은 과도한 공권력의 행사이고 이것은 수정헌법 제4조와 제14조의 적법절차의 원리를 위배한 것이라고 주장하였다. 테네시주 서부 연방지방법원(The United States District Court for the Western District of Tennessee)은 경찰관의 면책주장을 기각하고 즉시항고에서 제6 연방고등법원은 지방법원의 판결을 인용결정하자 대법원에 항소하였고 대법원이 그 항소를 받아들인 사건이었다. Plumhoff v. Rickard, 134 S.Ct. 2012 (2014)

아니지만, 경찰의 총기사용에 대해 유가족들이 경찰의 불법행위책임을 주장한 사건이다.

1) 사건의 개요와 사건진행

경찰관이 순찰 중에 전조등 하나가 꺼진 채 운행되고 있는 자동차를 발견하고 정차시킨 후 검문하던 중 운전자인 Rickard은 달아나기 시작했기에 경찰관은 추격에 나섰다. Rickard가 운전하던 자동차가 주차장으로 내몰리자 잠시 추격전은 중단되었지만 Rickard는 다시 도망을 시도하였고 그가 가속페달을 재차 밟으면서 순찰차의 범퍼를 밀어내려고 까지 하자 경찰관이 Rickard의 차를 향해 실탄을 3발 발사하였다. 그럼에도 불구하고 Rickard는 앞에서 도주를 막고 있는 경찰관을 거의 칠 뻔 하면서 계속 도주할 수 있었다. 이런 상황에서 경찰관은 12발의 실탄을 달아나는 자동차를 향해 발사하였다. 결국 Rickard가 운전하는 차는 건물에 충돌하였는데, Rickard와 동승자는 총상과 충돌 때문에 발생한 부상 때문에 사망에 이르게 되었다.

Rickard의 미성년자녀가 42 U.S.C. § 1983소송[68]을 제기하였고 당시 경찰관은 과도한 무력을 사용하였기에 수정헌법 제4조와 제14조를 침해하였다고 주장하였다. 지방법원은 개인책임면제를 주장하면서 약식

---

68) 42 U.S.C. § 1983 Civil action for deprivation of rights

"Every person who, under color of any statute, ordinance, regulation, custom, or usage, of any State or Territory or the District of Columbia, subjects, or causes to be subjected, any citizen of the United States or other person within the jurisdiction thereof <u>to the deprivation of any rights, privileges, or immunities secured by the Constitution and laws,</u> <u>shall be liable to the party injured in an action at law, suit in equity, or other proper proceeding for redress, except that in any action brought against a judicial officer</u> for an act or omission taken in such officer's judicial capacity, injunctive relief shall not be granted unless a declaratory decree was violated or declaratory relief was unavailable. For the purposes of this section, any Act of Congress applicable exclusively to the District of Columbia shall be considered to be a statute of the District of Columbia."

재판을 청구하던 경찰관의 청구를 기각하면서, 당시 경찰관의 총기사용은 행위 당시에 명백히 성립된 법률과 판례에 반하며 수정헌법 제4조와 제14조를 위반했다고 판단하였다. 항고에 대해서 연방고등법원은 재판관할이 있다고 결정하고, 제6연방고등법원은 당시 경찰관의 행위는 수정헌법 4조를 위반했다고 판단하였고 경찰관이 명백하게 확립된 법률과 판례(clearly established law)를 위반했다는 연방지방법원의 판단을 지지하였다.

2) 판결의 주요내용[69]

가. 연방고등법원의 관할권여부: 즉시항고와 지방법원의 최종 판단 여부

대법원은 제 연방고등법원의 관할권행사는 지방법원의 최종적 결정(final decisions)에 대한 항고는 고등법원(courts of appeals)에 재판관할권을 주는 28 U.S.C. § 1291[70]에 의한 적법한 관할권행사로 판단하였다. 대법원은 일반적으로는 약식재판을 청구하는 것을 기각하는 것은 최종판결(final decision)이 아니기에 즉시 항고할 수 있는 것은 아니지만 약식재판을 청구한 이유가 공무원면책주장이었다면 일반원칙이 적용되지 않는다는 선례[71]를 인용하였다.

---

69) Alito대법관이 판결문을 작성했다. 연방고등법원은 지방법원의 결정(order)을 심사할 적합한 관할권이 있다. 당시 경찰관이 치명적 무기를 사용한 것은 합리적인 조치였다. 경찰관이 15발의 총알을 용의자의 차를 향해 발사한 것은 과도한 공권력의 사용이 아니다.

70) 연방법 28편은 법원조직과 절차에 관한 법이며 그중 PartIV는 재판관할과 심급에 대해서 규정하고 있는데 83장은 고등법원의 관할에 관해서 규정하고 있다. 28 U.S.C.A. § 1291 Final decisions of district courts "The courts of appeals (other than the United States Court of Appeals for the Federal Circuit) shall have jurisdiction of appeals from all final decisions of the district courts of the United States, …, except where a direct review may be had in the Supreme Court. The jurisdiction of the United States Court of Appeals for the Federal Circuit shall be limited to the jurisdiction described in sections 1292(c) and (d) and 1295 of this title."

피상소자들은 Johnson선례[72]로 인해서 연방고등법원에 관할권이 없다고 주장하였다. 그러나 연방대법원은 Johnson사건에서의 지방법원의 결정은 단순히 증거가 충분한지 여부에 대한 결정이었으므로 즉시항고 가능하지 않았다[73]고 판단하였다. 그에 반해서 본 사건에서 경찰관이 면책을 주장할 수 있는지 여부는 1심법원에서 주로 다루는 순수한 사실확정과는 아주 다른 법적 논점의 문제를 불러일으킨다고 대법원은 판단하였다. 대법원은 고등법원의 중핵적 역할은 이런 법률적 쟁점에 대한 판단을 하는 것이라고 하면서 법적 쟁점에 대해 판단하도록 하는 것이 부당한 짐을 고등법원에 지우는 것은 아니라는 선례[74]를 인용하였다.

나. 경찰관의 헌법침해의 판단기준

대법원 관할권에 대한 판단을 한 후, 경찰관들은 수정헌법 제4조를 위반하지 않았다고 판단했으며, 본 사건에서 쟁점이 되는 공무원의 면책여부를 검토하는 것은 헌법적 선례의 발전을 가져올 것[75]이라고 대법원은 판단하였다.

사망자의 유가족이 주장하는 과도한 무력사용이 있었는지 여부를 판단함에 있어서 당시 행위자인 공무원 개인을 기준으로 하는 것이 아니라 그 현장에 있는 이성적인 경찰관(a reasonable officer)의 관점에서 보는 전반적 상황전체를 분석[76]해야 한다고 대법원은 판단했다.

피항소자(유가족)는 수정헌법 제4조 때문에 경찰관은 당시 추적을 끝내기 위해서 사망에 이를 수도 있는 무력사용을 할 수 없다고 주장하였다. 유가족들은 가사, 경찰관이 총기를 발사할 수 있다고 하더라도, 당시 상황에서 경찰관이 그들 총에 장전된 모든 총알을 다 사용할 때까

71) Johnson v. Jones, 515 U.S. 304, 311, 115 S.Ct. 2151, 132 L.Ed.2d 238.

72) Johnson사건은 체포된 자가 경찰관이 과도한 무력을 사용했다고 § 1983소송을 제기한 사건이었다.

73) Johnson v. Jones, 515 U.S. 304, at 313, 115 S.Ct. 2151

74) 참고, Scott v. Harris, 550 U.S. 372, 127 S.Ct. 1769, 167 L.Ed.2d 686.

75) Pearson v. Callahan, 555 U.S. 223, 236, 129 S.Ct. 808, 172 L.Ed.2d 565.

76) Graham v. Connor, 490 U.S. 386, 396, 109 S.Ct. 1865, 104 L.Ed.2d 443.

지 총기를 사용한 것은 과도한 공권력사용이라고 주장하였다.

하지만 대법원은 경찰관이 총기사용을 한 것을 합리적인 판단이라고 보았다. 또한 다른 무고한 시민의 생명을 위협하는 위험한 질주(a dangerous high－speed car chase)를 끝내기 위한 경찰관의 시도는 비록 도망치는 운전자의 심각한 부상위험 혹은 사망위험이 있다고 하더라도 수정헌법 제4조를 위반하지 않았다[77]고 판단한 선례를 인용하였다.

Rickard는 광기어린 무모한 운전을 하였고 적어도 5분이상은 160km이상의 속도로 달렸으며, 24명 이상의 다른 운전자를 지나쳤기에 일반대중에게 심각한 위험을 초래할 상태에 있었으며, Rickard의 차가 일시 정지할 때 추격전이 끝났고 그 후 경찰관이 총격을 가하기 시작하였다는 것에 대한 결정적인 반대증거는 경찰관의 영상기록이 충분히 보여준다고 대법원은 판단하였다. 실탄을 발사한 상황을 기준으로 보면, 이성적인 경찰관은 Ricakard가 다시 도망치려고 시도한다고 판단할 수밖에 없고, 그가 다시 도망친다면 도로에 있는 다른 시민에게 위협이 될 것이라고 대법원은 판단하였다.[78]

대법원은 경찰관들이 일반시민의 안전에 대한 위협을 끝내는 데 필요한 이상의 실탄발사를 하지는 않았으며 경찰관은 일반시민에 대한 위협이 끝날 때까지 사격을 멈출 필요는 없다고 판단하였다. 본 사안에서, 모든 실탄이 발사되는 동안 Rickard는 도망치려는 시도를 멈추지 않았고 결국 운전해서 나갈 수 있었다. 대법원은 Alderman v. United States 판결[79]을 인용하면서 수정헌법 제4조의 적법절차권인 개인적 기본권으로써 대신 주장할 수 있는 성질의 것이 아니므로 개인적동승자가 있던지 여부는 경찰관이 Rickard의 수정헌법 제4조의 적법절차권을 침해했

77) Scott, supra, at 385, 127 S.Ct. 1769.
78) Plumhoff v. Rickard, 134 S.Ct. 2012, 2021 - 2022. (2014)
79) Alderman v. United States, 394 U.S. 165, 174, 89 S.Ct. 961, 22 L.Ed.2d 176.Pp.2022-2023.

는지 판단함에 있어서 아무런 중요성이 없다고 판단하였다.[80)]

다. 확립된 헌법상 권리침해여부 판단

가사, 경찰관의 공권력사용이 수정헌법 제4조를 위반하였다고 가정하더라도, § 1983를 근거로 소송을 당한 공무원은 소송제기자들이 문제된 시점을 기준으로 확립된('clearly established') 성문법상 혹은 헌법상의 권리(a statutory or constitutional right)를 공무원이 침해했다는 것을 증명하지 못한다면 공무원개인책임면제를 받을 적격[81)]이 있기 때문에 원고인 경찰관들은 공무원개인면책을 근거로 약식재판을 받을 적격이 있다고 대법원은 판단하였다.

대법원은 경찰관이 발생 가능한 위험을 막기 위해 도주하는 차량을 향해 실탄을 발사한 최근의Ashcroft v. al-Kidd사건[82)]과 Brosseau v. Haugen사건[83)]을 보면, 지금처럼 경찰관이 행동하는 것을 배제하는 명확히 확립된 법이 없다는 것을 보여준다고 대법원은 판단하였다. 그러므로 승소하기 위해서는 유가족들은 반드시 Brosseu사건과 본 사건이

---

80) Plumhoff v. Rickard, 134 S.Ct. 2012, 2022-2023.

81) Ashcroft v. al-Kidd, 563 U.S. ──, ──, 131 S.Ct. 2074. Brosseau v. Haugen, 543 U.S. 194, 201, 125 S.Ct. 596, 160 L.Ed.2d 583,

82) 본 사건은 2011년 5월 연방대법원 판결한 사건으로 알카이드 멤버인 Addullah가 자신이 불법적으로 체포되었다고 당시 법무부장관인(Attorney General)을 상대로 Bivens소송을 제기한 사건이다. 연방 주요증인법률이 헌법에 반하도록 해석되어서 자신을 테러용의자로 억류하고 조사했다고 주장하였다. 아이다호주의 연방지방법원은 피고의 면책주장을 기각하였고, 제9연방고등법원은 일부인용하였고 대법원은 압수수색의 합리성심사를 기준하면, 수정헌법 제4조위반은 없었으며, 법무부장관이 확립된 법을 위반하지는 않았으므로 면책자격이 있다고 판단하였다. Ashcroft v. al-Kidd, 563 U.S. ──, ──, 131 S.Ct.

83) Brosseau사건은 2004년 12월 연방대법원이 결정한 사건으로, 경찰관의 체포를 피하기 위해 도주하던 용의자가 경찰관의 총을 맞자 경장관에게 1983조 소송을 제기한 사건이데, 지방법원은 공무원면책을 인정하였지만, 제9고등법원은 면책을 부정하였다. 대법원은 다른 사람에게 위협을 주면서 도망가는 용의자에게 총격을 가하는 것이 수정헌법 제4조위반이라는 것은 확립된 법원칙이 아니라고 제9고등법원의 판결을 파기한 사건이다. Brosseau v. Haugen, 543 U.S. 194, 201, 125 S.Ct. 596, 160 L.Ed.2d 583,

아주 다르다는 것을 밝히거나 "강제력 있는 법원(controlling authority)"을 가져오거나, 아니면 아주 설득력이 강한 참조할 수 있는 법원(persuasive authority)을 사용하여야 한다고 하면서, 본 사건에서 유가족들은 앞에서 언급한 어떤 것도 증명하지 못했다고 판단하였다. 대법원이 보기에는 Brosseau사건과 비교할 때 본사건의 정황증거는 경찰관에게 더 유리하도록 판단하였다. 유가족들은 폭주(high－speed car chase)를 끝내기 위해 치명적 공권력을 사용하는 것이 확립된 헌법위반이라는 것이라고 볼 수 있는 아무런 선례도 지적하지 못했다.

3) 시사점

경찰관의 과도한 공권력이 문제된 최근 사안에서 연방 지방법원과 고등법원에서는 대부분 확립된 기본권침해로 판단하여 공무원의 면책을 인정하지 않았지만, 연방대법원은 확립된 기본권침해로 볼 수 없다고 판단하였다. 그 이유는 연방지방법원과 연방고등법원의 경우에는 자신의 선례에서 과도한 경찰권의 공권력집행에 대해서 공무원개인책임을 인정한 선례들이 존재하지만, 연방 대법원의 입장에서는 도주하는 차량에 대해서 총격을 가한 사례에서 과속 또는 폭주를 통해서 다른 시민의 안전을 해할 우려가 있는 경우에는 대부분 과잉대응으로 보지 않는 대법원의 선례를 따른 것으로 판단된다. 연방대법원의 경우 침해되는 사익과 공익의 비교형량을 통해서 경찰공무원의 직무집행의 위법성을 판단하는 것으로 보인다.

(3) 공무원의 개인책임판례의 시사점

통상 소개된 것과 같이 영미법국가인 미국은 주권면책사상(the King can do no wrongs)에 따라서 연방정부를 상대로 손해배상청구를 하는 것이 허용되지 않았다. 그러나 연방정부를 상대로 손해배상청구가 불가능하다는 것이 피해구제를 받지 못한다는 것을 의미하지는 않으며 피해자는 연방정부가 아니라 공무원 개인을 상대로 보통법상의 불법행위에 기한 손해배상청구를 통해서 피해구제를 받았다. 그러나 연방정부를 상대로 손해배상청구를 할 수 없게 되자 피해자들은 특별보상조치법의 개별적 입법을 청원하는 등 의회에 많은 압력을 가했을 뿐만 아니라 법학자들이 주권면책사상의 부당성을 주장하고 시대변화에 따른 법률개정 혹은 판례변화를 촉구하는 등 국가배상체계의 변화요구가 확산되었다. 이런 시대적 상황을 반영하여 연방의회는 1946년 연방국가배상법(Federal Tort Claim Act)을 제정하게 이르렀다. 물론 연방국가배상법이전에도 1910년 특허침해법, 1920년 및 1925년 해사관계법, 1922년 소액배상법(Small Claims act)처럼 연방정부 중 특정부처, 혹은 특정피해자 또는 청구인에게 국가배상을 청구할 수 있는 권원을 부여하는 법률들이 존재하였다. 연방국가배상법이 제정된 후, 일반적인 주권면책원칙은 포기되어서 연방정부를 상대로 국가배상을 하는 중요한 법원으로서 기능하고 있지만 연방국가배상법은 불법행위책임을 인정함에도 그 적용이 배제되는 사유를 폭넓게 규정하고 있다. 또한 소송 전 행정기관에 배상신청을 하여야 하며(배상신청전치주의), 배상신청이 받아들여지지 않은 경우에만 소송을 할 수 있으며, 배상신청거부결정이후 6개월 이내에 국가배상을 제기할 수 있는 제소기간의 제한도 부과되어 있다. 미국 연방국가배상법의 배상책임인정요건(§1346 (b))을 간략히 살펴보면, ① 연방정부에 고용된 자의 불법행위가 있을 것 ② 그 행위가 직무의 범위 내에서 행하여졌을 것 ③ 그 행위가 과실 또는 부당한 작위나 부작위에 기한 것일 것 ④ 청구인에게 손해가 발생하였을 것 ⑤ 만일 연방정부가 사인라고 가정하면, 그 작위나 부작위가 일어난 장소의 법률에 의해 불법행위가 성립할 것 등이 배상책임요건이다.[84] 미국 판례에서는 일반적인 공무원(a

84) 판례는 사법행위와 입법행위에 대해서는 다른 행정작용과는 다르게 취급하여 왔었다. 일찍이 1871년 Bradley v. Fisher판결을 통해서 판사의 독립성과 민사적 책임부담으로 부터의 자유가 공정하고 중립적 재판의 중요한 기반이 된다고 인식

reasonable officer)이 당시 상황이라면 어떤 판단과 행위를 하였는지를 기준으로 위법성과 고의·과실을 동시에 판단하고 있다. 공무원개인책임을 포함한 광의의 국가배상제도의 목적은 피해구제와 행정의 적법성통제에 있다. 행정의 적법성통제의 관점에서는 확립된 기본권침해가 있거나 성문법을 위반한 공무집행이 있다면 공무원 개인의 손해배상을 원칙으로 하는 법제도 구성이 더 바람직하다고 평가된다. 그러므로 공무원이 직무집행 당시을 기준으로 확립된 법원칙이 존재했는지 여부와 그 법원칙을 위반하여 직무집행을 했는지 여부를 기준으로 공무원개인면책을 결정하는 미국의 사법정책과 제도는 우리에게 시사점을 준다.

3. N.L.R.B. v. Noel Canning사건[85)]

본 사건은 대통령의 임명권행사의 위헌판단과 임명된 위원이 소속된 위원회의 결정의 효력에 관한 사건이었다.

하여 판사에 대한 불법행위책임의 면책을 인정하였으며, 그 대상은 배심원과 치안판사에까지도 확대되어 왔으며, 다만 면책대상이 되는 직무는 ① 그 직무가 재판관련된 직무이며, ② 그 행위가 일어난 장소가 법정이거나 판사실이어야 하며, ② 소송사건과 관련된 분쟁이며, ③ 판사의 정당한 직무집행 범위 내에서 수행된 것이라는 제한이 존재한다. 사법부(재판관련)면책이 행정공무원인 검사에게도 인정되지만 그 인정여부는 검사의 행위가 재판절차의 필수적인 요소와 연결되어 있는 것인지가 기준이 된다. 입법 활동과 관련해서는 의정활동을 수행하는 과정에서 행한 발언 등은 절대적 면책사유에 해당하며 순수한 입법 활동이 아닌 경우에는 면책이 적용되지 않는다. 하지만 입법부작위에 대해서 의원개인의 책임을 인정한 판례들은 존재하지 않는다.

85) 고용주가 연방노동위원회(National Labor Relations Board: NLRB)의 재결(order)을 심사해달라고 소송을 제기하였다. 노동위원회는 고용주가 노조와 체결한 단체협상 합의를 작성하고 집행하기 위해서 소급 보너스의 지불 등을 줄이는 것을 거부함으로써 연방노사관계법(National Labor Relations Act : NLRA)을 위반했다고 판단했다. D.C연방고등법원은 피고의 항소를 받아들이고 대통령이 5명의 위원 중 3명의 위원을 의회휴회기중 임명한 것은 효력이 없기에(invalid) 의사정족수를 결하였다고 판단하여 노동위원회의 재결(order)은 무효라고 판단하였다. 이에 대하여 연방대법원이 항소를 받아들였다. N.L.R.B. v. Noel Canning, 134 S.Ct. 2550 (2014)

(1) 사건의 개요와 사건의 경과

피상고인 Noel Canning사는 펩시콜라 배급사이고, DC고등법원에 연방노동위원회(National Labor Relations Board: NLRB)의 재결을 취소해달라고 소송을 제기하였다. 피상고인은 동 위원회의 5명의 위원 중 3명의 위원의 임명은 효력이 없기 때문에 의결정족수(quorum)를 채우지 못하였다고 주장하였다.

문제가 된 3명의 위원에 대한 후보자지명은 2011.12.17.일 상원에 전달되었으나 처리되지 않고 있었고 형식적 약식회의(pro forma session)들이 연속적으로 결의되었으나 그 약식회의 소집목적에는 아무런 의안이나 처리업무들이 없는 것이었다. 112회 의회에서는 2012.1.20.까지 매주 화요일과 금요일에 형식적 약식회의를 잡아 놓았다.[86] 그러던 중, 오마바 대통령은 연방헌법 제2편 제2조 제3항(Art. II, § 2, cl. 3[87]))의 휴회 중 임명권을 근거로 임명권을 행사하게 되었다. 미국 연방헌법 제2편 제2조 제3항은 대통령에게 "상원의 휴회(Recess of the Senate) 발생하는 모든 공석을 채울" 권한(상원의 동의 없이)을 대통령에게 부여하고 있다. 대통령은 2012.1.3.에 있었던 형식적 약식회의와 2012.1.6.에 있었던 약식회의사이에 3명의 위원을 임명하였다. Noel Canning사는 주위적으로 3일정도의 휴회기간은 대통령의 휴회 중 임명권한을 행사하기에는 너무나 단기간의 휴회이므로 대통령의 위원임명은 효력이 없다고 주장하였다.

---

86) 2012. S. J., 112th Cong., 1st Sess., 923.

87) 통상의 번역의 예는 미국 연방헌법 제3조 제2항 제3호라고 하나, 연방헌법 본문의 경우는 Article을 편으로 번역하는 것이 우리나라 헌법체계에 비추어 타당할 것으로 생각된다. 연방헌법 제2편은 대통령에 관한 조문들이다. "The President shall have Power to fill up all Vacancies that may happen during the Recess of the Senate, by granting Commissions which shall expire at the End of their next Session." 비교 U.S.C.A. Const. Art. II § 2, cl. 2 "He shall have Power, by and with the Advice and Consent of the Senate, to make Treaties, provided two thirds of the Senators present concur;…"

DC 고등법원은 결론은 Noel사와 같지만 Noel사의 주장과 달리 연방 헌법상의 휴회는 정기회기중간의 임시휴회(intra－session recesses)는 포함하지 않고 조문상 "휴회중에 생긴 공석(Vacancies)"의 의미는 휴회중에 처음으로 발생한 공석만을 의미하기 때문에 오바마 대통령이 행사한 임명은 헌법상의 휴회임명권범위 밖이라고 판단하였다.

(2) 판결의 주요내용[88)]

대법원의 다수의견은 휴회임명조항은 동일한 회기 중의 휴회이던지 회기와 회기사이의 휴회이던지 상관없이 모든 충분히 장기인 휴회기간에 존재하는 모든 공석을 채울 권한을 대통령에게 부여했다고 판단[89)]하였다.

1) 조문의 목적과 역사적 관점

대법원은 본 사건을 해결함에 있어서 두 가지 점에서 배경에 대한 이해가 필요하다고 설시하였다.

먼저, 휴회 중 임명조항은 연방주요공무원을 임명하는 보조적인 방안(subsidiary method)라는 것이다. 헌법제정자들은 주요 공무원(principal officers)인 경우 대통령의 후보자지명에 대한 상원의 동의를 요하는 연방헌법 Article II, § 2, cl. 2의 방식을 기본적인 임명방식으로 채택하였다는 사실을 지적하였다. 대통령의 경우 계속적으로 소속 공무원(the assistance of subordinates)의 도움이 필요하지만[90)] 상원은 매년 간략한 회기를 갖는 초기 관행 사이에 긴장(the tension)을 반영한 것이 휴회중

88) Breyer대법관이 판결문을 작성하였다. 연방 헌법상의 휴회중 임명조항에서 의미하는 휴회는 상당한(substantial) 기간 동안의 동일회기내의 휴회(intra－session recesses) 도 포함한다. 휴회중 임명조항은 휴회이전에 발생한 공석에도 적용된다. 두 번의 형식적인 약식회의(pro forma sessions)기간사이에 생긴 3일간의 휴회기간동안 대통령이 휴회중 임명권을 사용한 것은 무효라고 판단하였다.

89) N.L.R.B. v. Noel Canning, 134, S.Ct. 2550, 2558 - 2573 (2014)

90) Myers v. United States, 272 U.S. 52, 117, 47 S.Ct. 21, 71 L.Ed. 160

임명조항이라고 대법원은 보고 있다. 그러므로 휴회 중 임명조항은 휴회기간 중에 임명할 수 있는 권한을 대통령에게 부여한 것이지 대통령에게 상시적으로 상원의 동의를 회피할 수는 권한을 부여한 것은 아니라는 것이 대법원의 판단이었다.

둘째, 휴회 중 임명조항을 해석함에 있어서, 법원은 반드시 역사적 관행에 대해서 많은 존중을 두어야 한다고 판단한 선례[91]를 인용하였다.

오랫동안 계속된 국가의 관행[92](practice of the government)은 권력분립이 문제된 사건에서 무엇이 법인지를 법원이 결정하는데 있어서 적절한 정보를 제공한다고 Marbury사건[93]을 인용하였다.[94]

미국이 독립한 이후로 대통령이 휴회 중 임명권을 행사한 사례는 많이 존재함으로 본 사례에서 참고할 만한 경우가 많다는 것이 대법원의 판단이었다. 역사적으로 휴회 중 임명권이 많이 사용된 것을 보면, 대통령도 상원도 휴회중임명이 경우에 따라서는 필요하고 적절한 임명권행사라고 판단하고 있다는 것을 알 수 있다고 대법원은 보았다. 헌법상의 휴회 중 임명권을 최초로 해석함에 있어서 대법원은 선거를 통해서 선출된 국가기관인 대통령과 상원이 만들어온 업무관행과 타협을 무시해서는 안 된다고 판단하였다[95].

2) 역사적 고찰과 휴회기간의 충분성판단

헌법조문상 "상원의 휴회("the recess of the Senate")은 상원의 정기

---

91) McCulloch v. Maryland, 4 Wheat. 316, 401, 4 L.Ed. 579, Marbury v. Madison, 1 Cranch 137, 176, 2 L.Ed. 60, Mistretta v. United States, 488 U.S. 361, 401, 109 S.Ct. 647, 102 L.Ed.2d 714; The Pocket Veto Case, 279 U.S. 655, 689-690, 49 S.Ct. 463, 73 L.Ed. 894.

92) McCulloch v. Maryland, 4 Wheat. 316, 401, 4 L.Ed. 579.

93) Marbury v. Madison, 1 Cranch 137, 176, 2 L.Ed. 60.

94) 참고 선례, Mistretta v. United States, 488 U.S. 361, 401, 109 S.Ct. 647, 102 L.Ed.2d 714; The Pocket Veto Case, 279 U.S. 655, 689-690, 49 S.Ct. 463, 73 L.Ed. 894.

95) N.L.R.B. v. Noel Canning, 134 S.Ct. 2550, 2558 - 2560. (2014)

회기사이의 정기휴회(inter－session recess)뿐만 아니라 상당한 기간(substantial length) 동안 이루어지는 회기중간의 휴회와 같은 임시휴회(intra－session recesses)을 포함한다고 대법원은 판단하였다.

헌법조문자체는 불명확한 것은 대법원도 인정하였다. 헌법제정기의 사전과 단어사용례를 참조하면, 휴회(recess)라는 단어는 임시휴회도 포함할 수 있다고 대법원은 판단하였으며, 또한 상원이 소집되지 않은 경우에도 대통령의 직무집행은 계속되어야 하고 정부의 기능이 원활히 수행되어야 함으로 휴회를 광의로 해석하는 것이 동조문의 제정목적과도 부합한다고 대법원은 판단하였다. 상원은 정기휴회중이거나 임시휴회중이거나 모두 대통령의 임명권행사에 참여할 수 없게 된다는 사실은 동일하다고 대법원은 판단하였다. 또한 대법원은 미국 헌정사와 정치관행의 역사를 살펴보았는데, 휴회를 광의로 해석하는 것이 역사적 고찰에도 부합된다고 판단하였다. 건국초기부터 대공황이전까지는 상원이 상당한 기간 동안, 공적 연휴기간이 아님에도 불구하고 임시휴회를 가진 경우에는 대통령들은 휴회임명권을 사용하였다. 예를 들면, Andrew Johnson대통령은 1867년 최초로 문서로 남아 있는 임시휴회기간에 휴회임명권을 사용하였으며, 1868년에도 임시휴회기간동안 휴회임명권을 사용하였다. 그 후 대통령들도 1921년, 1929년 유사하게 임시휴회기간동안 임명권을 행사하였다. 1929년 이후, 실제로는 세계 제2차 대전이 끝나고 나서 의회는 정기휴회기간(inter－session breaks)을 줄이고 더 자주 더 긴 임시휴회기간(intra－session breaks)을 사용하게 되었다. 그래서 역사적으로 세계 2차 대전이후, 대통령들은 보다 자주 임시휴회 기간중 임명권한을 사용하게 되었다. 그럼에도 불구하고 상원은 임시휴회기간중 대통령의 임명권행사의 적법성에 대해서 한 번도 공식적인 조치를 취하지 않았다는 사실에 대법원은 주목하였다. 또한 1905년 상원의 법제사법위원회(the Senate Judiciary Committee)는 휴회 중 임명권행사조문의 휴회를 상원이 소집되지 않아서 임명을 하는데 있어서 상원전체로서 참여할 수 없는 기간을 의미한다고 정의하였다[96].

그래서 상원자체의 정의는 기능적인 관점에서 휴회를 정의하고 있어서 정기휴회뿐만 아니라 임시휴회도 포함된다는 것이 대법원의 판단이었다. 휴회 중 임명된 공직자에 대한 보수지급에 대해 규정한 1940년 법에 대한 의회회계감사원장(the Comptroller General)의 해석도 휴회를 기능적으로 해석하고 있었다. 결론적으로, 대통령은 150년 동안 임시휴회 중에도 휴회 중 임명권을 사용하였고 상원은 휴회 중 임명권행사에 대해 어떤 공식적 대응도 하지 않았으며, 다만 휴회의 기간은 헌법조문의 해석상 적정한 정도의 휴회기간[97]동안 휴회이어야 한다고 대법원은 판단하였다.

하지만, 문제는 헌법조항자체는 얼마나 오랜 기간 휴회를 가져야 본 조항에 해당하는 휴회인지 명시하지 않고 있다는 것이다. 국가를 대표해서 정부소송을 진행하는 법무부소송차관(the Solicitor General) 조차도 3인동안의 휴회기간은 휴회 중 임명권을 사용하기에는 단기의 휴회기간이라는 것을 인정하고 있었다. 상원휴회에 관한 헌법조문도[98] 입법부에서 3일 동안의 휴식은 심각한 장애가 되는 기간이 아니라는 것을 반영하고 있다고 대법원은 판단하였다. 즉, 상원의 휴회기간이 단기이므로 하원의 동의가 필요 없는 정도의 단기휴회는 대통령이 휴회 중 임명권을 사용할 수 있는 충분한 기간상의 휴회가 아니라고 대법원은 판단하였다. 또한 역사적 고찰을 통해서 볼 때, 10일보다 단기의 임시휴회기간중 대통령이 휴회 중 임명권을 사용한 경우는 없다는 사실에 대법원은 주목하였다. 다만, 10일보다 단기의 정기휴회기간중 대통령이 휴회 중 임명권을 행사한 드문 사례가 존재하지만 아주 이례적(anomalies)인

96) S.Rep. No. 4389, 58th Cong., 3d Sess., p. 2.

97) The Pocket Veto Case, 279 U.S. 655, 689면, 49 S.Ct. 463, 73 L.Ed. 894, 49 S.Ct. 463.

98) Art. I, § 5, cl. 4

경우라고 대법원은 판단하였다. 역사적 관행에 비추어 보면, 3일 이상 10미만의 휴회는 휴회 중 임명권 사용에는 부족한 기간이라고 추정(presumptively)된다고 대법원은 판단하였다. 추정(presumptively)이라고 하였기에 매우 예외적이고 이례적인 경우에는 대통령이 단기의 휴회기간 중에도 휴회 중 임명권을 사용할 수 있는 가능성을 완전히 부정하는 것은 아니다.[99)]

3) 휴회 중 공석발생의 의미

헌법조문상[100)]의 상원의 휴회기간 중 발생하여 있는 공석(vacancies that may happen during the recess of the Senate)이란 의미에 대해서 대법원은 상원의 휴회기간 중 발생한 공석뿐만 아니라 상원의 휴회기간이전에 발생하였으나 휴회기간 중에 계속 공석으로 남아 있는 것도 포함한다고 판단하였다. 물론 대법원은 본 규정도 명확하지 않다는 것은 인정하였다. 헌법제정자인 토마스 제퍼슨도 예견하였듯이,[101)] 본 조문은 두 가지 해석이 모두 가능하다. 제퍼슨은 헌법 조문상의 공석은 휴회 중에 공석으로 있는 상태로 해석될 수도 있고 또는 휴회 중에 공석이 발생한 것으로도 해석가능하다고 보았다.[102)] 1821년 Wirt 법무부장관 은 헌법조문의 취지와 정신을 감안하면 광의로 해석하는 것이 적합하다고 하였다.[103)] 상원은 간격을 가지고 직무를 수행함으로써 상원의 동의를 받을 수 없는 경우, 법을 집행하기 위해서 언제나 직무를 수행해야 하는 대통령에게 공무원의 보좌와 업무의 계속성을 확보할 수 있도록 하기위해 휴회 중 임명조항이 헌법에 규정되었다고 대법원은 판단하였다. 그래서 만약 공석이 상원회기중이지만 회기종료직전에 발생하여 대통령이나 상원이 공

99) N.L.R.B. v. Noel Canning, 134 S.Ct. 2550, 2560 - 2567 (2014)

100) Art. II, § 2, cl. 3,

101) 제퍼슨이 Wilson Cary Nicholas에게 작성한 편지에 등장함 (Jan. 26, 1802), in 36 Papers of Thomas Jefferson 433.

102) Ibid.

103) 1 Op. Atty. Gen. 632.

석을 채울 수 있는 기회를 가질 수 없었다면, 협의의 해석은 연방정부의 중요한 기능을 마비시킬 수도 있으며 특히 미국건국초기에는 더욱 그럴 가능성이 높았다고 대법원은 판단하였다. 공석의 발생을 광의로 해석하는 것은 공무수행공백을 막을 수 있지만, 주요공무원의 임명에 있어서 상원의 조언과 동의요건을 회피하는 수단으로 악용될 소지가 존재하다는 것을 물론 대법원도 인식하고 있었지만, 협의의 해석은 헌법이 부여한 권한을 심각하게, 빈번히 침해할 위험성이 존재한다고 대법원 판단하였다. 즉, 협의로 해석하게 되면, 휴회 중 임명에 대한 아무런 논란이 존재하지 않거나, 휴회 중 임명 대상자가 누가 되었건, 얼마나 긴급히 임명필요성이 제기되건, 상원회기중이지만 거의 종료순간에 발생하였다고 하더라도 대통령은 어떤 경우라도 휴회 중 임명권한을 사용하여 공석을 채울 수 없다는 결론에 이른다고 대법원은 판단하였다.

또한 휴회 중 임명관행에 비추어 보면, 광의의 해석이 강력하게 선호되었다는 것도 발견된다고 대법원은 판단하였다. 역사적으로 휴회이전에 발생된 공석을 채우는데 휴회 중 임명권이 사용된 것은 적어도 제4대 대통령인 Madison[104]시기까지 거슬러 올라 갈 수 있다. 거의 모든 법무부장관은 휴회이전에 발생한 공석에 대해 휴회 중 임명권한이 사용될 수 있다고 보았으며, James Buchanan대통령[105]이후 모든 대통령이 휴회이전에 발생한 공석에 대해서도 휴회 중 임명권을 사용하였다. 역사적 관점에서 보면, 미국역사상 휴회 중 임명권을 사용한 경우의 다수는 휴회이전에 발생한 공석에 대한 것임을 대법원은 강조하였다. 1863년 상원 법제사법위원회는 광의의 해석에 반대하는 보고서를 발표하였고, 휴회이전에 발생한 공석에 임명된 공직자에 대해서는 보수를 지급하지 않는 보수법(the Pay Act)을 통과시켰지만 상원은 이런 반대를 곧 포기하였다. 이런 역사적 사실에 대해서는 1940년 협의의 해석 하에서

104) 헌법 초안자의 한명이며, 제4대 대통령이다(1809-1817)
105) 미국 남북전쟁직전의 대통령이었다. 제15대 대통령(1857-1861).

도 위헌이 아닌 경우에 휴회 중 임명된 공직자에 대해서 보수를 지급하는 것으로 보수법을 개정되었고 또한 대통령은 2세기동안 휴회이전에 발생한 공석에 대해서도 휴회 중 임명권을 행사하였으며, 상원은 75년 이상은 이런 관행에 대해서 아무런 반대로 하지 않았다는 점을 대법원은 강조하였다. 그래서 연방대법원은 이런 관행에 제동을 걸어 오랫 동안 대통령이 자신의 합법적 권한이라고 인식하고 사용해왔던 권한을 심각하게 훼손하는 것을 주저하였다.[106)]

4) 상원의 판단에 대한 존중여부

휴회중임명조항의 목적을 보면, 상원이 정하면 회기이고, 회기를 정하는 것도 상원의 규칙에 의해 가능하므로, 상원은 자신의 업무수행하고 권한을 행사할 가능성을 항상 가지고 있다고 대법원은 판단하였다. 이런 판단은 이제 까지 의회에 관한 대법원의 선례[107)]와 헌법이 자신의 업무수행에 관해서는 광범위하게 상원에 위임하고 있는 헌법조문[108)]과도 합치하는 판단이라고 대법원은 보았다. 언제 회기이고 언제가 회기가 아닌지에 대해서는 상원자신의 결정에 더 큰 비중을 두어야 하겠지만, 법원의 존중은 항상 변함없는 것은 아니라는 점도 대법원은 강조하였다. 즉, 상원자신의 제정한 규칙 하에서 상원이 임무를 수행하지 못하는 경우에는 상원이 아무리 회기 중이라고 주장한다고 하더라도 그 것은 회기 중이 아니라고 판단해야 한다고 대법원은 보았다. 앞에서 살펴본 기준에 의하면, 임시약식회기도 회기이고, 상원규칙이 상원은 상원의 업무를 처리할 권한을 갖는다고 명시하고 있기 때문에 당 사건에서 문제되는 임시약식회기(the pro forma sessions)중에는 상원이 회기 중에 있다고 판단해야 한다고 대법원 결정하였다. 임시약식 회기 중에도

106) N.L.R.B. v. Noel Canning, 2567 - 2573 134 S.Ct. 2550.

107) Marshall Field & Co. v. Clark, 143 U.S. 649, 672, 12 S.Ct. 495, 36 L.Ed. 294; United States v. Ballin, 144 U.S. 1, 5, 9, 12 S.Ct. 507, 36 L.Ed. 321.

108) Art. I, § 5, cl. 2

상원은 만장일치 결의안(unanimous consent agreement)을 통과시킴으로써 업무처리를 할 수 있다. 예를 들면, 실제 2011.12.23. 상원 임시약식 회기 중에 만장일치동의로 법률안을 통과시킨 적도 있다는 사실[109]을 대법원은 상기시켰다. 소송담당법무차관은 임명조항을 해석함에 있어서 문제되는 임시약식회기동안 상원이 휴회 중인지 회기 중인지를 판단하기 위해서는 임시약식 회기 중에 상원이 실제 무엇을 했는지 보다 상세히 검토해야 한다는 소송담당법무차관의 주장을 대법원은 배척하였다. 대법원 본 사건에서 임시약식 회기 중에 상원은 회기 중이었으므로, 대통령은 3일간의 휴회기간 중에 임명권한을 행사한 것으로 대법원은 판단하였다. 그래서 대법원은 헌법상 휴회 중 임명권한을 사용하기에는 3일이라는 휴회기간은 너무나 단기라는 점을 강조하면서 오바마 대통령이 행사한 권한은 헌법이 부여한 권한의 범위를 일탈한 것으로 위헌이라고 판단하였다.[110]

(3) 시사점

의회와 행정부가 충돌하는 사건에 대한 본 연방대법원의 판결을 보면, 연방대법원에 위헌법률심사권한이 있음을 인정한 최초의 판례인 Marbury v. Madison판결[111]을 연상시킨다. 판결문을 작성한 Breyer대법관의 판결문을 따라가면, 먼저 행정부측의 주장을 인정하는 결정을 하다가 마지막에는 대통령의 휴회 중 임명권한은 인정되지만, 이번의 임명권한은 헌법상 권한을 일탈한 것이라고 판단하여 결국 상원의 입장을 존중하는 결론으로 끝을 낸다.

본 사건의 시사점은 국가기관 사이의 분쟁에서 법률조문의 해석함에 있어서 역사적 관행을 중시하고 상원과 대통령사이에 암묵적으로 합

---

109) 참조 2011 S.J. 924; Pub.L. 112-78.

110) N.L.R.B. v. Noel Canning, 2573 - 2578 134 S.Ct. 2550.

111) Marbury v. Madison, 1 Cranch 137, 176, 2 L.Ed. 60.

의된 관행을 사법부가 침해하지 않으려는 사법자제적 접근을 하면서도 사법부가 실리를 찾아 가는 법해석을 한다는 점이다. 마법의 공식이 존재하여 그 공식을 가지고 법 논리적으로만 재판을 하는 것이 아니라 개별사건에서 사회적·정치적 파장과 영향에 대해서 심도있게 살피며, 다양한 접근을 통해서 논거를 마련해 가는 유연한 법해석과 적용을 볼 수 있다. 또한 우리나라의 각종 위원회구성에 있어서 임명에 관한 분쟁이 발생하거나 구성된 위원의 결원이 있는 경우에 행한 위원회의 결정의 효력이 다투어지는 경우에도 법적용과 해석에 있어서 시사점을 제공할 수 있을 것이다.

V. 마무리

행정소송법을 따로 두고 있지 않아서 소송법적으로 행정사건과 민사사건이 구별되지 않는 미국이지만 형사소송과 민사소송은 구별된다. 그런데 미국은 우리와 달리 형사사건에서 민사사건(행정사건포함)의 쟁점이 포함된 경우, 민사법원에서 처리해야 할 선결문제로 다루는 것이 아니라 형사사건을 처리하는 법원에서 민사쟁점도 같이 다루는 것을 알 수 있다. Apel사건에서, 군사목적으로 보유하고 있는 국유재산 중 일부에 대해서 자유로운 사용권을 주정부에 부여하여, 주정부가 일반교통에 공여하는 일반도로로 사용하고 있다고 하더라도, 본래 군사령관의 관할권이 미치는 군사시설 중에 해당한다면, 군사령관은 자신의 적정한 권한행사의 한 형태로 일반시민의 출입이 가능한 구역에 대해서 특정인에 대해 출입금지를 할 수도 있고, 그 처분을 위반하여 출입한 경우 형사법으로 처벌할 수 있다는 내용이다. 우리나라에서도 행정재산에 속하지만 건축법상 공개공지 등의 규정에 의해서 일반인이 출입이 일반적으로 허용되는 경우에, 국가나 건물의 관리권을 가진 행정청이 행정규칙으로 사용규정을 정하고 이에 대한 위반에 대해서 일정조치를 하게 되는 경우가 있을 수 있다. 특히, 군사시설의 경우와 미군의 사용하는 지역에서 유사한 분쟁이 발생할 수 있어서 미국 판례에서 군사시설의 범위 안에는 군이 배타적으로 사용하는 지역뿐만 아니라 일반인의 사용이 허가된 지역이라고 하더라도 원래 군 시설 지역이었으며 지휘관의 관할권이 미치는 지역으로 인정되면 군사시설의 범위에 포함된다는 해석례는 참조가 될 수 있다고 본다.

통상 소개된 것과 같이 영미법국가인 미국은 주권면책사상(the King can do no wrongs)에 따라서 연방정부를 상대로 손해배상청구를 하는 것이 허용되지 않았다. 그러나 연방정부를 상대로 손해배상청구가 불가능하다는 것이 피해구제를 받지 못한다는 것을 의미하지는 않으며 피해자는 연방정부가 아니라 공무원 개인을 상대로 보통법상의 불법행위에 기한 손해배상청구를 통해서 피해구제를 받았다. 또한 연방의회는 1946년 연방국가배상법(Federal Tort Claim Act)를 제정하게 이르렀다. 미국 연방국가배상법의 배상책임인정요건(§1346 (b))을 간략히 살펴보면, ① 연방정부에 고용된 자의 불법행위가 있을 것 ② 그 행위가 직무의 범위 내에서 행하여 졌을 것 ③ 그 행위가 과실 또는 부당한 작위나 부작위에 기한 것일 것 ④ 청구인에게 손해가 발생하였을 것 ⑤ 만일 연방정부가 사인라고 가정하면, 그 작위나 부작위가 일어난 장소의 법률에 의해 불법행위가 성립할 것 등이 배상책임요건이다.[112] 미국 판례에서는 일반

112) 판례는 사법행위와 입법행위에 대해서는 다른 행정작용과는 다르게 취급하여 왔었다. 일찍이 1871년 Bradley v. Fisher판결을 통해서 판사의 독립성과 민사적 책임부담으로 부터의 자유가 공정하고 중립적 재판의 중요한 기반이 된다고 인식하여 판사에 대한 불법행위책임의 면책을 인정하였으며, 그 대상은 배심원과 치안판사에까지도 확대되어 왔으며, 다만 면책대상이 되는 직무는 ① 그 직무가 재판관련된 직무이며, ② 그 행위가 일어난 장소가 법정이거나 판사실이어야 하며, ③ 소송사건과 관련된 분쟁이어며, ④ 판사의 정당한 직무집행 범위 내에서 수행된 것이라는 제한이 존재한다. 사법부(재판관련)면책이 행정공무원인 검사에게도 인정되지만 그 인정여부는 검사의 행위가 재판절차의 필수

적인 공무원(a reasonable officer)이 당시 상황이라면 어떤 판단과 행위를 하였는지를 기준으로 위법성과 고의·과실을 동시에 판단하고 있다. 일본 문헌과 우리나라 문헌에서는 미국의 국가배상법(FTCA)의 인정범위가 우리의 국가배상법보다 좁다[113]고 소개되고 있으며, 그 이유에는 주권면책사상이 기반되어 있다고 소개되고 있다. 하지만, 피해자의 구제측면에서 미국의 국가배상체계를 평가하면, 우리보다 더 광범위하고 두텁게 피해자를 구제한. 즉 피해자의 입장에서는 국가 또는 자연인인 공무원 중 누구에게 손해배상을 받는지가 중요한 것이 아니라 얼마나 신속하게 실질적으로 손해배상을 받는지가 더 중요할 것이다. 앞에서 소개한 미국 대법원사건은 형식적으로는 국가배상소송이 아니라 공무원 개인에 대한 소송이지만, 헌법과 헌법판례법위반사건의 경우에는 공무원개인책임뿐만 아니라 연방정부(국가배상법: FTCA)를 상대로 국가배상청구가 둘 다 가능하다.[114] 또한 미국연방정부를 상대로 한 국가배상소송에서는 징벌적 손해배상이 불가능하지만, 공무원개인을 상대로 한 소송에서는 이에 대한 제한이 없다. 오히려, 행정의 적법성통제면에서 본다면 미국처럼 공무원개인에 대한 민사소송을 통한 공권력행사로 발생한 피해자 구제를 국민의 세금을 통해서 하는 것이 아니라 그 위법한 행위를 한 자연인인 공무원 개인책임으로 구성하는 것이 더 법 정책적으로 바람직하다고 본다. 우리와 달리 공법과 사법의 구별이 뚜렷하지 않고, 행정소송법이 달리 존재하지 않아서 행정처분을 다투는 경우에는 행정청이나

적인 요소와 연결되어 있는 것인지가 기준이 된다. 입법활동과 관련해서는 의정활동을 수행하는 과정에서 행한 발언 등은 절대적 면책사유에 해당하며 순수한 입법활동이 아닌 경우에는 면책이 적용되지 않는다. 하지만 입법부작위에 대해서 의원개인의 책임을 인정한 판례들은 존재하지 않는다.

113) 이일세, 미국의 국가배상책임과 공무원책임, 강원법학 제15권, 강원대학교 비교법연구소, 2002, 25면 이하 참조.

114) 일반적인 사건의 경우는 동시제기가 불가능: 또한 Bivens사건의 보충성문제: 다른 유효한 구제수단이 없는 경우만 가능 단, FTCA는 유효한 구제수단에서 제외함, 결국 동시제기도 가능

행정주체를 상대로 하는 것이 아니라, 민사보통법의 원리에 따라 공무원개인을 피고로 해서 다투는 것이 일반적인 미국의 법문화를 생각해보면, 미국 공무원개인을 피고로 하는 민사상 불법행위도 결국 우리식의 국가배상의 한 부분을 이룬다고 평가될 수 있다. 그런 전제에서는 금액적 측면뿐만 아니라 피해자구제의 신속성 및 행정의 적법성통제기능면에서도 미국의 국가배상제도가 우리의 제도보다 폭넓게 피해자구제를 하고 있다고 평가된다.

의회와 행정부가 충돌하는 사건인 Noel Canning사건에 대한 연방대법원의 판결을 보면, 연방대법원에 위헌법률 심사권한이 있음을 인정한 최초의 판례인 Marbury v. Madison판결[115]을 연상시킨다. 판결문을 작성한 Breyer대법관의 판결문을 따라가면, 먼저 행정부측의 주장을 인정하는 결정을 하다가 마지막에는 대통령의 휴회 중 임명권한은 인정되지만, 이번의 임명권한은 헌법상 권한을 일탈한 것이라고 판단하여 결국 상원의 입장을 존중하는 결론으로 끝을 낸다. Noel Canning사건의 시사점은 국가기관 사이의 분쟁에서 법률조문의 해석함에 있어서 역사적 관행을 중시하고 상원과 대통령사이에 암묵적으로 합의된 관행을 사법부가 침해하지 않으려는 사법자제적 접근을 하면서도 사법부가 실리를 찾아 가는 법해석을 한다는 점이다. 마법의 공식이 존재하여 그 공식을 가지고 법논리적으로만 재판을 하는 것이 아니라 개별사건에서 사회적thereof정치적 파장과 영향에 대해서 심도 있게 살피며, 다양한 접근을 통해서 논거를 마련해 가는 유연한 법해석과 적용을 볼 수 있다. 또한 우리나라의 각종 위원회구성에 있어서 임명에 관한 분쟁이 발생하거나 구성된 위원의 결원이 있는 경우에 행한 위원회의 결정의 효력이 다투어지는 경우에도 법적용과 해석에 있어서 시사점을 제공할 수 있을 것이다.

115) Marbury v. Madison, 1 Cranch 137, 176, 2 L.Ed. 60.

참고문헌

김성배, 미국의 온실가스대응정책과 그 시사점, 환경법연구 제32권 1호, 환경법학회 2010.

______, 브리운필드법의 문제점과 그 시사점, 환경법연구, 제31권 1호, 환경법학회 2009.

______, 최근 미국 행정판례의 동향 및 분석 연구, 행정판례연구 XVII－2, 2013.

이일세, 미국의 국가배상책임과 공무원책임, 강원법학 제15권, 강원대학교 비교법연구소, 2002.

정하명, 최근 미국 행정판례의 동향 및 분석, 행정판례연구회, XV－2, 행정판례연구회, 2010.

______, 미국연방공무원개인의 손해배상책임에 관한 최근 판결례, 공법학연구 제12권 제2호, 2011.

Kristine Cordier Karnezis, Construction and Application of "Chevron Deference" to Administrative Action by United States Supreme Court, 3 A.L.R. Fed. 2d 25

Philip H. Myers, Validity, construction, and application of 18 U.S.C.A. § 1382, prohibiting trespass on military installation, 12 A.L.R. Fed. 638.

Philip White Jr., Clean Air Act—Supreme Court Cases, 7 A.L.R. Fed. 2d 357.

Richard P. Shafer, When does police officer's use of force during arrest become so excessive as to constitute violation of constitutional rights, imposing liability under Federal Civil Rights Act of 1871 (42 U.S.C.A. sec. 1983), 60 A.L.R. Fed. 204

William B. Johnson, Clean Air Act implementation plans for nonattainment areas, 90 A.L.R. Fed. 481.

CTS Corp. v. Waldburger, 134 S. Ct. 2175, 86 A.L.R. Fed. 2d 665 (2014)

N.L.R.B. v. Noel Canning, 134 S.Ct. 2550 (2014)

Marvin M. Brandt Revocable Trust v. U.S., 134 S. Ct. 1257, 188 L. Ed. 2d 272

E.P.A. v. EME Homer City Generation, L.P., 134 S. Ct. 1584, 78 Env't. Rep. Cas. (BNA) 1225

Plumhoff v. Rickard, 134 S.Ct. 2012 (2014)

Reed v. Town of Gilbert, Ariz., 707 F.3d 1057 (9th Cir. 2013)

Wood v. Moss, 134 S.Ct. 2056 (2014)

Scialabba v. Cuellar de Osorio, 134 S. Ct. 2191 (2014)

Town of Greece, N.Y. v. Galloway, 134 S. Ct. 1811 (2014)

U.S. v. Apel, 134 S. Ct. 1144, 186 L. Ed. 2d 75 (2014)

Utility Air Regulatory Group v. E.P.A., 134 S. Ct. 2427 (2014)

국문초록

미국 연방대법원의 2013년 재판기(the 2013 term)는 2013년 9월 30일 시작해서 2014년 9월 30일 종료되었다. 하지만 2013년 최종선고회의는(conference)는 2014년 6월 26일 개최되고 검토회의는 6월30일에 개최되어서 관례대로 여름휴회기를 가졌다. 2013년 연방대법원의 회기동안 미국연방대법원은 75건의 사건을 처리하였다. 매년 70여 건 정도의 사건만을 처리하던 미국연방대법원의 관행에 크게 벗어나지 않았던 회기였다고 분석된다. 연방 대법원에서 상고를 허가하는 사건중에는 연방고등법원간의 판결이 충돌하는 경우도 있지만 헌법적으로 중요한 결정을 해야 하는 사건들도 상당수 존재하고 있다. 또한 공법과 사법의 영역의 분류가 상대적으로 희박하고 공법소송을 대륙법계와 비교하여 특별히 다른 소송절차에서 다루지 않는 미국의 사법실무와 전통으로 인해 행정법문제와 헌법문제가 혼합되어 있거나 민사문제와 공법문제가 혼합되어 있는 경우가 상당수 존재하고 있다. 미국 판례에서 군사시설의 범위 안에는 군이 배타적으로 사용하는 지역뿐만 아니라 일반인의 사용이 허가된 지역이라고 하더라도 원래 군시설지역이었으며 지휘관의 관할권이 미치는 지역으로 인정되면 군사시설의 범위에 포함된다는 해석례는 참조가 될 수 있다고 본다. 우리와 달리 공법과 사법의 구별이 뚜렷하지 않고, 행정소송법이 달리 존재하지 않아서 행정처분을 다투는 경우에는 행정청이나 행정주체를 상대로 하는 것이 아니라, 민사보통법의 원리에 따라 공무원개인을 피고로 해서 다투는 것이 일반적인 미국의 법문화를 생각해보면, 미국 공무원개인을 피고로 하는 민사상 불법행위도 결국 우리식의 국가배상의 한 부분을 이룬다고 평가될 수 있다. 그런 전제에서는 금액적 측면뿐만 아니라 피해자구제의 신속성 및 행정의 적법성통제기능면에서도 미국의 국가배상제도가 우리의 제도보다 폭넓게 피해자구제를 하고 있다고 평가된다. Noel Canning사건의 시사점은 국가기관 사이의 분쟁에서 법률조문을 해석함에 있어서 역사적 관행을 중시하고 상원과 대통령사이에 암묵적으로 합의된 관행을 사법부가 침해하지 않으려는 사법자제적 접근을 하면서도 사법부가 실리를 찾아 가는 법해석을 한다는 점이다. 마법의 공식이 존재하여 그 공식을 가지고 법논리적으로만 재판을 하는 것이 아니라 개별사건에서 사회적·정치적 파장과 영향에 대해서 심도있게 살피며, 다양한 접근을 통해서 논거를 마련해 가는 유연한 법해석과 적용을 볼 수 있다. 또한 우리나라의 각종 위원회구성에 있어서 임명에 관한 분쟁이 발생하거나 구성된 위원의 결원이 있는 경우에 행한 위원회의 결정의 효력이 다투어지는 경우에도 법적용과 해석에 있어서 시사점을 제공할 수 있을 것이다.

주제어: 미국 연방대법원, chevron존중, 미국 행정판례, 공무원개인책임면제, 행정청, 존중, 국가배상법, 휴회중 임명

Abstract

Analyses of Important Administrative Law Cases in 2013 Term of the U.S Supreme Court

Sung－Bae Kim*

The United States Supreme Court, in its 2013 to 2014 term, addressed many diverse issues, ranging from abortion and birth control to zoning and planning. Decisions of note included the holdings in Town of Greece, N.Y. v. Galloway, 134 S. Ct. 1811 (2014), that legislative prayers presented at the opening of monthly board meetings for a town did not violate the Establishment Clause; Riley v. California, 134 S. Ct. 2473 (2014), that the police generally may not, without a warrant, search digital information on a cell phone seized from an individual who has been arrested; and Burwell v. Hobby Lobby Stores, Inc., 123 Fair Empl. Prac. Cas. (BNA) 621, 2014 WL 2921709 (U.S. 2014), that as applied to three for－profit closely held corporations, federal regulations promulgated by the Department of Health and Human Services (HHS), implementing the Patient Protection and Affordable Care Act's (ACA or PPACA) general requirement that an employer's group health insurance provide coverage for preventive care and screenings for women without any cost sharing requirements, violated the Religious Freedom Restoration Act (RFRA), to the extent that corporations were required to provide their employees with

* Kookmin University College of Law professor of Law

insurance coverage for four contraceptive methods that violated the sincerely held religious beliefs of the corporations' owners, who considered the four methods to cause abortions by preventing an already fertilized egg from developing any further by inhibiting its attachment to the uterus. This review notes the issues that were addressed, via opinions, or grants or denials of certiorari, by the United States Supreme Court in its 2013 to 2014 term.

Keywords: Supreme Court decision, Chevron, doctrine of qualified immunity, Justice, Administrative case, Agency, deference. Federal Tort Claim Act, recess appointment

투 고 일: 2014. 11. 22
심 사 일: 2014. 12. 5
게재확정일: 2014. 12. 19

最近(2013) 日本 行政判例의 動向 및 分析 硏究

咸仁善*

Ⅰ. 최근(2013) 일본 행정판례의 동향

1. 재판통계

현재까지 공식 집계된 일본 재판통계에 의하면, 2013년도에는 최고재판소의 경우 신수(新受)건수 1,263건, 처리(旣濟)건수 1,190건, 미제건수 477건이며, 고등재판소는 신수건수 4,072건, 처리건수 4,124건, 미제건수 1,208건이고, 지방재판소는 신수건수 4,524건, 처리건수 4,331건, 미제건수 3,327건이었다. 이들 각급 재판소의 신수건수의 추이는 아래

* 전남대학교 법학전문대학원 교수

표와 같지만, 전년도와 비교할 때, 최고재판소와 고등재판소의 경우에는 다소 증가하였지만, 지방재판소는 약간 감소하였음을 알 수 있다. 그러나, 10년간을 통시적으로 살펴보면, 우상향 경향을 보이고 있다고 할 수 있다.

일본 재판소의 최근 10년간(2004-2013) 행정사건 신수(新受) 건수의 추이[1)]

	최고재판소	고등재판소	지방재판소
2013	1,263	4,072	4,524
2012	1,021	3,706	4,783
2011	1,031	3,384	4,382
2010	1,112	3,390	4,173
2009	991	3,334	3,821
2008	1,018	3,222	4,056
2007	932	3,033	4,112
2006	908	3,015	3,927
2005	983	3,436	3,473
2004	902	2,961	3,734

2. 일본 행정판례의 동향 개관

우선 2013년 한 해 동안 나온 일본 행정판례 가운데 하급심판결을 포함하여 중요하다고 생각되는 것을 중심으로 하여 일별하도록 한다.[2)]

첫째로, 행정법 기본이론 중에서 특히 행정법과 민사법이 교차하는 사건을 살펴보면, 최고재판소[3)]는 토지구획정리사업의 시행지구 내의 토

1) http://www.courts.go.jp/app/files/toukei/286/007286.pdf (2014.12.11. 방문)
2) 이하는 2013判例回顧と展望(行政法), 法律時報 86巻 7号(2014.6), 24-50쪽을 주로 참조하였다.
3) 最高裁 第2小法廷 平成25(2013).3.22, 判例時報 2184号, 33쪽

지를 매매에 의해 취득하고, 매매 후에 토지구획정리조합으로부터 부과금이 부과된 자가 하자담보책임에 근거하는 부과금 상당액의 손해배상을 청구한 사안에서, 매매 당시 피상고인들이 부과금이 부과될 가능성이 존재한 것을 가지고 본건 토지가 매매에서 예정된 품질·성능을 결여하였다고는 할 수 없고, 민법상의 하자가 있다고 할 수 없다고 하였다. 또한 미성년자가 풍속영업점에서 주류의 제공을 받고 유흥한 후 그 대금을 무단으로 양아버지의 신용카드로 결제한 경우에, 풍속영업점에서의 미성년자의 음주규제에 의한 건전한 풍속의 유지는 거래의 안전의 보호에 우선하는 것이기 때문에 원인계약이 공서양속에 반하고, 카드회사에 의한 본인확인절차가 허술하였던 사정에서는 카드회사에 의한 청구는 권리의 남용 내지 신의칙에 반하는 것으로 허용되지 않는다고 되었다[4]. 그리고, 구 정장(町長)이었던 자로부터 사업계획에 필요한 토지를 매수하도록 요청을 받고, 토지를 매수하였음에도 불구하고 신 시장이 사업계획을 중지시킨 사건에서 신뢰보호원칙에 근거한 계획보장책임을 인정하였다.[5]

둘째로, 행정작용에서는 행정행위의 효력과 관련하여, 도쿄지방재판소[6]는 중형운전면허만을 받은 자가 대형자동차를 운전하였다고 하여, 당초의 운전면허취소처분을 취소하고 다시 운전면허취소처분을 한 것에 대해 이중의 처분의 아니라고 하였다. 또한 위법성의 승계와 관련하여, 학설상 위법성의 승계가 인정된다고 보는 사업인정과 수용재결에 대해, 사업인정의 취소소송이 제기되어 동 소송에서 사업인정의 위법성에 대해 이미 심리가 이루어지고, 다른 지방재판소에서 청구기각판결이 내려진 후 그 항소심에서 항소기각판결이 내려졌기 때문에, 사업인정과는 독립된 행정처분인 수용재결의 취소를 구하는 소송에서 수용재결의 위

4) 京都地判 平成25(2013).5.23 判例時報 2199号, 52쪽
5) 宮崎地判 平成24(2012).12.25 判例時報 2176号, 72쪽.
6) 東京地判 平成24(2012).1.24 判例自治 370号, 101쪽.

법사유로서 사업인정의 위법성을 주장하는 것은 허용되지 않는다고 판시하였다.[7] 그리고, 체납처분절차에서 압류처분과 배당처분은 형식상 별개의 처분이지만 일련의 체납처분 절차 가운데 포섭되어 조세채권의 징수라고 하는 동일한 목적을 위해 단계적으로 발전하는 관계에 있기 때문에, 선행하는 압류처분에 대한 심사청구와 동일한 이유로 후속의 배당처분에 대한 심사청구를 하는 것은 실질적으로 무의미하여, 배당처분에 대해서는 심사청구절차를 거치지 않고 취소소송을 제기할 수 있다고 하였다[8]. 행정지도와 관련하여, 요코하마지방재판소[9]는 시농업위원회 직원이 지하수보전조례에 의해 우물의 설치허가의 가능성이 대단히 낮다는 취지의 설명을 하였기 때문에 농가용 주택건축에서 수도를 부설하지 않을 수 없었다고 하여 국가배상청구를 한 사건에서, 취수량을 제한하여 우물의 설치를 인정할 수 있는 지를 구체적으로 검토할 직무상의 주의의무를 게을리 하였다고 하여 청구를 인용하였다.

셋째로, 행정절차 및 정보공개와 관련하여, 도쿄지방재판소[10]는 중형자동차면허만을 가지고 있는 자에 대한 대형자동차를 운전하여 무면허운전에 의해 위반행위의 누적점수가 초과되었음을 이유로 하는 자동차운전면허취소처분의 취소가 청구된 데 대하여, 도로교통법상의 의견청취절차에서 자기에게 유리한 증거를 제출할 기회가 주어졌다면 행정절차법상의 의견청취절차를 생략할 수 있다고 하였다.

요코하마지방재판소[11]는 전 시장이 정보공개조례에 근거하는 행정문서의 일부 비공개결정에 대한 이의신청을 기각한 후, 현 시장이 시의회에 의한 비공개부분의 청원의 채택을 계기로 공익에 근거하는 재량적 공개처분으로서 비공개부분을 공개하는 결정을 한 것은 행정행위의 철

---

7) 東京高判 平成24(2012).1.24 判例自治 364号, 53쪽.
8) 鳥取地判 平成25(2012).3.29 判例自治 373号, 9쪽.
9) 横浜地判 平成25(2013).9.13, 判例時報 2207号, 55쪽.
10) 東京地判 平成24(2012).1.24 判例自治 370号, 101쪽.
11) 横浜地判 平成25(2013).3.6, 判例時報 2195号, 10쪽.

회에 해당하고, 그 적법요건을 결하는 것이며, 처분행정청의 재량권의 범위를 일탈하는 것이라고 판단하였다.

넷째로, 국가보상과 관련하여, 나고야지방재판소[12]는 시립소학교의 학생이 동급생으로부터 이지메를 받고 등교하지 않은 사건에서 담당교사에게 안전배려의무는 없다고 하여 시의 책임을 인정하지 않았다. 또한 삿포로지방재판소[13]는 공립고등학교 학생이 인터넷상에 불적절한 댓글을 달았다고 하여 사정청취 후 무기정학처분을 받고서 자살한 사건에 대해, 사정청취와 정학처분은 위법하지 않다고 하여 국가배상청구를 기각하였다. 입법부작위에 의한 국가배상청구에 대해서는, 민법상의 재혼금지기간의 법 개정을 해태한 입법부작위[14]와 민법에 선택적 부부별성제도를 창설하지 않은 입법부작위[15]에 대한 사건에서 모두 입법부작위가 국가배상법의 적용상 위법이라고 할 수 없다고 하여 기각하였다.

다섯째로, 행정쟁송과 관련하여, 시의 독촉처분에 관한 개호보험료가 납부된 경우에, 이미 독촉처분에 대해서 체납처분이 가능하게 되는 등의 법적 효과가 발생할 수 없게 되었기 때문에 그 납부의무가 본래 있었는지 여부에 불구하고, 독촉처분의 취소를 청구할 소의 이익은 소멸한다고 하였다[16]. 변호사가 소속변호사회로부터 업무정지 2개월의 징계처분을 받고, 일본변호사연합회에 심사청구를 하였지만, 이를 기각하는 재결이 내려졌기 때문에 재결의 취소를 구함과 함께, 징계처분을 취소하고 징계하지 않는다는 재결의 의무이행을 청구한 사안에서 재결은 적법하다고 하여 취소청구를 기각하고, 의무이행청구는 각하되었다.[17]

12) 名古屋地判 平成25(2013).1.31 判例時報 2188号, 87쪽.
13) 札幌地判 平成25(2013).2.15 判例時報 2179号, 87쪽
14) 岡山地判 平成24(2012).10.18 判例時報 2181号, 124쪽
15) 東京地判 平成25(2013).5.29, 判例時報 2196号, 67쪽
16) 東京地判 平成25(2013).6.25 判例自治 373号, 91쪽.
17) 東京高判 平成25(2013).5.8 判例時報 2200号, 44쪽.

Ⅱ. 주요 행정판례의 분석

1. 의약품의 인터넷 판매를 규제하는 省令과 약사법의 위임의 범위[18)]

〈사실관계〉

약사법(2006년 개정된 것을 '신 약사법', 개정 전의 것을 '구 약사법'이라 한다.) 25조에 의하면, 점포판매업이란 일반용의약품을 점포에서 판매 또는 수여하는 업무를 말하며(동조 1호), 일반용의약품이란 의약품 가운데 그 효능 및 효과가 인체에 대한 작용이 현저하지 않은 것으로서 약제사 기타 의약관계자로부터 제공된 정보에 근거하는 수요자의 선택에 의해 사용되는 것이 목적으로 되어 있는 것이며(동조 1호), 일반적으로 '시판약', '대중약' 등으로 불리고 있는 것이다.

신 약사법에서는 일반용의약품은 부작용의 리스크의 크기 순으로 제1류의약품, 제2류의약품 및 제3류의약품으로 구분되어(36조의3 제1항), 각각에 대해 판매, 수여의 방법 등이 규정되어 있다[19)]. 이들 규정에 의한

---

18) 最高裁判所 第2小法廷 平成25(2013).1.11. 平成24年(行ヒ)第279号, 判例時報 2177号, 35쪽.

19) 약사법 제36조의5 약국개설자, 점포판매업자 또는 배치판매업자는 후생노동성령으로 규정하는 바에 의해, 일반용의약품에 대해 다음 각호에서 규정하는 구분에 응해 당해 각호에서 규정하는 자에게 판매하게하거나 수여하게하여야 한다.

1. 제1류의약품 약제사
2. 제2류의약품 및 제3류의약품 약제사 또는 등록판매자

제36조의6 ① 약국개설자 또는 점포판매업자는 그 약국 또는 점포에서 제1류의약품을 판매하거나 수여하는 경우에는 후생노동성령에서 정하는 바에 의해 의약품의 판매 또는 수여에 종사하는 약제사로 하여금 후생노동성령에서 규정하는 사항을 기재한 서면을 이용해서, 그 적정한 사용을 위하여 필요한 정보를 제공하게 하여야 한다.

② 약국개설자 또는 점포판매업자는 그 약국 또는 점포에서 제2류의약품을 판매하거나 수여하는 경우에는 후생노동성령으로 정하는 바에 의해 의약품의 판매 또

위임을 받아서 제정된 약사법시행규칙(2009년 개정 후의 것. 이하 '신 시행규칙'이라 한다.은 점포판매업자에 대해서 이른바 대면판매의 의무를 포함하는 상세한 규정을 두고 있다. 이들 규정을 표로 정리하면 다음과 같다.[20)]

분류	제1류의약품	제2류의약품	제3류의약품
판매주체	약제사	약제사, 등록판매자	약제사, 등록판매자
정보의 제공	의무(서면)	노력의무	불요
상담에의 대응	의무	의무	의무
우편등 판매	불가	불가	가

2006년에 개정된 신 약사법의 시행에 따라서 2009년에 '약사법시행규칙등의일부를개정하는성령'(이하 '개정성령')이 공포, 시행되었다. 개정성령에 의해, 신 시행규칙에 제1류의약품 및 제2류의약품에 대하여 그 판매 또는 수여 및 정보제공은 유자격자 또는 점포판매업자가 당해 약국 또는 점포 이외의 장소에 있는 자에 대하여 우편 그 밖의 방법에 의하여 제1류의약품 및 제2류의약품의 판매 또는 수여할 것(이하 '우편등 판매')을 금지하는 규정이 설치되었다.

는 수여에 종사하는 약제사 또는 등록판매자로 하여금 그 적정한 사용을 위하여 필요한 정보를 제공하게 하도록 노력하여야 한다.

③ 약국개설자 또는 점포판매업자는 그 약국 또는 점포에서 일반용의약품을 구입하거나 양수하고자 하는 자 또는 그 약국이나 점포에서 일반용의약품을 구입하거나 양수한 자 또는 이들 자에 의해 구입되거나 양수된 일반용의약품을 사용하는 자로부터 상담이 있었던 경우에는 후생노동성령으로 규정하는 바에 의하여 의약품의 판매 또는 수여에 종사하는 약제사 또는 등록판매자로 하여금 그 적정한 사용을 위하여 필요한 정보를 제공하게 하여야 한다.

제37조 ① 약국개설자 또는 점포판매업자는 점포에 의한 판매 또는 수여 이외의 방법에 의해 배치판매업자는 배치 이외의 방법에 의해 각각 의약품을 판매하고, 수여하거나 그 판매 또는 수여의 목적으로 의약품을 저장하거나 진열하여서는 안 된다.

20) 安念潤司, 医薬品のインターネットによる販売規制の適法性, 判例百選(ジュリスト 1453号), 24쪽.

인터넷에 의한 의약품의 통신판매를 하는 사업자인 X들은 개정성령이 신 약사법의 위임의 범위를 일탈하는 위법한 것이며, 인터넷판매에 대하여 과대한 규제를 규정한 것으로 헌법 22조 1항[21]에 위반하며, 제정절차에도 하자가 있어서 위법하기 때문에 무효라고 하여 Y(국가)에 대하여 ① 자신들이 제1류의약품 및 제2류의약품에 대해 우편등 판매를 할 수 있는 권리(지위)의 확인소송, 그리고 ② 개정성령 중의 신 시행규칙에 이루어진 일부 개정규정의 무효확인소송을 제기함과 함께, ③ 개정규정의 취소소송을 제기하였다.

1심은 X 등의 청구를 전부 기각 내지 각하하였다. 그러나, 원심은 개정성령에 의한 규제는 우편등 판매를 하는 사업자의 영업의 자유를 제한하는 것이기 때문에 그 수권규정에는 명확성이 요구되는 바, 신 약사법에는 우편등 판매를 금지하거나 제한하는 취지를 명확히 한 규정이 없다는 등의 이유로 1심판결 중 청구기각부분을 취소하고, 우편등 판매를 제한하는 개정성령은 신약사법의 위임의 범위를 초월하여 위법무효라고 하였기 때문에, Y가 상고수리신청을 하였다.

〈판결요지〉: 상고기각

구 약사법 하에서는 위법으로 되지 않았던 우편등 판매에 대한 새로운 규제는 그것을 주로 하는 사업자의 직업활동의 자유(헌법 22조 1항)를 대폭적으로 제약하는 것이기 때문에, 개정성령의 규정이 이를 정하는 근거로 되는 신 약사법의 취지에 적합하고(행정절차법 38조 1항[22]), 그 위임범위를 일탈한 것이 아니라고 하기 위해서는 입법과정에서의 논의

21) 일본국헌법 제22조 제1항 누구나 공공의 복지에 반하지 않는 한, 거주, 이전 및 직업선택의 자유를 가진다.

22) 일본 행정절차법 제38조 제1항 명령등을 제정하는 기관(각의의 결정에 의해 명령등이 제정되는 경우에 있어서는 당해 명령등을 입안하는 각 대신. 이하 '명령등 제정기관'이라고 한다.)은 명령등을 제정함에 당해서는 당해 명령등이 이를 제정하는 근거로 되는 법령의 취지에 적합한 것이 되도록 하여야 한다.

도 참작한 다음, 신 약사법 36조의5 및 36조의6을 비롯한 신 약사법 중의 제 규정을 보고서, 거기에서 우편등 판매를 규제하는 내용의 성령의 제정을 위임하는 수권의 취지가 상기 규제의 범위나 정도 등에 응하여 명확하게 읽을 수 있을 것을 요한다.

신 약사법의 상기 규정은 모두 문리상은 우편등 판매의 규제, 그리고 대면에 의한 판매등 및 정보제공을 의무지우고 있지 않고, 그 필요성 등을 명시적으로 언급하고 있지 않다. 동법 37조 1항도 점포에 의한 판매 등에 관해 우편등 판매가 위법으로 되지 않았던 구 약사법 당시와 실질적으로 다를 바는 없고, 동법에는 그밖에 우편등 판매를 규제하는 취지를 명확하게 나타내는 규정은 없다. 한편, 국회심의 등에서도 국회가 신 약사법을 가결함에 있어서 제1류의약품 및 제2류의약품과 관련된 우편등 판매를 금지하여야 한다는 의사를 가졌었다고는 말하기 어렵다. 신 약사법의 수권의 취지가 제1류의약품 및 제2류의약품과 관련된 우편등 판매를 일률적으로 금지하는 취지의 성령의 제정까지도 위임하는 것으로서 상기 규제의 범위나 정도 등에 응하여 명확하다고 해석하는 것은 곤란하다.

그러므로, 신 시행규칙 가운데 점포판매업자에 대해 일반용의약품 중 제1류의약품 및 제2류의약품에 대하여 ① 당해 점포에서 대면으로 판매하게 하거나 수여하게 하여야 한다, ② 당해 점포 내의 정보제공을 행하는 장소에서 정보의 제공을 대면에 의해 행하게 하여야 한다, ③ 우편등 판매를 해서는 안 된다고 하는 각 규정은 모두 각 의약품에 관한 우편등 판매를 일률적으로 금지하는 것으로 되는 한도에서 신 약사법의 취지에 적합하지 않고, 신 약사법의 위임의 범위를 일탈한 위법한 것으로서 무효라고 하여야 한다.

〈본 판결의 해설〉

행정입법(政·省令)이 수권법의 위임범위를 벗어났는지 여부의 판단과 관련하여, 일본 최고재판소는 그 판단요소로서 수권규정의 법문 이외에도 수권규정이 하위법령에 위임한 취지, 수권법의 취지·목적 및 체계와의 정합성, 위임명령에 의해 제한되는 권리 내지 이익의 성질 등이 있다고 하였다[23]. 그런데, 위임명령에 의해서 국민의 권리를 제한하는 데에는 수권규정의 명확성이 필요하다고 판시한 것은 본 판결의 원심이 처음이라고 할 수 있는 바, 본 판결에서는 이러한 견해의 타당성이 주요 쟁점이 되었다.

본 판결은 신 시행규칙의 규정이 신 약사법의 위임의 범위를 일탈한 것이 아니라고 하기 위해서는 신 약사법 중의 제 규정으로부터 우편등 판매를 규제하는 내용의 성령의 제정을 위임하는 수권의 취지가 명확히 규정될 것을 요한다고 하여, 원심의 견해를 원칙적으로 수용하면서도 원심에서는 부정되었던 입법과정에서의 논의도 고려의 대상이 됨을 명확히 하였다. 또한 수권규정에 필요한 명확성은 그 규제의 범위와 정도 등에 응하여 다름을 지적하였다. 그런 다음에, 본 판결은 신 시행규칙에 의한 우편등 판매의 규제는 상당히 광범위하고 엄격한 것인데도 신 약사법은 우편등 판매를 규제할 것인지 여부에 대해 아무런 명확한 규정을 두고 있지 않고, 후생노동성 내에 있었던 우편등 판매의 안전성에 대한 회의적인 의견이 입법내용에 반영되지 않은 이유도 불명하기 때문에 신시행규칙에 의한 우편등 판매에 대한 규제가 신약사법의 위임의 범위를 일탈한 위법무효인 것이라고 결론내렸다[24].

본 판결은 후생노동성이 제정한 우편등 판매를 규정하는 성령의 일부가 그 수권법의 위임의 범위를 일탈하여 위법무효라고 판시한 것으로

23) 最高裁 平成21(2009).11.18 民集 63巻9号, 2033쪽, 判例タイムズ 1316号, 101쪽; 最高裁 平成18.1.13 民集 60巻1号, 1쪽, 判例タイムズ 1205号, 99쪽 등.

24) 判例タイムズ 1386号, 161쪽.

서, 최고재판소가 위임입법의 적법성을 판단함에 있어서 종래의 판단요소에 더하여 수권규정의 명확성도 그 판단요소의 하나로 삼고 있음을 명확히 한 최초의 사안이라는 점에서 주목할 만하다. 또한, 행정입법에 대해서는 처분과 실질적으로 동일시 할 수 있는 경우를 제외하고 불특정다수인에 대한 일반적인 법적 효력을 가지는데 그치기 때문에 처분성이 부정되지만, 본 판결이 신 시행규칙 위반에 대한 제재 전에 행정입법 자체의 위헌·무효를 인정한 의미는 크다고 할 것이며[25], 특히 앞으로 행정실무에 미치는 영향이 클 것으로 생각된다. 다만, 이러한 최고재판소의 판결은 하급심 판결을 수용하는 형태를 취하고 있기 때문에, 앞으로 유사 사례에서 지속적으로 동일한 입장을 취할 것인지는 좀 더 지켜볼 필요가 있을 것이다.

2. 미나마타병 인정신청 기각처분 취소등 청구사건[26]

〈사실관계〉

미나마타만(水俣灣) 주변지역에는 1953년경부터 원인불명의 중추신경질환에 걸린 환자가 산발적으로 나타났던 바, 이 질병은 1956년에 널리 인지되어 미나마타병으로 부르게 되었다. 동 질병은 칫소(チッソ)주식회사 미나마타공장의 아세트알데히드 제조시설 내에 생성되고, 동 공장의 배수에 포함되어 미나마타만이나 미나마타천(水俣川) 하구 부근에 배출된 메틸수은이 어패류에 흡입되고, 그 어패류를 다량으로 섭취한 자의 체내에 들어가 대뇌, 소뇌 등에 축적되어, 신경세포에 장해를 줌으로써 발생하는 질병이다. 그 주요 증상으로는 감각장해, 운동실조, 구심

25) 下山憲治, 一部医薬品のインターネット販売を禁止する省令と薬事法の委任の範囲, ジュリスト 1453号, 37쪽.

26) ① 最高裁 平成25(2013).4.16. 平24(行ヒ)第245号, ② 最高裁 平成25(2013).4.16. 平24(行ヒ)第202号, 判例タイムズ 1390号(2013.9), 122쪽 이하.

성 시야협착, 청력장해, 언어장해 등이 확인되고 있다.

본건 각 판결은 미나마타병의 인정신청 기각처분의 취소 및 인정의 의무이행을 청구하는 2건의 소송에 대한 최고재판소판결이다.

① 사건: 원고 X1 (상고심 계속 중에 사망)은 1978년 9월 구마모토현지사에 대해 공해건강피해보상법[27] 4조 2항에 근거하여 미나마타병의 인정신청을 하였던 바, 동 지사는 1980년 5월 이를 기각하는 처분을 하였다. ① 사건은 망 X1을 승계한 동인의 자인 상고인 A가 피상고인 구마모토현을 상대로 상기 처분의 취소를 청구함과 함께, 미나마타병의 인정의 의무이행을 청구한 사안이다. ① 사건 원심은 X1의 상기 처분의 취소청구를 기각하고, 미나마타병의 인정의 의무이행을 청구하는 소를 각하하였기 때문에, X1이 상고 및 상고수리의 신청을 하였다.

② 사건: 원고 X2의 모인 망 B(1977년 7월에 사망)는 1974년 8월 상고인 구마모토현지사에 대해 '공해와관련된건강피해의구제에관한특별조치법'(이하 '구제법') 3조 1항에 근거하는 미나마타병의 인정신청을 하였던 바, 상고인 구마모토현지사는 1995년 8월 이를 기각하는 처분을 하였다. ② 사건은 X2가 상고인 구마모토현지사를 상대로 상기 처분의 취소를 청구함과 함께, 상고인 구마모토현을 상대로 하여 미나마타병의 인정의 의무이행을 청구한 사안이다. ② 사건 원심은 X2의 청구를 모두 인용하였기 때문에 상고인들이 상고수리의 신청을 하였다.

〈판결요지〉 ① 사건: 파기환송, ② 사건: 상고기각

① 사건: 공건법 4조 2항에 근거하는 미나마타병의 인정신청을 기각하는 처분의 취소소송에서의 재판소의 심리 및 판단은, 처분행정청의 판단의 기준으로 된 1977년판단조건[28]에 현재의 최신 의학수준에 비추

27) 동법은 1987년에 '공해건강피해의보상등에관한법률'로 개정되었다(이하 양자 모두 '공건법'이라고 한다).

28) 구제법 및 동법 시행령 그리고 공건법 및 동법 시행령에서의 미나마타병의 인정

어 불합리한 점이 있는지 여부, 공해건강피해인정심사회의 조사·심의 및 판단의 과정에 간과하기 어려운 과오, 흠결이 있어서, 이에 의거하여 이루어진 처분행정청의 판단에 불합리한 점이 있는지 여부라고 하는 관점에서 행하여질 것이 아니라, 경험칙에 비추어서 개별 사안에서의 제반 사정과 관계 증거를 종합적으로 검토하여, 개별·구체적인 증후와 원인물질과의 사이의 개별적인 인과관계의 유무 등을 심리의 대상으로 하여, 신청자에 대해 미나마타병의 이환의 유무를 개별·구체적으로 판단하여야 한다고 해석하는 것이 상당하다.

② 사건: 구제법 3조 1항에 근거한 미나마타병의 인정신청을 기각하는 처분의 취소소송에서의 재판소의 심리 및 판단은 처분행정청의 판단의 기준으로 된 운용지침에서 미나마타병에 관한 의학적 지식에 비추어 불합리한 점이 있는지 여부, 공해피해자인정심사회의 조사·심의 및 판단에 과오, 흠결이 있어서 이에 의거하여 이루어진 처분행정청의 판단에 불합리한 점이 있는지 여부라는 관점에서 행하여질 것이 아니라, 경험칙에 비추어 개별 사안에서의 제반 사정과 관계 증거를 종합적으로 검토하여, 개별·구체적인 증후와 원인물질과의 사이의 개별적인 인과관계의 유무 등을 심리의 대상으로 하여, 신청자에 대해 미나마타병의 이환 유무를 개별·구체적으로 판단하여야 한다고 해석하는 것이 상당하다.

〈본 판결의 해설〉

– 공건법에 근거한 미나마타병의 인정에 있어서는 1977년판단조건이 그 기준으로 적용되었고, 그것은 복수의 증상을 필요로 한다고 하는 상당히 엄격한 기준을 획일적으로 적용하여 이루어졌기 때문에 이른

과 관련된 소관행정청의 운용지침에 대해서 1977년 7월에 후천성 미나마타병의 판단조건을 종합한 것으로 환경청 기획조정국 환경보건부장으로부터 '후천성 미나마타병의 판단조건에 대하여'라는 통지가 발표되었다. 이를 '1977년판단조건'이라고 부르며, 이후 미나마타병 인정실무는 이에 따라서 이루어졌다.

바 미인정환자문제가 다수 발생하였다. 이에 대해서, 본 판결이 복수의 증상이 없더라도 신청자가 미나마타병인지 여부를 개별 · 구체적으로 판단하여야 한다고 하여 X의 주장을 인정한 점에 그 의의가 있다고 할 수 있다[29]. 또한, 본건 각 판결은 공건법 등에서의 '미나마타병'의 의의를 명확히 한 다음, 하급심에서 판단이 갈렸던, 미나마타병의 인정신청을 기각하는 처분의 취소소송에서의 사법심사 방법에 대하여 최고재판소로서 최초로 그 견해를 나타낸 것이라는 점에서도 의미가 크다.

– 미나마타병 인정신청 기각처분에 대한 사법심사의 방식을 둘러싸고, 하급심에서는 인정처분에 재량을 인정하는 입장(① 사건의 제2심, ② 사건의 제1심)과 당해 처분에 재량을 인정하지 않고서 신청자가 미나마타병인지 여부를 개별·구체적으로 판단하는 입장(① 사건의 제1심, ② 사건의 제2심)이 대립하였다. 이에 대해 본 판결은 미나마타병인지 여부는 "현재 또는 과거의 확정된 객관적 사실을 확인하는 행위"임을 이유로 재량을 부정하여 후자의 입장을 취하였다. 인정처분이 기속행위라고 한다면, 재판소는 판단대치심사를 하게 되지만, 그 전에 재판소의 판단에 대치되는 행정청의 판단의 방식을 확정하여야 한다. 본 판결은 1977년판단조건만을 기준으로 할 것이 아니라, 동 조건을 충족하지 않는 경우라도 행정청이 원인물질의 인과관계를 개별 · 구체적으로 판단해야 한다고 하였다[30].

---

29) 山下竜一, 水俣病の認定の申請を棄却する処分に関して原告の請求が認められた事例, 法学セミナー 704号, 2013.9, 111쪽.

30) 山下竜一, 위의 논문, 111쪽.

3. 부동산 공유자의 취소소송의 원고적격[31)]

〈사실관계〉

상속에 의해 피상속인이 소유하였던 토지에 대해 그 처 A가 지분의 2분의 1을, 자녀 B, X가 4분의 1씩을 상속하였다. 또한 피상속인과 A가 2분의 1씩의 지분으로 공유하였던 동 토지상의 건물에 대해서는 피상속인의 지분의 2분의 1(건물 전체의 4분의 1)을 A가, 4분의 1(건물 전체의 8분의 1)씩의 지분을 B, X가 상속하였다.

이 상속에 대한 상속세에 대해, B가 체납을 했기 때문에 국세징수법 47조 1항에 근거한 체납처분이 집행되어 Y세무서장은 B의 지분을 압류하여, 이를 등기하였다. 이에 대해 A와 X가 X를 선정당사자로 하여 체납자 B에게는 달리 적절한 압류대상재산이 있는 것을 무시하고 이루어진 본건 체납처분은 위법하다고 주장하여, 이의 취소와 국가배상을 청구한 사안이다.

원심은 본건 압류처분이 X들의 지분에 대해 이루어진 것이 아니기 때문에, X들은 본건 압류처분의 취소를 청구할 원고적격이 없다고 하여 본건 소를 각하하고, 국가배상청구를 인정하지 않았다. 이 판결에 대해서는 상고가 이루어졌지만, 국가배상에 대해서는 상고수리의 신청이 인정되지 않았다.

〈판결요지〉 상고기각

– 행정사건소송법 9조[32)]는 취소소송의 원고적격에 대해 규정하고

31) 最高裁 平成25(2013).7.12. 平成24年(行ヒ) 第156号, 判例タイムズ 1396号, 2014.3, 147쪽 이하.

32) (원고적격) 제9조 ① 처분의 취소의 소 및 재결의 취소의 소(이하 '취소소송'이라 한다.)는 당해 처분 또는 재결의 취소를 청구함에 대해 법률상의 이익을 가지는 자(처분 또는 재결의 효과가 기간의 경과 기타의 이유에 의해 없어진 후에도 여

있지만, 처분의 상대방 이외의 자가 처분의 법적 효과에 의한 권리의 제한을 받은 경우에는 그 자는 처분의 상대방으로서 권리의 제한을 받는 자와 마찬가지로 당해 처분에 의해 자기의 권리가 침해되거나 또는 필연적으로 침해될 우려가 있는 자로서 당해 처분의 취소를 청구함에 대해 법률상의 이익을 가지는 자에 해당하고, 그 취소소송에서의 원고적격을 가지는 자라고 하여야 한다.

– 국세징수법 47조 1항에 근거한 압류처분은 체납자가 소유하는 특정재산에 대해, 그 상대방인 체납자에게 그 양도나 용익권의 설정 등의 처분을 금지하는 효력을 가지기 때문에 체납자와 타인이 공유하는 부동산에 대해 체납자의 지분이 동 항에 근거하여 압류된 경우에는 체납자에게 당시 지분의 양도나 당해 부동산과 관련된 용익권 설정 등의 처분이 금지되기 때문에 체납자에 의한 압류등기 후에 당해 부동산에 대해 임대나 지상권 설정 등을 하더라도 공매처분에 의해 당해 지분의 매수인에게 대항할 수 없고, 그 결과, 체납자의 지분과 사용수익상의 불가분 일체를 이루는 지분을 가지는 다른 공유자에 대해서도 당해 부동산에 관련된 용익권 설정 등의 처분이 제약을 받고, 그 처분의 권리가 제한되게 된다. 그에 더하여, 부동산에 대해 동 항에 근거한 압류처분이 이루어진 경우의 사용 또는 수익에 대해서는 당해 부동산의 가치를 현

전히 처분 또는 재결의 취소에 의해 회복할 법률상의 이익을 가지는 자를 포함한다.)에 한하여, 제기할 수 있다.

② 재판소는 처분 또는 재결의 상대방 이외의 자에 대해서 전항에서 규정하는 법률상의 이익의 유무를 판단함에 있어서는 당해 처분 또는 재결의 근거가 되는 법령 규정의 문언만에 의하지 않고, 당해 법령의 취지 및 목적 그리고 당해 처분에서 고려되어야 할 이익의 내용 및 성질을 고려하는 것으로 한다. 이 경우에, 당해 법령의 취지 및 목적을 고려함에 있어서는 당해 법령과 목적을 공통으로 하는 관계법령이 있는 때는 그 취지 및 목적도 참작하는 것으로 하고, 당해 이익의 내용 및 성질을 고려함에 있어서는 당해 처분 또는 재결이 그 근거가 되는 법령에 위반하여 이루어진 경우에 침해되는 이익의 내용 및 성질 그리고 이것이 침해되는 태양 및 정도도 감안하는 것으로 한다.

저하게 감모시키는 행위가 이루어진다고 인정될 때에 세무서장은 체납자 및 당해 부동산에 대해 사용 또는 수익을 하는 권리를 가지는 제3자에 대해 그 사용 또는 수익을 제한할 수 있는 것으로 되어 있고(동법 69조 1항 단서, 동조 2항), 체납자와 다른 사람이 공유하는 부동산에서의 체납자 이외의 공유자는 이해관계 있는 제3자에 해당하는 것으로 해석되기 때문에, 체납자의 지분이 압류된 토지상에 건물을 신축하는 등, 당해 부동산의 가치를 현저하게 감모시키는 사용 또는 수익에 관해서는 체납자뿐만 아니라 다른 공유자에 대해서도 동법 69조 소정의 제한이 미치게 된다.

– 이상으로 생각해보면, 체납자와 타인이 공유하는 부동산에 대해 체납자의 지분이 국세징수법 47조 1항에 근거하여 압류된 경우에 있어서의 다른 공유자는 그 압류처분의 법적 효과에 의한 권리의 제한을 받는 자로서, 당해 처분에 의해 자기의 권리가 침해되거나 또는 필연적으로 침해될 우려가 있는 자로서 그 압류처분의 취소를 청구함에 대해 법률상의 이익을 가지는 자에 해당하고, 그 취소소송에서의 원고적격을 가지는 자라고 해석하는 것이 상당하다. 그러나, 가정적으로 본안의 판단을 하여, 본건 압류처분이 위법하다고는 인정될 수 없다고 한 원심의 판단은 시인할 수 있고, 상고인의 청구는 이유 없다.

〈본 판결의 해설〉

– 본건은 처분의 상대방 이외의 이른바 이해관계 있는 제3자의 취소소송에서의 원고적격이 문제가 된 사안이지만, 본 판결은 일본 행정사건소송법 9조 2항이 들고 있는 제 요소에 일체 언급하지 않고, X들의 원고적격을 인정하고 있다. 일본 행소법 9조 1항의 '법률상의 이익'이란 "자기의 권리 또는 법률상 보호된 이익"이다. 여기에서 '권리'와 '법률상 보호된 이익'은 별개의 개념이다. 불이익처분이나 신청거부처분의 상대

방이라면 일반적으로 권리가 제약된다고 할 수 있다. 그러나, 일반적으로 제3자의 권리가 침해되는 경우는 발생하지 않고, 따라서 권리 침해를 근거로 취소소송을 제기할 수 없다고 할 것이다. 다만, 법률상 보호된 이익이 침해되는 경우에는 이를 근거로 원고적격이 인정될 수 있다. '법률상 보호된 이익'이란 판례에 의하면 처분을 규정하는 행정법규에 의해 보호되는 이익 가운데, 단지 일반 공익에 그치지 않고 그에 속하는 개개인의 개별적 이익으로서 보호되고 있는 이익을 말한다. 이러한 의미에서의 '법률상 보호된 이익'을 가지는지 여부의 판단의 고려요소로서 법정되어 있는 것이 행소법 9조 2항이라고 할 수 있다. 그러나, 제3자도 처분에 의해 '권리'가 침해되는 경우에는 곧바로 '법률상 이익'이 인정될 수 있는바, 본 판결은 본건과 같은 권리 침해가 공유자에도 발생하기 때문에 '권리'가 침해된다고 해서 X들의 원고적격을 긍정한 것이다. 따라서, 9조 2항의 요소를 고려해서 '법률상 보호된 이익'을 가지는지 여부를 검토할 필요가 없었다고 할 수 있다[33].

– 원고적격을 둘러싼 논의는 행정소송에서 항상 중심적인 지위를 차지해왔으며, 원고적격의 확대를 의도한 2004년의 행정사건소송법의 개정, 보다 구체적으로 말하자면 9조 2항의 신설 이후에도 그러한 상황은 변하지 않고 있다. 그것은 처분의 상대방 이외의 자에 의해 제기된 취소소송에 대해 재판실무에서 원고적격의 확대의 의도가 충분히 실현되고 있다고는 말하기 어렵다. 그에 비추어 볼 때, 원고적격을 좁게 해석한 원심을 부정한 본 판결은 그 나름의 의미가 있다고 할 수 있다.[34]

---

33) 桑原勇進, 国税徵収法に基づく差押処分と被差押財産の共有者の原告適格, 法学セミナー 705号, 109쪽.

34) 首藤重幸´ 共有不動産持分者に対する差押処分と他の共有者の原告適格´ ジュリスト 1462号, 2014.1, 9쪽.

4. 선거구 획정과 관련된 공직선거법 규정의 합헌성[35)]

〈사실관계〉

– 본건은 2012년 12월 16일에 시행된 중의원의원 총선거(이하 '본건 선거')에 대해서 도쿄도 및 가나가와현 내의 각 선거구의 선거인인 X(원고, 상고인 겸 피상고인)들이 도쿄도 및 가나가와현의 각 선거관리위원회인 Y(피고, 피상고인 겸 상고인)들을 상대로 중의원 소선거구선출의원의 선거의 선거구 획정에 관한 공직선거법의 규정은 헌법에 위반하여 무효이기 때문에, 이에 근거하여 시행된 본건 선거의 상기 각 선거구에서의 선거도 무효라고 주장하여 제기한 선거무효소송이다.

1. 1950년에 제정된 공직선거법은 중의원의원의 선거제도에 대해 중선거구 단기투표제를 채용하였지만, 1994년에 공직선거법이 개정되어 중의원의원의 선거제도는 소선거구 비례대표 병립제로 개정되었다(이하 '본건 선거제도').

본건 선거제도 가운데, 소선거구선거에 대해서는 전국에 300의 선거구를 설치하여, 각 선거구에서 1인의 의원을 선출하는 것으로 되어(동법 13조 1항, 별표 제1. 이하 '본건 규정'), 선거구의 개정에 대해서는 2004년에 상기의 공직선거법의일부를개정하는법률과 동시에 성립한 중의원의원선거구획정심의회설치법(이하 '구획심설치법')에 의해 중의원의원선거구획정심의회(이하 '구획심')가 그 개정안을 작성하여 내각총리대신에게 권고하는 것으로 되어 있다(동법 2조). 2012년 개정전의 구획심설치법 3조(이하 '구 구획심설치법 3조')는 위의 선거구의 구획 획정의 기준(이하 '구획기준')에 대해 ① 1항에서 위 개정안을 작성함에 있어서는 각 선거구의 인구의 균형을 도모하고, 각 선거구의 인구 가운데 그 가장 많은 것을

35) 最高裁 平成25(2013).11.20. 平成25年(行ツ) 第209号, 第210号, 第211号, 判例タイムズ 1396号, 2014.3, 122쪽 이하.

가장 적은 것으로 나누어서 얻은 수가 2 이상이 되지 않도록 하는 것을 기본으로 하여, 행정구획, 지세, 교통 등의 사정을 종합적으로 고려해서 합리적으로 하여야 되는 것으로 규정함과 함께, ② 2항에서 각 도도부현의 구역 내의 선거구의 수는 각 도도부현에 미리 1을 배당하는 것으로 하고(이하 '1인 방식'), 이 1에 소선거구 선출의원의 정수에 상당하는 수에서 도도부현의 수를 공제한 수를 인구에 비례해서 각 도도부현에 배당한 수를 더한 수로 하기로 규정하였다(이하 '본건 구 구획규정').

2. 선거구의 개정에 관한 구획심의 권고는 10년마다 이루어지는 국세조사의 결과에 의한 인구가 최초로 관보에서 공시된 날부터 1년 이내에 하는 것으로 되어 있는 바, 구획심은 2000년 10월에 실시된 국세조사(이하 '2000년 국세조사')의 결과에 근거하여 중의원 소선거구선출의원의 선거구 획정을 책정한 개정안을 작성해서 내각총리대신에게 권고하고, 이를 받아서 2002년의 공직선거법의일부를개정하는법률에 의해 그 권고대로 선거구 획정의 개정이 이루어졌다(이하 '본건 선거구 획정'). 2000년 국세조사의 결과를 기초로 본건 구획규정 하에서의 선거구 간의 인구의 較差를 보면, 최대는 1 대 2.064이며(고치현 제1구와 효고현 제6구 간), 고치현 제1구와 비교하여 교차가 2배 이상 되는 선거구는 9 선거구였다.

3. 2009년 8월 30일 시행의 중의원의원 총선거(이하 '2009년선거')의 소선거구선거는 본건 선거구 획정 아래에서 시행된 것이다. 그 선거 당일의 선거구 간의 선거인수의 최대교차는 고치현 제3구와 치바현 제4구와의 사이의 1 대 2.304이며, 고치현 제3구와 비교하여 교차가 2배 이상으로 된 선거구는 45 선거구였다.

이 같은 상황 아래에서 시행된 2009년선거에 대해서 최고재판소판결[36](이하 '2011년판결')은 본건 구 구획기준 가운데 1인 방식과 관련된

36) 最大判 平成23(2011).3.23 民集 65巻 2号, 755쪽.

부분 및 동 구획기준에 따라서 개정된 본건 구획규정이 규정하는 본건 선거구 획정은 헌법의 투표가치의 평등의 요구에 반하는 상태에 이르렀지만, 모두 헌법상 요구되는 합리적 기간 내에서의 시정이 이루어지지 않았다고는 말할 수 없고, 본건 구 구획기준규정 및 본건 구획규정이 헌법 14조 1항 등의 헌법규정에 위반하는 것이라고 할 수 없다고 한 다음, 시정을 위한 합리적 기간 내에 상기의 상태를 해소하기 위해서 가능한 한 신속히 본건 구 구획기준 중의 1인 방식을 폐지하고, 구 구획심설치법 3조 1항의 취지에 따라서 본건 구획규정을 개정하는 등, 투표가치의 평등의 요청에 맞는 입법적 조치를 강구할 필요가 있다고 판시하였다.

4. 국회는 2011년판결에 따라서 각 정당에 의한 검토를 거친 다음, 2011년 10월 이후 투표가치의 교차의 시정 이외에도, 의원의 정수의 삭감과 선거제도의 발본적 개혁의 문제를 둘러싸고 정당간의 협의, 검토가 거듭되었지만 어느 것도 성립되지 않은 채, 2010년 10월에 실시된 국세조사(이하 '2010년국세조사')의 결과에 근거한 구획심에 의한 선거구 획정의 개정안의 권고의 기한인 2012년 2월 25일을 경과하였다.

그 후, 2012년 6월 및 7월에 복수의 정당의 제안에 의한 개정법안이 각각 제출되었지만 비례대표선출의원의 선거의 총정수의 삭감 및 소선거구선거와의 연용제의 채택 여부를 둘러싼 정당간의 의견 대립 때문에 회기중에 어느 것도 성립에 이르지 못하고, 동년 10월에 소집된 다음 국회에서 1인 방식의 폐지 및 이른바 0증(增)5감(減)[37]만을 내용으로 하는 개정법안이 동년 11월에 성립하였다.

1인 방식의 폐지를 포함하는 제도의 시정을 위해서는 구획심의 심의를 포함해서 구획기준에 관련된 구획심설치법의 개정과 선거구 획정에 관련된 공직선거법의 개정이라는 2단계의 법개정을 요하기 때문에 2012년개정법은 부칙에서 1인 방식을 규정하는 구 구획심설치법 3조 2

37) 각 도도부현의 선거구수를 늘리지 않고 의원 1인당 인구가 적은 5현의 각 선거구수를 각각 1씩 감하는 것을 말한다.

항을 삭제하는 개정규정은 공포일부터 시행하는 것으로 하는 한편, 0증5감을 내용으로 하는 공직선거법의 개정규정은 별도로 법률로 정하는 날부터 시행하는 것으로 하고, 0증5감을 전제로 구획심이 선거구 간의 인구교차가 2배 미만으로 되도록 선거구 획정을 개정하는 개정안의 권고에 근거하여 신속히 법제상의 조치를 강구하는 내용을 정하였다. 위 개정에 의해 구 구획심설치법 3조 1항이 동 개정 후의 구획심설치법 3조(이하 '신 구획심설치법 3조')로 되고, 동조에서 1 ①의 기준만이 구획기준으로서 규정되어 있다.

그러나, 본건 선거까지에 새로운 선거구 획정을 규정하는 것은 시간적으로 불가능하였기 때문에, 본건 선거는 2009년선거와 마찬가지로 본건 구획규정 및 이에 근거한 본건 선거구획정아래에서 시행되게 되었다.

5. 본건 선거 당일에서의 선거구 간의 선거인 수의 교차를 보면, 최대교차는 고치현 제3구와 치바현 제4구 간의 1 대 2.425이며, 고치현 제3구와 비교하여 교차가 2배 이상이 되는 선거구는 72 선거구였다.

본건 선거후, 2012년개정법의 부칙의 규정에 따라서 구획심에 의한 심의가 이루어져, 2013년 3월 28일 구획심은 내각총리대신에 대하여 선거구 획정의 개정안의 권고를 하였다. 이 개정안은 2012년개정법의 부칙의 규정에 근거하여, 0증5감을 전제로 선거구간의 인구교차가 2배 미만으로 되도록 17 도현의 42 선거구에서 선거구 획정을 개정하는 것을 내용으로 하는 것이었다. 상기 권고에 따라서 동년 4월 12일 내각은 2012년개정에 근거하여 상기 개정안에 근거하는 선거구 획정의 개정을 내용으로 하는 공직선거법의 개정사항을 규정하는 법제상의 조치로서 2012년개정법의일부를개정하는법률안을 국회에 제출하였다. 이 개정법안은 동월 23일에 중의원에서 가결되었지만, 참의원에서는 동일의 송부로부터 60일의 경과 후에도 의결에 이르지 못했기 때문에, 동년 6월 24일 중의원에서 출석의원 3분의 2 이상의 다수에 의해 재가결되어(헌법

59조 2, 4항), 성립되었다(이하 '2013년개정법'). 2013년개정법의 시행에 의해 2010년국세조사의 결과에 의한 선거구 간의 인구의 최대교차는 1.998배로 축소되었다.

— 원심 판결은 본건 선거 당시 본건 선거구 획정은 헌법의 투표가치의 평등의 요구에 반하는 정도에 이르렀고, 헌법상 요구되는 합리적 기간 내에서의 시정이 이루어지지 않았다고 하여 본건 구획규정은 위헌이라고 하면서, 이른바 사정판결의 법리를 적용하여, X들의 청구를 모두 기각한 다음, 당해 선거구에서의 선거가 위법임을 주문에서 선고하였다. 이에 대해, X들과 Y들 쌍방이 상고하였다.

〈판결요지〉 일부 파기자판, 일부 상고기각

2012년 12월 16일 시행의 중의원의원 총선거 당시에 공직선거법 13조 1항 별표 제1이 규정하는 중의원 소선거구선출의원의 선거구 획정은 전회인 2009년 8월 30일 시행의 중의원의원 총선거 당시와 마찬가지로 헌법상의 투표가치의 평등의 요구에 반하는 상태에 있었지만, 헌법상 요구되는 합리적 기간 내에서의 시정이 이루어지지 않았다고는 할 수 없고, 상기 규정이 헌법 14조 1항에 위반하는 것이라고는 할 수 없다.

(1) 본건 선거구 획정은 2011년판결이 판시한 대로 2009년 선거시에 이미 헌법의 투표가치의 평등의 요구에 반하는 상태에 이르렀던 것이며, 본건 선거는 이러한 본건 선거구 획정 하에서 다시 시행된 것이라는 점, 선거구 간의 교차는 2009년선거시 보다도 더욱 확대되어서 최대교차가 2.425배에 달하였다는 점 등에 비추어 보면, 본건 선거시에 2009년선거시와 마찬가지로 본건 선거구 획정은 헌법상의 투표가치의 평등의 요구에 반하는 상태에 있었다고 할 수 있다.

(2) 중의원의원선거에서의 투표가치의 교차의 문제에 대해서 최고재판소는 지금까지 ①정수배분 또는 선거구 획정이 투표가치의 교차에

서 헌법의 투표가치의 평등의 요구에 반하는 상태에 이르고 있는지 여부, ② 이러한 상태에 이르고 있는 경우에 헌법상 요구되는 합리적 기간 내에서의 시정이 이루어지지 않았다고 하여 정수배분규정 또는 구획규정이 헌법의 규정에 위반하기에 이르고 있는지 여부, ③ 당해 규정이 헌법의 규정에 위반하기에 이르고 있는 경우에 선거를 무효로 하지 않고 선거의 위법을 선언하는 것에 그칠지 여부라는 판단방식에 따라서 심사하였다. 이러한 단계를 거쳐서 판단하는 방법이 취하여 온 것은 헌법이 예정하고 있는 사법권과 입법권과의 관계에서 유래하는 것이라고 생각할 수 있다. 즉, 재판소가 선거제도에 대하여 투표가치의 평등의 관점에서 헌법상 문제가 있다고 판단하였다고 하더라도, 스스로 이에 대신하는 구체적인 제도를 제정할 수 있는 것이 아니라, 그 시정은 국회의 입법에 의해 이루어지게 되는 것이며, 그 시정방법에 대해서도 국회는 폭넓은 재량권을 가지고 있고, 이러한 판단방식의 어느 단계에서도 국회가 스스로 제도의 개정을 행할 것이 상정되고 있다고 해석된다. 환언하면, 재판소가 선거제도의 헌법적합성에 대해서 상기의 판단방식의 각 단계에서 일정한 판단을 나타냄으로써 국회가 이를 토대로 하여 소요의 적절한 시정조치를 강구하는 것이 헌법의 취지에 따르는 것이다. 이러한 헌법질서 하에서의 사법권과 입법권과의 관계에 비추어 보면, 상기 ②의 단계에서 헌법상 요구되는 합리적 기간 내에서의 시정이 이루어지지 않았다고 할 수 있는지 여부를 판단함에 있어서는 단지 기간의 장단만이 아니라 시정을 위하여 취한 조치의 내용, 그를 위하여 검토를 요하는 사항, 실제로 필요한 절차와 작업 등의 제반 사정을 종합적으로 고려하여 국회에서의 시정의 실현을 위한 노력이 사법판단의 취지를 토대로 한 입법재량권의 행사로서 상당한 것이었다고 할 수 있는지 여부의 관점에서 평가하여야 한다고 해석된다.

(3) 국회가 본건 구 구획획정기준 중의 1인 방식에 관한 부분 및 동 방식을 포함하는 동 구획 획정기준에 근거하여 규정된 선거구 획정

이 헌법상의 투표가치의 평등의 요구에 반하는 상태에 있다고 인식할 수 있었던 것은 2011년판결에서 그 취지의 판단이 표시된 2011년 3월 23일의 시점부터서라고 하여야 한다.

이들 헌법상의 투표가치의 평등의 요구에 반하는 상태를 해소하기 위해서는 구 구획심설치법 3조 2항이 규정하는 1인 방식을 폐지하고, 동조 1항의 취지에 따라서 2010년국세조사의 결과를 토대로 각 도도부현에의 선거구의 수, 즉 의원 정수의 배분을 시정하고, 그것을 전제로 하여 다수의 선거구의 구획획정을 개정할 것이 요구되었었다. 그 일련의 과정을 실현해가는 것은 1994년의 공직선거법 개정시에 인구가 적은 현에서의 정수의 급격하고 대폭적인 감소에의 배려 등의 시점으로부터 설치된 1인방식에 의해 그들 현에 할당된 정수를 삭감한 다음에 그 재배분을 행하는 것으로, 제도의 개정에 준하는 작업을 요하는 것이라고 할 수 있고, 입법의 경위 등에도 고려하여, 국회에서의 합의의 형성이 용이한 것이 아니라고 할 수 있는 바, 이러한 정수배분의 개정시에 다른 기본적인 정책과제도 함께 논의의 대상으로 하는 가운데에서 헌법의 투표가치의 평등의 요구에 반하는 상태의 시정을 위한 법개정작업이 추진되어 1인방식을 규정한 구 구획심설치법 3조 2항의 규정의 삭제와 선거구 간의 인구교차를 2배미만으로 억제하기 위한 이른바 0증5감에 의한 정수배분의 개정이 행하여진 것이라고 할 수 있다.

이러한 개정내용을 실제로 실시할 수 있는 것으로 하기 위해서는 1인방식의 폐지 및 정수배분과 구획획정 개정의 방식을 규정하는 법개정 후, 새로운 구획획정기준에 따라서 구획심이 선거구 획정의 개정안의 권고를 하고, 이에 근거하여 새로운 선거구 획정을 규정하는 법개정을 한다고 하는 2단계의 법개정을 포함하는 작업을 거칠 필요가 있었던 바, 전자의 개정을 내용으로 하는 2012년개정법이 성립한 시점에서 중의원이 해산되었기 때문에 본건 선거는 종전의 정수와 선거구 획정 하에서 시행되지 않을 수 없었지만, 본건 선거 전에 성립한 2012년개정법이 규정한 방식에 근거하여, 본래의 임기만료시까지 구획심의 개정안의 권고를 거쳐서 2013년개정법이 성립하였고, 2010년국세조사의 결과에 근거한 선거구 간의 인구교차를 2배미만으로 억제하는 선거구 획정의 개정이 실현되었다. 이처럼, 2011년판결에 따라서, 입법부에서의 시정을 위한 노력이 이루어졌고, 본건 선거 전의 시점에서 시정의 실현을 향한 일정한 전진으로 평가할 수 있는 법개정이 성립에 이르렀던 것이라고 할 수 있다.

원래부터 상기 0증5감의 조치에서의 정수삭감의 대상으로 된 현 이외의 도도부현에 대해서는 본건 구 구획기준에 근거하여 배분된 정수가 그대로 유지되고 있고, 2010년국세조사의 결과를 토대로 1인방식의 폐지 후의 새로운 구획기준에 근거한 정수의 재배분이 행하여지는 것이 아니라, 전체로서 신 구획심설치법 3조의 취지에 따른 선거제도의 정비가 충분히 실현되고 있다고는 할 수 없고, 그 때문에, 금후의 인구변동에 의해 다시 교차가 2배 이상의 선거구가 출현하여 증가할 개연성이 높다고 상정되는 등, 1인방식의 구조적인 문제가 최종적으로 해결되고 있다고는 할 수 없다. 그러나, 이 문제에의 대응과 합의 형성에 여러 가지의 곤란이 수반되는 것을 토대로 하여, 신 구획심설치법 3조의 취지에 따른 선거제도의 정비에 대해서는 금회와 같은 점차적인 개정을 거듭함으로써 이를 실현해 가는 것도 국회의 재량에 관한 현실적인 선택으로써 허용되고 있다고 해석된다. 또한, 금후의 국세조사의 결과에 따라서 동조에 근거하는 각 도도부현에의 정수의 재배분과 이를 토대로 한 선거구 획정의 개정을 할 시기가 도래하는 것도 피할 수 없는 바이다.

이상에서 고려하면, 본건 선거 자체는 중의원 해산에 수반하여 2009년선거와 똑같은 선거구 획정 하에서 이루어져 2009년선거 보다 최대교차도 확대되었지만, 본건 선거까지 1인방식을 규정한 구 구획심설치법 3조 2하의 규정이 삭제되고, 전국의 선거구 간의 인구교차를 2배 미만으로 하는 것을 가능하게 하는 정수배분과 구획 획정 개정의 방식이 규정되어 있고, 사법권과 입법권과의 관계를 토대로 하여, 고려해야 할 제 사정에 비출 때, 국회에서의 시정의 실현을 위한 노력이 2011년판결의 취지를 토대로 한 입법재량권의 행사로서 상당한 것이 아니었다고는 할 수 없고, 본건에서 헌법상 요구되는 합리적 기간을 도과한 것이라고 단정할 수도 없다.

(4) 이상과 같이, 본건 선거시에 본건 구획규정이 규정하는 본건 선거구획정은 2009년 선거시와 마찬가지로 헌법의 투표가치의 평등의 요구에 반하는 상태에 있었던 것이지만, 헌법상 요구되는 합리적 기간 내에 있어서의 시정이 이루어지지 않았다고는 할 수 없고, 본건 구획규정이 헌법 14조 1항 등의 헌법의 규정에 위반하는 것이라고 할 수 없다.

〈본 판결의 해설〉

– 본 판결은 최고재판소가 2011년판결에서 위헌상태에 있다고 한 선거구 획정 하에서 시행된 중의원의원 총선거에 대하여 헌법상 요구되는 합리적 기간 내에서의 시정이 이루어지지 않았는지 여부의 판단에 있어서의 고려요소와 평가의 관점을 나타낸 다음, 이들 판단기준에 비추어 제 사정을 종합적으로 고려해서 구획규정의 합헌성에 대한 헌법판단을 나타낸 것이라는 점에서 중요한 의의를 가지는 것이다. 또한 본 판결은 투표가치의 평등이 헌법상의 요청이며, 1인 방식의 구조적인 문제는 최종적으로 해결되었다고 할 수 없고, 국회는 금후로도 신 구획심설치법 3조의 취지에 따른 선거제도의 정비를 위한 노력을 계속할 필요가 있다고 판시하고 있다.

– 지금까지 중의원의원선거와 관련한 최고재판소의 판례[38]에서

38) 最大判 昭和51(1976).4.14 民集30巻3号 223쪽, 判例タイムズ335号 126쪽(이하 '1976년판결'); 最大判 昭和58(1983).11.7 民集 37巻9号 1243쪽, 判例タイムズ513号 106쪽(이하 '1983년판결'); 最大判 昭和60(1985).7.17 民集39巻5号 1100쪽, 判例タイムズ565号 65쪽(이하 '1985년판결'); 最大判 平5(1993).1.20 民集47巻1号 67쪽, 判例

상기 (2)의 ①-③의 판단방식을 취하여 왔다. 본 판결은 최고재판소의 판례에서 상기의 판단방식이 취하여 온 근거에 대하여 헌법이 예정하고 있는 사법권과 입법권과의 관계에서 유래하는 것이라고 하여, 선거제도의 헌법적합성을 담보하기 위한 사법권 및 입법권 쌍방의 권능과 역할에 대하여 검토를 가하여 이들 상호작용의 관점에서 그 방식의 위상 등을 명백히 한 것으로 해석할 수 있다.

본건은 상기의 판단방식 중 ②의 헌법상 요구되는 합리적 기간 내에서의 시정이 이루어지지 않았는지 여부가 문제된 것이지만, 지금까지 이 점이 문제된 1976년판결,[39] 1983년판결, 1985년판결, 1993년판결, 2011년판결을 보면, ①에 대해서 헌법상의 투표가치의 평등의 요구에 반하는 상태(이하 '위헌상태')로 된 것을 국회가 인식할 수 있었던 시기(국정조사의 결과의 공표시, 판결 등에서 위헌상태인 것이 표시된 시점 등), 교차가 평등의 요청에 반하는 정도, 위헌상태를 해소하기 위하여 필요한 시정조치의 내용과 검토를 요하는 사항의 성질, 이전 법개정으로부터 당해 선거까지의 교차의 추이와 국회에서의 노력의 경위 등 여러 가지 요소가 각 사안마다의 상황 등에 입각하여 종합적으로 감안되어온 것으로

タイムズ 806号, 58쪽(이하 '1993년판결'); 最大判 平11(1999).11.10 民集53巻 8号 1704쪽, 判例タイムズ 1018号, 114쪽(이하 '1999년판결'; 最大判 平19(2007).6.13 民集61巻 4号 1617쪽, 判例タイムズ 1247号, 111쪽(이하 '2007년판결'); 2011년판결 등이 있다.

39) 이것은 투표가치의 불평등소송의 리딩케이스로서 최고재판소는 위헌상태의 유무를 판단할 때에 (1)선거제도 설계에 합리적 근거가 있는지 여부를 검토하는 방식(이하 '심사방식1')과 (2) 선거제도 설계로서 통상 고려할 수 있는 요소에는 합리적 근거가 있었다고 하더라도 그 교차가 "일반적으로 합리성을 가지는 것이라고는 도저히 생각할 수 없는 정도에 달하는 경우"에는 "이러한 불평등을 정당화할 특별한 이유가 있는지" 여부를 검토하는 방식(이하 '심사방식2')이 있음을 판시하였다. 지금까지의 위헌상태의 인정은 모두 심사방식2의 결과였지만, 2011년판결에서 최초로 심사방식1에서의 위헌상태의 인정이 이루어진 것이다. 西村枝美, 違憲状態とされた一人別枠方式を含む区割のまま行われた衆議院選挙の合憲性, 新·判例解説 watcha(法学セミナー増刊)14号' 36쪽.

해석되지만, 이들 판례는 그 일반적인 판단기준은 표시되지 않았다.

본 판결은 이 점에 대하여 위헌상태로 된 것을 국회가 인식할 수 있었던 시기가 기준시로 되는 것을 전제로 한 다음, 헌법상 요구되는 합리적 기간 내에서의 시정이 이루어지지 않았는지 여부를 판단함에 있어서 단지 기간의 장단만이 아니라 시정을 위하여 취한 조치의 내용, 그를 위하여 검토를 요하는 사항, 실제로 필요한 절차와 작업 등의 제반 사정을 종합적으로 고려해서 국회에서의 시정의 실현을 위한 노력이 사법의 판단의 취지를 토대로 한 입법재량권의 행사로서 상당한 것이었다고 할 수 있는지 여부의 관점으로부터 평가해야 한다고 판시하고 있다.

본 판결은 그 구체적인 적용에서 1인 방식을 포함하는 구획기준에 근거하여 규정된 선거구 획정을 시정하기 위하여서는 구획기준의 시정과 구획심의 심의·권고를 거쳐 행하여지는 선거구 획정의 개정이라고 하는 2단계의 입법적 조치가 필요하며, 전자의 시정에 수반하여 각 도도부현에의 정수배분의 개정도 필요하였다는 것을 감안하여, 1인방식에 의해 인구가 적은 현에 배분된 정수의 삭감과 재배분이라는 제도의 개정에 준하는 작업의 성질과 국회에서의 개정의 논의의 경위 등도 감안한 다음, 중의원 해산에 의한 본건 선거 전의 시점에서 구획기준의 시정(1인방식 규정의 삭제)에 더하여, 선거구 간의 인구교차를 2배미만으로 억제하는 선거구 획정의 개정의 방식을 규정하는 법개정이 성립하기에 이르렀다는 점 등을 비추어 볼 때, 국회에서의 시정의 실현을 위한 노력이 2011년판결의 취지를 토대로 한 입법재량권의 행사로서 상당한 것이 아니었다고는 할 수 없고, 헌법상 요구되는 합리적 기간을 도과한 것이라고 단정할 수는 없다고 하여, 본건 구획규정이 위헌이라고는 할 수 없다고 판시하였다.

– 또한 본 판결은 투표가치의 평등은 헌법상의 요청이며, 1인방식의 구조적인 문제는 최종적으로 해결되었다고는 할 수 없고, 국회는 금후로도 신 구획심설치법 3조의 취지에 따른 선거제도의 정비를 위한 노

력을 착실하게 계속해갈 필요가 있다고 판시하였다. 헌법이 예정하고 있는 사법권과 입법권의 관계와 그 상호작용의 모습을 토대로 한 판시라고 이해할 수 있을 것이다. 본 판결은 최고재판소가 2011년판결에서 위헌상태에 있다고 한 선거구 획정 하에서 시행된 중의원의원 총선거에 대하여 헌법상 요구되는 합리적 기간 내에서의 시정이 이루어지지 않았다고 할 수 있는지 여부의 판단에서의 고려요소와 평가의 관점을 나타낸 다음, 이들 판단기준에 비추어 제 사정을 종합적으로 고려해서 구획규정의 합헌성에 대한 헌법판단을 나타낸 것이며, 중요한 의의를 가지는 것이라고 생각된다[40].

5. 가나가와현 임시특례기업세조례사건[41]

〈사실관계〉

– 본건은 가나가와현 내에 공장을 가지고 있는 X(원고·피항소인·상고인)에게 가나가와현 임시특례기업세조례(이하 '본건 조례')에 근거하여 도부현의 법정외 보통세인 임시특례기업세(이하 '특례기업세')가 부과되었던 바, 본건 조례는 법인사업세의 과세표준인 소득금액의 계산에 대해 결손금의 이월공제를 규정한 지방세법의 규정에 위반해서 위법무효라고 주장하여, Y(가나가와현. 피고·항소인·피상고인)에 대해 납부한 특례기업세 등 합계 약 19억 7900만 엔의 지불을 청구한 사안이다.

– 2003년 개정전의 지방세법(이하 '개정전 지방세법')은 법인사업세의 과세표준에 대하여, 원칙적으로 각 사업년도의 소득에 의한다는 내용을 규정하고, 각 사업년도의 소득의 산정방법에 대해 특별한 규정이 있는 경우를 제외하고, 법인세의 과세표준인 소득의 계산의 예에 의해

40) 본 해설에는 判例タイムズ 1396号, 2014.3, 124-126쪽을 주로 참조하였다.

41) 最高裁 第一小法廷 平成25(2013).3.21. 平成22年(行ヒ)第242号, 民集 67巻3号, 438쪽, 判例タイムズ 第1391号, 2013.10, 113쪽 이하.

서 산정하는 내용을 규정하였다.

그리고, 2011년 개정전의 법인세법(이하 '법인세법')은 법인세의 과세표준인 각 사업년도의 소득금액의 계산방법에 관하여 결손금액의 확정신고를 하고 있을 것 등을 요건으로 하여, 각 사업년도 개시일 전 7년(2004년 개정전에는 5년) 이내의 사업년도에서 발생한 결손금액을 이월하여, 이것을 손금액에 산입하는 결손금의 이월공제를 인정하였다. 그러므로, 상기의 요건을 충족하는 경우에는 법인세뿐만 아니라 법인사업세의 과세표준인 각 사업년도의 소득금액의 계산에서도 결손금의 이월공제가 인정되었다.

이 때문에, 단년도로 보면 흑자법인이라 하더라도 결손금의 이월공제에 의해 법인사업세의 부담을 면하는 것이 나오게 된다. 그래서, Y는 법인사업세의 세수의 감소에 의한 재정위기에의 대책의 하나로서 2001년에 본건 조례를 제정하여, 법정외 보통세로서 가나가와현 내에 사무소 또는 사업소를 설치하고 있는 자본금액이 5억 엔 이상의 법인에 대해, 법인사업세의 과세표준인 소득금액의 계산상 이월공제되는 결손금액에 상당하는 금액을 과세표준으로 하는 특례기업세를 부과하기로 하였다.

2003년 지방세법의 개정에 의해 자본금액이 1억 엔을 초과하는 법인의 법인사업세에 대해 외형표준과세가 일부 도입되어, 부가가치할, 자본할 및 소득할 등의 구분이 설치됨과 함께 이들 법인에 대해서는 부가가치할액, 자본할액 및 소득할액의 합산액에 의해 법인사업세가 부과되는 것으로 되었다. 이 가운데 소득할에 대해서는 각 사업년도의 소득이 과세표준으로 되었지만, 그 산정방법에 대해서는 개정전과 마찬가지로 법인세의 과세표준인 소득의 계산 예에 의해서 산정하는 것으로 되었다. 또한, 이 개정에 따라서 본건 조례도 개정이 이루어졌다.

– 1심판결[42]은 X의 청구를 인용한 것에 대하여 항소심판결[43]은 1심판결을 파기하여, 청구를 모두 기각하였다. 이에 X사가 상고하였다.

〈판결요지〉 파기자판(항소기각)

자본금 등이 일정액 이상의 법인 사업활동에 대해 도부현 법정외 보통세로서 임시특례기업세를 부과할 것을 규정하는 가나가와현 임시특례기업세조례의 규정은 법인사업세의 소득할의 과세표준인 소득금액의 계산상 손금액에 산입해서 이월공제하기로 되어 있는 과거 사업년도의 결손금액에 상당하는 금액을 과세표준으로 하여, 그 이월공제를 실질적으로 일부 배제하는 것으로 소득금액의 계산에서 법인세법의 규정(57조 1항, 9항)의 예에 의해 상기 결손금액에 상당하는 금액의 이월공제의 필요적인 적용을 규정하는 지방세법 규정(72조의23 1항)과 모순저촉하는 것으로서 이에 위반하여 위법무효이다.

〈본 판결의 해설〉

본 판결은 특례기업세의 과세표준을 정한 규정의 문언은 각 과세사업년도에서의 법인사업세의 과세표준인 소득금액의 계산상, 결손금의 이월공제를 하지 않는 경우의 소득금액을 원칙적인 과세표준으로 하는 것처럼 보이지만, 그 실질은 이월공제 결손금액 그 자체를 과세표준으로 하는 것에 다름 아니고, 특례기업세의 창설의 경위 등을 고려하면, 본건 조례는 결손금의 이월공제 가운데 일정 비율에 대해 그 적용을 차단할 것을 의도해서 제정된 것이라고 할 수 있고, 본건 조례는 지방세법이 규정하는 결손금의 이월공제의 적용을 일부 차단할 것을 그 취지, 목적으로 하는 것으로서 특례기업세의 과세에 의해 각 사업연도의 소득금액의 계산에 대해 결손금의 이월공제를 실질적으로 일부 배제하는 효과를 발생하는 내용의 것이며, 각 사업년도 간의 소득금액과 결손금액의 평준화를 도모하여 공평한 과세를 행한다고 하는 취지, 목적으로부터

42) 横浜地判 平成20(2008).3.19 判例時報 2020号 29쪽.
43) 東京高判 平成22(2010).2.25 判例時報 2074号, 32쪽.

결손금의 이월공제의 필요적 적용을 규정하는 지방세법의 규정의 취지, 목적에 반하여, 그 효과를 저해하는 내용의 것으로서 위법무효라고 판단하고, 항소심판결을 파기하여 Y의 항소를 기각하였다. 본건 조례에 대해서는 유효설과 무효설의 대립이 있으나, 최고재판소는 본건 조례가 법인사업세의 과세표준을 규정한 지방세법의 규정에 위반하여 무효라고 하여, 지방자치단체의 조례제정권의 한계에 관한 판단을 나타낸 것으로서 중요한 의의를 가진다고 할 수 있다.[44)45)]

6. 주민소송에서의 위법성의 승계문제[46)]

〈사실관계〉

본건은 치쿠조(築上)정(町)이 정유지(町有地)상의 건물의 철거에 수반하여 이것을 사용했던 단체와의 사이에서 동 단체에 이전보상의 합의

---

44) 市原義孝, 資本金等が一定額以上の法人の事業活動に対し臨時特例企業税を課すことを定める神奈川県臨時特例企業税条例(平成13 年神奈川県条例第37 号) の規定と地方税法72 条の23 第1 項本文(平成15 年法律第9 号による改正前は72 条の14 第1 項本文), ジュリスト 1464号, 2014.3, 96쪽 이하.

45) 그러나, 본건 판결에 대해서는 다음과 같은 이견을 나타내는 견해도 있다. 즉, "이월공제제도를 강행규정으로 하는 지방세법의 합헌성을 당연한 전제로 하고 있는 점에는 의문의 여지가 있다. 지방공공단체가 필요한 세수를 확보할 수 없을 정도로 법정외 보통세의 가능성을 좁히고 있다면, 지방세법은 '지방자치의 본지'(헌법 92조)에 반하여 위헌무효이다. 지방세법을 합헌으로 평가한다면, 어려운 재정상황에 있는 Y가 특례기업세 이외에 취할 수 있는 선택지를 나타낼 필요가 있을 것이다. 만일, 유망한 선택지가 없다면, 명문이 없는 이상, 조례로 자유로운 선택을 할 수 있다고 하는 헌법적합해석을 하는 것도 하나의 방법이다. 또한, 징세 후의 무효판결은 자치체의 재정에 심각한 영향을 미친다. 지방세법이 강행규정을 규정하는 경우에는 그 취지를 보다 명확하게 규정하는 것이 바람직할 것이다." 木村草太, 神奈川県臨時特例企業税条例事件上告審判決, ジュリスト 1456号, 2013.7, 9쪽.

46) 最高裁 第一小法廷 平成25(2013).3.21. 平成23年(行ツ) 第406号, 民集67卷3号, 375쪽. 졸고, 주민소송에 있어서 이른바 '위법성의 승계'에 관한 검토 — 일본의 학설·판례를 중심으로 하여 —, 공법연구 42집 4호, 2014.6, 361쪽 이하.

를 하고 계약을 체결한 다음, 그 계약에 근거하여 정장이 보상금의 지출명령을 하였던 바, 정의 주민들이 위 계약은 공서양속에 반하여 무효이거나 또는 지방자치법 2조 14항, 지방재정법 4조 1항에 반하여 위법하기 때문에 위 지출명령도 위법하고, 그에 의해 정이 손해를 입었다고 하여 정의 집행기관인 상고인을 상대로 하여 당시 정장으로서 지출명령을 한 A에 대해 손해배상청구를 할 것을 요구하는 주민소송(4호소송)이다.

원심은 지출부담행위가 계약이고, 그것이 사법상 무효라고는 할 수 없지만 위법한 경우에, 지출명령권자가 지출부담행위를 시정할 권한을 가질 때는 지출명령권자는 지방자치단체에 대하여 당해 위법한 지출부담행위에 근거하는 지출명령을 발해서는 안된다고 하는 재무회계법규상의 부작위의무를 지고 있고, 동 의무에 위반해서 발하여진 지출명령은 위법하고, A는 스스로 본건 이전보상계약을 체결하였고, 정장으로서 계약의 시정을 할 권한을 가지고 있었기 때문에, 본건 지출명령은 위법하며, A는 본건 지출명령에 대해 정에 대해서 손해배상책임을 진다고 하였다.

〈판결요지〉 파기자판(원심판결을 파기하고, 제1심판결 중 상고인 패소부분을 취소한다.)

– 보통지방자치단체의 직원에 대한 손해배상청구는 재무회계상의 행위를 행할 권한을 가진 당해 직원에 대해 직무상의 의무에 위반하는 재무회계상의 행위에 의한 당해 직원의 개인으로서의 손해배상의무의 이행을 요구하는 것에 다름 아니기 때문에, 당해 직원의 재무회계상의 행위를 파악하여 상기 손해배상 청구를 할 수 있는 것은 설령 이에 선행하는 원인행위에 위법사유가 존재하는 경우라 하더라도 그 원인행위를 전제로 해서 이루어진 당해 직원의 행위 자체가 재무회계법규상의 의무에 위반하는 위법한 것일 때에 한정된다고 해석하는 것이 상당하다.

그러한 바, 보통지방자치단체가 체결한 채무를 부담하는 계약이 위법하게 체결된 것이라고 하더라도, 그것이 사법상 무효가 아닌 경우에는 당해 보통지방자치단체는 그 상대방에 대해 그에 근거하는 채무를 이행해야 할 의무를 부담하는 것이기 때문에 그 채무의 이행으로서 이루어지는 지출명령인 경우에도 지출부담행위와 지출명령은 공금을 지출하기 위하여 행하여지는 일련의 행위이지만 서로 독립된 재무회계상의 행위라고 하여야 할 것이기 때문에 이러한 이치는 마찬가지로 해당되는 것이라고 해석함이 상당하다.

그렇다면, 보통지방자치단체가 체결한 지출부담행위인 계약이 위법하게 체결된 것이라고 하더라도, 그것이 사법상 무효가 아닌 경우에는 당해 보통지방자치단체가 당해 계약의 취소권 또는 해제권을 가지고 있을 때나 당해 계약이 현저하게 합리성을 결하여 그 때문에 그 체결에 예산집행의 적정확보의 견지에서 간과할 수 없는 하자가 존재하고, 당해 보통지방자치단체가 당해 계약의 상대방에게 사실상의 영향력을 진지하게 행사하면 상대방이 당해 계약의 해소에 응할 개연성이 큰 것과 같은, 객관적으로 보아 당해 보통지방자치단체가 당해 계약을 해소할 수 있는 특수한 사정이 있을 때가 아닌 한, 당해 계약에 근거한 채무의 이행으로서 지출명령을 할 권한을 가지는 직원은 당해 계약의 시정을 할 직무상의 권한을 가진다고 하더라도, 위법한 계약에 근거하여 지출명령을 해서는 안된다고 하는 재무회계법규상의 의무를 지는 자라고는 할 수 없고, 당해 직원이 상기 채무의 이행으로서 하는 지출명령이 이러한 재무회계법규상의 의무에 위반하는 위법한 것으로 되는 것은 아니라고 해석하는 것이 상당하다.

– 이것을 본안에 대해서 보면, 본건 이전보상계약은 위법하게 체결된 것이라고 하더라도, 공서양속에 반해 사법상 무효라고는 할 수 없고, 달리 이것을 사법상 무효로 보아야 할 사정도 엿보이지 않는바, 정(町)이 B에 사실상의 영향력을 진지하게 행사하면 그 해소에 응할 개연

성이 큰 것과 같은, 객관적으로 보아서 정이 이를 해소할 수 있는 특수한 사정이 있었다고 할 수 없기 때문에, A가 본건 이전보상계약에 근거하여 지출명령을 해서는 안 된다고 하는 재무회계법규상의 의무를 졌다고 할 수 없고, A가 당해 계약에 근거하는 채무의 이행으로서 행한 본건 지출명령이 이러한 재무회계법규상의 의무에 위반하는 위법한 것이었다고 할 수 없다. 그렇다면, A는 본건 지출명령에 대해 정에 대해서 손해배상책임을 지는 자가 아니다.

〈본 판결의 해설〉

본판결은 지출원인행위인 이전보상계약에 대해서가 아니라, 동 계약의 이행으로서 이루어진 공금지출명령의 재무회계법규상의 위법성에 대해서 판단한 것이지만, 쌍방의 재무회계상의 행위의 권한을 동일인이 가진다고 하는 상황에 특색이 있었다[47].

일본 최고재판소의 초기 판례는 주민소송의 대상은 재무회계상의 행위로 한정하고, 원인행위(선행행위)의 위법성의 승계를 인정하지 않았다[48]. 그러나, 1977년판례[49]에 의하여 최초로 이른바 '위법성의 승계'가 인정된 이후의 판례를 시계열적으로 개관한다면, 초기의 판례가 위법성의 승계의 범위를 비교적 광범위하게 인정하였으나, 이후 점점 조건을

47) 福永 実, 契約の義務履行として支出命令を行う場合の財務会計法規上の義務, 新・判例解説 Watch 13号, 2013, 52쪽.

48) 예컨대, 환지처분 등의 행정처분에 의해 시가 토지를 취득한 것을 위법한 재산의 취득이라고 하여, 주민소송(2호소송)을 제기한 사건에서, 최고재판소는 "지방자치법 242조의 2 소정의 이른바 주민소송의 대상으로 되는 것은 동법 242조 1항 소정의 지방자치단체의 집행기관 또는 직원에 의한 동항 소정의 일정한 재무회계상의 위법한 행위 또는 게을리한 사실에 한정되는 것이며, (중략) 각 행위의 취소를 청구하는 본건 소가 동법 242조의 2에서 규정하는 주민소송의 정형에 해당하지 않고, 이것을 부적법하다고 한 원심의 판단은 정당한 것으로 시인할 수 있다."고 판시하였다(最高裁 第三小法廷判決 昭和51.3.30.).

49) 最高裁 大法廷判決 昭和52(1977).7.13. 民集 31卷4号 533쪽, 判例時報 855号, 24쪽.

부가하여 가다가 1992년판례[50] 이후로는 '위법성의 승계'와는 일응 단절된 입장을 취하고 있다고 할 수 있을 것이다.[51] 즉, 최고재판소는 "당해 직원의 재무회계상의 행위를 가지고 위 규정에 근거하는 손해배상책임을 물을 수 있는 것은 설령 이에 선행하는 원인행위에 위법사유가 존재하는 경우라 하더라도, 위 원인행위를 전제로 하여 이루어진 당해 직원의 행위 자체가 재무회계법규상의 의무에 위반하는 위법한 것일 때에 한정된다"고 하여, 종래의 '위법성의 승계'와는 일응 단절을 시도한 것이다[52]. 또한 처음으로 '재무회계법규상의 의무'를 명시하여 그것에의 위반 여부에 의하여 손해배상책임의 인정 여부를 결정하고자 하는 입장을 나타냈다. 본 판례에 대해서는 선행행위의 권한기관과 후행행위의 그것이 다르며, 선행행위가 비재무회계행위에 관한 1992년판례의 입장을, 선행행위와 후행행위의 권한기관이 동일하며, 선행행위가 이전보상계약의 체결이라는 재무회계행위인 경우에도 적용한 것으로서, 선행행위의 위법 그 자체는 후행의 재무회계행위의 위법성 판단과는 직접 관계는 없고, 어디까지나 후행의 재무회계행위 자체의 재무회계법규 위반의 유무만이 문제로 된다는 것이 인정되었다는 점에 그 특징이 있다고 할 수 있다[53].

---

50) 最高裁 第三小法廷判決 平成4(1992).12.15. 民集 46卷9号 2753쪽, 判例自治 114号, 62쪽.

51) 졸고, 앞의 논문, 362-363쪽.

52) 선행행위의 위법성이 후행행위에 승계되지 않는다는 입장을 취한 것으로 해석하는 입장으로서, 金子芳雄, 地方自治法242条の2第1項4号(住民訴訟)における前行行為の違法性の承継, 法学教室 153号, 117쪽.

53) 桑原勇進, 先行行為の違法性と後行財務会計行為の関係, 法学セミナー 701号, 2013, 115쪽.

Ⅲ. 마치며

최근의 일본 행정판례 중 주요한 사건들에 관한 최고재판소의 판결을 중심으로 살펴본 바에 의하면, 먼저, 2012년 중의원의원선거와 관련한 선거무효소송이 다수 제기되어 2013년에 최고재판소 판결이 나왔으며, 2014년에도 계속해서 나오고 있는 중이라고 할 수 있다. 이에 대해서는 특히 선거구 획정에 있어서의 투표가치의 평등과 관련하여, 최고재판소가 유연한 입장을 보이고 있음을 살펴보았다. 다음으로, 주민소송과 관련하여서는, 일본 행정판례 중 주민소송이 상당한 비중을 차지하고 있는 점에 비추어 2013년에도 몇 건의 최고재판소 판례가 나왔지만 그 중 특히 중요한 것은 위에서 살펴본 바와 같이 위법성의 승계와 관련된 것이라고 할 수 있다. 그밖에도 의약품의 인터넷 판매를 규제하는 성령의 수권법의 위임범위의 일탈을 이유로 한 확인소송 등에서 구체적 처분이 이루어지기 전에 그 위법성을 인정하였다는 점에서 주목할 만하다고 하겠다.

참고문헌

함인선, 주민소송에 있어서 이른바 ‘위법성의 승계’에 관한 검토 — 일본의 학설ㆍ판례를 중심으로 하여 —, 공법연구 42집 4호

安念潤司, 医薬品のインターネットによる販売規制の適法性, 判例百選(ジュリスト1453号)

市原義孝, 資本金等が一定額以上の法人の事業活動に対し臨時特例企業税を課すことを定める神奈川県臨時特例企業税条例(平成13 年神奈川県条例第37 号)の規定と地方税法72 条の23 第1 項本文(平成15 年法律第9号による改正前は72 条の14 第1 項本文), ジュリスト 1464号

金子芳雄, 地方自治法242条の2第1項4号(住民訴訟)における前行行為の違法性の承継, 法学教室 153号

木村草太, 神奈川県臨時特例企業税条例事件上告審判決, ジュリスト 1456号

桑原勇進, 先行行為の違法性と後行財務会計行為の関係, 法学セミナー701号

桑原勇進, 国税徴収法に基づく差押処分と被差押財産の共有者の原告適格, 法学セミナー 705号

下山憲治, 一部医薬品のインターネット販売を禁止する省令と薬事法の委任の範囲, ジュリスト 1453号,

首藤重幸´ 共有不動産持分者に対する差押処分と他の共有者の原告適格´ ジュリスト1462号

西村枝美, 違憲状態とされた一人別枠方式を含む区割のまま行われた衆議院選挙の合憲性, 新・判例解説watch(法学セミナー増刊)14号

福永 実, 契約の義務履行として支出命令を行う場合の財務会計法規上の義務, 新・判例解説 Watch 13号

山下竜一, 水俣病の認定の申請を棄却する処分に関して原告の請求が認め

られた事例, 法学セミナー 704号
2013判例回顧と展望(行政法), 法律時報 86巻 7号(2014.6)

그 밖에 판례의 출전으로는 最高裁判所民事判例集, 判例時報, 判例タイムズ, 判例地方自治 및
재판소사이트(http://www.courts.go.jp/app/files/toukei/286/007286.pdf)를 참조하였다.

국문초록

일본 각급 재판소의 신수건수의 추이를 전년도와 비교할 때, 최고재판소와 고등재판소의 경우에는 다소 증가하였지만, 지방재판소는 약간 감소하였음을 알 수 있다. 그러나, 10년간을 통시적으로 살펴보면, 우상향 경향을 보이고 있다고 할 수 있다.

한편, 최근의 일본 행정판례 중 주요한 사건들에 관한 최고재판소의 판결을 중심으로 살펴보면, 먼저, 2012년 중의원의원선거와 관련한 선거무효소송이 다수 제기되어 2013년에 최고재판소 판결이 나왔으며, 2014년에도 계속해서 나오고 있는 중이라고 할 수 있다. 이에 대해서는 특히 선거구 획정에 있어서의 투표가치의 평등과 관련하여, 최고재판소가 유연한 입장을 보이고 있음을 살펴보았다. 다음으로, 주민소송과 관련하여서는, 일본 행정판례 중 주민소송이 상당한 비중을 차지하고 있는 점에 비추어 2013년에도 몇 건의 최고재판소 판례가 나왔지만 그 중 특히 중요한 것은 위에서 살펴본 바와 같이 위법성의 승계와 관련된 것이라고 할 수 있다. 그 밖에도 의약품의 인터넷 판매를 규제하는 성령의 수권법의 위임범위의 일탈을 이유로 한 확인소송 등에서 구체적 처분이 이루어지기 전에 그 위법성을 인정하였다는 점에서 주목할 만하다고 하겠다.

주제어: 일본행정판례, 선거무효소송, 주민소송, 원고적격, 위법성의 승계, 행정입법

Abstract

Analyses of Important Administrative Law Cases in 2013 Term of the Supreme Court of Japan

Ham In Seon

According to the 10 year judicial statistics, it can be said that the number of Japanese administrative cases in all levels of Courts shows upward trend. However, the Supreme Court and the High Court has been a slight increase, the District Court can see a slight decrease last year.

The Study on the 2013 Japanese administrative cases shows that the ratio of the cases of the Resident's Litigation in all Japanese administrative cases is very high. The main topic of the 2013 Japanese Resident's Litigation in all Japanese administrative cases is the succession of illegality. The other notable case in all Japanese administrative cases is focused on whether or not the Ministry's Rule is illegal on account of the deviations in the range of the delegation act.

key words: Japanese administrative cases, the Resident's Litigation, standing, the succession of illegality, administrative legislation, delegation act

투 고 일: 2014. 11. 22
심 사 일: 2014. 12. 5
게재확정일: 2014. 12. 19

2013년 프랑스 行政判例의 動向 硏究

吳承奎*

Ⅰ. 머리말

프랑스 행정법원의 조직은 상고심을 담당하는 최고행정법원인 꽁세이데따(Conseil d'État, 이하 "CE"라 한다)를 정점으로 하여, 항소심을 담당하는 8개의 행정항소법원(cour administrative d'appel, 이하 "CAA"라 한다)과 제1심법원격인 42개의 지방행정법원(tribunal administratif, 이하 "TA"라 한다)으로 구성되어 있다. 이 글에서는 2013년도 프랑스 행정판례의 동향을 알아보고, 우리에게 유용한 시사점을 도출해 보고자 한다.

* 법학박사, 중원대학교 법학과 조교수

1. 행정사건의 동향에 관한 기본통계

2013년에 TA는 183,182건, CAA는 29,015건, CE는 9685건의 소송사건을 처리하였다.[1] 사건접수에서 판결까지 평균 소요기간[2]은 각각 11개월 12일(TA), 9개월 25일(CAA), 7개월 25일(CE)로서 2012년보다 더 단축되었다.[3] 1심 사건에서 사회보장행정에 관한 소송이 증가하고 다른 분야는 감소한 것이 특징이다.[4] 2013년 말 기준 CE에 계류 중인 소송은 6320건으로 전년도에 비해 451건 감소했다.

2. 2013년 행정사건의 특징

(1) 2013년 프랑스 행정법원은 22만 2천 건에 가까운 판결을 선고했다. 판결이 선고된 사건의 경향을 보면, ① 의약품 시판(commercialisation des médicaments) 조건, 원자력발전시설(installation nucléaires productrices d'électrice)의 안전보호 등 인체의 안전에 관한 문제, ② 고속도로 이용료의 인상, 위험지대(zones dangereuses)에서 수영할 수 있는 조건 등 공공서비스(service public) 활동의 아주 구체적인 면에 관한 문제, ③ 유전자변형 옥수수(maïs génétiquement modifié)의 경작 중지의 적법성, 환경헌장(Charte de l'environnement) 제3조, 제5조, 제7조의 적용범위를 확인한 몇 개의 판결 등 환경의 특수한 분야에서의 문제 등 경제·사회·환경 사건의 빈도가 높아졌다는 것이 특징이다.

---

1) Conseil d'État, Le Conseil d'État et la juridiction administrative accompagnent les mutations de la société française, 2014, p. 7.

2) *Ibid.*

3) 최근 프랑스 행정법원은 행정사건 처리의 효율성 제고를 위해 지속적으로 노력하여 소송에 소요되는 기간을 난축해나가고 있다. 2012년 통계에 관해서는 오승규, 최근(2012년) 프랑스 행정판례의 동향 분석 연구, 행정판례연구 제18-2권, 473-474면 참조.

4) Conseil d'État, Dossier de presse du Rapport public 2014, p. 4.

(2) 프랑스헌법 제61－1조에 근거하여 모든 당사자는 재판절차에서 "법률규정이 헌법상 보장되는 기본권을 침해하였음"을 주장하여 선결문제로서 다툴 수 있다. 이를 합헌성 선결심사(question prioritaire de constitutionalité, 이하 "QPC"라 한다)라고 하는데, 2008년 헌법개정에 의해 2010년 3월 1일부터 시행되었다. 제도 시행 4년째인 2013년에는 안정기에 접어들었다[5]. 2012년부터의 완만한 감소세가 이어져서 2013년에는 TA에 353건, CAA에 106건, CE에 100건이 접수되었다. CE는 하급심에서 넘어온 62건을 포함하여 162건을 종합검토한 후 그 중 24%에 해당하는 38건을 헌법재판소(Conseil constitutionnel)에 이송(transmission)하였다. 헌법재판소는 85.7%의 합헌결정(décison de conformité à la Constitution)률을 보였다.

2010년 이래 QPC가 많이 제기되는 중요한 분야는 조세소송(contentieux fiscal)으로 전체의 46% 가량을 차지하고 있다.

Ⅱ. 주요 판례 분석

2013년도 CE의 대표적인 판결이 다룬 분야는 에너지, 안전, 농업, 생명윤리, 구금시설, 인간의 존엄, 공공토목공사, 공적 시설, 공물, 스포츠, 공공질서, 스포츠윤리, 동물상(動物相), 공중보건 등이다.

1. 에너지(Énergie) 관련 판결[6]

CE는 프랑스전력(Electricité de France, EDF)의 경영진에게 원자력발

5) Ibid. p. 6.

6) CE, assemblée, 12 avril 2013, *Fédération Force ouvrière énergie et mines et autres* n° 329570, 329683, 330539 et 330847.

전소(centrale nucléaire) 내 파업을 제한할 권한을 인정하였다.

(1) 사건 개요

2009년 4월 9일부터 시작된 파업으로 EDF의 원자력단지 내 58개 원자로 중 8개의 원자로가 완전히 가동을 중단하기에 이르렀다. 이에 EDF 최고경영자는 파업참가자 중 가동 중단된 원자로의 근무자들에게 불복 시 징계처분의 대상이 되는 업무복귀명령(réquisition)을 내렸다. 회사 측의 경영상 조치에 대하여 노동조합 측이 그 취소를 구하는 소송을 제기하였다.

(2) 판결요지

CE는 '전력 공공서비스 담당자'(responsable du service public de l'électiricité)로서의 EDF의 지위를 인정하였다. EDF는 프랑스 전 국토에서 충분한 안전조건을 준수하는 가운데 전력소비자의 기본적 수요를 충족시키기 위한 전력공급을 책임져야 하기 때문에 EDF의 경영자는 국가의 전력생산에 심각한 지장을 초래하는 것을 피하기 위해 원자력발전소 내의 파업권(droit de grève)을 제한하는 권한을 행사할 수 있다. 이런 논리에서 2009년 8개 원자로가 파업으로 인해 가동중단된 것은 전력수급(demande et offre d'électricité) 및 최소한의 안전성(marge de sécurité minimal)과의 균형이 맞지 않는 것이다. 따라서 EDF 사측에 의한 업무복귀명령(réquisition)은 정당한 것으로 판시되었다.

(3) 판결의 분석

1) EDF 경영진의 권한에 관한 판단

① 공역무 경영자(gestionnaire du service public)

EDF는 프랑스 국토 전역에 공급할 수 있도록 전력생산을 책임진 공역무 담당자이다. 이 전력생산 활동은 용도에 따른 공역무(service public par destination)의 성격을 지니고 있다.[7] 이 공역무는 전 국토의 전력공급을 보장한다는 공익을 위한 것이고 에너지안보와 에너지수요 충족에도 기여하는 것이다. EDF가 경영하는 원자력발전소는 프랑스 국내 전력생산량의 80%를 생산하고 있다. 절대량을 책임지고 있다고 보아도 된다. EDF의 법적 성격은 주식회사의 형태이지만, 국가가 70%의 지분을 소유하고 있을 뿐만 아니라 최고경영자도 각료회의에서 결정하여 지명하는 사실상 국영기업이다. 결국 EDF는 프랑스의 안정적인 전력생산을 책임진 상공업적 공역무(service public à caractère industriel et commercial)의 주체이다.

② 공역무의 원활한 수행을 책임진 행정청(autorité administrative en charge du bon fonctionnement du service public)

소관 공역무의 원활한 수행을 위해 그 범위와 한계를 정하는 것은 그것을 담당한 행정청이 보유한 권한이다. 이 범주 내에서 직역 종사자들의 파업권 행사를 제한할 수 있는 권한은 누구에게 속하는지가 문제되는데, 헌법재판소는 입법자가 정해야 한다는 입장[8]인데 비해, 행정법원은 해당 공역무를 담당하고 있는 기관 또는 사업자가 행사한다는 입장[9]이다. 감독관청이 아니라 직접 임무를 수행하는 법인이 그 권한을 행사한다는 것이다[10]. 이에 따르면 EDF는 소속 근로자들의 파업권을 공역무 수행을 이유로 규제할 수 있고, 권한의 행사는 최고경영자가 행정청의 지위에서 행사하게 되는 것이다. 본 판결은 이 입장에 따라 내려진 것이다.

---

7) CE, ass., avis, 29 avr. 2010, *Beligaud* : RFD adm. 2010, p. 557, concl. M. Guyomar.

8) CC, 25 juillet 1979, n° 79-105 DC, *Droit de grève à la radio et à la télévision.*

9) CE, 8 mars 2006, n° 278999, *Onesto et a.* : *JurisData* n° 2006-069782 ; *Rec.* CE 2006 ; JCP G 2006, I, 150, n° 6.

10) CE, 1er déc. 2004, n° 260551, *Onesto et a.* : *JurisData* n° 2004-067711 ; *Rec.* p. 447 ; *Dr. adm.* 2005, comm. 19 ; *RDP* 2005, p. 1087 note R. Noguellou et p. 1105 concl. P. Collin.

2) 파업제한조치의 적부에 관한 판단

① 대안의 부재(absence de solutions alternatives)

CE는 이 사건에서 EDF 경영진에게 근로자들의 파업권 행사를 제한할 권한이 있다고 보면서도 규제권을 행사하기 전에 다른 방법으로 목적을 달성할 수 있는지를 강구해보아야 한다고 하였다. 즉 다른 생산수단, 외국으로부터의 수입, 전력 수요의 저감 호소 등의 대안을 찾아본 후에야 기본권 제한적 수단을 사용할 수 있다고 보았다. 대안부재의 입증책임은 EDF 경영진에게 있다. 심사 결과, 원전 가동을 강행하는 것 외엔 대안이 없고, 그를 위해서는 강제적이고 기본권 제한적 조치가 불가피하다고 판단하였다.

② 비례의 원칙을 충족하는 파업권 제한(atteinte proportionnée au droit de grève)

파업참가자를 강제로 업무에 복귀시키는 조치는 필요최소한도에 그쳐야 한다. 즉 필수불가결한 운용을 위해서만 가능하다. 실제 이 사건에서의 복귀조치는 가동중단된 원자로 8개 중 6군데의 근무자에 대해 내려졌고, 이 정도는 비례의 원칙을 충족한 적법한 조치로 판단하였다. 만약 파업 참가자들에게 개별적으로 업무복귀를 강제하는 조치였다면 위법한 것으로 판단되었을 것이다.

2. 안전(Sécurité) 관련 판결 - 위험지대에서의 수영 금지[11)]

(1) 사건 개요

아프리카 대륙의 동쪽 바다인 인도양에 위치한 프랑스령 섬인 Réunion 서안에서는 빈번한 상어의 공격으로 인명피해의 우려가 높았다. 주로 강과 바다가 접한 구역에서 수영 등 수상활동을 하다가 상어의

---

11) CE, 13 août 2013, *Ministre de l'intérieur c/ commune de Saint-Leu*, n° 370902.

공격으로 목숨을 잃는 수가 있기 때문에 행정당국은 위험구역을 지정하여 그 안에서의 수상활동을 금지 또는 제한하였다.

(2) 판결요지

상어(requin)의 치명적인 공격에 따르는 위해(risque)는 기본권인 생명에 대한 심각한 침해이므로 행정청은 이로부터 사람의 안전을 지켜야 한다. 효과적인 감시와 경보 시스템이 갖춰지지 않은 구역에서는 수영 등 수상활동(activité nautique)을 전면 금지하는 것이 가장 효과적인 방법이며, 주민들과 관광객들에게 충분히 공지한 이상 예측가능성도 충족한다고 보았다.

(3) 판결의 분석

상어라는 위험요소의 공격으로 생명에 대한 침해가 발생할 리스크는 현존(imminent)하는 것이기 때문에 즉각적인 비상조치가 취해질 필요가 있고, 공격에 노출될 수 있는 활동 자체를 규제하는 것 외에는 리스크를 감소시킬 다른 수단을 찾기가 적절치 않기 때문에 규제권 발동의 요건은 충족되었다고 본다. 수상스포츠 활동의 자유를 제한하기는 하나, 생명권에 대한 침해 위협을 방지하는 것이 비교할 수 없는 높은 가치이고, 행정청이 리스크의 성격과 금지조치의 내용에 대해 충분히 설명했기 때문에 적법하며 기본권 침해의 문제가 발생하지 않는다고 보았다.

3. 유전자변형 옥수수 경작(Culture du maïs génétiquement modifié) 중지 관련 판결[12)]

(1) 사건 개요

2012년 3월 16일, 농업 담당 장관(ministre de l'agriculture)은 MON 180 계통의 유전자변형 옥수수(Zea mays L) 종자 품종의 파종을 중지시키는 내용의 행정명령(arrêté)을 발하였다. 이에 옥수수농가 단체인 옥수수생산자총연합회(Association générale des producteurs de maïs, AGPM)은 이 명령에 대한 취소를 청구하였다.

(2) 판결요지

유전자변형 옥수수의 경작을 중지시키는 처분은 신뢰할만한 과학적 근거에 의해 정당화되지 않았다고 본 판결이다.

CE는 농업장관이 2012년 3월 16일에 MON 180이라는 유전자변형 옥수수의 경작(mise en culture)을 중지시킨 행정명령(arrêté)을 취소하였다. 이 옥수수의 시판은 이미 1998년 4월 22일자 유럽연합에 의해 허용된 바 있다. 이를 중지시키기 위해서는 긴급하고 사람, 동물, 환경에 명백한 위험을 초래할 경우에만 허용된다. 그 위험성은 신뢰할만한 과학적 자료(données scientifiques fiables)에 근거해야 한다. 이 사건에서, CE는 이에 관한 근거제시가 부족했다고 판시하였다.

(3) 판결의 분석

1) 이 사건 소송물은 규제적 성격을 가진 장관의 조치(acte réglementaire)이므로 행정재판법전(Code de justice administrative) R. 311-1조에 의해 CE가 초심이자 종심의 전속적 관할권을 가진다.

---

12) CE, 1er août 2013, *Association générale des producteurs de maïs (AGPM) et autres, n°s 358103, 358615 et 359078.*

2) 1998년에 이 품종의 옥수수 시판을 허용하면서 유럽연합 규정은 허가된 이 품종이 인체, 동물, 환경에 심각한 위해(risque grave)를 보일 경우에만 판매중단이나 허가변경 등의 비상조치를 취할 수 있다고 하였다. 문제의 MON 180 품종은 해충에 강한 저항력을 갖고 있으며 옥수수 경작의 불모지에서도 잘 자랄 수 있는 특성이 있는 반면에[13], 건강이나 환경에 심각한 위해를 초래한다는 충분한 입증은 아직 이루어지지 않았기 때문에 판매중지를 명할 긴급한 상황이 아니었다. 따라서 본 사건에서의 행정명령은 명백한 판단유탈(erreur manifeste d'appréciation)을 한 것으로 본다.

4. 구금시설(prison) 관련 판결[14] - 구금 상황에서의 공권력 주체의 책임(responsabilité de la puissance publique dans les conditions de détention)

(1) 사건 개요

원고 M. B는 휠체어(fauteuil roulant)를 타야 이동이 가능한 장애인인데, 구금 초기 일반감방(cellule ordinaire)에서 상당 기간을 지내고 나서야 장애인 수용자(détenus handicapés)를 위해 관리되는 특수구역 내 의료시설을 갖춘 감방(cellule médicalisée)으로 옮겨졌다. 원고는 이것이 인간의 존엄성 존중에 어긋나는 구금 조건이라고 보고 국가배상을 청구하였다.

(2) 판결요지

1) 구금 상황에서의 인간존엄을 침해하는 열악한 조건은 피구금자

---

13) 이러한 견해는 문제의 조치가 있기 1년 전에 유럽식품안전기구(Autorité européenne de sécurité des aliments, AESA)가 표명한 바 있다.

14) CE, Sec. 6 décembre 2013, *M. T., n° 363290.*

에 대한 국가배상책임의 원인이 되는 성질을 가지고 있다.

2) 가처분절차에서 법원은 손해가 현실화되지 않은 경우에도 피구금자에게 가지급금(provision)을 인정할 수 있다. 다만 가지급금은 산정이 확실한 피해액수를 초과할 수는 없다.

3) 장애인 수형자를 일반 구금시설에 수용한 것도 가지급금 지급사유가 되나, 의료시설을 갖춘 감방에 구금된 경우에는 해당 사항이 없다.

(3) 판결의 분석

1) 유럽인권협약(Convention européenne de sauvegarde des droits de l'homme et des libertés fondamentaux, CEDH) 제3조에 연원을 두고, 형사소송법전(Code de procédure pénale) D. 189조에 규정한 바대로 모든 수감자(prisonnier)는 구금(détention)이라는 개념 자체에 내재하는 불가피한 수준(niveau inévitable)의 고통을 감안하여, 인간의 존엄(dignité humaine)에 부합하는 조건에서 구금될 권리가 있다. 수감 조건이 인간 존엄을 침해하는지 여부에 대한 판단은 수감자의 취약성(vulnérabilité)을 기준으로 한다. 개인적 특성인 연령, 건강상태, 장애, 인격 등이 그 예가 될 것이다. 또 문제된 미흡한 조건의 성질이나 기간도 기준이 될 수 있을 것이고, 반대로 이를 정당화할 만한 사유로서 수용시설(établissement pénitentaire)의 안전 또는 질서의 유지, 재범의 방지(prévention de la recidive), 피해자의 이익 보호(protection de l'intérêt des victimes) 등을 들 수 있다. 인간 존엄에 대한 침해로 판단되면, 공권력의 책임, 즉 행정상 손해배상을 야기하는 과실이 존재하는 것으로 보게 된다.

2) 본안 소송에서 국가책임이 인정될지 여부가 확정되지 않은 상태에서도 원고는 행정재판법 R. 541-1조에 따라 가지급금을 받을 수 있다. 이 경우에 가지급금의 액수는 법관이 판단하여 정하되, 확실한 단계에 이른 책임에 따른 배상액수를 초과할 수 없다.

3) 가지급금 지급액수가 모자란다는 원고의 청구는 받아들이지 않으며, 의료시설을 갖춘 방으로 옮겨준 정황 등을 종합해보면 심각한 인간 존엄 침해의 결과는 발생하지 않았다.

5. 공공토목공사(travaux publics) 관련 판결15) – 공용수용과 사전배려 원칙

(1) 사건 개요

2010년 6월 25일, 환경에너지지속가능발전해양부장관(ministre de l'écologie, de l'énergie, du développement durable et de la mer)은 일명 "Cotentin–maine" 프로젝트라고 불리는 송전선 건설을 위한 공용수용의 결정을 하였다. 이에 대하여 수용 대상이자 공사 인근 지역의 지방자치단체와 그 주민들이 연합하여 위 처분의 취소를 구하는 소송을 제기하였다.

(2) 판결 요지

1) 사전배려원칙을 준수한 공용수용만이 적법하다. 환경에 리스크 요인이 있는지를 검토하는 것은 행정청의 몫이다.

2) 법원은 공용수용에 대한 소송이 제기되었을 때, 사전배려원칙을 준수했는지 여부, 리스크 평가 절차는 제대로 이루어졌는지 여부, 사전배려를 위한 조치를 선택함에 있어서 명백한 판단착오는 없었는지 여부를 심사한다.

3) 종합 검토한 결과 원고의 청구를 기각하였다.

---

15) CE, assemblée, 12 avril 2013, *Association coordination interrégionale Stop THT et autres*, n°s 342409 et autres.

(3) 판결의 분석

공용수용의 결정(déclaration d'utilité publique)을 할 때에도 사전배려의 원칙(principe de précaution)을 준수해야 함을 확인한 판결이다. 공공토목공사를 위해 공용수용에 대한 소송에서, 법원은 행정청은 리스크의 성질과 가능성을 반영한 사전배려원칙이 적용되었는지를 검토하여야 한다. 만약 그렇다면, 다음 단계로 리스크 측정 절차가 실제로 행해졌는지, 예상되는 사전배려 조치 판단에 명백한 착오는 없었는지 여부를 검토하여야 한다. 공용수용의 이점과 불편 사이의 비교형량을 기준으로 공용수용의 적법성을 심사할 때, 그 불편함에 사전배려조치와 그 비용에 의해 리스크를 산입할 수 있다. 송전선 건설은 토지소유권을 침해하고 많은 재정이 소요되며 사회질서나 기타 공익에도 불편함을 준다. 이런 점들을 비용으로 산입하여 리스크 측정을 할 수 있다.

6. 공물(domaine public) 관련 판결[16] – 고속도로 점용료 인상

(1) 사건 개요

2013년 5월 28일자로 국가는 ESCOTA를 비롯한 고속국도를 관리하고 있는 회사들에게 국유재산 점용료 인상을 내용으로 하는 데크레(décret)를 통보하였고, 당해 회사는 이를 취소해달라는 소를 제기하였다.

(2) 판결 요지

공물의 합리적인 관리를 위해 고속도로 개발(관리) 사업자(회사)가 지불해야 하는 고속도로 점용료를 인상한 것은 적법하다. 가장 합리적

16) CE, 16 décembre 2013, *Escota et sécurité Arcour*, n°s 369304 et 369384.

인 공물 관리의 목적은 점용료를 인상할 동기로 충분하다. 이런 점을 고려하여 도로의 길이와 회사의 매출액을 기준으로 점용료를 산정한 2013년 5월 28일자 데크레(décret)는 적법하다.

(3) 판결의 분석

공법인의 재산권에 대한 일반법전 L. 2125-1조에 따르면, 공물은 어느 한 법인에 의해 독점적으로 사용될 수 없는 것이 원칙이고, 점유나 사용을 할 시에는 그에 상응하는 사용료를 내야 한다. 사용료는 그 사용으로 얻게 되는 수익을 기준으로 산정하는 것이 합리적이고, 아직 현실화되지 않았더라도 예측하여 부과할 수 있다.

7. 스포츠(sport) 관련 판결

(1) 서포터의 이동[17)](déplacement de supporters)

특정 스포츠클럽 서포터들의 이동으로 인한 사고의 리스크가 실재할 경우 그들의 개별적 혹은 집단적 이동을 금지한다고 하여 이동의 자유나 집회의 자유에 대한 명백한 침해가 되지는 않는다는 판결이다.

(2) 스포츠 윤리[18)](Éthique sportive) – 약물복용금지

도핑테스트를 위해 선수단 중 특정 그룹을 대상으로 지정하고 그 중 특정 선수를 도핑테스트의 수검자로 지명한 후 장소이동을 제한한 조치는 적법하다고 본 판결이다. 도핑테스트 조치가 유럽연합의 규범에 근거를 두고 있으며, 거주이전의 자유나 이동의 자유를 침해하는 것이 아니라고 보았다. 당사자의 사주소에 가서 하는 것도 아니기 때문에 사생활의 비밀과 자유를 침해하는 것도 아니라고 보았다. 도핑테스트는

---

17) CE 8 novembre 2013, *Olympique lyonnais et autres*, n°s 373129 et 373170.
18) CE 18 décembre 2013, *Mme L.*, n° 364839.

운동선수들의 건강을 보호하고 공정한 경쟁의 윤리를 보장하기 위한 목적으로 실시되는 것이므로 비례의 원칙을 충족하였다.

Ⅲ. 맺음말

2013년도 프랑스 행정판례의 특징은 사건처리의 신속화로 누적 사건의 감소 및 처리기간의 단축, 합헌성 선결심사청구의 정착으로 요약할 수 있다. 지난 몇 년간의 개혁 작업이 결실을 보이고 있다고 할 수 있다. 국민과 소통하려는 노력도 상당하다. 자체 평가 역시 비판 견해를 가감 없이 담고 있는 것이 특징이며 우리도 받아들여야 할 점이라고 생각한다.

주요 판례로 꼽히는 분야는 안전, 환경, 공물, 보건, 인권 등의 분야이다. 행정의 중점 관심사가 거대 담론보다는 생활행정으로 옮겨가고 있는 것으로 보이며, 우리에게도 남의 일이 아닌 안전문제가 큰 화두일 수밖에 없다. 프랑스 행정법의 법원(法源)으로서 국제법이 가지는 위상이 우리와는 다르기 때문에 프랑스 판례를 이해하는데 어려움이 있을 수도 있다. 유럽연합, 그 전신인 유럽공동체 그리고 멀리 거슬러 올라가서 베스트팔렌 조약에 이르기까지 유럽의 역사가 그 연유를 말해주기 때문에 그쪽에서 국제법을 자연스럽게 행정재판의 심사기준으로 삼는 것에 대해서는 새삼 이유를 따질 필요는 없다. 우리나라에서 인권이나 환경 문제는 헌법 문제로만 생각하기 쉬운데, 프랑스에서는 국제규범을 통해 당연히 개발사업이나 공공시설의 설치·운영에서 필수적으로 고려하게 되어 있고 자연히 그에 관한 기준들이 발달해 있는 것으로 보인다. 리스크나 손해배상 산정 등에서 사용되는 요소들도 참고할 만하다.

마지막으로 행정사건의 처리절차에 관한 법이, 우리나라는 행정소송법 등 법률에 치우쳐 있어 능동적인 변화를 하기 어려운 점이 있다.

행정소송법 개정작업의 완료가 되지 않고 있는 상태에서 획기적인 제도 개선이 있기는 어렵다. 앞으로는 절차규범의 다양화로 사법부의 재량으로 많은 혁신을 이룰 수 있도록 길을 열어주는 방향으로 가는 것도 좋지 않을까 생각한다.

참고문헌

Conseil d'État, Le Conseil d'État et la juridiction administrative accompagnent les mutations de la société française, 2014.

Conseil d'État, Dossier de presse du Rapport public 2014.

http://www.conseil-etat.fr/fr/base-de-jurisprudence/ (판례 검색)
http://legifrance.gouv.fr/initRechCodeArticle.do (법령 검색)

국문초록

프랑스 행정재판제도는 공권력주체의 특권과 국민의 권리 사이의 균형을 이루고자 노력하고 보장하는 역할을 하고 있다. 2013년에는 행정작용을 심판함에 있어서 국민을 보호하고 공익을 증진하는 기초를 차근차근 쌓아 올렸다고 할 수 있다. 2010년 3월부터 개시된 합헌성 선결심사는 2013년 들어 정착단계에 도달했다고 할 수 있다. 최고행정법원은 EDF 경영진에게 핵발전소에서의 파업권 행사에 대해 제한을 가할 권한이 있음을 인정하였다. 치명적인 상어의 공격 가능성을 허용하는 것은 생명권 침해일 수 있기 때문에 더 본질적인 권리인 생명을 보호해야 한다. 행동의 자유를 위해 생명의 위협을 허용하는 것이 오히려 위법일 수 있다. 인간의 존엄에 반하는 구금조건은 인권침해로서 국가배상의 원인이 된다. 유전자변형 옥수수의 재배를 중지시키기 위해서는 과학적 검증이 선행되어야 한다. 공익사업의 실현을 위한 공용수용 전에 사전배려의 원칙이 지켜져야 한다. 고속도로 관리업체에게 공도 점용을 이유로 사용료 인상을 한 결정은 결코 위법하지 않다. 과거의 폭력사태 경험을 바탕으로 특정 스포츠클럽 서포터들의 이동을 금한 것은 공공질서 유지를 위해 필요하고 이것이 이동의 자유나 결사의 자유에 대한 침해가 되지는 않는다. 약물사용에 대한 검사를 위해 육상선수들의 이동을 제한한 것은 공익적 견지에서 정당화된다.

주제어: 행정재판, 에너지, 안전, 공공서비스, 인권, 공공질서, 공용수용, 공물

Abstract

Analysis on the trend and some leading cases of french administrative justice in 2013

Seung-Gyu OH*

The french administrative justice system ensures that the right balance is struck between the prerogatives of the government and the rights of citizens. In 2013, when judging the activities of administrations, it strove on a daily basis to strengthen safeguards for citizens and uphold the public interest. The priority question of constitutionality device came into force on 1 March 2010, settled down in 2013.

The Conseil d'État recognized that the management of EDF has the power to impose restrictions on the right to strike in its nuclear power stations. From a legal standpoint, simply allowing the possibility of fatal shark attacks constitutes a serious violation of the principle of respect for life : a fundamental freedom that government must protect. The Conseil d'État stated that the government could be held liable by a detained person where the conditions of his detainment were an offense to their human dignity. The Conseil d'État decided that there was no reliable scientific data to justify suspending the cultivation of genetically modified maize. The implications of the precautionary principle in the context of a declaration of public utility were clarified

* Professor at Jungwon University

by the The Conseil d'État. The increase in the fee payable by highway concession companies for occupancy of public road infrastructure is not illegal. The Conseil d'État stated that a ban on individual or collective travel on the part of supporters did not constitute a clear violation of the principles of freedom of movement or freedom of association if it was justified by the past experience that the presence of these supporters at a sporting event posed a serious threat to public order. The Conseil d'État ruled that the practice of athletes' whereabouts in order to monitor drug use was justified by public interest considerations.

Key words: administrative justice, energy, safety, public service, human rights, public order, taking for public utility, public domain

투 고 일: 2014. 11. 22
심 사 일: 2014. 12. 5
게재확정일: 2014. 12. 19

最近(2013) 獨逸 行政判例의 動向 및 分析 研究

桂仁國*

I. 연구의 목적과 방법

본 연구는 독일 연방행정법원(Bundesverwaltungsgericht)의 2013년도 선고 판례를 통해 비교법적인 연구를 행함에 목적이 있다. 그러나 여기에 두 가지 난점이 존재하는바, 첫째로는 어떤 판례를 선정할 것인가의 문제이다. 특정 분야만을 선정하거나 당시 이슈가 된 사건을 선정하는 경우 집중적인 연구 혹은 해당 사건을 미리 대비할 수 있다는 장점이

* 법학박사(Dr. jur.), 고려대학교 강사.

있으나 다른 한편으로는 다소 지엽적인 논의가 되거나 한국 현실에서 다소 이질적인 논의로 흐를 우려도 있다. 두 번째로는 판례를 어느 정도 수준으로 소개할 것인가이다. 한 국가의 사법부, 특히 최고법원의 판결은 당해 사안에 대한 광범위한 이해는 물론 이론적인 기반이 요구된다. 필연적으로 여기에는 다양한 이해관계나 이론적 견해대립이 존재할 수 밖에 없다. 본래 판례평석은 하나의 판례에 대한 주요 쟁점을 집중적으로 분석하는 것이나 해외 판례의 동향을 연구하는 경우 판례평석의 수준에 이르기에는 무리가 있을 뿐만 아니라, 자칫 특정 관점에서만 판례를 소개함으로 인해 오히려 더 풍부한 이론적 논의 가능성을 방해할 수도 있기 때문이다.

이러한 점으로 인해 금번 해외 판례동향은 전년도와 비교하여 그 양을 줄이는 대신 비교적 시의성 있는 주제와 이론적 연구필요가 있다고 여겨지는 판례를 소개하는 방향을 택하였다. 1차적 선정은 기존의 연구 성과와 계속성을 유지하기 위하여 먼저 독일연방행정법원의 2014년도 연례 언론 회견 자료(Jahrespressegespräch 2014)에 소개된 독일연방행정법원의 2013년도 주요 판례를 중심으로 하였다. 각 판례의 소개는 주요판결요지와 사실관계 및 연방행정법원의 판결문을 직접 텍스트로 하여 발췌, 정리하는 방식으로 진행될 것이다.

II. 독일연방행정법원의 업무수행 현황

1. 개관

2013년도 독일연방행정법원의 접수사건은 지난 해에 비하여 소폭 감소하였다. 전년도인 2012년의 1502건에 비하여 2013년도는 1458건이 접수되었으며 이는 약 2.9%가량의 감소치를 기록하게 되어, 지난 해

최근 5년간 독일연방행정법원 업무현황[1)]

해당연도	접 수	처 리	계 류
2009	1698	1709	761
2010	1600	1600	761
2011	1655	1672	745
2012	1502	1461	786
2013	1458	1523	721

9.2%라는 대폭적 감소 추세를 이어가지는 않았다. 이미 작년에 나타난 바와 같은 감소 추세는 그러나 계속되고 있다. 한편, 연말까지 계류 중인 사건은 721건으로 전년도 786건에 비하면 마찬가지로 감소하였다. 접수사건 1458건 중 1523건이 처리되어 연말까지 계류중인 사건은 721건으로 2012년 1461건이 처리되어 786건이 계류 중이었던 것보다 감소하였다.

2. 상고절차와 재항고절차에서의 처리기간

상고절차의 기간은 전년도에 비해 다소 감소되었다. 판결을 통한 종국절차는 2012년도 13개월 18일 소요된 반면, 2013년은 평균 13개월 9일이 소요되었다. 전체 상고절차기간은 2012년 평균 12개월 12일에서 2013년도는 11개월 17일 소요되었다. 최근 5년간 통계자료에서 볼 때, 판결을 통한 종국절차기간은 2012년도에 최장기간이 소요된 것으로 나타났다.

한편, 재항고절차기간은 전년도 평균 3개월 26일에서 2013년 평균 4개월 18일로 다소 증가되었다. 재항고절차의 44.8%는 접수 후 3개월 이내에, 69 %는 6개월 안에 종결되었다.

1) 2014년도 연례 언론 회견 자료(Jahrespressegespräch 2014) 11면 참고

3. 인프라시설 프로젝트에 대한 시심절차

연방행정법원은 인프라시설 프로젝트에 대한 법적 분쟁에 대해 시심이자 종심으로서 관할하고 있다. 2013년도 66건에서 22건으로 눈에 띄게 감소하였으나 전년도인 2012년은 2011년 대비 약 29.4% 가량 큰 폭으로 증가하였던 특별한 경우로 여겨진다. 임시적 권리구제절차의 접수 역시 22건에서 9건으로 감소하였다.

영역별로 보면 국도법에서 17건이 접수되고 6건의 임시적 권리구제가 신청되었으며, 철도법에서 2건이, 수로법에서 1건이 접수되고 또한 임시적 권리구제가 신청되었다. 에너지설비구축법에서 2건과 2건의 임시적 권리구제신청으로 각각 나눠진다.

시설계획법(Fachplanungsgesetzen)에서 연방행정법원의 시심관할에 놓여진 총 146개의 인프라계획을 각각 열거하면, 2013년에 10건의 프로젝트가 행정사건절차의 대상이 되었다. 그중 5건이 국도프로젝트, 2건이 철도프로텍트, 1건의 수로프로젝트와 2건의 에너지시설프로젝트이다.

인프라시설 프로젝트에 대한 소송절차기간은 2012년과 동일하게 11개월이 소요되어 2011년 이후 계속 11개월 이상의 소송절차기간을 유지하고 있다.

4. 업무현황

2013년 업무현황은 상고부의 경우 업무연도의 개시 당시 계류 중인 사건이 695건이며 접수된 사건은 1327건, 종국사건은 1373건이며 업무년도 종료 당시 계류 중인 사건은 649건이다. 군사부의 경우 2013년 업무년도 개시 당시 계류 중인 사건은 89건이며 접수된 사건은 131건, 종국사건은 148건이며 업무연도 종료 당시 계류 중인 사건은 72건으로 최근 5년간 가장 적은 수의 사건이 계류 중인 것으로 나타났다.

III. 주요 행정판례의 분석

1. 에너지 송전설비-"튀링어 송전선로"
(BVerwG 7 A 4. 12 - Urteil vom 18. Juli 2013)

(1) 주요 요지

[1] 기존 송전선의 전송능력을 기술적 방법으로 높이는 가능성은 에너지건설에 대한 법률상 수요확정에 문제를 제기하기에 적합하지 않다.

[2] 요양지 및 휴양지에 대한 튀링어 주법 상의 "승인된 휴양지"의 부분은 독일기본법 제 28조상 지방자치의 보장에 해당하지 않는다.

(2) 대상 판결의 개요 및 분석

연방행정법원은 지방자치단체와 산림협동조합 및 다수의 사인인 부동산소유자가 피젤바흐에서 알텐펠트에 이르는 380-kV-고압송전선 건설에 대한 계획확정결정에 대해 제기한 소를 각하하였다. 작센-안할트 주의 바트 라우흐슈테트에서 바이에른 주 레드비츠에 이르는 이른바 "튀링어 송전선로"는 총길이 약 210km에 이르는 에너지송전선로 건설계획으로, 바트 라우흐슈테트에서 피젤바흐까지의 1구역 및 2구역의 총 76km는 이미 건설이 완료되어 송전이 개시되었으며 알텐펠트에서 레드비츠까지의 4구역 및 5구역의 총 57km는 계획확정절차가 진행중이거나 준비단계에 있는 상태이다. 당해 사건은 그 중간지역으로 제 3구역인 피젤바흐에서 알텐펠트에 이르는 총 57km 구간이다. 이 구간은 이미 거주민들의 반대로 인하여 소송이 계속되었으며 과거에 행정소송 및 헌법소원이 제기된 바 있었다.

원고는 송전선로의 설정노선에 토지를 소유하고 있는 자로 해당 토지 위로 당해 계획상의 송전선이 가로질러 가도록 되어있다. 원고는 이

계획에 대하여, 새로운 송전설비의 건설이 필요치 않을 뿐만 아니라 그 대상영역이 과도함을 주장하였다. 뿐만 아니라 본 사업계획은 자연보호 및 경관보호의 목적에도 배치된다고 하였다.

연방행정법원은 원고의 주장을 받아들이지 않았다. 먼저, 당해 사업계획의 정당성은 에너지선로 건설에 대한 법률[2)]상의 수요계획(필요계획: Bedarfsplan)으로부터 인정된다. 법률상 수요확정은 기속적 성격을 가지며 입법자의 평가가 현저히 사안에 모순되는 경우라면 법원에 심사대상이 될 수도 있다. 그러나 당해 사업계획은 유럽연합 차원의 연결송전망(Verbundnetz)으로서의 기능, 특히 국경간(grenzüberschreitend) 공급선이 되는 회원국의 상호연결선(Kuppelleitung)으로서의 중요한 기능을 가지고 있다.

한편 원고는 이 새로운 송전설비를 건설하는 것보다 기존의 송전선로를 송전능력을 높인 설비로 교체하는 방안을 검토하지 않음에 형량하자가 있다고 주장하였으나, 원고의 주장과 같이 설비의 교체만으로는 기술적으로 충분한 송전이 이뤄지지 않아 전기수요의 충족을 위해 적합하지 못할 것이라고 보았다. 그 밖에도 고압송전에 있어서 일반적으로 인정되는 기술규정과 관련하여서도 형량하자의 문제는 받아들이지 않았다. 연방행정법원의 일관된 판례에 따라 더 나은 이유로 대체될 수 있을 것이라는 가능성만으로 곧바로 계획확정주체가 형량하자를 범하였다고 볼 수는 없는 것이며 또한 법원이 독자적인 조사를 통해 대체가능한 계획을 수립하고 이를 통해 더 나은 계획을 수행하도록 하는 임무를 가지고 있는 것도 아님을 확인하였다.

또한 원고는 해당지역에 대해 요양지 및 휴양지에 대한 튀링어 주법 제 12조 제 2항과 제 10조 제 2호에 의거한 "승인된 휴양지"이며 이는 지방자치단체가 그의 자치행정 영역에서 형성한 제도라고 주장하면

---

2) Gesetz zum Ausbau von Energieleitungen: EnLAG

서 이는 독일 기본법 제 28조가 규정하고 있는 바와 같이 지역의 모든 사무를 자기 책임 하에 규율할 권리를 보장함에 해당한다고 주장하였다. 새로운 송전설비건설계획은 높이 약 90m의 송전선을 건축하게 되므로 지역적으로 중요한 관광지역에 대한 심각한 침해를 가져올 것이며 이는 주법상 승인된 휴양지의 경제구조나 휴양지로서의 기능을 저해한다는 것이다.

연방행정법원은 그러나, 해당 지역이 요양지이며 관광업에 주력하는 지방자치단체라는 점은 형량과정에서 충분히 고려되었다고 보았다. 당해 처분이 요양지나 관광지로서의 지역형상을 결정적으로 변화시키고 이를 통해 영구적으로 지역과 지역의 발전에 영향을 미치는 경우에는 지방자치보장의 보호영역상 나타나는 자치적 형성권으로부터 지방자치단체의 방어권[3]이 도출될 수는 있다고 하더라고 당해 사안에서는 이러한 변화나 영향을 인정하지 않았다. 새로운 건축계획이 현실화되어 기존의 승인 전제조건이 위험에 빠진다고 하여도 원고의 지방자치단체가 관련된 지역이 약 1km남짓으로 매우 협소하기 때문에 지역형상을 결정적으로 변화시키고 이를 통해 영구적으로 지역과 지역의 발전에 영향을 미치는 경우로 보기 어렵다는 것이다.[4]

2. 지구단위계획과 배려요청
(BVerwG 4 C 8. 12 – Urteil vom 12. September 2013)

(1) 주요 요지

[1] 건축 이용에 관한 시행령 제 15조 제 1항의 배려요청은 분쟁해결을 전제로 하는 것이므로 지구단위계획에 있어서는 아직 적용이 없다.

[2] 법적으로는 분쟁의 계획적 해결이 요청되나 실제 발생하지 않

3) 이에 대해서는 BVerwG 4 C 3. 98.
4) 유사한 예로 BVerwG 7 A 14. 93

은 경우에는 연방건축법 제 214 조 및 215조의 적용으로 인해 유효한 것으로 인정되는 지구단위계획은 허가절차에서의 분쟁해결을 위해서 "열린" 채로 남아있는 것이다.

(2) 대상 판결의 개요 및 분석

계쟁 대상인 베를린-쉐네베르크의 건물은 1960년대 8층 건물로 신축된 이후 사진관이나 전파상과 같은 점포가 입점해있었고 1993년 해당 대지가 지구단위계획(지구상세계획: Bebauungsplan)에서 주요지역(Kerngebiet)으로서 확정되었고 이후 2006년 변경지구상세계획을 통해 전 층에 건축물 이용이 허용되었다. 건물 지층(1층)과 2층에는 성인용품 가게와 성인영화관이 개점하였고 인근거리에서 호객행위 역시 시작된 상태이다. 2007년 5월 원고는 3층에서 6층까지 유곽업소 운영을 위한 허가를 피고에게 신청하였다.

피고는 이 신청에 거부처분을 내렸고 원고는 이에 의무이행소송(거부처분에 대한 소송: Versagungsgegenklage)을 제기하였다. 원심은 건축 이용에 관한 시행령 제 15조 1항(BauNVO)[5]에 근거하고 있는 배려요청(Rücksichtnahmegebot)에 반하여 계획예정지의 주요지역에 "홍등가"가 형성될 우려가 있다는 피고의 주장을 받아들였다.

항소심 절차가 진행되던 2011년 5월 피고인 관할 행정청은 계획지구를 복합지역으로서 정하는 목적을 둔 지구단위계획의 수립을 경정한 후 변경차단(변경금지: Veränderungssperre)을 발령하였다. 그러나 원고는 항소심에서 연방건축법 제17조 1항 2문이 규정하고 있는 변경차단의 유효기간 규정을 들어, 허가의 위법한 지연 및 거부로 인한 시간은 변경차단의 효력기간에 산정되지 않는다고 주장하면서 피고는 원고가 신청한

5) 건축 이용에 관한 시행령은 건축물의 이용방식 등에 대하여 규정하고 있으며 동 시행령 제 15조에서는 건설지역의 특성에 반하는 경우나 수인할 수 없는 문제가 발생하는 경우 이용을 불허하도록 규정하고 있다.

건축물 이용변경신청을 허가할 의무가 있음을 주장하였다.

고등행정법원은 보조청구만을 받아들였다. 변경차단이 원고가 신청한 이용변경과 배치되고 있기 때문에 항소심 절차 진행 당시 원고는 신청한 건축물의 이용변경신청의 허가를 구할 수도 없으며 새로운 결정을 구할 수도 없을 것이다. 또한 연방건축법 제17조 1항 2문은 원고에 대해 적용이 없는 바, 이 규정은 본 사안에서는 발견되지 않는 정형적인 연기와 변경차단이 존재하는 경우를 전제로 하기 때문이다.

동시에 원심은 피고에게 변경차단의 효력발생시까지 허가를 발령할 의무가 있다고 보았다. 주요지역에서 일반적으로 허용되고 지역특성과 합치되는 계획은 건축부지 이용에 관한 시행령 제 15조의 규정에 의해 불허되지 않는다. 동 규정의 배려요청은 지구단위계획이 특정한 다툼에 대해 적법한 방식으로 미해결로 두는 때에만 적용된다. 뿐만 아니라 원고에 대해 효력을 가지게 되는 변경차단은 항소심의 시점에서 그 법적 변동 상황이 고려되어야만 한다. 왜냐하면 이러한 법적 변동상황은 원심에서도 고려되었어야 했을 것이기 때문이다. 그렇다면 현재 행정청이 주요지역을 복합지역으로 경정하여 변경차단을 발령한 것이 유효하며 또한 이전 계획과 배치되는 지의 여부는 항소심에서 판단하는 것이다.

연방행정법원은 역시 일부승소 판결을 내렸다. 지구단위계획의 수립결정이 아직 나타나지 않은 한, 형식을 갖춘 연기가 아니라 단지 행정청이 사실적으로 보류하고 있던 기간은 변경차단의 효력기간을 규정하고 있는 건축법 17조 1항 2문에서의 변경차단의 효력기간에 대한 적용에 산정되지 않는다. 다만 원고가 신청한 이용변경허가에 대한 청구권이 존재하는지에 대하여 연방행정법원은 직접 판단할 수 없음을 밝히고 있다. 현재 확정된 복합지역 내에서 원고는 연방건축법 제 30조 1항에 의하면, 건축부지 이용에 관한 시행령 제 6조 2항 4호의 "기타 영업"이든 동 시행령 제 6조 2항 8호의 "유흥업소"이든 상관없이 주거이용에 합치되지 않는 유곽업 영업은 할 수 없게 된다. 허용 여부에 대한 문제는 결국 이 복합지역 지정이 유효한 것인가에 대한 문제이다. 그러나 원심은 지구단위계획이 분쟁해결명령에 반하기 때문에 위법하다고 하였고 다만 연방건축법 214조 이하의 규정을 고려하여 유효한 것으로 보았을 뿐, 지구단위계획에서의 다른 하자가능성에 대해서는 판단하지 아니하였다. 그렇다면 건축계획법상의 허용성 문제는 1993년 지구단위계획까지 판단했어야 될 것이다. 원고가 신청한 이용변경허가의 허용기준은 연방건축법 제34조 1항 또는 2항에 의해 판단되었어야 했다. 원심이 확정한 사안이라는 점에서 연방행정법원은 이를 다시 판단하지 아니하므로, 고등행정법원으로 환송하여 판단하도록 한다.

이른바 "배려요청"이론은 종래 재산권, 특히 소유권자의 권리행사는 의무를 진다는 독일 기본법 제 14조 규정에 따라 토지 소유자가 인근 지역을 배려할 의무로부터 도출되었고 독일 연방건설법 제 35조를 근거로 하여 연방행정법원이 판례를 통하여 형성해왔다. 이 "배려요청" 이론은 건축계획이 다른 사람의 이익을 배려하여야 하며 그렇지 않은 경우 건축계획에 따른 허가가 발령될 수 없으며, 보호할 가치 있는 이익에 대한 배려요청을 건설법이 규정하는 공익으로 보고 있다. 다만 이 배려요청이 상대방을 명확히 획정할 수 있는 지의 여부에 대하여 종래 학설과 판례는 다양한 견해를 제시하여왔다.

나아가 연방행정법원은 지구단위계획을 확정함에 있어 건축물 이용에 관한 시행령을 기준으로 삼았는가를 심사할 권한을 가진다는 것을 판시한 바 있다. 즉, 계획법상 인접인 보호는 상호 교환적 관계를 기초로 하는 것이며 기본법 제 14조가 재산권의 행사는 의무를 수반하며 또한 공공복리에 봉사한다고 규정하는 바와 같이 토지소유자의 이용 역시 공법상 제한되므로 이는 건축계획법에서도 동일하게 고려되어야 함이 원칙이라고 하였다. 특히 본 사안과 관련된 건축 이용에 관한 시행령 제 15조 1항은 건축물의 위치나 규모 등을 규정하고 있는바, 연방행정법원은 동 시행령의 규정에 따라 지구단위계획이 적용되는 범위 내에서 인접인에 대한 배려가 필요하다고 보았다. 이에 따라 건축물 이용에 관한 시행령에 따라 지정된 지역은 원칙적으로 인접인보호에 기여하게 된다.[6] 즉, 건축계획에 의한 건축허가 등에 있어 인접인은 건축계획에 의하여 지정된 지역으로 인해 인접 지역의 교환적 관계가 파괴되고 이질화가 발생함으로 인해 지역의 성격을 유지할 수 없는 경우 이에 대한 방어청구권을 가지며, 이 방어청구권은 지역지정에 적합하지 않은 건축계획이 허가된 시점부터 인정되는 것이라고 판시한 바 있다.[7]

3. 방사능폐기물 수송로 인근 주민의 원고적격
(BVerwG 4 C 3. 12 – Urteil vom 10. April 2013)

(1) 주요 요지

원자력법 제 4조 2항 3호의 규정은 동법 제 4조 2항 5호가 방해조치 기타 영향에 대한 필요한 보호를 보장하는 규율인 것과 마찬가지로 원자력물질의 수송에 의한 손해를 필수적으로 사전대비할 것을 보장하는 것으로, 처리시설이나 처리시설로 향하는 수송컨테이너가 지나는 도로 인근에 거주하는 제 3자의 개인적 권리의 보호에 기여하는 규범이다

(2) 대상 판결의 개요 및 분석

2003년 4월 30일자 방사능보호청은 La Hague의 방사능 폐기물 재처리장으로 최대 12개의 방사능 폐기물 저장용기를 독일과 프랑스 국경지역에서 특수 수송열차를 통해 운송하기 위한 운송허가를 발령하였다.

---

6) BVerwG 94, 151 (155). 연방행정법원에 의한 배려요청이론의 발전에 대하여 보다 자세한 내용은 박종국, 독일건설계획법상의 제3자보호, 토지공법연구 제53집 2011. 5. 151쪽 이하 참고.

7) BVerwG 94, 151 (161)

원고는 당해 수송노선의 역 인근에 각각 25m, 650m 거리에 거주하고 있는 자들로 방사능보호청이 발령한 운송허가에 대하여 행정심판을 거쳐 행정법원에 위법확인을 구하는 소를 제기하였다. 행정법원은 원고의 소송을 부적법 각하판결을 내렸고 항소심 역시 받아들여지지 않았으나 연방헌법재판소는 독일 기본법 제 19조 4항 1문의 기본권이 침해되었다고 하여 고등행정법원으로 환송하였다.

원심은 행정소송법 제113조 1항 4문에 의거하여 반복되는 위험이라는 관점으로서 계속확인소송(Fortsetzungsfeststellungsklage)을 인정하였다. 다음으로 원고적격에 있어서, 원고는 운송허가의 상대방이 아니기 때문에 원고적격이 인정되기 위해서는 대상 법률조항이 제3자 보호적 성격을 가지고 있어야 하며 원고가 그 인적 범위 내에 속하여야 한다. 원심은 그러나 원자력법 제4조 2항 3호 및 5호는 제3자를 보호하는 성질이라고 볼 수 없다고 하며 특히 동조 제3호와 관련하여, 본 규정은 위험물질의 운송에 관한 규정으로 위험물질의 운송과 도로, 철도 및 국내 항로에 대해 규정하고 다시 유럽연합의 운송관련 규정들과 관련하여 동일한 목적, 인적 대상, 재산 및 방사능물질의 환경에 대한 영향력 등을 규율하고 있을 뿐이라고 하였다. 제 3자에게 발령된 허가를 취소하기 위해서는 허가대상에 대해 원고가 특별한 관계가 있음을 전제한다. 특별한 관계라는 것은 결국 원고적격을 인정받기 위해서 필수적인 관련성으로, 공간적 및 시간적으로 밀접한 관련성을 의미한다. 특히 시간적인 관련성에 있어서 당사자가 허가에 의하여 일정 기간 영향을 받게 되며 일반적인 생활리스크를 넘어서는 희생이 나타나야 한다. 이 공해방지법적 원칙은 원자력법상 운송허가에 대하여도 동일하게 적용된다. 그러나 원심은 방사능 물질의 운송에 의하여 발생한 손해에 대한 사전배려를 규정들을 통해 관련당사자의 범위를 정하는 것은 가능하지 않다고 보았다.

연방행정법원은 원자력법에 따라 발령된 운송허가의 위법을 확인하는 원고의 소제기를 적법하다고 보았다. 원자력법 제4조 2항 3호는 물론 4조 2항 5호 역시 제 3자를 보호하는 효력이 있으며 따라서 원고 적격을 부정한 원심의 판단은 옳지 않다고 보았다. 원심이 실체적 심사를 위해 필요한 사실적 확정을 하지 않았기 때문에 고등행정법원으로 환송하였다.

해당 운송허가는 원자력 에너지의 평화로운 이용과 위험보호에 관한 법률(원자력법)[8] 제4조 1항에 근거를 두고 있다. 이 규정은 원자력 에너지의 이용을 위한 격리된 장소의 요청과 국가에 의하여 보존 및 원자력법 제 6조, 7조 및 9조에 의해 허가된 행위 이외에 원자력 물질의 운송 역시 허가를 요한다는 것을 규정하고 있다. 이에 대해 원고 및 보조참가인은 취소소송을 제기하였으나 현재 운송작업은 모두 종료된 상태이며 추후 운송 예정은 없는 상태이나 해당 시설이 임시저장소이며 임시저장소 보관허가 기준에 의하는 경우 저장용기가 언제든지 다시 운송 및 반송될 가능성이 있어야 하는 것이므로 반복되는 위험의 관점에서 계속확인소송을 인정하였다.[9]

다음으로, 원심은 원자력법 제4조 2항에 제3자보호적인 성격이 없다고 판시하였다. 그러나 연방행정법원은 본 조항이 입법체계상은 물론 규정의 의미와 목적은 물론 내용에 있어서도 원심의 판단과 다르게 보았다. 원자력법 제4조 2항 3호는 제7조 2항 3호와 6조 2항 2호와 동일한 규정내용을 담고 있다. 이 세 조항은 과학 및 기술수준에 상응하는 손해의 사전대비를 원자력 물질의 여러 처리에 대한 허가전제조건으로 두고 있다. 기존의 연방행정법원의 일관된 판례에 의하면, 원자력법 제7조 2항 3호는 원자력 기술시설의 설치와 운영에서 발생하는 손해에 대해 필요한 사전대비요청을 통해 제3자의 보호를 달성한다. 이를 통해 원자력 에너지의 위험과 리스크로부터 일반은 물론 개개인을 보호해야

8) Gesetz über die friedliche Verwendung der Kernenergid und den Schutz gegen ihre Gefahren (AtG)

9) 같은 취지에서 BVerwG 1 C 12. 97.

하는 것이기 때문이다.[10] 이미 연방행정법원은 원자력 물질 임시저장소에 대한 허가에 대해 과학 및 기술적 수준에 상응하는 손해의 사전대비가 제 3자에 보장되어야 함을 밝힌 바 있다.[11]

연방헌법재판소 역시 원자력법의 목적에 대해서, 원자력에너지 이용에 우선하여 원자력 에너지로부터 발생하는 위험으로부터 보호하는 것임을 밝히고 있다.[12] 이러한 보호목표규정으로부터 연방헌법재판소는 과학 및 기술 수준에 상응하는 필수적인 손해 사전대비의 개념으로부터 최선의 위험방어와 리스크의 사전대비원칙을 도출해내었다. 이에 의하면 허가 하에 진행된 일에 발생한 손해는 실제적으로는 제외되게 된다. 다시 원자력법 제1조 2호를 주의하여보면 이 원칙은 잠재적인 관계당사자를 위해 제 3자 보호적이라고 이해해야 하는바, 이는 원자력기술시설의 운영과 관련하여서든, 원자력 물질의 보관에 있어서든 그 수송에 있어서든 마찬가지인 것이다.

또한 원자력법상 과학 및 기술 수준에 상응하는 필수적인 손해사전대비에 대한 규정은 입법자가 독일 기본법 제2조 2항 및 14조 1항이 정하는 기본권의 객관적 내용으로부터 나타나는 기본권적 보호의무의 이행에서 정한 것이다. 이는 원자력법 제4조 2항 3호에도 마찬가지로 적용되는 것이나 원심은 이에 대해 판단하지 않았다. 물론 국가에게는 그의 기본권적 보호의무의 이행에 있어 넓은 평가 및 형성의 여지가 주어지고, 기본권적 보호청구권은 기본권 직접적 청구보다는 구체화된 개별법상 규정으로부터의 청구권으로 대체된다. 원자력법상의 규정들이 기본권 구체화적인 주관적 공권으로서의 내용을 가진다는 것은 보호되는 권리이외에 특정하고 제한(획정)가능한 범위를 파악할 수 있는 경우이다. 무

10) BVerwGE 60, 297 (301, 305); BVerwGE 72, 300 (310, 318); BVerwGE 75, 258 (289 ff.)

11) BVerwG 7 C 39.07

12) BVerfGE 53, 30 (58)

엇보다도 이는 인적 범위의 문제로 허가를 요하는 시설로부터의 위험지역에 거주하거나 근무 중인 자로 그렇기 때문에 원자력 에너지의 위험과 방사능의 해로운 영향으로부터의 보호가 필요한 자가 문제된다.13)

여기에서 권리침해가 고려되어야 하는 것은 관계당사자가 "중요한 지역"에, 다시 말해 주거, 근무지 또는 거소에 원자력법상 기준에 의할 때 수인될 수 없는 방사능의 영향이 미칠 것이라고 생각되는 경우이다. 원자력 시설의 영향범위는 해당 인적 범위가 된다. 원심이 역에서부터 각각 650m, 25m 거리에 거주하는 원고들의 원고적격을 부정하면서, 원자력물질의 수송이 가능한 모든 공공선로 및 철도망에서 한정하고 개별화할 수 있는 인적범위를 정할 수 없을 것이라고 하였으나 해당 역의 철도노선이나 평소 교통흐름 및 병목구간 등을 종합하여 본 정황상 원고는 운송구간의 다른 주민들과 분명히 구별된다고 볼 것이며 원고의 거주지와 운송경로 사이에 공간적 관련성은 의심할 여지없이 인정될 수 있다.

(3) 시사점

원자력 발전소의 신축, 유지에 관하여 여러 사건들이 최근 빈발하였음은 물론, 계속적으로 방사성폐기물처리장의 건축 등의 문제가 첨예하게 대립하고 있으며 향후 각종 원자력 물질의 운반에 대한 사건이 발생할 것으로 예측되므로 본 연방행정법원의 판례는 참고할 가치가 있다고 보여진다.

참고로 현행 원자력 관련 법제는 핵물질 운송에 관한 규정들을 두고 있으며 특히 원자력 안전법 제50조는 제1항은 "핵연료물질사용자는 다음 사항에 관하여 위원회규칙으로 정하는 기술기준을 준수하여야 한다. 1. 핵연료물질 또는 그에 따라 오염된 물질의 사업소 안에서의 사용·

13) BVerwG 1 C 49.70.

분배·저장·운반·보관·처리 및 배출."이라고 하여 운반을 포함한 핵물질 처리에 대한 기준준수의무를 두고 있으며 동조 제2항은 "위원회는 해당 사업소 안에서의 핵연료물질 또는 그에 따라 오염된 물질의 사용·분배 · 저장 · 운반 · 보관 · 처리 또는 배출이 제1항에 따른 기술기준에 적합하지 아니하다고 인정하면 핵연료물질사용자에게 해당 시설의 수리·개선·이전 또는 사용의 정지, 취급방법의 변경과 그 밖의 안전에 필요한 조치를 명할 수 있다"고 규정하고 있다. 핵물질 처리, 취급하는 허가사용자 및 신고사용자에 대해서는 동법 제 59조가 기준준수의무를 정하고 있으며 동조 제 1항 제 2호는 "2. 방사성동위원소 또는 그에 따라 오염된 물질이나 방사선발생장치의 사업소 안에서의 생산 · 사용 · 분배 · 저장 · 운반 · 보관 · 처리 및 배출"을 규정하고 있다. 또한 핵물질의 허가사용자나 신고사용자 이외에 업무를 대행하는 자를 감독하기 위한 등록제도를 동법 제 54조에 두고 있으며 동조 제 1항 2호에 "방사성동위원소등 및 방사성폐기물의 수거·처리 및 운반"업무를 규정하고 있다. 동법 제 58조는 "허가사용자 · 신고사용자 및 업무대행자는 총리령으로 정하는 바에 따라 방사성동위원소등의 생산 · 사용 · 이동사용 · 분배 · 저장 · 운반 · 보관 · 처리 · 배출 · 판매 또는 업무대행 등에 관한 사항을 기록하여 이를 공장 또는 사업소마다 비치하여야 한다."는 기록 및 비치의무를 규정하고 있다. 특히 본 사안과 직접적으로 연관되는 방사성폐기물의 폐기 및 운반에 대해서는 동법 제71조가 신고의무를 규정하고 있는데, 제1항은 "발전용원자로설치자 · 발전용원자로운영자 · 연구용원자로등설치자·연구용원자로등운영자 · 핵연료주기사업자·핵연료물질사용자 · 핵원료물질사용자 · 허가사용자 · 신고사용자·업무대행자 및 폐기시설등건설 · 운영자(이하 "원자력관계사업자"라 한다)가 총리령으로 정하는 수량의 방사성물질등을 해당 사업소 밖의 장소나 외국으로부터 국내의 해당 사업소로 운반하려는 때에는 대통령령으로 정하는 바에 따라 위원회에 신고하여야 한다."고 정하였다.[14]

4. 스포츠 도박사업의 독점적 운영
(BVerwG 8 C 10. 12, 12. 12 und 17. 12 – Urteile vom 20. Juni 2013)

(1) 주요 요지

[1] 2012년 11월 30일까지의 노르트라인-베스트팔렌 주 로터리사업 주간협약과 복권사업 주간협약상 독점운영규정은 유럽연합법상의 거주의 자유 및 서비스의 자유를 침해한다.

[2] 스포츠도박의 독점은 영업현실상 모순된 목적으로 인하여 체계부정합성을 가진다 함은 다른 독점적 영업권자의 영업형태로부터 나타나는 것이다.

(2) 대상 판결의 개요 및 분석

원고는 뮌헨글라트바흐와 뮐하임 및 보쿰에서 해외사업자의 도박사업을 중개하는 자이다. 피고 시는 스포츠 도박의 독점운영으로 인하여 필요한 허가가 중개인과 사업자 모두에게 발령되지 않았음을 이유로 원고의 도박사업 중개업에 대해 일정기간 영업정지처분을 내렸다. 원고는 행정심판을 거쳐 취소소송을 제기하였으나 기각되었다. 항소심 중에 원고가 소외 건물주와 체결한 영업점의 점포임대계약은 만료되었으며, 또한 노르트라인-베스트팔렌 주는 2012년 12월 스포츠도박의 독점운영을 규정하고 있던 스포츠 도박 주간협약을 스포츠 도박사업의 특허를 요구하는 새로운 협약으로 변경하였다. 이에 따라 법원은 원고가 그 위법확인에 정당한 이익을 가진다고 보아 원고의 신청에 의하여 당해 처분이 위법한 것이었음을 판결로써 확인하는 계속확인소송으로 변경하였

14) 그 외에도 포장 운반에 관한 기술기준 (동법 제72조), 피폭관리의 점검과 교육 (동법 제73조), 사고조치와 비상대응에 대한 내용 (동법 제74조), 기술기준 준수에 대한 검사 (동법 제75조) 등이 규율되어있다

다. 항소심인 고등행정법원은 2006년 당시 발령된 처분이 위법함을 확인하는 판결을 내렸다.

연방행정법원은 피고의 상고를 이유없다고 하여 기각하였다. 원심은 먼저, 노르트라인-베스프팔렌의 스포츠 도박사업의 독점적 운영이 유럽연합법상의 거주의 자유와 서비스의 자유에 반한다고 보았다. 유럽연합 기능협약(AEUV) 제56조 1항, 제57조 1항 및 3항에 의한 거주의 자유와 서비스의 자유가 스포츠 도박사업을 독점으로 둔 규정에 의해 침해받는 지는 특히 동 협약 제 51f조와 62조에 의한 차별금지조항을 준수하는지 문제된다. 이 점에 있어 연방행정법원은 유사한 사례로 바이에른 주의 스포츠 도박사업의 독점적 운영에 관하여 연방헌법재판소가 침해성을 인정한 법리를 본 사건에도 적용하였다.

도박사업에 대한 법적 규율은 특히 도박중독이라든지 청소년 보호 등의 문제에 대처한다는 법률상의 목표를 실현하기 위한 것이다. 그러나 스포츠 도박사업을 독점적으로 운영함이 이러한 법률상 목적을 실현함에 적합한 수단인지에 대한 문제가 제기된다. 유럽연합법원은 스포츠 도박사업의 독점적 운영이 일반이익상의 근거에 기여한다거나 법률상 도박중독 등의 문제를 해소하는데 달리 기여하지 못하는 것인 반면, 자유권의 침해수준에 있어서는 비례성원칙을 넘어서는 정도로 제한하는 것이라고 보았다. 즉, 도박사업의 독점적 운영만으로는 도박중독 문제를 해소한다는 목표에 더 이상 실효성이 없으나 반대로 독점권의 행사로 인한 현저한 침해가 발생한다는 것이다. 게다가 도박사업의 독점적 운영은 정당한 목표인 도박중독의 문제에 있어서는 사실상 기여하지 못하며, 도박사업 독점운영에 있어 정당한 목표라고 볼 수 없는 국가재정에 기여할 뿐이다.

뿐만 아니라, 원고의 사업과 관련된 자동도박기계에 특히 독점적 운영을 강조하는 것은, 다른 도박업종을 비교할 때 실제적인 조사결과 중독위험에 빠지기 쉽다고 판단되는 젊은 성인 남성의 경우 어느 업종이든 중독의 위험성이 다르지 않음에도 불구하고 자동도박기계에 대한 독점을 인정한다는 점이 이미 밝혀진바, 독점적 운영이라는 수단이 본래 추구하는 도박중독 해소 등의 목적을 달성하기에 족한 것이 아님을 알 수 있다.

그렇다면, 독점을 이유로 도박사업 중개업을 금지시키고 영업정지 처분을 내리기 위하여는 스포츠 도박사업의 독점적 운영이 적법하다고 하여야 원고의 독점에 반하는 영업행위를 위법하다고 볼 수 있을 것이다. 그러나 위 독점적 운영은 목적달성에 적합한 수단으로 볼 수 없고, 유럽연합법상 규정에도 반하며, 비록 피고가 구 스포츠 도박 주간협약(GlüStV) 제9조 1항 3호에 따라 동 협약 제4조 1항의 필수적 허가를 발령받지 않은 자에 대해 금지처분을 내릴 권한이 있다고 주장하나, 이 경우 피고는 허가받지 않은 중개업에 금지처분을 내린 재량의 행사에 있어 하자가 있다고 볼 것이다. 피고는 중개업에 필요한 허가를 스포츠 도박사업의 독점으로 인해 발령하지 않았기 때문이다. 그렇다면 스포츠 도박사업의 독점적 운영은 내부적 및 외부적으로 일관성을 상실하고 있으며 추구하는 목적을 달성하기에 적합한 수단이 될수 없고 따라서 비례의 원칙에 상응하지 않는다.

한편, 금지처분의 근거가 되는 스포츠 도박 주간 협약상의 허가유보규정은 그 자체로 유효하고 적용가능한 것이나 전면적인 금지처분을 내림에 있어 재량의 하자가 있었다고 볼 것이다. 그러나 피고가 행정소송법 제 114조·2문에 따라 사후적으로 재량고려사유를 추가, 변경하여 재량하자의 치유를 주장하는 것은 받아들여질 수 없다. 재량고려사유의 변경은 본질적인 변경에 해당하므로 피고가 발령한 금지처분의 본질 자체가 변경되는 것이며, 나아가 소송당사자인 원고의 권리방어를 현저히 침해하는 것이기 때문이다.

5. 소송절차의 과도한 지연에 대한 보상
(BVerwG 5 C 23. 12 D und 27. 12 D - Urteile vom 11. Juli 2013)

(1) 주요 요지

[1] 법원조직법(GVG) 제198조 1항 1문 및 동조 6항 1호가 의미하는 절차는 모든 행정법원의 소송절차이며, 비록 이 절차가 여러 심급을 거쳤거나 여러 법원에 의해 진행되었다고 하더라도 마찬가지이나, 다만 행정청의 사전적 절차는 그렇지 않다.

[2] 법원조직법 제198조 1항 1문, 특히 제2문에 의하여 개별적 사례에 있어 중요한 의미가 있는 경우 소송절차가 부적절하다는 것은 관습법은 물론 헌법상 법원이 적절한 기간 내에 결정을 내려야 한다는 국가의 의무를 침해하게 되는 경우를 말한다.

[3] 법원조직법 제198조으로부터 확정적인 기간규정이나 행정법원 절차에 대해 적합성 판단에 대한 특정한 기준이 도출되는 것은 아니므로 추측에 의하여 또는 통계적으로 조사된 소송시간에 의한 것인지 여부는 관계없다.

(2) 대상 판결의 개요 및 분석

연방행정법원은 소송절차의 과도한 지연으로 인한 손실에 대해 보상을 청구하는 새로운 손실보상청구권을 상정하였다. 본 판결이 소송절차가 부적절하게 오랜 시간이 소요된 경우가 언제인가에 대한 핵심적인 질문에 대해서는 확정적인 기준을 제시하여주고 있지는 않다. 소송이 여러 단계로 이뤄져있다는 점이나 다양한 형태를 가진다는 점을 감안하여 행정소송에서는 원칙적으로 소송절차진행의 기간을 가정적으로 또는 통계적으로 조사된 기간에 맞추는 것은 불가능한 것이다. 오히려 절차기간의 적절성에 대한 문제는 개별사례에서 나타나는 각각의 정황에 달려있다. 여기에서 특히 심사되어야 할 점은 법원의 소송절차진행에서의 지연이 법원에게 주어진 절차형성의 여지를 고려함에 있어 정당화될 수 있는가이다.

연방행정법원은 최고액 약 17,000유로의 장학금 반환청구사건에서 원고의 상고를 받아들이면서, 제 1심에서는 6년 반, 제 2심에서는 거의 2년이 소요되었음에 대하여 원고에게 6,000유로의 손실보상을 명하였다. 먼저 이러한 손실보상은 법원조직법 제 198조 2항 2문과 동조 제 4항에 의거하여 개별적인 사안에 따라 다른 방법으로 원상회복이 충분하지 않는 한 인정될 수 있다. 다른 방법으로 원상회복이 충분하지 않게 되었다는 것은 수소법원이 전체적인 사안의 정황에 의해 판단한다. 예를 들어 원심절차가 원고에게 있어 특히 중요한 의미가 있는지, 그의 행동이 절차지연에 현저히 기여한 바 있는지, 계속적인 정신적 손해를 겪는지, 지연이 유일한 문제인지 등을 판단하게 된다. 뿐만 아니라 절차가 부적절하게 길다는 것이 어느 정도인지와 원심절차에서 당사자가 특별한 긴급성을 제시한 바가 있었는지 또는 이런 사유가 사라졌는지에 대하여도 고려해야만 한다.

본 사안에서는 개별적 사례를 판단함에 있어서도 장학금의 반환청구는 원고에게 현저하게 중요한 의미를 갖는 것임이 판단되며, 법원의 절차형성 및 진행이라는 관점을 고려하는 경우에도 5년 이상의 기간이라면 객관적으로 정당하다고 볼 수 없다하였다. 특히 연방행정법원은 이러한 경우 법원의 업무가 과중하다는 이유만으로는 정당성의 근거가 될 수 없다고 판시하였다.

6. 공무원임용적격사유로서 신체적합성의 문제[15]
(BVerwG 2 C 12. 11 und 18. 12 – Urteile vom 25. Juli 2013)

(1) 주요 요지

[1] 공무원 임용 지원자의 신체적합성의 확정에 있어 임용권자에게 판단여지가 주어지는 것은 아니다.

[2] 임용지원자가 이미 공직 개시로부터 정년에 이르기 전까지 업무능력의 상실이라는 결과를 가져올 수 있는 중대한 개연성이 이미 존재하는 경우, 임용지원자의 신체 부적합성이 인정된다.

(2) 대상 판결의 개요 및 분석

원고는 1965년생으로 2006년부터 니더작센 주 직업학교의 계약직 교사로 근무하고 있는 자이다. 원고는 다발성 경화증 판정을 받았으며 그 외에도 추간판 탈출증을 앓고 있다. 피고는 원고가 건강상의 문제로 공직을 수행하기 위한 신체적합성이 결여되었다고 보아 원고의 정교사 임용신청에 대해 거부처분을 내렸다. 그러나 원고는 현재 다발성 경화증에 있어서는 아직 아무 증상이 나타나지 않고 있으며 다만 질병의 특성상 법률상의 연령제한이 이르기 이전에 증상이 발생하고 이로서 직무수행능력을 상실하게 될 개연성이 매우 높음이 인정되고 있다. 이 거부처분 후에 원고는 장애등급(GdB)상 30등급의 장애판정을 받은 바 있다.[16]

공무원의 임용을 위해서는 독일 기본법 제33조 2항과 공무원신분법(BeamtStG) 제 9조에 의거하여 직무적합성, 직무능력 및 전문성이 있

15) 같은 취지의 2013년도 판결로는 BVerwG 2 C 16. 12

16) 장애등급(Grad der Behinderung: GdB)은 독일 사회법전 제 9권이나 세법 및 중증장애인 증명서에 대한 시행령(Schwerbehindertenausweisverordnung: SchwbAwV) 등에서 규율하고 있다. 중증장애 증명서는 장애등급 50급부터 발부된다.

어야 한다. 여기에서 적합하다는 의미는 단지 신체적, 심리적 및 성향적인 측면에서 공무를 수행할 수 있음을 의미한다.[17] 임용권자는 이 적합성을 판단함에 있어서 임용지원자가 각각의 공직이 요구하는 건강상의 신체적합성을 갖추었는지 여부를 항상 결정하여야 한다.[18] 이 판단은 임용지원자의 신체적 및 심리적 성향을 확인하여야 하며 그의 업무능력에 대한 영향 역시 확정되어야 한다. 원칙적으로는 이 판단과정에서 반드시 의사가 작성한 의학적 진단서가 요구되며 이에 따라 니더작센 주 공무원법 등에서도 보건관청 소속의 의사(Amtsarzt)가 작성한 진단서에 의해 적합성을 확정하도록 규정하고 있다. 물론 의사에 의한 진단서를 통해 의학적 소견을 물어야 하는 필요성이 신체적합성의 판정에 대한 책임을 의사에게 이전시키려는 것은 아니며 임용권자는 의학적 소견과 추론을 파악하고 판단의 근거로 삼아야 한다는 의미이다.[19]

임용권자에게는 각각의 이력상 신체적 요청을 확정할 의무가 있으며 동시에 광범위한 평가의 여지가 주어지나, 이 평가는 공직상 전형적인 임무영역을 염두에 두고 이뤄져야 한다. 여기에서 개인의 신체적 직무수행능력이 측정되는 것이며 적합성의 판단은 지원자가 하고자 하는 공무의 현재의 상황뿐만 아니라 장래의 공직수행도 고려하며 지원자의 전체적인 인성의 구체적이고 개별적인 평가를 요하는 예측에 의한다.[20] 이에 의하면 본 사건에서 원고는 현재 업무능력에 문제가 없으나 정년에 이르기 이전에 업무수행능력을 상실할 높은 개연성이 의학적 소견에 따라 나타나고 있다는 점이 문제된다. 의사의 의학적 소견은 현재 알려진 의학적 지식에 의하여 임용지원자의 건강상태를 업무능력의 예측적 발전에 대해 가정적으로 진술하는 것이므로 임용권자는 건강상 직무적합성의 판단을 결국에는 자기책임 하에 내려야 하는 것이다.

---

17) BVerfGE 92, 140 (151).
18) BVerfGK 14, 492 (496)
19) BVerwG 2 A 6.06.
20) BVerfGE 108, 282 (296).

원고는 의학적 소견에 따라 원고의 임용을 거부한 것 대하여, 피고는 원고가 시험적으로 공직을 수행하도록 새로운 결정을 내릴 의무를 새로이 이행하라는 의무이행의 소를 제기하였다. 원심은 공직수행을 위한 신체적합성을 판단함은 이른바 판단여지에 속하는 것이라는 피고의 주장을 받아들였다.

그러나 연방행정법원은 신체적 장애가 있는 임용지원자의 적합성에 대해서는 의학적 사실관계에 기초하더라도 법원이 판단할 수 있는 것이므로 피고가 주장하는 바와 같이 전적으로 행정청의 판단여지에 속한다든지 이에 따라 법원의 심사가 제한되는 것은 아니라고 판시하였고 이 판결로 인하여 이전의 판례를[21] 변경하였다. 먼저, 독일 기본법 제19조 4항 1문은 공권력에 의하여 권리가 침해당한 자에게 권리구제절차가 열려있다고 규정하여, 법규범의 해석과 적용에 대한 최종적인 판단권한을 (행정)법원에 위임하였으며 행정의 판단여지는 단지 제한된 사법심사밀도로 한편으로는 법규범의 해석에 대한 것과 법규범의 의미내용이 모호하거나 고도의 전문성이나 복잡성으로 인해 사안에 적용하기 힘든 경우를 의미할 뿐이다. 법원은 판결과 관련된 사실을 확정하고 법적으로 평가하는 임무를 수행한다는 점에서 복잡한 사안의 기초사실 등을 평가한다고 하여 행정의 판단여지를 바로 충족시키는 것은 아니라는 것이다. 따라서 임용권자가 향후 직무이력을 위한 신체적 요구사항을 확정함에 있어 이에 연계되는 신체적 적합성을 사법적으로 심사함이축소된다 함은 정당화될 수 없는 주장이다. 임용지원자가 이미 공직 개시로부터 정년에 이르기 전까지 업무능력의 상실이라는 결과를 가져올 수 있는 중대한 개연성이 이미 존재하는 경우여야 임용지원자의 신체 부적합성을 인정할 수 있는 것이다.

21) BVerwG 2 C 87.59; BVerwG 2 A 5.00.

7. 자석 장신구의 약국판매금지
(BVerwG 3. C 15. 12 – Urteil vom 19. September 2013)

(1) 주요 요지

[1] 자석 장신구는 약국운영에 관한 시행령 1a조 10호 소정의 통상적인 약국의 판매상품이라고 할 수 없고 따라서 약국에서 공급되고 판매할 수 없다.

[2] 동 시행령이 규정하고 있는 대상은 인체의 건강에 직접적으로 도움이 되거나 이를 촉진하는 것으로 합리적인 소비자의 시각에서 건강상태의 유지와 개선에 도움을 주는 데에 객관적으로 적합한 경우이다.

(2) 대상 판결의 개요 및 분석

원고는 개인 약사로 그의 약국에서 자석 장신구를 판매할 수 없다는 피고의 명령에 불복하였고 피고는 원고에게 1000유로의 강제금을 부과하였다. 피고는 이 자석 장신구가 약국운영에 관한 시행령[22] 제 25조의 통상적인 약국의 상품이 아니라고 보았다. 이에 원고는 행정심판을 거쳐 행정법원에 취소소송을 제기하였다.

원심은 자석 장신구가 의약품도 아니며 의료제품도 아니라고 보았으며 자석 장신구가 신체 건강에 긍정적인 영향을 미치는 단순한 가능성이 있다는 것만으로는 동 시행령의 요건을 충족시키지 못한다고 하였다. 이러한 제품들이 약국에서 판매되기 위해서는 주관적인 기준이 아닌 객관적으로 제품이 건강에 도움을 주거나 촉진함이 즉시 인식될 수 있거나 학문적 지식을 통해 인식될 수 있을 것을 전제로 하나 해당 제품의 경우에는 양자 모두에 해당되지 않는다고 보았다.

또한 원고는 다시 그의 기본권, 즉, 직업수행의 자유가 침해되었음

---

22) Verordnung über den Betrieb von Apotheken (ApBetrO)

을 주장하였다. 그러나 원심은, 약국에서 의약품과 의료제품 이외의 통상적인 약국판매 제품을 한정하고 있는 것은 공익상 충분히 정당화될 수 있으며 비례성 원칙에 비추어 과다한 침해라고 볼 수 없다고 보았다.

연방행정법원은 원심의 판단을 받아들였다. 원심과 마찬가지로 동 시행령 1a조 10항 2호는 인체의 건강에 긍정적인 영향을 미치는 데에 사실적으로 적합할 것을 요구하고 있으며 주관적으로 이러한 효력의 간주만으로는 충분하지 못하다고 본 것이다. 특히 연방행정법원은 약국 본연의 임무는 규정에 적합한 의약품의 공급을 보호하는 것으로 약국이 이른바 "드럭스토어"화 되는 것을 막는 것이기도 하다고 보았으며, 이는 나아가 약국을 이용하는 고객으로 하여금 약국에서는 신체 건강상 유용한 제품만이 제공된다는 신뢰를 보호하는 목적도 있다고 판시하였다.

III. 결어

이상으로 2013년도 선고된 독일연방행정법원의 주요판례를 소개하고 분석해보았다. 본 연구는 가급적 독일연방행정법원의 판례문 자체를 인용 정리하였으며, 선정 과정에서 우리 현실과 다른 특수한 상황이나 사건들을 가급적 배제하였다. 이러한 선정방식과 분석은 주요 판례임에도 불구하고 소개되지 않는 문제가 발생할 수 있으며, 따라서 본 연구에서 선정되지 않은 기타 주요 판례에 대한 연구 필요와 함께 추후 해외 판례 동향 분석의 방법론에 대한 논의는 여전히 남아있다고 본다.

참고문헌

독일연방행정법원 사이트: http://www.bverwg.de

독일연방헌법재판소 사이트: http://www.bundesverfassungsgericht.de

독일현행법령 사이트: http://bundesrecht.juris.de

국문초록

본 연구는 2013년도 독일연방행정법원의 업무현황 및 주요 판례를 소개하고 분석함으로 한국과 독일 행정법의 비교법적 연구에 기여하는 것을 목적으로 한다. 선정된 판례는 독일연방행정법원의 2013년도 판례로 송전설비 건설예정지에서의 분쟁이나 지구단위계획상 배려요청, 방사능폐기물 인근 주민의 원고적격문제, 스포츠도박사업의 독점운영, 소송절차의 과도한 지연에 대한 보상, 공무원 임용사유로서 신체적합성 및 약국판매가 금지되는 건강용품 등에 대한 판례가 분석되었다.

주제어: 독일연방행정법원, 형량명령, 배려요청, 원고적격, 판단여지

Abstract

Analyses of Important Administrative Law Cases in 2013 Term of the German Federal Administrative Court (Bundesverwaltungsgericht)

Inkook Kay*

This article is devoted to an overview of important cases of the German Federal Administrative Court (Bundesverwaltungsgericht) in 2013. The subjects of this work are based on the Annual Press of the Federal Administrative Court 2013. The cases analysed in this article are:

BVerwG 7 A 4. 12 – Urteil vom 18. Juli 2013
BVerwG 4 C 8. 12 – Urteil vom 12. September 2013
BVerwG 4 C 3. 12 – Urteil vom 10. April 2013
BVerwG 8 C 10. 12, 12. 12 und 17. 12 – Urteile vom 20. Juni 2013
BVerwG 5 C 23. 12 D und 27. 12 D – Urteile vom 11. Juli 2013
BVerwG 2 C 12. 11 und 18. 12 – Urteile vom 25. Juli 2013
BVerwG 3. C 15. 12 – Urteil vom 19. September 2013

Keyword: Bundesverwaltungsgericht, Abwägungsgebot, Rücksichtnahmegebot, Klagebefugnis, Beurteilungsspielraum

* Dr. jur. Lecturer in Korea University

투 고 일: 2014. 11. 22
심 사 일: 2014. 12. 5
게재확정일: 2014. 12. 19

특집논문

행정판례연구회 30주년 특별기념논문

行政判例 30年의 回顧와 展望 - 行政法總論 I*

朴均省**

I. 머리말

30년은 한 세대에 해당한다. 지난 30년간 행정판례는 한 세대라고

---

* 이 글은 행정판례연구회 창립30주년기념학술회(2014.10.17)의 발표문을 일부 수정·보완한 것이다.

** 경희대 법학전문대학원 교수

할 수 있을 정도의 양적, 질적 변경과 발전을 이루었는가? 앞으로의 과제와 발전방향은 어떠하여야 할까? 이것이 이 논문의 화두이다.

지난 30년은 행정판례의 발전과 관련된 큰 일이 적지 않았다. 1984년 행정소송법과 행정심판법이 전면개정되었다. 1984년 12월 15일의 행정소송법의 개정은 행정소송의 기회를 확대하고 행정소송의 실효성을 강화하였다.[1] 1984년 10월 29일 행정판례연구회가 창립되었다. 행정판례연구회는 월례 학술발표회를 개최하며 행정판례의 형성과 발전에 크게 기여하였다. 특히 행정법이론을 주로 연구하는 학자와 행정판례의 실무에 강한 판사, 변호사 등 실무가가 함께 발표와 토론을 함으로써 이론과 실무의 통합에 크게 기여하였다. 1994년 서울에 행정법원이 창설되고 그 후 지방법원에는 행정부가 설치되고 고등법원에

---

1) 주요 개정내용은 다음과 같다. ① 행정청이 처분을 하여야 할 법률상 의무가 있음에도 불구하고 이를 하지 아니하는 경우 그 시정을 구할 수 있는 부작위위법확인소송제도를 신설함. ② 처분의 효력유무 또는 존재여부의 확인을 통하여 국민의 권리가 보호될 수 있는 경우에는 처분에 대한 무효등 확인소송을 제기할 수 있도록 함. ③ 민중소송·기관소송의 개념과 적용규정을 명문화함. ④ 명령·규칙의 위헌·위법판결이 대법원에서 확정된 경우 위헌판결등을 공고하도록 하여 동종의 사안의 재발을 방지함. ⑤ 행정처분의 효력유무 또는 존재여부가 민사소송의 선결문제로 되어 본안의 수소법원이 심리하는 경우 일정한 범위 안에서 취소소송의 절차규정을 준용함. ⑥ 처분의 효과가 기간의 경과, 처분의 집행등으로 소멸된 후에도 처분의 취소로 인하여 회복되는 법률상 이익이 있는 경우에는 취소소송을 제기할 수 있도록 함. ⑦ 동종사건 또는 서로 내용상 관련되는 처분에 대하여 행정심판의 재결이 있었을 때 등에는 행정심판을 제기함이 없이 직접 취소소송을 제기할 수 있도록 함. ⑧ 행정심판의 재결서를 송달받은 날부터 60일이내에 행정소송을 제기할 수 있도록 제소기간을 연장함. ⑨ 거부처분취소판결이 확정된 경우 행정청이 판결의 취지에 따라 처분을 할 의무를 지게 되는 바, 그 의무의 이행을 확실히 담보하기 위하여 행정청이 일정한 기간내에 그 의무를 이행하지 아니하는 경우 그 지연기간에 따라 일정한 배상을 할 것을 명하거나 즉시 손해배상을 할 것을 명할 수 있도록 하는 간접강제규정을 신설함. ⑩ 당사자소송의 재판관할을 항고소송의 경우와 같이 고등법원으로 한다는 명문의 규정을 두어 행정소송간의 심급상 균형을 유지하도록 하고 관계행정청의 소재지를 피고의 소재지로 함(국가법령정보센타 입법연혁 참조).

도 행정부가 확대되었다. 행정법원의 창설 등은 행정재판의 전문성의 강화에 기여하고 행정판례의 질적 제고를 위한 기초가 되었다. 1980년대 중반 이후 독일, 프랑스 미국 등에서 행정법박사를 취득한 학자가 대거 귀국하여 선진 행정법이론의 소개와 도입이 활발히 이루어졌다. 이후 선진외국의 행정법이론이 충실히 소개되고 행정법이론의 공백이 메워져 행정법이론 체계가 완비되었고, 이는 행정판례의 형성과 발전에 크게 기여하였다. 1987년에는 민주화혁명이 일어나고 1987년 10월 29일 민주헌법이 채택되었다. 민주화는 행정재판의 독립, 행정소송의 증가, 행정통제 및 권익구제와 확대 등 법치주의의 실현을 가능하게 하였다.

30년의 행정판례를 회고하고 전망하는 것은 행정판례의 역사를 정리한다는 의미도 있지만, 행정판례의 현재를 분명히 하고 앞으로의 발전방향을 모색하는 의미를 갖는다. 행정판례 30년의 회고와 전망은 다음과 같은 여러 관점에서 행해질 수 있다. 정치 · 사회의 변화가 행정판례의 발전에 미친 영향, 정치·행정 · 사회에 대한 행정판례의 영향, 정치, 입법 및 행정권력으로부터의 행정재판의 독립, 행정재판을 통한 행정통제의 강화 및 국민권익구제의 확대, 행정판례의 형성과 발전, 행정판례의 행정법이론과의 정합성 등. 이 글에서는 기존의 연구[2]를 참고하면서 행정판례의 형성과 발전 및 행정판례의 행정법이론과의 정합성이라는

---

2) 행정판례의 회고와 전망에 관한 기존의 연구는 다음과 같다. 박균성, 행정법이론에 비추어 본 행정판례의 발전과제, 특별법연구 11권, 사법발전재단, 2014, 3-30쪽; 박균성, 최근 대법원 행정판례의 분석, 정의로운 사법(이용훈대법원장재임기념논문집), 사법발전재단, 2011, 195-250쪽; 정하중, 한국 행정판례의 성과와 과제, 행정판례연구 11집, 박영사, 2006.06, 3-49쪽; 박정훈, 행정판례 반세기 회고, 행정판례연구 11집, 박영사, 2006.06, 50-90쪽; 김재협, 최근 행정판례의 흐름과 극복하여야 할 과제, 법조 50권 6호(통권537호), 법조협회, 2001.06, 5-38쪽; 홍정선, 행정판례의 발전에 관한 일고, 법학논집 제5권 제1호, 이화여자대학교 법학과 창립50주년 기념호, 이화여자대학교 법학연구소, 2000.12, 199-212쪽; 이상규, 행정판례의 회고, 인권과 정의 199호, 대한변호사협회, 1993.03, 25-34쪽 등.

관점을 중심으로 행정판례 30년을 회고하고 전망하고자 한다. 연구의 범위는 요청받은 대로 행정법총칙과 행정작용법분야의 행정판례로 한다. 1980년대 중반 이전에도 중요한 행정판례가 나오기는 했지만, 우리나라의 행정판례는 주로 1980년대 중반 이후에 형성되었다고 할 수 있다.[3] 그러므로 행정판례 30년을 회고하는 것은 우리나라 행정판례 전반을 회고하는 것과 다름 아니다.[4]

이 글에서는 대표적인 개별 판례를 중심으로 해설하는 것이 아니라 중요한 몇 개의 주제별로 판례의 발전을 고찰하고 앞으로의 과제와 발전방향을 제시하는 것으로 하였다.

---

3) 필자는 대한변호사협회의 부탁에 의해 우리나라 20세기 행정법분야의 주요 행정판례 20개를 선정하여 소개·해설하는 영광을 가진 일이 있는데(박균성, 20세기 행정법분야의 주요 판례의 소개와 해설, 인권과 정의 284호, 2000.04, 50쪽 이하) 선정된 판결들을 연대별로 분류하면 1960년대 판결 1개, 1970년대 판결 3개, 1980년대 판결 4개, 1990년대 판결 12개로 반 이상이 1990년 이후의 판결이었다. 판결의 선정은 대한변호사협회에서 행정법분야 전문가 10여 분에게 각 20개의 판결을 추천해 줄 것을 요청하였고, 그 요청에 따라 추천된 판결들 중에서 선례로서의 가치나 우리나라 정치, 사회, 경제 등 다방면에 미친 영향을 기준으로 행하였다. 판결의 선정에 있어서는 필자의 자의를 배제하기 위하여 원칙상 추천 회수를 기준으로 많이 추천된 판결부터 20개의 판결을 선정하였다.

4) 박정훈 교수는 행정판례의 변천과정을 4단계로 구분하고 있다. 즉, 행정소송법 시행 이후 1971년 국가배상법 위헌판결까지의 기간을 제1기(정착기, 1951~1971)로, 그 이후 제4공화국·제5공화국을 거쳐 사회단체등록거부의 처분성을 인정한 1989년 전원합의체 판결 이전까지를 제2기(시련기, 1972~1988)로, 이 전원합의체 판결 이후 1998년 환경영향평가 대상지역 내의 주민들에게 원고적격을 인정한 속리산국립공원사건 판결 이전까지를 제3기(전환기, 1989~1997)로, 동 판결 이후 논문 작성 당시인 2006년까지를 제4기(발전기,1998년~현재)로 파악하고 있다(박정훈, 앞의 논문, 53-54쪽).

II. 행정입법

1. 전통적인 행정규칙에 관한 판례의 발전과 과제

판례는 일관되게 행정규칙의 법적 구속력을 원칙상 부인하고 있다.[5] 그러면서도 예외적으로 행정규칙에 대해 일정한 구속력을 인정하는 판례도 내려지고 있다. ① 우선 재량권 행사의 기준이 되는 재량준칙에 대해 그것이 합리적인 한 존중하여야 한다는 취지의 판시를 하는 경우가 적지 않다. 즉 "설정된 재량기준이 객관적으로 합리적이 아니라거나 타당하지 않다고 볼 만한 다른 특별한 사정이 없는 이상 행정청의 의사는 가능한 한 존중되어야 할 것"이라고 하고 있다.[6] ② 다음으로 판례는 제재적 행정처분의 기준이 부령의 형식으로 규정되어 있는 경우 법규명령은 아니지만 당해 제재처분기준을 존중하여야 한다고 본다.[7]

---

5) 대법원 2013.5.23. 선고 2013두3207 판결〔유가보조금환수처분취소〕.

6) 대법원 2002. 01. 22. 선고 2001두8414 판결; 1993. 06. 29. 선고 93누5635 판결; 1998. 09. 08. 선고 98두8759 판결; 2004. 05.28. 선고 2004두961 판결: "설정된 재량기준이 객관적으로 합리적이 아니라거나 타당하지 않다고 볼 만한 다른 특별한 사정이 없는 이상 행정청의 의사는 가능한 한 존중되어야 할 것이나, 그 설정된 기준이 객관적으로 합리적이 아니라거나 타당하지 않다고 보이는 경우 또는 그러한 기준을 설정하지 않은 채 구체적이고 합리적인 이유의 제시 없이 사업계획의 부적정 통보를 하거나 사업계획서를 반려하는 경우에까지 단지 행정청의 재량에 속하는 사항이라는 이유만으로 그 행정청의 의사를 존중하여야 하는 것은 아니고, 이러한 경우의 처분은 재량권을 남용하거나 그 범위를 일탈한 조치로서 위법하다."; 대법원 2010.1.28. 선고 2009두19137 판결: "여객자동차 운수사업법에 의한 개인택시운송사업면허는 특정인에게 권리나 이익을 부여하는 행정행위로서 법령에 특별한 규정이 없는 한 재량행위이고, 그 면허를 위하여 정하여진 순위 내에서의 운전경력인정방법의 기준설정 역시 행정청의 재량에 속한다 할 것이지만, 행정청이 면허발급 여부를 심사함에 있어서 이미 설정된 면허기준의 해석상 당해 신청이 면허발급의 우선순위에 해당함이 명백함에도 이를 제외시켜 면허거부처분을 하였다면 특별한 사정이 없는 한 그 거부처분은 재량권을 남용한 위법한 처분이 된다."

7) 대법원 2007. 09. 20. 선고 2007두6946 판결; 2010. 04. 08. 선고 2009두22997 판결:

“행정청의 의사는 가능한 한 존중되어야 할 것” 또는 “제재처분기준을 존중하여야 한다.”라는 표현이 모호한 문제는 있지만, 이러한 판례의 태도는 평등원칙을 매개로 재량준칙의 간접적인 대외적 구속력을 인정하는 다수 학설의 견해와 유사하다고 할 수 있다.

재량준칙은 평등원칙을 매개로 하여 간접적으로 대외적인 구속력을 갖는다고 보는 것이 다수 학설이며 타당하다. 재량준칙은 평등원칙을 매개로 하여 구속력을 갖는 것이므로 합리적인 이유가 있는 경우, 즉 특별한 사정이 있어서 재량준칙을 적용하지 않는 것이 타당하다고 여겨지는 경우에는 예외적으로 재량준칙을 적용하지 않아도 그러한 행정처분은 위법한 처분이 되지 않는다고 보아야 한다. 또한, 판례는 특별한 공익상의 필요가 있을 때에는 재량기준을 추가하여 신청에 대한 거부처분을 할 수 있다고 한다.8)

실무상 행정기관은 재량준칙을 그대로 적용하여 구체적 처분을 하고 있고 특별한 사정을 이유로 재량준칙과 다른 처분을 하는 예는 극히 드물다. 그 이유는 재량권 행사의 남용을 막고 재량권 행사에 대한 국민의 신뢰를 확보하기 위함이다. 과거 정부에서 추진한 재량행위 투명화 사업은 재량준칙을 구체화하고 명확화하는 사업이었다.9) 이러한 행정의 실제는 행정의 구체적 타당성을 희생하는 것이며 재량준칙의 본질을 도

구 식품위생법 시행규칙 제53조 [별표 15] 행정처분기준이 비록 행정청 내부의 사무처리 준칙을 정한 것에 지나지 아니하여 대외적으로 법원이나 국민을 기속하는 효력은 없지만, … 위 행정처분기준에서 정하고 있는 범위를 벗어나는 처분을 하기 위해서는 그 기준을 준수한 행정처분을 할 경우 공익상 필요와 상대방이 받게 되는 불이익 등과 사이에 현저한 불균형이 발생한다는 등의 특별한 사정이 있어야 한다.

8) 대법원 2009. 12. 24. 선고 2009두7967 판결: 쌀 시장 개방화에 대비한 경쟁력 강화 등 우월한 공익상 요청에 따라 위 지침상의 요건 외에 ‘시·군별 건조저장시설 개소당 논 면적 1,000ha 이상’ 요건을 추가할 만한 특별한 사정을 인정할 수 있어, 그 처분이 행정의 자기구속의 원칙 및 행정규칙에 관련된 신뢰보호의 원칙에 위배되거나 재량권을 일탈·남용한 위법이 없다고 한 사례.

9) 김재광 외 3인, 재량권 행사의 투명성 제고 방안, 한국법제연구원, 2004.

외시하는 것이다. 재량준칙은 국민에게 법적 안정성을 보장하고, 행정에 일관성을 보장하고, 재량권의 자의적인 행사를 방지하고, 행정권 행사의 편의성을 보장하기 위하여 재량권 행사의 기준을 정하면서도 합목적적인 행정(구체적 타당성이 있는 행정)이 가능하도록 특별한 사정이 있는 경우에는 재량준칙과 다른 처분을 허용하는 행정입법의 방식이다. 따라서, 재량준칙이 설정된 경우에도 구체적 사안의 특수성 또는 공익상의 필요를 고려하여 적극적으로 재량준칙에서 정해진 행정기준과 다른 결정을 할 수 있어야 한다. 구체적 사안의 특수성이나 공익상 필요가 있음에도 이를 고려하지 않는 것은 재량권의 불행사 또는 해태에 해당한다.

또한, 판례는 재량준칙이 되풀이 시행되어 행정관행이 성립한 경우 당해 재량준칙에 자기구속력을 인정하고 자기구속의 원칙이 인정되는 경우 행정관행과 다른 처분은 특별한 사정이 없는 한 위법하다고 본다.[10] 그런데, 판례는 "특별한 사정"이 무엇인지에 관하여는 자세한 설명을 하지 않고 있다. 이에 관하여 학설의 연구도 거의 없다. 특별한 사정의 의미에 관하여 생각할 수 있는 견해는 사정변경 등으로 행정관행과 다른 처분을 하여야 할 공익상 필요가 큰 경우를 말한다고 보는 견해와 다음과 같이 보다 강한 자기구속력을 인정하여야 한다는 견해가 있을 수 있다. 새로운 사정변경 없이 공익상의 이유만으로 행정관행과 다른 처분을 하는 것은 원칙상 자기구속의 원칙에 반한다고 보아야 할 것이다. 다만, 재량준칙을 개정하는 등 행정관행과 다른 처분의 가능성을 미리 예고하고 시차를 두어 공익상 행정관행과 다른 처분을 하는 것은 가능하다고 본다. 그리고, 새로운 사정변경이 있는 경우에는 행정관행과 다른 처분을 할 공익상 필요가 심히 큰 경우에 한하여 행정관행과 다른 처분을 하는 것이 가능하다고 보아야 한다는 견해이다. 자기구속력이 인정된 재량준칙에 대해서는 국민의 강한 신뢰를 인정하여야 한다.

---

10) 대법원 2009. 12. 24. 2009두7967 판결 [신규건조저장시설사업자인정신청반려처분취소]; 헌법재판소 1990. 09. 03, 90헌마13 결정.

대법원 판결 중 행정관청 내부의 사무처리규정에 불과한 전결규정에 위반하여 원래의 전결권자 아닌 보조기관 등이 처분권자인 행정관청의 이름으로 행정처분을 한 경우 위법하지만 무효가 아니라고 한 사례가 있는데,[11] 이 판례의 해석에 있어서 조직규칙의 하나인 전결규정의 대외적 구속력을 인정한 판례로 보는 견해[12]가 있으나 전결규정에 반하여 한 처분이 위법한 것은 전결규정에 위반하여서가 아니라 권한 없는 자의 처분이기 때문이라고 보는 것이 타당하다.

2. 법규명령형식의 재량준칙의 등장과 이에 관한 판례의 발전

종래 행정권은 재량처분인 제재처분의 기준을 행정규칙인 재량준칙으로 정했었는데, 전술한 바와 같이 판례는 당해 재량준칙의 대외적 구속력을 인정하지 않았다. 이러한 판례의 태도는 공무원의 부패에 따른 자의적인 재량권의 행사를 방지하고자 하는 행정권에게는 우려스러운 것이었다. 이에 행정권은 당해 재량준칙을 그 형식만 바꾸어 법규명령(부령)으로 제정하였던 것이다.[13]

이에 대하여 판례는 당해 구체적인 제재처분의 기준을 법규명령으로 보아 구속력을 인정하게 되면 행정청의 재량권을 배제하게 되어 그 제재처분을 재량처분으로 규정한 법률의 규정에 반하게 되는 문제가 있는 점 등을 고려하여 당해 제재처분의 기준이 법규명령(부령)의 형식을 취하고 있지만 행정규칙의 성질을 갖는 것으로 본 것이다.[14] 그러자 행

---

11) 대법원 1998. 02. 27. 선고 97누1105 판결.

12) 박윤흔, 최신 행정법강의(상), 2004, 박영사, 263쪽.

13) 부령으로 정한 재량기준에 대하여 법원이 법적 구속력을 인정하지 않으니까 격을 한 단계 높여 대통령령으로 정한 것이라면 이는 법체계를 무시하는 것이며 법원의 판결을 실질상 무시하는 것이 되어 우려하지 않을 수 없다.

14) 대법원 1984.02.28. 선고 83누551 판결.

정권은 다시 제재처분의 기준에 구속력을 인정함으로써 처분청의 자의를 배제하고 신속하고 통일성 있는 행정을 도모하기 위하여 제재처분의 기준을 대통령령의 형식으로 제정하기에 이른 것이다. 그리고, 법률안을 만들 때 법률 자체에 제재처분의 기준을 부령, 총리령이나 대통령령으로 정하도록 위임하는 명문의 규정을 두게 된 것이다.[15)]

이에 판례는 관련 법령 및 행위의 성질 등을 고려하여 대통령령으로 정한 제재처분의 기준을 처음에는 단순히 절대적 구속력을 갖는 법규명령으로 보았다.[16)] 그러나, 대통령령과 부령은 법규명령인 점에서는 같으며 양자 사이에 질적인 차이가 있는 것은 아니므로 재량권 행사의 기준이 대통령령의 형식으로 제정된 경우에는 법규명령으로 보고 부령의 형식으로 제정된 경우에는 행정규칙으로 보는 것은 타당하지 않다. 법규명령형식의 행정규칙이 법률의 위임에 근거하여 제정된 경우 부령과 대통령령 모두 법률의 위임에 따라 제정된 것인 점에서 동일하다. 또한 대통령령으로 정한 제재처분의 기준에 대해 절대적 구속력을 인정하는 판례의 입장은 법률에서 재량행위로 규정한 것을 시행령에서 기속행위로 바꾼 것이어서 당해 시행령규정이 수권법률[17)]에 반하게 되는 문제가 있다. 이러한 문제를 인식하고 판례는 대통령령으로 정한 제재처분의 기준을 법규명령으로 보면서도 제재처분의 최고한도를 정한 것으로

15) 식품위생법과 동법 시행령의 예를 보면 식품위생법 제75조 제1항은 허가의 취소 또는 영업정지처분을 재량행위로 규정하고 있고, 동조 제4항은 제1항의 규정에 의한 행정처분의 세부적인 기준은 위반행위의 유형과 위반의 정도를 참작하여 총리령으로 정하도록 위임하고 있다. 이 위임에 근거하여 동법 시행규칙 제89조 별표 23은 위반의 유형 및 위반의 정도에 따라 일률적인 제재처분의 기준을 정하면서도 일정한 기준에 따라 처분기준을 감경할 수 있도록 규정하고 있다.

16) 대법원 1997. 12. 26. 선고 97누15418 판결: 제재처분의 기준을 정한 대통령령의 [별표 1]의 절대적 구속력을 인정하고, 이 사건 제재처분(영업정지처분)에서 재량의 여지가 없다고 보았다.

17) 처분의 근거법률인 구 주택건설촉진법 제7조 제1항은 등록의 말소 등 제재처분을 재량행위로 규정하고 있는 것(다만, 동 법률 제7조 제2항은 등록 및 영업의 정지처분에 관한 기준은 대통령령에 위임하고 있다)으로 보인다.

보았고,[18] 이 판례는 현재까지 유지되고 있다. 이 판결은 대통령령의 형식으로 정해진 제재처분의 기준을 최고한도로 봄으로써 당해 과징금부과처분을 재량행위로 규정하고 있는 상위법률에의 위반 문제를 해결하고자 하고 있다. 그러나, 이 판결에 대하여는 대통령령의 형식으로 정해진 제재처분의 기준을 법규명령으로 보면서도 최고한도의 효력만 있다고 보는 것은 법령해석의 범위를 넘어 실질적으로 입법을 하는 것이라는 비판이 가능하다.

현재 재량권 행사의 기준을 정하는 대통령령이나 총리령, 부령 제정의 실무는 제재기준을 일률적으로 정하면서도 특별한 사정이 있는 경우 동 제재기준을 일정한 기준에 따라 감경할 수 있다는 감경규정을 두는 경우가 많다.

이러한 경과에 비추어 볼 때 법규명령형식의 행정규칙 문제의 본질은 재량행위인 제재처분의 기준인 재량준칙의 평등원칙을 매개로 한 대외적 구속력을 인정하지 않은 법원의 판례와 행정규칙을 그대로 적용하고자 하는 행정의 잘못된 관행과 행정규칙의 실질을 갖는 제재처분의 기준을 법규명령의 형식으로 제정하고 더 나아가 대통령령의 형식으로까지 끌어 올린 행정청의 잘못된 입법에 있다고 할 수 있다.

또한 문제점은 판례는 재량행위인 특허의 기준을 법령의 위임을 받아 부령으로 정한 경우 법규명령으로 보고 있다는 것이다.[19] 이 판결에

---

18) 대법원 2001. 03. 09. 선고 99두5207 판결: 구 "청소년보호법(1999. 2. 5, 법률 제5817호로 개정되기 전의 것) 제49조 제1항, 제2항에 따른 같은 법 시행령(1999. 6. 30, 대통령령 제16461호로 개정되기 전의 것) 제40조 [별표 6]의 위반행위의 종별에 따른 과징금처분기준은 법규명령이기는 하나 모법의 위임규정의 내용과 취지 및 헌법상의 과잉금지의 원칙과 평등의 원칙 등에 비추어 같은 유형의 위반행위라 하더라도 그 규모나 기간·사회적 비난 정도·위반행위로 인하여 다른 법률에 의하여 처벌받은 다른 사정·행위자의 개인적 사정 및 위반행위로 얻은 불법이익의 규모 등 여러 요소를 종합적으로 고려하여 사안에 따라 적정한 과징금의 액수를 정하여야 할 것이므로 그 수액은 정액이 아니라 최고한도액이다.

19) 대법원 2006. 06. 27. 선고 2003두4355 판결: 구 여객자동차 운수사업법 시행규칙

대하여 해당 부령은 법령의 위임을 받은 위임명령으로서 법규명령으로 보는 것이 타당하다는 견해도 적지 않지만,[20] 수권법령에서는 재량행위로 정한 것을 위임명령인 부령이 기속규정으로 정하고 있음에도 법적 구속력이 있는 법규명령으로 보아 문제가 있다는 비판이 가능하다. 이 판례에서 시외버스운송사업의 사업계획변경에 대한 인가는 재량행위라고 보아야 하므로 판례의 일관성이라는 관점에서는 시외버스운송사업의 사업계획변경 기준은 재량권 행사의 기준으로 보는 것이 맞다. 해당 부령 중 일부 규정이 사업계획변경인가기준을 기속규정으로 정하고 있음에도[21] 법규명령으로 본다면 시외버스운송사업의 사업계획변경에 대한 인가를 재량행위를 규정한 수권법률에 반하게 되는 문제가 있다.

향후 행정권과 법원은 문제의 본질을 제대로 이해하여 타당한 해결책을 모색하여야 한다. 행정권은 재량준칙으로 정할 사항을 법규명령으로 정하려는 시도를 포기하고 행정규칙의 형식으로 정하여야 한다. 왜냐하면 재량준칙을 법규명령으로 정하는 것은 법률이 행정권에 부여한 재량권의 행사를 제약하게 되고[22] 다른 한편으로 필요 이상으로 대통령령과 부령의 인플레를 유발하기 때문이다. 행정권은 재량처분의 기준을

(2000. 8. 23. 건설교통부령 제259호로 개정되기 전의 것) 제31조 제2항 제1호, 제2호, 제6호는 구 여객자동차 운수사업법(2000. 1. 28. 법률 제6240호로 개정되기 전의 것) 제11조 제4항의 위임에 따라 시외버스운송사업의 사업계획변경에 관한 절차, 인가기준 등을 구체적으로 규정한 것으로서, 대외적인 구속력이 있는 법규명령이라고 할 것이고, 그것을 행정청 내부의 사무처리준칙을 규정한 행정규칙에 불과하다고 할 수는 없다.

20) 홍정선, 행정법원론(상), 박영사, 2014, 217쪽.

21) 여객자동차운수사업법 시행규칙 제32조 제2항 참조.

22) 최근에 행정청은 부령의 형식으로 재량권 행사의 기준을 정함에 있어 처분의 기준을 보다 세분화하고 있고, 규정된 처분기준을 적용하는 것이 현저하게 불합리하다고 인정되는 때에는 처분기준을 감경하여 적용할 수 있는 것으로 규정하여 제한적이나마 행정청의 재량권 행사의 여지를 보장하고 있지만, 이들 규정도 가중처분과 2분의 1 이상의 감경을 제한하는 것으로서 구체적으로 타당한 행정을 제한하는 결과를 가져온다.

가능한 한 구체적으로 규정하여야 하고 이를 공개하여야 할 것이다. 공무원의 의식이 낮은 점을 고려할 때 재량행위투명화사업의 필요성은 상존한다.[23] 그렇지만 구체적인 사정을 고려하여 재량준칙과 다른 처분을 하여야 하는 것이 합리적인 경우에는 합리적인 이유를 제시하면서 적극적으로 재량준칙과 다른 처분을 하도록 하여야 할 것이다. 법원은 학설이 일관되게 주장하는 바와 같이 평등원칙을 매개로 재량준칙의 간접적 구속력을 인정하여야 할 것이다. 판결 중에는 재량준칙이 합리성을 갖는 경우에 구속력을 인정하는 판결이 있는데, 이 판결을 일반화시키면 될 것이다. 또한, 재량권의 불행사와 해태에 대한 통제를 강화하여 특별한 사정이 있음에도 재량준칙을 그대로 적용하는 행정권 행사를 적극적으로 통제하여야 할 것이다.

3. 법령보충적 행정규칙에 관한 판례의 발전

대법원은 86누484 판결[24]에서 법규명령의 효력을 갖는 행정규칙인 법령보충적 행정규칙의 입법형식을 인정하였고, 이 판결은 이후의 판결에 의해 일관되게 유지되고 있다.

이 판결에 대하여 학설은 이 판결을 지지하는 견해와 이 판결을 비판하는 견해로 나뉘어 대립되고 있다. 이 판결을 비판하는 견해[25]는 의회입법의 원칙에 대한 예외를 이루는 행정입법의 형식은 헌법 자신이 명문으로 인정하는 것에 한하여 인정되어야 하므로 행정규칙으로 법규

23) 공무원의 의식이 낮은 현재의 상황하에서 공무원에게 과도한 재량권을 주면 재량권이 자의적으로 적용될 우려가 있으며 부패와 부조리의 원인이 될 수 있다.

24) 대법원 1987.09.29. 선고 86누484 판결: 법령의 위임을 받아 행정규칙의 형식으로 제정된 財産諸稅事務處理規程 제72조 제3항이 법규명령의 성질을 가지며 따라서 과세의 법령상 근거가 될 수 있다고 한 사례.

25) 류지태·박종수, 행정법신론, 박영사, 2011, 327-328쪽; 석종현·송동수, 일반행정법(상), 삼영사, 2009, 183쪽.

를 정할수 있도록 한 것은 문제이며 이 사건에서와 같이 법률도 아닌 행정권의 명령으로 위임한 것은 더욱 문제라고 비판한다. 또한, 이 사건에서 법규사항을 정하는 행정규칙이 과세처분의 근거가 되므로 조세법률주의에 비추어도 이 판결에는 문제가 있다고 본다. 이에 대하여 이 판결을 지지하는 견해[26]는 헌법이 인정하고 있는 법규명령의 형식은 예시적인 것으로 보아야 하므로 행정규칙의 형식으로 법규를 정하도록 위임하는 것도 가능하다고 한다.

입법정책적으로 본다면 법령보충적 행정규칙을 인정하는 판례는 행정의 필요에 의해 탄생한 행정입법의 실무를 인정해주었다는데 그 의의가 있다. 또한, 매우 전문적이거나 기술적인 사항 또는 빈번하게 개정되어야 하는 구체적인 사항에 대하여는 법규명령보다 탄력성이 있는 행정규칙의 형식으로 제정할 현실적 필요도 있다. 행정각부장관에게만 법규명령제정권이 있고 처장이나 청장 등 행정기관장에게 법규명령제정권이 없는 상황하에서 이들 행정기관장에게 일종의 법규명령제정권을 인정하는 결과도 가져왔다.

다만, 문제는 법령보충적 행정규칙의 공표를 성립요건 내지 효력발생요건으로 요구하지 않고 있다는 것이다. 법령보충적 행정규칙에 법규명령의 효력을 부여하는 한 법령보충적 행정규칙은 公表하여야 효력이 발생하는 것으로 보아야 할 것이다.

26) 박균성, 행정법론(상), 박영사, 2014, 240쪽 등.

III. 재량행위, 기속재량행위, 기속행위

1. 기속행위, 기속재량행위, 재량행위, 자유재량행위의 개념 및 구분

행정권 행사의 대상이 되는 행정현실이 매우 다양하기 때문에 법에서 일률적으로 행정의 기준을 정한다면 합목적적인 행정이 행해질 수 없는 경우가 있는데, 이 경우 법률은 행정을 규율함에 있어 합목적적인 행정이 가능하도록 행정권의 행사에 있어서 일정한 한계 내에서 선택의 자유, 즉 재량권을 인정한다.

과거 판례는 기속행위와 재량행위를 구분하고 재량행위를 자유재량행위와 기속재량행위로 구분하였다. 당시의 통설도 이러한 구분을 채택하였다.[27] 기속재량이라는 개념은 과거 사법심사의 대상에서 전적으로 배제되었던 재량행위를 자유재량과 기속재량으로 구분하여 후자에 대하여는 재판통제가 가능하도록 하기 위하여 만들어진 개념이다. 자유재량행위는 원칙상 부당은 될지언정 위법하지는 않다고 보면서 항고소송의 대상이 되지 않는다고 보았다. 기속재량행위의 대표적인 예로 허가처분을 취소 또는 철회함으로써 그 수익자에게 불이익을 주는 행위를 들고 있는데, 기속재량행위는 심히 부당하거나 남용이 있으면 위법하고 항고소송의 대상이 된다고 보았다.[28] 또한, 원칙상 기속행위이지만 중대한 공익상 필요가 있는 경우 거부할 수 있는 재량을 기속재량의 예로

27) 김도창, 행정법론(상), 청운사, 1992, 380-382쪽.

28) 대법원 1963.8.31. 선고 63누111 판결 [야시장구역변경취소]:행정청이 허가처분을 취소 또는 철회함으로써 그 수익자에게 불이익을 줄 경우에는 그 허가처분 중에 취소 또는 철회에 관하여 일정한 부관이 있건 없건 간에 그 때에 행정청이 가지는 재량행위는 기속재량행위라 할 것이요 이 기속재량행위의 행사가 심히 부당하거나 남용된 경우에는 그 처분은 위법인 것으로 보아야 되고 따라서 이러한 처분은 행정소송의 대상이 된다.; 대법원 1985.06.11. 선고 84누700 판결[개인택시면허취소처분취소]

본 판결도 있다.[29]

1998년까지만 하여도 기속재량행위를 기속행위와 구별되는 행위로 보았다.[30] 그런데, 대법원 2001.02.09. 선고 98두17593 판결[건축물용도변경신청거부처분취소][31]은 기속재량행위를 기속행위와 동일한 개념으로 보고 자유재량행위를 재량행위와 동일한 개념으로 보았다. 그러나 이후에도 종래와 같이 기속재량행위를 재량행위의 하나로 본 판례도 병존하고 있다.[32] 자유재량행위라는 개념을 사용한 판례도 있다.[33] 종래

---

29) 대법원 1993.5.27. 선고 92누19477 판결 [채광계획인가신청불허가처분취소]: 채광계획이 중대한 공익에 배치된다고 할 때에는 인가를 거부할 수 있고, 채광계획을 불인가 하는 경우에는 정당한 사유가 제시되어야 하며 자의적으로 불인가를 하여서는 아니 될 것이므로 채광계획인가는 기속재량행위에 속하는 것으로 보아야 할 것이다.

30) 대법원 1998.09.25. 선고 97누19564 판결[불법전용산림신고지산림형질변경불허처분취소] >: 구 산림법(1994. 12. 22. 법률 제4816호로 개정된 것) 부칙 제9조 제1항, 제2항에 의한 형질변경허가 등 산림의 용도변경에 필요한 처분을 기속행위가 아닌 기속재량행위로 본 원심 판단이 정당하다고 한 사례.

31) [1] 행정행위가 그 재량성의 유무 및 범위와 관련하여 이른바 기속행위 내지 기속재량행위와 재량행위 내지 자유재량행위로 구분된다고 할 때, 그 구분은 당해 행위의 근거가 된 법규의 체재·형식과 그 문언, 당해 행위가 속하는 행정 분야의 주된 목적과 특성, 당해 행위 자체의 개별적 성질과 유형 등을 모두 고려하여 판단하여야 하고, 이렇게 구분되는 양자에 대한 사법심사는, 전자의 경우 그 법규에 대한 원칙적인 기속성으로 인하여 법원이 사실인정과 관련 법규의 해석·적용을 통하여 일정한 결론을 도출한 후 그 결론에 비추어 행정청이 한 판단의 적법 여부를 독자의 입장에서 판정하는 방식에 의하게 되나, 후자의 경우 행정청의 재량에 기한 공익판단의 여지를 감안하여 법원은 독자의 결론을 도출함이 없이 당해 행위에 재량권의 일탈·남용이 있는지 여부만을 심사하게 되고, 이러한 재량권의 일탈·남용 여부에 대한 심사는 사실오인, 비례·평등의 원칙 위배, 당해 행위의 목적 위반이나 동기의 부정 유무 등을 그 판단 대상으로 한다. [2] 개발제한구역 내에서는 구역 지정의 목적상 건축물의 건축이나 그 용도변경에 대한 예외적인 허가는 그 상대방에게 수익적인 것에 틀림이 없으므로, 이는 그 법률적 성질이 재량행위 내지 자유재량행위에 속하는 것이라고 할 것이고, 따라서 그 위법 여부에 대한 심사는 재량권 일탈·남용의 유무를 그 대상으로 한다.

32) 대법원 2008.5.29. 선고 2007두18321 판결 [합격결정취소및응시자격제한처분].

33) 대법원 2004. 4. 27. 선고 2004두107 판결 [전역처분취소] 등.

와 같이 기속행위와 재량행위를 구분하고, 다시 재량행위를 기속재량행위와 자유재량행위를 구분하면서도 실질적으로는 기속재량행위와 자유재량행위를 구분하지 않은 판례도 있다.[34] 이들 시기를 과도기, 혼란기 또는 전환기라고 할 수 있다.

현재 판례는 기속재량행위와 자유재량행위라는 개념을 거의 사용하지 않고 주로 기속행위와 재량행위라는 개념만을 사용하고 있다. 이러한 판례의 입장은 오늘날 모든 재량행위는 사법적 통제의 대상이 되므로 사법적 통제의 대상을 넓히기 위해 기속재량행위라는 개념을 사용할 필요가 없게 되었다는 점에서는 타당하다. 그렇지만, 판례는 원칙상 기속행위이지만 중대한 공익상 필요가 있는 경우 거부할 수 있다는 것을 상당히 널리 인정하고 있다.[35] 이러한 행위를 기속재량행위라고 본다면 판례가 기속재량행위라는 개념을 사용하지는 않고 있지만 거부재

34) 대법원 2011.1.27. 선고 2010두23033 판결[국제멸종위기종용도변경승인신청반려처분취소].

35) 판례는 원칙상 기속행위이지만 예외적으로 중대한 공익을 이유로 인허가 또는 신고수리를 거부할 수 있는 행위를 상대적으로 널리 인정하고 있다. 즉, 판례는 구 약사법상 의약품제조업허가사항변경허가(대법원 1985. 12. 10. 선고 85누674 판결), 채광계획인가(대법원 1997. 06. 13. 선고 96누12269 판결; 2002. 10. 11. 2001두151 판결), 불법전용산림신고지산림형질변경허가처분(대법원 1998. 09. 25. 선고 97누19564 판결), 구 사설납골당설치허가(대법원 1994. 09. 13. 선고 94누3544 판결), 납골당설치신고(대법원 2010. 09. 09. 선고 2008두22631 판결), 주유소등록(대법원 1998. 09. 25. 선고 98두7503 판결), 건축허가(대법원 2009. 09. 24. 선고 2009두8946 판결) 등을 거부재량행위로 보았다. 대법원 2008.9.11. 선고 2006두7577 판결은 광업법에 정한 채광계획인가나 변경인가의 법적 성질을 재량행위로 보고 있다. 다만, 그 거부 여부의 판단 기준으로 "채광계획의 내용의 합리성과 사업성 및 안정성의 측면이나 당해 채광계획이 수반할 수 있는 수질과 토양의 오염, 지하수의 고갈 등 환경 보전의 측면에서 중대한 공익상 필요가 있다고 인정할 때에는 채광계획인가나 변경인가를 거부할 수 있으며, 이는 낭해 채광계획에 나타난 사업의 내용, 규모, 방법과 그것이 환경에 미치는 영향 등 제반 사정을 종합하여 사회 관념상 공익 침해의 우려가 현저한지 여부에 의하여 판단할 수 있다."판시하고 있어 거부재량 즉 기속재량의 인정기준을 제시한 것으로 볼 수도 있다.

량인 기속재량행위의 법리는 현재도 인정하고 있다고 할 수 있다.[36] 또한 지금도 기속재량행위에는 부관을 붙일 수 없다는 점에서는 기속재량행위의 개념을 사용하고 있다.[37]

2. 기속재량(거부재량)의 정당성

오늘날 기속재량행위라는 개념이 필요한지에 관하여는 학설상 견해가 대립하고 있다. 학설의 다수견해는 재량행위도 아니고 기속행위도 아닌 중간 개념인 기속재량행위라는 개념은 논리상 성립할 수 없는 개념이라고 본다. 그 이유는 재량권이 조금이라도 있는 행위가 재량행위이고, 재량권이 전혀 없는 행위가 기속행위이므로 재량행위도 아니고 기속행위도 아닌 중간 개념을 이론상 인정할 수 없다고 한다.[38] 이에 대하여 기속재량행위의 독자성을 인정하는 소수견해가 있다. 오늘날에도 기속재량과 자유재량의 구별은 각각에 대한 법원의 심사방식에는 약간의 차이가 있으므로 양자를 구별할 실익이 있다고 보는 견해[39], 기속재량이란 원칙상 요건이 충족된 경우 원칙적으로 법적 효과를 부여해야 하는 기속행위이지만, 예외적 사례에 있어서, 즉 비정형적 상황에서 규정된 법적 효과로부터 벗어날 수 있는 행위를 말한다고 보는 견해[40]가

---

36) 이에 대하여 이러한 의미의 기속재량행위를 기속행위의 일종으로 보는 견해도 있다(김동희, 행정법 I, 박영사, 2011, 262－263쪽; 안동인, 기속행위와 재량행위의 구별기준, 행정판례평선, 박영사, 2011, 199쪽 참조).

37) 대법원 2012.10.11. 선고 2011두8277 판결 [부당이득금반환등].

38) 김남진·김연태, 행정법 I, 법문사, 2011, 208쪽; 김철용, 행정법, 고시계사, 2014, 178쪽; 김동희, 앞의 책, 261－262쪽; 홍정선, 앞의 책, 332쪽; 정하중, 행정법개론, 박영사, 2014, 180쪽.

39) 박윤흔, 앞의 책, 335쪽.

40) 김용섭, 행정재량론의 재검토 －기속재량의 새로운 방향모색을 중심으로－, 경희법학 제36권 1호, 66쪽. 김용섭 교수는 독일법상의 면제재량(비정형적 사례에 있어서, 즉 특별한 중대한 공익을 이유로 법적 효과의 실현으로부터 벗어나는 것이 허용되는 것)을 기속재량과 유사한 것으로 본다(김용섭, 기속행위, 재량행위,

있다.

생각건대, 기속재량(거부재량)행위는 국민의 행정에 대한 예측가능성을 보장하기 위하여 원칙상 기속행위로 보면서도 중대한 공익상 필요가 있는 경우 공익을 보호하기 위하여 예외적으로 재량으로 보는 것으로서 예측가능성과 공익의 보장 사이에 조화를 이루고자 하는 취지의 산물이라고 할 수 있다. 통상적인 경우 안전 등 공익보장을 위한 허가 등의 요건을 정형화하여 입법하는 것이 가능하지만, 모든 사항을 예측할 수 없는 점 등에 기인하여 정형화할 수 없는 상황이 예상되는 경우 예측가능성을 보장하기 위해 요건을 갖춘 경우 원칙상 허가 등을 해주어야 하는 것으로 하면서도 정형화할 할 수 없는 상황에 해당하는 경우 안전 등 공익을 위해 예외적으로 허가 등을 거부할 수 있는 것으로 입법할 필요가 있는 것이다. 달리 말하면 예측가능성을 보장하기 위하여 원칙은 기속행위로 하되 중대한 공익의 보호를 위해 예외적으로 재량으로 볼 필요가 있는 경우가 있을 수 있다.

판례 및 이론에 의할 때 기속재량행위를 기속행위 및 재량행위와 구분할 실익도 없지 않다. 판례에 의할 때 기속재량행위는 다음과 같이 기속행위 및 엄격한 의미의 재량행위와 구별된다. ① 기속재량행위의 경우에는 허가 등의 요건을 갖추면 원칙상 허가 등을 하여야 하고, 중대한 공익상 필요가 있는 경우에 한하여 예외적으로 허가 등을 거부할 수 있다. 이에 반하여 기속행위에 있어서는 허가 등의 요건을 충족하면 반드시 허가해주어야 하고 공익상 이유로 거부할 수는 없다. 재량행위의 경우에는 이익형량의 결과 허가 등을 거부할 공익이 허가 등으로 인한 이익 보다 큰 경우에는 허가 등의 거부가 가능하다. 따라서, 기속재량행위의 경우에는 허가 등을 거부할 중대한 공익상 필요가 있다는 것을 행정청이 입증하여야 하는 반면에 재량행위의 경우에는 재량권의 일탈·남

기속재량, 판례연구 15집 하, 서울지방변호사회, 2001.12, 42쪽).

용이 있다는 것을 원고가 입증하여야 한다. ② 기속재량행위의 경우에는 허가 등을 거부할 심히 중대한 공익상 필요가 있는 경우에 한하여 허가의 거부가 적법하다. 이에 반하여 재량행위의 경우에는 허가의 거부로 받는 신청자의 불이익이 허가를 거부할 공익 보다 심히 큰 경우에 한하여 위법하게 된다. 재량행위의 경우에는 부당한 경우가 있지만, 기속재량의 경우에는 부당의 문제는 생기지 않는다. 기속재량행위에 있어서는 행정청은 허가 등을 거부하는 경우에는 정당한 사유를 제시하여야 하고 자의적으로 허가 등을 거부하여서는 안 된다.[41] 처분청은 재량행위의 경우에는 재량고려사항만을 이유로 제시하면 거부할 수 있다. ③ 기속행위 내지 기속재량행위와 재량행위 내지 자유재량행위에 대한 사법심사방식에 차이가 있다. 전자의 경우 그 법규에 대한 원칙적인 기속성으로 인하여 법원이 사실인정과 관련 법규의 해석·적용을 통하여 일정한 결론을 도출한 후 그 결론에 비추어 행정청이 한 판단의 적법 여부를 독자의 입장에서 판정하는 방식에 의한다. 즉, 법원은 행정청의 판단에 대해 전면적으로 심사가 가능하며 법원이 판단으로 행정청의 판단을 대체하게 된다. 이에 반하여 후자의 경우 행정청의 재량에 기한 공익판단의 여지를 감안하여 법원은 독자의 결론을 도출함이 없이 당해 행위에 재량권의 일탈·남용이 있는지 여부만을 심사하게 되고, 이러한 재량권의 일탈·남용 여부에 대한 심사는 사실오인, 비례·평등의 원칙 위배, 당해 행위의 목적 위반이나 동기의 부정 유무 등을 그 판단 대상으로 한다. 달리 말하면 재량행위에서의 법원의 심사범위는 재량권의 일탈 또는 남용에 제한된다. 재량권의 한계 내에서의 행정청의 판단, 즉 합목적성 내지 공익성의 판단은 법원의 통제대상이 되지 않는다.[42] ④ 기속재량행위에서 통상 허가는 기속행위이고 거부가 예외적으로 재량행위인

---

41) 대법원 1997. 6. 13. 선고 96누12269 판결

42) 대법원 2001. 2. 9. 선고 98두17593 판결 【건축물용도변경신청거부처분취소】. 동지 김재협, 앞의 논문, 18쪽.

것이므로 기속재량행위에 있어서는 명문의 규정이 없는 경우에는 원칙상 효과를 제한하는 부관을 붙일 수 없는 것으로 보는 것이 논리적이다. 판례도 기속재량행위에는 부관을 붙일 수 없다고 본다.[43]

현행 법령상 기속행위로 규정된 것으로 볼 수 있지만, 환경 등 중대한 공익의 보호를 위한 법규정이 미비되어 있는 경우가 적지 않은 것이 현실이기 때문에 정책적으로 기속재량행위를 인정함으로써 중대한 공익을 보호할 현실적 필요가 있다고 볼 수도 있다. 이러한 상황하에서 판례가 현실적 필요에 의해 기속재량행위라는 개념을 통하여 중대한 공익을 보호하고자 하는 취지는 이해가 간다.[44] 그러나, 명문의 근거가 없음에도 기속재량을 인정하는 것은 법치행정의 원칙 및 행정에 대한 예측가능성의 보장이라는 관점에서 볼 때 문제가 있다.[45] 따라서 기속재량행위는 원칙상 입법자가 명문의 규정으로 인정하도록 하여야 하고, 판례가 해석에 의해 기속재량을 인정하는 것은 입법자의 의사가 명백히 합리적으로 추론되는 경우에 한하여야 극히 예외적으로 인정하여야 할 것이다.[46]

---

43) 대법원 1988.4.27. 선고 87누1106 판결; 대법원 1997.6.13. 선고 96누12269 판결.

44) 허가요건을 충족하지 못하는 경우에도 허가를 거부하는 것이 심히 형평의 원칙에 반하고 허가를 해주는 것이 허가규제의 입법목적에도 배치되지 않는 경우에 법률의 근거하에 예외적으로 허가를 해줄 수 있도록 하는 규제형평제도를 참고할 필요가 있다. 규제형평제도나 기속재량이나 예상할 수 없는 상황하에서 규제의 경직성을 완화하여 구체적으로 타당한 행정을 하기 위한 제도인 점에서는 동일하다(박균성, 규제형평제도 도입의 법적 문제와 과제, 토지공법연구, 2010 ; 한국공법학회(이원우외), 규제형평제도 도입 방안 연구, 국가경쟁력강화위원회 정책연구과제 최종보고서, 2009.12. 참조).

45) 이에 대하여 공익의 보장·실현자로서의 행정은 관계법이 정하는 인·허가 등이 기속행위인 경우에도 이를 인용하는 것이 공익에 중대한 위해를 야기하는 것으로 판단되는 예외적인 경우에는 이를 거부하는 권한이 당해 인·허가에 함축되어 있다고 볼 수 있다고 보고, 중대한 공익상의 필요에 기한 적법한 행정행위의 철회의 법리가 매우 시사적인 면이 있다고 보는 견해가 있다(김동희, 앞의 책, 264쪽).

46) 박균성, 납골당설치신고 수리거부의 법적 성질 및 적법성 판단, 행정판례연구, 2011.6.30.

3. 기속행위, 기속재량행위 및 재량행위의 구분기준

과거 판례는 기속행위와 재량행위의 구별에 관하여 명확한 일반적인 구분기준을 제시하지는 않았지만, 효과재량설에 따라 기속행위와 재량행위를 구별하였다고 할 수 있다.47)

대법원 1995. 12. 12. 선고 94누12302 판결에서 비로소 다음과 같이 기속행위와 재량행위의 일반적 구별 기준을 제시하였다. "어느 행정행위가 기속행위인지 재량행위인지 나아가 재량행위라고 할지라도 기속재량행위인지 또는 자유재량에 속하는 것인지의 여부는 이를 일률적으로 규정지을 수는 없는 것이고, 당해 처분의 근거가 된 규정의 형식이나 체제 또는 문언에 따라 개별적으로 판단하여야 한다."

그 후 대법원 2001. 2. 9. 선고 98두17593 판결에서 오늘날의 기속행위와 재량행위의 구별에 관한 판례가 선언되었다. "행정행위가 그 재량성의 유무 및 범위와 관련하여 이른바 기속행위 내지 기속재량행위와 재량행위 내지 자유재량행위로 구분된다고 할 때, 그 구분은 당해 행위의 근거가 된 법규의 체재·형식과 그 문언, 당해 행위가 속하는 행정분야의 주된 목적과 특성, 당해 행위 자체의 개별적 성질과 유형 등을 모두 고려하여 판단하여야 한다."

최근 판례 중에는 기속행위와 재량행위의 구별기준으로 대법원 1995. 12. 12. 선고 94누12302 판결과 같이 "어느 행정행위가 기속행위인지 재량행위인지는 이를 일률적으로 규정지을 수는 없는 것이고, 당해 처분의 근거가 된 규정의 형식이나 체재 또는 문언에 따라 개별적으로 판단해야 한다."라고 판시하고 있는 판례도 있다.48)

판례는 기속행위, 기속재량행위 및 재량행위의 공통적인 판단기준만 추상적으로 제시하고 있고, 구체적으로 어떠한 행위가 기속행위, 기

47) 조헌수, 병역소집처분의 기속행위성, 행정판례평선, 박영사, 2011, 205쪽.

48) 대법원 2013.12.12. 선고 2011두3388 판결.

속재량행위 및 재량행위인지는 위의 기준을 종합적으로 고려하여 개별적인 경우마다 구체적으로 판단하여야 한다는 입장이다. 그렇지만, 그 구분기준을 보다 명확히 하기 위하여 향후 행위의 유형별로 보다 구체적인 구별기준이 제시되어야 할 것이다.

판례에 의해 구체적으로 제시된 기준은 다음과 같다. ① 판례는 기속재량행위의 인정기준으로 '거부처분을 할 중대한 공익상 필요가 있을 것'을 제시하고 있다. 기속재량행위에서 거부처분의 적법성은 보다 엄격히 인정하여야 할 것이다. 이러한 관점에서 "중대한 공익상 필요가 있을 것"은 단순히 공익이 크다는 것이 아니라 심히 클 것으로 보아야 한다.[49] 그런데, 판례가 기속재량행위를 인정하는 경우 중에는 법령규정상으로나 행위의 성질상 기속행위로 보는 것이 타당함에도 기속재량을 인정하고 있는 것으로 볼 수 있는 경우[50]가 있어 입법자의 취지에 반하는 것은 아닌지 검토를 요한다. ② 후술하는 바와 같이 판례는 국민에게 권리나 이익을 부여하는 수익적 행정행위를 재량행위로 본다. 달리 말하면 재량행위로 보는 논거로 해당 행위가 수익적 행정행위라는 것을 들고 있다. 이러한 입장은 국민의 권리·이익을 제한하거나 새로운 의무를 부과하는 침해적 행위는 원칙적으로 기속행위이고 국민에게 권리나 이익을 부여하는 수익적 행위는 원칙상 재량행위라고 보는 전통적인 효과재량설을 취하고 있는 것으로 볼 수 있다. 그러나. 오늘날 허가도 수익적 행정행위이므로 수익적 행정행위를 재량행위라고 하는 것은 타당한 표현은 아니다. 이에 반하여 후술하는 바와 같이 판례는 강학상 허가를 원칙상 기속행위로 본다.[51] ④ 판례는 판단여지설의 논리를 일부 수

49) 김동희, 앞의 책, 264쪽 참조.

50) 특히 수리를 요하는 신고인 납골당설치신고수리를 기속재량행위로 본 것은 타당하지 않다.

51) 대법원 1993. 05. 27. 선고 93누2216 판결: 식품위생법상 대중음식점영업허가는 성질상 일반적 금지에 대한 해제에 불과하므로 허가권자는 허가신청이 법에서 정한 요건을 구비한 때에는 허가하여야 하고 관계법규에서 정하는 제한사유 이외

용하면서도 재량권과 판단여지를 구분하지 않고, 판단여지가 인정될 수 있는 경우도 재량권이 인정되는 것으로 본다.[52] 판례의 입장을 판단여지를 인정하지 않고 요건재량을 인정했다고 보는 견해도 있다.[53] 고도의 전문적 지식이 인정되는 경우 등[54]에 그 판단을 재량으로 보고 있고, 판단이 사회통념상 현저히 부당하다고 인정되는 경우 재량권의 일탈·남용으로 보고 있다.

4. 재량권 행사의 통제

판례는 재량권의 일탈이나 남용의 주된 사유로 사실오인, 비례·평

의 사유를 들어 허가신청을 거부할 수 없다.; 대법원 1999. 07. 23. 선고 99두3690 판결: 기부금품모집허가의 법적 성질이 강학상의 허가라는 점을 고려하면, 기부금품 모집행위가 같은 법 제4조 제2항의 각 호의 사업에 해당하는 경우에는 특별한 사정이 없는 한 그 모집행위를 허가하여야 하는 것으로 풀이하여야 한다.

52) 박정훈, 불확정개념과 판단여지, 행정작용법, 김동희교수정년기념논문집, 265쪽.

53) 안동인, 앞의 논문, 199쪽.

54) 대법원 2008. 12. 24. 선고 2008두8970 판결[지방직특별임용시험불합격처분취소]: 공무원 임용을 위한 면접전형에서 임용신청자의 능력이나 적격성 등에 관한 판단은 면접위원의 고도의 교양과 학식, 경험에 기초한 자율적 판단에 의존하는 것으로서 오로지 면접위원의 자유재량에 속하고, 그와 같은 판단이 현저하게 재량권을 일탈·남용하지 않은 한 이를 위법하다고 할 수 없다. ; 대법원 2007. 01. 11. 선고 2004두10432 판결[사법시험제2차시험불합격처분취소]: 논술형 시험에 대한 채점행위는 객관식 시험과 같은 일의적인 정답을 그 기준으로 하기보다는 덕망과 책임감 높은 평가자가 스스로 보유하고 있는 고도의 전문적 식견과 학식 등에 근거한 평가에 전적으로 의존할 것이 예정되어 있음을 그 본질적인 속성으로 하고 있는 사무이므로, 논술형으로 치르는 이 사건 시험에 있어 채점위원은 사법시험의 목적과 내용 등을 고려하여 법령이 정하는 범위 내에서 전문적인 지식에 근거하여 그 독자적 판단과 재량에 따라 답안을 채점할 수 있는 것이다.; 대법원 2006.07.13. 선고 2006다23817 판결[합격및입학취소무효확인]: 입학지원자의 선발시험에 있어서 합격·불합격 판정 또는 입학 자격, 선발 방법 등은 해당 교육기관이 관계 법령이나 학칙 등의 범위 내에서 교육목적을 달성하기 위하여 필요한 인격, 자질, 학력, 지식 등을 종합 고려하여 자유로이 정할 수 있는 재량행위이다.

등의 원칙 위반 등을 들고 있다.[55] 그런데, 재량권의 일탈·남용의 유형 중 재량권의 불행사 또는 해태가 있는데 판례는 재량권의 불행사 또는 해태를 재량권의 일탈이나 남용사유로 명시적으로 제시하고 있지 않고, 이에 대한 통제도 적극적이지 않았다. 다만 최근 재량권의 불행사 또는 해태를 통제하는 판례가 나오고 있다.[56] 종래 투명하고 공정한 재량권 행사가 행정의 주요 관심사인 상황에서 재량권의 행사가 구체적인 사정에 대한 고려 없이 재량기준대로 행해지던 행정의 관행을 고려한 것일 수도 있지만, 구체적 타당성을 기해야 한다는 재량권의 본질을 회복하고 나아가 선진행정을 달성하기 위해서는 재량권의 불행사 또는 해태에 대하여 보다 적극적인 통제를 가하여야 할 것이다.

판례는 96누8567 판결에서 계획재량과 형량명령의 법리를 도입하였다. 이 판결에서는 형량의 하자를 재량권의 일탈·남용의 하나로 보았는데, 2003두5426 판결에서는 형량의 하자를 독자적인 위법사유로 판시하고 있다. 그렇지만, 형량의 하자가 형량의 하자의 유형인 형량의 불행사, 형량의 흠결, 오형량, 형량의 불비례 중 어느 유형에 속하는지에 관한 개별적인 검토 없이 포괄적으로 형량의 하자를 논하고 있는 것은 미진한 부분이다.[57]

55) 재량행위에 대한 사법심사는 행정청의 재량에 의한 공익판단의 여지를 감안하여 원칙적으로 재량권의 일탈이나 남용이 있는지 여부만을 대상으로 하고, 재량권의 일탈·남용 여부에 대한 심사는 사실오인, 비례·평등의 원칙 위반 등을 그 판단 대상으로 한다(대법원 2005. 7. 14. 선고 2004두6181 판결, 대법원 2010. 2. 25. 선고 2009두19960 판결, 대법원 2013.10.31. 선고 2013두9625 판결 등 참조).

56) 대법원 2005. 09. 15. 선고 2005두3257 판결[과징금부과처분취소]: 행정행위를 함에 있어 이익형량을 전혀 하지 아니하거나 이익형량의 고려대상에 마땅히 포함시켜야 할 사항을 누락한 경우 … 에는 그 행정행위는 재량권을 일탈·남용한 위법한 처분이라고 할 수밖에 없다 ; 대법원 2010. 07. 15. 2010두7031 판결[과징금부과처분취소]: '부동산 실권리자명의 등기에 관한 법률 시행령' 제3조의2 단서의 과징금 임의적 감경사유가 있음에도 이를 전혀 고려하지 않거나 감경사유에 해당하지 않는다고 오인하여 과징금을 감경하지 않은 경우, 그 과징금 부과처분은 재량권을 일탈·남용한 위법한 처분이다.

IV. 사인의 활동에 대한 사전규제수단

사인의 활동에 대한 사전규제수단으로 신고, 등록, 허가, 특허, 인가 등이 있다. 그런데 이들 행위 유형이 적절하게 구별되고 있는지가 문제된다. 이들 행위 유형의 문제는 이론의 문제만은 아니며 판례를 통한 사건의 해결에도 논리적 관련성을 갖고 있다.

1. 수리를 요하는 신고의 문제

판례는 이른바 '수리를 요하는 신고'를 신고의 실체적 요건에 대한 심사를 한 후[58] 그 신고의 수리 여부를 결정할 수 있는 신고[59]로 본다. 수리를 요하는 신고는 세계에서 그 예를 찾아보기 어려운 독특한 규제수단이다.

수리를 요하는 신고의 성질을 규명하기 위하여는 수리를 요하는 신고를 전형적 신고인 자기완결적 신고 및 허가와 비교하지 않을 수 없다. 달리 말하면 수리를 요하는 신고를 자기완결적 신고 및 허가와 구별되는 독자적인 행위유형으로 인정할 것인지가 문제된다.

(1) 자기완결적 신고와 수리를 요하는 신고의 구별

판례는 수리를 요하는 신고를 자기완결적 신고와 다음과 같이 구별하고 있다.

우선 종래 판례는 수리를 요하는 신고 수리 및 거부를 처분으로 보고, 자기완결적 신고 수리 및 거부는 처분이 아닌 것으로 보았다. 자기완결적 신고의 수리는 아무런 법적 효과를 수반하지 않는 단순한 사실

57) 정남철, 도시계획결정과 형량결정, 행정판례평선, 박영사, 2011, 175쪽.
58) 대법원 2011.1.20. 선고 2010두14954 전원합의체 판결.
59) 대법원 2007.1.11. 선고 2006두14537 판결.

행위인 반면에 수리를 요하는 신고에서의 수리행위는 행정행위의 성질을 갖는 것으로 보았다. 그런데, 최근 판례[60]는 자기완결적 신고 중 건축신고 등 금지해제적 신고의 거부를 처분으로 보았다.[61] 즉, "건축주 등은 신고제하에서도 건축신고가 반려될 경우 당해 건축물의 건축을 개시하면 시정명령, 이행강제금, 벌금의 대상이 되거나 당해 건축물을 사용하여 행할 행위의 허가가 거부될 우려가 있어 불안정한 지위에 놓이게 된다. 따라서 건축신고 반려행위가 이루어진 단계에서 당사자로 하여금 반려행위의 적법성을 다투어 그 법적 불안을 해소한 다음 건축행위에 나아가도록 함으로써 장차 있을지도 모르는 위험에서 미리 벗어날 수 있도록 길을 열어 주고, 위법한 건축물의 양산과 그 철거를 둘러싼 분쟁을 조기에 근본적으로 해결할 수 있게 하는 것이 법치행정의 원리에 부합한다. 그러므로 건축신고 반려행위는 항고소송의 대상이 된다고 보는 것이 옳다."라고 판시하였다.[62] 또한 판례는 이 판례를 자기완결적 신고와 그 거부 모두의 처분성을 인정한 것으로 해석할 수는 없다. 판례

60) 대법원 2010.11.18. 선고 2008두167 전원합의체 판결: "건축주 등은 신고제하에서도 건축신고가 반려될 경우 당해 건축물의 건축을 개시하면 시정명령, 이행강제금, 벌금의 대상이 되거나 당해 건축물을 사용하여 행할 행위의 허가가 거부될 우려가 있어 불안정한 지위에 놓이게 된다. 따라서 건축신고 반려행위가 이루어진 단계에서 당사자로 하여금 반려행위의 적법성을 다투어 그 법적 불안을 해소한 다음 건축행위에 나아가도록 함으로써 장차 있을지도 모르는 위험에서 미리 벗어날 수 있도록 길을 열어 주고, 위법한 건축물의 양산과 그 철거를 둘러싼 분쟁을 조기에 근본적으로 해결할 수 있게 하는 것이 법치행정의 원리에 부합한다. 그러므로 건축신고 반려행위는 항고소송의 대상이 된다고 보는 것이 옳다." 이 판결은 건축신고의 처분성만을 인정한 것을 보기 보다는 일정한 요건하에 금지해제적 신고거부의 처분성을 인정한 판례로 보는 것이 타당하다.

61) 종래 자기완결적 신고 중 금지해제적 신고의 거부의 경우에는 처분성을 인정하는 것이 타당하다는 견해가 제기되었었다(박균성, 행정법상 신고, 고시연구, 1999.11, 40-41쪽) 등.

62) 대법원 2010.11.18. 선고 2008두167 전원합의체 판결[건축신고불허(또는반려)처분취소]. 또한, 착공신고 반려행위도 항고소송의 대상이 되는 행정처분에 해당된다고 보았다(대판 2011. 06. 10, 2010두7321[착공신고서처리불가처분취소]).

에 의하더라도 정보제공적 신고와 그 거부는 여전히 처분이 아니라고 보아야 한다.

다음으로 판례는 자기완결적 신고와 수리를 요하는 신고의 구별기준을 기본적으로 신고요건의 내용으로 보고 있다. 즉, 신고요건이 주소, 연락처 등 형식적 요건인 경우에 자기완결적 신고로 보고[63], 신고요건이 시설기준 등 실체적 요건을 포함하고 있는 경우에는 수리를 요하는 신고로 본다.[64] 다만, 신고 그 자체는 형식적 요건만을 신고요건으로 하는 자기완결적 신고이지만, 그 신고로 인허가가의제되는 경우에는 의제되는 인허가의 실체적 요건을 심사한 후 신고 여부를 수리하여야 한다고 보면서 그 인허가가의제 효과를 수반하는 신고를 수리를 요하는 신고로 보아야 한다고 판시하였다.[65] 또한 판례는 자기완결적 신고의 경우 신고요건의 충족 여부를 심사함에 있어 형식적 심사만을 할 수 있다고 하는 반면에 수리를 요하는 신고의 경우 신고수리청은 수리를 요하는 신고의 요건 중 실질적 요건을 충족하는지 여부를 실질적으로 심사할 수 있다고 본다.[66] 수리를 요하는 신고의 경우에는 요건에 대한 형식적 심사만을 거친다고 보는 견해[67]도 있지만, 수리를 요하는 신고를 실질적으로 허가나 등록으로 보면서 신고에서는 형식적 심사만 하여야 한다는 것은 논리모순이다.[68]

신고의 효력과 관련하여 판례는 "주민등록은 단순히 주민의 거주인

---

63) 대법원 1999.12.24. 선고 98다57419, 57426 판결.

64) 대법원 2011.1.20. 선고 2010두14954 전원합의체 판결.

65) 대법원 2011.1.20. 선고 2010두14954 전원합의체 판결.

66) 통상 형식적 심사는 서류만에 의해 신고사항의 진위 여부의 심사만을 행하는 것을 의미하고, 실질적 심사는 신고사항의 진위 여부만이 아니라 안전성이나 공익성의 실질적 충족 여부를 실질적으로 심사하고, 필요한 경우 현장 확인도 행할 수 있는 심사를 말한다고 보는 것이 타당하다.

67) 홍정선, 앞의 책, 204쪽.

68) 허용(심사)요건이 형식적 측면이나 실질적 측면을 담고 있는지 여부에 맞춰서 그것의 심사가 형식적 성격인지 실질적 성격인지가 가늠되어야 한다고 한다고 보는 견해도 있다(김중권, 행정법 기본연구 I, 법문사, 2008, 137쪽).

구의 동태를 파악뿐 아니라, 주민등록에 따라 공법관계상의 여러 가지 법률상 효과가 발생하므로, 주민등록의 신고는 행정청에 도달하기만 하면 신고로서의 효력이 발생하는 것이 아니라 행정청이 수리한 경우에 비로소 신고의 효력이 발생한다."고 하였다.[69] 다만 주민등록신고를 수리를 요하는 신고로 보는 것은 타당한지는 의문이다. 주민등록은 후술하는 강학상 등록으로 보는 것이 타당하다.[70] 또한, "수산업법 제44조 소정의 어업의 신고는 행정청의 수리에 의하여 비로소 그 효과가 발생하는 이른바 '수리를 요하는 신고'라고 할 것이고, 따라서 설사 관할관청이 어업신고를 수리하면서 공유수면매립구역을 조업구역에서 제외한 것이 위법하다고 하더라도, 그 제외된 구역에 관하여 관할관청의 적법한 수리가 없었던 것이 분명한 이상 그 구역에 관하여는 같은 법 제44조 소정의 적법한 어업신고가 있는 것으로 볼 수 없다."고 하였다.[71] 또한, 납골당설치신고를 이른바 '수리를 요하는 신고'라고 하면서 "납골당설치 신고가 구 장사법 관련 규정의 모든 요건에 맞는 신고라 하더라도 신고인은 곧바로 납골당을 설치할 수는 없고, 이에 대한 행정청의 수리처분이 있어야만 신고한 대로 납골당을 설치할 수 있다."라고 판시하였다.[72]

다른 한편 수리를 요하는 신고라고 할 수 있는 체육시설업신고에 있어서 " 행정청의 수리처분 등 별단의 조처를 기다릴 필요 없이 그 접수시에 신고로서의 효력이 발생하는 것이므로 그 수리가 거부되었다고 하여 무신고 영업이 되는 것은 아니다"라고 한 판례가 있다.[73] 또한 판

69) 대법원 2009. 1. 30. 선고 2006다17850 【주민등록법상 전입신고】.

70) 동지 김중권, 앞의 책, 155쪽.

71) 대법원 2000. 05. 26. 선고 99다37382 판결.

72) 대법원 2011. 9. 8. 선고 2009두6766 판결 [납골당설치신고수리처분이행통지취소].

73) 대법원 1998.4.24. 선고 97도3121 판결 [체육시설의설치·이용에관한법률위반]): "체육시설의설치·이용에관한법률상의 신고체육시설업에 있어서 신고의 법적 성질과 무신고 영업의 판단 기준: 체육시설의설치·이용에관한법률 제10조, 제11조, 제22조, 같은법시행규칙 제8조 및 제25조의 각 규정에 의하면, 체육시설업은 등록체육시설업과 신고체육시설업으로 나누어지고, 당구장업과 같은 신고체육시

례는 수리를 요하는 신고라고 볼 수 있는 구 축산물가공처리법(2005. 3. 31. 법률 제7428호로 개정되기 전의 것)상의 축산물판매업 신고에 있어서 "행정관청으로서는 위 법령에서 규정하는 시설기준을 갖추어 축산물판매업 신고를 하는 경우 당연히 그 신고를 수리하여야 하고, 적법한 요건을 갖춘 신고의 경우에는 행정관청의 수리처분 등 별단의 조처를 기다릴 필요 없이 그 접수시에 신고로서의 효력이 발생하는 것이므로 그 수리가 거부되었다고 하여 미신고 영업이 되는 것은 아니라고 할 것이다. 따라서 피고시 담당공무원이 위 법령상의 시설기준이 아닌 사유(기존 영업자가 휴업신고만 하고 폐업신고를 하지 않았고, 같은 장소에 대하여 사업자를 달리하는 축산물판매업 중복신고는 허용되지 않는다는 사유)로 축산물판매업 신고 수리를 할 수 없다는 통보를 하고 미신고 영업으로 고발할 수 있다는 통지를 한 것은 위법한 직무집행이라고 할 것이다."라고 하였다. 구 축산물가공처리법상 축산물판매업의 시설기준으로 영업장 및 화장실의 시설기준이 정해져 있다. 구 축산물가공법 시행규칙 제35조는 축산물판매업의 신고서에 "영업장의 시설내역 및 배치도"를 제출하도록 규정하고 있고, 동조 별지 제23호 서식인 축산물판매업의 신고서식에는 현장조사 및 시설조사를 신고 처리절차의 한 단계로 규정하고 있다. 이러한 점에 비추어 보면 축산물판매업의 신고의 요건은 실질적 요건(시설기준)을 포함하고 있고, 현장조사 등 실질적 심사가 가능한 것으로 규정하고 있으므로(구 축산물가공처리법령을 대체하여 제정된 현행 축산물위생관리법령도 동일하게 규정하고 있다) 축산물판매업의 신고는 수리를 요하는 신

설업을 하고자 하는 자는 체육시설업의 종류별로 같은법시행규칙이 정하는 해당 시설을 갖추어 소정의 양식에 따라 신고서를 제출하는 방식으로 시·도지사에 신고하도록 규정하고 있으므로, 소정의 시설을 갖추지 못한 체육시설업의 신고는 부적법한 것으로 그 수리가 거부될 수밖에 없고 그러한 상태에서 신고체육시설업의 영업행위를 계속하는 것은 무신고 영업행위에 해당할 것이지만, 이에 반하여 적법한 요건을 갖춘 신고의 경우에는 행정청의 수리처분 등 별단의 조처를 기다릴 필요 없이 그 접수시에 신고로서의 효력이 발생하는 것이므로 그 수리가 거부되었다고 하여 무신고 영업이 되는 것은 아니다."

고로 보는 것이 타당하다. 만일 판례가 현장조사와 시설조사가 법률의 위임없이 시행규칙상의 별지서식인 신고서식에 기재되어 있는 점에서 문제가 있으므로 이를 위법으로 보고, 시설기준의 충족 여부는 신고서의 부속서류인 "영업장의 시설내역 및 배치도"에 의한 서류심사만에 의해 형식적으로 심사하여야 한다고 보면서 축산물판매업신고를 자기완결적 신고로 본 것이라면 이 판례는 시설기준이 신고요건으로 되어 있는 경우도 자기완결적 신고로 보아 수리를 요하는 신고의 범위를 제한하고 자기완결적 신고의 범위를 넓힌 점은 규제완화의 입법목적에 맞는 해석이라고 할 수 있다.

자기완결적 신고의 경우에는 적법한 신고만 있으면 신고의무를 이행한 것이 된다는 것에 이견이 없다. 따라서, 적법한 신고만 있으면 행정청의 수리가 없더라도 신고의 대상이 되는 행위를 적법하게 할 수 있고, 과태료나 벌금의 부과 등 어떠한 불이익도 받지 않는다. 판례도 이러한 입장을 취하고 있다. 즉, 판례는 "신고대상인 건축물의 건축행위를 하고자 할 경우에는 그 관계 법령에 정해진 적법한 요건을 갖춘 신고만을 하면 그와 같은 건축행위를 할 수 있고, 행정청의 수리처분 등 별단의 조처를 기다릴 필요가 없다"고 하였다.[74]

수리를 요하는 신고의 경우 적법한 신고가 있더라도 수리되어야 신고의 효과가 발생한다는 것이 일반적 견해이다. 그런데, 적법한 신고임에도 수리가 되지 않으면 금지가 해제되지 않고 신고의 대상이 되는 행위를 적법하게 할 수 없는 것인지, 적법한 신고에 대한 수리가 거부된 후 신고의 대상이 되는 행위를 한 경우 처벌의 대상이 되는지에 대하여는 이론적 검토가 거의 행해지고 있지 않다. 전술한 바와 같이 판례는 수리를 요하는 신고로 별도의 법적 효력이 발생하는 것으로 규정되어 있는 경우에는 수리를 요하는 신고의 효력은 적법한 신고만으로는 발생

74) 대법원 1999. 04. 27. 선고 97누6780 판결.

하지 않고 수리행위가 있어야 발생하는 것으로 보지만, 수리를 요하는 신고에서도 적법한 신고만 있으면 수리행위가 없이 신고의 대상이 되는 행위를 하여도 처벌할 수는 없는 것으로 보고 있다고 이해할 수 있는 판례도 있고, 그렇지 않은 판례도 있다. 생각건대 수리를 요하는 신고도 신고인 점, 실정법령에서 신고를 하지 않은 것에 대한 처벌을 통상 "신고를 하지 아니하고 신고의 대상이 되는 행위를 한 것"으로 규정하고 있는 점[75]에서 보아도 적법한 신고를 하였지만 수리가 거부된 경우에는 그 처벌규정에 해당한다고 볼 수 없다고 보는 것이 타당하다.

(2) 수리를 요하는 신고와 등록의 구별

우선 등록의 개념을 명확히 하여야 한다. 그리고 등록에는 전형적 등록과 변형된 등록이라는 이질적인 두 행위형식이 존재하는 것을 분명히 해두어야 한다. 전형적인 등록은 허가와 신고의 중간에 있는 규제수단으로서 신고에 가까운 규제수단이다. 전형적 등록이란 권리의무에 관한 중요한 사항을 공적 장부에 기재하여 일반에게 공개하는 행위이다. 이에 반하여 변형된 등록은 요건이 허가요건 보다 다소 완화되었지만

75) 예를 들면, 체육시설의 설치·이용에 관한 법률 제20조는 "제10조 제1항 제2호에 따른 체육시설업을 하려는 자는 제11조에 따른 시설을 갖추어 문화체육관광부령으로 정하는 바에 따라 특별자치도지사·시장·군수 또는 구청장에게 신고하여야 한다. 신고 사항을 변경하려는 때에도 또한 같다."라고 규정하고 있고, 제38조 제2항 제1호는 "제20조에 따른 신고(변경신고는 제외한다)를 하지 아니하고 체육시설업(문화체육관광부령으로 정하는 소규모 업종은 제외한다)의 영업을 한 자"는 3년 이하의 징역 또는 1천만원 이하의 벌금에 처한다고 규정하고 있다. 장사등에 관한 법률 제15조 제1항은 "시·도지사 또는 시장·군수·구청장이 아닌 자가 화장시설(이하 "사설화장시"이라 한다) 또는 봉안시설(이하 "사설봉안시설"이라 한다)을 설치·관리하려는 경우에는 보건복지부령으로 정하는 바에 따라 그 사설화장시설 또는 사설봉안시설을 관할하는 시장·군수·구청장에게 신고하여야 한다. 신고한 사항 중 대통령령으로 정하는 사항을 변경하려는 경우에도 또한 같다."라고 규정하고 있고, 제42조 제1항 제4호는 제15조 제1항에 따른 신고 또는 변경 신고를 하지 아니한 자에게는 300만원 이하의 과태료를 부과한다고 규정하고 있다.

실질은 허가와 같은 것을 말한다.

판례는 전술한 바와 같이 강학상 등록인 주민등록을 수리를 요하는 신고로 보고 있는 것처럼 전형적인 등록을 수리를 요하는 신고로 보고 있는 것으로 보인다. 그렇지만 등록의 핵심적 요건은 등록사항이 공적인 장부에 기재되어 일반에게 공개된다는 점에 있고, 이것을 요하지 않는 수리를 요하는 신고와 구별되는 것으로 보는 것이 타당하다.

(3) 수리를 요하는 신고와 허가의 구별

수리를 요하는 신고와 허가의 구별에 관한 판례의 입장은 무엇인가?

종래 판례는 수리를 요하는 신고의 법적 성질 달리 말하면 수리를 요하는 신고와 허가의 구별이라는 문제에 관하여는 명시적으로 입장을 표명하지 않았다. 대법원 91누11544 판결은 "액화석유가스의안전및사업관리법 제7조 제2항에 의한 사업양수에 의한 지위승계신고를 수리하는 허가관청의 행위는 단순히 양도, 양수자 사이에 이미 발생한 사법상의 사업양도의 법률효과에 의하여 양수자가 그 사업을 승계하였다는 사실의 신고를 접수하는 행위에 그치는 것이 아니라, 신규허가가 신청인으로 하여금 적법히 위 사업을 할 수 있는 법규상의 권리를 설정하여 주는 행위인 것과 마찬가지로 실질에 있어서는 양도자의 사업허가를 취소함과 아울러 양수자에게 적법히 위 사업을 할 수 있는 법규상의 권리를 설정하여 주는 행위로서 사업허가자의 변경이라는 법률효과를 발생시키는 행위라고 봄이 상당하다고 할 것이므로, 허가관청이 위 법 제7조 제2항에 의한 사업양수에 의한 지위승계신고를 수리하는 행위는 행정처분에 해당한다고 할 것이다."라고 판시하고 있다.[76] 이 판례를 판례가 수리를 요하는 신고제를 실질적으로는 완화된 허가제와 같은 의미를 가진 것으로 보고 있다고 이해하는 견해가 있다.[77] 그러나 이 판례는 사업양

76) 대법원 1993.6.8. 선고 91누11544 판결.

77) 김동희, 앞의 책, 123쪽.

수에 의한 지위승계신고가 명칭은 신고이지만, 실질적으로는 허가의 변경처분이라고 본 것으로 해석하는 것이 타당하다.

최근 대법원은 수리를 요하는 신고를 허가와 구별되는 행위형식으로 보는 판시를 하였다. 즉 "노동조합 및 노동관계조정법(이하 '노동조합법'이라 한다)이 행정관청으로 하여금 설립신고를 한 단체에 대하여 같은 법 제2조 제4호 각 목에 해당하는지를 심사하도록 한 취지가 노동조합으로서의 실질적 요건을 갖추지 못한 노동조합의 난립을 방지함으로써 근로자의 자주적이고 민주적인 단결권 행사를 보장하려는 데 있는 점을 고려하면, 행정관청은 해당 단체가 노동조합법 제2조 제4호 각 목에 해당하는지 여부를 실질적으로 심사할 수 있다. 다만 행정관청에 광범위한 심사권한을 인정할 경우 행정관청의 심사가 자의적으로 이루어져 신고제가 사실상 허가제로 변질될 우려가 있는 점, 노동조합법은 설립신고 당시 제출하여야 할 서류로 설립신고서와 규약만을 정하고 있고(제10조 제1항), 행정관청으로 하여금 보완사유나 반려사유가 있는 경우를 제외하고는 설립신고서를 접수받은 때로부터 3일 이내에 신고증을 교부하도록 정한 점(제12조 제1항) 등을 고려하면, 행정관청은 일단 제출된 설립신고서와 규약의 내용을 기준으로 노동조합법 제2조 제4호 각 목의 해당 여부를 심사하되, 설립신고서를 접수할 당시 그 해당 여부가 문제된다고 볼 만한 객관적인 사정이 있는 경우에 한하여 설립신고서와 규약 내용 외의 사항에 대하여 실질적인 심사를 거쳐 반려 여부를 결정할 수 있다."고 하였다.[78)]

수리를 요하는 신고와 허가의 구별에 관하여 학설은 대립하고 있다. 수리를 요하는 신고를 실질적으로 허가 또는 허가와 유사한 것으로 보는 견해가 다수견해이다.[79)] 이에 대하여 수리를 요하는 신고를 실질

78) 대법원 2014.4.10. 선고 2011두6998 판결〔노동조합설립신고반려처분취소〕.

79) 김동희, 앞의 책, 123쪽; 김남진·김연태, 앞의 책, 137쪽; 정하중, 앞의 책, 110쪽; 류지태·박종수, 앞의 책, 132쪽; 김중권, 이른바 "수리를 요하는 신고"의 문제점

적으로 등록이라고 보는 견해가 있다.[80] 이에 대하여 수리를 요하는 신고를 허가 및 등록뿐만 아니라 자기완결적 신고와도 구별되는 독자적인 행위형식으로 보는 견해가 있다.[81]

이하에서는 수리를 요하는 신고에 관한 판례를 구체적으로 살펴보면서 판례에 있어서 수리를 요하는 신고와 허가가 어떻게 구별되는지 실증적으로 살펴보기로 한다.

우선 수리를 요하는 신고와 허가의 요건 및 요건에 대한 심사를 보면 다음과 같다. 허가의 경우 안전, 환경보호 등을 위한 공익요건이 엄격하게 규정되어 있고, 그 요건에 대하여는 실질적 심사가 가능하다. 수리를 요하는 신고의 경우 형식적 요건과 함께 실정법령상 안전 등 공익요건(실질적 요건)이 규정되고 있지만, 그 실질적 요건이 허가보다는 완화되어 있는 것이 일반적이다. 수리를 요하는 신고와 허가에 있어서 실질적 요건에 대하여는 실질적 심사가 가능한 점에서 동일하지만, 판례는 노동조합 설립신고에 있어서 전술한 바와 같이 "행정관청은 일단 제출된 설립신고서와 규약의 내용을 기준으로 노동조합법 제2조 제4호 각 목의 해당 여부를 심사하되, 설립신고서를 접수할 당시 그 해당 여부가 문제된다고 볼 만한 객관적인 사정이 있는 경우에 한하여 설립신고서와 규약 내용 외의 사항에 대하여 실질적인 심사를 거쳐 반려 여부를 결정할 수 있다."고 하였다.

허가의 경우 허가요건을 갖춘 신청이 있다 하더라도 허가가 주어지지 않는 한 금지가 해제되지 않고 허가의 대상이 되는 행위를 하여서는

에 관한 소고, 행정판례연구 8집, 2003.12, 78쪽.

80) 홍정선, 앞의 책, 204쪽. 홍정선 교수는 등록을 수리를 요하는 신고로 보며 수리를 요하는 신고를 허가와 구별하고 있다. 즉, 수리를 요하는 신고의 경우에는 요건에 대한 형식적 심사만을 거치지만, 허가의 경우에는 형식적 심사이외에 실질적 심사(안전성심사나 공익성심사)도 거쳐야 한다고 본다.

81) 박균성, 앞의 책, 108쪽 ; 윤기중, 행정규제완화수단으로서의 신고에 관한 연구, 경희대학교 법학전문대학원 박사학위 논문, 2014.8, 219쪽 이하.

안되고, 허가없이 영업을 하면 무허가영업으로 처벌되는 것으로 본다. 수리를 요하는 신고의 경우에 판례는 전술한 바와 같이 적법한 신고가 있더라도 행정청의 수리행위가 있어야 신고의 대상이 되는 행위를 할 수 있다고 한 판례가 있는 반면에 적법한 신고를 한 경우에는 접수시에 신고로서의 효력이 발생하는 것이므로 적법한 신고를 하였음에도 수리처분이 없는 경우 신고의 대상이 되는 행위를 하여도 행정벌의 대상은 되지 않는 것으로 보아야 한다는 판례도 있다.

(4) 수리를 요하는 신고의 독자성

수리를 요하는 신고를 허가와 구별되는 독자적인 행위형식으로 보는 것이 타당하다. 그 이유는 다음과 같다. 수리를 요하는 신고는 규제완화정책과 함께 등장하였다. 허가제를 신고제로 완화하면서 허가의 대상을 전형적인 신고인 자기완결적 신고의 대상으로 규제완화를 하는 것이 너무 규제를 급진적으로 완화하여 규제의 공백을 초래할 위험이 있는 것을 걱정한 규제기관의 우려에 의해 허가제를 신고제로 하면서도 허가의 실질적 요건을 전면 폐지하지 않고 완화하여 신고의 요건으로 존치시키는 경우가 많았다. 이러한 상황 하에서 이러한 신고를 전형적인 신고인 자기완결적 신고로 보게 되면 안전성이나 공익성을 담보할 수 없기 때문에 수리를 요하는 신고라는 행위형식을 인정하고 이를 자기완결적 신고 및 허가와 구별할 필요가 있는 것이다. 이러한 점에 비추어 판례가 수리를 요하는 신고를 자기완결적 신고 및 허가와 구별하는 것은 타당하다.

문제는 수리를 요하는 신고를 자기완결적 신고 및 허가와 어느 정도로 구별하는 것이 타당한가 하는 것이다.

신고와 허가의 본질적 차이는 신고의 경우에는 적법한 신고 즉 신고요건을 충족한 신고만 있으면 행정청의 수리와 관계없이 금지가 해제되어 적법하게 행위를 할 수 있는 반면에 허가의 경우에는 적법하고 그리고 허가요건을 충족한 신청을 하여도 행정청이 허가를 하지 않으면 적법하게 행위를 할 수 없는 행위라는 점에 있다고 보는 것이 타당하다. 허가나 특허에 의해 보호되는 안전 등 공익은 매우 중요한 공익이므로 허가나 특허의 대상이 되는 사적 활동을 일단 금지하고 행정청의 심사를 거쳐 안전성이나 공익성이 담보된 경우에 한하여 그 금지를 해제하여 적법하게 사적 활동을 할 수 있게 하는 것이 타당하지만. 수리를 요하는 신고에서의 공익요건은 허가 보다는 완화된 덜 중요한 것이고 규제완화의 취지를 살리는 것이 타당하므로 적법한 신고 즉 신고요건을 충족한 신고만 있으면 행정청의 수리와 관계없이 금지가 해제되어 적법하게 행위를 할 수 있도록 하는 것이 타당하다. 실질적 요건을 신고요건으로 하는 신고를 "수리를 요하는 신고"로 보고 실질적으로 허가와 같은 것으로 보는 견해는 허가제를 신고제로 바꾼 규제완화의 취지와 허가를 신고로 명칭을 바꾼 입법자의 의사에 배치되는 것이다. 허가제를 신고제로 바꾼 취지를 살리기 위해서는 수리를 요하는 신고의 경우에도 신고요건을 갖춘 신고가 있으면 수리가 되지 않아 신고의 법적 효과는 발생하지 않는다고 하더라도 신고의무를 이행한 것으로 보는 것이 타당하다.

이렇게 본다면 "수리를 요하는 신고"라는 명칭은 적절하지 않다. 수리를 요하는 신고라는 개념을 폐지하는 것도 검토하여야 한다. 수리를 요하는 신고는 규제질서를 혼란시키는 개념이고, 위장된 규제완화 또는 잘못된 규제완화를 합법화시키는 결과를 가져온다. "수리를 요하는 신고"를 "신고"라고 하기 위하여는 적법한 신고가 있으면 신고의무를 이행한 것이 되고 수리가 없어도 적법하게 신고의 대상이 되는 행위를 할 수 있다고 보아야 하고,[82] 용어도 "수리행위가 있는 신고"로 변경하여야 할 것이다.

"수리를 요하는 신고"의 독자성을 인정하는 경우에도 "수리를 요하

---

82) 박균성, 앞의 논문, 30쪽.

는 신고"를 어떠한 성질을 가진 유형의 행위로 인정할 것인지 신중한 검토를 하여야 한다. 특히 수리를 요하는 신고가 허가와 어떻게 구별되는지를 명확히 하여야 한다. 그런데, 판례는 전술한 바와 같이 수리를 요하는 신고를 허가와 구별하고 있지만, 수리를 요하는 신고와 허가가 어떻게 구별되는지에 관하여는 아직 판례가 충분히 형성되어 있지 못하다.

생각건대 수리를 요하는 신고가 허가를 다음과 같이 구별하는 것이 타당하다. ① 규제라는 차원에서 보면 신고의 경우 통상 요건이 허가의 요건 보다는 완화되어야 한다. ② 수리를 요하는 신고는 기속행위로 규정하여야 하고 그렇게 해석하여야 한다. 판례는 납골당설치신고를 중대한 공익상 필요가 있으면 그 수리를 거부할 수 있는 기속재량행위로 보았는데[83], 이는 신고제의 취지에 맞지 않는다. 수리행위시 공익을 고려하여야 하는 경우는 허가로 규정하여야 하고 신고로 규정하면 안된다. 이에 대하여 허가의 경우 원칙상 기속행위로 규정하는 것이 타당하만 예외적으로 기속재량행위로 하여야 하는 경우도 있다. 또한 허가도 재량행위로 할 필요가 있는 경우가 있다. ③ 수리를 요하는 신고의 경우 판례와 같이 요건 충족 여부에 대해 원칙상 형식적 심사를 행하고, 필요한 경우에 한하여 실질적 심사를 하는 것으로 하는 것이 타당하다. 허가의 경우 허가 요건의 충족 여부에 대해 원칙상 실질적 심사를 행한다. ④ 허가의 경우 허가요건을 충족한 신청의 경우 허가가 거부되면 허가의 대상이 되는 행위를 하는 것은 위법한 것이 되지만, 수리를 요하는 신고의 경우 신고요건을 충족한 신고가 있으면 수리되지 않아도 신고의무를 이행한 것으로 보고 금지를 해제하고 처벌의 대상에서 제외되는 것으로 보는 것이 타당하다.

---

83) 대상 판결은 허가에 인정되는 기속재량행위를 수리를 요하는 신고에도 최초로 인정한 사례인 점에서 판례로서의 의의가 있다. 그러나, 신고제의 취지에 비추어 기속재량행위를 수리를 요하는 신고로 확대하는 것이 타당한 것인지 재검토를 요한다.

2. 허가와 특허의 구별

판례는 허가와 특허를 명시적으로 구별하지는 않고 있지만, 원고적격 및 재량행위 여부에 관한 판례를 전체적으로 보면 허가와 특허를 구별하는 입장을 취하고 있는 것으로 볼 수 있다.

판례는 특허는 원칙상 재량행위라고 명시하지는 않지만, 원칙상 특허를 재량행위로 보고 있다고 할 수 있다. 특히 판례 중 "특정인에게 권리나 이익을 부여하는 이른바 수익적 행정행위"라는 것을 근거로 재량행위로 판시하는 판례는 원칙상 특허를 재량행위로 보고 있는 것이라고 해석할 수 있다. "여객자동차운수사업법에 따른 개인택시운송사업 면허는 특정인에게 권리나 이익을 부여하는 재량행위이다."라는 판례,[84] "해상여객운송사업의 면허는 특정인에게 권리나 이익을 부여하는 것으로서, 당해 항로의 수송수요, 선박계류시설 등의 적합성, 해상교통의 안전, 이용자의 편의 등을 종합적으로 고려하여 결정하여야 하는 재량행위에 속한다고 할 것"이라고 한 판례,[85] "도로점용의 허가는 특정인에게 일정한 내용의 공물사용권을 설정하는 설권행위로서 공물관리자가 신청인의 적격성, 사용목적 및 공익상 영향 등을 참작하여 허가 여부를 결정하는 재량행위라 할 것"이라고 한 판례,[86] "주택재건축사업시행의 인가는 상대방에게 권리나 이익을 부여하는 효과를 가진 이른바 수익적 행정처분으로서 법령에 행정처분의 요건에 관하여 일의적으로 규정되어 있지 아니한 이상 행정청의 재량행위에 속"한다고 한 판례,[87] "주택건설사업계획의 승인은 상대방에게 권리나 이익을 부여하는 효과를 수반하는 이른바 수익적 행정처분으로서 법령에 행정처분의 요건에 관하여 일의적

84) 대법원 2002. 01. 22. 선고 2001두8414 판결; 대법원 2010.01.28. 선고 2009두19137 판결.

85) 대법원 2008.12.11. 선고 2007두18215 판결.

86) 대법원 2008.11.27. 선고 2008두4985 판결.

87) 대법원 2007.07.12. 선고 2007두6663 판결.

으로 규정되어 있지 아니한 이상 행정청의 재량행위에 속"한다고 판례,[88] "야생동·식물보호법 제16조 제 3 항에 의한 용도변경승인은 특정인에게만 용도 외의 사용을 허용해주는 권리나 이익을 부여하는 이른바 수익적 행정행위로서 법령에 특별한 규정이 없는 한 재량행위"라고 하는 판례[89] 등이 그러하다.

그렇지만, 특허나 수익적 행정행위라는 것에 근거함이 없이 재량행위와 기속행위의 일반적인 구별기준을 적용하면서 특허의 재량행위성을 인정한 판례도 있다. "마을버스운송사업면허의 허용 여부는 … 운수행정을 통한 공익실현과 아울러 합목적성을 추구하기 위하여 보다 구체적 타당성에 적합한 기준에 의하여야 할 것이므로 그 범위 내에서는 법령이 특별히 규정한 바가 없으면 행정청의 재량에 속하는 것이라고 보아야 할 것이다"라는 판례,[90] "마을버스운송사업면허의 허용 여부는 사업구역의 교통수요, 노선결정, 운송업체의 수송능력, 공급능력 등에 관하여 기술적·전문적인 판단을 요하는 분야로서 이에 관한 행정처분은 운수행정을 통한 공익실현과 아울러 합목적성을 추구하기 위하여 보다 구체적 타당성에 적합한 기준에 의하여야 할 것이므로 그 범위 내에서는 법령이 특별히 규정한 바가 없으면 행정청의 재량에 속하는 것이라고 보아야 할 것이고, 또한 마을버스 한정면허시 확정되는 마을버스 노선을 정함에 있어서도 기존 일반노선버스의 노선과의 중복 허용 정도에 대한 판단도 행정청의 재량에 속한다"라는 판례[91] 등이 그러하다.

판례 중 허가를 "성질상 일반적 금지에 대한 해제"라는 점을 이유로 원칙상 기속행위로 본 판례가 있다.[92] 그러면서도 판례는 예외적으로 명

88) 대법원 2007.05.10. 선고 2005두13315 판결.
89) 대법원 2011. 01. 27. 선고 2010두23033 판결.
90) 대법원 2002. 06. 28. 선고 2001두10028 판결.
91) 대법원 2001. 01. 19. 선고 99두3812 판결.
92) 대법원 1993. 05. 27. 선고 93누2216 판결: 식품위생법상 대중음식점영업허가는 성질상 일반적 금지에 대한 해제에 불과하므로 허가권자는 허가신청이 법에서 정

문의 규정이 없더라도 허가시 중대한 공익(환경의 이익 등)의 고려가 필요하여 이익형량이 요구되는 경우 허가를 재량행위라고 본다.93) 법령에서 일정한 경우에 허가를 재량행위로 규정하고 있는 경우가 있고, 그 경우에는 허가도 재량행위가 된다.94) 또한, 판례는 건축허가 등 일정한 허가를 원칙상 기속행위라고 보면서도 예외적으로 중대한 공익상 필요가 있는 경우 거부할 수 있는 재량권(기속재량권)을 인정하고 있다.95) 즉, 전술한 바와 같이 허가를 기속재량행위로 보는 경우가 적지 않다.

생각건대, 재량권은 입법자가 부여하는 것이라는 점, 재량권의 기능에 비추어 볼 때 특허는 재량행위, 허가는 기속행위라는 공식은 타당하

한 요건을 구비한 때에는 허가하여야 하고 관계법규에서 정하는 제한사유 이외의 사유를 들어 허가신청을 거부할 수 없다.; 대법원 1999. 07. 23. 99두3690 판결: 기부금품모집허가의 법적 성질이 강학상의 허가라는 점을 고려하면, 기부금품 모집행위가 같은 법 제4조 제2항의 각 호의 사업에 해당하는 경우에는 특별한 사정이 없는 한 그 모집행위를 허가하여야 하는 것으로 풀이하여야 한다.

93) 판례는 산림형질변경허가(대법원 1997. 09. 12. 선고 97누1228 판결; 2000. 07. 07. 선고 99두66 판결), 산림내에서의 토사채취허가(대법원 2007. 06. 15. 선고 2005두9736 판결), 토지형질변경허가(대법원 1999. 02. 23. 선고 98두17845 판결), 입목의 벌채·굴채허가(대법원 2001. 11. 30. 선고 2001두5866 판결), 유기장영업허가(대법원 1985. 02. 08. 선고 84누369 판결)를 재량행위로 해석하고 있다.

94) 예를 들면, 건축법 제8조 제5항은 "허가권자는 위락시설 또는 숙박시설에 해당하는 건축물의 건축을 허가하는 경우 당해 대지에 건축하고자 하는 건축물의 용도·규모 또는 형태가 주거환경 또는 교육환경 등 주변환경을 감안할 때 부적합하다고 인정하는 경우에는 이 법 또는 다른 법률의 규정에 불구하고 건축위원회의 심의를 거쳐 건축허가를 하지 아니할 수 있다"라고 규정하고 있으므로 이 경우 건축허가는 재량행위이다.

95) 대법원 1995.06.13. 선고 94다56883 판결[소유권이전등기말소]): 건축허가권자가 관계 법령에서 정하는 이외의 사유를 들어 허가를 거부할 수 있는지 여부: 건축법 소정의 건축허가권자는 건축허가신청이 건축법, 도시계획법등 관계 법규에서 정하는 어떠한 제한에 배치되지 않는 이상 당연히 같은 법조 소정의 건축허가를 하여야 하므로, 법률상의 근거 없이 그 신청이 관계 법규에서 정한 제한에 배치되는지의 여부에 대한 심사를 거부할 수 없고, 심사 결과 그 신청이 법정요건에 합치하는 경우에는 특별한 사정이 없는 한 이를 허가하여야 하며, 공익상 필요가 없음에도 불구하고 요건을 갖춘 자에 대한 허가를 관계 법령에서 정하는 제한사유 이외의 사유를 들어 거부할 수 없다.

지 않다고 본다. 특허에 있어서는 공익목적의 효과적인 달성을 고려하여야 하므로 원칙상 재량행위로 하는 것이 타당하기는 하지만, 특허의 기본권 관련성이 높아 특허의 기준을 명확히 할 필요가 있는 경우, 특허의 예측가능성을 높일 필요가 있는 경우에는 특허를 기속행위로 입법할 수도 있고, 허가시 구체적 사정에 따라 환경의 이익 등 공익을 고려하여야 할 필요가 있는 경우에는 허가를 재량행위로 입법할 수도 있는 것[96]이다. 과거 운수권배분은 재량행위로 되어 있었으나[97] 현행 법령하에서는 운수권배분의 공정성, 명확성 및 예측가능성을 높이기 위해 가장 문제가 되는 대한항공과 아시아나 사이에서의 운수권 배분에 있어서 신규운수권 횟수보다 신청된 운수권 횟수가 많은 경우에서는 기속행위에 가깝게 규정하고 있다.[98] 또한, 난민인정은 설권적 행위이지만 관련법 및 기본

96) 건축법 제11조 제4항 등.

97) 운수권배분은 각 항공사의 노선 및 운송능력, 노선개척에 기여한 정도, 노선의 시장상황 및 노선배분시의 활용도, 공정경쟁 여건조성 등을 고려한 항공정책적 판단이 필요한 분야로서 이에 관한 행정처분은 항공행정을 통한 공익실현과 아울러 합목적성을 추구하기 위하여 구체적 타당성에 적합한 기준에 의하여야 할 것이므로 그 범위 내에서는 행정청의 재량에 속한다고 할 것이고, 그에 관한 행정청의 판단이 평등 또는 신뢰원칙위배 등에 해당하지 아니하는 이상 재량권의 일탈·남용에 해당한다고 할 수 없다(대법원 2004.11.26. 선고 2003두3123 판결)

98) 국제항공운수권 및 영공통과 이용권 배분 등에 관한 규칙(국토교통부령) 제4조(배분대상 항공사 수) ① 국토교통부장관은 운항횟수가 여객 또는 여객·화물 공용(共用)을 대상으로 주당 5회 이하, 화물만을 대상으로 주당 1회인 신규 운수권은 1개의 항공사에게만 해당 운수권을 배분한다. 다만, 항공사가 배분을 신청한 횟수가 신규 운수권의 횟수보다 적은 경우에는 2개 이상의 항공사에 배분할 수 있다. ② 국토교통부장관은 운항횟수가 여객 또는 여객·화물 공용을 대상으로 주당 6회 이상, 화물만을 대상으로 주당 2회 이상인 신규 운수권은 해당 노선의 시장상황과 배분희망 내용 등을 고려하여 2개 이상의 항공사에 배분한다. 다만, 1개의 항공사만이 배분신청을 한 경우에는 1개 항공사에만 배분할 수 있다. 제5조(배분대상 항공사 선정) ① (생략) ② 국토교통부장관은 제4조에 따른 배분대상 항공사 수보다 배분을 신청한 항공사의 수가 많은 경우에는 별표의 평가지표에 따른 평가결과(이하 "평가결과"라 한다)에서 높은 점수를 획득한 항공사 순서로 배분대상 항공사를 선정한다. 평가결과가 동점인 경우에는 별표의 평가지표 중 정량평가 항목에서 획득한 점수의 합이 높은 순서로 항공사를 선정한다.

권 관련성을 고려하면 기속행위로 보는 것이 타당하다.[99]

판례는 일반적으로 기존업자가 특허기업인 경우에는 그 기존업자가 그 특허로 인하여 받는 이익은 법률상 이익이라고 보아 원고적격을 인정하고, 기존업자가 허가를 받아 영업하는 경우에 그 기존업자가 그 허가로 인하여 받는 영업상 이익은 반사적 이익 내지 사실상 이익에 불과한 것으로 보아 원고적격을 부정하는 경향이 있다.[100] 이러한 판례의

---

③ (생략) 제6조(배분횟수) ① 국토교통부장관은 제4조제1항에 따른 신규 운수권은 제5조에 따라 선정된 항공사가 신청한 횟수 내에서 배분한다. ② 국토교통부장관은 제4조제2항 본문에 따른 신규 운수권의 경우 제5조에 따라 선정된 항공사에 균등한 횟수를 배분하고, 나머지 운수권이 있는 경우에는 평가결과에서 높은 점수를 획득한 항공사 순서로 주당 1회씩 운수권을 배분한다. ③ 국토교통부장관은 여객 또는 여객·화물 공용을 대상으로 한 운수권의 경우에는 제5조에 따라 선정된 항공사가 주당 3회 미만을 신청한 경우를 제외하고는 가능한 최소 주당 3회를 배분하도록 한다. ④ (생략)

99) 대법원 2008.07.24. 선고 2007두3930 판결은 "출입국관리법 제2조 제2의2호, 제76조의2 제1항, 난민의 지위에 관한 협약(이하 '난민 협약'이라 한다) 제1조, 난민의 지위에 관한 의정서 제1조의 규정을 종합하여 보면, 법무부장관은 인종, 종교, 국적, 특정 사회집단의 구성원 신분 또는 정치적 의견을 이유로 박해를 받을 충분한 근거 있는 공포로 인해 국적국의 보호를 받을 수 없거나 국적국의 보호를 원하지 않는 대한민국 안에 있는 외국인에 대하여 그 신청이 있는 경우 난민협약이 정하는 난민으로 인정하여야 한다."라고 선언한 점에 비추어 대법원이 기속행위설을 취한 것으로 보는 견해도 있으나 이 문제를 정면으로 언급한 대법원 판결은 아직 없다고 보는 견해도 있다. 서울행정법원 판결은 난민인정을 기속재량행위로 보는 경향이 있다(서울행정법원, 난민재판의 이해, 2011, 20면)

100) 대법원 1980. 07. 22. 선고 80누33 판결: 석탄수급조정에관한임시조치법 소정의 석탄 가공업에 관한 허가는 사업 경영의 권리를 설정하는 형성적 행정행위가 아니라 질서유지와 공공복리를 위한 금지를 해제하는 명령적 행정행위여서 그 허가를 받은 자는 영업의 자유를 회복하는 데 불과하고 독점적 영업권을 부여받는 것이 아니기 때문에 기존 허가를 받은 원고들이 신규허가로 인하여 영업상 이익이 감소된다고 하더라도 이는 원고들의 반사적 이익을 침해하는 것에 지나지 아니하므로 원고들은 신규허가 처분에 대하여 행정소송을 제기할 법률상 이익이 없다. 타인에 대한 양곡가공시설 이설 승인처분 취소치분을 취소한 처분에 대한 기존양곡가공업자의 불복(대법원 1990. 11. 13. 선고 89누756 판결), 물품수입허가에 대한 같은 품종의 제조판매업자의 취소청구(대법원 1971. 06. 29. 선고 69누91 판결), 숙박업구조변경허가처분에 대한 기존 숙박업자의 취소

태도는 일응 타당하다. 그 이유는 특허는 상대방에게 독점적 경영권 내지 지위를 창설하는 행위이며 허가는 질서유지의 목적상 설정된 금지를 해제하여 자연적 자유를 회복시키는 행위로서 허가를 받은 자의 개인적인 영업상 이익을 보호하는 것을 목적으로 하지 않기 때문이다. 그러나, 이러한 해결은 절대적일 수 없으며 허가의 경우에도 허가요건규정이 공익뿐만 아니라 개인의 이익도 보호하고 있다고 해석되는 경우에는 기존 허가권자가 당해 허가요건에 위반하는 제 3 자에 대한 허가를 다툴 원고적격을 가진다고 보아야 한다. 판례도 허가요건으로 거리제한 또는 영업허가구역 규정이 있는 경우 당해 규정은 공익뿐만 아니라 기존허가업자의 영업상 개인적 이익을 보호하고 있는 것으로 보고 기존허가업자에게 신규허가를 다툴 원고적격을 인정하였다.[101)]

판례 중에는 특허와 허가를 구별함이 없이 원고적격의 일반론에 따라 기존업자의 원고적격 여부를 결정하는 경우도 있다. 즉 최근 판례 중에는 허가와 특허의 구별 없이 처분의 근거가 되는 법률이 해당 업자들 사이의 과당경쟁으로 인한 경영의 불합리를 방지하는 것도 그 목적으로 하고 있는 경우 취소를 구할 원고적격을 인정하고 있다. 즉, "일반적으로 면허나 인·허가 등의 수익적 행정처분의 근거가 되는 법률이 해당 업자들 사이의 과당경쟁으로 인한 경영의 불합리를 방지하는 것도 그 목적으로 하고 있는 경우, 다른 업자에 대한 면허나 인·허가 등의 수익적 행정처분에 대하여 미리 같은 종류의 면허나 인·허가 등의 수익적 행정처분을 받아 영업을 하고 있는 기존의 업자는 경업자에 대하여 이

청구(대법원 1990. 08. 14. 선고 89누7900 판결) 등.

101) 갑이 적법한 약종상허가를 받아 허가지역 내에서 약종상영업을 경영하고 있음에도 불구하고 행정관청이 구 약사법 시행규칙(1969. 8. 13. 보건사회부령 제344호)을 위배하여 같은 약종상인 을에게 을의 영업허가지역이 아닌 갑의 영업허가지역 내로 영업소를 이전하도록 허가하였다면 갑으로서는 이로 인하여 기존업자로서의 법률상 이익을 침해받았음이 분명하므로 갑에게는 행정관청의 영업소이전허가처분의 취소를 구할 법률상 이익이 있다(대법원 1988. 06. 14. 선고 87누873 판결).

루어진 면허나 인·허가 등 행정처분의 상대방이 아니라 하더라도 당해 행정처분의 취소를 구할 원고적격이 있다."라고 판시하고, 담배 일반소매인으로 지정되어 영업을 하고 있는 기존업자의 신규업자에 대한 이익이 '법률상 보호되는 이익'에 해당한다고 판시하였다.[102] 그렇지만, 판례는 기존 일반소매인은 신규 구내소매인 지정처분의 취소를 구할 원고적격이 없다고 판시하였다.[103]

따라서, 허가와 특허의 구별 없이 처분의 근거 내지 관계법규에 의해 기존업자의 영업상 이익이 직접적·구체적으로 보호되고 있는지 여부, 달리 말하면 기존업자의 영업상 이익이 법적 이익인지 단순한 사실상의 반사적 이익인지 여부를 기준으로 기존업자의 원고적격을 인정하는 것이 타당하다. 이는 오늘날 허가와 특허의 구별이 상대화되고 있는 점에서도 타당하다.

나아가 다음과 같은 점에 비추어 특허와 허가의 구별을 폐지하는 것이 타당하다. 오늘날 선진외국에서도 특허와 허가를 구별하지 않는 것이 일반적인 경향이다.

---

102) 대법원 2006. 07. 28. 선고 2004두6716 판결 ; 대법원 2008. 03. 27. 선고 2007두23811 판결[담배소매인지정처분취소]).

103) 구내소매인과 일반소매인 사이에서는 구내소매인의 영업소와 일반소매인의 영업소 간에 거리제한을 두지 아니할 뿐 아니라 건축물 또는 시설물의 구조·상주인원 및 이용인원 등을 고려하여 동일 시설물 내 2개소 이상의 장소에 구내소매인을 지정할 수 있으며, 이 경우 일반소매인이 지정된 장소가 구내소매인 지정대상이 된 때에는 동일 건축물 또는 시설물 안에 지정된 일반소매인은 구내소매인으로 보고, 구내소매인이 지정된 건축물 등에는 일반소매인을 지정할 수 없으며, 구내소매인은 담배진열장 및 담배소매점 표시판을 건물 또는 시설물의 외부에 설치하여서는 아니 된다고 규정하는 등 일반소매인의 입장에서 구내소매인과의 과당경쟁으로 인한 경영의 불합리를 방지하는 것을 그 목적으로 할 수 있다고 보기 어려우므로, 일반소매인으로 지정되어 영업을 하고 있는 기존업자의 신규 구내소매인에 대한 이익은 법률상 보호되는 이익이 아니라 단순한 사실상의 반사적 이익이라고 해석함이 상당하므로, 기존 일반소매인은 신규 구내소매인 지정처분의 취소를 구할 원고적격이 없다(대법원 2008. 04. 10. 선고 2008두402 판결[담배소매인지정처분취소]).

특허의 대상이 되는 공익사업은 본래 국가가 수행하던 것을 민간에 이양한 것(민영화한 것)이라는 점에서 본래 인간의 자유에 속하는 허가의 대상이 되는 사업과 구별되지만, 특허의 대상이 되는 사업이나 허가의 대상이 되는 사업이나 모두 영업의 자유의 대상이 되는 것이다. 그리고, 허가의 대상이 되는 사업에도 공익성이 큰 것도 있다. 오늘날 국가의 고유한 임무는 없는 것이고 국가의 임무는 헌법과 법률에 의해 정해지는 것이라고 보는 견해가 유력해지고 있고, 국가만이 공익을 수행하는 것이 아니라 민간도 공익적 활동을 하고 있거나 공익활동에 참여하고 있다. 허가의 경우 자연적 자유가 회복될 뿐 영업권이 부여되는 것이 아니고, 특허의 경우 독점적 내지 배타적 경영권이 부여된다는 점에서 허가와 특허를 구별하고 있지만, 허가의 경우에도 영업권이 부여되고 있는 것으로 볼 수 있고, 오늘날 특허의 경우에도 독점권이 부여되는 경우는 거의 없고 특허사업에도 경쟁의 원리가 도입되고 있다. 허가사업인지 특허사업인지 애매한 경우도 있다. 오늘날에는 허가와 특허를 구별하는 실익 보다는 허가와 특허를 구별하는 폐해가 더 크다고 할 수 있다. 종래 허가를 기속행위로 특허를 재량행위로 보았으나 오늘날 재량권의 부여는 입법자의 결정에 따른 것이라는 것이 일반적인 견해이다. 허가의 경우에도 재량행위 내지 기속재량행위로 인정되는 경우가 있고, 특허의 경우에도 기속행위로 보아야 하는 경우(예, 운수권의 배분)도 있다. 특허의 경우 기존업자의 경영상 이익이 법적 이익이고, 허가의 경우 영업의 이익은 반사적 이익이라고 보았으나 법적 이익인지 반사적 이익인지도 입법자의 의사에 의해 결정되는 것이지 특허인지 허가인지에 따라 결정되는 것이 아니다. 허가의 경우에도 수허가자의 영업상 이익을 보호할 필요가 있는 경우에는 수허자의 영업상 이익이 법적 이익이 될 수 있고, 특허의 경우에도 특허사업자 사이에 경쟁이 도입된 경우에는 특허사업자의 영업상 이익을 보호할 필요가 없게 된다.

V. 행정행위의 하자의 효력

1. 무효와 취소의 구별

판례는 무효와 취소의 구별기준으로 원칙상 중대명백설을 취하고 있다. 다만, 판례는 "하자가 중대하고 명백한 것인지 여부를 판별함에 있어서는 그 법규의 목적, 의미, 기능 등을 목적론적으로 고찰함과 동시에 구체적 사안 자체의 특수성에 관하여도 합리적으로 고찰함을 요한다."라고 판시하면서 사안에 따라 예외적으로 중대명백의 요건이 완화될 수 있는 여지를 남겨두고 있다.[104] 이 판결에서 소수의견은 명백성 요건을 완화하여 적용하여야 한다는 명백성보충요건설이 타당하다고 하였다. 예외적이지만, 흠이 중대하지만 명백하지 않음에도 무효로 선언한 판례가 있다. 즉, 신고납부방식의 조세인 취득세 납세의무자의 신고행위의 하자가 중대하지만 명백하지는 않음에도 "취득세 신고행위의 존재를 신뢰하는 제3자의 보호가 특별히 문제되지 않아 그 신고행위를 당연무효로 보더라도 법적 안정성이 크게 저해되지 않는 반면, 과세요건 등에 관한 중대한 하자가 있고 그 법적 구제수단이 국세에 비하여 상대적으로 미비함에도 위법한 결과를 시정하지 않고 납세의무자에게 그 신고행위로 인한 불이익을 감수시키는 것이 과세행정의 안정과 그 원활한 운영의 요청을 참작하더라도 납세의무자의 권익구제 등의 측면에서 현저하게 부당하다고 볼 만한 특별한 사정이 있는 때"에는 예외적으로 이와 같은 하자 있는 신고행위가 당연무효라고 함이 타당하다고 판시하였다.[105] 다만, 중대명백설을 완화한 이 판례[106]는 단편적이고, 후속 판례는 나오지 않고 있다. 학설에서는 명백성 보충요건설[107]이 타당하다는

104) 대법원 1995.07.11. 선고 94누4615 전원합의체판결.
105) 대법원 2009.2.12. 선고 2008두11716 판결.
106) 이 판례는 실제에 있어서는 명백성 보충요건설을 취한 것으로 볼 수도 있다.
107) 명백성보충요건설은 명백성의 요건은 법적 안정성 내지 행정의 원활한 수행 및

견해가 적지 않다.

그런데, 실제에 있어 행정행위의 어떤 하자가 무효인 하자인지 취소사유인 하자인지 그 구별이 "명백"하지 않은 경우가 적지 않다.

無權限의 행위는 원칙적으로 무효이다. 그 이유는 무권한의 하자는 중대한 것이고, 권한은 행정권한법정주의의 원칙상 법령으로 정해져있으므로 무권한의 하자는 원칙상 명백한 하자이기 때문이다. 따라서, 무권한의 행위라도 예외적으로 그 무권한이 중대하지 않거나 명백하지 않은 경우에는 취소할 수 있는 행정행위로 보아야 할 것이다.[108)]

판례는 원칙상 절차의 하자를 취소할 수 있는 하자로 본다. 그 이유는 절차의 하자를 중요한 하자로 보지 않기 때문일 것이다. 따라서, 판례가 승인처분시 환경영향평가절차를 거치지 않은 하자를 당연무효로 본 것은 타당하다. 그 이유는 환경영향평가절차는 승인처분에 있어 중요한 것이기 때문이다. 판례는 청문절차를 결여한 것도 취소사유에 해당한다고 보지만,[109)] 청문절차는 중요한 절차이므로 청문의 기회를 전혀 주지 않은 행정행위는 무효로 보는 것이 타당하다.

대법원은 위헌인 법령에 근거하여 발하여진 행정처분은 특별한 사정이 없는 한 취소할 수 있는 행위에 불과하다고 보고 있다. 왜냐하면 일반적으로 법령이 헌법 또는 상위 법령에 위반된다는 사정이 헌법재판

제3자의 신뢰보호의 요청을 충족시키기 위하여 요구되는 것이므로 그러한 요청이 적고 오히려 국민의 권리구제의 요청이 강한 경우에는 명백성의 요건은 요구할 필요가 없다고 주장한다.

108) 무권한의 행위를 당연무효가 아니라고 한 사례: 대법원 2007. 07. 26. 선고 2005두15748 판결; 대법원 2004. 11. 26. 선고 2003두2403 판결. 판례는 내부위임을 받은 기관이 자신의 이름으로 처분한 경우 무권한의 하자로 무효라고 보았지만(대법원 1993. 05. 27. 선고 93누6621 판결), 학설 중에는 내부위임을 받은 기관이 행정청인 경우 취소할 수 있는 하자로 보는 것이 타당하다는 견해(김남진·김연태, 행정법 II, 법문사, 2005, 25쪽; 박균성, 행정법론(하), 박영사, 2014, 30쪽)도 있다.

109) 대법원 2004. 07. 08. 선고 2002두8350 판결[유희시설조성사업협약해지및사업시행자지정거부처분취소].

소 또는 대법원에 의해 위헌 또는 위법결정이 있기 전에는 객관적으로 명백한 것이라고 할 수는 없기 때문이다.[110] 따라서, 법령이 헌법 또는 상위 법령에 위반된다는 사정이 명백한 경우에는 그러한 법령에 근거한 처분은 무효라고 보아야 한다.[111] 이에 대하여 헌법재판소는 법적 안정성과 권리구제의 필요성을 비교형량하여 위헌으로 선고된 법률에 근거한 처분의 효력을 결정하여야 한다고 보고 있다.[112]

2. 하자의 승계

판례는 "두 개 이상의 행정처분이 연속적으로 행하여지는 경우 선행처분과 후행처분이 서로 결합하여 1개의 법률효과를 완성하는 때에는 선행처분에 하자가 있으면 그 하자는 후행처분에 승계되므로 선행처분에 불가쟁력이 생겨 그 효력을 다툴 수 없게 된 경우에도 선행처분의 하자를 이유로 후행처분의 효력을 다툴 수 있는 반면 선행처분과 후행

110) 대법원 1994. 10. 28. 선고 93다41860 판결; 대법원 2007. 06. 14. 선고 2004두619 판결 등.

111) 위헌결정된 국가보위입법회의법 부칙 제4항 후단의 규정에 의하여 이루어진 원고에 대한 1980. 11. 16.자 면직처분은 당연무효의 처분이라고 한 사례(대법원 1993. 02. 26. 선고 92누12247 판결); 처분의 근거가 되었던 법률규정에 대하여 위헌결정이 내려진 후 행한 처분의 집행행위는 당연무효라고 한 사례(대법원 2012. 02. 16. 선고 2010두10907 전원합의체 판결).

112) 헌법재판소 1994. 06. 30. 92헌바23 결정: "행정처분의 집행이 이미 종료되었고 그것이 번복될 경우 법적 안정성을 크게 해치게 되는 경우에는 후에 행정처분의 근거가 된 법규가 헌법재판소에서 위헌으로 선고된다고 하더라도 그 행정처분이 당연무효가 되지는 않음이 원칙이라고 할 것이나, 행정처분 자체의 효력이 쟁송기간 경과 후에도 존속중인 경우, 특히 그 처분이 위헌법률에 근거하여 내려진 것이고 그 행정처분의 목적달성을 위하여서는 後行 행정처분이 필요한데 후행 행정처분은 아직 이루어지지 않은 경우와 같이 그 행정처분을 무효로 하더라도 법적 안정성을 크게 해치지 않는 반면에 그 하자가 중대하여 그 구제가 필요한 경우에 대하여서는 그 예외를 인정하여 이를 당연무효사유로 보아서 쟁송기간 경과 후에라도 무효확인을 구할 수 있는 것이라고 봐야 할 것이다."

처분이 서로 독립하여 별개의 법률효과를 목적으로 하는 때에는 선행처분에 불가쟁력이 생겨 그 효력을 다툴 수 없게 된 경우에는 선행처분의 하자가 중대하고 명백하여 당연무효인 경우를 제외하고는 선행처분의 하자를 이유로 후행처분의 효력을 다툴 수 없는 것이 원칙이나 선행처분과 후행처분이 서로 독립하여 별개의 효과를 목적으로 하는 경우에도 선행처분의 불가쟁력이나 구속력이 그로 인하여 불이익을 입게 되는 자에게 수인한도를 넘는 가혹함을 가져오며, 그 결과가 당사자에게 예측가능한 것이 아닌 경우에는 국민의 재판받을 권리를 보장하고 있는 헌법의 이념에 비추어 선행처분의 후행처분에 대한 구속력은 인정될 수 없다."고 본다.[113]

판례는 다음의 경우 하자의 승계를 인정하였다. 계고처분과 대집행영장발부통보처분 사이,[114] 선행 분묘개장명령과 후행 계고처분 사이,[115] 선행 안경사국가시험합격무효처분과 안경사면허취소처분 사이,[116] 계고처분과 대집행비용납부명령 사이[117] 등.

판례는 다음의 경우 하자의 승계를 인정하지 않았다. 선행 과세처분과 후행 체납처분 사이,[118] 도시 및 주거환경정비법상 사업시행계획과 관리처분계획 사이,[119] 건물철거명령과 대집행(계고처분) 사이,[120] 선행 직위해제처분과 후행 직권면직처분 사이,[121] 선행 사업인정과 후행 수용재결 사이[122] 등이 있다.

---

113) 대법원 1994. 01. 25. 선고 93누8542 판결: 과세처분 등 행정처분의 취소를 구하는 행정소송에서도 선행처분인 개별공시지가결정의 위법을 독립된 위법사유로 주장할 수 있다한 사례.

114) 대법원 1996. 02. 09. 선고 95누12507 판결.

115) 대법원 1961. 02. 21. 선고 4293행상31 판결.

116) 대법원 1993. 2. 09. 선고 92누4567 판결.

117) 대법원 1993. 11. 09. 선고 93누14271 판결.

118) 대법원 1961. 10. 26. 선고 4292행상73 판결.

119) 대법원 2012. 8. 23. 선고 2010두13463 판결.

120) 대법원 1998. 09. 08. 선고 97누20502 판결.

121) 대법원 1971. 09. 29. 선고 71누96 판결.

판례는 선행 행정행위와 후행 행정행위가 서로 독립하여 별개의 효과를 목적으로 하는 경우에도 예측가능성과 수인가능성이 없는 경우 즉, 선행 행정행위의 불가쟁력이나 구속력이 그로 인하여 불이익을 입게 되는 자에게 수인한도를 넘는 가혹함을 가져오며, 그 결과가 당사자에게 예측가능한 것이 아닌 경우에는 선행행위의 위법을 후행행위에 대한 취소소송에서 독립된 취소사유로 주장할 수 있다고 보고 있다.[123] 이에 반하여 수인가능성이나 예측가능성이 있는 경우에는 선행행위의 위법을 후행행위의 위법사유로 주장할 수 없다고 한다.[124]

학설에 따라서는 93누8542 판례가 당해 사안을 선행 행정행위의 후행 행정행위에 대한 구속력의 문제로 보았다고 해석하기도 하고,[125] 하자의 승계문제로 보았다고 해석하는 견해[126]도 있다.

하나의 법적 효과를 목적으로 하는지 아니면 별개의 법적 효과를 목적으로 하는지는 모호한 개념이다. 실제로 일본의 경우 사업인정과 수용재결은 하나의 법적 효과를 목적으로 한다고 보지만 우리나라의 판

122) 대법원 1993. 06. 29. 선고 91누2342 판결. 그러나, 사업인정은 그 자체가 독립의 법적 효과를 발생하는 행정행위이지만, 수용이라는 궁극적 목적을 달성하기 위한 준비행위로 볼 수도 있는 것이므로 사업인정의 위법은 수용재결에 승계된다고 보는 것이 타당하다.

123) 대법원 1994. 01. 25. 선고 93누8542 판결: 과세처분 등 행정처분의 취소를 구하는 행정소송에서도 선행처분인 개별공시지가결정의 위법을 독립된 위법사유로 주장할 수 있다고 한 사례.

124) 대법원 1998. 03. 13. 선고 96누6059 판결: 개별토지가격 결정에 대한 재조사 청구에 따른 감액조정에 대하여 더 이상 불복하지 아니한 경우, 선행처분인 개별공시지가 결정의 불가쟁력이나 구속력이 수인한도를 넘는 가혹한 것이거나 예측불가능하다고 볼 수 없어, 이를 기초로 한 양도소득세 부과처분 취소소송에서 다시 개별토지가격 결정의 위법을 당해 과세처분의 위법사유로 주장할 수 없다고 한 사례. 그런데, 현행법에서는 개별공시지가결정 후 공시 전의 재조사청구는 의견제출의 성격을 갖고, 개별공시지가결정공시 후의 재조사청구는 이의신청의 성질을 갖는다.

125) 김남진·김연태, 앞의 책, 315쪽.

126) 박윤흔, 앞의 책, 422쪽.; 선정원, 행정행위의 흠의 승계, 행정판례평선, 박영사, 2011, 300쪽,

례는 별개의 법적 효과를 목적으로 한다고 본다. 그리고, '하자의 승계'를 인정함에 있어서 두 개의 다른 기준을 적용하고 있는 것도 문제이다. 철거명령이 위법함에도 대집행을 한다는 것은 문제가 있으므로 철거명령과 대집행 사이에 하자의 승계가 인정되지 않는다는 것은 문제가 있는 것은 아닌지 검토를 요한다. 향후 하자의 승계 및 규준력에 관한 보다 깊이 있는 학계의 연구가 요망된다.127)

3. 하자의 치유

판례는 국민의 권리나 이익을 침해하지 않는 범위내에서 하자의 치유를 인정하고 있다. 하자의 치유가 주로 인정되는 것은 절차와 형식의 하자의 경우이다. 판례는 내용상 하자는 치유가 가능하지 않은 것으로 본다.128)

하자의 치유가 어느 시점까지 가능한지에 관한 판례의 입장에 관하여 견해가 대립하고 있다. 판례가 일반적으로 행정쟁송 제기 전까지 하자가 보완되면 치유가 가능한 것으로 보고 있다고 해석하는 견해가 적지 않다.129) 그러나, 하자의 치유 시기는 하자 별로 개별적으로 판단하여야 한다. 의견진술절차의 하자는 원칙상 하자가 치유되지 않는다고 보아야 한다. 왜냐하면 의견진술절차는 행정행위가 행하여지기 전에 인정되어야 처분 전에 방어기회를 준다는 등의 인정이유를 충족시킬 수 있고, 처분 후에 하자의 치유를 인정하면 의견진술절차는 처분의 합리화수단으로 사용될 우려가 크기 때문이다. 다만, 의견진술 자체의 흠결

127) 현행 판례에 대한 비판적인 문제제기에 대하여는 선정원, 앞의 논문 참조.

128) 대법원 1991. 05. 28. 선고 90누1359 판결: 이 사건 처분(노선여객자동차운송사업의 사업계획변경인가처분)에 관한 하자가 행정처분의 내용에 관한 것이고 새로운 노선면허가 이 사건 소 제기 이후에 이루어진 사정 등에 비추어 하자의 치유를 인정치 않은 원심의 판단은 정당하다.

129) 홍정선, 앞의 책, 435쪽; 정하중, 앞의 책, 275쪽.

이 아니라 의견진술통지기간의 불준수와 같은 의견진술절차상의 하자는 처분 전에 이해관계인에게 방어의 기회를 준다는 의견진술절차의 인정근거를 위태롭게 하지 않는 한도 내에서는 치유된다고 보아야 한다. 판례는 청문통지기간의 불준수로 청문준비기간이 법정기간보다 조금 모자라지만 자기방어를 위한 준비에 큰 곤란한 점이 없었다면 청문통지기간의 불준수의 하자는 치유된다고 보아야 한다고 하였다.[130]

판례는 이유제시의 하자의 보완으로 인한 하자의 치유에 관하여 행정쟁송의 제기 전, 즉 행정심판이나 행정소송의 제기 전까지 보완되어야 하자가 치유되는 것으로 본다.[131]

VI. 기타

1. 사전결정

사전결정의 예로서는 항공법 제118조의 운수권 배분, 건축법 제10조 제 1 항의 사전결정, 구 주택건설촉진법 제32조의4 제 1 항의 사전결정과 원자력안전법 제10조 제3항의 부지사전승인[132]을 들 수 있다. 다

---

130) 대법원 1992. 10. 23. 선고 92누2844 판결.

131) 대법원 1983. 07. 26. 선고 82누420 판결: 뒤늦은 납세고지서의 송달로 이유부기의 하자의 치유를 허용하려면 늦어도 과세처분에 대한 불복 여부의 결정 및 불복신청에 편의를 줄 수 있는 상당한 기간 내에 하여야 할 것이다.; 대법원 1993. 07. 13. 선고 92누13981 판결: 과세처분시 세액의 산출근거 등이 누락된 경우에는 늦어도 과세처분에 대한 불복 여부의 결정 및 불복신청에 변의를 줄 수 있는 상당한 기간 내에 보정행위를 하여야 그 하자가 치유된다고 본다. 그런데, 과세예고통지사항이 흠결되어 있다 하더라도 그 처분에 대한 불복 여부의 결정 및 불복신청에 전혀 지장을 받지 않을 것이므로 하자가 치유되었다고 볼 수 있다.

132) 판례는 사전부지승인을 "사전적 부분건설허가처분"으로 보았다(대법원 1998.9.4. 선고 97누19588 판결).

만, 현행 원자력안전법상 사전부지승인이 나면 법상 제한공사가 가능한 것으로 규정되어 있다(제10조 제4항).

판례는 사전결정의 처분성을 인정하지만, 사전결정의 구속력을 부정하고 있다. 즉, 행정청이 사전결정시 재량권을 행사한 경우에도 사전결정의 구속력을 인정하지 않고, 최종처분시 다시 그 재량권을 행사할 수 있다고 본다.133) 예외적으로 사전결정의 구속력을 인정하는 취지의 판결도 있다.134)

그렇지만 사전결정에 대한 국민의 신뢰를 보호하고 행정에 대한 예측가능성을 보장해주기 위하여는 사전결정의 구속력을 인정하여야 한다. 법원은 행정청이 사전결정시에는 최종처분과 달리 신중한 결정을 내리지 않는 점 등을 고려하여 사전결정의 구속력을 부인하는 것으로 보이는데, 오히려 판례가 사전결정의 구속력을 인정하면 행정청은 사전

---

133) 대법원 1999. 05. 25. 선고 99두1052 판결.

134) 대법원 1998. 04. 28. 선고 97누21086 판결: [1] 폐기물처리사업계획 부적정통보는 처분이다. 폐기물처리사업계획 적정 여부의 결정에 있어 행정청에 재량이 있다. 이러한 경우 사업계획 적정 여부 통보를 위하여 필요한 기준을 정하는 것도 역시 행정청의 재량에 속하는 것이므로, 그 설정된 기준이 객관적으로 합리적이 아니라거나 타당하지 않다고 볼 만한 다른 특별한 사정이 없는 이상 행정청의 의사는 가능한 한 존중되어야 한다. [2] 폐기물관리법 제26조 제1항, 제2항 및 같은 법 시행규칙 제17조 제1항 내지 제5항의 규정에 비추어 보면 폐기물처리업의 허가에 앞서 사업계획서에 대한 적정·부적정 통보제도를 두고 있는 것은 폐기물처리업을 하고자 하는 자가 스스로 시설 등을 설치하여 허가신청을 하였다가 허가단계에서 그 사업계획이 부적정하다고 판명되어 불허가되면 허가신청인이 막대한 경제적·시간적 손실을 입게 되므로, 이를 방지하는 동시에 허가관청으로 하여금 미리 사업계획서를 심사하여 그 적정·부적정통보 처분을 하도록 하고, 나중에 허가단계에서는 나머지 허가요건만을 심사하여 신속하게 허가업무를 처리하는 데 그 취지가 있다. [3] 폐기물처리업에 대하여 사전에 관할 관청으로부터 적정통보를 받고 막대한 비용을 들여 허가요건을 갖춘 다음 허가신청을 하였음에도 다수 청소업자의 난립으로 안정적이고 효율적인 청소업무의 수행에 지장이 있다는 이유로 한 불허가처분이 신뢰보호의 원칙 및 비례의 원칙에 반하는 것으로서 재량권을 남용한 위법한 처분이라고 본 사례.

결정의 구속력을 고려하여 사전결정시 신중한 결정을 하게 될 것이다.

2. 처분의 직권변경

판례는 직권에 의한 처분의 적극적 변경에 있어서 취소소송의 대상 및 제소기간에 관하여 판시하고 있고, 그 전제로서 당초처분 및 변경처분의 효력에 관하여 검토하고 있다. 즉, 판례는 선행처분의 주요 부분을 실질적으로 변경하는 내용으로 후행처분을 한 경우에 선행처분은 특별한 사정이 없는 한 그 효력을 상실하지만, 후행처분이 있었다고 하여 일률적으로 선행처분이 존재하지 않게 되는 것은 아니고 선행처분의 내용 중 일부만을 소폭 변경하는 정도에 불과한 경우에는 선행처분이 소멸한다고 볼 수 없다고 한다.[135]

이러한 직권에 의한 처분의 적극적 변경에 관한 판례는 학설에 의해 대체로 수용되고 있고, 이에 관한 이론적 연구를 요구하고 있다.

3. 행정조사

행정조사를 위해 압수수색이 필요한 경우 명문의 규정이 없는 경우에도 영장의 제시가 필요하다고 볼 것인지가 문제되는데 아직 명확한 판례가 나오지 못하고 있다.

행정조사가 위법한 경우에 그 행정조사에 의해 수집된 정보에 기초하여 내려진 행정결정이 위법한 것으로 되는지가 학설상 문제로 되고 있는데, 판례는 적극설을 취하고 있다.[136] 다만, 행정조사절차의 하자가

---

135) 대법원 2012. 10. 11. 선고 2010두12224 판결; 대법원 2012. 12. 13. 선고 2010두20782, 2010두20799 판결 등.

136) 대법원 2006. 06. 02. 선고 2004두12070 판결; 대법원 2014.6.26. 선고 2012두911 판결 〔국세부과취소〕 : 구 국세기본법 제81조의5가 정한 세무조사대상 선정사유가 없음에도 세무조사대상으로 선정하여 과세자료를 수집하고 그에 기하여 과

경미한 경우에는 위법사유가 되지 않는 것으로 본다.[137]

문제는 위법한 행정조사에 기초한 행정결정이 취소된 후 적법하게 행정조사를 한 후 동일한 내용의 행정결정을 할 수 있는가 하는 점이다. 달리 말하면 불법하게 수집된 사실이 후일 적법한 조사에 의해 사실로 확인된 경우 동일한 내용의 행정결정의 처분사유가 될 수 있는지 하는 것이다.

4. 위헌 · 위법인 법령에 근거한 처분의 취소의 효력

위헌·위법인 법령에 근거한 처분에 대한 취소판결에 따라 법령을 합헌·합법적으로 개정한 후 행정청이 개정법령을 취소된 처분사건에 적용하여 새로운 처분을 할 수 있을 것인지가 문제된다.

2007두8287 전원합의체 판결은 "구 자원의 절약과 재활용촉진에 관한 법률 시행령(2007. 3. 27. 대통령령 제19971호로 개정되기 전의 것) 제11조 [별표 2] 제 7 호에서 플라스틱제품의 수입업자가 부담하는 폐기물부담금의 산출기준을 아무런 제한 없이 그 수입가만을 기준으로 한 것은, 합성수지 투입량을 기준으로 한 제조업자에 비하여 과도하게 차등을 둔 것으로서 합리적 이유 없는 차별에 해당하므로, 위 조항 중 '수입의 경우 수입가의 0.7%' 부분[138]은 헌법상 평등원칙을 위반한 입법으로서 무

세처분을 하는 것은 적법절차의 원칙을 어기고 구 국세기본법 제81조의5와 제81조의3 제1항을 위반한 것으로서 특별한 사정이 없는 한 과세처분은 위법하다.

137) 대법원 2009. 01. 30. 선고 2006두9498 판결.

138) [별표 2] 폐기물부담금의 산출기준(제11조 관련)

품목	종별 및 규격	요율 및 금액
7. 플라스틱 제품	가. 제1차플라스틱제품(플라스틱관 제품을 제외한다) · 포장용플라스틱제품· 기타플라스틱제품	합성수지 투입kg당 7.6원 (수입의 경우 수입가의0.7%)
	나. 건축용플라스틱제품·기계장비조립용	합성수지 투입kg당 3.8원

효이고, 그러 하다면 이에 근거하여 산출된 폐기물부담금을 부과한 피고의 이 사건 처분도 위법하다."라고 판시하였다.[139] 문제는 이 판결 후 수입업자가 부담하는 폐기물부담금의 산출기준도 합성수지 투입량을 기준으로 국내 제조업자와 동일하게 개정되었는데, 처분청은 원고에게 개정 산출기준에 따라 폐기물부담금을 부과할 수 있는가 하는 문제가 제기된다. 만일 수입업자에게는 당해 사안은 물론 위헌결정된 동 시행령이 개정될 때까지는 폐기물부담금을 부과하지 못한다고 본다면 이 또한 문제이다. 이러한 문제를 해결하기 위해서는 위헌·위법인 명령에 대해 전부 무효가 아니라 일부 무효판결을 하고,[140] 그에 근거한 처분에 대해 전부취소가 아니라 일부 취소처분을 하는 것이 가능한 것인지에 관하여 연구할 필요가 있다. 향후 위헌·위법인 명령의 위헌·위법 판단을 함에 있어 전부 무효 이외의 다양한 판결유형을 입법 또는 판례를 통하여 도입할 필요가 있다. 해당 사건에서 '수입의 경우 수입가의 0.7%' 부분 중 과도한 차별에 해당하는 부분만 위헌이라는 취지의 판결을 내리는 것이 불가능한 것인지 검토를 요한다.

플라스틱제품·제1차플라스틱제품중 플라스틱관 제품	(수입의 경우 수입가의 0.7%)
다. 플라스틱을 재료로 사용한 가구제품, 인형·장난감·오락용품, 끈·로프, 사무·회화용품, 라이터, 칫솔, 면도기	합성수지 투입kg당 7.6원 (수입의 경우 수입가의 0.7%)

139) 대법원 2008.11.20. 선고 2007두8287 전원합의체 판결[폐기물부담금부과처분취소].

140) 최근 판례는 법규명령규정의 일부무효를 인정하였다(대법원 2012.12.20. 선고 2011두30878 전원합의체 판결[화물자동차운행정지처분취소]: 구 화물자동차 운수사업법 시행령 제6조 제1항 [별표 1] 제12호 (가)목에 규정된 '2인 이하가 중상을 입은 때' 중 '1인이 중상을 입은 때' 부분이 모법인 구 화물자동차 운수사업법 제19조 제1항 및 제2항의 위임범위를 벗어나 무효라고 한 사례).

VII. 맺음말

행정판례는 어려운 여건하에서도 양적·질적으로 큰 발전을 이루었다. 지난 30년은 양적이나 질적으로 행정판례의 '고도성장기'라고 할 수 있다.

그렇지만 지난 30년의 행정판례를 회고하면 부족한 점도 있었다. 판례의 기초를 이루는 이론에 대한 검토가 충분하지 못하였고, 이론과의 정합성에도 문제가 있는 경우가 없지 않았다. 아직도 행정판례가 공백상태인 부분도 적지 않다.

판사의 재판부담 및 행정법이론의 부재 등에도 불구하고 수준높은 행정판례를 기대하는 것은 과욕일 수 있었다. 행정판례의 질은 행정법이론의 질에 좌우될 수밖에 없다. 그러나 이제는 역량있는 행정법학자와 행정법에 전문화된 판사가 늘었으므로 행정판례의 질을 높이는 것에 관심을 가져야 할 때이다.

행정판례의 발전을 위해서는 행정재판성의 전문성을 보다 강화하여야 한다. 지금과 같이 행정판결에서 이론적 검토를 최소화하고 판결문을 간결하게 쓰는 것으로 한다면 더욱 행정판결의 명확성을 높이고, 행정판례를 이해할 수 있는 전문가진술 등 '보조자료'의 개발을 검토할 필요가 있다. 판례의 형성 및 변경이 예상되는 문제에 대한 선제적 법이론연구가 있어야 할 것이다. 이는 행정법학자, 학회 및 사법정책연구원 등 연구기관의 임무이다. 행정판례연구회 등을 통한 학계와 실무계의 교류와 협력이 보다 긴밀하게 이루어져야 할 것이다.

선진국가시대, 글로벌 시대에 맞추어 선진외국에 버금가는 수준높은 행정판례의 전통을 수립해가야 할 것이다. 우선 법이론과 판례에서 구시대의 잔재를 청산하여야 할 것이다. 나아가 우리나라의 정체성, 전통에 맞는 합리적인 행정법이론체계 및 행정판례를 형성해가야 할 것이다.

참고문헌

단행본

김남진·김연태, 행정법 I, 법문사, 2011.

__________, 행정법 II, 법문사, 2005.

김도창, 행정법론(상), 청운사, 1992.

김동희, 행정법 I, 박영사, 2011.

김중권, 행정법 기본연구 I, 법문사, 2008.

김철용, 행정법, 고시계사, 2014.

류지태·박종수, 행정법신론, 박영사, 2011.

박균성, 행정법론(상), 박영사, 2014.

______, 행정법론(하), 박영사, 2014.

박윤흔, 최신 행정법강의(상), 박영사, 2004.

석종현·송동수, 일반행정법(상), 삼영사, 2009.

정하중, 행정법개론, 박영사, 2014.

홍정선, 행정법원론(상), 박영사, 2014.

논문

김용섭, 행정재량론의 재검토 – 기속재량의 새로운 방향모색을 중심으로 –, 경희법학 제36권 1호, 2001.8.

______, 기속행위, 재량행위, 기속재량, 판례연구 15집 하, 서울지방변호사회, 2001.12.

김재협, 최근 행정판례의 흐름과 극복하여야 할 과제, 법조 50권 6호(통권 537호), 법조협회, 2001.06.

김중권, 이른바 "수리를 요하는 신고"의 문제점에 관한 소고, 행정판례연구 8집, 2003.12,

박균성, 행정법이론에 비추어 본 행정판례의 발전과제, 특별법연구 11권,

사법발전재단, 2014.
______, 최근 대법원 행정판례의 분석, 정의로운 사법(이용훈대법원장재임기념논문집), 사법발전재단, 2011.
박균성, 20세기 행정법분야의 주요 판례의 소개와 해설, 인권과 정의 284호, 2000.04.
______, 규제형평제도 도입의 법적 문제와 과제, 토지공법연구, 2010.
______, 납골당설치신고 수리거부의 법적 성질 및 적법성 판단, 행정판례연구, 2011.6.
______, 행정법상 신고, 고시연구, 1999.11.
박정훈, 행정판례 반세기 회고, 행정판례연구 11집, 박영사, 2006.06.
______, 불확정개념과 판단여지, 행정작용법, 김동희교수정년기념논문집.
선정원, 행정행위의 흠의 승계, 행정판례평선, 박영사, 2011.
안동인, 기속행위와 재량행위의 구별기준, 행정판례평선, 박영사, 2011.
윤기중, 행정규제완화수단으로서의 신고에 관한 연구, 경희대학교 법학전문대학원 박사학위 논문, 2014.8,
이상규, 행정판례의 회고, 인권과 정의 199호, 대한변호사협회, 1993.03.
정남철, 도시계획결정과 형량결정, 행정판례평선, 박영사, 2011.
정하중, 한국 행정판례의 성과와 과제, 행정판례연구 11집, 박영사, 2006.06.
조헌수, 병역소집처분의 기속행위성, 행정판례평선, 박영사, 2011.
홍정선, 행정판례의 발전에 관한 일고, 법학논집 제5권 제1호, 이화여자대학교 법학과 창립50주년 기념호, 이화여자대학교 법학연구소, 2000.12.

연구보고서

김재광외 3인, 재량권 행사의 투명성 제고 방안, 한국법제연구원, 2004.
한국공법학회(이원우 외), 규제형평제도 도입 방안 연구, 국가경쟁력강화위원회 정책연구과제 최종보고서, 2009.12.

국문초록

이 글에서는 행정법총론에서의 몇 개의 중요한 주제에 관한 30년의 행정판례의 발전을 고찰하고 앞으로의 발전과제와 발전방향을 제시하였다.

행정판례는 지난 30년간 양적이나 질적으로 크게 발전하였다. 그렇지만 지난 30년의 행정판례를 회고하면 부족한 점도 있었다. 판례의 기초를 이루는 이론에 대한 검토가 충분하지 못하였고, 이론과의 정합성에도 문제가 있는 경우가 없지 않았다. 아직도 행정판례가 공백상태인 부분도 적지 않다.

법원은 학설이 일관되게 주장하는 바와 같이 평등원칙을 매개로 재량준칙의 간접적 구속력을 인정하여야 할 것이다. 행정권은 재량준칙으로 정할 사항을 법규명령으로 정하려는 시도를 포기하고 행정규칙의 형식으로 정하여야 할 것이다. 재량권의 불행사와 해태에 대한 통제를 강화하여야 할 것이다.

기속재량행위는 원칙상 입법자가 명문의 규정으로 인정하도록 하여야 하고, 판례가 해석에 의해 기속재량을 인정하는 것은 입법자의 의사가 명백히 합리적으로 추론되는 경우에 한하여야 극히 예외적으로 인정하여야 할 것이다.

'수리를 요하는 신고'를 자기완결적 신고 및 허가와 구별하고 독자적인 행위형식으로 인정하는 것이 타당하다. 나아가 "수리를 요하는 신고"라는 대신 '수리행위가 있는 신고'라는 명칭을 사용하는 것이 타당하다. 특허와 허가의 구별을 폐지하는 것이 타당하다.

앞으로 하자의 승계 및 규준력, 위헌·위법인 법령에 근거한 처분의 취소의 효력 등에 관한 보다 깊이 있는 학계의 연구가 요망된다.

이제는 행정판례의 질을 높이는 것에 관심을 가져야 할 때이다. 행정판례의 발전을 위해서는 행정재판의 전문성을 보다 강화하여야 한다. 판례의 형성 및 변경이 예상되는 문제에 대한 선제적 법이론연구가 있어야 할 것이다. 행정판례연구회 등을 통한 학계와 실무계의 교류와 협력이 보다 긴밀하게 이루어져야 할 것이다. 법이론과 판례에서 구시대의 잔재를 청산하여야 할 것이다. 나아가 우리나라의 정체성, 전통에 맞는 합리적인 행정법 이론체계 및 행정판례를 형성해가야 할 것이다.

주제어: 행정판례, 행정입법, 기속재량행위, 사전규제, 행정행위의 하자

Abstract

Retrospect and Prospect of Administrative Precedent
(Generals of Administrative Law I)

Park Kyun Sung*

This article examines the development of administrative precedent over 30 years on several important topics in the Administrative Law Generals and presents the developmental challenges and the direction in the future.

Administrative precedents have greatly evolved quantitatively and qualitatively over the last 30 years. However, administrative precedents have had a loophole in it, when we are retrospective. That is, review of the theory underlying the precedent was not enough, and there were some problems in consistency between precedents and theory. Still now, the parts that the administrative precedents are empty are not rare.

The court should accept indirect binding force of discretionary criterion by the medium of equality, as legal theory has been insisted consistently. Executive power is to abandon the attempt setting up legal orders instead of discretionary criterion for cases needing that, and they should make rules in the form of administrative rules. The control to nonuse and nonclaim of discretions is to be strengthened.

'Bound discretion' should be legislated provisions written by law maker basically, recognition of 'bound discretion' interpreted in the

---

* Professor of Kyung-Hee University Law School

cases should be exception, when the intention of legislator was inferred very reasonably.

'Declaration requiring acceptance' should be distinguished from self－completed declaration and license, and recognized by its own action. Additionally, it is proper to use term of 'declaration having acceptance' instead of 'declaration requiring acceptance', and to abolish distinction between franchise and license.

Academic research over defect succession and binding force, effect of cancellation of the decision based on laws violating Constitution etc. is required in－depth in the future.

Now, it is time to have an interest in improving the quality of administrative precedent. For the development of the administrative precedent, the administrative court should enhance its expertise. Legal theory on issues including formation and modification of precedents should be studied preemptively. In order that, academic sector and practical sector should be exchanged and cooperated more closely by like 'administrative precedent research association.' Vestiges of olden days in the legal theory and precedent should be cleared. Moreover, resonable systematic theory of administrative law and administrative precedent should be made in accord with the our national identity and tradition.

keywords: Administrative precedent, Administrative rule, Bound discretion, Regulation, Defect of Administrative act

투 고 일: 2014. 11. 22
게재확정일: 2014. 12. 19

行政判例의 回顧와 展望
-行政節次, 情報公開, 行政調査, 行政의 實效性確保의 分野

金重權*

* 中央大學校 法學專門大學院

** 이 글은 한국행정판례연구회 창립 30주년 및 제300회 월례발표회 기념학술대회(2014.10.17.)에서 발표한 것을 수정, 보완한 것이다.

Ⅰ. 처음에-行政法의 現在化를 위한 省察

행정법의 역사는 그 기원과 기본모델이 된 官憲國家的 기조를 민주적 법치국가원리에 맞게 새로이 구축하는 과정이다.[1] 민주주의와는 거리가 먼 권위주의적 정부행태가 지배하면, 행정법의 발전은 한계가 있을 수밖에 없다. 행정소송이 제대로 구축되어 발전적인 행정판례가 출현해야 비로소 행정법학은 종래의 관헌국가적 행정법 즉, 官房法學으로서의 부정적 측면을 떨치고, 법치국가원리의 구체화로서의 본연의 기능을 수행할 수 있다. 1984년의 개정행정소송법은 행정법의 발전을 위해 결정적인 바탕을 제공하였다. 특히 87년 민주화 이후 국가와 사회가 양적, 질적으로 엄청나게 변화하였으며, 그 소산이 행정사건의 대폭 증가이다.[2] 국민이 통치의 대상에서 벗어나 권리주체로서 지위를 갖게 되는 임계점에 행정소송법이 존재한다. 이 점에서 1984년 행정소송법개정은 公法學史的으로 에포크적 의미를 갖는다.[3]

행정판례연구회 월례발표회 제300회 특집이 '행정판례의 회고와 전망'이다. 이는 금번 제9회 한국법률가대회(2014.10.24.)의 대주제인 '近代司法 120년 – 省察과 새로운 指向'과도 상통한다. 전망을 전제로 한 회고가 성찰이고, 새로운 지평의 지향이 전망이다. 쟁점에 대해 반복적 물음을 제기하여 성찰함으로써 새로운 지평을 열어갈 수 있다.[4] 사실 행정소송 84년 체제는 결정적인 숙명적 한계를 갖고 있다. 민사법과 다른, 행

---

1) 공법 특히 행정법학의 새로운 좌표에 관해서는 김남진, 현대국가에서의 행정 및 행정법학의 역할과 과제, 학술원통신 2012.7. 참조.

2) 2012년 기준으로 제1심에 접수된 행정사건 수가 16,942건에 달하며, 2014년에 대법원에 접수된 행정사건 수가 1,618건에 달한다. 일본은 우리의 8분의 1 수준이라고 한다. 岡田正則/박기주 譯, "日本 行政訴訟制度의 形成史와 改革의 課題", 司法 제22호, 2012, 442면.

3) 상세는 최송화, 현행 행정소송법의 입법경위, 공법연구 제31집 제3호(2003.3.), 1면 이하.

4) 그 일환이 행정판례연구회에 의해 2011년에 출간된「행정판례평선」이다.

정법 및 행정재판의 특성을 깊이 숙고하지 않았던 당시의 경향이 －비록 점차 가시긴 했어도－ 여전히 강하게 남아 있다. 이미 행정판례연구회 제200회 발표회기념 학술대회(2005.11.21.)에서 광복이후 행정판례에 관해 심도 있는 고찰을 하였다.[5] 이하에서는 그 이후 또는 여전히 행정절차, 정보공개, 행정조사, 행정의 실효성확보의 분야에서 行政法發展의 起爆劑가 되거나 行政法의 發展을 위해 극복되어야 할 중요한 판례에 관해, 行政法의 現在化를 위해서 미래지향적으로 성찰하고자 한다.[6]

Ⅱ. 法의 持續的인 更新과 行政判例

判例는 사법기관의 재판작용의 축적된 결과물인 동시에, 法學이 實務를 만나는 곳이다.[7] 다른 법영역과는 달리 성문의 총칙(총론)규정이 없는 행정법은 다른 법영역에 비할 수 없을 정도로 판례의존도가 높다.[8][9] 그런데 判例를 통한 法의 現在化가 요구된다.[10] 판례는 원칙적으

5) 정하중, 한국 행정판례의 성과와 과제; 박정훈, 행정판례 반세기의 회고; 윤형한, 행정재판제도의 발전과 행정판례, 행정판례연구 제11권, 2006.

6) 여기서 다룬 판례와는 별도로 행정판례 전반에 관해서 졸고, 행정소송과 행정법, 제9회 한국법률가대회(2014.10.24.) 발표문.

7) 여기서 예링의 다음의 지적을 상기할 필요가 있다: 실천적 학문의 경우에 이론은 타락하지 않고자 한다면 실무와 계속적인 관계를 가져야 한다. 양창수(역), 예링, "다시 지상에서－어떻게 개선할 것인가?", 서울대 법학 제39권 제3호, 1998, 82면. 100년 전에 독일 법학과 법학교육의 방향전환을 강조한 이 글은 지금 우리에게도 많은 시사점을 제시한다.

8) 법학과 법실무의 연결고리로서의 판례의 의의와 기능에 관해선 박정훈, 행정법에 있어 판례의 의의와 기능, 행정법학 창간호, 2011.9.,, 35면 이하 참조.

9) 일반행정법이론이 행정법총칙에 해당한다. 일반행정법이론은 행정법의 개별영역을 위하여 통상적인 통용을 요구하는 법률, 헌법규정, 법제도 그리고 법원칙의 總和를 일컫는다. 일찍이 일반행정법의 의의에 대해 Schmidt－Aßmann은, "무릇 질서이념으로서의 일반행정법은 개별법제도상의 정렬(법규정)의 상관관계, 지속적인 발전계보와 적합성을 항상 재차 확인하는 데 이바지한다. 따라서 당연히 그것의

로 다른 국가권력과는 과거사를 다루는 점에서도 구분된다. 권력분립은 시간적 견지에서 국가적 상태를 조직화한다. 입법은 미래를 향도하는 규칙(규범), 장차 국가활동을 위한 규준을 설정한다. 입법자는 과거의 경험과 현재의 준수로부터 규준을 추출하고 일반화하면서 미래를 형성하는 국가권력에 해당한다. 반면 행정권은 현재를 다룬다. 일반적인 규칙(규범)을 개별사례에 대해 개별적으로 구체적으로 적용한다. 판례는 −판시하는 시점에서 보면− 과거에 존재하는 완결된 사안을 판단하고, 이들에 법률적 규준을 적용한다. 법의 내용과 사실적 형성력에 관한 −법적 지속성을 견지하는− 끊임없는 확인을 공고히 하면서, 과거를 다룬다. 그리하여 법원은 과거사를 다루지만 과거분석과 과거평가로부터 미래를 결정하는 권력에 해당한다.

판례(Rechtsprechung)는 법(Recht)을 말하는 것(Sprechen)이다. 법을 말한다는 것은 민주적 법치국가에서는 개별사례를 위해 법률의 언명을 현재에 맞게 해석(설명)하는 것을 의미한다. 입법자가 지속적으로 구속력을 갖는 장기적인 규준을 규율하는 데 대해서, 판례는 이 규준을 개별 적합하게, 현재적으로 그리고 사안과 관련해서 분명히 하고, 구체화한다. 입법과 사법은 명령과 시행처럼 상호 작용하는 것이 아니라, 원칙과 구체화처럼 상호 작용한다.

판례는 사전에 규정된 것(입법)을 사후에 말하는 것 이상이며, 항상 불완전한 규정을 숙고하는 것이다. 그리하여 법관은 현재의 법구속성을 위해 책임을 지고, 법치국가의 현재적 대변자(Gegenwartssprecher)이다. 판결의무를 지는 법관이 충분히 명확하지 않은 법률적 규준과 만난 경우, 그는 법률보완적, 법률보충적인 판례를 내릴 적격자이다. 따라서 법

바탕은 일반화되어야 할 분석적 사고의 합리화효력에 관한 통찰이다."고 지적하였다. Ders., Das allgemeine Verwaltungsrecht als Ordnungsidee, 2.Aufl., 2004, S.1.

10) Paul Kirchhof, Der Auftrag des Bundesverwaltungsgerichts zur kontinuierlichen Erneuerung des Rechts, in: Festgabe 50 BVerwG, 2003, S.255(257ff.).

관은 법률내용을 현재에 맞게 계속 숙고해야 하고, 그래서 발전(전개)을 동반한 숙고를 필요로 한다. 특히 최고법원의 법관은 과거와 현재의 중재자이기도 하다. 또한 입법권의 사자만은 아니고, 법률적 규준의 동반적 해석자이다. 법관은 국가 및 법의 갱신능력의 보증인이기도 하다. 결국 법원은 법률에 의한 민주적 미래선취의 범주에서 법치국가의 미래개방성을 보장한다.

행정사건에서 법관은 행정법의 대변자(Sprecher)이다. 실현되고 있는 법의 妥當根據는 과거에 있는 것이 아니라, 현재에 있다.[11] 일찍이 Schmidt－Aßmann은 법학적 체계사고란 견고한 가치위계에 고정되어 있지 않을 뿐더러 필연적으로 靜的이지도 않다고 강조하면서, 동시에 그런 사고에서의 언명은 오히려 미래의 향상된 인식과 바탕규준의 불변성의 유보하에 있음을 지적하였다.[12] 현재에 맞는 바른 법을 발견할 수 있도록 학계의 지속적인 문제제기가 요구된다.[13] 법원 역시 학계의 지적에 관해 개방적 성찰을 해야 한다.

Ⅲ. 韓國行政判例硏究會에서 關聯 領域에서의 發表現況

1984.12.11. 제1회 월례발표회에서 김남진, 이홍훈 고문님께서 발표한 이래로 지난 달 제299회 월례발표회까지 행정절차, 정보공개, 행정조사, 행정의 실효성확보의 분야에서 발표된 소중한 역사는 다음과 같다.

---

11) 김형배, 법학방법론, 1981, 41면.

12) Schmidt－Aßmann, Das allgemeine Verwaltungsrecht als Ordnungsidee, S.1.

13) 개인적으로 이런 작업을 해오고 있는데, 졸고, 2010년도 주요 행정법(행정)판결의 분석과 비판에 관한 소고, 안암법학 제35호, 2011.5.31., 45면 이하; 2011년도 主要 行政法(行政)判決의 分析과 批判에 관한 小考, 안암법학 제38호, 2012.5.31., 27면 이하; 2012년도 主要 行政法(行政)判決의 分析과 批判에 관한 小考. 안암법학 제42호, 2013.9.30., 55면 이하; 2013년도 主要 行政法(行政)判決의 分析과 批判에 관한 小考, 안암법학 제44호, 2014.5.31., 81면 이하 참조.

李尙圭, 入札參加資格制限行爲의 법적 성질, 제8회 월례발표회, 1985. 10.25.
南勝吉, 行政刑罰의 범위, 제44회 월례발표회, 1990.3.30.
卞海喆, 公物에 대한 强制執行, 제61회 월례발표회, 1992.1.31.
李康國, 行政行爲의瑕疵의治癒, 제88회 월례발표회, 1994.11.18.
崔松和, 行政處分의 理由明示義務에 관한 판례, 제91회 월례발표회, 1995.4.21.
金鐵容, 行政節次法의 내용, 제109회 월례발표회, 1997.3.21.
吳峻根, 聽聞의실시요건, 제113회 월례발표회, 1997.8.22.
李東洽, 刑事記錄열람·등사거부처분, 제121회 월례발표회, 1998.5.16.
權殷旼, 公賣決定·通知의 처분성 및 소송상 문제점, 제135회 월례발표회, 1999.10.15.
慶健, 情報公開請求權의 憲法的根據와 그 制限, 제139회 월례발표회, 2000.3.17.
金容燮, 行政上 公表, 제142회 월례발표회, 2000.6.17.
李元雨, 정부투자기관의 부정당업자 제재조치의 법적 성질, 제152회 월례발표회, 2001.6.15.
吳峻根, 행정절차법시행이후의 행정절차 관련 주요행정판례 동향분석, 제155회 월례발표회, 2001.10.10.
裵柄皓, 회의록과 정보공개법상 비공개대상정보, 제163회 월례발표회, 2002.7.19.
金敞祚, 정보공개제도상의 비공개사유와 본인개시청구, 제169회 월례발표회, 203.1.17.
金聖泰, 운전면허수시적성검사와 개인정보보호, 제169회 월례발표회, 203.1.17.
曺海鉉, 행정처분의 근거 및 이유제시의 정도, 제170회 월례발표회, 203.2.21.
金容贊, 정보공개청구사건에서의 몇 가지 쟁점, 제172회 월례발표회, 2003.5.16.
金鐵容, 학교법인임원 취임승인 취소처분과 행정절차법, 제174회 월례발표회, 2003.7.18.

鄭準鉉, 단순 하자있는 행정명령을 위반한행위의 가벌성, 제184회 월례발표회, 2004.5.21.
權殷旼, 압류처분취소소송에서 부과처분의 근거법률이 위헌이라는 주장이 허용되는지 여부, 제184회 월례발표회, 2004.5.21.
金連泰, 과징금 부과처분에 대한 집행정지결정의 효력, 제185회 월례발표회, 2004.6.18.
尹炯漢, 사전통지의 대상과 흠결의 효과, 제191회 월례발표회, 2004.12.17.
宣正源, 하자승계론의 몇 가지 쟁점에 관한 검토, 제193회 월례발표회, 2005.2.18.
李根壽, 대집행의 법적 성격, 제195회 월례발표회, 2005.4.15.
朴均省, 행정상 즉시강제의 통제－비례원칙, 영장주의, 적법절차의 원칙과 관련하여－, 제203회 월례발표회, 2006.1.20.
崔桂暎, 행정처분과 형벌, 제210회 월례발표회, 2006.9.15.
李湖暎, 합의추정된 가격담합의 과징금산정, 제217회 월례발표회, 2007.4.20.
金義煥, 정보공개법상의 공공기관 및 정보공개청구와 권리남용, 제220회 월례발표회, 2007.8.17.
金秀珍, 행정서류의 외국으로의 송달, 제220회 월례발표회, 2007.8.17.
趙成奎, 과징금의 법적 성질과 부과기준, 제229회 월례발표회, 2008.5.16.
金鐵容, 행정청의 처분근거이유제시의무와 처분근거이유제시의 정도, 제235회 월례발표회, 2008.12.19.
劉慶才, 원인자부담금, 제236회 월례발표회, 2009.1.16.
河明鎬, 법인에 대한 양벌규정의 위헌여부, 제244회 월례발표회, 2009.10.16.
金重權, 민간투자사업의 법적 절차와 처분 하자, 제261회 월례발표회, 2011.4.15.
姜錫勳, 재조사결정의 법적 성격과 제소기간의 기산점, 제263회 월례발표회, 2011.6.17
崔峰碩, 과징금부과처분의 재량권일탈·남용, 제266회 월례발표회, 2011.10.21.
俞珍式, 정보공개법상 비공개사유, 제267회 월례발표회, 2011.11.11.
朴玄廷, 건축법위반과 이행강제금, 제270회 월례발표회, 2012.2.17.
李東植, 세무조사결정통지의 처분성, 제273회 월례발표회, 2012.5.18.

金敞祚, 정보공개법상 비공개사유로서 법인 등의 경영·영업상 비밀에 관한 사항, 제275회 월례발표회, 2012.8.17.
金泰昊, 정보공개법상 비공개사유로서 '진행 중인 재판에 관련된 정보', 제280회 월례발표회, 2013.1.18.
徐輔國, 압류 등 처분 무효확인, 제283회 월례발표회, 2013.4.19.
慶建, 정보공개청구거부처분취소, 제287회 월례발표회, 2013.9.27.
이산해, 과징금부과처분취소· 부당이득환수처분취소, 제287회 월례발표회, 2013.9.27.
李相悳, 체납자출국금지처분의 요건과 재량통제, 제293회 월례발표회, 2014.3.21.
俞珍式, 정보공개거부처분취소, 제294회 월례발표회, 2014.4.18.

Ⅳ. 行政調査의 分野

1. 行政調査(決定)의 法的 性質

행정조사의 법적 성질과 관련한 논의는 혼란스럽다. 성질과 관련하여 대부분의 문헌은 사실행위로 설정하지만, 일부 문헌은 행정조사실행의 성질에 착안하여 행정행위적 형식과 사실행위적 형식으로 나누어 접근하기도 한다.[14] 그런데 현재 논의는 행정조사여부의 결정과 그에 따른 실시(집행)행위를 구분하지 않고 있으며, 총괄개념으로 행정조사를 인식하고 있지도 않다. 나아가 조사실시행위의 다양성도 간과한다. 그것의 법적 성질을 일회적으로 설정하는 것은 타당하지 않거니와 논증에 있어 불편하다. 나아가 그로 인해 행정조사에 대한 이해가 저어되기도 한다.

행정조사에서는 우선 행정조사결정과 그것의 구체적 실행행위를

14) 박균성, 행정법론(상), 2014, 486면 이하.

구분해야 한다. 대법원 2011.3.10. 선고 2009두23617, 23624판결은 세무조사결정의 처분성을 인정하여[15] 이런 구분적 접근의 단초를 제공하였다.[16] 종래 문헌과 같은 맥락에서 조사행위(조사실시) 그 자체를 대상으로 논의를 전개한 하급심과는[17] 달리, 대법원은 조사행위를 근거지우는 결정(조사결정)을 문제로 삼았다. 종래 조사실시에 사로잡힌 나머지 그것을 곧바로 사실행위로 접근하여 조사결정에 대해 권리보호를 강구하는 것이 여의치 않았다. 관건은 행정처분의 개념적 징표 가운데 법적 효과를 발생시키는 규율이 존재하는지 여부이다. 이 판결은 세무조사가 갖는 함의에 착안하여 그로부터 법효과의 발생을 적극적으로 논증함으로써, 기왕의 스테레오적 사고에서 벗어났다.

세무조사결정의 처분성은 일반 행정조사의 경우에도 그대로 이전될 수 있기에, 행정조사결정 역시 행정행위라 하겠다. 반면 행정조사행위 즉, 행정조사의 실행행위는 조사방법에 관한 것으로 그것의 내용에 의거하여 가늠할 수 있다. 즉, 출석·진술요구 및 보고요구와 자료제출의 요구의 경우는 하명처분적 성질로, 현장조사 및 시료채취와 자료등의

15) 부과처분을 위한 과세관청의 질문조사권이 행해지는 세무조사결정이 있는 경우 납세의무자는 세무공무원의 과세자료 수집을 위한 질문에 대답하고 검사를 수인하여야 할 법적 의무를 부담하게 되는 점, 세무조사는 기본적으로 적정하고 공평한 과세의 실현을 위하여 필요한 최소한의 범위 안에서 행하여져야 하고, 더욱이 동일한 세목 및 과세기간에 대한 재조사는 납세자의 영업의 자유 등 권익을 심각하게 침해할 뿐만 아니라 과세관청에 의한 자의적인 세무조사의 위험마저 있으므로 조세공평의 원칙에 현저히 반하는 예외적인 경우를 제외하고는 금지될 필요가 있는 점, 납세의무자로 하여금 개개의 과태료 처분에 대하여 불복하거나 조사 종료 후의 과세처분에 대하여만 다툴 수 있도록 하는 것보다는 그에 앞서 세무조사결정에 대하여 다툼으로써 분쟁을 조기에 근본적으로 해결할 수 있는 점 등을 종합하면, 세무조사결정은 납세의무자의 권리·의무에 직접 영향을 미치는 공권력의 행사에 따른 행정작용으로서 항고소송의 대상이 된다.

16) 이에 대한 평석으로 이상신, 세무조사결정이 항고소송의 대상인 처분인지 여부, 세무사 제29권 제1호(128호) 봄호 81면-88면.

17) 대전고등법원 2009.11.26. 선고 2009누124, 131판결; 대전지방법원 2008.11.26. 선고 2007구합1608,2007구합1981(병합)판결

영치의 경우는 사실행위적 성질로 보아야 한다. 행정조사에 관한 현재의 논의는 행정조사기본법의 제정의미를 충분히 반영하지 않고 있는데, 금번 대상판결을 계기로 새로운 접근을 강구하여야 한다.

2. 行政調査와 令狀主義

권력적 조사의 경우 압수와 수색이 동반되는 것이 통상이다. 개별법에서 그에 관한 영장주의를 요구하는 경우(예: 조세범처벌절차법 제3조, 관세법 제296조)는 논외이고, 그런 명문규정이 없을 때, 행정조사에도 영장주의가 적용되어야 할지여부가 논란이 된다. 영장필요설, 영장불요설, 절충설 등의 논의가 분분하다.[18] 먼저 형사소추를 위한 경우에는 행정조사의 차원을 넘어서기에 영장주의가 당연히 적용되어야 하기에, 논외이다. 문제는 그에 이르지 않는 차원의 경우인데, 판례는 행정조사에는 압수수색영장이 요구되지 않는다고 분명히 판시하였다.[19]

우선 해당 개별법적 상황(예: 관세법 제246조 제1항)을 출발점으로 삼아야 한다. 만약 행정조사를 명시적으로 언급한 개별법이 이에 대해 특별히 규율하지 않았거나 불충분하게 규율한 경우에는, 행정은 행정조사기본법상의 현장조사, 시료채취와 영치의 방법을 동원할 수 있다. 이런 방법이 아닌 다른 방법으로 압수·수색으로 나아갈 경우에 비로소 영장주의의 적용여부가 다투어질 수 있는데, 과연 실제로 이런 경우가 있을 수 있는지 의문스럽다. 지금의 문헌상의 논의는 개별법적 상황, 행정조사의

18) 행정상 즉시강제에서의 영장주의에 관해선 박균성, 행정상 즉시강제와 영장제도, 행정판례평선, 435면 이하 참조.

19) 대법원 2013.9.26. 선고 2013도7718판결: 우편물 통관검사절차에서 이루어지는 우편물의 개봉, 시료채취, 성분분석 등의 검사는 수출입물품에 대한 적정한 통관 등을 목적으로 한 행정조사의 성격을 가지는 것으로서 수사기관의 강제처분이라고 할 수 없으므로, 압수·수색영장 없이 우편물의 개봉, 시료채취, 성분분석 등 검사가 진행되었다 하더라도 특별한 사정이 없는 한 위법하다고 볼 수 없다.

기본성격, 행정조사기본법의 제정의미, 개별법과 행정조사기본법과의 관계를 반영하지 않은 채 접근하고 있다고 여겨진다. 특히 관련하여 제시되는 이른바 절충설을 세분한 '원칙적 긍정설'과 '개별적 결정설'의 경우 이들을 학설로 보기 어려울 뿐더러, 그 구분의 경계마저 불분명하다. －형법에서의 교과서범죄마냥－ 여기서의 논의가 과연 필요한지 심히 의문스럽다.

3. 違法한 行政調査의 效果

위법한 행정조사의 결과물인 정보가 잘못된 것이라면 행정결정 그 자체가 위법으로 되기에 하등의 문제가 되지 않는다. 따라서 논의상황은 위법한 행정조사를 통해 수집한 타당한 정보에 의거하여 어떤 행정결정이 내려진 경우이다.[20] 행정조사를 순전히 절차적, 보조적 의미만을 둔다면 그것의 위법성과 그것을 기초로 한 행정결정의 위법성은 별개라 여길 법하다.[21] 그러나 행정조사가 행정과정 전체에서 수행하는 기능의 측면에서 행정조사상의 하자는 절차하자로 접근할 수 있다. 그리하여 일부 문헌은 절차하자마냥 조사상의 위법은 당연히 본체인 행정결정의 위법성을 가져다준다고 본다.[22] 반면 일부 문헌은 약간의 가중적 요건(예: 행정조사가 법이 요구하는 요건을 무시하여 조사로 볼 수 없을 정도도 위법한 경우)을 전제로 행정결정의 위법성을 논증한다.[23]

판례 역시 이 문제를 절차하자의 차원에서 접근한다. 가령 판례는 중복하여 실시되어 위법하게 된 세무조사에 기초하여 이루어진 부가가치세부과처분에 대해 특별한 논거 없이 곧바로 위법성을 인정하였다.[24]

---

20) 상세는 이희정, 위법한 행정조사에 근거한 처분의 흠, 행정판례평선, 443면 이하 참조.

21) 박윤흔/정형근, 행정법강의(상), 2009, 543면.

22) 홍정선, 행정법원론(상), 2014, 690면; 박균성, 앞의 책, 497면.

23) 대표적으로 김남진/김연태, 행정법 I, 2014, 463면.

그러나 토양오염실태조사와 관련해선 시료채취의 방식상의 위반 사정만으론 본처분이 위법하게 되진 않고, 채취된 시료의 대상지역 토양에 대한 대표성을 전혀 인정할 수 없을 정도로 그 위반의 정도가 중대하여야 비로소 위법을 가져다줄 절차하자가 존재하는 것으로 본다.[25)]

V. 情報公開의 分野

1. 情報公開義務를 지는 公共機關의 範圍

정보공개청구권이 일반적으로 인정되기에, 공개의무를 지는 공공기관에 해당하는지 여부가 종종 문제된다. 「공공기관의 정보공개에 관한 법률」(이하 정보공개법)에서 정보공개의무를 지는 "공공기관"이라 함은 국가기관, 지방자치단체, 정부투자기관관리기본법 제2조의 규정에 의한 정부투자기관 그 밖에 대통령령이 정하는 기관[26)]을 말한다(제2조 제3호).

---

24) 대법원 2006.6.2. 선고 2004두12070판결.

25) 대법원 2009.1.30. 선고 2006두9498판결.

26) 영 제2조: 1. 초·중등교육법 및 고등교육법 그 밖에 다른 법률에 의하여 설치된 각급학교, 2.「지방공기업법」에 따른 지방공사 및 지방공단과 다음 각 목의 어느 하나에 해당하는 기관 중 지방자치단체의 조례로 정하는 기관. 가. 지방자치단체의 조례로 설립되고 해당 지방자치단체가 출연한 기관, 나. 지방자치단체의 지원액(조례 또는 규칙에 따라 직접 지방자치단체의 업무를 위탁받거나 독점적 사업권을 부여받은 기관의 경우에는 그 위탁업무나 독점적 사업으로 인한 수입액을 포함한다)이 총수입액의 2분의 1을 초과하는 기관, 다. 지방자치단체가 100분의 50 이상의 지분을 가지고 있거나 100분의 30 이상의 지분을 가지고 임원 임명권한 행사 등을 통하여 해당 기관의 정책 결정에 사실상 지배력을 확보하고 있는 기관, 라. 지방자치단체와 가목부터 다목까지의 어느 하나에 해당하는 기관이 합하여 100분의 50 이상의 지분을 가지고 있거나 100분의 30 이상의 시분을 가지고 임원 임명권한 행사 등을 통하여 해당 기관의 정책 결정에 사실상 지배력을 확보하고 있는 기관, 마. 가목부터 라목까지의 어느 하나에 해당하는 기관이 단독으로 또는 두개 이상의 기관이 합하여 100분의 50 이상의 지분을 가지

사립대학교가 동법 시행령 제2조 제1호에 따라 정보공개의무를 지는 것과 관련한 물음에서, 대법원은 "공공기관이라 함은 국가기관에 한정되는 것이 아니라 지방자치단체, 정부투자기관, 그 밖에 공동체 전체의 이익에 중요한 역할이나 기능을 수행하는 기관도 포함되는 것으로 해석되고, 여기에 정보공개의 목적, 교육의 공공성 및 공·사립학교의 동질성, 사립대학교에 대한 국가의 재정지원 및 보조 등 여러 사정을 고려해 보면, 사립대학교에 대한 국비 지원이 한정적·일시적·국부적이라는 점을 고려하더라도, 정보공개법 시행령 제2조 제1호가 정보공개의무를 지는 공공기관의 하나로 사립대학교를 들고 있는 것이 모법인 정보공개법의 위임 범위를 벗어났다거나 사립대학교가 국비의 지원을 받는 범위 내에서만 공공기관의 성격을 가진다고 볼 수 없다."고 판시하였다(계명대정보공개사건).[27] 따라서 공공기관에의 해당성 여부에 관한 판단에선, 기본적으로 공동체 전체의 이익에 중요한 역할이나 기능을 수행하는지 여부가 출발점이자 결정적 잣대이다.

동법 시행령 제2조 제4호상의 '특별법에 의하여 설립된 특수법인'의 경우에도 그 자체로 정보공개의무를 인정하지 않고, 다시금 그 법인의 역할과 기능에서 정보공개의무를 지는 공공기관에 해당하는지 여부를 판단한다. 즉, 판례는 기본적으로 공동체 전체의 이익에 중요한 역할

고 있거나 100분의 30 이상의 지분을 가지고 임원 임명권한 행사 등을 통하여 해당 기관의 정책 결정에 사실상 지배력을 확보하고 있는 기관, 바. 가목부터 라목까지의 어느 하나에 해당하는 기관이 설립하고, 지방자치단체 또는 설립 기관이 출연한 기관. 3. 「공공기관의 운영에 관한 법률」 제4조에 따른 공공기관. 4. 특별법에 의하여 설립된 특수법인. 5. 사회복지사업법 제42조제1항의 규정에 의하여 국가 또는 지방자치단체로부터 보조금을 받는 사회복지법인과 사회복지사업을 하는 비영리법인.

27) 대법원 2006.8.24. 선고 2004두2783판결. 대법원 2013.11.28. 선고 2011두5049판결은 다시 확인하여 연세대학교 자금운용위원회의 '자금운용 회의록 정보' 및 '등록금 인상률 정보'를 공개대상정보로 판시하였다. 대법원 2004두2783판결에 대해선 하명호, 행정법규의 소급적용금지, 행정판례평선, 381면 이하.

이나 기능을 수행하는지 여부를 결정적 잣대로 삼는다. 그리하여 한국방송공사(KBS)의 경우엔 긍정하였다(황우석 교수의 논문조작 사건에 관한 '추적 60분' 사건).[28] 반면 한국증권업협회의 경우엔 공공성결여를 이유로 한국증권업협회가 정보공개의무기관에 해당하지 않는다고 판시하였다.[29] 일찍이 한국증권업협회(지금 한국금융투자협회)가 협회등록취소결정과 관련해서 제1심은[30] 공무수탁사인에 의한 행정처분으로 보았지만, 항고심은[31] 私人들 사이의 私法上 契約關係를 해소하는 해지로 보았다. 그런데 재항고심인 대법원 2004.3.4.자 2001무49결정은 항고심의 결론을 그대로 추인하였으며, 이후 원고는 제1심의 본안의 소를 취하하였다. 과거에는 협회등록이 되지 않으면 코스닥시장에서 증권중개업을 영위할 수가 없었다. 즉, "협회중개시장에서 대통령령이 정하는 유가증권이 거래되도록 하고자 하는 법인은 제28조제2항제3호의 영업허가를 받은 자를 통하여 협회에 등록하여야 한다."(구 증권거래법 제172조의2 제1항). 이 경우엔 한국증권업협회의 법적 지위를 협회등록결정과 관련해서 단순한 私人으로 볼 순 없다. 하지만 동조항은 2004.1.29. 삭제가 되었다. 이후에는 한국증권업협회(지금은 한국금융투자협회)의 법적 지위를 공무수탁사인으로 볼 수가 없다. 대법원 2010.4.29. 선고 2008두5643판결은 한국증권업협회의 법적 지위의 변화에 합치한다고 하겠다.

2. 특별한 의미를 갖는 情報公開 건

행정의 민주화는 행정의 투명성에 비례한다. 행정정보공개제도의 취지는 국민의 알권리를 보장하고 국정에 대한 국민의 참여와 국정운영

28) 대법원 2010.12.23. 선고 2008두13101판결; 서울행법 2007.8.28. 선고 2007구합7826판결.

29) 대법원 2010.4.29. 선고 2008두5643판결.

30) 서울행정법원 2001.9.18.자 2001아1428결정.

31) 서울고등법원 2001.11.16.자 2001루100결정.

의 투명성을 확보하는 데 있다. 이를 통해 행정의 정당성을 제고시키는 동시에 행정의 대국민적 신뢰를 굳건하게 만들며, 나아가 공동체 전체의 반칙과 특권 역시 효과적으로 제지할 수 있다. －보기에 따라서는 판단을 달리 할 수 있지만－ 전체적으로 판례는 적극적으로 정보공개를 접근하여 종종 사회적으로 심대한 파급효과를 야기하기도 한다. 이하에서는 그에 해당하는 몇몇 판례를 소개하고자 한다.[32)]

법원은 과거 정보공개법의 시행(1998.1.1.) 전에, 정부가 1996.3.경 미국정부로부터 당시 미국 정보공개법에 따라 비밀이 해제된 바 있는 1979년 및 1980년의 우리나라 정치상황과 관련한 미국정부 보유의 문서 사본을 제공받아 보관한 것에 대한 공개청구사건에서 매우 전향적인 입장을 취하였다. 당시 행정정보공개운영지침(국무총리훈령)이 '공개할 경우 외교관계를 해한다고 인정되는 정보', '비공개를 전제로 제3자로부터 취득한 정보' 등을 정보공개의 예외로 규정하고 있었다. 하지만 법원은 국민의 알 권리, 특히 국가정보에의 접근의 권리는 우리 헌법상 기본적으로 표현의 자유와 관련하여 인정되는 것으로 그 권리의 내용에는 일반 국민 누구나 국가에 대하여 보유·관리하고 있는 정보의 공개를 청구할 수 있는 이른바 일반적인 정보공개청구권이 포함되고 있으며, 국민의 자유와 권리는 법률에 의해서만 제한할 수 있다고 전제하면서, 동지침의 비법규성에 의거하여 정보공개거부처분이 위법이라 판시하였다.[33)]

현저한 집행부전이 그 특징인 환경 분야에서 시민의 정보에 관한 청구권은 일종의 분배기능과 통제기능을 발휘한다. 하지만 우리의 경우 독일과는 달리 개별법으로 환경정보법이 제정되어 있지 않다.[34)] 따라서

---

32) 비공개정보 전반에 관해서는 김의환, "비공개대상정보의 범위", 조해현(편집대표), 행정소송(Ⅱ), 2008, 187면 이하 참조.

33) 대법원 1999. 9.21. 선고 97누5114판결. 이에 대한 평석으로 경건, 정보공개청구권의 근거, 행정판례평선, 374면 이하.

34) 수질 및 수생태계 보전에 관한 법률 제5조(정보의 제공) 환경부장관은 국민이 제9조에 따른 상시측정 및 조사결과, 제23조의 규정에 의한 오염원조사결과, 폐수

환경정보청구권은 일반법인 정보공개법에 의거해서 접근할 수 있다. 대법원은 환경정보공개와 관련하여 의미있는 판결을 내렸다. 주한미군기지에 대한 환경오염조사와 관련한 정보에 대해 공개가 천명되었다.[35]

그 밖에 큰 이슈가 된 정보공개사례는 면대상자들의 사면실시건의서와 그와 관련된 국무회의 안건자료에 관한 정보,[36] 사법시험 제2차 시험의 답안지,[37] 2002학년도부터 2005학년도까지의 대학수학능력시험 원데이터.[38] 한국방송공사의 '수시집행 접대성 경비의 건별 집행서류 일체'.[39] '론스타'와 관련한 광범한 자료이다.[40]

Ⅵ. 行政節次의 分野

1. 行政節次法의 適用範圍

(1) 행정절차법의 적용여부와 관련하여 제기되는 문제

행정절차법은 행정절차에 관한 일반법이다. 행정절차에 관하여 다른 법률에 특별한 규정이 있는 경우를 제외하고는 행정절차법이 정하는 바에 의한다(행정절차법 제3조 제1항). 그러나 '국회 또는 지방의회의 의결을 거치거나 동의 또는 승인을 얻어 행하는 사항' 등에 대하여는 행정절차법의 적용이 배제된다(제3조 제2항).[41]

배출시설에서 발생하는 폐수의 오염도 및 배출량, 그 밖에 환경부령이 정하는 정보에 쉽게 접근할 수 있도록 전산망을 구축·운영하여야 한다. <개정 2007.5.17>

35) 대법원 2009.2.26. 선고 2007두14596판결.

36) 대법원 2006.12.7. 선고 2005두241판결.

37) 대법원 2003.3.14. 선고 2000두6114판결.

38) 대법원 2010.2.25. 선고 2007두9877판결.

39) 대법원 2008.10.23. 선고 2007두1798판결.

40) 대법원 2011.11.24. 선고 2009두19021판결.

41) 1. 국회 또는 지방의회의 의결을 거치거나 동의 또는 승인을 얻어 행하는 사항, 2. 법원 또는 군사법원의 재판에 의하거나 그 집행으로 행하는 사항, 3. 헌법재

행정과정에 대한 국민의 참여와 행정의 공정성·투명성·신뢰성을 확보하고 국민의 권익을 보호하는 것을 목적으로 하는 동법의 입법목적에 비추어, 적용배제의 물음에 대해서는 엄격한 태도를 취해야 한다.[42] 행정절차법의 적용여부와 관련하여 다음과 같이 문제되곤 한다. 먼저 행정절차법의 적용이 배제되는 다른 법률을 적용하면서 그 법률이 규정하지 않은 제도적 장치를 행정절차법의 규정을 동원할 수 있는지가 문제되며, 그 다음 법 제3조 제9호의 경우 추가적으로 '대통령령으로 정하는 사항'을 규정하고 있기에, 해석의 문제가 생긴다.

전자의 물음에서 법원은 행정절차법의 적용이 배제되는 이상, 설령 행정절차법상의 의견청취생략사유가 존재하더라도 동 규정을 적용할 수 없다고 본다.[43] 후자의 물음에서 법원은 '공무원 인사관계 법령에 의한 처분에 관한 사항' 전부에 대하여 행정절차법의 적용이 배제되는 것이 아니라 성질상 행정절차를 거치기 곤란하거나 불필요하다고 인정되는 처분이나 행정절차에 준하는 절차를 거치도록 하고 있는 처분의 경우에만 행정절차법의 적용이 배제된다고 판시하였다.[44]

판소의 심판을 거쳐 행하는 사항, 4. 각급 선거관리위원회의 의결을 거쳐 행하는 사항, 5. 감사원이 감사위원회의의 결정을 거쳐 행하는 사항, 6. 형사·행형 및 보안처분 관계법령에 의하여 행하는 사항, 7. 국가안전보장·국방·외교 또는 통일에 관한 사항 중 행정절차를 거칠 경우 국가의 중대한 이익을 현저히 해할 우려가 있는 사항, 8. 심사청구·해양안전심판·조세심판·특허심판·행정심판 기타 불복절차에 의한 사항, 9. 병역법에 의한 징집·소집, 외국인의 출입국·난민인정·귀화, 공무원 인사관계 법령에 의한 징계 기타 처분 또는 이해조정을 목적으로 법령에 의한 알선·조정·중재·재정 기타 처분 등 당해 행정작용의 성질상 행정절차를 거치기 곤란하거나 불필요하다고 인정되는 사항과 행정절차에 준하는 절차를 거친 사항으로서 대통령령으로 정하는 사항.

42) 동지: 김철용, 행정법, 324면.

43) 대법원 2001.5.8. 선고 2000두10212판결.

44) 대법원 2007.9.21. 선고 2006두20631판결.

(2) 공무원에 대한 신분상의 불이익한 조치의 경우

공무원에 대해 '징계처분 등을 할 때나 강임·휴직·직위해제 또는 면직처분을 할 때'에는 처분사유설명서의 교부 등과 같은 권익보장제도(국가공무원법 제75조 이하)가 동원될 수 있지만, 공무원 인사관계법령에 의한 제 처분 가운데 그에 해당하지 않은 경우에는 절차적 보호의 공백이 발생한다. 사안에서 육군참모총장의 건의에 따라 국방부장관이 2004.11.30. 군인사법 제31조 등에 기하여 대령진급선발 취소처분(낙천처분)을 하였다. 이에 대해 당사자는 이 처분을 하는 과정에서 따로 의견제출 기회나 소명기회 등을 전혀 부여받지 못한 사실을 들어 위법을 주장했다. 하급심은 이 처분이 침해적 행정처분임을 인정하면서도, 그것이 행정절차법 제3조 제2항 제9호에 의해 동법이 적용되지 않는 대상의 하나인 '공무원 인사관계 법령에 의한 징계 기타 처분'에 해당함을 들어 이 취소처분에 절차상 하자는 없다고 판시하였다.[45] 반면 대법원 2006두20631판결은 이상과 같이 추가적 요건을 설정하여 판단하여 절차하자의 존재를 인정하였다. 동일한 맥락에서 대법원은 별정직 공무원에 대한 직권면직처분의 경우에도 당사자에게 행정절차법에서 정한 사전통지를 하거나 의견제출의 기회를 주지 않은 점을 들어 위법이라 판단하였다.[46] 그런데 대법원2011두30687판결의 동일한 재판부는 국가공무원법상 직위해제처분에 대해서는 처분의 사전통지 및 의견청취 등에 관한 행정절차법 규정이 적용되지 않는다고 보았다.[47]

공무원 인사관계 법령에 의한 제 처분 가운데 국가공무원법 제75조 이하의 권익보장제도에 의해 커버되지 않는 경우에 대해서 여하히 절차보장을 관철할 것인지가 관건이다. 먼저 현행법의 해석(de lege lata)

---

45) 서울고법 2006.11.30. 선고 2006누5191판결.
46) 대법원 2013.1.16. 선고 2011두30687판결.
47) 대법원 2014.5.16. 선고 2012두26180판결.

의 차원에서 가능한지가 검토되어야 한다. 우선 행정절차법 제3조 제2항 제9호 및 그에 따른 동법 시행령 제2조를[48] 분석해야 한다. 법문구조를 보면, 동법 시행령 제2조는 '당해 행정작용의 성질상 행정절차를 거치기 곤란하거나 불필요하다고 인정되는 사항과 행정절차에 준하는 절차를 거친 사항'을 규정하고 있으며, 그 하나가 '공무원 인사관계 법령에 의한 징계 기타 처분사항'이다. 따라서 법문은 분명히 '공무원 인사관계 법령에 의한 징계 기타 처분사항'을 제외대상으로 하고 있고, 추가적인 요건을 도출할 수가 없다. 대법원 2006두20631판결 등의 논증이 나름 법령의 공백을 메우기 위한 모색의 일환이긴 해도, 이는 현행법의 구조를 넘어선 것이다. 나아가 직위해제처분의 경우 비록 잠정성을 지니긴[49] 해도 진급낙천처분과 비교해서 효과에서 한층 심대하기에, 절차요

48) 제2조(적용제외) 법 제3조 제2항 제9호에서 "대통령령으로 정하는 사항"이라 함은 다음 각 호의 어느 하나에 해당하는 사항을 말한다. <개정 2002.12.30, 2005.6.30, 2007.11.13, 2011.3.2>

1. 「병역법」, 「향토예비군 설치법」, 「민방위기본법」, 「비상대비자원 관리법」에 따른 징집 · 소집 · 동원 · 훈련에 관한 사항
2. 외국인의 출입국 · 난민인정 · 귀화·국적회복에 관한 사항
3. 공무원 인사관계법령에 의한 징계 기타 처분에 관한 사항
4. 이해조정을 목적으로 법령에 의한 알선·조정·중재·재정 기타 처분에 관한 사항
5. 조세관계법령에 의한 조세의 부과·징수에 관한 사항
6. 「독점규제 및 공정거래에 관한 법률」, 「하도급거래 공정화에 관한 법률」, 「약관의 규제에 관한 법률」에 따라 공정거래위원회의 의결·결정을 거쳐 행하는 사항
7. 「국가배상법」, 「공익사업을 위한 토지 등의 취득 및 보상에 관한 법률」에 따른 재결 · 결정에 관한 사항
8. 학교 · 연수원등에서 교육·훈련의 목적을 달성하기 위하여 학생·연수생 등을 대상으로 행하는 사항
9. 사람의 학식 · 기능에 관한 시험·검정의 결과에 따라 행하는 사항
10. 「배타적 경제수역에서의 외국인어업 등에 대한 주권적 권리의 행사에 관한 법률」에 따라 행하는 사항
11. 「특허법」, 「실용신안법」, 「디자인보호법」, 「상표법」에 따른 사정 · 결정 · 심결, 그 밖의 처분에 관한 사항

49) 대법원 2003.10.10. 선고 2003두5945판결.

청에서 판단을 달리한 것은 수긍하기 어렵다. 현행법의 해석(de lege lata)의 차원에서 가능한 합사실적 해결책이 강구될 수 없으면, 입법 자체의 문제점을 정면으로 직시할 필요가 있다. 일체의 공무원에 대한 신분상 불이익한 일체의 조치 가운데 국가공무원법 제75조 이하의 권익보장제도에 의해 커버되지 않는 것까지 포함하여 규정한 동법 시행령 제2조 제3호의 위헌·위법성을 확인하는 것이 정도이다. 판례가 이처럼 규범통제의 방식으로 접근하였다면, 이를 통해 입법정책적 차원(de lege ferenda)에서 해결책 역시 제시된다.

2. 行政處分의 事前通知

(1) 사전통지의 의의

처분의 사전통지제도는 부담적 행정처분(의무를 과하거나 권익을 제한하는 처분)에서 당사자에게 원인된 사실 등과 (의견제출과 같은) 나름의 대응방도의 가능성을 먼저 알려주는 것이다. 행정처분이 발급되기 전에 의사소통의 장을 제공하는 처분의 사전통지는 궁극적으론 의견제출 및 청문의 출발점이기에, 이들과 연계하여 접근하여야 한다.

(2) 거부처분의 경우

거부처분 그 자체는 부담적 행정처분의 일종이기에 사전통지제의 적용이 다투어 진다. 우선 부정설은 i) 거부처분상황을 -무에서 무가 확인된다는 의미에서- 권익이 제한된 상황으로 볼 수 없으며, ii) 신청행위 그 자체가 이미 의견진술의 기회를 준 것으로 볼 수 있다는 점을 논거로 내세운다.[50] 판례는 부정설을 취하면서도 '특별한 사정이 있는 경우'에는 원칙수정의 가능성을 시사한다.[51] 그런데 부정설의 논거

50) 한편 박균성 교수는 원칙적으로 부정하되 허가갱신의 경우에는 인정한다(595면).
51) 대법원 2003.11.28. 선고 2003두674판결. 이에 대해선 강현호, 거부처분과 사전통

ⅱ)는 신청의 상황과 신청거부의 상황을 동일하게 설정한 오류가 있으며, 그리고 신청거부의 상황은 자신의 처음의사가 반영되지 않은 경우라는 점을 간과하여서 설득력이 약하다. 그리고 '권익을 제한하는 처분'이라는 법문에 의거한 논거 ⅰ)은 법해석의 차원에서 문제가 있다. 법해석에서 문리적 해석이 출발점이나 그 자체가 전부는 아니다. 거부처분의 경우에는 사전통지를 배제한다는 입법자의 의사가 분명히 확인되지 않는 한, 목적론적, 체계적 해석의 관점을 숙고하여야 한다. 허가와 같은 수익적 처분의 거부는 그 자체가 자연적 자유의 회복을 저지한 것이다. 사실 문리적 해석에 의하더라도, 여기서의 '권익의 제한'의 의미를 권익부여의 전제하에 접근해야 할 논리필연성은 없다. 왜냐하면 제한의 의미에선 기왕의 권익을 축소한다는 의미만이 아니라, 권익행사가 부정된다는 의미도 충분히 도출할 수 있기 때문이다. 부정설의 요령부득의 상황은 신청에 대한 일부거부인 셈인 일부인용에서 극명히 드러난다. 사전통지의 생략은 궁극적으로 의견청취의 가능성을 배제한다. 오늘날 실현되고 있는 법의 타당근거는 과거에 있지 않고, 현재에 있다. 행정절차의 기능인 권리보호와 입법취지를 고려할 때, 해석론의 차원에서(de lege lata)도 권익제한의 결과를 초래하는 거부처분의 메커니즘에서도 거부처분 역시 아무런 문제없이 법문상의 '권익을 제한하는 처분'에 포함시킬 수 있다.[52)]

(3) 제3자효 행정행위

제3자효 행정행위에서 그 제3자는 당사자로 당연히 되지 못하지만, 이해관계인은 될 수 있기에, 그에 대해 사전통지가 있어야 하는지 여부

지, 행정판례평선, 343면 이하.

52) 참고문헌; 윤형한, 사전통지의 대상과 흠결의 효과, 행정판례연구 제10집(2005.6.), 213면 이하; 최계영, 거부처분의 사전통지: 법치행정과 행정의 효율성의 조화, 행정법연구 제18호(2007.8.), 269면 이하.

가 다투어진다. 부정설은 명문에 사전통지는 당사자를 대상으로 한다는 점을 내세우는 반면, 긍정설은 사전통지의 인적대상에 이해관계인을 포함시키는 것이 행정절차법의 이념에 부합된다고 주장한다. 긍정설의 취지는 충분히 공감할 만하나, 현행의 법문에서 그것의 실현은 쉽지 않다. 비록 사전통지가 의견청취의 전단계이며 양자가 연계되긴 하나, 기본적으로 양자는 그 메커니즘과 지향범위에서 다르다. 즉, 해석을 통해 이해관계인에게까지 사전통지를 확대할 수는 없다. 입법정책적 차원(de lege ferenda)에서 정보공개법에서의 청구사실의 제3자에 대한 통지(제21조 제1항)와 같은 제도가 마련되어야 한다.

한편 판례는 행정청이 신규영업자에 대해 영업자지위승계신고를 수리하면, 종전의 영업자에 대한 영업허가 등이 그 효력을 잃는다는 점에서, 식품위생법 규정에 의해 영업자지위승계신고를 수리하는 처분은 종전의 영업자의 권익을 제한하는 처분이고 당연히 그를 상대로 사전통지 등의 절차를 밟아야 한다고 판시하였다.[53] 판례의 이런 태도는 법문이 당사자를 처분에 대해 직접 그 상대가 되는 자로 규정한 것에 반한다. 영업자지위승계신고의 수리와 관련해서 종전 영업자는 이해관계인일 뿐이다.

(4) 일반처분

현행법은 당사자에 대한 부담적 처분을 대상으로 삼기에, 구체적 당사자를 정하지 않은 －일반구체적 규율로서의－ 사물관련적 일반처분의 경우가 문제된다. 판례는 도로법상의 도로구역의 (결정)변경처분의 경우 고시와 열람의 절차를 밟기에, 사전통지나 의견청취의 대상이 되지 않는다고 보았다.[54]

53) 대법원 2003.2.14. 선고 2001두7015판결; 2012.12.13. 선고2011두29144판결.

54) 대법원 2008.6.12. 선고 2007두1767판결. 참고문헌: 김국현, 도로구역(변경)결정을 하면서 토지소유자 등에 대해 의견 청취나 사전통지 등의 사전절차를 거쳐야 하

3. 加算稅賦課處分과 納稅告知의 方式

(1) 기왕의 慣行

'가산세'란 세법에서 규정하는 의무의 성실한 이행을 확보하기 위하여 세법에 따라 산출한 세액에 가산하여 징수하는 금액을 말한다(국세기본법 제2조 제4호). 즉, 가산세 부과처분은 세법에 규정된 의무를 정당한 이유 없이 위반한 납세자에게 부과하는 일종의 행정상의 제재로서, 징수절차의 편의상 당해 세법이 정하는 국세의 세목으로 하여 그 세법에 의하여 산출한 본세의 세액에 가산하여 함께 징수하는 것일 뿐, 세법이 정하는 바에 의하여 성립 확정되는 국세와 본질적으로 그 성질이 다른 것이다. 해서 가산세부과처분은 본세의 부과처분과 별개의 과세처분이다.[55] 즉, 그것은 협력의무위반에 대해서 과하는 것일 뿐, 본질적으로 본연의 과세처분은 아니다.

그런데 가산세 부과처분에 관해서는 국세기본법이나 개별 세법 어디에도 그 납세고지의 방식 등에 관하여 따로 정한 규정이 없다. 그리하여 종래 가산세 부과처분은 본세와 함께 부과하면서 그 세액만 병기하고, 가산세의 종류가 여러 가지인 경우에도 그 합계액만 표시하는 것이 오랜 관행처럼 되어 있었다.

(2) 대법원 2012.10.18. 선고 2010두12347전원합의체판결의 의의

대법원 2012.10.18. 선고 2010두12347전원합의체판결은 가산세 부과처분의 오랜 관행을 타파하였다. 즉, 하나의 납세고지서에 의하여 복수의 과세처분을 함께 하는 경우에는 과세처분별로 그 세액과 산출근거 등을 구분하여 기재함으로써 납세의무자가 각 과세처분의 내용을 알 수

는지 여부, 대법원판례해설 제75호(2008.12.), 650면 이하.

55) 대법원 2001.10.26. 선고 2000두7520 판결; 1992.05.26. 선고 91누9596판결.

있도록 해야 하며, 하나의 납세고지서에 의하여 본세와 가산세를 함께 부과할 때에는 납세고지서에 본세와 가산세 각각의 세액과 산출근거 등을 구분하여 기재해야 하는 것이고, 또 여러 종류의 가산세를 함께 부과하는 경우에는 그 가산세 상호 간에도 종류별로 세액과 산출근거 등을 구분하여 기재함으로써 납세의무자가 납세고지서 자체로 각 과세처분의 내용을 알 수 있도록 하여야 한다고 판시하였다.

이 판결은 종래 징세편의만을 염두에 둔 근거가 없는 관행을 설득력이 있는 논증을 통해 타파함으로써, 법의 현재화의 典範이라 할 수 있다. 그럼에도 국세징수법에서 가산세 부과처분의 납세고지에 관해 상응한 법개정이 아직 행해지지 않고 있다. 사실 문제의 원인은 본질이 조세가 아님에도 본세를 기준으로 가산된다 하여 '가산세'란 명칭을 사용한데 있다. 차제에 가령 '제재금'과 같은 용어의 정비가 필요하다.

4. 法令에서 聽聞이 요구되지 않는 경우의 문제

행정청이 처분을 함에 있어서, 다른 법령 등에서 청문을 실시하도록 규정하고 있는 경우와 행정청이 필요하다고 인정하는 경우에 청문을 실시한다(행정절차법 제22조 제1항). 따라서 법령에서 청문이 요구되지 않는 경우에 청문실시여부는 실시필요성에 관한 행정청의 인정에 전적으로 따른다. 이런 맥락에서 판례는 청문을 규정한 구 건축법 제86조가 동법 제79조에 따른 허가 등의 취소만을 규정한 점을 들어 동법 제11조 제7항 규정에 의한 허가취소의 경우에는 허가권자는 청문을 반드시 실시할 필요는 없다고 판시하였다.[56] 판례의 이런 태도는 청문실시필요성에 관해 행정청의 나름의 판단여지를 인정하는 셈이긴 하나, 청문실시필요성에 관한 행정청의 판단을 무비판적으로 수긍할 것 같으면 자칫

56) 대법원 2004.2.27. 선고 2003두13090판결.

사실상 청문실시여부가 전적으로 법령상의 규정여하에 좌우될 우려가 있다. 특히 거부처분의 경우 대개 그에 관해 별도의 청문절차를 규정한 예가 많지 않은 점에서, 그 경우에는 사실상 절차보호의 공백이 존재하게 되어버린다. 이는 청문요부를 사실상 법령의 근거규정에 전적으로 의거하게 한 종전의 입장이[57] 행정절차법제정의 의미를 간과한 채 변함없이 유지되고 있다. 법의 타당성의 근거는 현재에 있다.

여기서 침익적(부담적) 행정처분에 대한 원칙적인 청문강제를 표방한 판례의 태도가[58] 청문실시여부의 재량차원을 넘어 청문실시필요성의 차원에서도 관철될 필요가 있다. 그런데 과거 판례는 개별법률이 아닌 행정규칙의 차원에서 규정된 청문절차를 거치지 않은 행정행위에 대해 훈령위반의 효과에 관한 논증을 하지 않은 채 위법이라 판단하였다.[59]

5. 書面形式의 要請

(1) 判例의 態度

공법행위에선 달리 규정하지 않는 한, 서면형식의 요청이 원칙이다(행정절차법 제24조). 그것은 법적 명료성, 증명용이, 행정청의 규정에 맞는 문서기록의 이유에서 요구된다. 일반적으로 법령상 서면에 의하도록 되어 있는 행정행위(행정심판법 제35조 제1항 등)를 서면에 의하지 않는 경우는 무효라고 본다. 판례 역시 그러한데, 판례가 무효로 본 사례를 보면,[60] 문제의 납세고지서나 소집통지서 역시 법률이 그것을 명시적으로 규정하고 있기에 그것을 대신하여 구술로 한 것이 문제되었다. 판례상

57) 대법원 1994.3.22 선고 93누18969판결 등.

58) 대법원 2001.4.13. 선고 2000두3337판결; 2007.11.16. 선고 2005두15700판결. 대법원 2000두3337판결에 대해선 김광수, 청문의 흠이 있는 처분의 효과, 행정판례평선, 355면 이하.

59) 대법원 1984.9.11. 선고 82누166판결.

60) 대법원 1970.3.24. 선고 69도724 판결; 대법원 1991.3.27. 선고 90누3409판결 등.

으로 서면형식의 요청은 매우 엄격히 견지되고 있다. 판례는 소방서장이 구술로 한, '소방시설 설치유지 및 안전관리에 관한 법률' 제9조 제2항상의 시정보완명령을 무효로 판시하였다.[61)]

(2) 管見

그런데 '소방시설 설치유지 및 안전관리에 관한 법률' 제9조 제2항은 시정보완명령의 발동에 대해서만 언급하지 시정보완명령서 등과 같이 처분방식에 대한 시사를 전혀 하지 않았다. 따라서 행정절차법 제24조에 의거하여 판단해야 하는 즉, 서면형식의 요청의 원칙에서 보자면 서면으로 하지 않고 구술로 하지 않은 것은 위법이라 할 수 있다. 하지만 대상판결이 서면형식의 요청이 행정의 공정성·투명성 및 신뢰성을 확보하고 국민의 권익을 보호하기 위한 것임을 들어 그 위반을 중대명백한 하자로 본 것은 문제가 있다. 우리 실정법 가운데 명시적으로 서면으로 행정행위를 하게끔 규정한 예가 매우 드물다는 점에서, 이 판결은 지나치다. 무효는 기왕의 법질서를 無로 돌린다는 점에서 그것의 판단에는 늘 신중하여야 한다. 원고가 피고를 비롯하여 이 사건 건물의 각 구분소유자들에게 구두 및 내용증명우편 등으로 이 사건 시정보완명령서의 내용을 알렸으나 피고인은 위 내용증명우편의 수령을 거부한 점에서 그 하자가 과연 중대하다고 할 수 있을지 그리고 과연 하자자체가 있다고 할 수 있을지 의문스럽다. 차제에 하자의 중대성에 대한 새로운 접근이 필요하다.[62)]

61) 대법원 2011.11.10. 선고 2011도11109판결.
62) 이에 관해선 김중권, 행정법, 2013, 253면 이하 참조.

6. 節次瑕疵의 效果

(1) 論議現況

절차하자의 효과에 관해서는 문헌과 판례상의 논의가 일치되지 않는다.[63] 절차하자를 독립된 위법(취소)사유로 인정할 것인지 여부를 두고서 소극설과 적극설이 다투어진다. 판례와 다수의 문헌은 절차고유가치설의 기조에서 절차하자를 적극적인 독립된 위법사유로 인정한다(적극설).[64] 이에 대해 절차의 실체에 대한 봉사적 기능에 터 잡아 소송경제를 강조하는 소극설은 절차봉사설의 기조에서 행정결정의 내용(실체)에 영향을 미치지 않을 절차하자의 경우에는 권리구제가 제한되는 것이 바람직하다고 본다.[65] 그 논거로, 절차형식상의 하자를 이유로 한 취소판결의 기판력이 그 뒤 절차와 형식을 밟아 내용적으로 동일한 처분을 하는 것을 저지하지 못하기에,[66] 적극설이 내세우는 효과적인 권리보호의 보장이 결과적으로 공허하다는 점을 지적한다.

---

63) 문헌은 절차의 취지·목적이 상호 대립하는 당사자 사이의 이해를 조정하거나 이해관계인의 권리·이익을 보호하는 데 있을 때는 절차결여가 무효원인이 되며, 그 취지·목적이 단순히 행정의 적정·원활한 운영을 위하는 등 행정상의 편의에 있을 때에는 그 절차결여가 반드시 무효로 되지는 않는다고 본다. 그러나 판례는 문헌상의 이런 기준을 따르지 않는다. 오히려 주로 전자의 경우를 문제 삼아 취소를 원칙으로 하되 예외적으로 무효로 인정하며, 후자의 경우엔 대상 행위의 효력 자체를 문제 삼지 않는다. 가령 처분의 사전통지나 의견청취의무의 위반에 대해 판례는 단순위법으로 보지만(대법원 2000.11.14. 선고 99두5870판결), 일부 문헌은 무효설을 취한다. 문헌과 판례상의 이런 간극은 상호 조화되기 어려울 정도로 현저함에도 불구하고 별반 지적이 없다. 이런 간극을 지적한 것으로 하명호, 처분에 있어서 절차적 하자의 효과와 치유, 조해현(편집대표), 행정소송(Ⅱ), (2008), 132면.

64) 상세는 오준근, 행정절차법 위반의 효과, 행정판례평선, 334면 이하 참조.

65) 대표적 문헌으로 김남진, 행정법의 기본문제, 1994, 946면, 961면 이하.

66) 대법원 1987.2.10 선고 86누91판결.

(2) 管見

종래 절차고유가치설의 입장은 절차 그 자체에 초점을 맞춘 나머지 전체 법질서에서의 행정절차의 위상은 크게 고려하지 않았다.[67] 법원으로서도 이제는 -자칫 쟁송이 결과적으로 공허할 수도 있다는 점에서- 실질적인 권리구제의 실현의 측면과 아울러 소송경제적 측면까지도 진지하게 고민하여야 한다. 실체적 통제와 절차적 통제, 이 두 가지 요소를 동시에 극대화시킬 수 없다. 그리고 사법구제에 관한 모든 경험에서 보건대, 엄격한 절대적인 하자효과체제와 행정결정에 관한 밀도 있는 실체적 통제, 이 양자를 결합시킬 수는 없다. 체계상의 측면에서 행정절차와 사법적 권리보호를 내용으로 한 전체시스템을 고찰의 기본지평으로 삼아야 한다.[68] 절차 그 자체에 대해 과도한 비중을 부여하는 것은 탈규제화 경향과도 상치(相馳)된다.[69] 행정절차의 하자를 둘러싼 현재의 논의상황에 효과적으로 대응하기 위해 비교법적 차원의 논의에 관심을 가져야한다. 더 이상 내부적 시야로 내국법만을 고수해서는 곤란하다. 행정능률과 권리구제, 두 가지 요청을 조화시키기 위해서 독일 행정절차법 제46조와[70] 같은 규정을 하루바삐 성문화할 필요가 있다.

---

67) 소극설의 핵심은 적극설과는 달리 실체하자가 동반하지 않는 경우에는 절차하자만을 염두에 두어서는 곤란하다는 것이지, 결코 절차하자를 완전히 도외시한 것은 결코 아니다.

68) 사실 실질적 증거의 법칙이나 Chevron 독트린에 의해 실체적 통제가 극히 미약한 미국에서 -실제로 그 효과가 생각만큼이나 주효하지 않는- 절차적 정의가 운위되었다.

69) Vgl. Dolde, NVwZ 2006, S.857ff.

70) 제46조(절차·형식하자의 효과): 제44조의 규정에 의하여 무효로 되지 아니하는 행정행위의 경우, (절차규정 등의) 위반이 결정에 대해 실체적으로 아무런 영향을 미치지 아니하였다는 점이 명백한 때에는, 절차나 형식 또는 토지관할에 관한 규정을 위반하여 성립되었다는 이유만으로 그것의 폐지를 요구할 수 없다.

7. 欠(瑕疵)의 治癒의 원천적인 抑制

(1) 흠의 치유의 의의

하자있는 행정행위의 치유는 기왕에 행한 행정행위의 존재를 무화(無化)시키지 않은 채 그것의 위법성(하자)을 제거하는 것이다. 이는 행정행위의 흠(하자)의 존재에도 불구하고 기왕에 형성된 법관계를 가능한 유지시키려 한다. 하자의 치유의 인정이유로 보통 상대방의 신뢰보호, 행정법관계의 안정성, 불필요한 반복의 배제를 든다. 절차경제를 도모하기 위해, 하자있는 행정행위의 치유를 행정의 법(법률)구속의 大前提하에서 어떻게 자리매김할 것인지가 관건이다.[71)]

(2) 판례의 원천적인 억제 기조

판례는 대법원 1983.7.26. 선고 82누420판결 이래로 하자의 치유와 전환이란 원칙적으로 허용될 수 없는 것으로 보며, 설령 인정되더라도 극히 예외적으로만 허용된다고 한다.[72)] 행정처분의 위법 여부는 처분 후 법령의 개폐나 사실상태의 변동에 의하여 영향을 받지는 않는다. 따라서 치유가 인정되기 위해서는 원칙적으로 처분청에 의한 적극적인 치유작용이 있어야 한다. 하지만 이유제시요구에 관한 리딩판결인 대법원 1984. 7.10 선고 82누551판결이 “수범자가 처분당시 처분의 취지를 알고 있었다거나 그 후 알게 되었다고 하더라도 이유제시상의 하자는 치유될 수 없다.”고 판시한 것은[73)] 너무 엄격하다.

---

71) 참고문헌: 이강국, 행정행위의 하자의 치유, 행정판례연구 제3집(1996.4.) 91면 이하; 소순무, 납세고지서 기재사항 하자의 치유, 대법원판례해설 제24호(1996.5.) 395면 이하.

72) 대법원 2002.7.9. 선고 2001두10684판결 등: 하자 있는 행정행위의 치유는 행정행위의 성질이나 법치주의의 관점에서 볼 때 원칙적으로 허용될 수 없는 것이고, 예외적으로 행정행위의 무용한 반복을 피하고 당사자의 법적 안정성을 위해 이를 허용하는 때에도 국민의 권리나 이익을 침해하지 않는 범위에서 구체적 사정에 따라 합목적적으로 인정하여야 한다.

사실 치유제도는 그다지 활용되지 않고 있다. 그것의 엄격한 시간적 한계가 결정적인 장애물이다. 즉, 시간적 한계에서 사후추완의 가능시점과 관련해서 쟁송제기이전에만 허용해야 한다는 입장과 쟁송제기 이후에도 가능하다는 입장으로 나뉘지만, 판례는 늦어도 대상처분에 대한 불복여부의 결정 및 불복신청에 편의를 줄 수 있는 상당한 기간내에 보정행위를 하여야 그 하자가 치유된다는 입장을 고수하고 있다.[74]

(3) 管見

치유제도를 소송경제와 절차경제의 측면에서 전향적으로 접근할 필요가 있는데, 무엇보다도 법치국가원리와 대립된 법제도로 바라보아서는 곤란하고, 아울러 민법적 관점에서도 벗어나야 한다. 치유의 대상을 절차·형식상의 하자로 설정하면 취소판결의 기속력의 의미를 고려할 때, -독일마냥- 치유의 가능시점 역시 사실심종결시까지 연장하는 것이 바람직하다. 하루바삐 행정행위의 치유를 사실상 옥죄는 초기조건인 대법원 1983.7.26. 선고 82누420판결의 틀에서 벗어날 필요가 있다.

요컨대 하자의 치유와 전환이 활성화되기 위해서 기왕의 엄격한 판례의 입장에서 벗어날 것과 동시에 그것의 실정법적 근거를 마련하는 것이 요망된다. 참고로 독일의 경우 절차간소화의 경향에 맞춰 이미 1996년 행정절차법개정을 통해 절차완화와 불고려·치유·배제규정의 확대를 통해서 행정절차를 신속화하고 절차하자의 법효과를 축소시켰다.[75]

---

73) 동지: 대법원 1984. 2.28 선고 83누674판결; 1990.9.11 선고 90누1786판결.

74) 대법원 1983.7.26. 선고 82누420판결; 1984.4.10. 선고 83누393판결.

75) 제45조(하자의 치유 Heilung von Verfahrens- und Formfehlern): ① 절차 또는 형식법규의 위반은, 그 위반사항이 제44조의 규정에 따라 행정행위를 무효로 만드는 경우를 제외하고는 다음 각호에 해당될 때 이를 문제로 삼지 아니한다. 1. 행정행위의 발동에 필요한 신청을 사후에 제출한 경우, 2. 요구되는 근거제시가 사후에 이루어진 경우, 3. 요구되는 참가인의 의견청취가 사후에 보완된 경우, 4. 행정행위의 발동을 위하여 참여하여야 할 위원회의 의결을 사후에 행한 경우, 5. 필요로 하는 다른 행정청의 협력이 사후에 보완된 경우

Ⅶ. 行政의 實效性確保의 分野

1. 代執行受託者의 法的 地位

(1) 대법원 2011.9.8. 선고 2010다48240판결의 의의

대법원 2011.9.8. 선고 2010다48240판결은 "대한주택공사가 택지개발촉진법에 따른 택지개발사업을 수행하는 경우 이러한 사업에 관하여는 법 제9조 제1항 제2호 등과 공익사업을 위한 토지 등의 취득 및 보상에 관한 법률 제89조 제2항에 따라 시 · 도지사나 시장·군수 또는 구청장의 업무에 속하는 대집행권한을 대한주택공사에 위탁하도록 되어 있다. 따라서 대한주택공사는 위 사업을 수행함에 있어 법령에 의하여 대집행권한을 위탁받은 자로서 공무인 대집행을 실시함에 따르는 권리·의무 및 책임이 귀속되는 행정주체의 지위에 있다고 볼 것이다."고 판시하였다. 판례의 이런 입장은 계속되며,[76] 대부분의 문헌 역시 이런 공무수탁사인을 행정주체로 여긴다.[77]

---

② 제1항에 따른 행위는 행정소송절차의 종결시점까지 추후에 보완될 수 있다.
③ 행정행위에 요구되는 이유의 제시가 이루어지지 아니하였거나 행정행위의 발령 전에 요구되는 참가인의 의견청취가 이루어지지 아니하였고 이로 인하여 행정행위의 취소청구를 제시간 내에 할 수 없었던 경우에는 법적구조기간 지체의 책임이 없다. 제32조 제2항에 따른 절차의 재개기간에 표준이 되는 사항은 흠결된 절차적 행위가 보완된 시점에 발생한다.

76) 대법원 2010.1.28. 선고 2007다82950, 82967판결. 이에 대한 비판으로 졸고, 公務受託私人의 行政主體的 地位의 問題點에 관한 小考, 법률신문 제3989호(2011.12.5.). 여기선 이런 비판을 다시금 강조하고자 한다.

77) 정하중, 국가배상법 제2조 제1항의 '공무를 위탁받은 사인'의 의미, 법률신문 제3965호(2011.9.5.); 박균성, 공무수탁자의 법적 지위와 손해배상책임, 행정판례연구 제15집 제1호, 2010.6, 151면 이하; 정남철, 행정대집행과 국가배상책임, 행정판례연구 제15집 제1호, 2010.6, 189면 이하.

(2) 管見

그런데 공무수탁사인을 행정주체로 설정하면 배상책임주체의 문제가 뒤따른다. 기왕의 논의는 조직법상의 의미, 작용법상의 의미 그리고 책임법상의 의미를 구분하지 않았다. 공무수탁사인이 행정주체가 되어 – 지방자치단체, 공공조합, 영조물법인, 공재단처럼– 간접적인 국가행정의 일환이 되나, 이는 조직법상의 의미이다.[78] 작용법의 차원에선 그것은 고유한 직무담당자(Amtsträger)이다. 즉, 공무수탁사인은 헌법 제29조와 국가배상법 제2조상의 직무를 집행한다. 직무담당자로서 공무수탁사인을 설정하면, 그의 행위에 따른 법적 효과는 당연히 위탁자(국가나 지방자치단체)에게 귀속하며, 이는 국가책임법의 차원에서도 그대로 통용된다. 종래 독일의 'Verwaltungsträger'를 행정주체로 옮겼다. 독일의 문헌이 공무수탁사인 역시 'Verwaltungsträger'의 일종으로 들기에 자연 공무수탁사인에 대해서도 행정주체적 지위를 부여하여 왔다. 그러나 독일의 경우 통설[79]과 판례[80]는, 그들 판례에서 전개된 위탁이론(Anvertrauenstheorie)과 그들 기본법상 배상책임주체로 국가와 공공단체만이 규정되어 있는 점에 의거하여, 공무수탁사인에게 위탁한 행정주체('Verwaltungsträger')가 배상책임을 진다고 본다. 그 결과 공무수탁사인은 국법적 의미에서의 공무원이나 행정보조인과 동일하게 설정되는 셈이다.[81] 공무수탁사인을 행정주체가

---

78) Klement, Höchstrichterliche Rechtsprechung zum Verwaltungsrecht: Ungereimtes in der Beleihungsdogmatik des BGH, VerwArch 2010, 112(119); Maurer, Allg. VerwR, 18.Aufl., 2011, §21 Rn.11.

79) Maurer, Allg. VerwR, §23 Rn.59, §26 Rn.43; Ossenbühl, Staatshaftungsrecht, 5.Aufl., 1998, 16f.; Freitag, Das Beleihungsverhältnis, 2004, S.25.

80) BGHZ 49, 108(115); BGHZ 122, 85(87).

81) 최근 독일에선 일부문헌에서 반대주장이 제기되었다. Frenz는 기본법 제34조의 책임이 사법의 권리주체에게도 이전될 수 있음을 들이, 고권적 권능을 독립되게 행사하는 공무수탁사인이 스스로 책임을 진다고 주장하였다(Ders., Die Staatshaftung in den Beleihungstatbeständen, 1992, S.148ff.). 즉, 공무수탁사인에로의 책임의 원칙적인 이전이 독립된 행정주체로서의 공무수탁사인의 법적 지위의 논리적 결

아닌 행정기관으로 접근하여야 한다.[82)]

직무담당자의 공무원적 지위인정은 공권력주체(국가와 지방자치단체)에 대한 책임귀속 즉, 국가책임을 성립시키기 위함이다. 결코 그의 개인적 책임을 국가배상법차원에서 묻기 위함이 아니다. 그럼에도 불구하고 법원은 사안을 가해공무원의 개인책임의 능부차원에서 접근하였고, 그 결과 －대상판결이－ 공무수탁사인을 국가배상법에 위배되게 배상책임주체로 인정하였다. 그런데 2009.10.21.의 국가배상법개정에서 공무수탁사인을 명시적으로 공무원과 병렬적으로 규정하였다. 개정전의 사안이지만, 이런 행정주체적 접근은 문제가 있다. 사실 이 모든 요령부득의 논증은 국가배상법의 본지에서 벗어나 가해공무원의 직접적 배상책임을 인정하여 국가배상책임의 본질마저 오해하게 한 대법원 1996.2.15. 선고 95다38677전원합의체판결에서 비롯되었다. 이 판결을 극복하지 않고선 우리 네 국가책임법제는 한 발자국도 나아갈 수 없다.[83)]

2. 權力的 事實行爲의 문제

(1) 論議現況

일찍이 헌법재판소는 재무부장관이 제일은행장에 대하여 한 국제그룹의 해체준비착수지시와 언론발표지시를 권력적 사실행위로 보면서 법치국가원리에 반한다고 보았다.[84)] 대법원 역시 이를 수긍하였다.[85)]

과라고 본다.

82) 홍준형 교수 역시 행정주체설에 대해 강한 의문을 피력한다. 동인, 사인에 의한 행정임무의 수행: 공무수탁사인을 둘러싼 법적 쟁점을 중심으로, 공법연구 제39집 제2호(2010), 639면.

83) 이런 사정에 관해선 김중권, 행정법기본연구Ⅱ, 2009, 159면 이하 참조.

84) 헌재 1993.7.29. 89헌마31: 재무부장관이 제일은행장에 대하여 한 국제그룹의 해체준비착수지시와 언론발표 지시는 상급관청의 하급관청에 대한 지시가 아님은 물론 동 은행에 대한 임의적 협력을 기대하여 행하는 비권력적 권고·조언 등의 단순한 행정지도로서의 한계를 넘어선 것이고, 이와 같은 공권력의 개입은 주거

최근에도 "이 사건 종교행사 등 참석불허 처우는 이른바 권력적 사실행위에 해당하므로 행정소송의 대상이 된다고 단정하기 어렵고, 가사 행정소송의 대상이 된다고 하더라도 이미 종료된 행위로서 소의 이익이 부정되어 각하될 가능성이 많은바, 청구인에게 그에 의한 권리구제절차를 밟을 것을 기대하기는 곤란하므로 보충성원칙의 예외로서 헌법소원의 제기가 가능하다"고 판시하였다.[86] 기본적으로 헌법재판소는 대상적격과 권리보호의 필요의 차원에서 권력적 사실행위에 대한 권리구제가능성이 매우 낮음을 이유로 광범한 헌법소원제기가능성을 인정한다.[87]

그러나 행정법문헌은 권력적 사실행위에 대해 －비록 논거는 다르지만－[88] 일치되게 처분성을 인정한다. 법원의 판례 역시 권력적 사실행위의 존재를 인정한다.[89] 그리고 판례는, "구청장이 사회복지법인에

래 은행으로 하여금 공권력에 순응하여 제3자 인수식(引受式)의 국제그룹 해체라는 결과를 사실상 실현시키는 행위라고 할 것으로, 이와 같은 유형의 행위는 형식적으로는 사법인인 주거래 은행의 행위였다는 점에서 행정행위는 될 수 없더라도 그 실질이 공권력의 힘으로 재벌기업의 해체라는 사태변동을 일으키는 경우인 점에서 일종의 권력적 사실행위로서 헌법소원의 대상이 되는 공권력의 행사에 해당한다.

85) 대법원 1996.4.26. 선고 94다34432판결.

86) 헌재 2011.12.29. 2009헌마527.

87) 헌재판례에서 권력적 사실행위가 처음 등장한 것은 헌재 1992.6.26. 89헌마271이 재판장의 소송지휘권의 행사가 권력적 사실행위나 명령의 형식으로 행해진다고 설시한 것이다.

88) 여기서는 행정사실행위 전체에 처분성을 인정하는 입장, 권력적 사실행위 그 자체로 처분성을 인정하는 입장, 합성처분적 논증에 의거하여 처분성을 인정하는 입장 등 각각의 입장이 매우 다양하다. 그리고 그것의 실정법적 착안점을 둘러싸고도, '행정청이 행하는 구체적 사실에 관한 법집행으로서의 공권력의 행사'에서 찾는 입장과 '그 밖에 이에 준하는 행정작용'에서 찾는 입장으로 나뉜다.

89) 대법원 2008.11.13. 선고 2007도9794판결: 경찰관직무집행법 제6조 제1항은 "경찰관은 범죄행위가 목전에 행하여지려고 하고 있다고 인정될 때에는 이를 예방하기 위하여 관계인에게 필요한 경고를 발하고, 그 행위로 인하여 인명·신체에 위해를 미치거나 재산에 중대한 손해를 끼칠 우려가 있어 긴급을 요하는 경우에는 그 행위를 제지할 수 있다."고 규정하고 있는데, 위 조항 중 경찰관의 제지에 관한 부분은 범죄의 예방을 위한 경찰 행정상 즉시강제 즉, 눈앞의 급박한 경찰상

특별감사 결과 지적사항에 대한 시정지시와 그 결과를 관계서류와 함께 보고하도록 지시한 경우, 그 시정지시는 비권력적 사실행위가 아니라 항고소송의 대상이 되는 행정처분에 해당한다"고 판시하였다.[90] 판례가 명시적으로 기술하지는 않지만, 권력적 사실행위가 항고소송의 대상이 된다고 인정할 것으로 여겨진다.

(2) 管見

권력적 사실행위의 존재와 정당성에 대해 성찰이 필요하다. 무엇보다도 그것의 정체가 분명하지 않다. 권력적 사실행위로 드는 것들에 대한 세심한 분석이 따라야 한다. 가령 이상의 종교행사 등 참석불허 처우는 권력적 사실행위가 아니라, 참석금지하명처분이다.[91] 그리고 문헌에서 권력적 사실행위의 예로 들곤 하는 '주민등록직권말소'는 그 자체가 등록취소로서 행정행위이며, 단수처분 역시 그 자체가 공적 서비스제공의 법률관계를 소멸시키는 행정행위이며, 접골사자격증의 반납지시와 회수는 그 자체가 일종의 하명처분이다.

행정소송법개정으로 당사자소송이 활성화될 것으로 예상되는데, 출처와 정당성에서 의문스러운 권력적 사실행위의 존재가 이런 발전을 저

장해를 제거하여야 할 필요가 있고 의무를 명할 시간적 여유가 없거나 의무를 명하는 방법으로는 그 목적을 달성하기 어려운 상황에서 의무불이행을 전제로 하지 아니하고 경찰이 직접 실력을 행사하여 경찰상 필요한 상태를 실현하는 권력적 사실행위에 관한 근거조항이다.

90) 대법원 2008.4.24. 선고 2008두3500판결.

91) 그리고 가령 국제그룹의 해체준비착수지시와 언론발표지시의 경우 지시라는 관헌국가적 개념을 기왕의 법제도에 포섭하기가 쉽지 않아서 권력적 사실행위로 보는 것이 나름 수긍되지만, 그 당시의 관치금융체제를 감안하면 지시상대방은 그에 복종할 수밖에 없기에, 이 지시는 하명처분으로 봄직하다. 다만 쟁송법적 문제는 여기서 지시의 수범자가 아닌 대상기업이 그것을 다툴 수 있는지 여부이다. 지시의 수범자에게 사실상 자유여지가 없는 이상, 그는 단순한 매개자에 불과하다고 볼 수 있기에, 지시가 곧바로 대상기업에 대해 직접 영향을 미친다고 보면 대상기업이 그것을 다툴 수 있다고 봄직하다.

해할 수 있다. 이제 행정행위종속적 권리구제관에 사로잡혀 무리하게 처분성을 논증한 태도는 재고되어야 한다.[92]

3. 履行强制金

履行强制金은 과거의 집행벌을 수정하여 대체한 제도이다. 이행강제금은 의무위반에 가한 제재에 주안점을 두지 않고, 의무이행의 확보에 주안점을 둔다. 이런 특징에서 의무자가 의무를 이행하지 않으면, 반복할 수 있거니와, 증액할 수도 있다. 행정벌이 함께 과해지더라도 문제가 되지 않는다.[93]

이행강제금은 대집행에 대한 부차적 수단으로 규정되어 있지 않다. 판례 역시 대체적 작위의무를 이행강제금의 대상으로 하는 것이 이행강제금의 본질에 반하지 않음을 전제로, 행정청은 대집행과 이행강제금의 양자의 선택에 있어서 재량을 갖는다고 보았다.[94] 따라서 이행강제금절차를 강구한 것과 별도로 대집행절차를 강구하는 것이 현행법(de leg lata)하에서는 용인될 수 있다. 하지만 이것은 이중처벌금지의 원칙과 비례원칙에 비추어 문제가 있다. 독일 연방행정집행법에서의 이행강제금은 기본적으로 대집행에 대한 보충적, 2차적 강제수단으로서 의의를 가진다. 이처럼 입법론의 차원(de lege ferenda)에서 대집행에 대한 이행강제금의 보충적, 2차적 성격을 명문화할 필요가 있다.

대표적인 예인 건축법(제79조)상의 이행강제금제와 관련해서, 법규정상으로, 제1차 시정명령을 시정기간 내에 이행하지 않은 경우에 이행기한을 정해 다시 제2차 시정명령을 발한 다음에 이행강제금부과절차를

92) 참고로 독일의 경우 과거와는 달리, 다수입장과 판례는 대집행실행에 대해 합성처분적 접근을 하지 않고, -자기집행이든 타자집행이든- 사실행위로 보아 일반이행소송을 통한 권리구제를 도모하고 있다.

93) 헌재 2004.2.26. 2001헌바80, 84, 102, 103, 2002헌바26(병합).

94) 헌재 2004.2.26. 2001헌바80, 84, 102, 103, 2002헌바26(병합).

진행할 수 있는지 아니면 이행기한만을 연장시켜서 이행강제금부과절차를 진행할 수 있는지가 불분명하다. 판례는 엄격한 태도를 견지하여 두 차례 시정명령을 발하여 2중의 유예기간을 두어야 한다고 강조한다.[95] 법문에 이런 뜻이 분명히 드러나지 않기에, 자칫 행정일선에서 제2차 시정명령을 간과하여 불필요한 다툼이 발생할 우려가 있다.

4. 行政刑罰의 兩罰主義와 地方自治團體

(1) 판례의 태도

형사범에 있어서 법인은 범죄능력을 가지지 않는다고 보는 데 대해, 행정범에 있어선 양벌주의를 규정하는 예(소방기본법 제55조, 문화재보호법 제117조 등)가 많다. 법인에 대해서는 당연히 벌금 등과 같은 금전벌이 처해진다.

양벌규정과 관련해서 지방자치단체도 법인에 포함되는지 여부가 문제된다. 자치사무와 관련하여 지방자치단체에 대해 그 소속 직원의 불법행위를 이유로 한 도로교통법상의 양벌조항이 적용되는 경우가 발생하였다. 판례는 기관위임사무인 경우와 자치사무인 경우를 구분하여 접근한다. 기관위임사무의 경우 지방자치단체는 국가기관의 일부로 볼 수 있지만, 지방자치단체가 그 고유의 자치사무를 처리하는 경우 지방자치단체는 국가기관의 일부가 아니라 국가기관과는 별도의 독립한 공법인으로서 양벌규정에 의한 처벌대상이 되는 법인에 해당한다고 본다. 그리하여 소속 공무원이 압축트럭 청소차를 운전하여 고속도로를 운행하던 중 제한축중을 초과 적재 운행함으로써 도로관리청의 차량운행제한을 위반한 사안에서, 해당 지방자치단체가 도로법 제86조의 양벌규정에 따른 처벌대상이 된다고 보았다.[96] 반면 항만순찰 등의 업무는 지방

---

95) 대법원 2010.6.24. 선고 2010두3978판결.

96) 대법원 2005.11.10.ㅁ선고 2004도2657판결. 이에 대한 평석으로 전훈, 지방자치단

자치단체의 장이 국가로부터 위임받은 기관위임사무에 해당하여, 해당 지방자치단체가 구 자동차관리법 제83조의 양벌규정에 따른 처벌대상이 될 수 없다고 판시하였다.[97)]

(2) 管見

그런데 기관위임사무이든 자치사무이든 지방자치단체로서는 다르지 않다는 점에서 판례의 태도는 동의하기 어렵다. 또한 다른 사법인과 행정주체를 동일하게 논할 수는 없다. 양벌규정에 따른 처벌이 벌금과 과료와 같은 형벌인 이상, 이를 행정주체이기도 한 지방자치단체에게 과한다는 것은 허용되지 않는다. 만약 처벌로 행정질서벌인 과태료 등을 규정한 경우에는 사정이 다르다.[98)] 한편 구 도로법([법률 제8819호, 시행 2007.3.29]) 제86조의 양벌규정에 대해 헌법재판소는 책임주의에 저촉되어 위헌이라 판시하였다.[99)]

체의 형벌대상성, 행정판례평선, 454면 이하.

97) 대법원 2009.6.11. 선고 2008도6530판결.

98) 독일의 경우에도 게마인데의 경우 범죄능력은 부인되나, 질서위반법에 따른 과태료는 과해질 수 있다고 한다. Vgl. Gern, Kommunalrecht, 7.Aufl. 1998, Rn.84.

99) 헌재 2009.7.30. 2008헌가17: 이 사건 법률조항은 법인이 고용한 종업원 등이 업무에 관하여 구 도로법 제83조 제1항 제2호의 규정에 따른 위반행위를 저지른 사실이 인정되면, 법인이 그와 같은 종업원 등의 범죄에 대해 어떠한 잘못이 있는지를 전혀 묻지 않고 곧바로 그 종업원 등을 고용한 법인에게도 종업원 등에 대한 처벌조항에 규정된 벌금형을 과하도록 규정하고 있는바, 오늘날 법인의 반사회적 법익침해활동에 대하여 법인 자체에 직접적인 제재를 가할 필요성이 강하다 하더라도, 입법자가 일단 "형벌"을 선택한 이상, 형벌에 관한 헌법상 원칙, 즉 법치주의와 죄형법정주의로부터 도출되는 책임주의원칙이 준수되어야 한다. 그런데 이 사건 법률조항에 의할 경우 법인이 종업원 등의 위반행위와 관련하여 선임·감독상의 주의의무를 다하여 아무런 잘못이 없는 경우까지도 법인에게 형벌을 부과될 수밖에 없게 되어 법치국가의 원리 및 죄형법정주의로부터 도출되는 책임주의원칙에 반하므로 헌법에 위반된다.

5. 行政秩序罰과 行政刑罰의 병과 문제

(1) 대법원과 헌법재판소의 상반된 입장

행정질서벌과 행정형벌의 병과와 관련해서, 대법원과 헌법재판소는 상반된 입장을 보인다. 대법원은 "행정법상의 질서벌인 과태료의 부과처분과 형사처벌은 그 성질이나 목적을 달리하는 별개의 것이므로 행정법상의 질서벌인 과태료를 납부한 후에 형사처벌을 한다고 하여 이를 일사부재리의 원칙에 반하는 것이라고 할 수는 없다."고 본다.[100] 반면 헌법재판소는 "동일한 행위를 대상으로 하여 형벌을 부과하면서 아울러 행정질서벌로서의 과태료까지 부과한다면 그것은 이중처벌금지의 기본정신에 배치되어 국가 입법권의 남용으로 인정될 여지가 있음을 부정할 수 없다."고 판시하였다.[101]

(2) 管見

이중처벌금지의 원칙은 처벌 또는 제재가 '동일한 행위'를 대상으로 행해질 때에 적용될 수 있는 것이고, 그 대상이 동일한 행위인지의 여부는 기본적 사실관계가 동일한지 여부에 의하여 가려야 할 것이다. 기본적 사실관계가 동일하지 않다면 이중처벌금지가 문제되지 않는다. 즉, 헌재 92헌바38결정은 무허가건축행위와 위법건축물에 대한 시정명령의 불응을 정당하게 기본적 사실관계가 동일하지 않은 것으로 보았다. 사실 대법원 96도158판결의 사안에서 임시운행허가기간을 넘어 운행한 것과 무등록 차량을 운행한 것은 동일한 행위가 아니다. 후자에 대해 과태료와 별도로 형사벌을 과하더라도 그것은 이중처벌금지의 원칙에 반하지 않는다. 사실 대법원 96도158판결은 기본적 사실관계가 동일한지 여부에 초점을 맞춰 논증했어야 하는데, 그렇지 않고 처음부터 병과가능

100) 대법원 1996.4.12. 선고 96도158판결.
101) 헌재 1994.6.30. 92헌바38.

성을 인정하여 해결책을 구하였다. 그 결과 선행적인 헌법재판소의 결정례를 참고하여 숙고하였으면 생기지 않았을, 바람직하지 않은 불일치가 생겨났다.

Ⅷ. 맺으면서-자연적으로 되는 건 없다

어제와 오늘에서 그 변화를 느낄 순 없지만, 행정판례연구회가 출범한 당시와 비교해서 오늘과 지금은 분명히 과거와는 현저하게 다르다.[102] 최근 행정판례의 경향을 보면, 법원은 행정사건에서 매우 적극적인 입장을 취하고 있다. 이는 그간 학계에서 논의된 사항이 하나하나 현실화되어 간다는 점에서 매우 고무적이다.[103] 하지만 최근에는 과거에 비해 학문적 쟁점에 관한 치열한 논의가 상대적으로 드물다.[104] 특히 로스쿨이 출범한 뒤 判例追隨的 傾向이 심화되고 있다. 일찍이 경제학자 케인즈가 "어려움은 새로운 아이디어를 계발하는 것이 아니라, 옛 것으로부터 벗어나는 데 있다."고 지적하였다. 현재의 논쟁부재 상황은 매우 우려스러운 현상이다.

최근 내한한, '21세기 자본'의 저자인 피케티 교수는 "불평등이 너무 과도해지면 민주주의가 작동하지 않는 경우가 있다. 토론하고 싸우고 행동해야 한다. 자연적으로 되는 건 없다."고 강조했다. 그의 문제의

102) 그 변화의 일단을 극명하게 드러내는 것이 보장국가론이다. 이에 관해서는 김남진, 보장국가시대의 입법과 관련문제, 학술원통신 제255호(2014.10.1.) 참조

103) 물론 어떤 부분에선 기왕의 판례태도에 변함이 없으며, -가령 하루바삐 修理되어야 할 '수리를 요하는 신고'에서처럼- 경우에 따라선 더욱 나름의 논리로 공고화되고 있다.

104) 80년대의 행정규칙의 성질(법규성) 및 행정심판청구인적격의 문제는 물론, 행정소송법개정에서의 명령규칙에 관한 사법통제의 문제에 관한 치열한 논쟁은 행정법학사적으로 백가쟁명의 소중한 역사일 뿐더러, 지금 우리 행정법학의 자양분이라 하겠다.

식을 대입해 보면, 판례추수적 경향이 과도해지면 법치국가원리가 제대로 작동하지 않을 수 있으며, 행정법 역시 기능부전에 처할 수 있다.

오늘의 기준으로 과거를 읽어서도 곤란하지만, 어제의 기준으로 현재를 읽어서도 아니 된다. 하루를 성찰로 보내어 얻은 지혜를 안고 황혼에 날아가는 미네르바의 부엉이처럼, 넓고 깊은 성찰을 바탕으로 행정법의 현대화를 강구해야 한다. 바탕규준의 불변성은 견지하면서도 향상된 인식에서 기왕의 행정판례를 성찰하여, 즉, 行政法 및 行政判例의 日新又日新을 통해 判例追隨的 傾向을 하루바삐 타파해야 한다.[105)]

105) 법치국가원리를 畵龍點睛의 차원에서 구현하는 장치인 행정소송법의 현대화가 시급하다. 입법예고된 후 지금까지 후속절차가 진행되지 않아, 이번에도 행정소송법개정이 무산되지 않을까 염려된다. 한편 금번 행정소송법개정안을 넘어 법치국가원리에 맞는 행정소송법의 모습에 관해서 졸고, 法治國家原理를 具現하기 위한 行政訴訟法의 改正, 韓·中·日 行政法의 主要懸案과 對應方案, 행정소송법 국제학술대회(주최: 한국비교공법학회·동아대 법학연구소), 2014.9.19., 발표문 참조.

참고문헌

국내문헌

김남진 · 김연태, 행정법 I, 2014.

김동희, 행정법 I, 2014.

김중권, 행정법, 2013.

______, 행정법기본연구 I (2008), II (2009), III (2010), IV (2013).

김철용, 행정법, 2014.

김형배, 법학방법론, 1981.

박균성, 행정법론(상)(하), 2014.

박윤흔 · 정형근, 행정법강의(상), 2009.

석종현 · 송동수, 일반행정법(상), 2011.

송현진/유동규, 재개발·재건축 이론과 실무, 2013.

유지태/박종수, 행정법신론, 2012.

정하중, 행정법개론, 2014.

______, 행정법의 이론과 실제, 2012.

조해현(편집대표), 행정소송(II), 2008.

한견우, 현대행정법신론 1, 2014.

행정판례연구회(편), 행정판례평선, 2011.

홍정선, 행정법원론(상)(하), 2014.

홍준형, 행정법, 2012.

강현호, 거부처분과 사전통지, 행정판례평선, 343면 이하.

경 건, 정보공개청구권의 근거, 행정판례평선, 374면 이하.

김광수, 청문의 흠이 있는 처분의 효과, 행정판례평선, 355면 이하.

김국현, 도로구역(변경)결정을 하면서 토지소유자 등에 대해 의견 청취나 사전통지 등의 사전절차를 거쳐야 하는지 여부, 대법원판례해설 제75

號, 2008.12., 650면 이하.
김남진, 현대국가에서의 행정 및 행정법학의 역할과 과제, 학술원통신 2012.7.
김의환, “비공개대상정보의 범위”, 행정소송(Ⅱ), 187면 이하.
김중권, 행정소송과 행정법, 제9회 한국법률가대회, 2014.10.24., 발표문.
______, 法治國家原理를 具現하기 위한 行政訴訟法의 改正, 행정소송법국제학술대회(주최: 한국비교공법학회·동아대 법학연구소), 2014.9.19., 발표문
______, 2010년도 주요 행정법(행정)판결의 분석과 비판에 관한 소고, 안암법학 제35호, 2011.5.31., 45면 이하.
______, 2011년도 主要 行政法(行政)判決의 分析과 批判에 관한 小考, 안암법학 제38호, 2012.5.31., 27면 이하.
______, 2012년도 主要 行政法(行政)判決의 分析과 批判에 관한 小考. 안암법학 제42호, 2013.9.30., 55면 이하.
______, 2013년도 主要 行政法(行政)判決의 分析과 批判에 관한 小考, 안암법학 제44호, 2014.5.31., 81면 이하.
______, 公務受託私人의 行政主體的 地位의 問題點에 관한 小考, 법률신문 제3989호 (2011.12.5.).
박균성, 행정상 즉시강제와 영장제도, 행정판례평선, 435면 이하.
______, 공무수탁자의 법적 지위와 손해배상책임, 행정판례연구 제15집 제1호, 2010.6., 151면 이하;
박정훈, 행정법에 있어 판례의 의의와 기능, 행정법학 창간호, 2011.9.,, 35면 이하.
______, 행정판례 반세기의 회고, 행정판례연구 제11권, 2006, 5면 이하.
소순무, 납세고지서 기재사항 하자의 치유, 대법원판례해설 제24호, 1996.5., 395면 이하.
양창수(역), 예링, “다시 지상에서－어떻게 개선할 것인가?”, 서울대 법학 제39권 제3호, 1998, 82면.
윤형한, 행정재판제도의 발전과 행정판례, 행정판례연구 제11집, 2006.6.,

50면 이하.

______, 사전통지의 대상과 흠결의 효과, 행정판례연구 제10집, 2005.6., 213면 이하.

이강국, 행정행위의 하자의 치유, 행정판례연구 제3집, 1996.4., 91면 이하.

이상신, 세무조사결정이 항고소송의 대상인 처분인지 여부, 세무사 제29권 제1호(128호) 봄호 81면 이하.

이희정, 위법한 행정조사에 근거한 처분의 흠, 행정판례평선, 443면 이하.

전 훈, 지방자치단체의 형벌대상성, 행정판례평선, 454면 이하.

정남철, 행정대집행과 국가배상책임, 행정판례연구 제15집 제1호, 2010.6, 189면 이하.

정하중, 국가배상법 제2조 제1항의 '공무를 위탁받은 사인'의 의미, 법률신문 제3965호 (2011.9.5.).

______, 한국 행정판례의 성과와 과제, 행정판례연구 제11권, 2006.

최계영, 거부처분의 사전통지 : 법치행정과 행정의 효율성의 조화, 행정법연구 제18호, 2007.8., 269면 이하.

최송화, 현행 행정소송법의 입법경위, 공법연구 제31집 제3호, 2003.3., 1면 이하.

하명호, 행정법규의 소급적용금지, 행정판례평선, 381면 이하.

______, 처분에 있어서 절차적 하자의 효과와 치유, 행정소송(Ⅱ), 116면 이하.

홍준형, 공무수탁사인을 둘러싼 법적 쟁점을 중심으로, 공법연구 제39집 제2호(2010), 629면 이하.

Freitag, Das Beleihungsverhältnis, 2004.

Gern, Kommunalrecht, 7.Aufl. 1998

Maurer, Allg. VerwR, 18.Aufl., 2011.

Schmidt-Aßmann, Das allgemeine Verwaltungsrecht als Ordnungsidee, 2.Aufl., 2004,

Kirchhof, Der Auftrag des Bundesverwaltungsgerichts zur

kontinuierlichen Erneuerung des Rechts, in: Festgabe 50 BVerwG, 2003, 255ff.

Klement, Höchstrichterliche Rechtsprechung zum Verwaltungsrecht: Ungereimtes in der Beleihungsdogmatik des BGH, VerwArch 2010, 112ff.

岡田正則·박기주 譯, "日本 行政訴訟制度의 形成史와 改革의 課題", 司法 제22호, 2012, 442면.

국문초록

행정법의 역사는 그 기원과 기본모델이 된 官憲國家的 기조를 민주적 법치국가원리에 맞게 새로이 구축하는 과정이다. 민주주의와는 거리가 먼 권위주의적 정부행태가 지배하면, 행정법의 발전은 한계가 있을 수밖에 없다. 행정소송이 제대로 구축되어 발전적인 행정판례가 출현해야 비로소 행정법학은 종래의 관헌국가적 행정법 즉, 官房法學으로서의 부정적 측면을 떨치고, 법치국가원리의 구체화로서의 본연의 기능을 수행할 수 있다. 1984년의 개정행정소송법은 행정법의 발전을 위해 결정적인 바탕을 제공하였다. 특히 87년 민주화 이후 국가와 사회가 양적, 질적으로 엄청나게 변화하였으며, 그 소산이 행정사건의 대폭 증가이다. 국민이 통치의 대상에서 벗어나 권리주체로서 지위를 갖게 되는 임계점에 행정소송법이 존재한다. 이 점에서 1984년 행정소송법개정은 公法學史的으로 에포크적 의미를 갖는다.

행정판례연구회 월례발표회 제300회 특집이 '행정판례의 회고와 전망'이다. 전망을 전제로 한 회고가 성찰이고, 새로운 지평의 지향이 전망이다. 쟁점에 대해 반복적 물음을 제기하여 성찰함으로써 새로운 지평을 열어갈 수 있다. 사실 행정소송 84년 체제는 결정적인 숙명적 한계를 갖고 있다. 민사법과 다른, 행정법 및 행정재판의 특성을 깊이 숙고하지 않았던 당시의 경향이 −비록 점차 가시긴 했어도− 여전히 강하게 남아 있다. 이미 행정판례연구회 제200회 발표회기념 학술대회(2005.11.21.)에서 광복이후 행정판례에 관해 심도 있는 고찰을 하였다. 이하에서는 그 이후 또는 여전히 행정절차, 정보공개, 행정조사, 행정의 실효성확보의 분야에서 行政法發展의 起爆劑가 되거나 行政法의 發展을 위해 극복되어야 할 중요한 판례에 관해, 行政法의 現在化를 위해서 미래지향적으로 성찰하고자 한다.

주제어: 행정법의 역사, 官憲國家, 민주적 법치국가원리, 행정법의 발전, 官房法學, 법치국가원리의 구체화, 행정소송법, 行政法의 現在化

Abstract

Retrospect and Prospect of Administrative Precedent

Kim, Jung－Kwon

This article is devoted to an retrospective overview about the development of administrative precedent over 30 years on important issues in the administrative procedure law, official information disclosure, administrative investigation, and administrative vicarious execution, etc. This study aims to development the administrative law in the future.

Keyword: Administrative precedent, administrative procedure law, official information disclosure, administrative investigation, administrative vicarious execution

투 고 일: 2014. 11. 22
게재확정일: 2014. 12. 19

* Chung－Ang University Law School

行政判例 30年의 回顧와 展望
- 行政救濟法: 韓國行政判例의 正體性을 찾아서

洪準亨*

I. 개관

행정판례는 '살아 있는 구체화된 법'으로서 법치행정의 원칙을 구현하고 행정법의 흠결과 불비를 보완하여 전체로서 행정법질서를 형성, 향도해 나가는 행정법의 중추적인 원천이라 할 수 있다.[1)] 특히 행정구제법 분야 행정판례는 역사적으로나 현실적으로 행정법의 발견과 적용에 대한 병리학적 증례들을 집적한 구체화된 행정법의 보고로서 행정법의 법리와 실무를 서로 연결시켜 주는 핵심적 고리 역할을 해왔다. 행정구제법 분야 행정판례는 법전 속의 법이 아니라 구체적인 생활 속에서 벌어지는 행정작용으로 인한 손해·손실의 전보와 위법한 행정작용에 대한 다툼 등에 대한 사법적 판단을 담은 판결례로서 이에 관여한 법관들은 물론 법조인과 법학자, 법학계의 번뇌와 숙의, 그리고 그 수준을 투영해 줌으로써 법치국가가 구현되어 나가는 모습을 생생하게 보여준다.

---

* 서울대학교 행정대학원교수

1) 최송화, 행정판례평선(한국행정판례연구회편, 2011, 박영사), 간행사, 6.

지난 30년 동안 한국의 행정판례는 괄목할 만한 발전을 이룩했다. 행정의 행정소송의 문호를 확대하고 국가배상책임과 손실보상을 강화하는 등 행정상 권리구제를 확충하는 한편 행정판례법을 통한 행정법이론의 발전에도 크게 기여하였다. 그럼에도 불구하고 행정판례는 성장통을 겪기도 했고 또 성장의 한계에 부딪히기도 했다. 이러한 관점에서 지난 30년간 행정구제법 분야에서 이루어진 행정판례의 발전 동향을 점검하고 그 과정에서 드러난 문제점과 과제를 검토해 보아야 할 시점이다. 먼저, 행정구제법의 분야별로 주목할 만한 판례 발전의 성과를 검토해 보고 이에 대한 평가와 전망을 시도해 보기로 한다.

II. 행정구제법 분야 행정판례의 발전

1. 국가배상 및 손실보상

1.1. 국가배상

1.1.1. 법령위반의 의미

대법원은 국가배상법상 '법령위반'을 널리 그 행위가 객관적인 정당성을 결여하고 있다는 뜻으로 파악함으로써 구제의 범위를 넓게 인정해 왔다.[2] 학계의 통설 역시 같은 맥락에서 엄격한 의미의 법령위반뿐만 아니라 인권존중·권력남용금지·신의성실·사회질서 등 원칙의 위반도 포함하며, 행위가 객관적으로 정당성을 결여하고 있음을 의미한다고 이해하고 있다.[3] 또한 공무원의 가해행위가 위법한 것인지는 전체 법질서의 관점에서 판단되어야 한다고 본다.

인권존중 · 권력남용금지 · 신의성실(권리남용금지를 포함)과 같은 원칙들은 헌법적 근거를 지닌 행정법의 일반원리로서 당연히 법규에 포함되

2) 대표적으로 대법원 2009. 12.24. 선고 2009다70180판결; 1995.7.14. 선고 93다16819판결(공95.8.15. 998); 1985.2.28. 선고 85초13재정(공1985, 528) 등을 참조.

3) 김도창, 일반행정법론(상), 629; 김동희, 행정법 I, 474.

는 것이므로 그 위반을 법령위반에 포함된다고 보는데 의문이 있을 수 없다. 대법원은 법령을 위반하였다 함은 엄격한 의미의 법령 위반뿐 아니라 인권존중, 권력남용금지, 신의성실과 같이 공무원으로서 마땅히 지켜야 할 준칙이나 규범을 지키지 아니하고 위반한 경우를 포함하여 널리 그 행위가 객관적인 정당성을 결여하고 있음을 뜻하는 것이므로, 경찰관이 범죄수사를 함에 있어 경찰관으로서 의당 지켜야 할 법규상 또는 조리상 한계를 위반하였다면 이는 법령을 위반한 경우에 해당한다는 법리[4]를 근거로, 나이 어린 성폭력범죄피해자가 이차피해를 입지 않도록 더욱 세심하게 배려할 의무를 위배하여 위법하다고 판시하였다.[5] 또 수용자들의 옷을 전부 벗긴 상태에서 앉았다 일어서기를 반복하게 한 신체검사는 그 허용 범위를 일탈하여 위법하고,[6] 브래지어를 이용한 자살이 물리적으로 불가능하지는 않더라도 유치인에게 피해가 덜 가는 수단을 강구하지 않고서 브래지어 탈의를 요구하는 것은 과잉금지에 반하므로 위법하며,[7] 소위 삼청교육으로 인한 피해를 보상하겠다는 대통령과 국방부장관의 담화 발표에 따른 후속조치를 취하지 아니하여 피해자의 신뢰를 깨뜨린 데 대하여 국가가 그 신뢰 상실에 따른 손해를 배상할 책임이 있다고 판시하는[8] 등 법령위반의 판단에 있어 적극적인 태도를 보여 왔다.

대법원은 형식적 의미의 법령에 근거가 없는 경우에도 그와 같은 법리를 토대로 부작위로 인한 국가배상책임을 인정해 오고 있다.[9] 실례

---

4) 대법원 2002. 5. 17. 선고 2000다22607판결, 대법원 2005. 6. 9. 선고 2005다8774판결 등.

5) 대법원 2008.6.12. 선고 2007다64365판결.

6) 대법원 2001. 10. 26. 선고 2001다51466판결(위자료 공2001.12.15.(144),2553).

7) 대법원 2013. 5. 9. 선고 2013다200438판결.

8) 대법원 2001. 7. 10. 선고 98다38364판결(공2001.9.1.(137),1815). 참조판례: [1] 대법원 1996. 12. 19. 선고 94다22927 전원합의체판결(공1997상, 75), 대법원 1997. 2. 11. 선고 94다23692판결(공1997상, 720).

9) 대법원 2009.9.24. 선고 2006다82649판결. 대법원 1998. 10. 13. 선고 98다18520판

로 형사재판의 공판검사가 증인으로 소환된 자로부터 신변보호요청을 받았음에도 아무런 조치를 취하지 않아 그 증인이 공판기일에 법정에서 공판 개정을 기다리던 중 피고인의 칼에 찔려 상해를 입은 사안에서, 검사의 부작위로 인한 국가배상책임을 인정한 사례,[10] 침수피해를 방지하는 데 필요한 적절한 조치를 신속히 취하여야 할 의무를 다하지 아니한 것이 위법이라고 판시한 사례[11] 등이 있다.

1.1.2. 직무상 의무 위반과 인과관계

대법원은 공무원의 직무상 의무위반(특히 부작위)이 문제된 일련의 판례에서 공무원이 직무를 수행하면서 그 근거되는 법령의 규정에 따라 구체적으로 의무를 부여받았어도 그것이 국민의 이익과는 관계없이 순전히 행정기관 내부의 질서를 유지하기 위한 것이거나, 또는 국민의 이익과 관련된 것이라도 직접 국민 개개인의 이익을 위한 것이 아니라 전체적으로 공공 일반의 이익을 도모하기 위한 것이라면 그 의무에 위반하여 국민에게 손해를 가하여도 국가 또는 지방자치단체는 배상책임을 부담하지 아니한다는 견해를 표명해오고 있어 논란의 여지를 남기고 있다.

대법원의 입장은, 공무원이 고의 또는 과실로 그에게 부과된 직무상 의무를 위반하였을 경우라고 하더라도 국가는 그러한 직무상의 의무위반과 피해자가 입은 손해 사이에 상당인과관계가 인정되는 범위 내에서만 배상책임을 지며, 그 경우 상당인과관계가 인정되려면 공무원에게 부과된 직무상 의무의 내용이 단순히 공공 일반의 이익을 위한 것이거나 행정기관 내부의 질서를 규율하기 위한 것이 아니고 전적으로 또는 부수적으로 사회구성원 개인의 안전과 이익 보호를 위하여 설정된 것이어야 한다는 것이다.[12]

결, 대법원 2008. 10. 9. 선고 2007다40031판결 등을 참조.

10) 대법원 2009.9.24. 선고 2006다82649판결.

11) 대법원 2001. 4. 24. 선고 2000다57856판결(공2001.6.15.[132],1202).

12) 대법원 2011.9.8. 선고 2011다34521판결(공2011하,2083).

실례로 가령 군행형법과 군행형법시행령이 군교도소나 미결수용실에 대한 경계 감호를 위하여 관련 공무원에게 각종 직무상의 의무를 부과하고 있는 것은, 일차적으로는 그 수용자들을 격리보호하고 교정교화함으로써 공공 일반의 이익을 도모하고 교도소 등의 내부 질서를 유지하기 위한 것이라 할 것이지만, 부수적으로는 그 수용자들이 탈주한 경우에 그 도주과정에서 일어날 수 있는 2차적 범죄행위로부터 일반 국민의 인명과 재화를 보호하고자 하는 목적도 있다고 할 것이므로, 국가공무원들이 위와 같은 직무상의 의무를 위반한 결과 수용자들이 탈주함으로써 일반 국민에게 손해를 입히는 사건이 발생하였다면, 국가는 그로 인하여 피해자들이 입은 손해를 배상할 책임이 있다고 판시한 사례,13) 토석채취공사 도중 경사지를 굴러 내린 암석이 가스저장시설을 충격하여 화재가 발생한 사안에서, 위험관리의무의 내용은 단순히 공공 일반의 이익을 위한 것이 아니라 전적으로 또는 부수적으로 사회구성원 개인의 안전과 이익을 보호하기 위하여 설정된 것이라 할 것인데, 토지형질변경허가권자에게 허가 당시 사업자로 하여금 위해방지시설을 설치하게 할 의무를 다하지 아니한 위법과 작업 도중 구체적인 위험이 발생하였음에도 작업을 중지시키는 등의 사고예방조치를 취하지 아니한 위법이 있다고 한 사례14) 등이 있다.

또 유흥주점에 감금된 채 윤락을 강요받으며 생활하던 여종업원들이 유흥주점에 화재가 났을 때 미처 피신 못하고 유독가스에 질식해 사

13) 대법원 2003. 2. 14. 선고 2002다62678판결(공2003.4.1.(175),802). 참조판례: [1][2] 대법원 1993. 2. 12. 선고 91다43466판결(공1993, 958), 대법원 1994. 12. 27. 선고 94다36285판결(공1995상, 667), 대법원 1995. 4. 11. 선고 94다15646판결(공1995상, 1830), 대법원 1997. 9. 9. 선고 97다12907판결(공1997하, 3055), 대법원 1998. 2. 10. 선고 97다49534판결(공1998상, 691).

14) 대법원 2001. 3. 9. 선고 99다64278판결(2001.5.1.(129),835). 참조판례: [1] 대법원 1996. 10. 25. 선고 95다45927판결(공1996하, 3406), 대법원 1998. 5. 8. 선고 97다54482판결(공1998상, 1588), 대법원 1998. 8. 25. 선고 98다16890판결(공1998하, 2310).

망한 '군산시 윤락가 화재사건'에서는 지방자치단체의 담당 공무원이 위 유흥주점의 용도변경, 무허가 영업 및 시설기준에 위배된 개축에 대하여 시정명령 등 식품위생법상 취하여야 할 조치를 게을리 한 직무상 의무위반행위와 위 종업원들의 사망 사이에 상당인과관계가 존재하지 않지만, 소방공무원이 위 유흥주점에 대하여 화재 발생 전 실시한 소방점검 등에서 구 소방법상 방염 규정 위반에 대한 시정조치 및 화재 발생 시 대피에 장애가 되는 잠금장치의 제거 등 시정조치를 명하지 않은 직무상 의무 위반은 현저히 불합리한 경우에 해당하여 위법하고, 이러한 직무상 의무 위반과 위 사망의 결과 사이에 상당인과관계가 존재한다고 판시한 바 있다.[15] 그 밖에도 우편집배원의 직무상 의무위반과 집행채권자의 손해 사이에 상당인과관계가 있고 따라서 국가는 국가배상법에 의하여 그 손해에 대하여 배상할 책임이 있다고 판시한 사례가 있다.[16]

반면, 상수원수의 수질을 유지하여야 할 의무를 부과하고 있는 법령의 규정은 국민에게 양질의 수돗물이 공급되게 함으로써 국민 일반의 건강을 보호하여 공공 일반의 전체적인 이익을 도모하기 위한 것이지, 국민 개개인의 안전과 이익을 직접적으로 보호하기 위한 규정이 아니므로, 국민에게 공급된 수돗물의 상수원의 수질이 수질기준에 미달한 경우가 있고, 이로 말미암아 국민이 법령에 정하여진 수질기준에 미달한 상수원수로 생산된 수돗물을 마심으로써 건강상의 위해 발생에 대한 염려 등에 따른 정신적 고통을 받았다고 하더라도, 이러한 사정만으로는 국가 또는 지방자치단체가 국민에게 손해배상책임을 부담하지 아니한다고 판시하였고,[17] 그리고 어린이가 '미니컵 젤리'를 먹다가 질식하여 사망한 사안에서, 식품의약품안전청장 등이 그 사고 발생 시까지 구 식품

15) 대법원 2008.4.10. 선고 2005다48994판결(군산시 윤락가 화재사건 공2008상,653).

16) 대법원 2009.7.23. 선고 2006다87798판결(공2009하,1475).

17) 대법원 2001. 10. 23. 선고 99다36280판결(공2001.12.15.(144),2520). 참조판례: [1] 대법원 1993. 2. 12. 선고 91다43466판결(공1993상, 958), 대법원 1998. 5. 8. 선고 97다36613판결(공1998상, 1578), 대법원 2000. 6. 9. 선고 98다55949판결.

위생법상의 규제 권한을 행사하여 미니컵 젤리의 수입·유통 등의 금지, 기준과 규격, 표시 등의 강화 및 검사 실시 등의 조치를 취하지 않은 것이 현저히 합리성을 잃어 사회적 타당성이 없다거나 객관적 정당성을 상실하여 위법하다고 할 수 있을 정도에까지 이르렀다고 보기 어렵고, 그 권한 불행사에 과실이 있다고 할 수도 없다고 판시한 바 있다.[18]

1.1.3. 공무원개인의 책임

국가배상과는 별도로 피해자가 가해공무원에 대하여 직접 손해배상을 청구할 수 있는가, 즉 선택적 청구권의 인정여부에 대하여 판례는 종래 이를 긍정하는 입장을 견지해 왔다. 즉, 대법원은 직무상 불법행위를 한 공무원은 국가배상법상의 공무원 자신의 책임에 관한 규정여하에 관계없이 손해를 입은 자에 대하여 민사상의 손해배상책임을 진다고 판시해왔고,[19] 문헌 역시 이러한 판례의 입장을 긍정설로 파악해왔다. 그러다 대법원은 1994년 4월 12일 판결에서 공무원의 직무상 불법행위로 인하여 손해를 받은 사람은 국가 또는 공공 단체를 상대로 손해배상을 청구할 수 있고, 이 경우에 공무원에게 고의 또는 중대한 과실이 있는 때에는, 국가 또는 공공단체는 그 공무원에게 구상할 수 있을 뿐, 피해자가 공무원 개인을 상대로 손해배상을 청구할 수 없다고 판시하여[20] 선택적 청구권을 정면에서 부정했으나,[21] 1996년 2월 15일 전원합의체

---

18) 대법원 2010.9.9. 선고 2008다77795판결(공2010하,1879). 또한 식품의약품안전청장 등이 미니컵 젤리의 유통을 금지하거나 물성실험 등을 통하여 미니컵 젤리의 위험성을 확인하고 기존의 규제조치보다 강화된 미니컵 젤리의 기준 및 규격 등을 마련하지 아니하였다고 하더라도, 그러한 규제권한을 행사하지 아니한 것이 현저하게 합리성을 잃어 사회적 타당성이 없다고 볼 수 있는 정도라고 보기는 어렵다고 한 대법원 2010.11.25. 선고 2008다67828판결(공2011상,8)을 참조. 이 판결들에 대한 평석으로는 김중권, "미니컵 젤리로 인한 질식사와 국가배상책임의 문제", 인권과 정의 419호(대한변호사협회, 2011. 7), 100-131을 참조.

19) 대법원 1972.10.10. 선고 69다701판결. 그 밖에 공무원과 국가는 손해배상책임에 관하여 부진정연대채무자의 지위에 있다는 판결(대법원 1972.2.22. 선고 71다2535판결)이 있다.

20) 대법원 1994.4.12. 선고 93다11807판결.

판결에서 판례를 번복하여, 공무원의 개인책임이 배제되는 것은 경과실의 경우에 한하며 고의 또는 중과실의 경우에는 공무원의 개인책임이 인정된다고 판시하였다.22) 이 판결은 국가배상법상 공무원 개인책임의 인정여부를 둘러싸고 전개된 다양한 학설과 입법례는 물론 그 법정책적 측면까지 상세히 검토하여 작성된 주목할 만한 판례로 평가된다.23)

1.1.4. 국가배상법 제2조 제1항 단서에 따른 배상책임제한('이중배상' 금지)

2005년 7월의 개정 이전 국가배상법이 '전투·훈련 기타 직무집행에 관련하거나 국방 또는 치안유지의 목적상 사용하는 시설 및 자동차·선함·항공기·기타 운반기구 안에서 전사·순직 또는 공상을 입은 경우'라고 규정하고 있었기 때문에 이 조항이 손해발생의 태양을 군인, 군무원, 경찰공무원 기타 법률이 정하는 자가 전투, 훈련 등 직무집행과 관련하여 손해를 입은 경우로 규정한 헌법 제29조 제2항 보다 범위를 확대한 것이어서 위헌이 아닌지 논란의 여지가 있었다. 이에 대하여 대법원은 "국가배상법에서 국방 또는 치안유지의 목적상 사용하는 시설 및 자동차, 함선, 항공기 기타 운반기구 안에서 사망하거나 부상한 경우 중 전사, 순직 또는 공상을 입은 경우에 한하여 그 배상청구를 제한하고 있어 결국 헌법 제29조 제2항에서 규정하고 있는 전투, 훈련등 직무집행과 관련하여 사망하거나 부상을 입은 경우에 해당된다 할 것이므로, 국가배

---

21) 이 판결에 대한 비판으로는 허영, 『한국헌법론』, 1995, 552, 763; 김철용, "공무원 개인의 불법행위책임"(판례월보 1994, 290), 31 각주 25 등을 참조.

22) 이 판결에 기본적으로 찬동하는 견해로는 김동희, "공무원이 직무집행중 불법행위로 타인에게 손해를 입힌 경우, 공무원의 개인책임 성립여부", 판례월보 1996/6(309호), 25-32, 반대하는 견해로는 정하중, 판례월보; 류지태, "공무원의 행정상 손해배상책임", 법률신문 1996.4.29., 14-15 등을 참조.

23) 피해자의 권리구제와 위법행위의 억지·제재, 위축효과의 방지의 요구를 적절히 조화시킬 수 있다는 법정책적 측면에서 설득력을 가지는 이 판결의 법리적 문제점에 관해서는 홍준형, "직무상 불법행위에 대한 공무원 개인의 손해배상책임", 『행정논총』 제34권 제1호, 1996; 행정구제법, 2012, 84-96 등을 참조.

상법 제2조 제1항 단서가 헌법 제29조 제2항의 위임범위를 벗어났다고 할 수 없다"고 판시함으로써 합헌이라는 입장을 보인 바 있다.[24]

한편 국가배상법 제2조 제1항 단서 '전투·훈련 등 직무 집행과 관련하여'라는 조항의 해석과 관련하여 전투·훈련이 아닌 일반 직무집행 중 순직했을 경우 보상금 외에 손해배상청구가 가능한지 논란이 있었다. 대법원은 '경찰공무원등에 대한 국가의 배상책임을 제한하는 것은 헌법 29조 2항에 따른 것이어서 국가배상법의 문구 개정으로 내용이 바뀌었다고 볼 수 없으며' '보훈급여금등이 손해배상과 유사한 기능을 하는 면도 있으므로 국가등의 배상책임을 면제하더라도 기본권을 과도하게 침해한다고 할 수 없으므로' 일반 직무집행에 관한 국가 등의 배상책임은 여전히 제한된다는 결론을 내렸다.[25]

1.1.6. 영조물책임과 설치 · 관리상의 하자

국가배상법 제5조에 따른 영조물책임의 성질에 관한 대법원의 판례는 반드시 일관된 경향을 보이지는 않았다. 대법원은 일찍이 "영조물 설치의 하자라 함은 영조물의 축조에 불완전한 점이 있어 이 때문에 영조물 자체가 통상 다 갖추어야 할 안전성을 갖추지 못한 상태에 있음을 말한다고 할 것이고, 또 영조물 설치의 하자의 유무는 객관적 견지에서 본 안전성의 문제이고, 재정사정(은) … 안전성을 요구하는데 대한 정도 문제로서 참작사유에는 해당할지언정 안전성을 결정지울 절대적 요건이 되지 못 한다"[26]고 판시하여 객관설의 입장을 분명히 한 바 있었고, 이후 도로결빙 사고에 따른 국가배상사건,[27] 세인에게 충격을 주었던 '여의도광장질주사건'[28] 등에서도 동일한 판단을 내렸다. 그러나 대법원은

---

24) 대법원 1994.12.13. 선고 93다29969판결(공95.1.15. 984(33)).

25) 대법원 2011. 3. 10. 선고 2010다85942판결.

26) 대법원 1967.2.21. 선고 66다1723판결; 동지 대법원 1986.2.11. 선고 85다카2336판결.

27) 대법원 1994.11.22. 선고 94다32924판결(공95.1.1.983(31); 1967.2.21. 선고 66다1723판결(집15①민120); 1992.10.27. 선고 92다21050판결(공1992,3273).

28) 대법원 1995.2.24. 선고 94다57671판결(공95.4.1. 989(22)); 1995.2.24. 선고 94다

객관설적 입장을 견지하면서도 사안에 따라서는 그와는 사뭇 다른 주관설 또는 절충설적 입장으로 이해될 수 있는 판례경향을 보여 왔다.[29)]

그러나 이처럼 다소 일관성 없는 판례경향에도 불구하고 구체적인 사건에서 영조물책임이 긍정될 수 있는 경우에는 그 한도 내에서 주관설이나 객관설 또는 절충설 어느 입장을 취하든 결론에 차이가 나지는 않았다. 사실 객관설과 주관설 또는 절충설은, 그 이론구성상의 차이에도 불구하고 하자유무의 판정에 있어 실제상 본질적인 차이를 가져오는 것은 아니라는 견해가 표명되고 있는 것[30)]도 바로 그러한 배경에서 이해될 수 있을 것이다. 그러나 이러한 견해는 어디까지나 결과적으로 영조물책임이 인정되는 경우에 초점을 맞추고 있을 뿐이다. 만일 영조물 설치·관리상의 하자를 어떻게 이해하느냐에 따라 배상책임이 부정되는 결과가 나올 경우 그 차이는 더 이상 원칙론적인 차원의 문제가 아닐 것이다. 실제로 대법원은 '도로의 설치 후 제3자의 행위에 의하여 그 본래 목적인 통행상의 안전에 결함이 발생한 경우에는 도로에 그와 같은 결함이 있다는 것만으로 성급하게 도로의 보존상 하자를 인정하여서는 안 되고, 당해 도로의 구조, 장소적 환경과 이용상황 등 제반 사정을 종합하여 그와 같은 결함을 제거하여 원상으로 복구할 수 있는데도 이를 방치한 것인지 여부를 개별적, 구체적으로 심리하여 하자의 유무를 판단하여야 한다고 판시하여 영조물책임을 부정한 바 있다.[31)] 이 사건은

53693판결(동지)

29) 대법원 1967.2.24. 선고 66다8622판결; 1969.12.9. 선고 69다1386판결(민판집 146-79); 1981.9.22. 선고 80다3011판결; 1993.6.8. 선고 93다11678판결(공93, 2005); 1993.6.26. 선고 93다14424판결(공93, 2119); 1993.7.27. 선고 93다20702판결(공93, 2411).

30) 박윤흔, 행정법강의(상), 707이하; 김동희, 행정법 I, 494. 따라서 양설의 차이는 원칙론적 차원의 것이라고 한다.

31) 대법원 1997.4.22. 선고 97다3194판결(공97.6.1.[35], 1546). 이 보다 앞서 나온 대법원 1992.9.14. 선고 92다3243판결(공1992, 2864)은 비록 민법 제758조 제1항의 규정에 의한 공작물책임에 관한 것이기는 하지만, 유사한 논리로 한국도로공사의 손해배상책임을 부정한 바 있었다.

도로 설치 후 제3자의 행위에 의하여 그 본래 목적인 통행상의 안전에 결함이 발생한 경우에 관한 경우이기는 하지만, 대법원은 일본에서의 판례경향[32]과 유사한 맥락에서 예측가능성과 결과회피가능성의 결여를 이유로 국가배상책임을 부정하였다.

이 판결을, 앞에서 본 바와 같은 학설과 판례의 경향에 비추어 볼 때, 대법원이 영조물 설치·관리의 하자에 관하여 종래의 객관설에서 주관설 또는 절충설로 선회한 것으로 볼 것인지 논란의 여지가 없지 않았다.[33]

대법원은 1997. 4. 22. 선고 97다3194판결에서 '도로의 설치 또는 관리의 하자는 도로의 위치 등 장소적인 조건, 도로의 구조, 교통량, 사고시에 있어서의 교통사정 등 도로의 이용상황과 그 본래의 이용목적 등 제반 사정과 물적 결함의 위치, 형상 등을 종합적으로 고려하여 사회통념에 따라 구체적으로 판단하여야 할 것인바, 도로의 설치 후 제3자의 행위에 의하여 그 본래 목적인 통행상의 안전에 결함이 발생한 경우에는 도로에 그와 같은 결함이 있다는 것만으로 성급하게 도로의 보존상 하자를 인정하여서는 안 되고, 당해 도로의 구조, 장소적 환경과 이용상황 등 제반 사정을 종합하여 그와 같은 결함을 제거하여 원상으로 복구할 수 있는데도 이를 방치한 것인지 여부를 개별적, 구체적으로 심리하여 하자의 유무를 판단하여야 한다'고 판시함으로써 하자의 의미나 개념보다는 하자의 판단기준 또는 하자의 유무를 판단함에 있어 고려해야 할 요소에 초점을 맞췄다. 따라서 대법원의 이 사건 판결을 '설치·관리자의 행위 차원에서의 잘못이 있는 경우에만 영조물관리책임을 인정

32) 이에 관하여는 塩野 宏, 일본행정법론(서원우·오세탁공역), 법문사, 1996, 526-533; 芝池義一, 行政救濟法講義, 유비각, 1996, 244-254를 참조.

33) 대법원 1993. 6. 8. 선고 93다11678판결을 둘러싼 김남진교수(영조물의 설치 관리 하자의 판단기준, 법률신문 1994.3.27., 15)와 정하중교수(국가배상법 제5조의 영조물의 설치·관리에 있어서 하자의 의미와 배상책임의 성격, 판례월보 1995/7, 60; 행정판례연구 III, 205)의 논란을 참조.

할 수 있다'는 의미에서의 주관설을 취한 것이라고 볼 수는 없을 것이다. 반면 '영조물의 하자유무를 판단함에 있어서 영조물 자체의 객관적 하자뿐만 아니라 관리자의 관리상 의무위반이란 인적 요소도 고려하여야 한다'는 의미의 절충설적 입장에 가까운 것이라고 볼 수 있을지도 의문이다. 절충설에 따를 경우 사안의 경우처럼 제3자에 의하여 본래 목적인 통행상의 안전에 결함이 발생한 경우에는 도로에 그와 같은 결함이 있다는 것만으로도 하자가 있다고 보게 될 것인데, 대상판결에서는 오히려 사고 발생 33분 내지 22분전에 피고 운영의 과적차량 검문소 근무자 교대차량이 사고장소를 통과하였으나 문제의 쇠파이프를 발견하지 못했다는 점, 피고가 관리하는 넓은 국도상을 더 짧은 간격으로 일일이 순찰하면서 낙하물을 제거하는 것은 현실적으로 불가능하다는 점을 이유로, 피고의 국가배상법 제5조 제1항에 의한 손해배상책임을 부정했기 때문이다. 결국 이 사건 판결은 객관설의 입장을 포기하지 않으면서,[34] 일본 최고재판소 판례[35]와 유사하게 영조물하자의 판단기준에서 예측가능성,

---

34) 대법원의 1994년 11월 22일자판결(94다32924: 공95.1.1. 983(31))이 그 점을 분명히 보여준다.

35) 最高裁判所는 1975년 6월 26일 도로공사표지판(赤色燈標柱)은 사고 직전에 선행차량에 의하여 넘어진 것이고, 관리자가 이를 원상으로 복구하여 안전성을 회복시키는 것은 시간적으로 불가능한 것이었으므로 도로관리에 하자가 있었다고 볼 수는 없다고 판시한 바 있고(最判昭和50(1975).6.26. 民集 29巻 6號, 851), 유명한 1984년 1월 26일의 大東水害訴訟에서는 '통상 예측할 수 있고 회피할 수 있는' 수해에 관하여 배상책임의 성립가능성을 한정하여 당시까지 소극적이었던 水害로 인한 국가배상에 관한 판례의 흐름을 크게 변경시켰다(最判昭和59(1984).1.26. 民集 38巻2號, 53; 行政判例百選II 146事件, 行政法判例 109事件). 특히 후자의 大東水害事件에서 最高裁判所는 "하천의 관리에 대한 흠의 유무는 과거에 발생한 수해의 규모, 발생의 빈도, 발생원인, 피해의 성질, 강우상황, 유역의 지형, 기타의 자연적 조건, 토지의 이용상황, 기타의 사회적 조건, 개수를 요하는 긴급성의 유무 및 그 정도 등 세반의 사정을 종합적으로 고려하여 前記 여러 제약 아래서의 同種·同規模의 하천관리의 일반수준 및 사회통념에 비추어 시인할 수 있는 안전성을 갖추고 있다고 인정되는지 여부를 기준으로 판단해야 할 것"이라고 판시한 바 있다.

결과회피가능성 결여를 예외사유로 받아들인 것이라고 이해된다.

대법원 판결은 국가배상법 제5조에 의한 책임을 무과실책임으로 보고 그 설치·관리상의 하자를 '영조물이 통상 갖추어야 할 물적 안전성을 결여한 것'으로 보는 기존의 입장을 변경하지 않으면서도, 해석론 수준에서 국가배상법 제5조에 의한 책임이 (절대적) 결과책임이 아니라는 것을 확인함으로써, 제3자에 의하여 초래된 안전상 결함으로 인한 영조물책임에 대하여 피해자에게 불리한 방향으로 소극적 요건을 추가한 셈이다.

대법원은 이후 일련의 판례를 통해 그 같은 입장을 더욱 뚜렷이 표명해왔다. 즉, 안전성의 구비 여부를 판단함에 있어서는 당해 영조물의 용도, 그 설치장소의 현황 및 이용 상황 등 제반 사정을 종합적으로 고려하여 설치·관리자가 그 영조물의 위험성에 비례하여 사회통념상 일반적으로 요구되는 정도의 방호조치의무를 다하였는지 여부를 그 기준으로 삼아야 하며, 만일 객관적으로 보아 시간적·장소적으로 영조물의 기능상 결함으로 인한 손해발생의 예견가능성과 회피가능성이 없는 경우 즉 그 영조물의 결함이 영조물의 설치·관리자의 관리행위가 미칠 수 없는 상황 아래에 있는 경우임이 입증되는 경우라면 영조물의 설치·관리상의 하자를 인정할 수 없다는 것이다.[36] 대법원은 이후에도 그와 같은 입장을 거듭하여 천명하였다.[37]

대법원의 입장은 첫째, 국가배상법 제5조 제1항 소정의 '영조물의 설치 또는 관리의 하자'라 함은 영조물이 그 용도에 따라 통상 갖추어야 할 안전성을 갖추지 못한 상태에 있음을 말하며, 둘째, 안전성의 구비

36) 대법원 2001. 7. 27. 선고 2000다56822판결(손해배상(자) 공2001.9.15.(138), 1937. 그 밖에도 대법원 1988. 11. 8. 선고 86다카775판결, 1998. 2. 10. 선고 97다32536판결, 2000. 2. 25. 선고 99다54004판결; 대법원 2002.8.23.선고 2002다9158판결; 대법원 2013. 10. 24. 선고 2013다208074판결 등을 참조.

37) 대법원 2007.10.26. 선고 2005다51235판결; 2008.9.25. 선고 2007다88903판결; 2013. 10. 24. 선고 2013다208074판결 등을 참조.

여부는 당해 영조물의 용도, 그 설치장소의 현황 및 이용 상황 등 제반 사정을 종합적으로 고려하여 설치·관리자가 그 영조물의 위험성에 비례하여 사회통념상 일반적으로 요구되는 정도의 방호조치의무를 다하였는지 여부를 기준으로 판단해야 하고, 셋째, 객관적으로 보아 시간적·장소적으로 영조물의 기능상 결함으로 인한 손해발생의 예견가능성과 회피가능성이 없는 경우에는 영조물 설치·관리상의 하자를 인정할 수 없다는 것으로 집약된다.

이와 같은 판례 경향은 문제를 해결하기보다는 이론과 실제 양면에서 또 다른 문제를 제기한다. 그것은 무엇보다도, 위험사회(Risikogesellschaft)라고 불리는 현대사회에 있어 영조물로 대표되는 공공기반시설의 이용으로부터 발생하는 위험, 특히 우리나라의 경우 부실공사 등으로 인한 사고발생의 위험에 끊임없이 노출되어 있는 이용자의 처지를 고려할 때, 이 사건판결이 사회적 설득력을 가질 수 있을지 의문이 없지 않기 때문이다. 일본의 시오노(塩野 宏) 교수는 "국가의 영조물에 대해서는 결과책임을 져야 한다고 하는 입법정책도 고려할 수 있는 바이지만, 그 취지를 입법과정에서 도출한다는 것은 어렵고 그러한 정책은 단지 손해의 공평부담의 이념을 넘어선 세금의 사용방법에 관한 것이기 때문에 그를 위해서는 보다 명확한 입법자의 의도가 필요한 것"이라고 지적하고 있으나,[38] 오히려 아무런 면책조항을 두지 않은 국가배상법 제5조를 단지 하자 유무의 판단기준에 관한 해석을 통하여 예측가능성과 결과회피가능성이 없다는 이유로 배상책임을 부정하는 결론을 도출하려면 보다 명확한 입법자의 의도가 필요한 것이 아닐까 생각한다.[39] 대법원이 영조물책임의 예외사유(설치·관리 하자의 소극적 요건)에 관하여 해석론적 판단권을 행사함으로써 오히려 권력분립의 원리와의 긴장을 초래한 것은

38) 塩野 宏, 일본행정법론, 531.

39) 국내문헌과 판례가 인정하는 예외적 면책사유인 천재지변등 불가항력의 경우와는 구별해야 한다.

아닌지 반문해 볼 필요가 있다. 문제의 해결은 입법 수준에서의 사회적 합의를 필요로 하며, 엄격한 원인자책임원칙보다는 끊임없이 위험에 노출되어 있는 영조물 이용자의 입장과 그 위험의 배분이라는 관점에서 입법적 해결책을 모색해야 할 것이다.

1.2. 손실보상

손실보상법 분야 행정판례로는 특히 '구도시계획법 제21조에 규정된 개발제한구역제도 그 자체는 원칙적으로 합헌적인 규정이지만, 개발제한구역의 지정으로 말미암아 일부 토지소유자에게 사회적 제약의 범위를 넘는 가혹한 부담이 발생하는 예외적인 경우에 대하여 보상규정을 두지 않은 것은 위헌'이라고 한 헌법재판소는 1998. 12. 24. 선고 89헌마214결정(헌법불합치결정)[40]이 주목된다. 이 사건 결정의 전조는 이미 미군정청의 군정법령 제75호로 수용된 사설철도회사의 주식 및 보상청구권양수인에 의해 제기된 헌법소원심판사건에서 입법자가 법령에 의한 수용에 대하여 그 보상에 관한 법률을 제정하여야 하는 헌법상 명시된 입법의무를 이행하지 않는 것은 입법부작위로서 위헌이라고 판시한 결정에서 나타났다.[41] 헌법재판소는 이 결정에서 "대한민국의 법령에 의한 수용은 있었으나 그에 대한 보상을 실시할 수 있는 절차를 규정하는 법률이 없는 상태가 현재까지 계속되고 있어", "그 보상에 관한 법률을 제정하여야 하는 입법자의 헌법상 명시된 입법의무가 발생하였고, 대한민국은 그 의무를 이행하지 아니하고 있다 할 것"이라고 판시한 것은 그 한도 내에서, 당해 결정에서 문제된 사안의 특수성을 감안하더라도, 사실상 위헌무효설의 실질적 논리를 수용하였다.[42]

---

40) 헌법재판소 전원재판부 1998.12.24. 선고 89헌마214결정(도시계획법 제21조에 대한 위헌소원) 90헌바16. 선고 97헌바78(병합). 이에 관해서는 정남철, 개발제한구역지정과 손실보상, 판례평선, 568-577을 참조.

41) 헌법재판소 1994.12.29. 선고 89헌마2결정(판례월보294호, 1995/3, 58).

42) 이러한 태도는 헌법재판소 1994.6.30. 선고 92헌가18결정(전원재판부, 헌재공보

이러한 배경에서 헌법재판소는 보상규정은 입법자가 헌법 제23조 제1항 및 제2항에 의하여 재산권의 내용을 구체적으로 형성하고 공공의 이익을 위하여 재산권을 제한하는 과정에서 이를 합헌적으로 규율하기 위하여 두어야 하는 규정이며, 재산권에 대한 사회적 제약의 범위를 넘는 가혹한 부담이 발생하는 예외적인 경우에 대하여 보상규정을 두지 않은 것은 위헌이라고 판시함으로써 종래 손실보상의 법적 근거를 둘러싸고 전개된 논란에 잠정적으로나마 사실상 종지부를 찍었다.

2. 행정심판 및 행정소송

2.1. 행정심판

행정심판 분야 행정판례의 형성은 특히 행정심판전치주의의 폐지 이후에는 상대적으로 그리 활발하지 않았다. 반면 행정심판재결례는 활발하게 형성되고 있으나, 여기서는 주로 행정판례를 중심으로 다루기로 한다.

행정심판 관련 판례 중 가장 두드러진 것으로는, 행정심판에 대한 사법절차의 준용 문제에 관한 헌법재판소의 결정을 꼽을 수 있을 것이다. 헌법재판소는 "재판의 전심절차로서 행정심판을 할 수 있다. 행정심판의 절차는 법률로 정하되, 사법절차가 준용되어야 한다"고 규정한 헌법 제107조 제3항은 행정심판절차의 구체적 형성을 입법자에게 맡기고 있지만, 행정심판은 어디까지나 재판의 전심절차로서만 기능하여야 한다는 점과 행정심판절차에 사법절차가 준용되어야 한다는 점은 헌법이 직접 요구하고 있으므로 여기에 입법적 형성의 한계가 있다고 판시하였다. 따라서 입법자가 행정심판을 전심절차가 아니라 종심절차로 규정함

94, 374)에서도 엿볼 수 있다. 이에 관해 상세한 것은 홍준형, "재산권보장과 손실보상의 근거", 『행정논총』 제33권 제2호, 1995; "수용유사침해이론의 재조명", 朴鈗炘博士華甲記念論文集, 1996 등을 참조.

으로써 정식재판의 기회를 배제하거나, 어떤 행정심판을 필요적 전심절차로 규정하면서도 그 절차에 사법절차가 준용되지 않는다면 이는 헌법 제107조 제3항, 나아가 재판청구권을 보장하는 헌법 제27조에도 위반된다는 것이다. 반면 어떤 행정심판절차에 사법절차가 준용되지 않는다 하더라도 임의적 전치제도로 규정함에 그친다면 위 헌법조항에 위반되지 않으며, 이는 행정심판을 거치지 아니하고 곧바로 행정소송을 제기할 수 있는 선택권이 보장되어 있기 때문이라고 한다.[43]

한편, 헌법 제107조 제3항은 사법절차가 '준용'될 것만을 요구하고 있으나 판단기관의 독립성과 공정성, 대심적 심리구조, 당사자의 절차적 권리보장 등의 면에서 사법절차의 본질적 요소를 현저히 결여하고 있다면 '준용'의 요청에마저 위반되는 것이며,[44] 따라서 이의신청 및 심사청구를 거치지 아니하고서는 지방세 부과처분에 대하여 행정소송을 제기할 수 없도록 한 지방세법 제78조 제2항은, 행정심판에 사법절차를 준용하도록 한 헌법 제107조 제3항 및 재판청구권을 보장하는 헌법 제27조에 위반된다고 판시한 바 있다.[45]

한편 취소심판의 청구인적격이 문제된 사건에서 중앙행정심판위원회가 내린 다음 재결은 처분의 취소 또는 변경을 구할 '법률상 이익'을 취소소송의 그것과 동일하게 판단하여 청구를 각하하였다는 점에서 주목을 끌었다.[46]

또한 대법원은 권리 또는 법률상 지위에 대한 위험이나 불안을 제거하기 위하여 임용취소통지에 대한 소청심사를 청구할 법률상 이익이

---

43) 헌재 2000. 6. 1. 98헌바8, 판례집 12-1, 590, 598.

44) 헌재 2000. 6. 1. 선고 98헌바8결정(판례집 12-1, 590, 601-602).

45) 헌법재판소 전원재판부 2001.06.28. 2000헌바30결정(구 지방세법 제74조 제1항 등 위헌소원).

46) 중앙행정심판위원회 2007. 8. 24. 자 재결 사건번호 200710097(도시관리계획변경결정처분취소청구). 한편 행정심판의 청구인적격에 관해서는 홍준형, "行政審判의 請求人適格" 「公法學의 諸問題」, 玄齋金英勳博士華甲記念論文集, 1995, 법문사, 453-484를 참조.

있다고 판시하고 있다."[47)]

2.2. 행정소송

2.2.1. 항고소송의 대상으로서 처분

(1) 처분 개념의 확대

지난 30년 행정판례에서 가장 두드러지게 나타난 경향 중 하나가 처분 개념의 확대경향이다. 주지하듯이 1984년 전부 개정된 행정소송법은 제19조에서 취소소송의 대상을 '처분등'으로 명시하고 있다. '처분등'이란 처분과 행정심판에 대한 재결을 말하므로(행정소송법 제2조 제1항 제1호), 결국 취소소송의 대상은 처분과 재결이라는 것이 된다. '처분'이란 행정소송법 제2조 제1항 제1호에 따르면 '행정청이 행하는 구체적 사실에 대한 법집행으로서의 공권력의 행사 또는 그 거부와 그 밖에 이에 준하는 행정작용'이라고 정의된다. 따라서 취소소송의 대상은 ① 행정청이 행하는 구체적 사실에 관한 법집행으로서 공권력의 행사, ② 행정청이 행하는 구체적 사실에 관한 법집행으로서 공권력 행사의 거부, ③ 그 밖에 이에 준하는 행정작용, 그리고 ④ 재결의 네 가지로 구분해 볼 수 있다. 여기서 법원이 항고소송의 대상으로서 처분성 유무를 판단함에 있어 항고소송의 문호를 넓히기 위해 택할 수 있는 길을 생각해 본다면 결국 두 갈래로 모아진다. 하나는 처분의 개념 정의 중 '행정청이 행하는 구체적 사실에 관한 법집행으로서의 공권력의 행사 또는 그 거부'라는 부분을 넓게 해석·적용하는 것이고, 다른 하나는 그 후단, 즉 '그 밖에 이에 준하는 행정작용'이란 구절을 활용하는 것이다. 사실 1984년 개정 당시 행정소송법에 취소소송의 대상을 명시하면서 구법 이래 논란되어 왔던 처분개념을 확대하여 규정한 것은 현대행정의 행위형식의 다양화에 부응하여 국민의 권리구제의 길을 넓히려는 데 취지를 둔 것으로 평가되었고, 특히 처분의 개념에 '공권력의 행사 또는 그 거부'뿐만 아니라, '그

47) 대법원 2012. 6. 14. 선고 2011두29885판결(신규임용취소처분무효확인결정취소).

밖에 이에 준하는 행정작용'이 포함되고 있다는 점을 주목했었다.[48]

그러나 판례는 처분의 개념을 확장한 개정행정소송법의 입법취지보다는 오히려 기존에 사용해 왔던 개념 틀과 판단기준을 답습하여 문제를 해결하려는 태도를 보였고,[49] '그 밖에 이에 준하는 행정작용'이란 융통성 기준을 활용하여 문제를 해결하려고 시도한 사례는 찾아 볼 수 없었다. 그와 같은 접근방식을 그대로 보여주는 실례가 대법원이 비교적 일찍부터 처분성 판단의 기준으로 사용해온 일종의 목적론적 접근방법이다. 이에 따르면 '처분성 인정여부는 추상적·일반적으로 결정할 수 없고, 구체적인 경우 행정처분은 행정청이 공권력의 주체로서 행하는 구체적 사실에 관한 법집행으로서 국민의 권리의무에 직접적으로 영향을 미치는 행위라는 점을 염두에 두고, 관련 법령의 내용과 취지, 그 행위의 주체·내용·형식·절차, 그 행위와 상대방 등 이해관계인이 입는 불이익과의 실질적 견련성, 그리고 법치행정의 원리와 당해 행위에 관련된 행정청 및 이해관계인의 태도 등을 참작하여 개별적으로 결정하여야 한다'는 것이다.[50]

아무튼 대법원이 그와 같은 시각을 견지하면서 항고소송의 대상으로서 처분의 개념을 비교적 넓게 인정해 왔다는 점은 부인하기 어렵다.

① 공시지가결정[51]

② 항정신병 치료제 요양급여 인정기준에 관한 보건복지부 고시[52]

③ 처분적 조례[53]

④ '민주화운동관련자 보상금 등의 지급 대상자 결정[54]

---

48) 金道昶, 一般行政法論(上), 755.

49) 金南辰, 基本問題, 508.

50) 대법원 2010.11.18.선고 2008두167전원합의체판결.

51) 대법원 1993.1.15. 선고 92누12407판결.

52) 대법원 2003. 10. 9. 자 2003무23 결정(집행정지 공2004.2.15.(196),355).

53) 대법원 1996.9.20. 선고 95누8003판결(조례무효확인: 공1996.11.1.[21], 3210).

54) 대법원 2008.4.17. 선고 2005두16185 전원합의체판결(민주화운동관련자불인정처분취소 집56(1)특, 350; 공2008상, 691).

⑤ 행정규칙에 근거한 처분[55]·불문경고[56]

⑥ 공기업·준정부기관의 부정당업자에 대한 입찰참가자격 제한조치[57][58]

⑦ 건축협의 취소[59]

⑵ 거부처분의 처분성 문제

거부처분의 경우, 대법원은 예나 지금이나 "행정청이 국민의 신청에 대하여 한 거부행위가 항고소송의 대상이 되는 행정처분이 된다고 하기 위하여는 국민이 그 신청에 따른 행정행위를 해 줄 것을 요구할 수 있는 법규상 또는 조리상의 권리가 있어야 하며, 이러한 권리에 의하지 아니한 국민의 신청을 행정청이 받아들이지 아니하고 거부한 경우에는 이로 인하여 신청인의 권리나 법적 이익에 어떤 영향을 주는 것이 아니므로 그 거부행위를 가리켜 항고소송의 대상이 되는 행정처분이라고 할 수 없다"는 판례[60]를 유지해 왔다. 이에 따르면 항고소송의 대상으로서 '처분'의 존재가 인정되려면 단순히 '행정청이 국민의 신청에 대하여 한 거부행위'가 있는 것만으로는 부족하고, '국민이 그 신청에 따른 행정행위를 해 줄 것을 요구할 수 있는 법규상 또는 조리상의 권리가 있어야 하며', '이러한 권리에 의하지 아니한 국민의 신청을 행정청이 받

---

55) 대법원 2012. 9. 27. 선고 2010두3541판결(감면불인정처분등취소), 판례공보 제405호 2012.11.1., 1746.

56) 대법원 2002. 7. 26. 선고 2001두3532판결(견책처분취소 공2002.9.15.(162), 2070).

57) 대법원 1998.12.24. 선고 98무10결정. 이와 관련하여 박정훈 부정당업자의 입찰참가자격제한의 법적 제문제 국방 조달계약 연구논집. 2005 (2005.12), 국방부조달본부, 2005; 이원우 정부투자기관의 부정당업자에 대한 입찰가격 제한조치의 법적 성질: 공기업의 행정주체성을 중심으로 한국공법이론의 새로운 전개 (2005.06), 삼지원, 2005 등을 참조.

58) 대법원 2013.9.12. 선고 2011두10584판결(부정당업자제재처분취소 공2013하, 1800).

59) 대법원 2014. 2. 27. 선고 2012두22980판결(건축협의취소처분취소).

60) 대법원 1991. 2.26. 선고 90누5597판결; 同旨 1991.8.9. 선고 90누8428판결.

아들이지 아니하고 거부한 경우에는 이로 인하여 신청인의 권리나 법적 이익에 어떤 영향을 주는 것이 아니기 때문'이라는 것이다. 이러한 판례의 태도를 해석함에 있어 '신청에 따른 행정행위를 해 줄 것을 요구할 수 있는 법규상 또는 조리상 권리'가 사실심전제요건 심사단계에서 이미 객관적, 확정적으로 존재할 것을 요구하고 있는 것인지, 아니면 원고가 주장하는 바와 같은 '신청에 따른 행정행위를 해 줄 것을 요구할 수 있는 법규상 또는 조리상 권리'가 존재할 가능성이 있으면 족하고 그 객관적, 확정적 존재여부는 본안심리에서 판단되면 된다는 의미인지는 불분명하다. 만일 전자의 의미라면, 법원은 사실심전제요건 심사단계에서 그러한 법규상 또는 조리상 권리가 존재하는지 여부를 확정적으로 판단하여 소 각하여부를 결정하게 될 것이고, 반대로 후자의 의미라면, 원고에게 '그가 주장하는 바와 같은' 법규상 또는 조리상의 권리가 전혀 있을 수 없는 경우가 아닌 한, 그 존재 여부가 확정적으로 밝혀지지 않더라도 소를 각하함이 없이 본안심리에 들어가야 할 것이다. 이제까지 대법원이 거부행위의 처분성결여를 이유로 소를 각하해온 이유들을 보면 원고에게 '신청에 따른 행정행위를 해 줄 것을 요구할 수 있는 법규상 또는 조리상 권리'가 없다는 것이 거의 대부분이라 할 수 있다. 즉, 사실심전제요건 심사단계에서 그러한 법규상 또는 조리상 권리가 존재하는지 여부를 심리하여 그 존부를 확정하고 그에 따라 소 각하여부를 결정하고 있는 것으로 보인다.

그러나 판례의 태도는 취소소송의 대상과 원고적격의 구분을 모호하게 만들 뿐만 아니라, 거부처분의 개념을 부당하게 제한함으로써 권익구제의 길을 축소시키는 결과를 가져온다는 점에서 비판을 면하기 어렵다. 원고가 사실상 신청에 따른 행정행위를 요구할 법규상 또는 조리상 권리를 가지는지 여부는 소송요건의 문제가 아니라 본안의 문제라는 점을 직시할 필요가 있다.

처분의 개념을 정의한 제2조 제1항 제1호, 거부처분취소판결의 기속력 및 간접강제를 규정한 제30조 제2항('처분이 당사자의 신청을 거부하는 것을 내용으로 하는 경우'), 제34조 등을 고려할 때, 행정소송법은 거부처분을 그 신청에 따른 행정행위를 요구할 수 있는 법규상 또는 조리상의 권리 유무에 의존시키지 아니 하고, 처분의 일종으로 간주하고 있다고 보아야 한다. 따라서 '행정청이 국민의 신청에 대하여 한 거부행위'를 항고소송의 대상이 되는 처분으로 볼지 여부는 그 거부행위가 행정소송법 제2조 제1항 제1호의 규정에서 정의한 '처분'에 해당하는지 여부에 따라 판단할 문제인 것이다. 물론 그 거부행위가 신청인의 법적 지위 또는 판례의 표현에 따라 '신청인의 권리나 법적 이익'에 영향을 미치는 것이어야 할 것이고, 그 경우 신청인에게 그 신청에 따른 행정행위를 요구할 수 있는 법규상 또는 조리상 권리가 있다고 인정된다면 당연히 그러한 법적 효과를 가진 처분이라고 볼 수 있을 것이다. 그러나 반드시 그 같은 법규상 또는 조리상 권리가 없다고 하더라도 그 거부행위의 처분성을 부정하는 것은 위 정의규정에 비추어 정당화될 수 없다. 다시 말해 '법규상 또는 조리상 권리'의 존재는 처분성인정의 충분조건일 뿐, 필요조건은 아니다. 이 점 판례가 법규상 권리뿐만 아니라 '조리상 권리'가 있는 경우에 처분성을 인정한다 해서 달라지는 것은 아니다. 더욱이 앞서 지적하였듯이 그 존부확인은 본안판단의 문제임을 잊어서는 아니 된다.

한편, 대법원은 행정청이 국민의 신청에 대하여 한 거부행위가 항고소송의 대상이 되는 행정처분에 해당하는 것이라고 하려면, 그 거부행위가 '신청인의 법률관계에 어떤 변동을 일으키는 것이어야 하지만, 신청인의 법률관계에 어떤 변동을 일으키는 것'이라는 의미는 신청인의 실체상의 권리관계에 직접적인 변동을 일으키는 경우뿐만 아니라 신청인이 실체상의 권리자로서 권리를 행사함에 중대한 지장을 초래하는 경우도 포함한다고 보고 있는데, 이는 위에서 비판한 바와 같은 처분성요건 판단상의 애로를 어느 정도 완화시키려는 취지인 것으로 이해된다.[61]

판례는 이처럼 '신청인의 법률관계에 어떤 변동을 일으킨다'는 의미를 '신청인의 실체상의 권리관계에 직접적인 변동을 일으키는 것은 물론 그렇지 않다 하더라도 신청인이 실체상의 권리자로서 권리를 행사함에 중대한 지장을 초래하는 것'도 포함한다고 해석하거나, 소유권에는 아무런 변동을 초래하지 아니한다 하더라도, '국민의 권리행사에 지장을 초래하게 되는 점 등을 고려한다면, 지적 소관청의 이러한 토지분할신청의 거부행위는 국민의 권리관계에 영향을 미치는 것으로서 항고소송의 대상이 되는 처분으로 보아야 할 것'이라고 판시하고 있다. 이러한 판례의 태도는 그 결과적 타당성에도 불구하고, 법적 불확실성의 문제를 남긴다. '신청인의 권리행사에 중대한 지장' 또는 '지장'을 초래하는 것을 '신청인의 법률관계에 어떤 변동을 일으키는 것'이라고 할 것인지도 문제지만, 거부행위를 과연 어떤 경우에 처분으로 인정될 만큼, '신청인의 권리행사에 (중대한) 지장을 초래하는' 것으로 볼지, 판단기준이 불명확하다는 점이 문제이다.

(3) 권력적 사실행위의 처분성

권력적 사실행위의 처분성 인정 여부에 대하여 판례는 대체로 긍정하는 경향을 보여 왔다.[62] 가령 收容, 留置나 預置, 영업소폐쇄 등과 같은 권력적 사실행위도 공권력행사에 해당하는 것으로 항고소송의 대상이 되며, 다만, 단기간에 실행행위가 종료되어 버리는 사실행위(예: 위법건물의 철거행위 등)는 소의 이익이 없게 된다고 한다.[63] 그러나 실제로 이 점을 분명히 한 판례는 찾아보기 어렵다. 구법 하에서의 판례 중에는 구청장의 단수처분의 처분성을 인정한 것[64]이 있었으나 권력적 사실행

61) 대법원 2002. 11. 22. 선고 2000두9229판결(실용신안권소멸등록처분취소 공2003. 1.15.[170], 225). 또한 대법원 2011.3.10. 선고 2009두23617, 23624판결(세무조사결정처분취소·종합소득세등부과처분취소: 공2011상,760); 대법원 1992. 12. 8. 선고 92누7542판결(공1993상, 470). 同旨 대법원 1993. 3. 23. 선고 91누8968판결 등을 참조.

62) 同旨 柳明建, 實務行政訴訟法, 1998, 博英社, 88.

63) 법원행정처, 법원실무제요 행정, 1997, 101.

64) 대법원 1979.12.28. 선고 79누218판결(건물철거대집행계고처분취소: 공1980, 12556].

위가 처분에 해당된다는 논지를 명시적으로 밝힌 것은 없었고, 그 후에도 건물에 대한 철거대집행의 실행이 이미 완료된 이상 그 대집행의 실행행위 자체의 무효확인 또는 취소를 구할 법률상 이익이 없다고 하여 그 처분성 인정가능성을 암묵적으로 시사한 판결들이 발견될 뿐, 행정소송법 제2조 제1항의 해석을 통하여 권력적 사실행위가 처분의 개념에 포함된다고 명시적으로 밝힌 것은 찾아볼 수 없다.

반면 헌법재판소는 권력적 사실행위가 처분에 해당된다는 점을 분명하게 밝히고 있다. 헌법재판소는 "수형자의 서신을 교도소장이 검열하는 행위는 이른바 권력적 사실행위로서 행정심판이나 행정소송의 대상이 되는 행정처분으로 볼 수 있으나, 위 검열행위가 이미 완료되어 행정심판이나 행정소송을 제기하더라도 소의 이익이 부정될 수밖에 없으므로 헌법소원심판을 청구하는 외에 다른 효과적인 구제방법이 있다고 보기 어렵기 때문에 보충성의 원칙에 대한 예외에 해당한다."고 판시한 바 있고,[65] 이전에도 권력적 사실행위가 헌법소원의 대상인 공권력 행사에 해당한다는 점을 시인해 왔다.[66]

(4) 건축신고 반려 또는 수리거부의 처분성 문제

대법원은 지난 40여 년 간 '건축신고의 반려행위 또는 수리거부행위가 항고소송의 대상이 아니어서 그 취소를 구하는 소는 부적법하다'는 취지의 판례를 면면히 견지해 왔다.[67] 이는 건축신고를 자기완결적 신고로 파악해 온 기존의 판례와 학설 태도[68]와 무관하지 않다. 건축신고

65) 헌법재판소 1998.8.27. 선고 96헌마398 결정(통신의 자유등 위헌확인: 헌공, 29).

66) 헌법재판소 1993.7.29. 선고 89헌마31결정(공권력행사로 인한 재산권침해에 대한 헌법소원: 헌공, 03); 1994.5.6. 선고 89헌바35결정(공권력행사로 인한 재산권침해에 대한 헌법소원: 헌공, 06) 등.

67) 대법원 1967.9.19. 선고 67누71판결, 대법원 1995.3.14. 선고 94누9962판결, 대법원 1997.4.25. 선고 97누3187판결, 대법원 1998.9.22. 선고 98두10189판결, 대법원 1999.10.22. 선고 98두18435판결, 대법원 2000.9.5. 선고 99두8800판결 등을 참조.

68) 최계영, "건축신고와 인·허가의제", 행정법연구 제25호(행정법이론실무학회), 2009.12, 165-193, 172-173. 다만, 학설은 건축신고를 수리를 요하는 신고로 보

는 자기완결적 신고, 즉 '행정청에 대하여 일정한 사항을 통지함으로써 의무가 끝나는 신고'이므로, 설사 행정청이 이를 반려하더라도 적법한 요건을 갖추어 신고를 한 이상 건축주는 건축을 할 수 있고,[69] 신고 반려가 신고를 한 건축주에게 법적 영향을 미칠 여지가 없다고 보았기 때문이다. 그러나 대법원은 2010년 11월 18일의 전원합의체판결에서 '건축주 등은 신고제하에서도 건축신고가 반려될 경우 당해 건축물의 건축을 개시하면 시정명령, 이행강제금, 벌금의 대상이 되거나 당해 건축물을 사용하여 행할 행위의 허가가 거부될 우려가 있어 불안정한 지위에 놓이게 된다. 따라서 건축신고 반려행위가 이루어진 단계에서 당사자로 하여금 반려행위의 적법성을 다투어 그 법적 불안을 해소한 다음 건축행위에 나아가도록 함으로써 장차 있을지도 모르는 위험에서 미리 벗어날 수 있도록 길을 열어 주고, 위법한 건축물의 양산과 그 철거를 둘러싼 분쟁을 조기에 근본적으로 해결할 수 있게 하는 것이 법치행정의 원리에 부합한다. 그러므로 건축신고 반려행위는 항고소송의 대상이 된다고 보는 것이 옳다'고 판시함으로써 종전의 판례를 변경하였다.[70]

대법원의 판례변경에 대해서는 환영의 목소리가 높았다.[71] 대법원

는 견해(김종보, 건설법의 이해, 박영사, 2008, 128,129), 집중효 있는 건축신고에 한해 수리를 요하는 신고로 보는 견해(김재협, "공법상 신고에 관한 고찰", 특별법연구 6권, 2001, 90－123, 109－112; 유승남, "건축법상 건축신고의 법률적 성질", 행정소송실무연구 2권, 2002, 403－431, 420－421 등), 자기완결적 신고로 보는 견해가 있었다.

69) 이것이 종래 판례의 태도이기도 했다(대법원 1999.4.27. 선고 97누6780판결; 1967.9.19. 선고 67누71판결 등).

70) 대법원 2010.11.18. 선고 2008두167 전원합의체판결: 건축신고불허(또는 반려)처분취소 [공2010하,2279].

71) 가령 김남진 교수는 '만시지탄이 있으나, 올바른 판단'이라 반겼고(김남진, "건축신고반려조치의 법적 성질", 법률신문 2000.12.28. 등 참조), 김중권교수는 "코페르니쿠스적 전환"이라 평하기도 했다(김중권, 법률신문 2010. 12. 6. 참조). 이후 김중권교수는 대법원 2011.1.20. 선고 2010두14954 전원합의체판결을 접한 후 2010.11.18.의 전원합의체판결의 드러나지 않은 본의를 완전히 그리고 심각하게 오해하였다고 개탄한 바 있다(Quo vadis－신고제? 법률신문 2011.3.7. 제3916호;

은 위 판결에서 '건축주 등은 신고제하에서도 건축신고가 반려될 경우 당해 건축물의 건축을 개시하면 시정명령, 이행강제금, 벌금의 대상이 되거나 당해 건축물을 사용하여 행할 행위의 허가가 거부될 우려가 있어 불안정한 지위에 놓이게 된다'는 점에 착안하여 건축신고 반려의 처분성을 인정하였다. 그러나 이에 대해서는 이 사건에서 문제된 "건축신고반려행위"가 신고를 통해 초래된 건축금지해제의 효과를 배제하는, 혹은 거부하는 "행정청의 개별 구체적 규율"로서의 행정행위 또는 처분에 해당함이 분명함에도,[72] 대법원이 "건축신고반려행위의 처분성"을 설명하는데 불필요한 장광설을 늘어놓고 있음은 이해할 수 없는 일이라는 비판이 제기되는 등,[73] 학설상 논란이 없지 않았으나, 항고소송에 있어 처분성 요건의 경직성 문제로 인한 실질적 권리구제의 애로를 타개해 주었다는 점에서 대법원의 판례변경 자체를 문제시할 필요는 없을 것이다. 이는 그동안 학설이 건축신고를 자기완결적 신고로 보면서도 대체로 건축신고 수리 거부의 처분성을 부정해온 판례에 대해 비판적인 입장을 취한 것[74]과도 무관하지 않은 법리적 반성의 결과였다. 건축신고를 자기완결적 신고로 보는 것과 건축신고 반려행위의 처분성 인정 문제는 후술하는 바와 같이 논리필연적인 모순관계에 놓인 문제는 아니었다.

한편, 인·허가의제 효과를 수반하는 건축신고를 이른바 '수리를 요

김중권, 행정법기본연구 III, 2010, 법문사, 329이하 등).

72) 김남진·김연태, 행정법 I, 제14판, 186이하를 참조.

73) 김남진, "대법원의 처분개념에 대한 의문", 법률신문 1999.12.13. 참조.

74) 최계영, 앞의 글, 188, 180이하, 173 등에 따르면 종래 대법원의 판례에 대한 학계의 비판은 건축신고를 수리를 요하는 신고로 보아 수리거부는 허가거부와 마찬가지이므로 당연히 처분으로 보는 입장(김종보, 앞의 책, 129), 이와는 달리 건축신고를 자기완결적 신고로 보아 쟁송법적 관점에서 권리구제의 필요성을 고려하여 처분성을 인정하는 입장(박균성, 앞의 글, 40; 김재협, 앞의 글, 102, 122; 심용섭, 앞의 글, 48 등), 그리고 건축신고를 자기완결적 신고로 보면서도 그 수리는 금지해제, 거부는 금지하명의 효과를 지닌다는 이유를 들어 처분성을 인정하는 입장(앞의 김남진, 김중권 교수 등) 등 세 가지 방향에서 제기되었다고 한다.

하는 신고'라고 판시한 2011년 1월 20일의 전원합의체판결[75]에 대해서는 앞서 본 2010년 11월 18일의 전원합의체판결과는 전혀 딴판으로 치열한 반대의견이 대두되었을 뿐만 아니라 학계에서도 격렬한 논란이 벌어졌다. 대법원은 그 다수의견에서 건축법 제14조 제2항에서 같은 조 제1항에 따른 건축신고에 대해 건축허가에 대한 인·허가 의제조항인 같은 법 제11조 제5항[76]을 준용하고 있는 것과 관련하여, 인·허가의제 효과를 수반하는 건축신고는 일반적인 건축신고와는 달리, 특별한 사정이 없는 한 행정청이 그 실체적 요건에 관한 심사를 한 후 수리하여야 하는 이른바 '수리를 요하는 신고'로 보는 것이 옳고, 일정한 건축물에 관한 건축신고는 국토의 계획 및 이용에 관한 법률 제56조에 따른 개발행위허가를 받은 것으로 의제되는데, 국토의 계획 및 이용에 관한 법률 제58조 제1항 제4호에서는 개발행위허가의 기준으로 주변 지역의 토지이용실태 또는 토지이용계획, 건축물의 높이, 토지의 경사도, 수목의 상태, 물의 배수, 하천·호소·습지의 배수 등 주변 환경이나 경관과 조화를 이룰 것을 규정하고 있으므로, 국토의 계획 및 이용에 관한 법률상의 개발행위허가로 의제되는 건축신고가 위와 같은 기준을 갖추지 못한 경우 행정청으로서는 이를 이유로 그 수리를 거부할 수 있다고 보아야 한다고 판시하였다.

이러한 다수의견에 대해 박시환 대법관과 이홍훈 대법관은 반대의견에서 '다수의견에 의하면, 행정청이 인·허가의제조항에 따른 국토의 계획 및 이용에 관한 법률상 개발행위허가 요건 등을 갖추었는지 여부에 관하여 심사를 한 다음, 그 허가 요건을 갖추지 못하였음을 이유로 들어 형식상으로만 수리거부를 하는 것이 되고, 사실상으로는 허가와

75) 대법원 2011.1.20. 선고 2010두14954 전원합의체판결(건축(신축)신고불가취소: 공 2011상,427).

76) 건축법 제11조 제5항에서는 제1항에 따른 건축허가를 받으면 각 호에서 정한 허가 등을 받거나 신고를 한 것으로 본다. 「국토의 계획 및 이용에 관한 법률」 제56조의 규정에 의한 개발행위허가가 그 대표적인 예이다.

아무런 차이가 없게 된다는 비판을 피할 수 없다. 이러한 결과에 따르면 인·허가의제조항을 특별히 규정하고 있는 입법 취지가 몰각됨은 물론, 신고와 허가의 본질에 기초하여 건축신고와 건축허가 제도를 따로 규정하고 있는 제도적 의미 및 신고제와 허가제 전반에 관한 이론적 틀이 형해화 될 가능성이 있다'는 의견을 표명하였다.[77]

이 판결은 특히 학계의 강한 비판을 불러일으켰다.[78] 다수의견이 분명히 한 바와 같이 건축신고만으로 인 · 허가의제사항에 관한 일체의 요건 심사가 배제되어 버리면 중대한 공익상의 침해나 이해관계인의 피해를 야기하고 관련 법률에서 인·허가 제도를 통하여 사인의 행위를 사전에 감독하고자 하는 규율체계 전반을 와해시킬 우려가 있다는 점을 외면하기는 어려울 것이다. 그럼에도 불구하고 반대의견이 적절히 지적한 바 있듯이, 다수의견에 의할 경우, 건축신고의 수리 거부가 사실상 허가와 차이가 없게 되며, 그 결과 인 · 허가의제조항을 특별히 규정한 입법취지가 몰각됨은 물론, 신고와 허가의 본질에 기초하여 건축신고와 건축허가 제도를 따로 규정한 제도취지 및 신고제와 허가제 전반에 관한 이론적 틀이 형해화할 수 있다는 점도 결코 간과할 수 없는 문제이다.

그렇다면 이 같은 쟁점이 대두되게 된 연유는 무엇일까. 건축법상 완화된 건축규제방식으로 건축허가 대상중 일정한 범위를 정하여 신고만 하면 되도록 하는 신고제를 도입하면서 그 효과를 건축허가의 그것으로 의제한 데도 원인이 있겠지만, 그 보다는 규제완화의 취지에서 단행된 인·허가의제 제도가 이러한 규제체계의 교란을 가져온 주된 원인이라고 볼 수 있다. 가령 건축신고에 인·허가의제효과를 연계시키게 된 입법적 의도를 거꾸로 추정해 본다면, 건축허가에 대해서도 인·허가의제효

77) 대법원 2011.1.20. 선고 2010두14954 전원합의체판결(건축(신축)신고불가취소 공 2011상,427).

78) 가령 김중권, Quo vadis-신고제? 법률신문 2011.3.7. 제3916호; 김중권, 행정법기본연구 III, 2010, 법문사, 329이하 등을 참조.

과를 부여했는데 오히려 그 보다 규제강도가 낮은 건축신고에 인·허가의제효과가 수반되지 않아 각종 인·허가의무를 부담하도록 한다면 건축허가의 경우와 형평이 맞지 않고 또 규제완화의 정신에도 부합하지 않는다고 판단했을 가능성이 크다. 따라서 건축신고에 대해서도 당연히 인·허가의제조항을 준용하도록 했을 것으로 추정해 볼 수 있다. 반면, 그와 같은 규제완화의 일관성 유지에 관심을 쏟느라 건축규제수단으로서 자기완결적 건축신고의 구조적 특성, 즉 신고를 한 이상 건축주는 수리처분이라는 별도의 조치를 기다리거나 허가처분을 받지 않고서도 건축을 할 수 있다는 법리적 특성을 시야에서 놓쳤을 가능성이 있다.

아무튼 규제총량의 관점에서 보면 건축신고의 자기완결적 신고로서의 특성은 소실되었을지라도 건축허가에 준하는 인·허가의제효과가 수반되도록 한 이상 전체적으로 규제가 감소되었다고 보아 안도했을 수도 있다. 그러나 양적 측면에서는 규제가 완화되었을지 몰라도 위 다수의견에 따라 행정청이 종래와 달리 행정청의 반려 또는 수리거부를 통해 신고대상 건축행위를 원천적으로 저지할 수 있는 통제권을 부여받게 되었다는 점에 유의할 필요가 있다. 규제총량의 감소도 중요하지만 결정권의 소재 변경, 즉 주도권이 신고인으로부터 수리처분청으로 넘어갔다는 점이 더 중요할 수도 있고 그 점에서 오히려 규제가 강화되었다고 볼 여지도 없지 않기 때문에 규제의 양적 감소를 대가로 질적 강화라는 의도하지 않았던 결과가 초래되었을 개연성도 없지 않다.

반대로 현행법처럼 인·허가의제조항을 준용하지 않고 그 대신 건축신고 대상인 건축행위에 대해 건축법에서 또는 해당 관계법률에서 인·허가의무를 면제하였다면. 건축법상 건축신고는 가장 완화된 건축규제방식이 되었을 터이고 이는 규제완화의 본래 의도를 가장 잘 실현시킬 수 있는 입법적 대안이 되었을 것으로 추정해 볼 수 있다. 그러나 그와 같은 유형의 극도로 완화된 규제수단으로 건축신고를 도입하는 것만이 능사인지는 의문이다. 그러한 극도로 완화된 건축신고제의 도입에 대해서는 그 필요성이나 타당성을 둘러싼 논란이 제기될 소지가 크기 때문이다. 물론 그 경우에도 사후적 감독권의 행사를 위한 법적 근거를 마련할 수 있기 때문에 그러한 조건하에서 건축신고가 아니라 신고대상 건축에 관해 법률에서 직접 인·허가의무를 면제하는 방안도 입법론적으로 충분히 검토해 볼 여지가 있다.

이렇게 본다면 건축허가에 인·허가의제효과를 결부시키는 한 건축신고에 대해서도 달리 규율할 여지가 없고 따라서 그 경우 다수의견의 논리대로 건축신고만으로 각종 인·허가의제사항에 관한 일체의 요건심사를 배제하는 결과를 용납할 수 없게 되므로 행정청에게 수리처분을 통한 통제가능성을 부여하지 않을 수 없다는 결과가 되고 만다. 반대의견에서 입법론임을 전제하면서 '여러 기본적인 법원칙의 근간 및 신고제의 본질과 취지를 훼손하지 아니하는 한도 내에서 건축법 제14조 제2항에 의하여 인·허가가 의제되는 건축신고의 범위 등을 합리적인 내용으로 개정하는 입법적 해결책'을 강구할 필요가 있다는 점을 시사한 것도 그와 같은 맥락에서 충분히 이해가 되지만, 그렇다고 반대의견처럼 건축신고를 자기완결적 신고로 본다고 하여 문제가 해결되는 것인지도 의문스럽기는 마찬가지이다. 인·허가의제조항을 준용하는 한, 건축신고를 자기완결적 신고로 보기는 곤란하지 않을까. 그러면 입법론으로라도 건축신고에 대하여 인·허가의제조항의 준용을 배제하는 것이 필요한가. 만일 그렇게 할 경우 사실상 건축신고가 건축허가보다 규제강도가 더 센 규제방식이 되어 버리는 모순이 생기는 것을 피하기 어려울 것이다. 아예 건축허가에 대해서도 인·허가의제효과를 결부시키지 않는다면 모르지만, 이는 건축규제완화의 취지를 몰각하는 결과가 될 것이다.

아무튼 2010두14954 전원합의체판결이 인·허가의제 효과를 수반하는 건축신고는, 일반적인 건축신고와 달리, 특별한 사정이 없는 한 행정청이 그 실체적 요건에 관한 심사를 한 후 수리하여야 하는 '수리를 요하는 신고'라고 판시하였기 때문에 이와 같은 자기완결적 건축신고를 운위할 실익은 사실상 크게 감소하고 말았다.

생각건대, 건축신고 수리거부의 처분성을 인정한 대법원의 판례변경에 관한 한, 건축신고 이외의 그 밖의 신고에 관해서는 이미 수리거부의 처분성을 인정하는 것이 판례의 주류적 경향이므로 특별한 변화를 가져오지도 않으며 따라서 변경된 판례의 일반화 문제도 제기될 여지가 없다. 건축신고 수리거부의 처분성을 부정하는 것은 그 밖의 신고에 대해 수리거부의 처분성을 인정하는 판례의 주류적 경향과 다르며, 건축신고 이외의 신고에 관해서는 자기완결적 신고라 할지라도 수리거부의 처분성을 인정하는 전제 위에서 본안판단에 들어가는 판결이 주류라고 한다.[79] 따라서 위 2010년 11월 18일 선고 2008두167 전원합의체판결은 오히려 신고 수리거부의 처분성 인정에 관한 한 건축신고와 그 밖의 신고를 합치시킨 셈이며 그런 연유에서 전폭적인 지지를 받을 수 있지 않았을까 짐작된다. 다만, 신고 수리거부의 처분성 문제는 실은 그 근거 법령상 신고 없이 한 행위에 대한 법적 제재가능성 등 각종 법적 불안이 있어 신고인의 법적 지위에 영향을 미친다고 볼 수 있는지 여부에 달린 것이지 일반적으로 신고 수리거부가 항상 처분성을 가진다고 볼 수는 없는 것이 아닌가 생각한다.

반면, 인·허가의제 효과를 수반하는 건축신고를 '수리를 요하는 신고'라고 판시한 대법원 2011.1.20. 선고 2010두14954 전원합의체판결은 나름대로 불가피한 법제도적 제약이 있었고 또 다른 분야로까지 일반화할 수는 없다고 할지라도, 그 반대의견에서 설득력 있게 주장한 바 있듯이, 수리를 요하는 신고와 허가의 수렴 가능성, 자기완결적 신고의 위축, 자기완결적 신고에 대한 행정절차법적 규율의 실익 감소 등 규제법체계의 정합성이란 관점에서 비판 받아 마땅하다. 그러나 가장 심각한 문제는 그 결과 건축규제의 개혁을 표방했지만 건축신고 수리여부에 대

79) 최계영, 앞의 글, 171.

한 결정을 통해 행정청의 개입여지를 허용하여 오히려 양적 완화의 대가로 질적 강화라는 결과를 초래하고 결과적으로 건축규제에 있어 허가제의 완화로서 신고제를 채택한 취지를 몰각시키고 건축규제를 왜곡시킬 우려가 없지 않다는 점이다.

아울러 대법원 2011.1.20. 선고 2010두14954 전원합의체판결에서 인·허가의제 효과를 수반하는 건축신고는, 일반적인 건축신고와는 달리, 특별한 사정이 없는 한 행정청이 그 실체적 요건에 관한 심사를 한 후 수리하여야 하는 이른바 '수리를 요하는 신고'라고 판시한 것을 다른 분야의 경우에까지 일반화할 수는 없을 것이다. 특히 위 대법원판례에서 인·허가의제효과가 수반되는 건축신고를 수리를 요하는 신고로 본 것을 이미 앞에서 지적한 바 있듯이 인·허가의제조항을 도입한 데 기인한 것이라고 이해한다면, 그와 같은 인·허가의제조항은 그야말로 해당 분야의 법적 규율과 그에 따른 신고의 법적 특성에 따라 달라질 수 있는 조건이라고 볼 수 있기 때문이다. 가령 건축신고 이외의 신고의 경우 그 관계법령에 인·허가의제조항이 있다고 하더라도 그것이 신고의 법적 성질에 어떤 영향을 미칠 것인지는 해당 법령의 규율내용과 신고의 특성에 따라 구체적으로 판단해야 할 문제이지 위 대법원판결의 다수의견을 일반화시킬 것은 아니기 때문이다. 그런 뜻에서 다수의견에서 인·허가의제 효과를 수반하는 건축신고를 수리를 요하는 신고로 본 것을 다른 분야에 무분별하게 확대적용하는 것은 경계해야 한다.[80]

2.2.2. 취소소송의 원고적격

지난 30년간 행정판례에서 가장 두드러진 또 하나의 경향을 꼽는다면 단연 원고적격의 확대를 빼놓을 수 없다. 주지하듯이 대법원은 행정소송법상 취소소송의 원고적격을 판단할 기준으로 명시된 '법률상 이

80) 이에 관하여 상세한 것은 홍준형, "사인의 공법행위로서 신고에 대한 고찰", 공법연구 제40권 제4호, 2012를 참조.

익'의 개념을 해석하여 종래 반사적 이익 또는 사실상 이익이라고 하여 보호범위에서 배제되었던 이익들을 법적 보호범위 안으로 끌어 들임으로써 원고적격을 지속적으로 확대하여 왔다.[81] 이러한 경향은 제3자효 행정행위(Verwaltungsakt mit Drittwirkung) 등 다중복합적 효과를 지닌 행정행위가 이웃주민이나 경쟁업자 등의 이해관계에 영향을 미치는 다극적 법률관계에서 더욱 현저히 나타난다. 원고적격의 확대는 독일의 보호규범이론에서처럼 일차적으로는 관계법규정의 해석문제로 귀착된다.[82] 우리나라에서 관측되는 원고적격 확대 경향 역시 관계법규정의 해석을 통해 이루어졌다.

대법원은 "일반적으로 면허나 인·허가 등의 수익적 행정처분의 근거가 되는 법률이 해당 업자들 사이의 과당경쟁으로 인한 경영의 불합리를 방지하는 것도 그 목적으로 하고 있는 경우, 다른 업자에 대한 면허나 인·허가 등의 수익적 행정처분에 대하여 이미 같은 종류의 면허나 인·허가 등의 수익적 행정처분을 받아 영업을 하고 있는 기존의 업자는 경업자에 대하여 이루어진 면허나 인·허가 등 행정처분의 상대방이 아니라 하더라도 당해 행정처분의 취소를 구할 원고적격이 있다."고 판시하였고,[83] 담배 일반소매인의 지정기준으로 일반소매인의 영업소 간에 일정한 거리제한을 둔 것은 담배유통구조의 확립을 통하여 담배산업 전반의 건전한 발전 도모 및 국민경제에의 이바지라는 공익목적과 함께 일반소매인 간의 과당경쟁으로 인한 불합리한 경영을 방지함으로써 일반

81) 이러한 판례변천에 전기가 되었던 것은 연탄공장사건(대법원 1975.5.13. 선고 73누96.97판결)이었다. 이에 관하여 상세한 것은 홍준형, 행정법, 2011, 76－81을 참조.

82) H. Bauer, Geschichtliche Grundlagen der Lehre von subjektiven öffentlichen Recht, 1986, S.140.

83) 대법원 2006. 7. 28. 선고 2004두6716판결(분뇨등관련영업허가처분취소 공2006.9.1.(257),1540). 분뇨 등 관련 영업허가를 받아 영업을 하고 있는 기존 업자의 이익이 법률상 보호되는 이익이라고 보아, 기존 업자에게 경업자에 대한 영업허가처분의 취소를 구할 원고적격이 있다고 한 사례.

소매인의 경영상 이익을 보호하는 데에도 그 목적이 있으므로, '일반소매인으로 지정되어 영업 중인 기존업자의 신규 일반소매인에 대한 이익은 단순한 사실상의 반사적 이익이 아니라 법률상 보호되는 이익이라고 해석함이 상당하다'고 판시한 바 있다.[84)]

또한 대법원은 근거법률의 범위를 완화하여 원고적격을 확대하기도 하였는데 위와 같은 경우와 맥락상 별반 다르지 않은 태도로 판단된다. 실례로 대법원은 "각 관련 규정에 의하면, 폐기물처리시설 설치기관이 1일 처리능력이 100t 이상인 폐기물처리시설을 설치하는 경우에는 폐촉법에 따른 환경상 영향조사 대상에 해당할 뿐만 아니라 환경영향평가법에 따른 환경영향평가 대상사업에도 해당하므로 폐촉법령뿐만 아니라 환경영향평가법령도 위와 같은 폐기물처리시설을 설치하기 위한 폐기물소각시설 설치계획 입지결정·고시처분의 근거 법령이 된다고 할 것이고, 따라서 위 폐기물처리시설설치계획입지가 결정·고시된 지역 인근에 거주하는 주민들에게 위 처분의 근거 법규인 환경영향평가법 또는 폐촉법에 의하여 보호되는 법률상 이익이 있으면 위 처분의 효력을 다툴 수 있는 원고적격이 있다."고 판시한 바 있다.[85)] 또 상수원보호구역 변경과 공설화장장설치에 관한 원고적격 인정여부와 관련하여 상수원보호구역 설정의 근거인 수도법 제5조 제1항 및 동 시행령 제7조 제1항이 보호하고자 하는 것은 상수원의 확보와 수질보전일 뿐이고, 그 상수원에서 급수를 받고 있는 지역주민들이 가지는 상수원의 오염을 막아 양질의 급수를 받을 이익은 직접적이고 구체적으로는 보호하고 있지 않음

84) 대법원 2008.3.27. 선고 2007두23811판결(담배소매인지정처분취소). 반면, 기존 일반소매인이 신규 구내소매인 지정처분의 취소를 구한 경우 법률상 보호되는 이익이 아니라 단순한 사실상의 반사적 이익이라고 해석함이 상당하므로, 기존 일반소매인은 신규 구내소매인 지정처분의 취소를 구할 원고적격이 없다고 판시하였다(대법원 2008.4.10. 선고 2008두402판결(담배소매인지정처분취소).

85) 대법원 2005. 5. 12. 선고 2004두14229판결(폐기물처리시설 입지결정 및 고시처분 취소 공2005.6.15.(228), 960).

이 명백하여 위 지역주민들이 가지는 이익은 상수원의 확보와 수질보호라는 공공의 이익이 달성됨에 따라 반사적으로 얻게 되는 이익에 불과하므로 지역주민들에 불과한 원고들에게는 위 상수원보호구역변경처분의 취소를 구할 법률상의 이익이 없지만, 구 도시계획법 제12조 제3항의 위임에 따라 제정된 도시계획시설기준에관한 규칙 제125조 제1항이 화장장의 구조 및 설치에 관하여는 매장및묘지등에관한법률이 정하는 바에 의한다고 규정하고 있어, 도시계획의 내용이 화장장의 설치에 관한 것일 때에는 도시계획법 제12조 뿐만 아니라 매장및묘지등에관한법률 및 같은법시행령 역시 그 근거법률이 된다고 보아야 할 것이므로, 같은법시행령 제4조 제2호가 공설화장장은 20호 이상의 인가가 밀집한 지역, 학교 또는 공중이 수시 집합하는 시설 또는 장소로부터 1,000m 이상 떨어진 곳에 설치하도록 제한을 가하고, 같은법시행령 제9조가 국민보건상 위해를 끼칠 우려가 있는 지역, 도시계획법 제17조의 규정에 의한 주거지역, 상업지역, 공업지역 및 녹지지역 안의 풍치지구 등에의 공설화장장 설치를 금지함에 의하여 보호되는 부근 주민들의 이익은 위 도시계획결정처분의 근거법률에 의하여 보호되는 법률상 이익이라고 판시한 바 있다.[86)]

대법원은 그 동안 원고적격의 판단기준으로서 법률상 이익이 인정되는 범위를, ① 당해 처분의 근거법규에서 직접 보호하는 이익이라고 해석되는 경우, ② 당해 처분의 근거법규는 아니지만 관련법규, 즉 당해 처분의 목적을 달성하기 위한 일련의 단계적 관계에서 행해진 관련처분들의 근거법규에서 명시적으로 보호하는 이익으로 해석되는 경우, ③ 당해 처분의 근거법규나 관련법규에 그러한 이익을 보호하는 명시적인 규정은 없더라도 그 합리적 해석상 그 법규에서 행정청을 제약하는 이유가 순수한 공익의 보호만이 아니라 개별적·직접적·구체적 이익을 보

86) 대법원 1995.9.26. 선고 94누14544판결(공95.11.1. 1003(27)).

호하는 취지가 포함되어 있다고 해석되는 경우에까지 확대해 왔다.[87]

일례로 대법원은, "근거 법규 또는 관련 법규의 취지는 광업권설정허가처분과 그에 따른 광산 개발과 관련된 후속 절차로 인하여 직접적이고 중대한 재산상·환경상 피해가 예상되는 토지나 건축물의 소유자나 점유자 또는 이해관계인 및 주민들이 전과 비교하여 수인한도를 넘는 재산상·환경상 침해를 받지 아니한 채 토지나 건축물 등을 보유하며 쾌적하게 생활할 수 있는 개별적 이익까지도 보호하려는 데 있으므로, 광업권설정허가처분과 그에 따른 광산 개발로 인하여 재산상 · 환경상 이익의 침해를 받거나 받을 우려가 있는 토지나 건축물의 소유자와 점유자 또는 이해관계인 및 주민들은 그 처분 전과 비교하여 수인한도를 넘는 재산상 · 환경상 이익의 침해를 받거나 받을 우려가 있다는 것을 증명함으로써 그 처분의 취소를 구할 원고적격을 인정받을 수 있다."고 판시한 바 있었다.[88]

대법원은 여기서 한 걸음 더 나아가, '행정처분의 근거 법규 또는 관련 법규에 그 처분으로써 이루어지는 행위 등 사업으로 인하여 환경상 침해를 받으리라고 예상되는 영향권의 범위가 구체적으로 규정되어 있는 경우에는, 그 영향권 내의 주민들에 대하여는 당해 처분으로 인하여 직접적이고 중대한 환경피해를 입으리라고 예상할 수 있고, 이와 같은 환경상의 이익은 주민 개개인에 대하여 개별적으로 보호되는 직접적 · 구체적 이익으로서 그들에 대하여는 특단의 사정이 없는 한 환경상 이익에 대한 침해 또는 침해 우려가 있는 것으로 사실상 추정되어 법률상 보호되는 이익으로 인정됨으로써 원고적격이 인정되며, 그 영향권 밖의 주민들은 당해 처분으로 인하여 그 처분 전과 비교하여 수인한도를 넘

87) 대법원 2004. 8. 16. 선고 2003두2175판결; 김철용, 행정법 I, 제13판, 2010, 658-659.

88) 대법원 2008. 9. 11. 선고 2006두7577판결(광업권설정허가처분취소등 공2008하,1375).

는 환경피해를 받거나 받을 우려가 있다는 자신의 환경상 이익에 대한 침해 또는 침해 우려가 있음을 증명하여야만 법률상 보호되는 이익으로 인정되어 원고적격이 인정된다고 판시하여,[89] 원고적격이 인정될 수 있는 범위를 한결 확대할 수 있는 방향으로 그 판단을 신축성 있게 만들었다.

대법원의 이 같은 판시는 이미 구 폐촉법상 폐기물처리시설 영향권 밖의 주민들의 원고적격에 관한 이미 2005년 3월 11일 선고 2003두13489판결에서 시사된 바 있었다. 대법원은 관계법령의 취지는 직접영향권 또는 간접영향권 내에 있는 주민들이 사업 시행 전과 비교하여 수인한도를 넘는 환경피해를 받지 아니하고 쾌적한 환경에서 생활할 수 있는 개별적인 이익까지도 이를 보호하려는 데에 있다고 해석하여 이들 주민이 소각시설입지지역결정 · 고시와 관련하여 갖는 위와 같은 환경상의 이익은 주민 개개인에 대하여 개별적으로 보호되는 직접적·구체적 이익으로서 그들에 대하여는 특단의 사정이 없는 한 환경상의 이익에 대한 침해 또는 침해우려가 있는 것으로 사실상 추정되어 폐기물 소각시설의 입지지역을 결정·고시한 처분의 무효확인을 구할 원고적격이 인정되지만, "폐기물소각시설의 부지경계선으로부터 300m 밖에 거주하는 주민들도 위와 같은 소각시설 설치사업으로 인하여 사업 시행 전과 비교하여 수인한도를 넘는 환경피해를 받거나 받을 우려가 있음에도 폐기물처리시설 설치기관이 주변영향지역으로 지정·고시하지 않는 경우 같은 법 제17조 제3항 제2호 단서 규정에 따라 당해 폐기물처리시설의 설치·운영으로 인하여 환경상 이익에 대한 침해 또는 침해우려가 있다는 것을 입증함으로써 그 처분의 무효확인을 구할 원고적격을 인정받을 수

89) 대법원 2006. 3. 16. 선고 2006두330 전원합의체판결, 대법원 2006. 12. 22. 선고 2006두14001판결 등 참조. 앞의 판결과 관련하여 홍준형, "새만금개발사업을 위한 공유수면매립면허 및 사업시행인가처분의 취소신청과 그 거부의 적법 여부— 대법원 2006. 3. 16.선고 2006두330 전원합의체판결—", 행정판례평선(행정판례연구회편), 박영사, 2011, 1301-1313을 참조. .

있다."고 판시한 바 있었다.[90] 대법원은 이후에도 그와 같은 입장을 재확인해 오고 있다.[91]

대법원 2006. 3. 16. 선고 2006두330 전원합의체판결에 대해서는 원고적격의 문제를 증명책임 전환의 문제로 해결하는 오류를 범한 것이라는 비판이 제기되었다. 즉, 개별법령 규정에서 도출할 수 없는 개인적 공권을 입증책임의 전환으로 해결하려는 것은, 환경법분야의 입증책임의 곤란 등으로 원고적격의 부인을 가져올 뿐만 아니라, 남소 문제를 야기할 수 있다는 것이다.[92]

대법원 판례는 환경영향평가 대상지역 거주여부에 따라 원고적격을 판단하는데 따르는 경직성을 완화하려는 취지에서 나온 것으로 이해된다. 즉, 환경영향평가 대상지역은 환경영향평가서초안이나 평가서를 작성하는 사업자나 그 대행자에 의해 설정되므로 '직접적이고 중대한 환경피해의 우려'가 있는 지역과 환경영향평가대상지역이 상호 일치하지 않을 경우는 얼마든지 있을 수 있다. 환경영향평가 대상지역 안의 주민 중에도 현실적으로 전혀 피해를 입거나 입을 가능성이 없는 사람이 있을 수 있고, 지역 밖의 주민의 경우도 현실적으로 피해가 예상되어 사법심사를 받을 필요가 있다고 인정될 수 있기 때문이다.[93] 따라서 '직접적이고 중대한 환경피해의 우려'를 주장·입증할 경우 비록 환경영향평가대상지역 밖에 거주하더라도 원고적격을 인정받아야 하며,[94] 대법원의 판

---

90) 대법원 2005. 3. 11. 선고 2003두13489판결(쓰레기소각장 입지지역결정 고시 취소청구 공2005.4.15.(224), 596).

91) 대법원 2006.12.22. 선고 2006두14001판결(공장설립승인처분취소 공2007.2.1.(267), 238); 2010. 4. 15. 선고 2007두16127판결(공장설립승인처분취소 파기환송) 등.

92) 정남철, "환경소송과 인인보호 -소위 새만금사건과 관련하여-", 『환경법연구』(한국환경법학회) 제28권 1호(2006), 239-268, 249; 김연태, "환경행정소송상 소송요건의 문제점과 한계 -원고적격과 대상적격을 중심으로-" 『환경법의 법리와 법정책』(서울대학교 환경에너지법센터 주최 제3차 학술포럼 발표논문집 2010.11.27.), 45-86, 51.

93) 조홍식, "분산이익소송에서의 당사자적격", 판례실무연구 Ⅳ(비교법실무연구회 편), 박영사 (2000. 9.), 458을 참조.

례는 바로 그런 가능성을 열어 놓고자 하는 의도에서 나온 것이라 할 수 있다. 그러나 대법원의 판례는 대상지역 밖에 거주하는 주민들에게도 원고적격을 인정할 여지가 있다는 점을 시사하면서도 그 경우 비교적 엄격한 증명책임('입증책임')을 부과하고 있다는 점에서 논란의 여지를 남기고 있다. 대법원의 판례 태도를 선해할 경우 원고적격 유무가 직권조사사항이라는 점에 비추어 직권탐지주의를 활용하여 원고적격을 판단할 수 있다는 뜻으로 이해할 여지도 없는 것은 아니다. 그러나 대법원이 '공유수면매립면허처분 등으로 인하여 그 처분 전과 비교하여 수인한도를 넘는 환경피해를 받거나 받을 우려가 있는 경우'라고 전제하면서도, 다시 '공유수면매립면허처분 등으로 인하여 환경상 이익에 대한 침해 또는 침해우려가 있다는 것을 입증함으로써 그 처분 등의 무효확인을 구할 원고적격을 인정받을 수 있다'고 전제하고 이를 근거로 '수인한도를 넘는 환경피해를 받을 수 있다는 점을 입증하지 못하고 있음'을 이유로 원고적격을 부인하는 쪽으로 나아간 점은 그러한 선해의 여지를 배제하는 것이 판례의 취지가 아닌가하는 의심을 낳는다. 그런 맥락에서 대법원 판례에도 불구하고 증명책임에 따른 애로를 직권탐지주의를 활용하여 타개해 나가는 게 바람직하다는 견해도 설득력이 있다.[95]

2.2.3. 취소소송의 제소기간

취소소송은 행정처분의 효력이 지나치게 오랫동안 불안정하게 되는 결과를 피하기 위하여(법적 안정성의 요청) 제소기간의 제한을 받는다. 제소기간의 준수여부는 소송요건으로서 법원의 직권조사사항이다. 이와 관련하여 '행정소송법 제20조 제1항의 취지는 불가쟁력이 발생하지 않아 적법하게 불복청구를 할 수 있었던 처분 상대방에 대하여 행정청이 법령상 행정심판청구가 허용되지 않음에도 행정심판청구를 할 수 있다고 잘못 알린 경우에, 잘못된 안내를 신뢰하여 부적법한 행정심판을 거

---

94) 박재완, 환경행정소송에서의 원고적격, 재판자료 제94집 (2002), 법원도서관, 217.
95) 김연태, 앞의 글, 54-55.

치느라 본래 제소기간 내에 취소소송을 제기하지 못한 자를 구제하려는 데에 있으며, 따라서 이미 제소기간이 지남으로써 불가쟁력이 발생하여 불복청구를 할 수 없었던 경우라면 그 이후에 행정청이 행정심판청구를 할 수 있다고 잘못 알렸다고 하더라도 그 때문에 처분 상대방이 적법한 제소기간 내에 취소소송을 제기할 수 있는 기회를 상실하게 된 것은 아니므로 이러한 경우에 잘못된 안내에 따라 청구된 행정심판 재결서 정본을 송달받은 날부터 다시 취소소송의 제소기간이 기산되는 것은 아니다'라는 대법원 판례가 주목된다. 불가쟁력이 발생하여 더 이상 불복청구를 할 수 없는 처분에 대하여 행정청의 잘못된 안내가 있었다 하여 처분 상대방의 불복청구 권리가 새로이 생겨나거나 부활한다고 볼 수는 없기 때문이라는 것이다."[96]

2.2.4. 제재기간이 경과한 제재처분의 취소를 구할 법률상 이익

제재적 행정처분의 제재기간이 경과된 후에도 그 처분의 효력을 다툴 수 있는지 여부에 관한 판례는 우여곡절을 겪다가 1995년 10월 17일자 전원합의체판결[97] 이후 줄곧 부정적인 방향으로 이어졌고 일부 제한적으로만 소익이 인정되었다.

이러한 배경에서 대법원의 2006.6.22. 선고 2003두1684 전원합의체 판결은 그동안의 소극적 판례에 종지부를 찍고 취소소송의 소익 확대를 향한 결정적 전환점이 되었다. 환경영향평가대행업무 정지처분을 받은 환경영향평가대행업자가 업무정지처분기간 중 환경영향평가대행계약을 신규로 체결하고 그 대행업무를 한 사안에서, 대법원은 제재적 행정처분이 그 처분에서 정한 제재기간의 경과로 인하여 그 효과가 소멸되었을지라도, 부령인 시행규칙 또는 지방자치단체의 규칙의 형식으로 정한 처분기준에서 제재적 행정처분을 받은 것을 가중사유나 전제요건으로 삼아 장래의 제재적 행정처분을 하도록 정하고 있는 경우, 선행처분인

---

96) 대법원 2012. 9. 27. 선고 2011두27247판결(판례공보 제405호 2012.11.1., 1751).
97) 대법원 1995.10.17. 선고 94누14148판결(자동차운행정지처분취소등).

제재적 행정처분을 받은 상대방이 그 처분에서 정한 제재기간이 경과하였다 하더라도 그 처분의 취소를 구할 법률상 이익이 있다고 전제한 후, 「환경 · 교통·재해 등에 관한 영향평가법 시행규칙」 제10조 [별표 2] 2. 개별기준 ⑾에서 환경영향평가대행업자가 업무정지처분기간 중 신규계약에 의하여 환경영향평가대행업무를 한 경우 1차 위반시 업무정지 6월을, 2차 위반시 등록취소를 각 명하는 것으로 규정하고 있으므로, 업무정지처분기간 경과 후에도 위 시행규칙의 규정에 따른 후행처분을 받지 않기 위하여 위 업무정지처분의 취소를 구할 법률상 이익이 있다고 판시한 것이다.[98]

2.2.5. 무효등확인소송의 원고적격과 협의의 소익

행정소송법 제35조는 "무효등확인소송은 처분등의 효력의 유무 또는 존재 여부의 확인을 구할 법률상 이익이 있는 자가 제기할 수 있다." 고 규정하고 있다. 여기서 '법률상 이익'이란 무엇을 의미하는가, 취소소송에서의 그것과 동일한 개념인가 아니면 '즉시확정의 이익'인가를 둘러싸고 학설과 판례상 논란이 있었다.

(1) 원고적격인가 '즉시확정의 이익'인가

무효등확인소송에 있어 처분등의 효력의 유무 또는 존재 여부의 확인을 구할 '법률상 이익'이란 이를 취소소송에서의 그것과 동일한 개념으로 이해하는 것이 학계의 중론이다. 대다수 문헌들은, 행정소송법이 구법이나 일본의 행정사건소송법과는 달리 무효등확인소송의 보충성을

98) 대법원 2006.6.22. 선고 2003두1684 전원합의체판결(영업정지처분취소 집54(1)특,720;공2006.8.1.(255), 1363). 이에 대한 평석으로는 박해식, "제재기간이 경화한 제재처분에 대한 소의 이익", 판례평선, 749－756을 참조. 아울러 자격정지처분을 받은 의사로서는 면허자격정지처분에서 정한 기간이 도과되었다 하더라도 그 처분을 그대로 방치하여 둠으로써 장래 의사면허취소라는 가중된 제재처분을 받게 될 우려가 있는 것이어서 의사로서의 업무를 행할 수 있는 법률상 지위에 대한 위험이나 불안을 제거하기 위하여 면허자격정지처분의 취소를 구할 이익이 있다고 판시한 대법원 2005. 3. 25. 선고 2004두14106판결("의사면허자격정지처분취소": 판례공보 2005. 5. 1., 686)을 참조.

인정하지 아니하고 원고적격을 확대하였다고 지적하고 있다. 요컨대 무효등확인소송에 있어 법률상 이익과 취소소송에 있어 법률상 이익을 동질적인 것으로 보는 것이 기존의 통설이다.[99]

반면 대법원은 확인소송의 보충성을 전제로 확인의 소가 원고의 법적 지위의 불안 또는 위험을 제거하기 위하여 가장 유효적절한 수단일 경우에만 허용되고, 보다 더 발본색원적 수단이 있는 경우에는 무효등확인소송은 허용되지 않는다는 입장을 견지해 왔다. 즉, 행정소송법 제35조 소정의 '확인을 구할 법률상 이익'은 그 대상인 현재의 권리 또는 법률관계에 관하여 당사자 사이에 분쟁이 있고 그로 인해 권리 또는 법률상의 지위에 불안, 위험이 있어 판결로써 그 법률관계의 존부를 확정하는 것이 불안, 위험을 제거하는 데 필요하고도 적절한 경우에 인정된다고 판시하였고,[100] 부존재확인소송에 대해서도 마찬가지 견해를 견지했다. 즉 '행정처분의 부존재확인소송은 행정처분의 부존재확인을 구할 법률상 이익이 있는 자만이 제기할 수 있고, 여기에서의 법률상 이익은 원고의 권리 또는 법률상 지위에 현존하는 불안, 위험이 있고 그 불안, 위험을 제거함에는 확인판결을 받는 것이 가장 유효적절한 수단일 때 인정된다'고 보았다.[101]

그러나 대법원은 2008년 3월 20일 2007두6342 전원합의체판결에서 "행정처분의 근거 법률에 의하여 보호되는 직접적이고 구체적인 이익이 있는 경우에는 행정소송법 제35조에 규정된 '무효확인을 구할 법률상 이익'이 있다고 보아야 하고, 이와 별도로 무효확인소송의 보충성이 요구되는 것은 아니므로 행정처분의 무효를 전제로 한 이행소송 등

---

99) 관계문헌을 개관하려면 김남진, 무효등확인소송과 법률상 이익, 고시연구, 1991/3, 17-19를 참조.

100) 대법원 1992. 7. 28. 선고 92누4352판결(공1992, 2678). 동지 대법원 1984. 2. 14. 선고 82누370판결(공1984, 520); 1988. 3. 8. 선고 87누133판결(공1988, 689); 1989. 10. 10. 선고 89누3397판결(공1989, 1690).

101) 대법원 1990. 9. 28. 선고 89누6396판결: 공884.2187(30).

과 같은 직접적인 구제수단이 있는지 여부를 따질 필요가 없다고 해석함이 상당하다."고 판시하여 판례를 변경했다.[102] 이 판결의 보충의견(대법관 이홍훈)에 따르면, 무효확인소송의 보충성 인정의 문제는 행정소송법 제35조에 규정된 '무효확인을 구할 법률상 이익'의 해석론에 관한 것으로서 행정소송의 특수성, 무효확인소송의 법적 성질 및 무효확인판결의 실효성, 외국의 입법례, 무효확인소송의 남소 가능성 및 권익구제 강화 등의 측면에서 볼 때, 무효확인소송의 보충성을 요구하지 않는 것이 행정소송의 목적을 달성할 수 있고 소송경제 등의 측면에서도 타당하며 항고소송에서 소의 이익을 확대하고 있는 대법원 판례의 경향에도 부합한다는 것이다.

이로써 1984년 행정소송법 전부개정 이래 논란의 대상이 되었던 '즉시확정의 이익'에 관한 불확실성이 해소되었다.

(2) 무효등확인소송의 원고적격

행정소송법 제35조가 무효등확인소송의 원고적격에 관하여 '확인을 구할 법률상 이익'을 요구하고 있다는 사실을 도외시할 수는 없다. 따라서 보호대상으로서 법률상 이익을 가진 자만이 무효등확인소송의 원고가 될 수 있다는 것은 불가피한 결과이다.

이와 관련하여 대법원은 '허가관청의 사업양수에 의한 지위승계신고의 수리는 적법한 사업 양도가 있었음을 전제로 하는 것이므로 사업양도행위가 무효라고 주장하는 양도자는 민사쟁송으로 양도행위의 무효를 구함이 없이 막 바로 허가관청 상대 행정소송으로 신고수리처분의 무효확인을 구할 법률상 이익이 있다'고 판시한 바 있다.[103]

---

102) 대법원 2008.3.20. 선고 2007두6342 전원합의체판결(하수도원인자부담금부과처분취소 집56(1)특,327;공2008상,593). 이 판결에 관해서는 경건, "무효확인소송의 소익: 행정소송법 제35조 '무효확인을 구할 법률상 이익'의 의미", 행정법연구 제21호 (2008.08), 행정법이론실무학회를 참조.

103) 대법원 1993. 6. 8. 선고 91누11544판결(판례월보 제278호, 214이하). 따름 판례: 대법원 2005.12.23. 선고 2005두3554 판결(채석허가수허가자변경신고수리처분취

주목을 끄는 것은 절대보전지역 해제와 무효확인소송의 원고적격 유무를 판단한 대법원의 '강정마을 사건 판결'이다. 이 사건에서 대법원은 원고들에게 이 사건 처분의 근거가 되는 법규 및 관련 법규에 의하여 보호되는 법률상 이익이 있는지 여부에 관하여 ① 절대보전지역의 해제는 소유권에 가한 제한을 해제하는 처분에 해당하는 것으로 그 자체로 인근 주민의 생활환경에 영향을 주는 사업의 시행이나 시설의 설치를 내포하고 있는 것이 아닌 점, ② 「구 제주특별자치도 설치 및 국제자유도시 조성을 위한 특별법(2009. 10. 9. 법률 제9795호로 개정되기 전의 것)」 및 「구 제주특별자치도 보전지역 관리에 관한 조례(2010. 1. 6. 조례 제597호로 개정되기 전의 것)」에 따라 절대보전지역으로 지정되어 보호되는 대상은 인근 주민의 주거 및 생활환경 등이 아니라 제주의 지하수·생태계·경관 그 자체인 점, ③ 위 조례 제3조 제1항은 절대보전지역의 지정 및 변경에는 주민들의 의견을 듣도록 하고 있으나 보전지역을 축소하는 경우에는 예외로 한다고 규정함으로써 그 절차에서도 절대보전지역 지정으로 인하여 환경상 혜택을 받는 주민들이 아니라 권리의 제한을 받게 되는 주민들을 주된 보호의 대상으로 하고 있는 점 등에 비추어 보면, 이 사건 처분 대상인 서귀포시 강정동 해안변지역 105,295㎡가 절대보전지역으로 유지됨으로써 원고들이 가지는 주거 및 생활환경상 이익은 그 지역의 경관 등이 보호됨으로써 반사적으로 누리는 것일 뿐 근거 법규 또는 관련 법규에 의하여 보호되는 개별적 직접적·구체적 이익이라고 할 수 없다고 판단하고, 나아가 원고들이 주장하는 헌법상의 생존권, 행복추구권, 환경권만으로는 그 권리의 주체·대상·내용·행사방법 등이 구체적으로 정립되어 있다고 볼 수 없으므로 이에 근거하여 이 사건 처분을 다툴 원고 적격이 있다고 할 수도 없다고 판단한 원심 판단은 정당한 것으로 수긍할 수 있고, 거기에 상고이유 주장

소 공2006.2.1.(243),186).

과 같은 행정소송의 원고 적격에 관한 법리오해의 위법 등이 없다고 판시하였다.104)

2.2.5. 가구제

행정소송법은 행정처분이 위법하거나 무효임을 주장하여 그 취소 또는 무효확인을 구하는 소송을 제기하더라도 행정처분의 효력이나 집행에는 영향이 없다는 집행부정지원칙을 채택한 것으로 이해되고 있다(행정소송법 제23조 제1항, 제38조 제1항). 다만 행정소송법 제23조 제2항은 그 처분으로 인하여 생길 회복하기 어려운 손해를 예방하기 위하여 긴급한 필요가 있는 경우에 한하여 법원이 그 처분의 효력을 정지할 수 있다고 규정하고 있는데, 여기서 "처분으로 인하여 생길 회복하기 어려운 손해를 예방하기 위하여 긴급한 필요"가 있는지 여부에 대하여 대법원은 당해 처분의 성질과 태양 및 내용, 처분상대방이 입는 손해의 성질·내용 및 정도, 원상회복·금전배상의 방법 및 난이, 본안청구의 승소가능성의 정도 등을 종합적으로 고려하여 구체적 · 개별적으로 판단하여야 한다고 판시해 오고 있다.105) 대법원은 최근 행정처분의 효력정지나 집행정지를 구하는 신청사건에서 집행정지사건 자체에 의하여도 신청인의 본안청구가 적법한 것이어야 한다는 것을 집행정지의 요건에 포함시켜야 한다고 판시한 바 있다. 이는 행정소송의 대상이 되는 처분이 아닌 공공기관의 행위에 대해 행정소송을 제기하고 집행정지를 신청한 경우처럼, 본안청구의 부적법이 명백한 경우에는 그 이유 유무의 판단 전에 이미 승소가능성이 없다고 보아 집행정지신청을 받아들이지 않은 것이다.106)

한편, 신청에 대한 거부처분은 집행정지의 대상이 될 수 없다는 것

---

104) 대법원 2012. 7. 5. 선고 2011두13187·2011두13194(병합)판결(절대보전지역변경처분무효확인·절대보전지역변경(해제)처분무효확인 등).

105) 대법원 2008.12.29. 자 2008무107결정(집행정지); 2004. 5. 17.자 2004무6결정을 참조.

106) 대법원 2010. 11. 26.자 2010무137 결정(부정당업자제재처분효력정지).

이 통설이고 판례도 같은 입장이다. 대법원은 거부처분에 대한 집행정지 허용 여부에 대하여 '신청인의 신기술 보호기간 연장신청을 거부한 이 사건 처분의 효력을 정지하더라도 이로 인하여 보호기간이 만료된 신기술 지정의 효력이 회복되거나 행정청에게 보호기간을 연장할 의무가 생기는 것도 아니라고 할 것이다. 그렇다면, 이 사건 처분의 효력을 정지하더라도 이 사건 처분으로 신청인이 입게 될 손해를 방지하는 데에는 아무런 소용이 없고, 따라서 이 사건 처분의 효력정지를 구하는 이 사건 신청은 그 이익이 없어 부적법하다'고 판시하였다.[107] 학계에 논란을 불러일으킨 이 판결에 대해서는[108] 현실적으로 거부처분이 집행되는 경우는 생각하기 어렵고 또 거부처분의 효력을 정지하더라도 거부처분이 없었던 것과 같은 상태 즉 거부처분이 있기 전 신청시 상태로 되돌아가는 데에 불과하여 행정청에게 신청에 따른 처분 의무가 생기는 것이 아니지만, 거부처분 자체의 효력이나 절차의 속행으로 중대한 손해가 발생할 수 있다는 점에 유의할 필요가 있다.

2.2.6. 행정소송의 심리와 판결

(1) 행정소송의 심리

소송자료의 수집을 당사자의 책임으로 하는 원리를 변론주의라 하고 이를 법원의 책임으로 하는 것을 직권탐지주의라고 한다. 변론주의는 민사소송법상 명문의 규정은 없지만 민사소송을 지배하는 원칙이다. 반면 행정소송법 제26조는 '법원은 필요하다고 인정할 때에는 직권으로 증거조사를 할 수 있고, 당사자가 주장하지 아니한 사실에 대하여도 판단

107) 대법원 2005. 1. 17. 자 2004무48결정(집행정지). 또한 대법원 1995.6.21.자 95두26 결정(점검필증교부거부처분효력정지 공1995.8.1.(997),2602); 1992.2.13. 자 91두47 결정(투전기업소갱신허가불허처분효력정지). 아울러 대법원 1995. 6. 21.자 95두26 결정, 1993. 2. 10.자 92두72 결정 등을 참조.

108) 이현수, "행정소송상 집행정지의 법적 성격에 관한 연구", 행정법연구 제9호(2003.상반기) (2003.05), 행정법이론실무학회, 157-176; 김철용, 행정법 I, 2010, 717 등을 참조.

할 수 있다'고 규정하고 있다. 이 조항에 대해서는, 이를 근거로 행정소송법이 증거조사 및 심리에 직권탐지주의를 채택한 것으로 보는 견해(직권탐지설: 다수설)와 당사자의 입증활동이 불충분하여 심증형성이 어려울 경우 당사자의 증거신청 없이도 직권으로 증거조사를 할 수 있도록 변론주의를 보충하기 위하여 직권증거조사를 허용한 것으로 보는 견해(변론보충설)[109]가 대립한다. 이와 같은 행정소송법 제26조에도 불구하고 행정소송에도 원칙적으로 변론주의가 타당하다는 것이 판례의 태도이다.

대법원은, "행정소송법 제26조는 법원은 필요하다고 인정할 때에는 직권으로 증거조사를 할 수 있고 또 당사자가 주장하지 않는 사실에 관하여도 판단할 수 있다고 규정하고 있기는 하나, 이는 행정소송의 특수성에서 연유하는 당사자주의·변론주의의 일부 예외규정일 분, 법원은 아무런 제한 없이 당사자가 주장하지 않은 사실을 판단할 수 있다는 것은 아니다"라고 판시한 바 있다.[110] 그러나 또 다른 판례에서 대법원은 "행정소송에 있어서 법원이 필요하다고 인정할 때에는 당사자가 명백히 주장하지 않은 사실에 관하여도 일건 기록에 나타난 사실을 기초로 하여 직권으로 판단할 수 있다."고 판시함으로써 이를 적극적으로 활용하려는 듯한 뉘앙스를 보이기도 하였다.[111]

한편 대법원은 행정청이 공무수행과 상이 사이에 인과관계가 없다는 이유로 국가유공자 비해당결정을 한 데 대하여 법원이 인과관계의 존재는 인정하면서 직권으로 본인 과실이 경합된 사유가 있다는 이유로 그 처분이 정당하다고 판단하는 것은 '행정소송법이 허용하는 직권심사주의의 한계'를 넘은 것이라고 판시한 바 있다[112]

---

109) 李尙圭, 新行政法論, 上, 775–776.
110) 대법원 1986.6.24. 선고 86누321판결.
111) 대법원 1989.8.8. 선고 88누3604판결.
112) 대법원 2013. 8. 22. 선고 2011두26589판결(국가유공자비해당결정처분취소), 판례공보 2013년 9월 15일 제426호, 1707.

(2) 행정소송의 판결

행정소송의 판결과 관련된 행정판례들도 다양하게 축적되어 왔지만, 여기서는 사정판결에 관한 대법원 판례만을 검토해 보기로 한다.

사정판결은 법치행정의 원칙에 비추어 예외적인 제도이므로 그 적용은 극히 엄격한 요건에 따라 이루어져야 한다는 것이 학계의 지배적인 분위기이다. 대법원 역시 같은 태도를 보인 점은 긍정적인 평가를 받아 마땅하다. 즉, 대법원은 "행정처분이 위법한 때에는 이를 취소함이 원칙이고 그 위법한 처분을 취소·변경함이 도리어 현저히 공공의 복리에 적합하지 않은 경우에 극히 예외적으로 위법한 행정처분의 취소를 허용하지 않는다는 사정판결을 할 수 있으므로, 사정판결의 적용은 극히 엄격한 요건 아래 제한적으로 하여야 하고, 그 요건인 현저히 공공복리에 적합하지 아니한지 여부를 판단함에 있어서는 위법·부당한 행정처분을 취소·변경하여야 할 필요와 그 취소·변경으로 인하여 발생할 수 있는 공공복리에 반하는 사태 등을 비교·교량하여 그 적용 여부를 판단하여야 한다."고 판시한 바 있다.113)

사정판결은 원고의 청구가 이유 있음에도 불구하고 처분등을 취소하는 것이 현저히 공공복리에 반한다고 인정되어야 한다. 여기서 관건은 사정판결의 요건 중 처분등을 취소하는 것이 현저히 공공복리에 적합하지 아니한지 여부를 얼마나 엄격하게 판단할 수 있는가 하는 데 있다. 이를 위해서는 관계 법익의 형량이 필요하다. 이에 관하여 대법원은 '위법·부당한 행정처분을 취소·변경하여야 할 필요와 그 취소·변경으로 인하여 발생할 수 있는 공공복리에 반하는 사태 등을 비교·교량하여 그 적용 여부를 판단하여야 한다'고 판시하고 있다."114)

공공복리는 다의적인 불확정개념이지만 대체로 개인의 이익과 대

113) 대법원 2013.10.24. 선고 2012두12853판결(조합설립변경인가처분취소); 대법원 1995.6.13.선고 94누4660판결; 대법원 2009.12.10.선고 2009두8359판결 등을 참조.
114) 대법원 2013.10.24. 선고 2012두12853판결.

립되지 않고 개개인의 이익을 보다 고차적인 차원에서 통합하는 전체사회의 공동이익이라 할 수 있다.[115] 이 경우 처분등이 위법한데도 공익적 견지에서 이를 유지한다는 사정판결제도의 예외적 성격을 고려하여 위법한 처분등의 유지에 따른 사익침해의 정도와 인용판결에 의해 초래될 공익침해의 정도를 적정히 비교형량해야 하며 후자가 전자에 비해 압도적으로 우세한 경우에만 사정판결이 허용된다고 보아야 한다. 다시 말해 비례원칙을 엄격하게 심사할 '엄격심사'(hard look)의 잣대를 적용할 필요가 있다.[116]

2.2.7. 당사자소송과 부작위확인소송

(1) 당사자소송

공법상 당사자 소송은 1984년의 개정행정소송법에서 명문화되었지만 잘 활용되지 못했다. 광주민주화운동관련자보상법에 관한 대법원 1992.12.24. 선고 92누3335판결은 당시까지 거의 서자취급을 받아 온 '당사자소송에 대한 7년만의 친자확인'으로, 이행소송의 형태(금전지급청구소송)로 제기된 당사자소송에 대하여 이를 인용한, 그리고 그 대상, 공법소송으로서의 성격, 제기요건 등에 관하여 실질적이고 적극적인 판단을 내린 사실상 최초의 판결로서 주목을 끌었다.[117] 대법원은 이후 서울특별시 시립무용단원해촉무효확인소송을 당사자소송으로 보았고,[118] 석탄광업자가 석탄산업합리화사업단에 대하여 가지는 이와 같은 지원금 지급청구권은 석탄사업법령에 의하여 정책적으로 당연히 부여되는 공법상의 권리이므로, 그 지원금의 지급을 구하는 소송은 공법상 법률관계에 관한 소송인 공법상의 당사자소송에 해당한다고 판시한 바 있다.[119]

---

115) 이에 관하여는 金鐵容, 앞의 글, 56을 참조.

116) 金鐵容, 앞의 글, 56.

117) 이에 대한 평석으로는 홍준형, "공법상 당사자소송의 대상", 사법행정, 1993/2, 49이하를 참조.

118) 대법원 1995. 12. 22. 선고 95누4636판결(해촉처분취소등; 공1996.2.15.(4), 581). 원심판결: 서울고법 1995.2.21. 선고 94구4457판결.

이후 대법원은 좀 더 빈번히 당사자소송의 허용성을 인정하는 경향을 보이고 있다. 실례로 '공무원연금관리공단이 퇴직연금 중 일부 금액에 대하여 지급거부의 의사표시를 하였다고 하더라도 그 의사표시는 퇴직연금 청구권을 형성·확정하는 행정처분이 아니라 공법상의 법률관계의 한쪽 당사자로서 그 지급의무의 존부 및 범위에 관하여 나름대로의 사실상·법률상 의견을 밝힌 것에 불과하다고 할 것이어서, 이를 행정처분이라고 볼 수 없고, 이러한 미지급 퇴직연금에 대한 지급청구권은 공법상 권리로서 그 지급을 구하는 소송은 공법상의 법률관계에 관한 소송인 공법상 당사자소송에 해당한다'고 판시하였고,[120] 아래에서 보는 바와 같이 하천법등에 의한 손실보상금 지급청구소송 및 손실보상청구권 확인소송을 당사자소송에 의해야 한다고 판시하였다.[121]

또한 관리처분계획안에 대한 조합 총회결의 효력 등을 다투는 소송 역시 행정처분에 이르는 절차적 요건의 존부나 효력 유무에 관한 소송으로서 그 소송결과에 따라 행정처분의 위법 여부에 직접 영향을 미치는 공법상 법률관계에 관한 것이므로 이를 당사자소송으로 다투어야 한다고 판시하였고,[122] 납세의무자에 대한 국가의 부가가치세 환급세액 지급의무는 그 납세의무자로부터 어느 과세기간에 과다하게 거래징수된 세액 상당을 국가가 실제로 납부받았는지와 관계없이 부가가치세법령의 규정에 의하여 직접 발생하는 것으로서, 그 법적 성질은 정의와 공평의 관념에서 수익자와 손실자 사이의 재산상태 조정을 위해 인정되는 부당이득 반환의무가 아니라 부가가치세법령에 따라 그 존부나 범위가 구체

119) 대법원 1997. 5. 30. 선고 95다28960판결(공97.7.15. [38], 1997); 1993. 10. 12. 선고 93누13209판결(공1993하, 3105).

120) 대법원 2004. 12. 24. 선고 2003두15195판결(퇴직연금지급청구거부처분취소).

121) 대법원 2006. 5. 18. 선고 2004다6207 전원합의체판결(보상청구권확인 집54(1)민,186; 공2006.6.15. (252),1041)

122) 대법원 2009. 9. 17. 선고 2007다2428 전원합의체판결(총회결의무효확인 공2009하, 1648).

적으로 확정되고 조세 정책적 관점에서 특별히 인정되는 공법상 의무이므로, 납세의무자에 대한 국가의 부가가치세 환급세액 지급의무에 대응하는 국가에 대한 납세의무자의 부가가치세 환급세액 지급청구는 민사소송이 아니라 행정소송법 제3조 제2호에 규정된 당사자소송 절차에 따라야 한다고 판시한 바 있다.[123)]

(2) 부작위위법확인소송

대법원은 부작위위법확인소송을 행정청의 '응답의무'를, 그리고 오로지 응답의무만을 관철시키기 위한 소송이라고 본다.[124)] 대법원은, 부작위의 성립요건으로서 '국민이 행정청에 대하여 그 신청에 따른 행정행위를 구할 법규상 또는 조리상 권리'의 존재를 요구하고 있다.[125)]

III. 행정구제법 분야 행정판례의 과제와 전망

우리나라는 법 분야에서도 세계적으로 주목할 만한 발전을 이루어냈다. 가장 대표적인 예가 바로 행정법이다. 행정법이 현대 행정국가에 대한 법치주의의 처방이라면 한국행정법은 한국의 현실이 낳은 한국적 처방이자 한국의 길이다. 이제 한국행정법은 양적 성장을 넘어 질적 성숙의 단계로 접어들고 있다. 민주화과정 그리고 그 이후 행정법의 입법, 사법, 행정 각 부문에서 이루어진 역동적인 변화와 발전이 그 점을 여실히 보여준다. 무엇보다도 입법 분야에서 괄목할 만한 발전이 있었다. 행정소송법처럼 시대착오적 낙후성을 탈피하지 못한 경우도 없지 않지만, 행정절차법, 정보공개법, 전자정부법 등 행정법 분야 입법의 발전은 눈

---

123) 대법원 2013. 3. 21. 선고 2011다95564 전원합의체판결(양수금).

124) 대법원 1990. 9. 25. 선고 89누4758판결; 2005. 4. 14. 선고 2003두7590 판결(공사중지명령 철회신청 거부처분 위법확인 공2005. 5. 15.(226), 752).

125) 대법원 1990. 5. 25. 선고 89누5786판결.

부신 것이었다. 입법의 행진이 양적 성장이었다면 질적 성장은 행정법 판례 형성을 통해 이루어졌다. 입법 발전 못지않게 대법원과 헌법재판소, 행정법원 등의 활발한 법형성을 통해 행정법판례가 축적되었고 그 만큼 한국행정법의 내적 충실성이 심화되었다. 이처럼 양적 성장이 질적 성숙으로 이어지는 선순환 상호작용을 통해 한국행정법이 개화하기 시작한 것이다.[126]

행정판례 30년은 비약적 발전의 역사였다. 우리나라의 행정판례는 이제 세계 어디에 내놓아도 손색이 없을 만큼 높은 수준에 도달했다고 해도 과언이 아니다. 무엇보다도 행정구제법 분야 행정판례는 국가배상과 손실보상, 행정소송과 행정심판 등 행정상 권리구제를 질과 양 모든 면에서 확대·강화하기 위한 법공동체의 노력을 구현해 냈고, 특히 처분성이나 원고적격에 관한 판례의 발전에서 여실히 볼 수 있는 바와 같이 행정소송의 문호를 확대하여 왔다. 행정판례를 통해 하자의 승계, 계획변경청구권, 환경영향평가 관련 승인처분에 대한 사법심사 등 한국 특유의 주목할 만한 행정법리가 발전하기 시작했다. 이러한 발전동향은 이미 역진불가능한 변곡점을 지났으므로 향후에도 지속될 것으로 예상된다. 한국행정판례의 정체성을 찾기 위한 순례가 그리 고통스럽지는 않으리라 기대할 수 있는 까닭이기도 하다.

그러나 늘 그러하듯이 성장에는 고통이, 발전에는 비용이 따르게 마련이고 언제라도 문제점과 부작용이 나타날 수 있다. 한국행정법이 성숙 단계로 발돋움하여 진정한 의미의 선진행정법으로 도약하려면 무엇을 어떻게 해야 할까?

무엇보다도 국민의 권익구제와 행정의 적법성 보장이라는 양대 목표를 실천적으로 조화시키면서 구체적인 현실 속에서 실효성 있게 실현시키기 위해서는 입법을 통해 표현된 행정구제의 요구와 의지를 심각하

---

126) 홍준형, 행정법, 2011, 서문, iii.

고 진지하게 받아들이려는 자세가 필요하다. 역사적인 행정소송법개정을 앞두고 있지만, 기왕에 개정된 내용조차 충실히 구현하지 못했던 과거를 반성하다면 향후 개정행정소송법의 입법정신을 충실히 실현시키고 그 효과를 극대화시킬 수 있는 방법을 찾기 위해 노력하는 것이 법원과 학계, 실무계의 공동책임일 것이다. 특히 처분 개념이나 원고적격 판단에 있어서도 입법취지를 최대한 살려 행정판례를 형성해 나가려는 자세가 필요하다. 거부처분의 처분성 인정은 항고소송의 문호를 확대한다는 취지에서 좀 더 완화시켜 나갈 필요가 있고, 처분 개념 중 '그 밖에 이에 준하는 행정작용'에 대해서도 새로운 접근을 검토해 볼 시점이다. 원고적격 확대 역시 법원의 소송부담과 국민의 재판받을 권리 보장을 조화시키는 선에서 지속되는 것이 바람직하다고 본다. 이를 위해 이론과 실무, 법조와 학계의 긴밀한 교류와 공동노력이 필요하고 또 체계적인 비교법 연구와 법사실 연구에도 노력을 아끼지 말아야 한다.

국민의 행정에 대한 불만과 불복, 갈등과 분쟁을 행정구제법제도를 통해 해결하는 것이 당장은 시간과 비용이 들더라도 전체적·장기적으로 볼 때 훨씬 비용효과적이고 효율적이라는 사실은 이미 많은 공공갈등 사례들을 통해 충분히 증명되었다고 본다. 그러한 관점에서 행정구제법 제도의 개선이 무엇보다도 절실히 요구되며 이를 통해 더욱 훌륭하고 선진적인 행정판례가 양산, 축적될 수 있을 것이다.

참고문헌

1. 단행본

김남진 · 김연태, 행정법 I, 법문사, 2012

김동희, 행정법 I, 박영사, 2012

김종보, 건설법의 이해, 박영사, 2008

김중권, 행정법기본연구 III, 2010, 법문사

김철용·최광율(대표), 주석 행정소송법, 박영사, 2004

류명건, 실무행정소송법, 1998, 박영사

박균성, 행정법론(상), 박영사, 2012

박정훈, 행정법의 체계와 방법론, 박영사, 2005

______, 행정소송의 구조와 기능, 박영사, 2007

법원행정처, 법원실무제요 행정, 1997

정하중, 행정법개론, 법문사, 2012

조현권, 환경법 －이론과 실무－, 1999, 법률문화원

천병태 · 김명길, 환경법, 삼영사, 1997

행정판례연구회편, 행정판례평선, 박영사, 2011

허 영, 한국헌법론, 박영사, 1995

홍정선, 행정법원론(상), 박영사, 2011

홍준형, 행정법, 법문사, 2011

______, 행정구제법, 도서출판 오래, 2012

______, 환경법, 2005, 박영사

Bauer, H., Geschichtliche Grundlagen der Lehre von subjektiven öffentlichen Recht, 1986

Hufen, Friedhelm, Verwaltungsprozessrecht, 6.Aufl., 2005

Maurer, H., Allgemeines Verwaltungsrecht, 17.Aufl., 2009, C.H. Beck, München

Ossenbühl, F., Staatshaftungsrecht, 3.Aufl., 1983
Schmitt Glaeser, Walter, Verwaltungsprozeßrecht, 14.Aufl., 1997, Boorberg
塩野 宏, 日本行政法論(서원우·오세탁공역), 법문사, 1996
芝池義一, 行政救濟法講義, 유비각, 1996

2. 논문

강창웅, "행정처분무효확인소송의 보충성", 법률신문 1922호
경 건, "무효확인소송의 소익: 행정소송법 제35조 '무효확인을 구할 법률상 이익'의 의미", 행정법연구 제21호 (2008.08), 행정법이론실무학회
김남진, "영조물의 설치 관리 하자의 판단기준", 법률신문 1994.3.27.
______, "건축신고반려조치의 법적 성질", 법률신문 2000.12.28.
______, "무효등확인소송과 법률상 이익", 고시연구, 1991/3, 17－19
김동건, "환경행정소송과 지역주민의 원고적격", 행정판례연구회 Ⅴ, 한국행정판례연구회 편, 서울대학교 출판부(2000. 10.)
김동희, "공무원이 직무집행중 불법행위로 타인에게 손해를 입힌 경우, 공무원의 개인책임 성립여부", 판례월보 1996/6(309호), 25－32
김수일, "1일 처리능력 100톤 이상인 폐기물소각시설을 설치하기 위한 폐기물처리시설설치계획 입지결정·고시처분의 효력을 다투는 소송에 있어서 인근주민들의 원고적격", 특별법연구 제7권, 박영사, 2005
김연태, "환경행정소송상 소송요건의 문제점과 한계 －원고적격과 대상적격을 중심으로－" 『환경법의 법리와 법정책』(서울대학교 환경에너지법센터 주최 제3차 학술포럼 발표논문집 2010.11.27.), 45－86
김재협, "공법상 신고에 관한 고찰", 특별법연구 6권, 2001, 90－123
김중권, "미니컵 젤리로 인한 질식사와 국가배상책임의 문제", 인권과 정의 419호(대한변호사협회, 2011. 7), 100－131
______, "Quo vadis－신고제?", 법률신문 2011.3.7. 제3916호
김향기, "행정소송의 원고적격에 관한 연구", 『환경법연구』 제31권 제2호, 2009

류지태, “공무원의 행정상 손해배상책임”, 법률신문 1996.4.29., 14－15
박재완, “환경행정소송에서의 원고적격”, 재판자료 제94집(2002), 법원도서관, 217
백윤기, “미국 행정소송상 엄격심사원리에 관한 연구 －한국판례와의 비교분석을 중심으로－”, 1995년 2월 서울대학교 법학박사학위논문
유승남, “건축법상 건축신고의 법률적 성질”, 행정소송실무연구 2권, 2002, 403－431
이광윤, “경찰국가의 청산을 위하여”, 법률신문 1998/6/29(제2705호), 13
이현수, "행정소송상 집행정지의 법적 성격에 관한 연구", 행정법연구 제9호(2003.상반기) (2003.05), 행정법이론실무학회, 157-176
임승순, “체납처분으로 인한 압류등기 이후에 부동산을 취득한 자가 체납처분의 효력을 다툴 당사자적격이 있는지 여부”, 인권과 정의 대한변호사협회편 서울 대한변호사협회, 222호 (95.02), 91
임영호, “폐기물처리시설의 주변영향지역 밖에 거주하는 주민들이 소각장 입지지역결정·고시처분의 무효확인을 구할 원고적격이 있는지 여부”, 대법원 판례해설 제55호, 2005. 12
정남철, “환경소송과 인인보호 －소위 새만금사건과 관련하여－”, 『환경법연구』 (한국환경법학회) 제28권 1호(2006), 239－268
______, “개발제한구역지정과 손실보상”, 행정판례평선(행정판례연구회편), 박영사, 2011, 568－577
정하중, “국가배상법 제5조의 영조물의 설치·관리에 있어서 하자의 의미와 배상책임의 성격”, 판례월보 1995/7, 60
조용호, “개별토지가격결정의 행정처분성과 이에 대한 쟁송”, 『人權과 正義』, 통권 제207호(1993/11), 77이하
조홍식, “분산이익소송에서의 당사자적격”, 판례실무연구Ⅳ(비교법실무연구회 편), 박영사 (2000. 9.)
최계영, “건축신고와 인、허가의제”, 행정법연구 제25호(행정법이론실무학회), 2009.12, 165－193
홍준형, “허가양수인의 원고적격—대법원 2003. 7. 11. 선고 2001두6289

판결—"; 행정판례평선(행정판례연구회편), 박영사, 2011, 740－748;

______, "새만금개발사업을 위한 공유수면매립면허 및 사업시행인가처분의 취소신청과 그 거부의 적법 여부 —대법원 2006. 3. 16.선고 2006두330 전원합의체 판결—", 행정판례평선(행정판례연구회편), 박영사, 2011, pp.1301－1313

______, "사인의 공법행위로서 신고에 대한 고찰", 공법연구 제40권제4호, 2012

______, "계획변경청구권과 계획변경신청권", 行政判例研究 X Ⅶ－1(2012), 53－91

______, "환경영향평가에 대한 행정소송의 법적 쟁점", (2010) 『행정법연구』 제28호(행정법이론실무학회), 2010 하반기

______, "공공정책에 대한 사법적 결정의 법이론적 한계(Ⅰ): 대법원의 새만금사건 판결을 중심으로", 법제 580호(2006.04), 46－68

______, "공공정책에 대한 사법적 결정의 법이론적 한계(2)" 법제 581호(2006.05), 30－53

______, "政府投資機關의 不正當業者制裁通報의 法的 性質" (1999) 『행정법연구』(행정법이론실무연구회), 1999 하반기, 219－228

______, "행정법제의 변천 －그 평가와 전망", 『법제연구』 제14호(1998), 130－157

______, "행정법 50년과 행정구제법－변화와 과제", pp.83－123, 『아·태공법연구』 제5집, 1998.12

______, "직무상 불법행위에 대한 공무원 개인의 손해배상책임", 『행정논총』제34권 제1호, 1996

______, "수용유사침해이론의 재조명", 朴鈗炘博士華甲記念論文集, 1996

______, "行政審判의 請求人適格" 「公法學의 諸問題」, 玄齋金英勳博士華甲記念論文集, 1995, 법문사, 453－484

______, "재산권보장과 손실보상의 근거", 『행정논총』 제33권 제2호, 1995

______, "공법상 당사자소송의 대상", 사법행정, 1993/2, 49이하

국문초록

행정판례는 '살아 있는 구체화된 법'(Eugen Ehrlich)으로서 법치행정의 원칙을 구현하고 행정법의 흠결과 불비를 보완하여 전체로서 행정법질서를 형성, 향도해 나가는 행정법의 중추적인 원천이다. 특히 행정구제법 분야 행정판례는 역사적으로나 현실적으로 행정법의 발견과 적용에 대한 병리학적 증례들을 집적한 구체화된 행정법의 보고로서 행정법의 법리와 실무를 서로 연결시켜 주는 핵심적 고리 역할을 해왔다. 지난 30년 동안 한국의 행정판례는 괄목할 만한 발전을 이룩했다. 행정의 행정소송의 문호를 확대하고 국가배상책임과 손실보상을 강화하는 등 행정상 권리구제를 확충하는 한편 행정판례법을 통한 행정법이론의 발전에도 크게 기여하였다. 그럼에도 불구하고 행정판례는 성장통을 겪기도 했고 또 성장의 한계에 부딪히기도 했다. 이러한 관점에서 지난 30년간 행정구제법 분야에서 이루어진 행정판례의 발전 동향을 점검하고 그 과정에서 드러난 문제점과 과제를 검토하였다. 행정구제법 분야별로 주목할 만한 판례를 분석, 평가함으로써 이를 통해 형성되어 온 한국행정법의 독자성을 확인하고 향후의 전망을 시도하였다.

주제어: 행정구제법, 행정판례, 행정소송, 국가배상, 손실보상

Abstract

In Search of Korean Administrative Jurisprudence
– Case Law Development on Administrative Remedy in Korea –

Prof. Dr. iur. Hong, Joon Hyung*

Case law in Korean administrative law is the cardinal source of law, which as "lebendes Recht" shapes and leads the work of administrative law. It does not merely complement loopholes and shortcomings of statutory laws, but also embodies the Rule of Law vis–à–vis state power and public administration. Especially in the field of administrative remedy it has been playing the role of connecting law and practice, thus become a precious treasury of pathological precedents and solutions for administrative diseases. During the recent decades, the administrative case law made a remarkable progress towards consolidating the Rule of Law in Korea, by widening access to administrative litigations, reinforcing the system of law relating to state liability for damage and compensation for eminent domain. It also made enormous contribution to the theoretical development of Korean administrative law, though nevertheless, sometimes confronted by obstacles, suffering growing pains. The paper examines and reviews the case law developments made in the field of administrative remedy law during last three decades in Korea and tries to portray the identity of Korean administrative law in its distinctive aspects.

* Graduate School of Public Administration, Seoul National University

Keywords: Laws of administrative remedy, administrative jurisprudence, case law, Administrative Litigation Act, state liability for damage, eminent domain, compensation

투 고 일: 2014. 11. 22
게재확정일: 2014. 12. 19

附　錄

研究倫理委員會 規程

研究論集 刊行 및 編輯規則

「行政判例研究」 原稿作成要領

歷代 任員 名單

月例 集會 記錄

研究倫理委員會 規程

제1장 총 칙

제 1 조 (목적)

이 규정은 사단법인 한국행정판례연구회(이하 "학회"라 한다) 정관 제26조에 의하여 연구의 진실성을 확보하기 위하여 설치하는 연구윤리위원회(이하 "위원회"라 한다)의 구성 및 운영에 관한 기본적인 사항을 정함을 목적으로 한다.

제 2 조 (적용대상)

이 규정은 학회의 정회원·준회원 및 특별회원(이하 "회원"이라 한다)에 대하여 적용한다.

제 3 조 (적용범위)

연구윤리의 확립 및 연구진실성의 검증과 관련하여 다른 특별한 규정이 없는 한 이 규정에 따른다.

제 4 조 (용어의 정의)

이 규정에서 사용하는 용어의 정의는 다음과 같다.

1. "연구부정행위"는 연구를 제안, 수행, 발표하는 과정에서 연구목적과 무관하게 고의 또는 중대한 과실로 행하여진 위조·변조·표절·부당한 저자표시 등 연구의 진실성을 심각하게 해치는 행위를 말한다.
2. "위조"는 존재하지 않는 자료나 연구결과를 허위로 만들고 이를 기록하거나 보고하는 행위를 말한다.
3. "변조"는 연구와 관련된 자료, 과정, 결과를 사실과 다르게

변경하거나 누락시켜 연구가 진실에 부합하지 않도록 하는 행위를 말한다.

4. "표절"은 타인의 아이디어, 연구 과정 및 연구결과 등을 정당한 승인 또는 적절한 인용표시 없이 연구에 사용하는 행위를 말한다.
5. "부당한 저자 표시"는 연구내용 또는 결과에 대하여 학술적 공헌 또는 기여를 한 자에게 정당한 이유 없이 저자 자격을 부여하지 않거나, 학술적 공헌 또는 기여를 하지 않은 자에게 감사의 표시 또는 예우 등을 이유로 저자 자격을 부여하는 행위를 말한다.

제 2 장 연구윤리위원회의 구성 및 운영

제 5 조 (기능)

위원회는 학회 회원의 연구윤리와 관련된 다음 각 호의 사항을 심의 · 의결한다.

1. 연구윤리 · 진실성 관련 제도의 수립 및 운영 등 연구윤리확립에 관한 사항
2. 연구윤리 · 진실성 관련 규정의 제·개정에 관한 사항
3. 연구부정행위의 예방 · 조사에 관한 사항
4. 제보자 및 피조사자 보호에 관한 사항
5. 연구진실성의 검증·결과처리 및 후속조치에 관한 사항
6. 기타 위원장이 부의하는 사항

제 6 조 (구성)

① 위원회는 위원장과 부위원장 각 1인을 포함하여 7인 이내의 위원으로 구성한다.

② 위원장은 부회장 중에서, 부위원장은 위원 중에서 회장이 지명

한다.

③ 부위원장은 위원장을 보좌하고 위원장의 유고시에 위원장의 직무를 대행한다.

④ 위원은 정회원 중에서 회장이 위촉한다.

⑤ 위원장과 부위원장 및 위원의 임기는 1년으로 하되 연임할 수 있다.

⑥ 위원회의 제반업무를 처리하기 위해 위원장이 위원 중에서 지명하는 간사 1인을 둘 수 있다.

⑦ 위원장은 위원회의 의견을 들어 전문위원을 위촉할 수 있다.

제 7 조 (회의)

① 위원장은 필요한 경우 위원회의 회의를 소집하고 그 의장이 된다.

② 회의는 재적위원 과반수 출석과 출석위원 과반수 찬성으로 의결한다. 단 위임장은 위원회의 성립에 있어 출석으로 인정하되 의결권은 부여하지 않는다.

③ 회의는 비공개를 원칙으로 하되, 필요한 경우에는 위원이 아닌 자를 참석시켜 의견을 진술하게 할 수 있다.

제 3 장 연구진실성의 검증

제 8 조 (연구부정행위의 조사)

① 위원회는 구체적인 제보가 있거나 상당한 의혹이 있는 경우에는 연구부정행위의 존재 여부를 조사하여야 한다.

② 위원회는 조사과정에서 제보자·피조사자·증인 및 참고인에 대하여 진술을 위한 출석과 자료의 제출을 요구할 수 있다.

③ 위원회는 연구기록이나 증거의 멸실, 파손, 은닉 또는 변조 등을 방지하기 위하여 상당한 조치를 취할 수 있다.

제 9 조 (제보자와 피조사자의 권리 보호)

① 위원회는 어떠한 경우에도 제보자의 신원을 직·간접적으로 노출시켜서는 안 된다. 다만, 제보 내용이 허위인 줄 알았거나 알 수 있었음에도 불구하고 이를 신고한 경우에는 보호 대상에 포함되지 않는다.

② 위원회는 연구부정행위 여부에 대한 검증과정이 종료될 때까지 피조사자의 명예나 권리가 침해되지 않도록 노력하여야 한다.

제10조 (비밀엄수)

① 위원회의 위원은 연구부정행위의 조사, 판정 및 제재조치의 건의 등과 관련한 일체의 사항을 비밀로 하며, 검증과정에 직·간접적으로 참여한 자는 검증과정에서 취득한 정보를 누설하여서는 아니 된다.

② 위원장은 제 1 항에 규정된 사항으로서 합당한 공개의 필요성이 있는 때에는 위원회의 의결을 거쳐 공개할 수 있다. 다만, 제보자 · 조사위원·증인·참고인·자문에 참여한 자의 명단 등 신원과 관련된 정보가 당사자에게 부당한 불이익을 줄 가능성이 있는 때에는 공개하지 아니한다.

제11조 (제척 · 기피·회피)

① 위원은 검증사건과 직접적인 이해관계가 있는 때에는 당해 사건의 조사·심의 및 의결에 관여하지 못한다. ② 제보자 또는 피조사자는 위원에게 공정성을 기대하기 어려운 사정이 있는 때에는 그 이유를 밝혀 당해 위원의 기피를 신청할 수 있다. 위원회에서 기피신청이 인용된 때에는 기피 신청된 위원은 당해 사건의 조사·심의 및 의결에 관여하지 못한다.

③ 위원은 제 1 항 또는 제 2 항의 사유가 있다고 판단하는 때에는 회피하여야 한다.

④ 위원장은 위원이 검증사건과 직접적인 이해관계가 있다고 인정하는 때에는 당해 검증사건과 관련하여 위원의 자격을 정지할 수 있다.

제12조 (의견진술, 이의제기 및 변론기회의 보장)

위원회는 제보자와 피조사자에게 관련 절차를 사전에 알려주어야 하며, 의견진술, 이의제기 및 변론의 기회를 동등하게 보장하여야 한다.

제13조 (판정)

① 위원회는 위원들의 조사와 심의 결과, 제보자와 피조사자의 의견진술, 이의제기 및 변론의 내용을 토대로 검증대상행위의 연구부정행위 해당 여부를 판정한다.

② 위원회가 검증대상행위의 연구부정행위 해당을 확인하는 판정을 하는 경우에는 재적위원 과반수 출석과 출석위원 3분의 2 이상의 찬성으로 한다.

제4장 검증에 따른 조치

제14조 (판정에 따른 조치)

① 위원장은 제13조 제1항의 규정에 의한 판정결과를 회장에게 통보하고, 검증대상행위가 연구부정행위에 해당한다고 판정된 경우에는 위원회의 심의를 거쳐 그 판정결과에 따라 필요한 조치를 건의할 수 있다.

② 회장은 제 1 항의 건의가 있는 경우에는 다음 각 호 중 어느 하나의 제재조치를 하거나 이를 병과할 수 있다.

1. 연구부정논문의 게재취소
2. 연구부정논문의 게재취소사실의 공지
3. 회원의 제명절차에의 회부

4. 관계 기관에의 통보

5. 기타 적절한 조치

③ 전항 제2호의 공지는 저자명, 논문명, 논문의 수록 권·호수, 취소일자, 취소이유 등이 포함되어야 한다.

④ 회장은 학회의 연구윤리와 관련하여 고의 또는 중대한 과실로 진실과 다른 제보를 하거나 허위의 사실을 유포한 자가 회원인 경우 이를 제명절차에 회부할 수 있다.

제15조 (조사결과 및 제재조치의 통지)

회장은 위원회의 조사결과 및 제재조치에 대하여 제보자 및 피조사자 등에게 지체없이 서면으로 통지한다.

제16조 (재심의)

피조사자 또는 제보자가 판정결과 및 제재조치에 대해 불복할 경우 제15조의 통지를 받은 날부터 20일 이내에 이유를 기재한 서면으로 재심의를 요청할 수 있다.

제17조 (명예회복 등 후속조치)

검증대상행위가 연구부정행위에 해당하지 아니한다고 판정된 경우에는 학회 및 위원회는 피조사자의 명예회복을 위해 노력하여야 하며 적절한 후속조치를 취하여야한다.

제18조 (기록의 보관) ① 학회는 조사와 관련된 기록은 조사 종료 시점을 기준으로 5년간 보관하여야 한다.

부 칙

제1조 (시행일) 이 규정은 2007년 11월 29일부터 시행한다.

研究論集 刊行 및 編輯規則

제정: 1999. 08. 20.
제1차 개정: 2003. 08. 22.
제2차 개정: 2004. 04. 16.
제3차 개정: 2005. 03. 18.
전문개정: 2008. 05. 26.
제5차 개정: 2009. 12. 18.

제1장 총 칙

제1조 (目的)

이 규칙은 사단법인 한국행정판례연구회(이하 "학회"라 한다)의 정관 제27조의 규정에 따라 연구논집(이하 '논집'이라 한다)을 간행 및 편집함에 있어서 필요한 사항을 정함을 목적으로 한다.

제2조 (題號)

논집의 제호는 '行政判例硏究'(Studies on Public Administration Cases)라 한다.

제3조 (刊行週期)

① 논집은 연 2회 정기적으로 매년 6월 30일, 12월 31일에 간행함을 원칙으로 한다.

② 전항의 정기간행 이외에 필요한 경우는 특별호를 간행할 수 있다.

제 4 조 (刊行形式)

논집의 간행형식은 다음 각 호의 어느 하나에 의한다.

1. 등록된 출판사와의 출판권 설정의 형식
2. 자비출판의 형식

제 5 조 (收錄對象)

① 논집에 수록할 논문은 다음과 같다.

1. 발표논문: 학회의 연구발표회에서 발표하고 제출한 논문으로서 편집위원회의 심사절차를 거쳐 게재확정된 논문
2. 제출논문: 회원 또는 비회원이 논집게재를 위하여 따로 제출한 논문으로서 편집위원회의 심사절차를 거쳐 게재확정된 논문
3. 그 밖에 편집위원회의 심사절차와 간행위원회의 의결을 거쳐 수록하기로 한 논문 등

② 논집에는 부록으로서 다음의 문건을 수록할 수 있다.

1. 학회의 정관, 회칙 및 각종 규칙
2. 학회의 역사 또는 활동상황
3. 학회의 각종 통계

③ 논집에는 간행비용의 조달을 위하여 광고를 게재할 수 있다.

제 6 조 (收錄論文要件)

논집에 수록할 논문은 다음 각호의 요건을 갖춘 것이어야 한다.

1. 행정판례의 평석 또는 연구에 관한 논문일 것
2. 다른 학술지 등에 발표한 일이 없는 논문일 것
3. 이 규정 또는 별도의 공고에 의한 원고작성요령 및 심사기준에 부합하는 학술연구로서의 형식과 품격을 갖춘 논문일 것

제 7 조 (著作權)

① 논집의 편자는 학회의 명의로 하고, 논집의 개별 논문에는 집필자(저작자)를 명기한다.

② 학회는 논집의 편집저작권을 보유한다.

제 2 장 刊行委員會와 編輯委員會

제 8 조 (刊行 및 編輯主管)

① 논집의 간행 및 편집에 관한 업무를 관장하기 위하여 학회에 간 행위원회와 편집위원회를 둔다.

② 간행위원회는 논집의 간행에 관한 중요한 사항을 심의·의결한다.

③ 편집위원회는 간행위원회의 결정에 따라 논집의 편집에 관한 업무를 행한다.

제 9 조 (刊行委員會의 構成과 職務 등)

① 간행위원회는 편집위원을 포함하여 회장이 위촉하는 적정한 수의 위원으로 구성하고 임기는 1년으로 하되 연임할 수 있다.

② 간행위원회는 위원장, 부위원장 및 간사 각 1인을 둔다.

③ 간행위원장은 위원 중에서 호선하고, 부위원장은 학회의 출판담당 상임이사로 하고, 간사는 위원 중에서 위원장이 위촉한다.

④ 간행위원회는 다음의 사항을 심의·의결한다.

1. 논집의 간행계획에 관한 사항
2. 논집의 특별호의 기획 등에 관한 사항
3. 이 규칙의 개정에 관한 사항
4. 출판권을 설정할 출판사의 선정에 관한 사항
5. 그 밖에 논집의 간행과 관련된 중요한 사항

⑤ 간행위원회는 다음 각 호의 경우에 위원장이 소집하고, 간행위원회는 위원 과반수의 출석과 출석위원 과반수의 찬성으로 의결

한다.

1. 회장 또는 위원장이 필요하다고 판단하는 경우
2. 위원 과반수의 요구가 있는 경우

제10조 (編輯委員會의 構成과 職務 등)

① 편집위원회는 학회의 출판담당 상임이사를 포함하여 회장이 이사회의 승인을 얻어 선임하는 10인 내외의 위원으로 구성하고 임기는 3년으로 한다.

② 편집위원회는 위원장, 부위원장 및 간사 각 1인을 둔다.

③ 편집위원장은 위원 중에서 호선하고, 부위원장은 학회의 출판담당 상임이사로 하고, 간사는 위원 중에서 위원장이 위촉한다.

④ 편집위원회는 다음의 사항을 행한다.

1. 이 규칙에 의하는 외에 논집에 수록할 논문의 원고작성요령 및 심사기준에 관한 세칙의 제정 및 개정
2. 논문심사위원의 위촉
3. 논문심사의 의뢰 및 취합, 종합판정, 수정요청 및 수정후재심사, 논집에의 게재확정 또는 거부 등 논문심사절차의 진행
4. 논집의 편집 및 교정
5. 그 밖에 논집의 편집과 관련된 사항

⑤ 편집위원회는 다음 각 호의 경우에 위원장이 소집하고, 위원 과반수의 출석과 출석위원 과반수의 찬성으로 의결한다.

1. 회장 또는 위원장이 필요하다고 판단하는 경우
2. 위원 과반수의 요구가 있는 경우

제3장 論文의 提出과 審査節次 등

제11조 (論文提出의 基準)

① 논문원고의 분량은 A4용지 20매(200자 원고지 150매) 내외로 한다.

② 논문의 원고는 (주)한글과 컴퓨터의 "문서파일(HWP)"로 작성하고 한글사용을 원칙으로 하되, 필요한 경우 국한문혼용 또는 외국어를 사용할 수 있다.

③ 논문원고의 구성은 다음 각 호의 순서에 의한다.

1. 제목
2. 목차
3. 본문
4. 한글초록·주제어
5. 외국어초록·주제어
6. 참고문헌
7. 부록(필요한 경우)

④ 논문은 제1항 내지 제3항 이외에 편집위원회가 따로 정하는 원고작성요령 또는 심사기준에 관한 세칙을 준수하고, 원고는 편집위원회가 정하여 공고하는 기한 내에 출판간사를 통하여 출판담당 상임이사에게 제출하여야 한다.

제12조 (論文審査節次의 開始)

① 논문접수가 완료되면 출판담당 상임이사는 심사절차에 필요한 서류를 작성하여 편집위원장에게 보고하여야 한다.

② 편집위원장은 전항의 보고를 받으면 편집위원회를 소집하여 논문심사절차를 진행하여야 한다.

제13조 (論文審査委員의 委囑과 審査 依賴 등)

① 편집위원회는 간행위원, 편집위원 기타 해당 분야의 전문가 중에서 심사대상 논문 한 편당 3인의 논문심사위원을 위촉하여 심사를 의뢰한다.

② 제 1 항의 규정에 의하여 위촉되어 심사를 의뢰받는 논문심사위원이 심사대상 논문 또는 그 제출자와 특별한 관계가 명백하게 있어 논문심사의 공정성을 해할 우려가 있는 사람이어서는 안 된다.

제14조 (秘密維持) ① 편집위원장은 논문심사위원의 선정 및 심사의 진행에 관한 사항이 외부로 누설되지 않도록 필요한 조치를 취하여야 한다.

② 편집위원 및 논문심사위원은 논문심사에 관한 사항을 외부로 누설해서는 안 된다.

제15조 (論文審査의 基準) 논문심사위원이 논집에 수록할 논문을 심사함에 있어서는 다음 각 호의 기준을 종합적으로 고려하여 심사의견을 제출하여야 한다.

1. 제 6 조에 정한 수록요건
2. 제11조에 정한 논문제출기준
3. 연구내용의 전문성과 창의성 및 논리적 체계성
4. 연구내용의 근거제시의 적절성 및 객관성

제16조 (論文審査委員別 論文審査의 判定) ① 논문심사위원은 제15조의 논문심사기준에 따라 [별표 1]의 [논문심사서](서식)에 심사의견을 기술하여 제출하여야 한다.

② 논문심사위원은 심사대상 논문에 대하여 다음 각호에 따라 '판정의견'을 제출한다.

1. '게재적합': 논집에의 게재가 적합하다고 판단하는 경우
2. '게재부적합': 논집에의 게재가 부적합하다고 판단하는 경우

3. ‘수정후게재’: 논문내용의 수정·보완 후 논집에의 게재가 적합 하다고 판단하는 경우

③ 전항 제 1 호에 의한 ‘게재적합’ 판정의 경우에도 논문심사위원은 수정·보완이 필요한 경미한 사항을 기술할 수 있다.

④ 제 2 항 제 2 호에 의한 ‘게재부적합’ 판정 및 제 3 호에 의한 ‘수정후게재’ 판정의 경우에는 각각 부적합사유와 논문내용의 수정·보완할 점을 구체적으로 명기하여야 한다.

第17条 (編輯委員會의 綜合判定 및 再審査) ① 편집위원회는 논문심사위원 3인의 논문심사서가 접수되면 [별표 2]의 종합판정기준에 의하여 ‘게재확정’, ‘수정후게재’, ‘수정후재심사’ 또는 ‘불게재’로 종합판정을 하고, 그 결과 및 논문심사위원의 심사의견을 논문제출자에게 통보한다.

② 편집위원회의 종합판정 결과, ‘수정후재심사’로 판정된 논문에 대하여는 재심사절차를 진행한다. 이때 최초심사에서 ‘게재적합’ 또는 ‘수정후게재’ 판정을 한 심사위원은 교체하지 아니하고, ‘게재부적합’ 판정을 한 논문심사위원은 다른 사람으로 교체하여 심사를 의뢰한다.

③ 전항의 논문을 재심사하는 논문심사위원은 ‘게재적합’ 또는 ‘게재부적합’으로만 판정하며, 편집위원회는 재심사의 결과 ‘게재적합’이 둘 이상이면 ‘게재확정’으로 최종 판정한다.

第18条 (修正要請 등)

① 편집위원장은 제17조의 규정에 의해 ‘수정후게재/ 또는 ‘수정후재심사’ 판정을 받은 논문에 대하여 수정을 요청하여야 한다.

② 편집위원장은 제17조의 규정에 의해 ‘게재확정’으로 판정된 논문에 대하여도 편집위원회의 판단에 따라 수정이 필요하다고 인정하는 때에는 내용상 수정을 요청할 수 있다.

③ 편집위원회는 집필자가 전항의 수정요청에 따르지 않거나 재심

사를 위해 고지된 기한 내에 수정된 논문을 제출하지 않을 때에는 처음 제출된 논문을 '불게재'로 최종 판정한다.

제4장 기　　타

제19조 (審査謝禮費의 支給) 논문심사위원에게 논집의 간행·편집을 위한 예산의 범위 안에서 심사사례비를 지급할 수 있다.

제20조(輔助要員) 학회는 논집의 간행·편집을 위하여 필요하다고 인정하는 때에는 원고의 편집, 인쇄본의 교정, 부록의 작성 등에 관한 보조요원을 고용할 수 있다.

제21조 (刊行·編輯財源) ① 논집의 간행·편집에 필요한 재원은 다음 각호에 의한다.

1. 출판수입
2. 광고수입
3. 판매수입
4. 논문게재료
5. 외부 지원금
6. 기타 학회의 재원

② 논문 집필자에 대한 원고료는 따로 지급하지 아니한다.

제22조 (論集의 配布) ① 간행된 논집은 회원에게 배포한다.

② 논문의 집필자에게는 전항의 배포본 외에 일정한 부수의 증정본을 교부할 수 있다.

附　　則 (1999. 8. 20. 제정)

이 규칙은 1999년 8 월 20일부터 시행한다.

附 則

이 규칙은 2003년 8 월 22일부터 시행한다

附 則

이 규칙은 2004년 4 월 17일부터 시행한다.

附 則

이 규칙은 2005년 3 월 19일부터 시행한다.

附 則

이 규칙은 2008년 5 월 26일부터 시행한다.

附 則

이 규칙은 2009년 12월 18일부터 시행한다.

[별표 1 : 논문심사서(서식)]

「行政判例硏究」 게재신청논문 심사서

社團法人 韓國行政判例硏究會

<table>
<tr><td>게재논집</td><td colspan="2">行政判例硏究 제15－2집</td><td>심사일</td><td>2010. . .</td></tr>
<tr><td rowspan="2">심사위원</td><td rowspan="2">소속</td><td rowspan="2"></td><td>직위</td><td></td></tr>
<tr><td>성명</td><td>(인)</td></tr>
<tr><td>게재신청논문
[심사대상논문]</td><td colspan="4"></td></tr>
<tr><td>판정의견</td><td colspan="4">1. 게재적합 ( ): 논집의 게재가 가능하다고 판단하는 경우
2. 게재부적합 ( ): 논집의 게재가 불가능하다고 판단하는 경우
3. 수정후게재 ( ): 논문내용의 수정·보완 후 논집의 게재가 가능하다고 판단하는 경우</td></tr>
<tr><td>심사의견</td><td colspan="4"></td></tr>
<tr><td>심사기준</td><td colspan="4">• 행정판례의 평석 또는 연구에 관한 논문일 것
• 다른 학술지 등에 발표한 일이 없는 논문일 것
• 연구내용의 전문성과 창의성 및 논리적 체계성이 인정되는 논문일 것
• 연구내용의 근거제시가 적절성과 객관성을 갖춘 논문일 것</td></tr>
</table>

※ 심사의견 작성시 유의사항 ※

▷ '게재적합' 판정의 경우에도 수정·보완이 필요한 사항을 기술할 수 있습니다.

▷ '게재부적합' 및 '수정후 게재' 판정의 경우에는 각각 부적합사유와 논문내용의 수정·보완할 점을 구체적으로 명기하여 주십시오.

▷ 표 안의 공간이 부족하면 별지를 이용해 주십시오.

[별표 2: 종합판정기준]

	심사위원의 판정	편집위원회 종합판정
1	○ ○ ○	게재확정
2	○ ○ △	
3	○ △ △	수정후게재
4	△ △ △	
5	○ ○ ×	
6	○ △ ×	수정후재심사
7	△ △ ×	
8	○ × ×	
9	△ × ×	불게재
10	× × ×	

○ = "게재적합" △ = "수정후게재" × = "게재부적합"

「行政判例研究」 原稿作成要領

I. 원고작성기준

1. 원고는 워드프로세서 프로그램인 [한글]로 작성하여 전자우편을 통해 출판간사에게 제출한다.
2. 원고분량은 도표, 사진, 참고문헌 포함하여 200자 원고지 150매 내외로 한다.
3. 원고는 「원고표지 – 제목 - 저자 - 목차(로마자표시와 아라비아숫자까지) – 본문 – 참고문헌 – 국문 초록 – 국문 주제어(5개 내외) – 외국문 초록 – 외국문 주제어(5개 내외)」의 순으로 작성한다.
4. 원고의 표지에는 논문제목, 저자명, 소속기관과 직책, 주소, 전화번호(사무실, 핸드폰)와 e-mail주소를 기재하여야 한다.
5. 외국문 초록(논문제목, 저자명, 소속 및 직위 포함)은 영어를 사용하는 것이 원칙이지만, 논문의 내용에 따라서 독일어, 프랑스어, 중국어, 일본어를 사용할 수도 있다.
6. 논문의 저자가 2인 이상인 경우 주저자(First Author)와 공동저자(Corresponding Author)를 구분하고, 주저자·공동저자의 순서로 표기하여야 한다. 특별한 표시가 없는 경우에는 제일 앞에 기재된 자를 주저자로 본다.
7. 목차는 로마숫자(보기 : Ⅰ, Ⅱ), 아라비아숫자(보기 : 1, 2), 괄호숫자(보기: (1), (2)), 반괄호숫자(보기 : 1), 2), 원숫자(보기 : ①, ②)의 순으로 한다. 그 이후의 목차번호는 논문제출자가 임의로 정하여 사용할 수 있다.

II. 각주작성기준

1. 기본원칙

(1) 본문과 관련한 저술을 소개하거나 부연이 필요한 경우 각주로 처리한다. 각주는 일련번호를 사용하여 작성한다.

(2) 각주의 인명, 서명, 논문명 등은 원어대로 씀을 원칙으로 한다.

(3) 외국 잡지의 경우 처음 인용시 잡지명을 전부 기재하고 그 이후 각 주에서는 약어로 표시한다.

2. 처음 인용할 경우의 각주 표기 방법

(1) 저서: 저자명, 서명, 출판사, 출판년도, 면수.

번역서의 경우 저자명은 본래의 이름으로 표기하고, 저자명과 서명 사이에 옮긴이의 이름을 쓰고 "옮김"을 덧붙인다.

엮은 책의 경우 저자명과 서명 사이에 엮은이의 이름을 쓰고 "엮음"을 덧붙인다. 저자와 엮은이가 같은 경우 엮은이를 생략할 수 있다.

(2) 정기간행물: 저자명, "논문제목", 「잡지명」, 제00권 제00호, 출판연도, 면수.

번역문헌의 경우 저자명과 논문제목 사이에 역자명을 쓰고 "옮김"을 덧붙인다.

(3) 기념논문집: 저자명, "논문제목", 기념논문집명(000선생00기념논문집), 출판사, 출판년도, 면수.

(4) 판결 인용: 다음과 같이 대법원과 헌법재판소의 양식에 준하여 작성한다.

판결 : 대법원 2000. 00. 00. 선고 00두0000 판결.

결정 : 대법원 2000. 00. 00.자 00아0000 결정.

헌법재판소 결정 : 헌법재판소 2000. 00. 00. 선고 00헌가00

결정.

(5) 외국문헌 : 그 나라의 표준표기방식에 의한다.

(6) 외국판결 : 그 나라의 표준표기방식에 의한다.

(7) 신문기사는 기사면수를 따로 밝히지 않는다(신문명 0000. 00. 00.자). 다만, 필요한 경우 글쓴이와 글제목을 밝힐 수 있다.

(8) 인터넷에서의 자료인용은 원칙적으로 다음과 같이 표기한다.
저자 혹은 서버관리주체, 자료명, 해당 URL(검색일자)

(9) 국문 또는 한자로 표기되는 저서나 논문을 인용할 때는 면으로(120면, 120면-122면), 로마자로 표기되는 저서나 논문을 인용할 때는 p.(p. 120, pp. 121-135) 또는 S.(S. 120, S. 121 ff.)로 인용면수를 표기한다.

3. 앞의 각주 혹은 각주에서 제시된 문헌을 다시 인용할 경우 다음과 같이 표기한다. 국내문헌, 외국문헌 모두 같다. 다만, 저자나 문헌 혹은 양자 모두가 여럿인 경우 이에 따르지 않고 각각 필요한 저자명, 문헌명 등을 덧붙여 표기함으로써 구별한다.

(1) 바로 위의 각주가 아닌 앞의 각주의 문헌을 다시 인용할 경우

1) 저서인용: 저자명, 앞의 책, 면수

2) 논문인용: 저자명, 앞의 글, 면수

3) 논문 이외의 글 인용: 저자명, 앞의 글, 면수

(2) 바로 위의 각주에 인용된 문헌을 다시 인용할 경우에는 "위의 책, 면수", "위의 글, 면수"로 표시한다.

(3) 하나의 각주에서 앞서 인용한 문헌을 다시 인용할 경우에는 "같은 책, 면수", "같은 글, 면수"로 표시한다.

4. 기타

(1) 3인 공저까지는 저자명을 모두 표기하되, 저자간의 표시는 "/"

로 구분하고 "/" 이후에는 한 칸을 띄어 쓴다. 4인 이상의 경우 성을 온전히 표기하되, 중간이름은 첫글자만을 표기한다.

(2) 부제의 표기가 필요한 경우 원래 문헌의 표기양식과 관계없이 원칙적으로 콜론으로 연결한다.

(3) 글의 성격상 전거만을 밝히는 각주가 너무 많을 경우 약자를 사용하여 본문에서 그 전거를 밝힐 수 있다.

(4) 여러 문헌의 소개는 세미콜론(;)으로 하고, 재인용의 경우 원전과 재인용출처 사이를 콜론(:)으로 연결한다.

III. 참고문헌작성기준

1. 순서

국문, 외국문헌 순으로 정리하되, 단행본, 논문, 자료의 순으로 정리한다.

2. 국내문헌

(1) 단행본: 저자, 서명, 출판사, 출판연도.

(2) 논문: 저자명, "논문제목", 잡지명 제00권 제00호, 출판연도.

3. 외국문헌

그 나라의 표준적인 인용방법과 순서에 따라 정리한다.

歷代 任員 名單

■ 초대(1984. 10. 29.)

회 장 金道昶

부 회 장 徐元宇·崔光律(1987. 11. 27.부터)

■ 제2대(1988. 12. 9.)

회 장 金道昶

부 회 장 徐元宇·崔光律

감 사 李尙圭

상임이사 李鴻薰(총무), 金南辰(연구), 朴鈗炘(출판), 梁承斗(섭외)

이 사 金東熙, 金斗千, 金英勳, 金元主, 金伊烈, 金鐵容, 石琮顯, 芮鍾德, 李康爀, 李升煥, 趙慶根, 崔松和, 韓昌奎, 黃祐呂

■ 제3대(1990. 2. 23.)

회 장 金道昶

부 회 장 徐元宇·崔光律

감 사 金鐵容

상임이사 李鴻薰(총무), 黃祐呂(총무), 金南辰(연구), 朴鈗炘(출판), 梁承斗(섭외)

이 사 金東熙, 金斗千, 金英勳, 金元主, 金伊烈, 石琮顯, 芮鍾德, 李康爀, 李升煥, 李鴻薰

(1991. 1. 25.부터) 趙慶根, 崔松和, 韓昌奎, 黃祐呂

■ 제 4 대(1993. 2. 23.)

회　　장 金道昶
부 회 장 徐元宇·崔光律
감　　사 金鐵容
상임이사 李鴻薰(총무), 金南辰(연구), 朴鈗炘(출판), 梁承斗(섭외)
이　　사 金東熙, 金英勳, 金元主, 朴松圭, 卞在玉, 石琮顯, 孫智烈, 芮鍾德, 李康國, 李康爀, 李京運, 李淳容, 李重光, 李鴻薰, 趙慶根, 趙憲銖, 千柄泰, 崔松和, 韓昌奎, 黃祐呂

■ 제 5 대(1996. 2. 23.)

명예회장 金道昶
고　　문 徐元宇·金鐵容
회　　장 崔光律
부 회 장 金南辰·徐廷友
감　　사 韓昌奎
상임이사 金東熙(총무), 金元主(연구), 李康國(출판), 梁承斗(섭외)
이　　사 金英勳, 朴松圭, 朴鈗炘, 卞在玉, 石琮顯, 李康爀, 李京運, 李淳容, 李升煥, 李重光, 李鴻薰, 趙慶根, 趙憲銖, 千柄泰, 崔松和, 黃祐呂

■ 제 6 대(1999. 2. 19.)

명예회장 金道昶
고　　문 徐元宇, 金鐵容, 金南辰, 徐廷友, 韓昌奎
회　　장 崔光律
부 회 장 梁承斗, 李康國
감　　사 金元主
상임이사 李鴻薰(총무), 金東熙(연구), 崔松和(출판), 金善旭(섭외)

이　　사　金東建, 金英勳, 南勝吉, 朴松圭, 朴鈗炘, 白潤基, 卞海喆, 石琮顯, 李京運, 李光潤, 李升煥, 李重光, 鄭然彧, 趙憲銖, 洪準亨, 黃祐呂

■ 제 7 대(2002. 2. 15.)

명예회장　金道昶
고　　문　金南辰, 金元主, 徐元宇, 徐廷友, 梁承斗, 李康國, 崔光律, 韓昌奎
회　　장　金鐵容
부 회 장　金東建, 崔松和
감　　사　金東熙
상임이사　金善旭(총무), 朴正勳(연구), 李光潤(출판), 李京運(섭외)
이　　사　金英勳, 金海龍, 南勝吉, 朴均省, 朴鈗炘, 白潤基, 卞海喆, 石琮顯, 李東洽, 李範柱, 李重光, 李鴻薰, 鄭夏重, 趙憲銖, 洪準亨, 黃祐呂

■ 제 8 대(2005. 2. 21. / 2008. 2. 20.) *

명예회장　金道昶(2005. 7. 17. 별세)
고　　문　金南辰, 金元主, 徐元宇(2005. 10. 16. 별세), 徐廷友, 梁承斗, 李康國, 崔光律, 韓昌奎, 金鐵容, 金英勳, 朴鈗炘, 金東熙
회　　장　崔松和
부 회 장　李鴻薰, 鄭夏重
감　　사　金東建, 李京運,
상임이사　李光潤(총무), 安哲相(기획), 洪準亨/吳峻根(연구), 金性洙(출판), 徐基錫(섭외)
이　　사　金善旭, 金海龍, 南勝吉, 朴均省, 朴秀赫, 朴正勳, 白潤基, 卞海喆, 石琮顯, 石鎬哲, 蘇淳茂, 柳至泰, 尹炯漢, 李東洽, 李範柱, 李殷祈, 李重光, 趙龍鎬, 趙憲銖, 崔正一, 黃祐呂,

金香基, 裵柄皓, 劉南碩
간 사 李元雨 / 金鐘甫(총무), 李賢修(연구), 金重權(재무),
宣正源 / 李熙貞(출판), 권은민(섭외)

* 위 '회장', '부회장', '상임이사', '이사'는 2007. 4. 20. 제정된 사단법인 한국행정판례연구회 정관 제13조, 제14조, 제15조의 '이사장 겸 회장', '이사 겸 부회장', '이사 겸 상임이사', '운영이사'임.

■제 9 대(2008. 2. 15. / 2011. 2. 14.)

고 문 金南辰, 金東熙, 金英勳, 金元主, 金鐵容, 朴鈗炘, 徐廷友,
梁承斗, 李康國, 李鴻薰, 鄭夏重, 崔光律, 韓昌奎
회 장 崔松和
부 회 장 李京運, 徐基錫
감 사 金東建, 金善旭
이사 겸 상임이사 慶 健(총무), 安哲相(기획), 朴均省(연구), 韓堅愚(출판), 權純一(섭외/연구)
운영이사 具旭書, 권은민, 金光洙, 金性洙, 金連泰, 金容燮, 金容贊,
金裕煥, 金義煥, 金重權, 金敞祚, 金海龍, 金香基, 金鉉峻,
朴正勳, 朴海植, 裵柄皓, 白潤基, 卞海喆, 石琮顯, 石鎬哲,
成百玹, 蘇淳茂, 申東昇, 辛奉起, 吳峻根, 劉南碩, 俞珍式,
尹炯漢, 李光潤, 李承寧, 李元雨, 李殷祈, 李重光, 鄭鍾錧,
鄭準鉉, 趙龍鎬, 曺海鉉, 趙憲銖, 崔正一, 洪準亨
간 사 張暻源 · 李殷相·安東寅(총무), 鄭亨植 · 장상균(기획), 金泰昊(기획/연구), 金聖泰·崔善雄·鄭南哲(연구), 李熙貞 · 河明鎬·崔桂暎(출판), 林聖勳(섭외), 박재윤(총무)

■제 10 대(2011. 2. 15./ 2014. 2. 14)

명예회장 金鐵容, 崔光律

고　　문　金南辰, 金東建, 金東熙, 金英勳, 金元主, 朴鈗炘, 徐廷友, 梁承斗, 李康國, 李京運, 鄭夏重, 崔松和, 韓昌奎

회　　장　李鴻薰

부 회 장　徐基錫, 李光潤

감　　사　金善旭, 蘇淳茂

이사 겸 상임이사　金重權(총무), 安哲相(기획), 劉南碩, 金容燮(연구), 金鐘甫(출판), 金敞祚, 金義煥(섭외/연구)

운영이사　姜錫勳, 慶　健, 具旭書, 權純一, 權殷旼, 琴泰煥, 金光洙, 金性洙, 金連泰, 金容燮, 金容贊, 金海龍, 金香基, 金鉉峻, 朴均省, 朴正勳, 朴海植, 裵柄皓, 白潤基, 卞海喆, 石琮顯, 石鎬哲, 宣正源, 成百玹, 申東昇, 辛奉起, 呂相薰, 吳峻根, 俞珍式, 尹炯漢, 李承寧, 李元雨, 李殷祈, 李重光, 李賢修, 李熙貞, 林永浩, 鄭南哲, 鄭鍾錧, 鄭準鉉, 鄭亨植, 趙龍鎬, 曺海鉉, 趙憲銖, 崔正一, 洪準亨, 韓堅愚, 河明鎬

간　　사　安東寅, 李義俊(총무), 蔣尙均(기획), 金泰昊, 朴在胤(연구), 朴玄廷, 姜知恩(출판), 李殷相(섭외)

■제 11 대(2014. 2. 15./ 2017. 2. 14.)

명예회장　金鐵容, 崔光律

고　　문　金南辰, 金東建, 金東熙, 金英勳, 金元主, 朴鈗炘, 徐廷友, 梁承斗, 李康國, 李京運, 崔松和, 韓昌奎 李光潤, 徐基錫

회　　장　鄭夏重

부 회 장　安哲相, 朴正勳

감　　사　蘇淳茂, 白潤基

상임이사　李熙貞(총무), 鄭鎬庚(연구), 李承寧, 康鉉浩(기획) 金義煥, 鄭夏明(섭외), 鄭南哲(출판)

운영이사　姜錫勳, 慶　健, 具旭書, 權純一, 權殷旼, 琴泰煥, 金光洙, 金

性洙, 金連泰, 金容燮, 金容贊, 金海龍, 金香基, 金鉉峻, 朴均省, 朴正勳, 朴海植, 裵柄皓, 白潤基, 卞海喆, 石琮顯, 石鎬哲, 宣正源, 成百玹, 申東昇, 辛奉起, 呂相薰, 吳峻根, 兪珍式, 尹炯漢, 李承寧, 李元雨, 李殷祈, 李重光, 李賢修, 李熙貞, 林永浩, 鄭南哲, 鄭鍾錧, 鄭準鉉, 鄭亨植, 趙龍鎬, 曺海鉉, 趙憲銖, 崔正一, 洪準亨, 韓堅愚, 河明鎬

간 사 房東熙, 崔允寧(총무), 崔桂暎, 張承爀(연구), 洪先基(기획) 桂仁國(출판)

月例 集會 記錄

〈2014. 6. 현재〉

순번	연월일	발표자	발 표 제 목
1-1	84.12.11.	金南辰	聽問을 결한 行政處分의 違法性
-2		李鴻薰	都市計劃과 行政拒否處分
2-1	85.2.22.	崔世英	行政規則의 法規性 認定 與否
-2		崔光律	實地讓渡價額을 넘는 讓渡差益의 인정여부
3-1	3.29.	石琮顯	都市計劃決定의 法的 性質
-2		金東建	違法한 旅館建物의 건축과 營業許可의 취소
4-1	4.26.	徐元宇	當然無效의 行政訴訟과 事情判決
-2		黃祐呂	아파트地區내의 土地와 空閑地稅
5-1	5.31.	朴鈗炘	林産物團束에관한法律 제 7 조에 대한 違法性 認定의 與否
-2		姜求哲	行政訴訟에 있어서의 立證責任의 문제
6-1	6.28.	金鐵容	酒類販賣業 免許處分 撤回의 근거와 撤回權 留保의 한계
-2		盧瑩保	國稅基本法 제42조 소정의 讓渡擔保財産의 의미
7-1	9.27.	金道昶	信賴保護에 관한 行政判例의 최근 동향
-2		金東熙	自動車運輸事業法 제31조 등에 관한 處分要

순번	연월일	발표자	발 표 제 목
			領의 성질
8-1	10.25.	李尙圭	入札參加資格 制限行爲의 법적 성질
-2		李相敦	公有水面埋立에 따른 不動産所有權 國家歸屬의 무효확인
9-1	11.22.	梁承斗	抗告訴訟의 提起要件
-2		韓昌奎	地目變更 拒否의 성질
10	86.1.31.	李相赫	行政訴訟에 있어서의 訴의 利益의 문제
11	2.28	崔松和	運轉免許 缺格者에 대한 면허의 효력
12	3.28	金道昶	憲法上의 違憲審査權의 所在
13	4.25.	趙慶根	美聯邦情報公開法에 대한 약간의 고찰
14	5.30.	張台柱	西獨에 있어서 隣人保護에 관한 判例의 최근 동향
15	6.27.	金斗千	僞裝事業者와 買入稅額 控除
外1	9.30.	藤田宙靖	日本의 最近行政判例 동향
16	10.31.	金英勳	注油所 許可와 瑕疵의 承繼
17	11.28.	芮鍾德	漁業免許의 취소와 裁量權의 濫用
外2	87.3.21.	鹽野宏	日本 行政法學界의 現況
		園部逸夫	새 行政訴訟法 시행 1년을 보고
18	4.25.	金道昶	知的財産權의 문제들
19-1	4.22.	李升煥	商標法에 관한 최근판례의 동향
-2			工場登錄 拒否處分과 소의 이익
20	5.29.	金南辰	執行停止의 요건과 本案理由와의 관계
21	9.25.	崔光律	日本公法學會 總會參觀 등에 관한 보고
22-1	10.30.	金道昶	地方自治權의 강화와 行政權限의 위임에 관한 문제
-2			
23	11.27.	金鐵容	不作爲를 구하는 訴의 가부

순번	연월일	발표자	발 표 제 목
24	88.2.26.	金時秀	租稅賦課處分에 있어서의 當初處分과 更正拒否處分의 법률관계
25-1	3.25.	徐元宇	최근 日本公法學界의 동향
-2		朴鈗炘	平澤港 漁業補償 문제
外3	4.29.	成田賴明	日本 行政法學과 行政判例의 최근 동향
26	5.27.	李尙圭	防衛稅 過誤納 還給拒否處分의 취소
27	6.24.	徐元宇	運輸事業計劃 변경인가처분의 취소
28	8.26.	金完燮	처분후의 事情變更과 소의 이익
29	10.7.	石琮顯	行政處分(訓令)의 법적 성질
30	10.28.	李鴻薰	土地收用裁決處分의 취소
31	11.17.	朴鈗炘	行政計劃의 법적 성질
32	89.1.27.	金東熙	載量行爲에 대한 司法的統制의 한계
33	2.24.	李碩祐	國稅還給申請權의 인정 여부
34	3.24.	朴松圭	國産新技術製品 保護決定處分의 일부취소
35-1	4.28.	金鐵容	독일 行政法學界의 최근동향
-2		千柄泰	제 3 자의 行政審判前置節次 이행 여부
36	5.26.	金善旭	公務員의 團體行動의 違法性
37	6.30.	金元主	租稅行政과 信義誠實의 원칙
38	8.25.	趙憲銖	國稅還給拒否處分의 법적 성질
39	9.29.	鄭準鉉	刑事訴追와 行政處分의 효력
40	10.27.	韓堅愚	行政規則(訓令)의 성질
41	11.24.	金斗千	相續稅法 제32조의2의 違憲 여부
外4	12.27.	小早川光朗	日本 行政法學界의 최근 동향
42	90.1.19.	金鐵容	豫防的 不作爲訴訟의 許容 여부
43	2.23.	李光潤	營造物行爲의 법적 성질
44	3.30.	南勝吉	行政刑罰의 범위

순번	연월일	발표자	발 표 제 목
45	4.27.	黃祐呂	法律의 遡及效
46	5.25.	朴均省	行政訴訟과 訴의 이익
47	6.29.	卞在玉	軍檢察官의 公訴權行使에 관한 憲法訴願
48	8.31.	成樂寅	結社의 自由의 事前制限
49	9.28.	辛奉起	憲法訴願과 辯護士 强制主義
50	10.26.	朴圭河	行政官廳의 權限의 委任·再委任
51	11.30.	朴國洙	行政行爲의 公定力과 國家賠償責任
52	91.1.25.	梁承斗	土地去來許可의 법적 성질
53	2.22.	徐元宇	建築許可 保留의 위법성 문제
外5-1	3.29.	南博方	處分取消訴訟과 裁決取消訴訟
-2		藤田宙靖	日本 土地法制의 현황과 課題
54	4.26.	吳峻根	遺傳子工學的 施設 設置許可와 法律留保
55	5.31.	金南辰	拒否行爲의 行政處分性과 "법률상 이익 있는 자"의 의미
56	6.28.	鄭然彧	無效確認訴訟과 訴의 이익
57	8.30.	金性洙	主觀的公權과 基本權
58	9.27.	金英勳	運轉免許 取消處分의 취소
59	10.25.	石琮顯	基準地價告示地域 내의 收用補償額 算定基準에 관한 판례동향
60	11.29.	朴銳炘	工事中止處分의 취소
61	92.1.31.	卞海喆	公物에 대한 强制執行
62	2.28.	李康國	違憲法律의 효력－그 遡及效의 범위와 관련하여
63	3.27	金善旭	公勤務에 관한 女性支援指針과 憲法上의 平等原則
64	4.24.	全光錫	不合致決定의 허용 여부
65	5.29.	崔正一	行政規則의 법적성질 및 효력

순번	연월일	발표자	발 표 제 목
66	6.26.	李琦雨	獨逸 Münster 高等行政裁判所 1964.1.8. 판결
67	8.28.	朴鈗炘	地方自治團體의 자주적인 條例制定權과 規律 문제
68	9.18.	金元主	讓渡所得稅 등 賦課處分의 취소
69	10.16.	洪準亨	結果除去請求權과 行政介入請求權
70	11.20.	金時秀	土地收用裁決處分의 취소
71	93.1.15.	金海龍	環境技術관계 行政決定에 대한 司法的 統制의 범위
72	2.19.	李重光	租稅法上 不當利得 返還請求權
73	3.19.	高永訓	行政規則에 의한 行政府의 立法行爲外
外6	4.16.	J.Anouil	EC法의 現在와 將來
74	5.21.	柳至泰	行政訴訟에서의 行政行爲 根據變更에 관한 판례분석
75	6.18.	徐元宇	原處分主義와 被告適格
76	8.20.	朴均省	國家의 公務員에 대한 求償權
77	9.17.	金東熙	教員任用義務不履行 違法確認訴訟
78	10.15.	盧永錄	建設業免許 取消處分의 취소
79	94.1.21.	徐廷友	無效確認을 구하는 의미의 租稅取消訴訟과 租稅還給金 消滅時效의 起算點
80	2.18.	洪準亨	判斷餘地의 한계
81	3.18.	裵輔允	憲法訴願 審判請求 却下決定에 대한 헌법소원
82	4.15.	金善旭	舊東獨判事의 獨逸判事任用에 관한 決定과 그 不服에 대한 管轄權
83	5.20.	李京運	學則의 법적 성질
84	6.17.	朴松圭	任用行爲取消處分의 취소
85	8.19.	金鐵容	公務員 個人의 不法行爲責任

순번	연월일	발표자	발 표 제 목
86	9.30.	卞在玉	日本 家永教科書檢定 第一次訴訟 上告審 判決의 評釋
87	10.21.	金香基	無名抗告訴訟의 可否
88	11.18.	李康國	行政行爲의 瑕疵의 治癒
89	95.1.20.	趙憲銖	取消判決의 遡及效
90	2.17.	朴秀赫	獨逸 統一條約과 補償法上의 原狀回復 排除規定의 合憲 여부
外7	3.17.	小高剛	損失補償에 관한 日本 最高裁判所 判決의 분석
91	4.21.	崔松和	行政處分의 理由明示義務에 관한 판례
92	5.19.	崔正一	石油販賣業의 양도와 歸責事由의 승계
93	6.16.	鄭夏重	國家賠償法 제5조에 의한 배상책임의 성격
94	8.18.	吳振煥	無效인 條例에 근거한 行政處分의 효력
95	9.15.	金敞祚	日本 長良川 安八水害 賠償判決
96	10.20.	黃祐呂	非常高等軍法會議 判決의 破棄와 還送法院
97	11.17.	白潤基	地方自治法 제98조 및 제159조에 의한 訴訟
98	96.1.19.	徐元宇	營業停止期間徒過後의 取消訴訟과 訴의 이익
99	2.23.	金海龍	計劃變更 내지 保障請求權의 성립요건
外8	3.19.	鹽野宏	日本 行政法 判例의 近年動向 - 行政訴訟을 중심으로
100	4.19.	金東熙	國家賠償과 公務員에 대한 求償
101	5.17.	梁承斗	教員懲戒와 그 救濟制度
102	6.28.	金容燮	運轉免許取消·停止處分의 法的 性質 및 그 한계
103	8.16.	李京運	轉補發令의 處分性
104	9.20.	盧永錄	申告納稅方式의 租稅와 그 瑕疵의 판단기준
105	10.18.	金敞祚	道路公害와 道路設置·管理者의 賠償責任

순번	연월일	발표자	발 표 제 목
106	11.15.	金裕煥	形式的 拒否處分에 대한 取消訴訟의 審理범위
107	97.1.17.	裵柄皓	北韓國籍住民에 대한 强制退去命令의 적법성
108	2.21.	趙龍鎬	公衆保健醫師 採用契約解止에 대한 爭訟
109	3.21.	金鐵容	行政節次法의 내용
110	4.18.	趙憲銖	建築物臺帳 職權訂正行爲의 처분성
111	5.16.	鄭夏重	交通標識板의 법적성격
112	6.20.	裵輔允	違憲決定과 行政處分의 효력
113	8.22.	吳峻根	聽聞의 실시요건
114	9.19.	金善旭	옴부즈만條例案 再議決 無效確認判決의 문제점
115	10.17.	李光潤	機關訴訟의 성질
116	11.21.	朴正勳	敎授再任用拒否의 처분성
117	98.1.16.	白潤基	當事者訴訟의 대상
118	2.20.	辛奉起	機關訴訟 주문의 형식
119	3.20.	洪準亨	行政法院 出帆의 意義와 행정법원의 課題
120	4.17.	宣正源	오스트리아와 독일의 不作爲訴訟에 관한 고찰
121	5.16.	李東洽	刑事記錄 열람·등사 거부처분
122	6.19.	金東建	環境行政訴訟과 地域住民의 原告適格
123	98.8.21.	金南辰	法規命令과 行政規則의 구별
124	9.18.	金敞祚	河川 管理 責任
125	10.16.	金容燮	行政審判의 裁決에 대한 取消訴訟
126	11.20.	徐廷友	垈地造成事業計劃 승인처분의 재량행위
127	99.1.15.	南勝吉	處分의 기준을 규정한 施行規則(部令)의 성격
128	2.19.	金裕煥	違憲法律에 根據한 行政處分의 效力
129	3.19.	鄭夏重	多段階行政節次에 있어서 事前決定과 部分許可의 意味

순번	연월일	발표자	발 표 제 목
130	4.16.	裵輔允	南北交流協力 등 統一에 관한 법적 문제
131	5.21.	康鉉浩	計劃承認과 司法的 統制
132	6.18.	俞珍式	行政指導와 違法性阻却事由
133	8.20.	朴正勳	侵益的 行政行爲의 公定力과 刑事裁判
134	9.17.	金東熙	建築許可신청서 返戾처분취소
		金南澈	行政審判法 제37조 제2항에 의한 自治權侵害의 가능성
135	10.15.	金炳圻	條例에 대한 再議要求事由와 大法院提訴
		權殷玟	公賣決定·通知의 처분성 및 소송상 문제점
136	11.19.	石鎬哲	羈束力의 범위로서의 처분사유의 동일
		金珉昊	직무와 관련된 不法行爲에 있어 공무원 개인의 책임
137	00.1.21.	尹炯漢	任用缺格과 退職給與
		裵柄皓	還買權소송의 管轄문제
138	2.18.	趙憲銖	個人事業의 法人轉換과 租稅減免
		金連泰	조세행정에 있어서 경정처분의 효력
139	3.17.	俞珍式	自動車運輸事業 면허처분에 있어서 競業, 競願의 범위
		慶 健	情報公開請求權의 憲法的 根據와 그 制限
140	4.21.	朴正勳	拒否處分 取消訴訟에 있어 違法判斷의 基準時와 訴의 利益
		金柄圻	行政訴訟上 執行停止의 要件으로서의 '回復하기 어려운 損害'와 그 立證責任
141	5.19.	洪準亨	不可變力, 信賴保護, 그리고 行政上 二重危險의 禁止
		康鉉浩	建築變更許可와 附款

순번	연월일	발표자	발 표 제 목
142	6.16.	趙龍鎬	寄附金品募集許可의 法的性質
		金容燮	行政上 公表
143	8.18.	朴松圭	盜難당한 自動車에 대한 自動車稅와 免許稅
		權殷玟	廢棄物處理業 許可權者가 한 '不適正通報' 의 法的性質
144	9.22.	石鎬哲	公法的 側面에서 본 日照權 保護
145	10.20.	蘇淳茂	後發的 事由에 의한 更正請求權을 條理上 인정할 수 있는지 與否
		金光洙	土地形質變更許可와 信賴保護原則
146	11.17.	朴鈗炘	慣行漁業權
		宣正源	複合民願과 認·許可擬制
147	01.1.19.	崔松和	판례에 있어서 공익
		李光潤	도로가 행정재산이 되기 위한 요건 및 잡종재산에 대한 시효취득
148	2.16.	金鐵容	개발제한 구역의 시정과 손실 보상
		鄭夏重	부관에 대한 행정소송
149	3. 8.	金性洙	독일연방헌재의 폐기물법에 대한 결정과 환경법상 협력의 원칙
		李東植	중소기업에 대한 조세 특례와 종업원의 전출. 파견
150	4.20.	李京運	주택건설사업계획 사전결정의 구속력
		裵輔允	2000년 미국대통령 선거 소송 사건
151	5. 9.	李東洽	위헌법률에 근거한 처분에 대한 집행력 허용 여부
		金珉昊	상속세 및 증여세법상 증여의 의미
152	6.15.	李元雨	정부투자기관의 부정당업자 제재조치의 법적

순번	연월일	발표자	발 표 제 목
			성질
		朴榮萬	군사시설보호법상의 협의와 항고소송
153	8.17.	崔正一	법규명령형식의 재량준칙의 법적성질 및 효력
		趙憲銖	유적발굴허가와 행정청의 재량
154	9.21.	金東熙	국가배상법 제5조상의 영조물의 설치·관리상 하자의 관념
		金東建	대법원 판례상의 재량행위
155	10.10.	吳峻根	행정절차법 시행이후의 행정절차 관련 주요 행정판례 동향분석
		柳至泰	공물법의 체계에 관한 판례 검토
156	11. 7.	白潤基	행정소송에 있어서 건축주와 인근주민의 이익의 충돌과 그 조화
		徐廷範	국가배상에 있어서 위법성과 과실의 일원화에 관하여
157	02.1.18.	金善旭	독일헌법상의 직업공무원제도와 시간제공무원
		朴正勳	처분사유의 추가·변경 – 제재철회와 공익상 철회
158	2.15.	辛奉起	일본의 기관소송 법제와 판례
		權殷玟	원천징수행위의 처분성과 원천징수의무자의 불복방법
159	3.15.	朴均省	환경영향평가의 하자와 사업계획승인처분의 효력
		金鐘甫	관리처분계획의 처분성과 그 공정력의 범위
160	4.19.	崔光律	농지전용에 관한 위임명령의 한계
		俞珍式	건축법상 일조보호규정의 私法上의 의미
161	5.17.	朴鈗炘	국가배상법 제2조 제1항 단서에 대한 헌법재

순번	연월일	발표자	발 표 제 목
			판소의 한정위헌결정 및 관련 대법원판례에 대한 평석
		宣正源	행정의 공증에 대한 사법적 통제의 의미와 기능의 명확화
162	6.21.	金元主	도로배연에 의한 대기오염과 인과관계
		康鉉浩	재량준칙의 법적 성격
163	7.19.	裵柄皓	회의록과 정보공개법상 비공개대상정보
		慶 健	공문서관리의 잘못과 국가배상책임
164	8.16.	金容燮	거부처분취소판결의 기속력
		金炳圻	보완요구의 '부작위'성과 재결의 기속력
165	9.13.	尹炯漢	기납부 택지초과소유부담금 환급청구권의 성질과 환급가산금의 이자율
		鄭夏明	미국연방대법원의 이른바 임시규제적 수용에 관한 새로운 판결례
166	10.18.	李鴻薰	공용지하사용과 간접손실보상
		金光洙	국가배상소송과 헌법소원심판의 관계
167	11.15.	徐元宇	행정법규위반행위의 사법적 효력
		李康國	조세채무의 성립과 확정
168	12.20.	蘇淳茂	인텔리전트빌딩에 대한 재산세중과시행규칙의 유효성 여부
169	03.1.17.	金敞祚	정보공개제도상의 비공개사유와 본인개시청구
		金聖泰	운전면허수시적성검사와 개인 정보보호
170	2.21.	金東熙	기속재량행위와 관련된 몇 가지 논점 또는 의문점
		曺海鉉	행정처분의 근거 및 이유제시의 정도
171	3.21.	白潤基	불합격처분에 대한 효력정지결정에 대한 고찰

순번	연월일	발표자	발 표 제 목
		宣正源	행정입법에 대한 부수적 통제
172	5.16.	李元雨	한국증권업협회의 협회등록최소결정의 법적 성질
		金容贊	정보공개청구사건에서의 몇 가지 쟁점
173	6.20.	金重權	이른바 "수리를 요하는 신고"의 문제점에 관한 소고
		洪準亨	평생교육시설 설치자 지위승계와 설치자 변경 신청서 반려처분의 적법 여부
174	7.18.	金鐵容	학교법인임원취임승인취소처분과 행정절차법
		金秀珍	성별에 따른 상이한 창업지원금신청기간설정과 국가의 평등보장의무
175	8.22.	鄭夏重	법관의 재판작용에 대한 국가배상책임
		金鐘甫	정비조합(재건축, 재개발조합) 인가의 법적 성격
176	9.19.	金炳圻	수익적 행정행위의 철회의 법적 성질과 철회사유
		朴榮萬	군사시설보호구역설정행위의 법적 성격
177	10. 9	朴正勳	취소판결의 기판력과 기속력
		李東植	구 소득세법 제101조 제2항에 따른 양도소득세부과와 이중과세 문제
178	11.21.	李東洽	최근 행정소송의 주요사례
		慶 健	하천구역으로 편입된 토지에 대한 손실보상
179	12.19.	朴均省	거부처분취소판결의 기속력과 간접강제
180	04.1.16.	李光潤	광역지방자치단체와 기초지방자치단체의 성격
		朴海植	행정소송법상 간접강제결정에 기한 배상금의 성질
181	2.20.	金海龍	행정계획에 대한 사법심사에 있어서 법원의

순번	연월일	발표자	발 표 제 목
			석명권행사 한계와 입증책임
		李賢修	영업양도와 공법상 지위의 승계
182	3.19.	俞珍式	기부채납부관을 둘러싼 법률문제
		鄭泰學	매입세액의 공제와 세금계산서의 작성·교부시기
183	4.16.	柳至泰	행정행위의 취소의 취소
		金致煥	통지의 법적 성질
184	5.21.	鄭準鉉	단순하자 있는 행정명령을 위반한 행위의 가벌성
		權殷玟	압류처분취소소송에서 부과처분의 근거법률이 위헌이라는 주장이 허용되는지 여부
185	6.18.	趙憲銖	사업양도와 제2차 납세의무
		金連泰	과징금 부과처분에 대한 집행정지결정의 효력
186	7.16.	金容燮	보조금 교부결정을 둘러싼 법적 문제
		林聖勳	영내 구타·가혹 행위로 인한 자살에 대한 배상과 보상
187	8.20.	李京運	교수재임용거부처분취소
		曺媛卿	국가공무원법 제69조 위헌제청
188	9.17.	鄭成太	법규명령의 처분성
		金敞祚	원자로 설치허가 무효확인소송
189	04.10.15.	崔正一	법령보충적행정규칙의 법적 성질 및 효력
		李湖暎	독점규제법상 특수관계인에 대한 부당지원행위의 규제
190	11.19.	金香基	재결에 대한 취소소송
		劉南碩	집행정지의 요건으로서 "회복하기 어려운 손해를 예방하기 위한 긴급한 필요"와 그 고려

순번	연월일	발표자	발 표 제 목
			사항으로서의 '승소가능성'
191	12.17.	尹炯漢	사전통지의 대상과 흠결의 효과
192	05.1.31.	鄭鎬慶	행정소송의 협의의 소의 이익과 헌법소원의 보충성
		金重權	국토이용계획변경신청권의 예외적 인정의 문제점에 관한 소고
193	2.18.	宣正源	하자승계론에 몇 가지 쟁점에 관한 검토
		李熙貞	공법상 계약의 해지와 의견청취절차
194	3.18.	安哲相	취소소송 사이의 소의 변경과 새로운 소의 제소기간
		康鉉浩	민간투자법제에 따른 우선협상대상자지정의 법적 제문제
195	4.15.	吳峻根	재량행위의 판단기준과 재량행위 투명화를 위한 법제정비
		李根壽	대집행의 법적 성격
196	5.20.	河宗大	금산법에 기한 계약이전결정 등의 처분과 주주의 원고적격
		金鐘甫	토지형질변경의 법적 성격
197	6.17.	朴海植	제재적 행정처분의 효력기간 경과와 법률상 이익
		李桂洙	공무원의 정치적 자유와 정치운동금지의무
198	8.19.	金容燮	재결의 기속력의 주관적 범위를 둘러싼 논의
		徐正旭	공시지가와 하자의 승계
199	9.16.	金鉉峻	용도지역 지정 · 변경행위의 법적 성질과 그에 대한 사법심사
		趙成奎	직접민주주의와 조례제정권의 한계

순번	연월일	발표자	발 표 제 목
200	10.21.	金光洙	공직선거법과 행정형벌
		崔桂暎	용도폐지된 공공시설에 대한 무상양도신청거부의 처분성
201	11.12.	鄭夏重	행정판례의 발전과 전망
		朴正勳	행정판례의 발전과 전망
		尹炯漢	행정재판제도의 발전과 행정판례
		朴海植	행정재판제도의 발전과 행정판례
202	12.16.	鄭泰容	행정심판청구인적격에 관한 몇 가지 사례
203	06. 1.20	朴均省	행정상 즉시강제의 통제 — 비례원칙, 영장주의, 적법절차의 원칙과 관련하여 —
		權殷玟	기본행위인 영업권 양도계약이 무효라고 주장하는 경우에 행정청이 한 변경신고수리처분에 대한 불복방법 등
204	2.17.	曺海鉉	민주화운동관련자명예회복및보상등에관한법률에 기한 행정소송의 형태
		金重權	사권형성적 행정행위와 그 폐지의 문제점에 관한 소고
205	06.3.17.	朴正勳	불확정개념과 재량 — 법규의 적용에 관한 행정의 우선권
		李相悳	한국지역난방공사 공급규정 변경신고를 산업자원부장관이 수리한 행위의 법적 성질
206	4.21.	俞珍式	공유수면매립법상 사정변경에 의한 매립면허의 취소신청
		林永浩	채석허가기간의 만료와 채석허가취소처분에 대한 소의 이익
207	5.19	嚴基燮	공정거래법상 사업자단체의 부당제한행위의

순번	연월일	발표자	발 표 제 목
			성립요건
		李賢修	납입고지에 의한 변상금부과처분의 취소와 소멸시효의 중단
208	6.16.	金鐘甫	재건축 창립총회의 이중기능
		鄭夏明	미국 연방대법원의 행정입법재량통제
209	8.17.	裵柄皓	개정 하천법 부칙 제2조의 손실보상과 당사자 소송
		金裕煥	공공갈등의 사법적 해결 — 의미와 한계
210	9.15.	金容燮	텔레비전 수신료와 관련된 행정법적 쟁점
		崔桂暎	행정처분과 형벌
211	10.20.	金海龍	처분기간이 경과된 행정처분을 다툴 법률상 이익(행정소송법 제12조 후문 관련)과 제재적
		石鎬哲	처분기준을 정한 부령의 법규성 인정 문제
212	11.17.	宣正源	입헌주의적 지방자치와 조직고권
		李熙貞	주민투표권 침해에 대한 사법심사
213	06.12.8.-		법제처 · 한국행정판례연구회 공동주관 관학협동워크샵
	9.	朴 仁	법령보충적 성격의 행정규칙의 현황과 문제점
		林永浩	법령보충적 성격의 행정규칙에 대한 판례분석
		鄭南哲	법령보충적 성격의 행정규칙의 정비방향과 위임사항의 한계
		金重權	민주적 법치국가에서 의회와 행정의 공관적 법정립에 따른 법제처의 역할에 관한 소고
		金海龍	국토계획 관련법제의 문제점과 개선방안
214	07.1.19.	張暻源	독일 맥주순수령 판결을 통해 본 유럽과 독일의 경제행정법

순번	연월일	발표자	발 표 제 목
		權純一	재정경제부령에 의한 덤핑방지관세부과조치의 처분성 재론-기능적 관점에서-
215	2.23.	鄭準鉉	소위 '공익사업법'상 협의취득의 법적 성질
		裵輔允	구 농어촌정비법 제93조 제1항의 국공유지양증여의 창설환지 등의 문제점
216	3.16.	朴榮萬	법령의 개정과 신뢰보호의 원칙
		金重權	행정입법적 고시의 처분성인정과 관련한 문제점에 관한 소고
217	4.20.	金容贊	국가지정문화재현상변경허가처분의 재량행위성
		李湖暎	합의추정된 가격담합의 과징금산정
218	5.18	金敞祚	공인중개사시험불합격처분 취소소송
		李宣憙	행정청의 고시와 원고적격
219	6.15.	李光潤	제재적 처분기준의 성격과 제재기간 경과후의 소익
		金暎賢	행정소송의 피고적격
220	07.8.17.	金義煥	정보공개법상의 공공기관 및 정보공개청구와 권리남용
		金秀珍	행정서류의 외국으로의 송달
221	9.21.	蘇淳茂	명의신탁 주식에 대한 증여의제에 있어서 조세회피목적의 해석
		慶 健	관계기관과의 협의를 거치지 아니한 조례의 효력
222	10.19.	成百玹	공특법상 '이주대책'과 공급규칙상 '특별공급'과의 관계
		金南澈	건축허가의 법적 성질에 대한 판례의 검토
223	11.16.	金性洙	민간투자사업의 성격과 사업자 선정의 법적

순번	연월일	발표자	발 표 제 목
			과제
224	12.21.	趙憲銖	병역의무 이행과 불이익 처우 금지의 관계
225	08.1.18.	金南辰	국가의 경찰법, 질서법상의 책임
		李殷祈	폐기물관리법제와 폐기물처리조치명령취소처분
		鄭成太	대형국책사업에 대한 사법심사(일명 새만금사건을 중심으로)
226	2.15.	辛奉起	한국 행정판례에 있어서 형량하자론의 도입과 평가
		鄭鍾錧	하천법상의 손실보상
227	3.21.	鄭夏重	사립학교법상의 임시이사의 이사선임권한
		林聖勳	행정입법 부작위에 관한 몇가지 문제점
228	4.18.	金光洙	자치사무에 대한 국가감독의 한계
		金熙喆	토지수용으로 인한 손실보상금 산정
229	5.16.	申東昇	행정행위 하자승계와 선결문제
		趙成奎	과징금의 법적 성질과 부과기준
230	6.20.	姜錫勳	위임입법의 방식 및 해석론에 관한 고찰
		鄭南哲	명확성원칙의 판단기준과 사법심사의 한계
231	8.22.	鄭泰學	조세통칙과 신의성실의 원칙
		李京運	부관으로서의 기한
232	9.19.	朴尙勳	시간강사의 근로자성
		金善旭	지방자치단체장의 소속공무원에 대한 징계권과 직무유기
233	10.17.	趙允熙	정보통신부 장관의 위성망국제등록신청과 항고소송의 대상
		金鉉峻	환경사법 액세스권 보장을 위한 "법률상 이익"의 해석

순번	연월일	발표자	발 표 제 목
234	11.21.	裵輔允	권한쟁의심판의 제3자 소송담당
		李賢修	공물의 성립요건
235	12.19.	金鐵容	행정청의 처분근거·이유제시의무와 처분근거·이유제시의 정도
236	09.1.16.	金炳圻	행정법상 신뢰보호원칙
		劉慶才	원인자부담금
237	2.20.	金聖泰	도로교통법 제58조 위헌확인
		林永浩	공매 통지의 법적 성격
238	3.20.	崔桂暎	위헌결정의 효력과 취소소송의 제소기간
		金尙煥	법규명령에 대한 헌법소원의 적법요건
239	4.17.	朴均省	직무상 의무위반으로 인한 국가배상책임
		金國鉉	사망자의 법규위반으로 인한 제재사유의 승계
240	5.15.	金容燮	택지개발업무처리지침 위반과 영업소 폐쇄
		金炅蘭	개발제한구역의 해제와 원고적격
241	6.19.	朴正勳	무효확인소송의 보충성
		曺海鉉	민주화운동관련자 명예회복 및 보상 등에 관한 법률에 의한 보상금의 지급을 구하는 소송의 형태
242	8.21.	鄭泰容	행정심판 재결 확정력의 의미
		安哲相	지방계약직 공무원의 징계
243	9.18.	金鐘甫	「도시 및 주거환경정비법」상 정비기반시설의 귀속 관계
		徐基錫	국회의 입법행위 또는 입법부작위로 인한 국가배상책임
244	10.16.	河明鎬	법인에 대한 양벌규정의 위헌여부
		趙龍鎬	표준지공시지가 하자의 승계

순번	연월일	발표자	발 표 제 목
245	11.20.	金連泰	한국마사회의 조교사 및 기수의 면허부여 또는 취소의 처분성
		金義煥	행정상 법률관계에 있어서의 소멸시효의 원용과 신의성실의 원칙
246	12.18.	朴銳炘	주거이전비 보상의 법적 절차, 성격 및 소송법적 쟁점
247	10.1.15	林宰洪	출입국관리법상 난민인정행위의 법적 성격과 난민인정요건
		金泰昊	하자있는 수익적 행정처분의 직권취소
248	2.19	金南澈	국가기관의 지방자치단체에 대한 감독·감사권한
		權殷玟	미국산 쇠고기 수입 고시의 법적 문제
249	3.19	金聲培	수용재결과 헌법상 정교분리원칙
		姜相旭	건축물대장 용도변경신청 거부의 처분성
250	4.16	李宣憙	공정거래법상 시정조치로서 정보교환 금지명령
		金鍾泌	이주대책대상자제외처분 취소소송의 쟁점
251	5.14	鄭夏重	공법상 부당이득반환청구권의 독자성
		魯坰泌	관리처분계획안에 대한 총회결의 무효확인을 다투는 소송방법
252	6.18	金秀珍	합의제 행정기관의 설치에 관한 조례 제정의 허용 여부
		白濟欽	과세처분에 대한 증액경정처분과 행정소송
253	8.20	崔正一	경원자 소송에서의 원고적격과 사정판결제도의 위헌 여부
		蔣尙均	승진임용신청에 대한 부작위위법확인소송
254	9.17	金敞祚	강의전담교원제와 해직처분
		河宗大	행정처분으로서의 통보 및 신고의 수리

순번	연월일	발표자	발 표 제 목
255	10.15	최진수	징발매수재산의 환매권
		朴海植	주민등록전입신고 수리 여부에 대한 심사범위와 대상
256	11.12	金容燮	부당결부금지원칙과 부관
		朴尙勳	공무원에 대한 불이익한 전보인사 조치와 손해배상
257	12.10	金東熙	제재적 재량처분의 기준을 정한 부령
258	11.1.14	成智鏞	위임입법의 한계와 행정입법에 대한 사법심사
		安東寅	법령의 개정과 신뢰보호원칙 — 신뢰보호원칙의 적극적 활용에 대한 관견 —
259	2.18	崔桂暎	민간기업에 의한 수용
		金泰昊	사전환경성검토와 사법심사
260	3.18	金鉉峻	규제권한 불행사에 의한 국가배상책임의 구조와 위법성 판단기준
		朴在胤	지방자치단체 자치감사의 범위와 한계
261	4.15	金重權	민간투자사업의 법적 절차와 처분하자
		徐輔國	행정입법의 부작위에 대한 헌법소원과 행정소송
262	5.20	李熙貞	귀화허가의 법적 성질
		尹仁聖	독점규제 및 공정거래에 관한 법률 제3조의2 제1항 제5호 후단에 규정된 "부당하게 소비자의 이익을 현저히 저해할 우려가 있는 행위"에 관한 소고
263	6.17	朴均省	납골당설치신고 수리거부의 법적 성질 및 적법성 판단
		姜錫勳	재조사결정의 법적 성격과 제소기간의 기산점
264	8.19	金光洙	임시이사의법적 지원

순번	연월일	발표자	발 표 제 목
265	9.16	趙允熙	불복절차 도중의 과세처분 취소와 재처분금지
		鄭準鉉	개인택시사업면허 양도시 하자의 승계
266	10.21	김용하	잔여지 수용청구권의 행사방법 및 불복수단
		崔峰碩	과징금 부과처분의 재량권 일탈 · 남용
267	11.11	朴榮萬	군인공무원관계와 기본권 보장
		俞珍式	정보공개법상 비공개사유
268	12.16	주한길	행정소송법상 집행정지의 요건
		琴泰煥 金致煥 田勳 李殷相	최근 외국 행정판례의 동향 및 분석 미국, 일본, 프랑스, 독일
		李鴻薰	사회발전과 행정판결
269	12.1.27	裵炳皓	재개발조합설립인가 등에 관한 소송의 방법
		河明鎬	사회보장행정에서 권리의 체계와 구제
270	2.17	朴玄廷	건축법 위반과 이행강제금
		金善娥	출퇴근 재해의 인정범위
271	3.16	金重權	국가배상법상 중과실의 의미
		徐泰煥	행정소송법상 직권심리주의의 의미와 범위
272	4.20	李湖暎	시장지배적사업자의 기술적 보호조치와 공정거래법
		李玩憙	공정거래법상 신고자 감면제도
273	5.18	李東植	세무조사 결정통지의 처분성
		鄭基相	조세소송에서 실의성실원칙
274	6.15	許康茂	생활대책대상자선정거부의 처분성과 신청권의 존부
		朴貞杹	기대권의 법리와 교원재임용거부 및 부당한 근로계약 갱신 거절의 효력
275	8.17	金敞祚	정보공개법상 비공개사유로서 법인 등의 경

순번	연월일	발표자	발 표 제 목
			영 · 영업상 비밀에 관한 사항
		成承桓	경찰권 발동의 한계와 기본권
276	9.21	金宣希	도시정비법상 조합설립인가처분과 변경인가처분
		李相憙	국가와 지방자치단체의 보조금 지원과 지원거부의 처분성
277	10.19	康鉉浩	건축법상 인허가의제의 효과를 수반하는 신고
		尹景雅	결손처분과 그 취소 및 공매통지의 처분성
278	11.16	金容燮	원격평생교육시설 신고 및 그 수리거부
		李義俊	사업시행자의 생활기본시설 설치 의무
279	12.21	琴泰煥	미국, 일본, 프랑스, 독일의 최근 행정판례동향
		金致煥	
		田 勳	
		李殷相	
		崔松和	행정판례의 회고와 전망
280	13.1.18	崔桂暎	행정처분의 위법성과 국가배상책임
		金泰昊	정보공개법상 비공개사유로서 '진행 중인 재판에 관련된 정보'
281	2.15	金致煥	주민소송의 대상
		朴在胤	체육시설을 위한 수용
282	3.15	金聲培	국가유공자요건비해당결정처분
		金東國	해임처분무효
283	4.19	徐輔國	압류등처분무효확인
		崔柄律	자동차운전면허취소처분취소
284	5.24	裵柄晧	국가배상청구권의 소멸시효
		朴海植	감면불인정처분등취소
285	6.21	朴均省	국방·군사시설사업실시계획승인처분무효확인등

순번	연월일	발표자	발 표 제 목
		金慧眞	형의 집행 및 수용자의 처우에 관한 법률 제45조 제1항 위헌확인
286	8.16	兪珍式	여객자동차운수사업법 제14조 등 위헌확인 등
		김필용	증여세부과처분취소
287	9.27	慶建	정보공개청구거부처분취소
		이산해	과징금부과처분취소·부당이득환수처분취소
288	10.18	金裕煥	직권면직취소
		許盛旭	관리처분계획무효확인
289	11.15	金炳圻	완충녹지지정의 해제신청거부처분의 취소
		成重卓	조합설립인가처분무효확인
290	12.20	金聲培 金致煥 吳丞奎 桂仁國	미국, 일본, 프랑스, 독일의 최근 행정판례 동향
		鄭夏重	행정판례에 있어서 몇 가지 쟁점에 관한 소고
291	14. 1. 17	金相贊	국가공무원 복무규정 제3조 제2항 등 위헌확인
		金容河	사업시행승인처분취소
292	2.21	姜知恩	주택건설사업승인불허가처분 취소 등
		金世鉉	소득금액변동통지와 하자의 승계 판례변경에 따른 신뢰성 보호 문제
293	3.21	金重權	지방자치단체의 구역관할결정의 제 문제에 관한 소고
		李相悳	체납자 출국금지처분의 요건과 재량통제
294	4.18	兪珍式	정보공개거부처분취소
		金惠眞	백두대간보호에관한법률 제7조 제1항 제6호 위헌소원

순번	연월일	발표자	발 표 제 목
295	5.16	安東寅	토지대장의 직권말소 및 기재사항 변경거부의 처분성
		河泰興	증액경정처분의 취소를 구하는 항고소송에서 납세의무자가 다툴 수 있는 불복사유의 범위
296	6.20	金容燮	독립유공자법적용배제결정 — 처분취소소송에 있어 선행처분의 위법성승계
		李承勳	조합설립추진위원회 설립승인 무효 확인
297	8.22	鄭鎬庚	不利益處分原狀回復 등 要求處分取消
		이병희	解任處分取消決定取消
298	9.19	崔峰碩	職務履行命令取消
		文俊弼	還買代金增減
299	10.17	朴均省	行政判例 30年의 回顧와 展望: 행정법총론 I
		金重權	行政判例의 回顧와 展望－행정절차, 정보공개, 행정조사, 행정의 실효성확보의 분야
		洪準亨	行政判例 30年의 回顧와 展望－행정구제법: 한국행정판례의 정체성을 찾아서
300	11.21	康鉉浩	不正當業者制裁處分取消
		李承寧	讓受金
301	12.19	金聲培	美國의 最近 行政判例動向
		吳丞奎	프랑스의 最近 行政判例動向
		桂仁國	獨逸의 最近 行政判例動向
		咸仁善	日本의 最近 行政判例動向
		朴鉉炘	온실가스 배출거래권 제도 도입에 즈음하여

行政判例研究 I~ XIX-2 總目次

行政判例研究 Ⅰ ~ XIX-2 總目次

[第 Ⅰ 卷]

XIII. 知的所有權·遺傳工學

XIV. 租 稅

XV. 違憲審査

[第 II 卷]

I. 個人的 公權

II. 行政上立法

III. 行政行爲

[第 Ⅳ 卷]

Ⅰ. 行政行爲

Ⅱ. 行政計劃

Ⅲ. 行政節次

Ⅳ. 行政爭訟 一般

Ⅴ. 行政訴訟의 對象과 權利保護 必要性

Ⅵ. 行政訴訟의 類型

Ⅶ. 損害塡補

Ⅷ. 地方自治法

Ⅸ. 秩序行政法

[第 V 卷]

Ⅰ. 行政立法

Ⅱ. 行政行爲

Ⅲ. 行政計劃

Ⅳ. 行政節次

Ⅴ. 行政訴訟

Ⅵ. 損害塡補

[第 VI 卷]

Ⅲ. 行政訴訟

Ⅳ. 給付行政 · 環境行政

Ⅴ. 租 稅

Ⅵ. 外國判例研究

[第 Ⅶ 卷]

Ⅰ. 行政行爲

Ⅱ. 行政行爲

Ⅲ. 行政節次

Ⅳ. 行政上 損害塡補

Ⅴ. 行政訴訟

Ⅵ. 建築行政法

Ⅶ. 環境行政法

Ⅷ. 文化行政法

Ⅸ. 外國行政法判例研究

[第 Ⅷ 卷]

Ⅰ. 行政立法

Ⅱ. 行政行爲

Ⅲ. 情報公開

Ⅳ. 行政의 實效性確保手段

Ⅴ. 行政上 損害塡補

Ⅵ. 行政訴訟

Ⅶ. 土地行政法

Ⅷ. 租稅行政法

Ⅸ. 外國行政判例研究

Ⅹ. 韓·日行政訴訟法制의 改正과 向後方向(國際學術會議)

[第 IX 卷]

Ⅰ. 行政行爲

Ⅱ. 行政節次

Ⅲ. 行政訴訟

Ⅳ. 地方自治法

Ⅴ. 租稅行政法

Ⅵ. 최근 行政訴訟判決의 主要動向

[第 X 卷]

Ⅰ. 行政立法

Ⅱ. 行政行爲

Ⅲ. 行政節次

Ⅳ. 行政上 損害塡補

Ⅴ. 行政訴訟

Ⅵ. 租稅行政法

[第XI卷]

Ⅰ. 韓國行政判例研究會 200회 特輯 紀念論文

Ⅱ. 行政行爲

Ⅲ. 行政의 實效性確保手段

Ⅳ. 行政訴訟

Ⅴ. 地方自治法

[第XII卷]

[第XIV卷]

Ⅳ. 行政의 實效性確保手段

Ⅴ. 行政上 損害塡補

Ⅵ. 行政訴訟法

Ⅶ. 公物·營造物法

Ⅷ. 外國判例 및 外國法制 研究

[第 XIV-2卷]

Ⅰ. 行政法의 基本原理

[第XV-2卷]

Ⅰ. 認·許可 擬制 制度의 效果와 立法의 方向

(2010. 6. 4. 韓國行政判例研究會·法制處 공동세미나)

Ⅱ. 行政立法

Ⅲ. 行政行爲

Ⅳ. 行政訴訟

Ⅴ. 地方自治法

Ⅵ. 外國判例 및 外國法制 研究

[第 XVI-1卷]

Ⅰ. 行政法의 基本原理

Ⅱ. 行政立法

Ⅲ. 行政行爲

Ⅳ. 損害塡補

Ⅴ. 地方自治法

[第 XVII -1卷]

Ⅰ. 行政行爲의 附款

Ⅱ. 行政計劃

Ⅲ. 行政의 實效性 確保手段

Ⅳ. 取消訴訟의 對象

Ⅴ. 行政訴訟의 類型

Ⅵ. 地方自治法

Ⅶ. 經濟行政法

Ⅷ. 租稅行政法

[第 XVII -2卷]

Ⅰ. 行政行爲의 槪念과 種類

Ⅱ. 行政節次 및 情報公開

Ⅲ. 損害塡補

Ⅳ. 秩序行政法

Ⅴ. 經濟行政法

Ⅵ. 勞動行政法

Ⅶ. 外國判例 및 外國法制 硏究

[第 XVIII -1卷]

Ⅰ. 行政行爲의 瑕疵

Ⅱ. 行政節次 및 情報公開

Ⅲ. 取消訴訟의 對象

[第 XIX-2卷]

Ⅱ. 取消訴訟의 對象

Ⅲ. 地方自治法

Ⅳ. 建築行政法

Ⅴ. 外國判例 및 外國法制 研究

Ⅵ. 특집논문: 행정판례연구회 30주년 특별기념논문

主題別 總目次(行政判例硏究 Ⅰ~ⅩⅨ-2)

行政法의 基本原理

個人的 公權

行政立法

行政行爲의 槪念과 種類

行政行爲의 附款

行政行爲의 效力

行政行爲의 瑕疵

行政行爲의 職權取消·撤回

行政計劃

行政節次 및 情報公開

行政의 實效性確保手段

行政爭訟一般

取消訴訟의 對象

行政訴訟에 있어서의 訴의 利益

行政訴訟의 審理

行政訴訟과 假救濟

行政訴訟의 類型

損害塡補

行政組織法

公務員法

地方自治法

秩序行政法

公物·營造物法

環境行政法

助成行政法

經濟行政法

租稅行政法

建築行政法

土地行政法

敎育行政法

文化行政法

勞動行政法

憲法裁判

外國判例 및 外國法制 硏究

行政訴訟判決의 主要動向

紀念論文

研究判例 總目次
(行政判例研究 Ⅰ ~ XIX－2)

〔대 법 원〕

〔서울고등법원〕

〔EU판례〕

〔독일판례〕

〔프랑스판례〕

〔미국판례〕

〔일본판례〕

최고재판소 第2小法廷 平成25 (2013). 1. 11. 平成24年(行ヒ) 第279号, 判例時報 2177号, 35면. XIX-2-281

최고재판소 平成25(2013).4.16. 平24(行ヒ)第245号, 122면. XIX-2-281

최고재판소 平成25(2013).7.12. 平成24年(行ヒ) 第156号, 判例タイムズ 1396号, 2014.3, 147면. XIX-2-281

최고재판소 平成25(2013).11.20. 平成25年(行ツ) 第209号, 第210号, 第211号, 判例タイムズ 1396号, 2014.3, 122면. XIX-2-281

최고재판소 第一小法廷 平成25(2013).3.21. 平成22年(行ヒ)第242号, 民集 67巻3号, 438면, 判例タイムズ 第1391号, 2013.10, 113면. XIX-2-281

최고재판소 第一小法廷 平成25(2013).3.21. 平成23年(行ツ) 第406号, 民集67巻3号, 375면. XIX-2-281

行政判例研究 XIX-2

2014년 12월 25일 초판인쇄
2014년 12월 31일 초판발행

편저자 사단법인 한국행정판례연구회
대 표 정 하 중

발행인 안 종 만

발행처 (주)박영사
서울특별시 종로구 새문안로3길 36, 1601
전화 (733) 6771 FAX (736) 4818
등록 1959. 3. 11. 제300-1959-1호(倫)

편저자와 협의하여 인지를 생략함

www.pybook.co.kr e-mail: pys@pybook.co.kr

정 가 42,000원

ISBN 979-11-303-2717-4
ISBN 978-89-6454-600-0(세트)
ISSN 1599-7413 24